U0516675

中國佛教典籍選刊

成唯識論校釋

〔唐〕玄奘譯

韓廷傑校釋

圖書在版編目(CIP)數據

成唯識論校釋/(唐)玄奘譯;韓廷傑校釋. —北京:中華書局,1998.9(2024.7 重印)
(中國佛教典籍選刊)
ISBN 978-7-101-01479-2

Ⅰ.成… Ⅱ.①玄…②韓… Ⅲ.唯識宗-宗教經典-注釋 Ⅳ.B946.3

中國版本圖書館 CIP 數據核字(98)第 06932 號

責任編輯:劉浜江
封面設計:周　玉
責任印製:管　斌

中國佛教典籍選刊
成唯識論校釋
〔唐〕玄　奘 譯
韓廷傑 校釋
*
中 華 書 局 出 版 發 行
(北京市豐臺區太平橋西里 38 號　100073)
http://www.zhbc.com.cn
E-mail:zhbc@zhbc.com.cn
河北博文科技印務有限公司印刷
*
850×1168 毫米 1/32・24½印張・2 插頁・455 千字
1998 年 9 月第 1 版　2024 年 7 月第 13 次印刷
印數:25101-26600 册　定價:98.00 元

ISBN 978-7-101-01479-2

中國佛教典籍選刊編輯緣起

佛教是世界三大宗教之一，約自東漢明帝時開始傳入中國，但在當時並沒有產生多大影響。到魏晉南北朝時期，佛教和玄學結合起來，有了廣泛而深入的傳播。隋唐時期，中國佛教走上了獨立發展的道路，形成了衆多的宗派，在社會、政治、文化等許多方面特別是哲學思想領域產生了深刻的影響。這時佛教已經中國化，完全具備了中國自己的特點。而且，隨着印度佛教的衰落，中國成了當時世界佛教的中心。宋以後，隨着理學的興起，佛教被宣布爲異端而逐漸走向衰微。但是，佛教的部分理論同時也被理學所吸收，構成了理學思想體系中的有機組成部分。直到近代，佛教的思想影響還在某些著名思想家的身上時有表現。總之，研究中國歷史和哲學史，特别是魏晉南北朝隋唐時期的哲學史，佛教是一項重要内容。佛學作爲一種宗教哲學，在人類的理論思維的歷史上留下了豐富的經驗教訓。因此，應當重視佛學的研究。

佛教典籍有其獨特的術語概念以及細密繁瑣的思辨邏輯，研讀時要克服一些特殊的困難，不少人視爲畏途。解放以後，由於國家出版社基本上没有開展佛教典籍的整理出版工作，因此，對於系統地開展佛學研究來説，急需解決基本資料缺乏的問題。目前對佛學有較深研究的專家、學者，不少人年事已高，如果不抓緊組織他們整理和注釋佛教典籍，將來再開展這項工作就會遇到更多困難，也不利於中青年研究工作者的成長。爲此，我們在廣泛徵求各方面意見的基礎上，初步擬訂了中國佛教典籍選刊(第一輯)的整理出版計劃。其中，有幾部重要的佛教史籍，有中國佛教幾個主要宗派(天台宗、三論宗、唯識宗、華嚴宗、禪宗)的代表性著作，也有少數與中國佛學淵源關係較深的佛教譯籍。所有項目都要選擇較好的版本作爲底本，經過校勘和標點，整理出一個便於研讀的定本。對於其中的佛教哲學著作，還要在此基礎上，充分吸取現有研究成果，寫出深入淺出、簡明扼要的注釋來。

由於整理注釋中國佛教典籍困難較多，我們又缺乏經驗，因此，懇切希望能够得到各方面的大力支持和協助，使這項工作得以順利完成。

中華書局編輯部

一九八二年六月

目録

序　言

一、解題

成唯識論意謂以性、相、位三分成立唯識三十頌的道理，什麼是唯識呢？唯識宗把萬事萬物分爲五位，再進一步分爲百法，這五位就是心法、心所法、色法、不相應行法和無爲法。所謂「唯識」，意思是説這五位都離不開識，心法是識的自相，心所法是識的相應，色法是識所變，不相應行法是識的分位，無爲法是識的實性。所謂「唯識」，就是世界上祇有識，除識之外別無其他。

成唯識論又稱爲淨唯識論，這是用比喻來説明，儘管真如性淨，如果不進行修行，這種潔淨的性質就顯現不出來，就像一塊珠寶一樣，儘管本性是光潔的，但不經過磨擦，這種光潔的性質就顯現不出來。唯識宗用這種比喻教導人們根據佛的教誨去修行，去掉不符合佛教義理的「污垢」，達到涅槃成佛的最終目的。

一般來説，唯識依據的主要經典是六經十一論，六經是：大方廣佛華嚴經、解深密經、如來出現功德莊嚴經（無漢譯本）、阿毘達磨經（無漢譯本）、楞伽經、厚嚴經（無漢譯本）。十一論是：瑜伽師地論、顯揚聖教論、大乘莊嚴經論、集量論、攝大乘論、十地經論、分別瑜伽論（無漢譯本）、辨中邊論、唯識二十論、觀所緣緣論、阿毘達磨雜集論。其中最重要的是瑜伽師地論，這是唯識最根本的論典，但這部論太繁，共一百卷，難以誦讀，約於公元五世紀，唯識學的創始人之一——世親著唯識三十頌，亦稱高建法幢論，用五言三十頌提綱挈領地講述瑜伽師地論的唯識道理。前二十四頌講唯識相，第二十五頌講唯識性，最後五頌講唯識的行位。唯識三十頌又太簡難懂，所以很多論師根據六經十一論競相爲之作注，竟有二十八家之多，其中著名的有十大論師：親勝、火辨、德勝、安慧、難陀、淨月、護法、勝友、勝子、智月。親勝、火辨與世親同時，安慧、淨月與護法同時（約六世紀中葉），勝友、勝子、智月都是護法的學生。在十大論師中，護法的唯識理論發展最完備最有代表性。我國玄奘留印期間，主要學唯識，回國後的譯傳亦主要是唯識，成爲唐代唯識宗的創始人。他譯唯識三十論以後，想把十大論師的注釋一一譯出，這樣做必定太繁，會成百卷，數百萬言。而且，十大論師的某些觀點不盡一致，使人不知誰是誰非，難以適從，所以他的弟子窺基建議，以護法的主張爲主，雜糅其他九師的理論，玄奘接受了他的建議，於顯慶四年（公元六五九年）譯成成唯識論十卷。

二、印度唯識的傳承體系

一般推彌勒爲印度唯識的創始人，並説他的著作有五部之多，即瑜伽師地論、分別瑜伽論、辨中邊論、大乘莊嚴經論、金剛般若論。但印度歷史上是否真有彌勒其人，向來有争議，日本著名佛教學者宇井伯壽認爲，有神話傳説的彌勒和真實的彌勒。一般認爲，彌勒是神話人物，並非真有其人，所謂「彌勒五論」祇不過是無著托彌勒之名而已。

唯識的創始人應當是無著、世親兄弟，他們出生於北印度犍陀羅國的布魯沙城，生活年代大約是公元五世紀，屬婆羅門種姓。父名憍尸迦，生三子，長子無著，次子世親，三子覺師子或師子覺。無著比世親大二十五歲，享高齡百歲以上，先於小乘佛教化地部出家，其師爲賓頭羅，後改學大乘，晚年遊化於中印度的憍賞彌國。

世親先於小乘佛教說一切有部出家，後至阿逾闍國師事佛陀蜜多羅，尤精說一切有部的阿毘達磨大毘婆沙論，常爲人宣講，每天把所講的內容用一偈概括寫出，共作六百多偈，又採納經量部教義自造釋文，從而編成阿毘達磨俱舍論。當時他享有很高的威望，受到阿逾闍國王的皈依。最初他祇信小乘，不信大乘，認爲「大乘非佛說」，後受其兄無著的影響，改學大乘。著作很多，主要有唯識二十論、唯識三十論、大乘成業論、大乘百法明門論、大乘五蘊論、佛性論等。

關於師子覺的記載很少，我們祇知道他曾經爲其兄無著的大乘阿毘達磨雜集論造釋。

唯識學的另一名論師是陳那，他出生於南印度香至國，屬婆羅門種姓，生活年代約爲五六世紀，原爲小乘佛教犢子部信徒，後改學大乘，是世親的弟子，他的主要成績是因明，是新因明學的創始人，被譽爲「中世紀正理學之父」，主要著作是觀所緣緣論、掌中論、取因假設論、因明正理門論、集量論等。

再往後就是爲唯識三十論作注的十大論師了，這十大論師的不同觀點主要有五個：

一、關於種子的起源問題。淨月主張一切有漏種子和無漏種子都是本來具有的，並不是由於現行所熏而形成。難陀與之相反，認爲種子本來是不存在的，是由於現行熏習而形成的。護法綜合淨月和難陀兩家的主張，認爲有的種子是本來具有的，有的種子是由於現行熏習而形成的。

二、關於四分論的問題。安慧認爲祇有一分：自證分；親勝、德慧、難陀、淨月認爲有二分：見分和相分；火辨主張有三分：見分、相分、自證分，陳那同意他的觀點；護法主張有四分：見分、相分、自證分、證自證分。

三、關於末那識的所依問題。難陀和安慧認爲，末那識的所依是種子賴耶，並不是現行賴耶。護法却認爲，種子賴耶和現行賴耶都是末那識的所依，但種子賴耶是末那識的因緣依，現行賴耶是末那識的不共俱有依。

四、關於有無末那識的問題。唯識三十論的第七頌稱：「阿羅漢、滅定、出世道無有。」意思是說：在阿羅漢位、滅盡定位和出世道位沒有末那識。對這一頌的解釋，安慧與護法不同，安慧認爲沒有末那識是指沒有末那識的識體，所以他被稱爲「體無家」。護法則認爲，沒有末那識是除去末那識的染污意，並非沒有末那識的識體，所以他被稱爲「義無家」。安慧的觀點是「唯識古義」，護法的觀點是「唯識新義」。

五、各識有無能遍計的問題。安慧認爲八識都是能遍計安執心的識體，護法則認爲祇有第六識和第七識有能遍計的作用，前五識和第八識不具有這種功能，被稱爲「無執之識」。

十大論師之後，印度著名的唯識師應首推戒賢，他的生活年代大約是公元六至七世紀，出生於東印度三摩呾吒國的王族，屬婆羅門種姓，少年時期到摩揭陀國那爛陀寺投護法出家，三十歲時嘗代師與南印度外道辯論獲勝，使他享有很高的威望，受到國王的崇信。後任那爛陀寺住持，我國玄奘於貞觀十年（公元六三六年）來該寺學習，拜他爲師，此時他已一百零六歲高齡。戒賢的主要貢獻是提出了有、空、中的三時判教主張和五種姓論。他認爲第一時期佛陀爲了破除人們的我執而說「我空法有教」，第二時期爲了破除人們的法執而說「諸法皆空教」，第三時期爲了破除人們執空的偏見，又說「唯識了義的中道教」。「五種姓論」認爲人們由於阿賴耶識所含的種子不同，分爲五類：一、菩薩定姓，通過修行可成菩薩；二、獨覺定姓，可成辟支佛；三、聲聞定姓，可得羅漢果；四、不定種姓，究竟達到什麽果位，不一定；五、無姓有情，永遠沉淪於生死苦海，永遠得不到涅槃解脱。

三、中國唯識宗的創始人——玄奘

玄奘（公元六〇二——六六四年），本姓陳，洛州緱氏（今河南省偃師縣緱氏鎮）人，十三歲隨兄出家，後向名師學習攝大乘論、涅槃經、毘曇等，使他聲譽倍增，但他並不以此爲滿足，對各派經論的矛盾説法很不滿意，於唐武德九年（公元六二六年）在長安遇到來自中印度的頗羅蜜多羅，他是戒賢的弟子，玄奘聽他説戒賢在那爛陀寺講瑜伽師地論，非常嚮往，從此便立下西行求法的決心。他於貞觀三年（公元六二九年）出發，歷經艱辛，花費一年的時間，纔來到北印度的濫波國。

玄奘從濫波國向南行，經那揭羅喝國到犍陀羅國，無著、世親、法救、脇尊者等佛教論師都出生在這裏。他又從此往東南行，經呾叉始羅等國到達迦濕彌羅國，在此學習俱舍論、順正理論，還學習因明、聲明等。玄奘在這裏停留二年，把第四次佛教結集的三十萬頌經論全部學完。

離開迦濕彌羅國以後，玄奘又展轉來到至那僕底國，在此居住一年多，調查桃和梨是怎樣從中國傳入印度的。迦膩色迦王時代，有些中國人來到這裏，這就是至那僕底國（Cinabhakti）的起源，意謂「漢封」。這些中國人把桃和梨帶到印度來。桃的梵文是至那你（Cinani），意謂「漢持來」，梨的梵文是至那羅闍弗呾羅（Cinarājaputra），意譯「漢王子」。

玄奘在北印度遊歷了十多個國家，於貞觀五年（公元六三一年）來到中印度。他在中印度遊歷了三十多個國家，沿途向名僧學習佛教經論。

對玄奘影響最大的是那爛陀寺，他在此拜年過百歲的老住持戒賢爲師，向他學習唯識教義。那爛陀寺是印度佛教界的最高學府，位於今比哈爾邦巴特那東南的巴臘貢村。在此大小乘並舉，以大乘爲主。當時印度第一流的佛教學者都在這裏進行過教學和佛教研究工作，如大乘空宗的月稱，有宗的無著、世親、真諦、德慧、陳那、商羯羅主、護法、法稱、戒賢、寂護、蓮花生等。除印度本國的學生以外，還有中國、日本、朝鮮等國的留學生。我國的法顯亦曾在這裏學習。這裏不僅傳授佛教知識，還傳授吠陀、因明、聲明、醫方明等。玄奘在此留學期間，那爛陀寺能容納一萬名學生和一千五百名教師。其中通二十部經論者共一千餘人；通三十部者，多至五百餘人；通五十部者，稱爲「三藏法師」，包括玄奘在內共十名。僧侶們靠國王恩賜給寺院的一百個村莊的稅收維持生活。

玄奘在那爛陀寺學習五年以後，又到處去遊學，遊歷數十個國家，虛心向名師請教，然後又回到那爛陀寺，向他的老師戒賢匯報他的學習情況，受到戒賢的贊賞。以後又向低羅擇迦寺的般若跋陀羅學習二個月，又去杖林山向勝軍居士學唯識、因明二年。於唐貞觀十五年（公元四六一年）回到那爛陀寺。戒賢讓他講攝大乘論等。翌年，戒日王在曲女城舉行了五年一度的無遮大會，請玄奘爲論主，獲得完全勝利。又應戒日王之邀，參加了歷時七十五天的施捨大會以後，就啟程回國了。

玄奘於唐貞觀十九年（公元六四五年）回到長安，此時他已五十歲了。他從印度帶回大乘經二百二十四部、大乘論一百九十二部、上座部經律論一十五部、大衆部經律論一十五部、正量部經律論一十五部、化地部經律論二十二部、迦葉遺部經律論一十七部、法藏部經律論四十二部、説一切有部經律論六十七部、因明論三十六部、聲論一十三部，共五百二十夾，六百五十七部，用二十匹馬馱來。可見玄奘帶回的佛教經典是非常豐富的，可惜佚失太多。二月，唐太宗李世民會見玄奘，勸他還俗作官，被拒絶了。玄奘要求組織譯場，翻譯佛經。開始他要求在少林寺組織譯場，唐太宗安排他去弘福寺，玄奘欣然同意。

第一年，即唐貞觀十九年（公元六四五年）譯成大菩薩藏經十二卷、佛地經一卷、六門陀羅尼經一卷、顯揚聖教論二十卷。翌年，譯成大乘阿毘達磨雜集論十六卷，並開始翻譯瑜伽師地論。還奉唐太宗之命，由他口述，由其弟子辯機執筆撰大唐西域記十二卷，記載他親自經歷及所聞一百三十八個國家的地理位置、風土人情等。這本書是研究西域及印巴次大陸的重要典籍，被譯成英、法、日等外國文字，受到國際學者的重視。完成大唐西域記的寫作之後，玄奘還奉唐太宗之命，把老子譯成梵文，並將中國人僞造的大乘起信論譯成梵文，使這兩本書流傳於印度。第三年，卽貞觀二十一年（公元六四七年），玄奘又翻譯了解深密經五卷、因明入正理論一卷等。翌年完成瑜伽師地論一百卷。還翻譯了能斷金剛般若經一卷、無性著攝大乘論釋十卷、世親著攝大乘論十卷、緣起聖道經一卷、百法明門論一卷、唯識三十論一卷等。這一年玄奘移居慈恩寺，任該寺上座，在此度僧三百。

唐永徽三年（公元六五二年），玄奘在慈恩寺建大雁塔。翌年始譯阿毗達磨順正理論，唐永徽五年（公元六四五年）譯畢，共八十卷。這一年還翻譯了難提蜜多羅所説法經住記一卷、顯無邊佛土功德經一卷等。永徽六年譯因明正理門論一卷和瑜伽師地論釋一卷。顯慶二年（公元六五七年），玄奘續譯大毗婆沙論，始譯阿毗達磨發智論，又譯觀所緣緣論一卷。翌年移居西明寺，續譯大毗婆沙論和發智論，又譯入阿毗達磨論二卷。後入玉華宮，完成大毗婆沙論二百卷的工作。顯慶四年譯成唯識論和法藴足論。顯慶五年，玄奘除始譯大般若經以外，又完成發智論二十卷的翻譯工作，又譯品類足論十八卷。龍朔元年（公元六六一年），玄奘除續譯大般若經以外，始譯集異門足論，又譯辨中邊論三卷、唯識二十論一卷、緣起經一卷。翌年除續譯集異門足論外，又譯異部宗輪論一卷。龍朔三年完成大般若經六百卷和集異門足論二十卷的翻譯工作，並譯界身足論三卷等。麟德元年（公元六六四年），他開始翻譯大寶積經，不久就逝世於玉華寺。

玄奘一生共譯佛教經論七十五部一千三百三十五卷，無論是翻譯數量，還是質量，都是空前的，他以前的翻譯稱爲舊譯，他創立了新譯。舊譯以真諦和鳩摩羅什爲代表，新譯以玄奘和義淨爲代表。舊譯者多爲外國人，因不通漢語，有的過於强調意譯而失原旨，有的過於强調直譯，使中國人難以理解。玄奘既精通梵文，又精通漢語，所譯經典既不失原旨，又通順流暢，便於中國人閲讀。玄奘的譯場分爲十種人：一、譯主，總負責人；二、證義，譯主的助手，審定譯文和原文有没有出入；三、證文，覈對譯主宣讀的梵文；四、書寫，寫出梵文音譯；五、筆受，翻梵爲漢；六、綴文，按照漢文語法整理譯文；七、參譯，校勘原文，並將譯文返譯成梵文，再和原文覈對；八、刊定，使譯文精煉；九、潤文，對譯文潤色；十、梵唄，唱誦梵音，修正音韻。

玄奘還提出了五不翻的原則：一、秘密故不翻，如陀羅尼；二、多含故不翻，如薄伽梵含六義；三、此無故不翻，中國没有的東西，衹取音譯，不取意譯；四、順古故不翻，如阿耨菩提，自迦葉摩騰以來，一直採取音譯；五、生善故不翻，如般若。

繼承玄奘唯識傳統的是他的弟子窺基（六三二——六九二），字道洪，姓尉遲，西安人，其父尉遲敬宗、叔叔尉遲敬德都是唐朝武將。窺基十七歲出家作玄奘的弟子，原住廣福寺，後移住大慈恩寺，二十五歲時開始助師譯經。他既繼承了玄奘的唯識學，又繼承了他的因明學，是玄奘最得意的弟子。曾爲很多佛經作注，被稱爲「百疏之主」，主要是成唯識論述記、大乘法苑義林章、因明入正理論疏等。尤其是成唯識論述記是研究成唯識論最主要的參考書。因爲他親自聽玄奘爲他講成唯識論，述記最能代表玄奘的思想。

新羅人圓測（公元六一三——六九六年）與窺基是同代人，也是玄奘的弟子。與窺基不和，使唯識分成兩派。窺基弟子慧沼著成唯識論了義燈，對圓測的理論進行駁斥。慧沼的弟子智周又作成唯識論演秘，解釋窺基的述記。述記、了義燈、演秘被稱爲「唯識三大部」。窺基作述記以後，覺得有些問題没講清楚，又作成唯識論掌中樞要進行補充，了義燈、演秘、樞要稱爲「唯識三疏」。

圓測的唯識傳入朝鮮，窺基的唯識傳入日本。

四、唯識宗的哲學理論

（一）八識論

唯識宗認爲，世間的一切都是虚幻不實的，都是識變現的，宇宙萬有是所變，識是能變，能變識分三種，此稱三能變，即異熟、思量和了别境識。「異熟」是初能變，即第八識阿賴耶識。「思量」是二能變，即第七識末那識。「了别境識」是三能變，即前六識：眼識、耳識、鼻識、舌識、身識、意識。在三能變中，第八識是本識，其餘七識皆由第八識轉生，故稱轉識。

唯識宗認爲，阿賴耶識是最重要的一個識，它可以從前生轉到後生，生生世世相續不斷，直至湼槃解脱，所以唯識宗靠阿賴耶識建立生死輪迴理論。

爲了進一步説明阿賴耶識，唯識宗説它有三相：自相、果相、因相。自相是阿賴耶識的自體之相。阿賴耶是梵文 Ālaya 的音譯，意譯藏識，「藏」有三義：能藏、所藏、執藏。阿賴耶識像一座奇異的倉庫一樣，裏邊儲藏着各種各樣的種子，阿賴耶識是能藏，種子是所藏。第八識被第七識妄執爲「我」，第八識藏此我執，故稱執藏。第八識又稱爲異熟識，這是祇就第八識的果相而言。第八識能够決定轉生的三界、六趣和四生，善業或惡業引生異熟果報，故稱異熟。第八識又稱爲「一切種識」，這是第八識的因相。第八識中含有各種有漏種子和無漏種子，可以熏生各種現行，成爲一切心法、心所法、色法和心不相應行法生起的原因。自相是阿賴耶識的第一位，果相是第二位，因相是第三位，自相是因相和果相的總和。

末那識是梵文 Manas-vijñāna 的音譯，Manas 意爲「意」，Vijñāna 意爲「識」，合而言之爲意識，與第六識同名。爲了和第六識相區别，第六識用意譯，第七識用音譯。第七識雖與第六識同名，但解釋不同，第六識是依意根之識，此爲依主釋。第七識是「意」即「識」，此爲持業釋。

第七識以第八識阿賴耶識爲其存在活動的依據，第七、八二識俱時而轉，依止第七識和第八識，前六識纔得以轉生。轉依之前，第七識唯緣第八識的見分，作爲「自内我」。轉依之後變爲平等性智，唯緣真如。末那識的性質是有覆無記。末那識的基本特徵正如八識規矩頌所説的「恒審思量我相隨」，「恒審思量」意謂不停頓地起思慮作用，與有間斷的前六識不同。「我相隨」意謂第七識緣第八識，妄執第八阿賴耶識爲「我」。

末那識共有三位：一、補特伽羅我見相應位，此位主張有「我」，包括一切有情衆生、小乘佛教的聲聞緣覺有學位和七地以前的菩薩；二、法我見相應位，主張法有，包括一切有情衆生、小乘佛教的聲聞緣覺位，還有未達法空智果的菩薩；三、平等性智相應位，即佛果位。前二位是有漏位，第三位是無漏位。

第三能變所包括的六識是隨根得名，因爲這六識是依眼等六根。這六識分別緣取色、聲、香、味、觸、法六塵，如果隨塵取名的話，分别稱爲色識、聲識、香識、味識、觸識、法識。這六識又可以區分爲二大類，第一類是前五識，第二類是第六識。

眼識所緣的對象是色塵，需要九個條件：一空，即空間；二明，即光明；三根，即眼識所依的眼根；四境，即色境；五作意，即作意心所；六根本依，即現行阿賴耶識；七染淨依，即第七末那識；八分別依，即第六識意識；九種子，即眼識種子。耳識緣聲需要八個條件：耳根、聲境、耳識種子、作意、第六識、第七識、第八識和空。鼻識緣香需要七個條件：鼻根、香境、鼻識種子、作意、第六識、第七識、第八識。舌識、身識緣境也需要七個條件，準此應知。

第六識意識分爲五俱意識和不俱意識二種。與前五識同時俱起的意識稱爲五俱意識，亦稱明瞭意識，因爲這種意識能够明瞭緣取相應的外境。不與前五識同時俱起而單獨生起的意識稱爲不俱意識。五俱意識又分爲五同緣意識和不同緣意識二種。五同緣意識是與前五識同時俱起並同緣一境的意識。不同緣意識雖然與前五識同時俱起，而所緣境却不相同。不俱意識又分爲五後意識和獨頭意識二種。五後意識是五俱意識之後的相續現行意識。獨頭意識是不與前五識同時俱起而單獨生起的一種意識。獨頭意識又分爲定中意識、獨散意識、夢中意識三種。定中意識是修練禪定時的意識，前五識都不生起，祇有緣境的意識。獨散意識又稱爲散位獨頭意識，不與前五識俱起，祇是回憶過去和追想未來等單獨生起的意識。夢中意識是作夢時的意識。

（二）種子論

種子論是唯識宗唯心主義理論的重要組成部分。唯識宗認爲，宇宙萬有都是阿賴耶識變現的，阿賴耶識所以有這樣大的功能，就是因爲它含藏着各類種子。

什麽叫「種子」呢？成唯識論卷二解釋説：「謂本識中親生自果功能差别。」在阿賴耶識（本識）中含藏着産生色法、心法等現行的功能，這就是種子。成唯識論卷二提出種子的六個條件，這就是種子六義。

一、刹那滅。「謂體纔生，無間必滅，有勝功力，方成種子。」種子剛生，很快就滅，滅了又生，持續不斷。因爲種子是有生滅變化的，所以它不同於常住不變的無爲法。

二、果俱有。「謂與所生現行果法，俱現和合，方成種子。」種子具有産生現行的功能，種子與現行俱時顯現，由現行推知種子。在衆生身上，種子與現行和合相應。

三、恒隨轉。「謂要長時，一類相續，至究竟位，方成種子。」種子生現行，現行生種子，種子自類相生，持續不斷，一直達到成佛的究竟位，纔能終了。能保持「一類相續」種子的，衹有第八識阿賴耶識，有間斷的前七轉識没有這種功能。

四、性決定。「謂隨因力，生善惡等，功能決定，方成種子。」善、惡、無記性的種子，衹能産生相應的現行，其功能是固定的。

五、待衆緣。「謂此要待自衆緣合，功能殊勝，方成種子。」種子要變成現行，還需要其他條件的配合。

六、引自果。「謂於別別色、心等果，各各引生，方成種子。」色法種子祇能引生色法之果，心法種子祇能引生心法之果。

正因爲阿賴耶識含藏着具備這六個條件的種子，它就變現出宇宙萬有。成唯識論卷七稱：「由一切種識，如是如是變，以展轉力故，彼彼分別生。」由於攝藏一切種子阿賴耶識的變現，由種子變爲現行，又由現行變爲種子，宇宙間的各種事物就産生出來，阿賴耶識所以成爲世界的本源，就是因爲它攝藏着具有這六個條件的各類種子。唯識宗稱世間的穀種、麥種等爲外種，稱阿賴耶識的種子爲內種。認爲外種是假立種子之名，並不是真正的種子，祇有阿賴耶識攝藏的具有這六個條件的種子纔是真實的種子。這反映出唯識宗世界觀的顛倒性，它認爲是假的，恰恰是真的；它認爲是真的，恰恰是假的。

種子有各種分類，按其變現的事物來分，種子分爲共相種子和不共相種子兩類。如高山、大河等，人人共同變現，故稱共相種子。眼、耳等根，祇能由自己阿賴耶識的種子變現，故稱不共相種子。共相種子又分爲二類：共中共和共中不共。成唯識論述記卷三本對此解釋如下：「一共中共，如山、河等，非唯一趣用，他趣不能用；二共中不共，如己田宅，及鬼等所見猛火等物。人見爲水，餘趣餘人不能用故。餘房、衣等准此可知。」〔二〕此中「趣」字卽六趣，亦稱六道。不共相種子也分爲二類：不共中不共和不共

〔二〕大正藏卷四十三第三二一頁。

中共。如自己的眼等淨色根，祇能由自己的種子變現，故稱不共中不共。如自己的扶根塵，祇屬個人所有，從這個意義上來講是「不共」；又由他人和自己的種子共同變現，故稱「共」，所以變現自己扶根塵的種子稱爲不共中共。

按其性質來分，種子分爲有漏和無漏二類。有漏種子由阿賴耶識體所攝，故稱所緣。無漏種子雖然依附於阿賴耶識，並非阿賴耶識之識所攝，故稱非所緣。有漏種子又分爲名言種子和業種子二類。名言種子是生起因，業種子是牽引因。生近果爲生起因，引遠果使因力不絕爲牽引因。無漏種子又分爲三種：一、生空無漏，即我空無漏，此屬見道無漏；二、法空無漏，屬修道無漏；三、二空（我空、法空）無漏，此屬無學道無漏。

種子又稱爲習氣，即煩惱現行熏習所成的餘氣。成唯識論卷八把習氣分爲三種：

一、名言習氣，這是親生有爲法的種子，由名相概念熏習而成。這些種子儲存在第八識阿賴耶識中，是變現宇宙萬有的原因。名言習氣又分爲二種：表義名言習氣和顯境名言習氣。表義名言是詮釋事物意義的名相概念，用文字或聲音表達出來。顯境名言就是了別外境的心法和心所法。

二、我執習氣，即虛妄執著有「我」和爲「我」所有的種子。我執有兩種：俱生我執和分別我執。俱生我執是第七識妄執第八識爲「我」，這種我執修道可斷；分別我執是由第六識意識的分別作用所起的我執，這種我執見道可斷。這二種「我執」熏習形成的種子，使有情衆生感到自己與他人有區別。在唯識宗看來，這是一種妄執，即錯誤見解。

三、有支習氣，這是招感欲、色、無色三界果報的業種子。有漏善種子是能够招感善報的業種子，各種不善種子是能够招感惡報的業種子。

種子是由熏習產生的，什麽叫熏習呢？能够長出種子的現行之熏發作用稱爲熏習。熏習又分爲三種：

一、名言熏習。「名」爲名字，「言」爲言説。名言熏習是由第六識意識分别名言所産生的染分之相。

二、色識熏習。「色」是眼根所緣的境，色所引生的眼識稱爲色識。由第六識意識分别色境，由第七識和第八識傳送熏習，成就染分之相，稱爲色識熏習。

三、煩惱熏習。由第六識意識所起的貪、瞋、癡等煩惱，由第七、第八識傳送熏習所起的染分之相。

熏習有所熏、能熏兩個方面，所熏、能熏各有四義。所熏四義如下：

一、堅住性。如果一種東西（法）始終如一地持續不斷，能够保持種子，這就是所熏。前七識有間斷，缺乏堅住性，不能受熏，祇有第八識阿賴耶識可以受熏。

二、無記性。對一切事物都平等接受，皆不拒絶，可以容納習氣，這就是所熏。很强盛的善或惡，不能容納習氣，不能成爲所熏。如來第八淨識，祇能携帶原來的種子，不能重新受熏。第八識阿賴耶識的性質是無覆無記，對善、惡皆不違拒，可以成爲所熏。

三、可熏性。受熏事物必須是獨立自在的，其性質必須是虚疏的。祇有這樣，纔能接受習氣，纔能成爲所熏。心所法依賴心法而起，不能獨立自在，不能成爲所熏。無爲法其性堅密，也不能成爲所熏。

四、與能熏共和合性。如果與能熏事物在同一時間、同一處所，既不合一，又不乖離，就能成爲所熏。每個人衹能接受自己前七識的熏習，不能受其他人的熏習。前念識與後念識刹那生滅，不處於同一時間，不能受熏。

具備以上四個條件的，衹有第八識阿賴耶識，心所法和前七識都不具備「所熏四義」，都不能作爲所熏。能熏四義如下：

一、有生滅。能熏的事物必須是變化無常的，有生長習氣的作用。無爲法常恒不變，沒有生長習氣的作用，不可成爲能熏。真如既不是能熏，也不是所熏。

二、有勝用。如果是有生滅變化，勢力强盛，能够引生習氣，就可以成爲能熏。

三、有增減。如果具備了第二個條件「有勝用」，可增可減，能够培植習氣，這就是「能熏」。佛果是圓滿善法，無增無減，不可成爲「能熏」。

四、與所熏和合而轉。如果與所熏在同一時間、同一處所，既不合一，也不乖離，就可以成爲「能熏」。衹有自己本身的前七識可成「能熏」，他人的前七識不能成爲自己的「能熏」。前念識與後念識生滅相續，不能和合，不可成爲「能熏」。

具備所熏四義和能熏四義，就可以形成熏習，形成習氣或種子。前念種子可生後念種子，亦可生現行，現行又可以熏習形成種子，儲存在阿賴耶識中，這就構成了三法二重因果。三法如下：能生的舊種子、種子熏成的現行，現行熏成的新種子。二重因果是：種子熏現行，現行熏種子。如果以第八識所攝藏的種子爲因，所生的眼等七轉識則爲果。如果以七轉識的現行法爲因，所生第八識中的種子就爲果。所以，七轉識與第八識互爲因果。宇宙萬有就在七轉識和第八識的展轉相熏中産生出來，唯識宗就這樣利用繁瑣的概念挖空客觀物質世界，表達它「萬法唯識」的主觀唯心主義觀點，進一步達到轉依涅槃的宗教目的。

（三）四分論和三自性

唯識宗爲了論證「萬法唯識」的道理，提出了「四分」論：相分、見分、自證分、證自證分。成唯識論卷二對相分和見分解釋如下：「似所緣相説名相分，似能緣相説名見分。」「相分」是事物的相狀，是識所緣的對象，這「所緣的對象」並非實有，而是虚假非實，是識變現的影像。八識的相分各不相同，前五識的相分相當於我們所説的感覺對象，包括色、聲、香、味、觸五塵。一般認爲這種感覺對象是真實的，唯識宗却認爲是虚假的。第六識意識的相分是六塵，除前五塵之外再加法塵。第七識末那識的相分是第八識阿賴耶識的見分。第八識的相分是根身、器界、種子。相分是所緣，見分是能緣，相分是客觀，見分是主觀。相分和見分所依的自體是自證分，證明存在自證分的是證自證分。自證分和證自證分可以互證，所以不必再立第五分。相分如鏡中像，見分如鏡的明淨，自證分如鏡體，證自證分如旋轉鏡體的把。

「三自性論」是唯識宗的又一重要認識理論。三自性是：遍計所執自性、依他起自性、圓成實自性。唯識宗還針對「三自性」立三無性：相無性、生無性、勝義無性。一般人普遍認爲，各種各樣的事物都是實有的。唯識宗認爲，這是由於虛妄分別造成的。人們妄執五蘊、十八界和十二處都是實有，認爲宇宙萬有「法」和「我」都是獨立實有，有自性，這就是遍計所執自性。唯識宗認爲，各種事物實際上都不存在，都無自性，就像水中月、鏡中像、空中花一樣，都是虛幻不實的，都是假有，都是「空」，所以它針對遍計所執自性立相無性。依他起自性正如唯識三十頌所説的：「依他起自性，分別緣所生。」成唯識論卷八對此解釋如下：「衆緣所生心、心所體，及相、見分，有漏、無漏，皆依他起，依他衆緣而得起故。」此中「衆緣」系指四緣：因緣、等無間緣、所緣緣、增上緣，尤指作爲因緣的阿賴耶識所攝藏的種子。「依他起自性」意謂一切事物都是依靠因緣和合而生。從無至有稱爲「生」，一般人認爲，此「生」是真實的，客觀物質世界是真實的。唯識宗却認爲，客觀物質世界是虛假的，所以此「生」也是虛假的，爲了否定「生」，故立生無性。圓成實性正如唯識三十頌所説的：「圓成實於彼，常遠離前性。」在依他起自性上，永遠脱離遍計所執自性，這就是圓成實自性。成唯識論卷八對此解釋如下：「二空所顯圓滿成就諸法實性，名圓成實。顯此遍常，體非虛謬。此卽於彼依他起上，常遠離遍計所執，二空所顯真如爲性。」我空、法空所顯示的各種事物的「真實」性質就是圓成實自性。圓成實自性就是唯識實性真如實性。圓成實性是唯識宗的終極理論，認識到圓成實性就可以成就佛境。所以，唯識宗把圓成實性稱爲勝義無性。「勝義」意謂圓成實性的真如之體殊勝，「無性」是説我、法皆無自性，是空。

由於作者知識淺陋，書中謬誤必定不少，敬請讀者批評指正。

韓廷傑

一九八九年七月

凡例

一、本書以藏要本爲底本，並據高麗藏本、嘉興藏本、大正藏本校勘。

二、藏要本是迄今爲止最好的一個版本，該本校歷三週：一譯校，二類校，三刻校。譯校對勘頌文，用三種譯本：梵本三十唯識頌、藏本勝友等譯三十論頌、陳本真諦譯轉識論。類校對勘長行，用五種異本：梵本安慧三十唯識釋、藏本勝友等譯安慧三十論釋、藏本勝友等譯律天三十論疏、陳本真諦譯轉識論、疏本唐窺基著成唯識論述記。刻校用南宋刻本爲底本，對勘麗刻、明刻及述記牒文。可見藏要本的校注是很寶貴的，本書全部採用。

三、凡改字，均注明理由或依據。

四、如既需校勘，又需注釋，則先校後釋。

五、爲便於讀者理解，每段校釋之後加本段大意，通釋本段全文。

六、成唯識論所引經文及依據，均注明原文和出處，以便於讀者查對。

七、因爲成唯識論是注釋唯識三十論的，所以把唯識三十論附録於後。

八、唐玄明撰成唯識論後序、藏要本成唯識論序和印順法師爲韋達的英譯成唯識論所作的序，論述了唯識理論及其淵源，對理解本書極有好處，所以附録於後，供讀者參考。

參考書目

解深密經
楞伽經
八識規矩頌
無著：攝大乘論
無著：瑜伽師地論
無著：顯揚聖教論
世親：唯識三十論
世親：唯識二十論
世親：十地經論
世親：唯識論
世親：大乘唯識論
護法：成唯識寶生論

世親：攝大乘論釋
世親：辨中邊論
無著：大乘阿毘達磨集論
安慧：大乘阿毘達磨雜集論
世親：大乘五蘊論
世親：大乘廣五蘊論
世親：大乘百法明門論
陳那：觀所緣緣論
商羯羅主：因明入正理論
窺基：成唯識論述記
智周：成唯識論演秘
慧沼：成唯識論了義燈
窺基：成唯識論掌中樞要
泰賢：成唯識論學記
田光烈：玄奘哲學研究

正果：佛教基本知識
湯用彤：隋唐佛教史稿
湯用彤：印度哲學史略
呂澂：印度佛學源流略講
呂澂：中國佛學源流略講
印順：唯識學探源
郭朋：隋唐佛教
韋達：英譯成唯識論
法舫：唯識史觀及其哲學
霍韜晦：安慧三十唯識釋原典譯注
黃懺華：佛教各宗大意
演培：成唯識論講記

成唯識論校釋卷第一

護法等菩薩造

唐三藏法師玄奘奉詔譯〔一〕

稽首唯識性，滿分清淨者〔二〕。我今釋彼說，利樂諸有情〔三〕。

今造此論〔四〕，爲於二空有迷謬者生正解故〔五〕，生解爲斷二重障故〔六〕。由我、法執，二障具生〔七〕，若證二空，彼障隨斷。斷障爲得二勝果故：由斷續生煩惱障，故證真解脱〔八〕；由斷礙解所知障，故得大菩提〔九〕。又爲開示謬執我法迷唯識者〔一〇〕，令達二空，於唯識理如實知故。復有迷謬唯識理者〔一一〕，或執外境如識非無，或執內識如境非有，或執諸識用別體同，或執離心無別心所。爲遮此等種種異執，令於唯識深妙理中得如實解，故作斯論。若唯有識〔一二〕，云何世間及諸聖教説有我法？頌曰：

由假説我法〔一三〕，有種種相轉〔一四〕，彼依識所變〔一五〕。此能變唯三〔一六〕：謂異熟、思量，

及了別境識〔一七〕。

論曰：世間、聖教説有我、法〔一八〕，但由假立，非實有性。我謂主宰〔一九〕，法謂軌持〔二〇〕。

彼二俱有種種相轉。我種種相〔二一〕，謂有情、命者等〔二二〕，預流、一來等〔二三〕。法種種相謂實、德、業等〔二四〕，蘊、處、界等〔二五〕。「轉」謂隨緣施設有異。如是諸相若由假説，依何得成？彼相皆依識所轉變而假施設。「識」謂了別，此中識言亦攝心所〔二六〕，定相應故。「變」謂識體〔二七〕，轉似二分，相、見俱依自證起故〔二八〕，依斯二分施設我、法，彼二離此無所依故。或復内識轉似外境〔二九〕，我、法分別熏習力故〔三〇〕，諸識生時變似我、法。此我、法相雖在内識，而由分別似外境現〔三一〕。諸有情類無始時來，緣此執爲實我實法，如患、夢者，患、夢力故，心似種種外境相現，緣此執爲實有外境。愚夫所計實我實法都無所有〔三二〕，但隨妄情而施設，故説之爲假，内識所變似我似法，雖有而非實我、法性，然似彼現，故説爲假。外境隨情而施設〔三三〕，故非有如識，内識必依因緣生故，非無如境，由此便遮增、減二執〔三四〕。境依内識而假立，故唯世俗有〔三五〕，識是假境所依事故，亦勝義有〔三六〕。

校釋

〔一〕「唐」，磧砂藏本原無此字，藏要本據嘉興藏本加。

〔二〕「滿分」，「滿」意謂佛已經徹底消除了煩惱，已達全面清淨。「分」意謂菩薩已經消除了部分煩惱，已達部分清淨。

〔三〕「有情」，梵文 Sattva 的意譯，意謂有情識者，義同衆生。

〔四〕「今造此論」，藏要本校注稱：「此段糅安慧釋第一解，述記卷一謂是安慧等説。合原釋二空皆作二無我。」

〔五〕「二空」，卽我空和法空。「我空」意謂没有起主宰作用的靈魂，「法空」意謂没有客觀存在的東西。

〔六〕「二重障」，卽煩惱障和所知障。煩惱障障礙大涅槃，使衆生沉淪於流轉生死。所知障障礙大菩提，使衆生得不到偉大覺悟。

〔七〕「我法執」，「我執」主張有起主宰作用的靈魂，「法執」主張有客觀物質世界。

〔八〕「真解脱」，解脱是梵文 Mokṣa 的意譯，是指擺脱了一切煩惱的一種精神境界，亦卽涅槃。小乘佛教的解脱住於涅槃，這不是真解脱。大乘佛教認爲，佛因其大悲，不住於涅槃，又因其大智，不住於生死，這纔是真解脱。

〔九〕「大菩提」，「菩提」是梵文 Bodhi 的音譯，意譯覺悟。「大菩提」卽佛果菩提，對於小乘佛教的聲聞、緣覺來説稱爲大菩提，又稱爲無上菩提。

〔一〇〕「又爲開示謬執我法迷唯識者」，藏要本校注稱：「此段糅安慧釋第二解，述記卷一謂是火辨等説，勘原釋無明文。又『令達二空』一語依原釋屬下讀。」

〔一一〕「復有迷謬唯識理者」，藏要本校注稱：「此段糅安慧釋第三解，述記卷二謂是護法等説，有誤，原釋不敍諸識體同及離心無所二執，又此有無意指勝義有世俗有而說。」

〔一二〕「若唯有識」，藏要本校注稱：「安慧釋無此生起文。」

〔一三〕「由假說我法」，藏要本校注稱：「梵、藏本此句云我法之假說，無此『由』字。」

〔一四〕「有種種相轉」，藏要本校注稱：「梵、藏本無此『相』字。」

〔一五〕「彼依識所變」，藏要本校注稱：「勘梵、藏本，此所變及次能變皆云轉變，prināma，gyur-pa，無能所字，轉識論云識轉，是也，今譯增文。」

〔一六〕「唯」，藏要本校注稱：「梵、藏本作『又』字。」

〔一七〕「及了別境識」，藏要本校注稱：「勘梵、藏本云境之了別，無此『識』字，次第三卷長行牒文亦云了境，今譯增文。」

〔一八〕「世間聖教說有我法」，藏要本校注稱：「此句糅安慧釋，原釋意謂頌文具足，應言世間聖教中我法假說也。」

〔一九〕「我」，梵文Atman的意譯，音譯阿特曼，意謂起主宰作用的靈魂。佛教主張無我，把主張有我者視爲外道。

〔二〇〕「法」，梵文Dharma的意譯，音譯達磨或達摩。成唯識論述記卷一稱：「法謂軌持。軌謂軌範，可生物解。持謂任持，不捨自相。」（大正藏卷四十三第二三九頁）意謂法所表示的事物有一定的規範，有質的規定性，人可以認識。唯識學認爲法非實有，祇是識的幻影。

〔二一〕「我種種相」，藏要本校注稱：「此二句糅安慧釋，原釋以此解『彼依識變』句，無此『相』字，又無預流等實德等二語。」

〔二二〕「有情命者等」，「我」又稱爲有情、意生、摩納縛迦（Mānavaka，勝我）、養育者、數取趣（pudgala，補特伽羅）、命者、知者、見者，現舉有情、命者以概其餘，故稱爲「等」。

〔二三〕「預流一來等」，「預流」和「一來」是小乘佛教的二種果位。「預流」是梵文 Srotāpanna 的意譯，音譯須陀洹，「預流」意謂剛剛參預聖流，是小乘佛教的初果位。「一來」是梵文 Sakṛdāgāmin 的意譯，音譯斯陀含，「一來」意謂再來人間受生一次，便能得到最後解脱。「等」指小乘果位中還有三果位阿那含和四果位阿羅漢。還包括大乘佛教的各種聖位菩薩。

〔二四〕「實、德、業等」，勝論立六句義：一實（體實），二德（屬性），三業（作用），四有，五同異，六和合。現舉實、德、業三種代表六種。

〔二五〕「蘊、處、界等」，「蘊」是五蘊：色、受、想、行、識。「處」是十二處，包括眼、耳、鼻、舌、身、意六根和色、聲、香、味、觸、法六塵。「界」是十八界，包括六根、六塵和六識。十善巧除蘊、處、界以外，還有緣起、處非處、根、世、諦、乘、有爲無爲。現舉蘊、處、界三種，代表十種，故稱爲「等」。

〔二六〕「心所」，梵文 Cittasaṃprayuktasaṃskāra 的意譯，亦稱心數、心所法、心所有法。意謂相應於心王而起的心理活動和精神現象。唯識的心所法共六類五十一種：遍行五種、別境五種、善十一種、煩惱六種、隨煩惱二十種、不定四種。

〔二七〕「變謂識體」，藏要本校注稱：「述記卷二謂此段有安慧説，但勘安慧釋云：此二假説皆依識變，非依實我實法，何以故？諸法及我離識變外無所有故，無此相、見二分等語。」

〔二八〕「相、見」，即相分和見分。識所緣境稱爲相分，識的能緣作用稱爲見分。「自證」，即自證分。識體稱爲自證分。

〔二九〕「或復内識轉似外境」，藏要本校注稱：「此解同轉識論，又糅安慧釋，述記卷三謂是難陀等説，勘原釋無明文。」

〔三〇〕「熏習」，是指前七識的現行對第八識的一種刺激作用。由於這種熏習的作用，使第八識裏的種子得以産生和增長。

〔三一〕「外境」，即客觀事物。因顯現在外，故稱「外境」。唯識宗認爲，外境非實，都是識的相分，祇是一種影像，是「似外境」相。與外境相對，識稱爲内識。

〔三二〕「愚夫所計實我實法都無所有」，藏要本校注稱：「安慧釋，此段釋我、法假説。」

〔三三〕「外境隨情而施設」，藏要本校注稱：「此二段糅安慧釋，原釋次序互倒，第一段結文云：由此二種邊見非理應捨，我師所説，蓋謂得論主意也。述記卷三謂此文無安慧解，有誤。」

〔三四〕「增、減」，外境非有，若認爲有則爲增。内識非無，若認爲無則爲減。

〔三五〕「世俗」，即世俗諦，亦稱俗諦，是對俗人所講的真理。

〔三六〕「勝義」，即勝義諦，亦稱真諦，是對佛教聖人所講的真理。

〔本段大意〕向萬法唯識的佛法致敬！向完全清淨的佛致敬！向部分清淨的菩薩致敬！我（十大論師）現在解釋世親菩薩的唯識三十頌，是爲了給有情衆生帶來利益和安樂。

安慧認爲：今天造這部論，乃是爲了讓對於我、法二空之理迷惑不解或理解錯誤的人們，能够對於二空之理產生正確的理解，而讓他們產生正確理解的目的，則是爲了讓他們斷除煩惱障和所知障。由我執產生煩惱障，由法執產生所知障。如果悟證我、法二空，煩惱障和所知障就會隨之斷除。斷除二障的目的，則是爲了得到兩種殊勝的果報，由於斷除了能使衆生相續再生的煩惱障，便能證得真正的解脱，即大涅槃；由於斷除了障礙對事物正確理解的所知障，便能證得大菩提。火辨等人認爲：爲了使錯誤地認爲有我、有法的人們明白過來，使他們領悟我、法二空，如實理解唯識道理。護法等認爲：因爲有人對唯識理論迷惑而誤解，小乘佛教説一切有部認爲，客觀事物就像識一樣，並不是不存在；大乘空宗則認爲，識就像外境一樣，是不存在的；楞伽經却認爲，八個識的用途不同，但其本體是一個；小乘經量部認爲，除心法之外没有另外的心所法。爲了破除這種種不同的主張，讓人們對深奥玄妙的唯識理論有個正確理解，所以要造作這部論著。外人難説：如果祇有識的話，爲什麽俗人和佛教的某些派别都説有我、有法呢？論主回答説：唯識三十頌稱：「我和法都是假設而有，有各種各樣的相狀，它們都是識變現的。能變之識祇有三種：第八阿賴耶識稱爲異熟識，第七末那識稱爲思量識，眼、耳、鼻、舌、身、意前六識稱爲了别境識。」論説：世間凡人和佛教某些派别説有我有法，都祇不過是一些假説而已，其實，它們並没有真實的體性。所謂「我」是主宰的意思，「法」是軌持，卽所謂「軌生物解，任持自性」的意思。若我若法，都有各種不同的行相。「我」的行相在世間稱爲有情、命者等等，在小乘佛教稱爲預流、一來等等。「法」的行相，勝論稱爲實、德、業等等，佛教稱爲五蘊、十二處、十八界等等。「轉」的意思，是説隨着各種機能而有各種不同的假説。如果諸我、法相都是假説，那末，它們依據什麽得以成立呢？那些我、法之相都是由於識的變現而假説的。「識」是了别（認識）的意思。這裏所説的「識」（心法）亦包括心所法（下詳），因爲心所法必然要同心法相應而起的緣故，也就是説，有心法生起的時候，必然也有與之相應的心所法相伴隨而俱生。安慧認爲：所謂「變」，是説識體生時，轉似相、見二分，因爲相分和見分都是依賴自證分而生起的緣故。依據相、見二分假説有我（見分）、法（相分）。彼我彼法離此相、見無所依取。難陀等認爲：由於内識轉出似外而實内的客觀境相，由於若我若法的熏習，各種内識生起的時候，就變現出似我、似法來，這些我、法之相，雖然實際上都是識變的，但是由於内識的虚妄分别作用，它們又都好像是一些外在的東西。各類愚迷的有情衆生，從無始以來，就妄執這些「似外境」相以爲實我、實法，就像是患眼病或作夢的人，把因眼病而看到的五顔六色或者一些夢境，誤認爲都是真實的東西。護法等認爲：愚蠢人認爲實有的我和法都是不存在的，但隨順其虚妄心情而虚假施設，所以説爲假有，由於内識的變現，好像是有我、有法，雖然可以説是有，但並不是真實的我和法，只是似我、似法在顯現，所以説是假有。外境是隨順有情衆生虛假施設，所以不像識那樣是實有。內識必須依仗內因和外緣纔能生起，所以不像外境那樣是無，這就排除了增、減二種錯誤主張，外境依仗內識的變現而虛假成立，從俗諦來看是有，內識是虛假外境的所依，從真諦來看是有。

云何應知實無外境〔一〕，唯有內識似外境生？實我、實法不可得故。如何實我不可得耶？諸所執我略有三種：一者執我體常周徧〔二〕，量同虛空，隨處造業〔三〕，受苦樂故；二者執我其體雖常，而量不定，隨身大小有卷舒故；三者執我體常至細如一極微〔四〕，潛轉身中作事業故。初且非理，所以者何？執我常徧，量同虛空，應不隨身受苦樂等。又常徧故，應無動轉，如何隨身能造諸業？又所執我，一切有情爲同爲異？若言同者，一作業時一切應作，一受果時一切應受〔五〕，一得解脫時一切應解脫，便成大過。若言異者，諸有情我更相徧故，體應相雜，又一作業一受果時與一切我處無別故，應名一切所作所受。若謂作、受各有所屬無斯過者，理亦不然，業、果及身與諸我合，屬此非彼不應理故。一解脫時一切應解脫，所修證法一切我合故。中亦非理，所以者何？我體常住，不應隨身而有舒卷，既有舒卷，如橐籥風應非常住。又我隨身應可分析，如何可執我體一耶？故彼所言如童豎戲。後亦非理，所以者何？我量至小如一極微，如何能令大身徧動？若謂雖小而速巡身，如旋火輪似徧動者，則所執我非一非常，諸有往來非常一故。又所執我復有三種：一者卽蘊，二者離蘊，三者與蘊非卽非離。初卽蘊我，理且不然，我應如蘊，非常一故。又内諸色定非實我〔六〕，如外諸色有質礙故。心、心所法亦非實我，不恆相續，待衆緣故。餘行、餘色亦非實我〔七〕，如虚空等非覺性故。中離蘊我理亦不然，應如虚空無作、受故。後俱非我理亦不然，許依蘊立非卽離蘊，應如瓶等非實我故。又既不可説有爲、無爲，亦應不可説是我非我。故彼所執實我不成。又諸所執實有我體爲有思慮爲無思慮〔八〕？若有思慮應是無常，非一切時有思慮故。若無思慮應如虚空，不能作業亦不受果，故所執我理俱不成。又諸所執實有我體爲有作用爲無作用〔九〕？若有作用，如手足等應是無常，若無作用，如兔角等應非實我，故所執我二俱不成。又諸所執實有我體爲是我見所緣境不〔一〇〕？若非我見所緣境者，汝等云何知實有我？若是我見所緣境者，應有我見非顛倒攝，如實知故。若爾，如何執有我者所信至教皆毁我見稱讚無我？言無我見能證涅槃〔一一〕，執著我見沈淪生死，豈有邪見能證涅槃〔一二〕，正見翻令沈淪生死〔一三〕？又諸我見不緣實我，有所緣故，如緣餘心。我見所緣定非實我，是所緣故，如所餘法。是故我見不緣實我，但緣内識變現諸蘊，隨自妄情種種計度。

校釋

〔一〕「云何應知實無外境」，藏要本校注稱：「此下廣破我執，安慧釋均無文，勘廣百論釋卷二、卷三，文義略同，則此大段應是護法義。」

〔二〕「一者執我體常周徧」，這是古印度哲學流派數論和勝論的主張，這兩派主張「我」有三義：一常（永恒），過去、現在、未來都有「我」存在，永不斷絶；二周遍，「我」普遍存在於五趣（地獄、餓鬼、畜生、人、天）之中，並非永遠居住於一趣；三量同虛空，普遍存在於十方：東、西、南、北、上、下、東北、東南、西北、西南。

〔三〕「業」，梵文 Karma 的意譯，音譯羯磨，即行爲。包括身業（行動）、語業（説話）、意業（思想活動）三種。

〔四〕「極微」，梵文 Aṇu 的意譯，音譯阿拏、阿菟、阿耨等，是構成色法（物質）的最小單位。

〔五〕「果」，梵文 Phala 的意譯，意謂結果或果報。有爲法（因緣和合的事物）和無爲法（非因緣和合的永恒存在）都可稱爲果。有爲法前後相續，前爲因，後爲果。無爲法通過修行而證得，修行爲因，無爲法爲果。

〔六〕「内諸色」，即内色，也就是根（淨色根）以及屬於根的扶根塵，因在自身，故稱内色。客觀物質稱爲外色。

〔七〕「餘行餘色」，「行」是梵文 Saṃskāra 的意譯，意謂遷流造作，是指一切精神現象和物質現象的生起和變化活動。「餘行」是指心法、心所法以外的「行」。「餘色」是指無表色 (Avijñāpti)，亦稱無作色，略稱無表或無作，是身中一種無形的色法，是由持戒、禪定等引生的一種精神作用。有淨和不淨二種，依善心所起的無表稱爲淨無表，可招樂果；依不善心所起的無表稱爲不淨無表，可招苦果。

〔八〕「又諸所執實有我體爲有思慮爲無思慮」，數論主張「我」有思慮，勝論主張「我」無思慮。

〔九〕「又諸所執實有我體爲有作用爲無作用」，耆那教主張「我」有作用，數論主張「我」無作用。

〔一〇〕「我見」，梵文 Satkāyadarśana 的意譯，亦譯我執、身見等，音譯薩迦耶見，主張「我」和「我所」都是實有的觀點。佛教認爲，我見是一切煩惱和錯誤見解的總根源。

〔一一〕「涅槃」，梵文 Nirvāṇa 的音譯，意譯圓寂。是佛教修行所追求的最高解脱境界。已經擺脱生死輪迴之苦和一切煩惱。

〔一二〕「邪見」，五見(薩迦耶見、邊執見、邪見、見取見、戒禁取見)之一，梵文 Mitnyā-dṛṣṭi 的意譯，是否認因果報應的錯誤見解。

〔一三〕「正見」，八正道之一，梵文 Samyak-dṛṣṭi 的意譯，是對四諦等佛教真理的正確見解。

〔本段大意〕外道和小乘問：怎麽知道實際上並無外境，衹有內識變現，好像是有外境在産生呢？論主簡略回答説：因爲真實的我、法是没有的。犢子部、正量部、經量部、外道問：爲什麽説真實的「我」不存在呢？論主回答説：認爲有「我」的主張簡略來説有三種：一、數論和勝論主張，「我」是永恒的，普遍存在於五趣之中，如虚空那樣存在於十方，到處造作各種行爲而受苦受樂；二、耆那教認爲，「我」雖然是永恒的，但大小不定，可以隨着身體的大小而有變化，可以捲縮，也可以舒展；三、獸主、遍出等外道認爲，「我」是永恒的，細小得像一個極微，潛伏於身體中造作各種行爲。第一種主張是錯誤的，爲什麽呢？認爲「我」是永恒的，普遍存在於五趣當中，量同虚空，就不應當隨順身體受苦受樂等。如果「我」是永恒的，普遍存在於五趣當中，就應當是没有動轉，爲什麽還能隨順身體造作各種行爲呢？而且，人們所説的「我」，對於有情衆生來説，是相同呢？還是不同呢？如果説是相同的話，一個衆生造作某一行爲時，一切衆生都應造作這種行爲，一個受某種果報時，一切衆生都應當受這種果報，一個得解脱，一切衆生都應當得解脱，這就造成極大的過錯。如果你們所説的我和一切有情衆生的我不同一體，則一個有情衆生的我體周遍，各有情衆生的我體也應當周遍。既然各有情衆生的我體互相周遍，就會各各互相涉入，一個有情衆生的我體和各個有情衆生的我體應當相互混雜爲一，即成同一個我體。一個有情衆生作業時，一切有情衆生都應當同時作業；一個有情衆生受果時，一切有情衆生都應當同時受果。因爲你們所説的我和一切有情衆生的我，同在一處，没有區别。應當稱爲一切所作，一切所受。如果説我體雖遍，但作受各有所屬，卽誰作誰受，這樣就不會犯上述過失。這種説法在道理上也講不通，因爲業、果、身與各有情衆生的我相合爲一體，不分彼此，説屬於這個而不屬於那個，這在道理上講不通。一個衆生得解脱，一切衆生都得解脱，因爲所修法、所證法和上述一切相雜的「我」合爲一體。第二種觀點亦是錯誤的，爲什麼呢？「我」常住於身中，不應當隨順身體而有舒展或卷縮。既然有舒展或卷縮，就像是風箱中的風一樣，應當是非永恒的。而且，認爲「我」隨順身體的大小而有卷舒應當進行分析，或認爲色是我，或認爲受是我，或認爲想是我，或認爲行是我，或認爲識是我，怎麼能認爲我體同一呢？所以，那種意見就如兒童、小奴戲於沙土一般。第三種觀點也是錯誤的，爲什麼呢？「我」小得像一極微，怎能使大的身軀運轉呢？如果認爲「我」雖然很小，而在身内迅速運轉，就像旋火輪那樣，就應當認爲「我」並非同一，亦非常住，因爲各次往來，並非常住，亦非同一。而且，人們所説的「我」又有三種：一、俗人認爲五蘊就是我；二、數論認爲「我」與五蘊不是一回事；三、小乘犢子部認爲，「我」與五蘊既不是一回事，又不是毫無關係。俗人認爲五蘊就是「我」是不對的，因爲「我」應當是與五蘊一樣並非常住，亦非同一。而且，根及屬根的扶根塵肯定不屬於「我」，就像客觀物質互有妨礙的緣故。心法和心所法亦不是真實的「我」，因爲心法和心所法並不是永恒相續的，需要各種條件。其餘的「行」和無表色亦不是真實的「我」，因爲它們就像虚空那樣没有知覺。第二種所説的「我」與五蘊不是一回事，亦不對，如果是那樣的話，「我」就像虚空那樣不能作業，不能受果。第三種認爲「我」與五蘊並不是一回事，也不是毫無關係，這也不對，自許（自己認爲）「我」依五蘊而立，就應當像五蘊那樣是無常的。「我」與五蘊非卽非離，就應當像瓶等那樣無常，所以不是真實的「我」。而且，既不能說是有爲法，亦不能說是無爲法，亦不能說是「我」，亦不能說不是「我」，所以他們所說的真實「我」不能成立。而且，人們所說的真實「我」體是有思慮呢？還是無思慮呢？如果像數論所主張的那樣是有思慮，就應當是非永恒的（而「我」是永恒的），因爲並不是永遠有思慮。如果像勝論所主張的那樣没有思慮，就像虚空那樣不能造作行爲，亦不能接受果報（而「我」是能够造作行爲接受果報的），所以認爲有「我」的主張，從道理上來講都不能成立。而且，人們所說的「我」是有作用呢？是無作用呢？如果像耆那教所主張的那樣是有作用，就像手、脚等那樣，就應當是非永恒的。如果像數論所主張的那樣是無作用，就如兔子角那樣，没有真實的「我」，所以從兩方面講，認爲有「我」的主張都不能成立。而且，主張有「我」的人們所說的真實「我」體能緣境嗎？如果不能緣境的話，你們怎麼知道「我」真實存在呢？如果我能緣境的話，有「我」的見解就不是錯誤的，如實知曉的緣故。如果是這樣的話，爲什麼佛教都破除有「我」的見解而稱贊無「我」呢？佛教說無「我」的見解能證得涅槃，堅持有「我」的見解則沈淪於生死輪迴，哪會有錯誤的見解能證得涅槃，正確的見解反而沈淪於生死呢？而且，由妄想産生的我見，絶對不能緣於真實的我體，因爲我見有它託緣而起的所緣，就如其餘的心法和心所法那樣都緣自體所變的相分。我見所緣的對象肯定不是真實我體，因是所緣的緣故，就如其餘的色法等那樣，是所緣，是幻有。所以我見不緣真實的「我」，衹是緣内識變現的五蘊，但隨衆生的種種虚妄心情而誤執爲「我」。

然諸我執略有二種：一者俱生，二者分別。俱生我執無始時來虚妄熏習内因力故，恆與身俱，不待邪教及邪分別，任運而轉，故名俱生。此復二種：一常相續，在第七識緣第八識起自心相執爲實我〔一〕；二有間斷，在第六識緣識所變五取蘊相〔二〕，或總或別，起自心相，執爲實我。此二我執細故難斷，後修道中數數修習勝生空觀方能除滅〔三〕。分別我執亦由現在外緣力故，非與身俱，要待邪教及邪分別然後方起，故名分別。唯在第六意識中有，此亦二種：一緣邪教所説蘊相，起自心相，分別計度執爲實我；二緣邪教所説我相，起自心相，分別計度執爲實我。此二我執麤故易斷，初見道時觀一切法生空真如即能除滅〔四〕。如是所説一切我執自心外蘊或有或無，自心内蘊一切皆有，是故我執皆緣無常五取蘊相妄執爲我。然諸蘊相從緣生故是如幻有，妄所執我横計度故，決定非有，故契經説，苾芻當知〔五〕，世間沙門、婆羅門等所有我見〔六〕，一切皆緣五取蘊起。

校釋

〔一〕「第七識」，卽末那識（Manas-vijñāna）。「第八識」，卽阿賴耶識（Ālaya-vijñāna）。

〔二〕「五取蘊」，卽五蘊。根據大乘佛教的解釋，欲、貪稱爲取。蘊能生取，或蘊從取生，故稱五蘊爲五取蘊。

〔三〕「修道」，佛教修行階位之一，與見道、無學道合稱三道。大乘佛教把菩薩階位分爲十地，二地以上十地以前都稱爲修道。

〔四〕「見道」，佛教修行階位之一，亦稱見諦道或見諦，與修道、無學道合稱三道，在菩薩十地中列入初地，因爲此位能體會唯識真如，故稱通達位。「真如」，梵文 Tathatā 的意譯，指事物的「真實」屬性，唯識學派把唯識實性稱爲真如。

〔五〕「苾芻」，即比丘(Bhikṣu)，意譯乞士，指出家後受過具足戒的男僧，俗稱和尚。

〔六〕「沙門、婆羅門」，沙門，梵文 Śrāmaṇa 的音譯沙門那的略稱，意譯「淨心」，原爲古印度反婆羅門思潮諸派出家者的總稱，後專指佛教僧侶。婆羅門(Brāhmaṇa)，印度四種姓(婆羅門、刹帝利、吠舍、首陀羅)之一，屬祭司階層。

〔本段大意〕然而各種有「我」的主張，簡略來説有兩種：一是俱生，與生俱有的我執；二是分別，由於第六識意識的虚妄分別而産生的我執。俱生我執從無始以來，由於虚妄熏習的内在因力，永遠與身俱有，不需要外道的錯誤説教，亦不需要第六識意識的錯誤分別，與生俱來，所以稱爲俱生。俱生我執又分爲兩種：一常相續，第七識緣第八識，認爲第八識在第七識的心中之相爲真實的「我」；二有間斷，這就是，第六識意識中緣於第八識所變現的五取蘊這個相分爲其本質，或總緣五蘊爲我，或别緣五蘊爲我，把在心中所顯的影相稱爲我。這兩種我執微細隱密，難以斷除，在修道位一再修行生空（我空）觀纔能斷除。分别我執是由當時的外部條件造成的，並不是與身俱有，需要有外道的錯誤説教和第六識意識的虛妄分別纔能產生，所以稱爲分別我執。分別我執祇有在第六識意識中有。分別我執又分爲兩種：一、因爲外道錯誤地解釋五蘊，心中產生一種印象，對此虛妄分別爲實我；二、因爲外道所説的「我」相，在心中產生一種印象，對此虛妄分別爲實我。這兩種我執粗顯，容易斷滅，在見道位觀一切法生空（即法無我、法空）真如即可斷滅。這樣所説的一切有我的主張，或者認爲心外五蘊是有，或者認爲心外五蘊是無，但認爲心內五蘊都是有，所以我執都是把非永恒的五蘊相妄執爲「我」。但是，五蘊之相都是因緣和合而生，所以是幻有，由於人們的虛妄計度，硬説是「我」，這種「我」肯定是沒有的，所以佛經中説，比丘應當知道，世間沙門和婆羅門主張有我的見解，都是緣五蘊而起。

實我若無，云何得有憶識、誦習、恩怨等事〔一〕？所執實我既常無變，後應如前，是事非有。前應如後，是事非無，以後與前體無別故。若謂我用前後變易非我體者，理亦不然，用不離體，應常有故，體不離用，應非常故。然諸有情，各有本識〔二〕，一類相續，任持種子與一切法更互爲因〔三〕，熏習力故得有如是憶識等事，故所設難於汝有失，非於我宗。

校釋

〔一〕犢子部主張「我」能記憶。

〔二〕「本識」，即第八識阿賴耶識，因爲它是一切有爲法和無爲法依持的根本，所以稱爲本識。

〔三〕「種子」，梵文 Bija 的意譯。唯識派認爲，阿賴耶識像一座奇異的倉庫，儲藏着産生各類事物的功能，就像可以生果的植物種子一樣。

〔本段大意〕外人問難説：真實的「我」如果是没有的話，怎麼能記憶過去的事情？怎能認識外境？怎能誦持經書温習文史？怎能有恩愛、怨恨等事呢？論主批駁説：人們所説的真實我體既然是常住而無變易，以後的我應當像以前的我一樣，實際上，這種事情是没有的。以前的我應當像以後的我，這樣的事情並不是没有，因爲以後的我體與以前的我體没有區別。如果説我的作用前後有變化，並不是我體前後有變化，從道理上亦講不通，因爲作用不能離開本體，應當常有，本體離不開作用，應當是非永恒的。但是，各個有情衆生各有一個阿賴耶識，持續不斷，能使種子和一切事物互爲原因（二卷詳釋）。由於熏習的緣故而有如此記憶、認識、誦持、温習、恩愛、怨恨等事。所以，像這樣的詰難，失敗的是你們，而不是我們唯識宗。

若無實我，誰能造業誰受果耶？所執實我既無變易，猶如虚空，如何可能造業受果？

若有變易，應是無常。然諸有情心、心所法因緣力故，相續無斷造業受果，於理無違。我若實無，誰於生死輪迴諸趣〔一〕？誰復厭苦求趣涅槃？所執實我既無生滅，如何可説生死輪迴？常如虛空，非苦所惱，何爲厭捨求趣涅槃？故彼所言常爲自害。然有情類身心相續，煩惱業力輪迴諸趣，厭患苦故，求趣涅槃。由此故知定無實我，但有諸識無始時來前滅後生，因果相續，由妄熏習似我相現，愚者於中妄執爲我。

校釋

〔一〕「輪迴」，梵文 Samsāra 的意譯，音譯僧沙洛。佛教認爲，衆生在三界六趣生了又死，死了又生，循環不已，猶如車輪，旋轉不停。　「諸趣」，一般講五趣：地獄、餓鬼、畜生、人、天，也可以加阿修羅（Asura，意譯非天，一種惡神）而成六趣。

〔本段大意〕外人問難説：如果沒有真實的「我」，誰能造作行爲誰接受果報呢？論主批駁説：你們所説的實我既然是沒有變化，像虛空那樣，怎能造作行爲接受果報呢？如果有變化，就應當是非永恒的。然而由於各有情衆生心法和心所法的因緣力持續不斷，因而可以造作行爲接受果報，在道理上不相違背。外人問難説：如果「我」實際上是沒有的話，誰在五趣或六趣生死輪迴呢？又是誰厭苦而求涅槃呢？論主批駁説：你們所説的「我」既然是無生無滅，怎麽能説是生死輪迴呢？如果「我」永遠像虚空那様不爲苦所惱，爲什麽要厭苦捨苦而求涅槃呢？所以主張有「我」的人往往是自我推翻。然而有情衆生身心持續不斷，是由於煩惱業力使衆生在六趣輪迴不息，由於厭惡痛苦而求涅槃。由此可見，肯定没有實我，但有各種識，從無始以來，前邊息滅，後邊産生，因果相續，由於虚妄熏習，好像是有「我」之相在顯現，愚蠢的人們將此妄執爲「我」。

如何識外實有諸法不可得耶？外道、餘乘所執外法理非有故〔一〕。外道所執云何非有〔二〕？且數論者〔三〕，執我是思，受用薩埵、剌闍、答摩所成「大」等二十三法〔四〕，然大等法三事合成〔五〕，是實非假，現量所得〔六〕。彼執非理，所以者何？「大」等諸法多事成故〔七〕，如軍、林等應假非實，如何可説現量得耶？

校釋

〔一〕「外道」，佛教自稱爲内學，稱佛教之外的宗教或哲學派别爲外道。「餘乘」，站在大乘佛教的立場看問題，「餘乘」是指小乘。「乘」（yāna）爲乘載的意思，意謂運載衆生從生死苦海此岸到達涅槃菩提彼岸。

〔二〕藏要本注稱：「此下廣破外道法執，安慧釋均無文。勘廣百論釋卷六、卷七破根境等品，文義略同，此亦是護法之説也。」

〔三〕「數論」，梵文 Sāṃkhya 的意譯，音譯僧佉。古印度哲學流派之一，相傳創始人是迦毘羅（Kāpila），主張二十五諦：神我、自性、大、我慢、五唯（色、聲、香、味、觸）、五知根（眼、耳、鼻、舌、身）、五作業根（口、手、足、男女、大遺）、心根、五大（空、風、火、水、地）。

〔四〕「薩埵、剌闍、答摩」，指數論二十五諦中自性諦的三德（屬性）：一、薩埵，梵文 Sattva 的音譯，意譯勇健；二、剌闍，梵文 Rajas 的音譯，意譯塵坌；三、答摩，梵文 Tamas 的音譯，意譯闇鈍。

「二十三法」，數論二十五諦中除神我、自性之外的二十三諦。

〔五〕「三事」，即構成「大」等二十三法的薩埵、剌闍、答摩三種。

〔六〕「現量」（Pratyakṣapramāṇa），因明述語之一，是感覺器官對事物個別屬性的直接反映，是根、境相合所得之「知」，此「知」是決定性的，不可言詮的，没有謬误的。

〔七〕「大」，即五大：地、水、火、風、空。

〔本段大意〕外人問道：爲什麽説識外各種真實事物是不存在的呢？論主回答説：因爲外道和小乘所説的客觀事物在道理上講起來是肯定没有的。外道所説的外境爲什麽没有呢？數論認爲「我」就是思慮，利用薩埵、剌闍、答摩三種屬性構成五大等二十三種事物。而五大等物由薩埵、剌闍、答摩三事合成是真實的，並非虚假的，因爲它們是現量所得。這種主張是錯误的，爲什麼呢？五大等二十三法是由很多因素構成的，就像軍、林等那樣應是虛假的，並非真實，怎麼能說是現量得呢？

又「大」等法若是實有，應如本事〔一〕，非三合成。薩埵等三卽大等故，應如大等亦三合成。轉變非常爲例亦爾。又三本事各多功能，體亦應多，能體一故。三體既徧，一處變時餘亦應爾，體無別故。許此三事體相各別，如何和合共成一相？不應合時變爲一相，與未合時體無別故。若謂三事體異相同，便違己宗體相是一。體應如相，冥然是一。相應如體，顯然有三。故不應言三合成一。又三是別，大等是總，總別一故，應非一三。此三變時若不和合成一相者，應如未變，如何現見是一色等〔二〕？若三和合成一相者，應失本別相，體亦應隨失。不可說三各有二相，一總二別。總卽別故，總亦應三，如何見一？若謂三體各有三相和雜難知故見一者，既有三相，寧見爲一？復如何知三事有異？若彼一一皆具三相，應一一事能成色等，何所闕少待三和合？體亦應各三，以體卽相故。又「大」等法皆三合成，展轉相望應無差別，是則因果、唯量、諸大、諸根差別皆不得成〔三〕。若爾一根應得一切境，或應一境一切根所得，世間現見情與非情〔四〕，淨、穢等物，現、比量等〔五〕，皆應無異，便爲大失。故彼所執實法不成，但是妄情計度爲有。

校釋

〔一〕「本事」，即數論二十五諦之一「自性」(Prakrti)，數論認爲，「大」等二十三諦都是由自性產生的，在未生二十三諦之前的自性但住自分，若生「大」等便稱勝性，意謂作用增勝。因爲「自性」能生「大」等，故稱爲「本」，意謂不是從他而生。自性沒有變易，「大」等二十三法都有變易。

〔二〕「色」(Rūpa)，物質現象。

〔三〕「因果」，五大是產生我慢的原因，我慢是五大產生的結果。「唯量」，即五唯：色、聲、香、味、觸。「諸大」，即五大：地、水、火、風、空。「諸根」，即十一根：包括五知根(眼、耳、鼻、舌、身)、五作業根(口、手、足、男女、大遺)和心根。

〔四〕「情」，指有情識的衆生。「非情」，指無情識的磚瓦木石等。

〔五〕「比量」(Anumānapramāṇa)，因明用語。由已知推論未知的思維或論證形式。

〔本段大意〕而且，五大等二十三諦如果是實有的話，就應當和自性一樣，不是薩埵、刺闍、答摩三種屬性合成，因爲薩埵等三種屬性就是五大等二十三法，就應當如五大等亦由薩埵等三種屬性合成。自性就應當如五大等一樣是有變易的，是無常的。而且，自性的薩埵等各有多種功能，本體亦應當是多種，因爲功能和本體是一致的。薩埵等三既然遍於一切自性本體，一分轉變成法之時，其餘的亦應當轉變，因爲自性之體是無區別的。自許薩埵等三種屬性，體與相各有區別，怎能和合成一相呢？不應當和合時變爲一相，因爲與未和合時的體是無區別的。如果認爲薩埵等三種屬性本體相異，其相相同，便違背本派體、相同一的主張。本體應當如相狀一般隱密一體，相狀也應當像本體一樣明顯地分爲三種，所以不能説是薩埵等三合成一體。而且，薩埵等三是各别的，五大等是一總體，總體和各别是一致的，不應當分一和三。薩埵等三變化時，如果不和合成一個體相，就和不變化一樣，爲什麽顯現爲一個東西呢？如果薩埵等三和合成一個相狀，應當喪失原來的各别相狀，其體也應當隨其相狀而喪失。不能説薩埵等三各有二相：總相和别相。因爲總相就是别相，總相也應當是三種，怎能見一總體呢？如果説薩埵等三各有三相，雜湊在一起，難以知曉，所以呈現一體的話，這亦不對，既然是有三相，怎能呈現一體呢？又怎麽知道薩埵等三有區别呢？如果薩埵等三各具三相，應當是每一種屬性都能構成物質現象等，爲什麽還有時缺少條件，等薩埵等三和合在一起呢？本體也應當是各有三種，因爲體就是相。而且，五大等二十三法也都是薩埵等三和合而成，自性和五大等法應當是没有差别。這樣，因果、五唯、五大、十一根的差别都不能成立，如果是這樣的話，一根應緣一切境，或者一境由一切根所緣。人們於塵世間見到的有情衆生和無情識的磚瓦木石等，潔淨與污穢等，現量與比量等，都應當没有差别，這是極大的過錯。所以，人們所説的實際事物不能成立，衹是由於人們的虚妄計度而認爲是實有。

勝論所執實等句義多實有性〔一〕，現量所得〔二〕。彼執非理，所以者何？諸句義中且常住者若能生果應是無常〔三〕，有作用故，如所生果。若不生果〔四〕，應非離識實有自性〔五〕，如兔角等。諸無常者，若有質礙便有方分〔六〕，應可分析，如軍、林等非實有性〔七〕。若無質礙〔八〕，如心、心所〔九〕，應非離此有實自性。又彼所執地、水、火、風應非有礙，實句義攝，身根所觸故〔一〇〕，如堅、濕、煖、動〔一一〕。卽彼所執堅、濕、煖等應非無礙，德句義攝，身根所觸故，如地、水、火、風。地、水、火三對青色等俱眼所見，準此應責。故知無實地、水、火、風與堅、濕等各別有性，亦非眼見實地、水、火〔一二〕。又彼所執實句義中有礙常者〔一三〕，皆有礙故，如麤地等應是無常。諸句義中色根所取無質礙法應皆有礙〔一四〕，許色根取故，如地、水、火、風〔一五〕。又彼所執非實、德等應非離識有別自性，非實攝故，如石女兒。非有實等應非離識有別自性〔一六〕，非有攝故，如空華等。彼所執「有」應離實等無別自性〔一七〕，許非無故，如實、德等。若離實等應非有性，許異實等故，如畢竟無等。如有非無無別有性，如何實等有別有性？若離有法有別有性，應離無法有別無性，彼既不然，此云何爾？故彼有性唯妄計度。又彼所執實、德、業性異實、德、業理定不然〔一八〕，勿此亦非實、德、業性〔一九〕，異實等故，如德、業等。又應實等非實等攝，異實等性故，如德、業、實等。地等諸性對地等體更相徵詰〔二〇〕，準此應知。如實性等無別實等性〔二一〕，實等亦應無別實性等。若離實等有實等性，應離非實等有非實等性，彼既不爾，此云何然？故同異性唯假施設。又彼所執和合句義定非實有，非有實等諸法攝故，如畢竟無。彼許實等現量所得，以理推徵尚非實有，況彼自許和合句義非現量得而可實有？設執和合是現量境，由前理故亦非實有。然彼實等非緣離識實有自體現量所得，許所知故，如龜毛等。又緣實智非緣離識實句自體現量智攝，假合生故，如德智等。廣説乃至緣和合智非緣離識和合自體現量智攝，假合生故。如實智等。故勝論者實等句義亦是隨情妄所施設。

校釋

〔一〕「勝論」(Vaiśeṣika)，音譯吠世史迦，古印度哲學流派之一，相傳創始人是嗢露迦（Uluka），意譯鵂鶹，生活年代早於佛教創始人釋迦牟尼，立六句義（範疇）：一、實，事物的本體；二、德，事物的屬性；三、業，行爲或作用；四、大有，能有的屬性；五、同異，相同和相異；六、和合，聚集。後有慧月論師立十句義：一實，二德，三業，四同，五異，六和合，七有能，八無能，九俱分，十無説。

〔二〕「現量所得」，六句義中現量所得的是前五句義：實、德、業、大有、同異，和合由比量得。

〔三〕六句義中常住而生果者包括實句義中的地、水、火、風，以及父母極微和德句義中的一部分。勝論認爲，父母極微和合生子微，子微和合生孫微……事物都是由極微和合而產生。

〔四〕「若不生果」，六句義中常住而不生果者包括大有、同異、和合等。

〔五〕「自性」(Svabhāva)，不依賴於任何事物而有的不改不變的固有本性。

〔六〕「若有質礙」，六句義中有質礙者包括實句義的地、水、火、風等。實句義共九種：一地，二水，三火，四風，五空，六時，七方，八我，九意。「方分」，佛教認爲，極微有上、下、左、右的方位，在空間佔有一定位置，此稱方分。

〔七〕「軍」，印度古代軍隊一般分爲四種，稱爲四軍：步軍、象軍、馬軍、車軍。

〔八〕「若無質礙」，十句義中的德、業、和合、有能、無能、俱分、無說七句義都是無質礙，實句義中的空、時、方、我也都是無質礙。

〔九〕「心、心所」，勝論的心、心所相當於德句義的覺和樂。德句義共分二十四種：一色，二味，三香，四觸，五數，六量，七別性，八合，九離，十彼性，十一此性，十二覺，十三樂，十四苦，十五欲，十六嗔，十七勤勇，十八重性，十九液性，二十潤，二十一行，二十二法，二十三非法，二十四聲。

〔一〇〕「身根」，即眼、耳、鼻、舌、身五種感覺器官，因爲它們是促進增生作用的根本，故稱爲「根」。勝論的根有十一德(屬性)：一觸，二數，三量，四別性，五合，六離，七彼性，八此性，九液性，十潤，十一勢用。

〔一一〕「堅、濕、煖、動」，堅是地的屬性，濕是水的屬性，煖是火的屬性，動是風的屬性。地、水、火、風，實句義所攝，性是有礙。堅、濕、煖、動，德句義中觸德所攝，性是無礙。

〔一二〕據藏要本注，此處原衍「風」字，今依廣百論及麗刻删。

〔一三〕「實句義中有礙常者」，卽地、水、火、風、父母極微及意。

〔一四〕「色根所取無質礙法」，包括德句義中的色、味、香、觸、聲以及業、大有、同異三個句義。

〔一五〕「地、水、火、風」，眼根卽火，耳根卽空，鼻根卽地，舌根卽水，身根卽風。

〔一六〕「等」，此中省略德句義的覺和樂。

〔一七〕「有」，此指六句義的第四句義「大有」。

〔一八〕「實、德、業性」，卽六句義的第五句義同異。

〔一九〕「勿此亦非實、德、業性」，「此」系指同異性，實、德、業性也是同異性。

〔二〇〕「地」，有二義：一、四大（地、水、火、風）之一。唯識派認爲，這種「地」是不真實的，是識變現的。

二、勝論實句義的「地」。

〔二一〕「實性」，卽同異性。

〔本段大意〕勝論主張「實」等六句義多數是實有的，因爲它們是現量所得。這種主張是錯誤的，爲什麼呢？因爲六句義中所説的永恒者，既然能生果，就應當是非永恒的，有作用的緣故，如所生果一樣是非永恒的。如常住而不生果者，也應當是没有離識的真實自性，如兔子角等。六句義中各種非永恒者，如互有妨礙便有方分，就應當是可以分析，如軍、林等，並非實有。勝論十句義中無質礙的部分，如德句義中的覺和樂，就像心法、心所法一樣，應非離覺等有實自性。而且，勝論所説的地、水、火、風，應當是無礙，因屬實句義所攝，身根所觸，如地的堅性、水的濕性、火的煖性、風的動性。而且，勝論所説的堅、濕、煖、動，應當有礙，因屬德句義所攝，身根所觸，如地、水、火、風四大。地、水、火三種，就如青色等一樣，都是眼所見，因而是虛假的。由此可見，地、水、火、風及其屬性堅、濕、煖、動，都是不真實的，都無自性，因爲眼睛没有看到真實的地、水、火、風。而且，勝論所説的「實句義」，有礙並是常住者，因爲它們都是有礙的，就如粗顯的「地」一樣，應當是無常的。六句義中由色根所攝取的無質礙事物都應當有礙，因爲它們由色根所攝取，如地、水、火、風一樣。而且，勝論六句義除實、德之外的四句義也並不是離識之外有其自性，因爲它們是不真實的，就像石女的兒子一樣是根本不存在的。非真實的東西，離識之外應當是無其自性，因屬非有，就如空中花等一樣。勝論所説的「大有」離識之外應無自性，因爲勝論師你們自己認爲實、德等句義是非無的。如離開「實」等句義，應是非有，因爲你們自己認爲「有」與「實」等句義是不同的，如畢竟空無等。如果「大有」，非無無其「有」性，爲什麽「實」句義等有特殊的「有」性呢？如果離「有法」還有一個「有」性，應當是離開「無法」而特別有「無」性，既然不是這樣，爲什麽要設一個「大有」呢？所以你們説的「大有」性都是由於虛妄計度而產生。而且，他們認爲實、德、業性（卽同異性）不同於實、德、業，這在道理上肯定講不通。不能説實句義不同於實句義之性，如德；不能説德句義不同於德句義之性，如業；不能説業句義不同於業句義之性，如實。如果勝論派的主張能成立的話，地等諸性堅、濕、煖、動不同於地、水、火、風之本體。這在道理上同樣是不對的，爲什麼呢？如果堅等之外沒有另外的地等，地等之外沒有另外的堅等。以此類推，「實」等之外沒有另外的同異性，同異性之外沒有另外的「實」等。如果説實性、德性、業性之外沒有一個同異性，實、德、業句義之外也應當是沒有一個同異性。如果你們説離實、德、業之外有個同異性，就應當説離非實、非德、非業之外，有個非實等的同異性。既然不是這樣，你們爲什麼説離開實、德、業之外有個同異性呢？由此可見，所謂同異性衹不過是虚假施設而已。而且，勝論所説的和合句義肯定不是實有，因爲它是由根本不存在的「實」等句義和合，就如畢竟無一樣。勝論自以爲「實」等句義是現量所得，從道理上進行推論，都不是實有，況且他自己認爲和合句義並非現量所得，怎能爲實有呢？如果勝論認爲和合句義是現量境，由於上述道理，也不是實有。勝論所説的「實」等句義並非離識而有自體由現量所得，汝許是所知故，如烏龜毛等是根本不存在的。而且，緣「實」之智並不是緣離識之外實句義自體現量智，因緣多法假合而生，如緣德之智等。推而廣之，乃至緣和合智並不是緣離識之外和合自體現量智，因緣多法假合而生故，如緣「實」之智等。所以，勝論所説的實句義等也是隨順有情衆生的虚妄執著假設而有。

有執有一大自在天〔一〕，體實徧常，能生諸法。彼執非理，所以者何？若法能生必非常故，諸非常者必不徧故，諸不徧者非真實故。體既常徧具諸功能，應一切處時頓生一切法。待欲或緣方能生者，違一因論。或欲及緣亦應頓起，因常有故。餘執有一大梵〔二〕、時〔三〕、方〔四〕、本際〔五〕、自然〔六〕、虛空〔七〕、我等〔八〕，常住實有具諸功能生一切法，皆同此破。

校釋

〔一〕「大自在天」，梵文 Maheśvara 的意譯，音譯摩醯伊濕伐羅。婆羅門教的毀滅神濕婆，其形相是三目八臂騎白牛，住色界之頂，爲三千界之主，本派教徒崇拜牛和男性生殖器，他不僅毀滅，也能創造，佛教主要批判他的創造功能。婆羅門教認爲，欲界、色界及無色界的一切生物及無生物都是大自在天生的，虛空是他的頭，大地是身，水是尿，山是糞，一切衆生是腹中蟲，風是氣，火是煖，罪福是業。大自在天有三身：一、法身，遍充法界；二、受用身，居住於色界之上自在天宮；三、化身，隨形六道（六趣）教化衆生。

〔二〕「大梵」，即婆羅門教的創造神梵天（Brahmā），與濕婆、毘濕奴並稱爲婆羅門教的三大主神。原有五個頭，剩下的四個頭面向四方，有四隻手分別拿着吠陀、蓮花、勺子、念珠或鉢，坐騎是一隻天鵝。婆羅門教認爲，世界上的一切生物或無生物都是梵天創造的，四大種姓也是梵天創造的，從口生出婆羅門（祭司），從兩臂生剎帝利（武士），從兩髀生吠舍（農民或手工業者），從兩脚生首陀羅(無技術的體力勞動者)。

〔三〕「時」,有一種外道稱爲時論師,佛教稱他們爲時散外道。該派認爲時生一切物,到一定時間一切事物成熟,時過以後一切事物毁滅,如一個人被箭射中,時不到不死,時到必死。一切事物的産生、成熟、毁滅都靠一定的時間,所以説時生一切物。

〔四〕「方」,有一種外道稱爲方論師,佛教稱他們爲方外道。該派認爲,方位是永恒的,能生萬物。最初有諸方,由諸方生人,從人生天地。天地滅後還入彼處,此稱涅槃。

〔五〕「本際」,即本生,「本際」意謂過去世之初際。這種外道認爲,世界上本來没有日、月、星辰、虚空和大地,祇有水和火,最先産生安荼,形如鷄卵,周匝金色,成熟以後破爲兩段,一段在上形成天,一段在下形成地,兩段中間生梵天,他是一切生物和無生物的始祖。一切事物散滅稱爲涅槃。

〔六〕「自然」,有一種外道稱爲無因論師,認爲一切事物的産生,既無因,又無緣,自然而有,如荆棘生刺,孔雀毛的各種顔色,都是自然而有。自然而有,不從因生,名爲涅槃。

〔七〕「虚空」,有一種外道稱爲口力論師,認爲虚空産生萬物。主張由空生風,由風生火,由火生煖,由煖生水,由水生凍,其堅爲地,地生藥草,藥草生五穀,五穀生性命,命終還歸於虚空,此稱涅槃。該派認爲虚空是永恒的,是涅槃之因。

〔八〕「我」,宿作論師認爲:一切有情衆生受苦樂之報,都是因爲宿世之業,如果精進持戒,使身心受苦,可以破壞宿業,宿業没有了,痛苦也就消除了。痛苦滅盡就是涅槃。

〔本段大意〕有人主張，大自在天其體實有，遍一切處，是常住永恒的，能生萬事萬物。這種主張是錯誤的，爲什麽呢？因爲如果事物能够産生，必定是非永恒的，有生必有滅，各種非永恒的東西肯定不能遍一切處，各種不遍一切處的事物不可能是真實的。本體既然是永恒的並遍一切處，又具備各種功能，應當是不管任何處所任何時間立卽産生一切事物。待有希求或條件纔能産生者，和大自在天一因生萬物的理論是相違背的。或者希求和條件也應當立刻生起，因爲永遠具有的緣故。另有一些人主張有一個大梵天、時、方、本際、自然、虛空、我等，是永恒的，實有的，並具各種功能，可以産生一切事物，對這些主張都可以像破除大自在天生萬物那樣去進行破除。

有餘偏執明論聲常〔一〕，能爲定量，表詮諸法。有執一切聲皆是常，待緣顯、發〔二〕，方有詮表。彼俱非理，所以者何？且明論聲，許能詮故，應非常住，如所餘聲。餘聲亦應非常，聲體如瓶、衣等，待衆緣故。

校釋

〔一〕「明論聲常」，這是婆羅門教的主張。明論，卽吠陀論。吠陀，是梵文 Veda 的音譯，意譯爲明

（明瞭），故稱明論。吠陀是婆羅門教最古最權威的經典文獻，約形成於公元前二千年至前一千年。婆羅門教規定，衹有婆羅門、刹帝利、吠舍三大種姓有權讀誦吠陀，首陀羅種姓無權誦讀，衹要偷聽，就要受到嚴厲懲罰。婆羅門教認爲，吠陀之聲永遠是衡量事物是非的標準，故稱「聲常」。

〔二〕「待緣顯、發」，聲論師分爲兩派：聲生論和聲顯論。聲生論主張，聲音在各種條件具備的情況下發生後，永不消失，該派認爲聲音有始而無終。聲顯論認爲，聲音本來就有，衹是處於隱密狀態，待條件具備後就顯現出來。聲音顯現以後永不消失。所以該派認爲聲音既無始又無終。此中「顯」爲聲顯論的主張，此中「發」意爲聲生論的主張。

〔本段大意〕又有一些人的主張是偏邪的，認爲吠陀之聲是永恒的，可以成爲衡量是非的標準，可以詮釋一切事物。聲論師認爲一切聲音都是永恒的，聲顯論認爲，聲音本來就有，衹是處於隱密狀態，待條件具備後就顯現出來。聲生論認爲，聲音本來沒有，待條件具備後纔能發生。聲音顯現或發生以後纔能起詮釋作用。這些主張都是錯誤的，爲什麼呢？婆羅門教認爲吠陀之聲可以解釋一切事物，應當是非永恒的，和其他的聲音一樣。其他的聲音也應當是非永恒的，因爲聲音之體和瓶、衣等一樣，需要其他很多條件。

有外道執地、水、火、風極微實常〔一〕，能生麤色，所生麤色，不越因量〔二〕，雖是無常，而體實有。彼亦非理，所以者何？所執極微若有方分，如蟻行等體應非實。若無方分，如心心所應不共聚生麤果色。既能生果，如彼所生，如何可說極微常住？又所生果不越因量，應如極微不名麤色，則此果色應非眼等色根所取，便違自執。若謂果色量德合故〔三〕，非麤似麤。色根能取，所執果色既同因量，應如極微無麤德合，或應極微亦麤德合，如麤果色，處無別故。若謂果色徧在自因，因非一故，可名麤者，則此果色體應非一，如所在因處各別故，既爾，此果還不成麤，由此亦非色根所取。若果多分合故成麤，多因極微合應非細，足成根境，何用果爲？既多分成應非實有，則汝所執前後相違。又果與因俱有質礙，應不同處如二極微。若謂果因體相受入，如沙受水，藥入鎔銅，誰許沙銅體受水藥？或應離變非一非常。又麤色果體若是一，得一分時應得一切，彼此一故彼應如此。不許違理，許便違事，故彼所執進退不成，但是隨情虛妄計度。

校釋

〔一〕「有外道」，指古印度唯物主義哲學流派順世論，佛教稱之爲順世外道。本段主要破斥順世論，兼破勝論的父母極微。

〔二〕「不越因量」，勝論主張，父母極微和合生子微，子微和合生孫微，孫微和合生曾孫微……以至於形成各種東西。所以，事物的形成都有因果關係。

〔三〕據藏要本注：「謂」字原作「諸」，今依述記卷六及麗刻改。

〔本段大意〕順世論和勝論認爲，地、水、火、風的父母極微是真實的，而且是永恒的，能够産生粗大的東西，所生的粗大東西仍依父母極微而有，雖然是非永恒的，而本體却是真實的。這種主張是錯誤的，爲什麽呢？他們所説的極微如果有方分的話，就如蟻行等一樣，其體應非實有。如無方分，就如心法和心所法一樣，不應當聚合而生粗大的東西。既然能生果，就像所生的果一樣，怎麽能説極微是永恒的呢？而且，所生之果既然仍依父母極微而有，就應當像極微那樣，不應當稱爲粗大東西，這種粗大東西就像極微那樣，不應被眼、耳、鼻、舌、身五種感覺器官所攝取，這就違背了順世論和勝論本派的主張。如果説極微合成的東西有微量、大量等不同現象，不是粗大東西又像粗大東西。如果色根能够攝取，他們所説的果色就如同父母極微一樣，就應如父母極微那樣没有粗量之合，或者説極微亦是粗量之合，就如粗大東西一樣，因爲與粗果色處没有區别。如果認爲果色普遍地存在於父母極微之中，因並非一個，可以稱爲粗大東西，卽此果色，其本體不應當是一個，由於所在因父母極微處各别的緣故。既然是這樣，這種果色還不能稱爲粗大東西，所以還不能被感覺器官所攝取。如果果色是由很多細分組合而成的粗大東西，因由很多極微組合而非細分，就足够成爲根所緣的境，還要果色幹什麽？既然是由很多細分合成，就不應當稱爲實有，（按照佛教的觀點，祇要是因緣和合的事物，都是幻有。）所以你們的主張是前後矛盾。如果果色與因極微都有質礙，就不應當互相涉入，如二極微都有質礙不得互相涉入一樣。如果認爲果和因之體相受入，就如沙接受水、藥入鎔銅一樣，誰能承認沙能受水、銅能受藥呢？水入沙，祇能入於沙之間的空處，並不入於沙的極微之中，藥入銅亦是這個道理。所以水入沙沙不增，藥入銅銅不長，並不能引起沙和銅的變化，水和沙、藥和銅並非一體，亦非永恒。而且，一個粗大東西，如果其體是同一的話，得其一部分應得整體，因爲彼此同一，整體如部分一樣。如果你們不承認這種説法，在道理上講不通；如果你們承認這種説法，就違背世間事實。所以你們的主張往前進或往後退都不能成立，祇不過是隨順有情衆生的虛妄執著而已。

然諸外道，品類雖多，所執有法不過四種：一執有法與有等性其體定一〔一〕，如數論等〔二〕。彼執非理，所以者何？勿一切法卽有性故，皆如有性體無差別，便違三德我等體異〔三〕，亦違世間諸法差別。又若色等卽色等性，色等應無青、黄等異。二執有法與有等性其體定異，如勝論等。彼執非理，所以者何？勿一切法非有性故，如已滅無體不可得，便違實等自體非無，亦違世間現見有物。又若色等非色等性，應如聲等非眼等境。三執有法與有等性亦一亦異，如無慚等〔四〕。彼執非理，所以者何？一異同前一異過故，二相相違體應別故，一異體同俱不成故，勿一切法皆同一體，或應一異是假非實，而執爲實理定不成。四執有法與有等性非一非異，如邪命等〔五〕。彼執非理，所以者何？非一異執同異一故。非一異言爲遮爲表〔六〕？若唯是表，應不雙非，若但是遮，應無所執，亦遮亦表應互相違，非表非遮應成戲論〔七〕。又非一異違世共知有一異物，亦違自宗色等有法決定實有，是故彼言唯矯避過。諸有智者勿謬許之。

校釋

〔一〕「執有法與有等性其體定一」，這種主張是爲了和勝論相區別。勝論設大有、同異二性。

〔二〕「數論等」，數論共分十八部，故此有「等」字。以下「勝論等」的解釋與此相同。

〔三〕「三德」，卽數論自性諦的三種屬性：薩埵、剌闍、答摩。參見本書第二二頁注〔四〕。

〔四〕「無慚」，卽無慚外道，卽耆那教。公元前六至前五世紀與佛教同時起源於古代印度，創始人是伐陀摩那(Vardhamāṇa)，亦稱尼乾陀・若提子(Nigaṇḍha Nātaputta)，故亦稱尼乾外道。認爲人生是由痛苦和幸福組成的，受完苦以後剩下的都是幸福，該教以行苦行而著稱，故亦稱苦行外道。該教主張遠離塵世生活對靈魂的繫縛，使靈魂得到解脫，故亦稱離繫外道。公元一世紀分裂爲白衣派和天衣派，白衣派身穿象征聖潔的白衣，天衣派以天爲「衣」，卽裸體，故亦稱裸形外道、無慚（無羞）外道。

〔五〕「邪命」，即邪命外道，創始人相傳是外道六師之一末伽梨·俱舍梨子（Maskārī Gośāliputra），末伽梨是字，從母得名俱舍梨子。否認因果報應，認爲没有今世，也没有來世，没有父母生身，没有衆生，修行無用，祇要經過八百四十萬大劫，一切人不管是智者還是愚者，都能獲得解脱。自稱爲「正命」（正確的生活），佛教稱之爲邪命外道。

〔六〕「遮、表」，即遮詮和表詮。因明術語，遮詮是否定，表詮是肯定。

〔七〕「戲論」（Prapañca），佛教把不符合佛教義理的「錯誤」言論稱爲「戲論」。吉藏著中觀論疏卷一把「戲論」分爲二種：一、愛論，由於對世間事物的貪愛之情而起的言論；二、見論，由於對事物的「錯誤」見解而起的言論。

〔本段大意〕然而，外道種類雖然很多，認爲客觀物質世界實有的主張不過有四種：一、認爲「有法」與「有」等性，其本體肯定同一，如數論等。這種主張是錯誤的，爲什麽呢？因爲不能説一切事物都是「有」性，如果一切事物都是「有」性，其本體就無差别了。這就違背自性三德（薩埵、剌闍、答摩）和「我」本體相異的現象，也違背塵世間各種事物有差别的現象。而且，如果色等就是色等之性，色等就應當是没有青、黄等色之别。二、認爲「有法」與「有」等性，其體肯定相異，如勝論等。這種主張是錯誤的，爲什麽呢？因爲不能説除「大有」之外的任何事物都不存在「有」性，如果事物已經滅除没有了，本體也就没有了。這就違背實句義等自體實有的理論，亦違背塵世間眼見萬物存在的現象。而且，如果説色等並非色等之性，就應當像聲等一樣，就不是眼等所緣的境了。三、主張「有法」與「有」等性，既同一又相異，如耆那教等。這種主張是錯誤的，爲什麽呢？同一和相異和前述的同一、相異有同樣的過錯。同一和相異是互相矛盾的，本體應當有區別，如果認爲同一和相異之本體相同，同一和相異都不能成立，不能説一切事物都同一本體。或者説同一和相異都應當是虚假而非真實的，人們妄執爲實，從道理上來講肯定不能成立。四、主張「有法」與「有」等性既不同一又不相異，如邪命外道等。這種主張是錯誤的，爲什麽呢？因爲若説非一，就會犯前述相異之過；如果説非異，就會犯前述同一之過。説非一非異是否定呢，還是肯定呢？如果是肯定，不應説非一非異，如果祇是否定，應當是無所執著。如果是既有否定又有肯定，這就是互相矛盾。如果説既非肯定又非否定，這是不符合佛教義理的戲論之言。而且，非一非異違背人所共知的同一物或相異物，亦違背邪命外道本派色等事物肯定實有的主張。所以上述内容祇是矯詐之言，又苟避過，各位聰明人不要誤會而承認上述主張。

餘乘所執離識實有色等諸法〔一〕，如何非有？彼所執色〔二〕、不相應行〔三〕，及諸無爲〔四〕，理非有故。且所執色總有二種：一者有對〔五〕，極微所成；二者無對〔六〕，非極微成。彼有對色定非實有，能成極微非實有故。謂諸極微若有質礙〔七〕，應如瓶等是假非實，若無質礙應如非色，如何可集成瓶衣等？又諸極微若有方分〔八〕，必可分析，便非實有，若無方分〔九〕，則如非色〔一〇〕，云何和合承光發影？日輪纔舉照柱等時，東西兩邊光影各現，承光發影處既不同，所執極微定有方分。又若見觸壁等物時，唯得此邊不得彼分。既和合物卽諸極微，故此極微必有方分。又諸極微隨所住處必有上下四方差別，不爾便無共和集義〔一一〕，或相涉入應不成麤，由此極微定有方分。執有對色卽諸極微，若無方分應無障隔，若爾便非障礙有對。是故汝等所執極微必有方分，有方分故便可分析，定非實有。故有對色實有不成。五識豈無所依緣色〔一二〕？雖非無色而是識變，謂識生時〔一三〕，內因緣力變似眼等色等相現〔一四〕，卽以此相爲所依緣。然眼等根非現量得〔一五〕，以能發識比知是有，此但功能，非外所造。外有對色理既不成，故應但是內識變現，發眼等識名眼等根，此爲所依生眼等識。此眼等識外所緣緣理非有故〔一六〕，決定應許自識所變爲所緣緣。謂能引生似自識者〔一七〕，汝執彼是此所緣緣，非但能生〔一八〕，勿因緣等亦名此識所緣緣故〔一九〕。

校釋

〔一〕藏要本注稱：「此下廣破小乘法執，安慧釋有文，不全。」「餘乘」，指小乘(Hīnayāna)，原爲大乘佛教對原始佛教和部派佛教的貶稱，意謂祇能使少數人渡過苦海。中國大乘佛教流行地區原有小乘佛教，但没有紮下根來。中國現在祇有雲南省傣族地區流行小乘佛教。斯里蘭卡、泰國、緬甸、老撾、柬埔寨等國流行小乘佛教，自稱爲上座部佛教。

〔二〕「色」，即五位七十五法中的色法（物質），包括五根（眼、耳、鼻、舌、身）、五境（色、聲、香、味、觸）和無表色，共十一種。

〔三〕「不相應行」，即五位七十五法的心不相應行法，略稱「不相應法」，既不屬於色法，又不屬於心法，故稱「心不相應」。此法又屬於五蘊中的「行蘊」，故稱爲「行」。共包括十四種：得、非得、同分、無想果、無想定、滅盡定、命根、生、住、異、滅、名身、句身、文身。

〔四〕「無爲」，即五位七十五法中的無爲法，即無生、住（持續）、異（變化）、滅四相的永恒存在。共有三種：一、擇滅無爲，通過智慧的簡擇力而得寂滅（涅槃），因爲此法能够滅除煩惱，故稱爲「滅」；二、非擇滅無爲，不需要智慧的簡擇力，在缺緣的情況下而得寂滅之法。因爲此法能使生法不再復生，故稱爲「滅」；三、虚空無爲，這種無爲法如在虚空通行一樣，毫無阻礙。

〔五〕「有對」，即有質礙。有對共分三種：障礙有對、境界有對、所緣有對。「對」爲礙義。「礙」有兩種：障礙、拘礙。障礙即障礙有對，包括五根和五境，這十種色法互相障礙，如手礙手，石礙石。障礙即有對，持業釋。拘礙即境界有對和所緣有對。境界有對包括六根、六識之十二界和法界一分心所法，因爲它們爲境所拘，所以稱爲有對。境界有對是依主釋。所緣有對包括六識、七心界（十八界中眼、耳、鼻、舌、身、意六識和意根）及法界一分心所法。這八界爲所緣之境所拘礙，故稱有對。所緣有對是依主釋。說一切有部、大衆部等認爲，衹有五根和五境是有對色。

〔六〕「無對」，卽無質礙。無表色是無對。大衆部的無對包括身精進和身輕安。上座部的無對是無表色。經量部的無對是定中境界色。

〔七〕藏要本注稱：「此段有礙無礙破，糅安慧釋。但原釋云：極微有方分故則應如柱非勝義有，不爾無分則應如識無礙云云。」

〔八〕藏要本注稱：「此段有分無分破，用二十唯識論意，又勘同廣百論釋卷一，殆亦護法之說也。」經量部認爲極微有方分。

〔九〕「若無方分」，說一切有部認爲極微沒有方分，該派認爲極微就是和合色，除和合色以外沒有另外的極微。

〔一〇〕「非色」，卽五位七十五法中除色法之外的心法、心所法、心不相應行法和無爲法。

〔一一〕「不爾便無共和集義」，古薩婆多（Sarvāstivāda，意譯說一切有部，簡稱有部）師認爲極微可以和合成粗大物。新薩婆多師認爲極微不能和合成粗大物，因爲極微沒有方分，如虛空一般。經量部認爲極微有方分。這裏衹批古薩婆多師。

〔一二〕藏要本注稱：「此段解五識所緣，用觀所緣緣論意。」

〔一三〕「識」，包括八個識：眼識、耳識、鼻識、舌識、身識、意識、末那識、阿賴耶識。

〔一四〕「内因緣力」，卽阿賴耶識儲藏的種子。　「眼等」，卽眼、耳、鼻、舌、身五根。　「色等」，卽色、聲、香、味、觸五塵。

〔一五〕「眼等根」，此中之「根」是指淨色根，卽發識的功能。淨色根肉眼是看不到的，故非現量所得，衹能靠比量認識。扶根塵（卽肉眼、肉耳等）可以是現量所得。

〔一六〕「所緣緣」，四緣（因緣、等無間緣、所緣緣、增上緣）之一，係指一切認識對象。唯識派認爲，這種客觀對象是識變現的，是虛幻不實的。

〔一七〕據藏要本注，此段至「應無別故」句，糅安慧釋。

〔一八〕此中破斥小乘佛教正量部。該部主張，衹要能生識就是所緣。

〔一九〕「因緣等」，此中省略等無間緣、增上緣。等無間緣適用於精神現象，前念滅後念生，前後一致故名爲「等」，中無間隔，故稱「無間」。對事物的形成起促進作用的條件是增上緣。

〔本段大意〕小乘佛教所説的離識之外的色法等爲什麼不存在呢？因爲小乘佛教所説的色法、不相應行法和三種無爲法，從道理上進行推論是不存在的。而且，小乘佛教所説的色法共有二種：一、是有對，由極微組成的東西；二、無對，不是由極微組成的東西。有對色法肯定不是真實存在，因爲組成色法的極微就不是真實存在。如果極微有質礙的話，就應當像瓶等那樣是虛假而非真實的。如果無質礙，就應當像心法、心所法、不相應行法和無爲法那樣，怎能聚集成瓶、衣等東西呢？而且，各種極微如有方分，一定可以分析，這就不是真實存在。如果没有方分，就如心法等那樣，怎能和合承光現影呢？太陽剛出，照耀柱子等時，東邊承光，西邊發影。既然是承光發影的處所不同，小乘佛教所説的極微肯定有方分。而且，眼見或手觸牆壁等東西的時候，祇能見、觸這邊而不是那邊，既然和合物就是各種極微，所以這種極微肯定有方分。而且，各種極微在其住所必然有上、下、東、西、南、北之分，不然的話，就不會有和集之義。如果極微互相涉入，不應該形成粗大的東西，由此可見，極微肯定有方分。主張存在有對色法就是各種極微，如果没有方分的話，就應當是没有障礙和間隔。如果没有障礙和間隔，就不是障礙有對。所以，你們小乘佛教所主張的極微肯定有方分。因爲有方分，就可以分析，肯定不是實有。所以，認爲有對色法實有的主張不能成立。有對色法實有不能成立，眼等五識不就没有所依之根和所緣色法了嗎？雖然不能説没有色法，但是色法是識變現的。第八識生起時，由於阿賴耶識中儲藏的種子變現，好像是眼等五根和色等五境之相在顯現，眼等五根是五識所依，色等五境是五識所緣。然而，眼等淨色根並不是現量所得，由於能够發識推論爲有，這僅僅是功能，並不是實有客觀物質造作而成。既然客觀有對色法在道理上不能成立，就應當祇是内識所變現。眼等五根發眼等五識，根是識的所依，眼等五根生眼等五識。眼等五識以外的客觀外境從道理上來講是不存在的。應當承認是自己的識變現的，這就是所緣緣。識變現的色法之相好像是自己的識，你們小乘佛教認爲這就是識的所緣緣。非但所緣緣有能生的條件，就是因緣、等無間緣、增上緣也有能生的條件，不能把因緣等也稱爲此識的所緣緣。

眼等五識了色等時但緣和合〔一〕，似彼相故。非和合相異諸極微有實自體，分析彼時似彼相識定不生故。彼和合相既非實有，故不可說是五識緣，勿第二月等能生五識故〔二〕。非諸極微共和合位可與五識各作所緣〔三〕。此識上無極微相故。非諸極微有和合相，不和合時無此相故。非和合位與不合時此諸極微體相有異，故和合位如不合時色等極微非五識境。有執色等一一極微不和集時非五識境〔四〕，共和集位展轉相資有麤相生，爲此識境，彼相實有爲此所緣。彼執不然，共和集位與未集時體相一故，瓶甌等物極微等者，緣彼相識應無別故，共和集位一一極微各各應捨微圓相故，非麤相識緣細相境，勿餘境識緣餘境故，一識應緣一切境故。許有極微尚致此失，況無識外真實極微？由此定知自識所變似色等相爲所緣緣，見託彼生，帶彼相故。然識變時隨量大小，頓現一相，非別變作衆多極微合成一物。爲執麤色有實體者，佛說極微令其除析〔五〕，非謂諸色實有極微。諸瑜伽師以假想慧於麤色相漸次除析〔六〕，至不可析假說極微，雖此極微猶有方分而不可析，若更析之便似空現不名爲色，故說極微是色邊際〔七〕。由此應知諸有對色皆識變現，非極微成。餘無對色是此類故亦非實有。或無對故如心心所定非實色。諸有對色現有色相以理推究離識尚無，況無對色現無色相而可說爲真實色法？

校釋

〔一〕此破小乘佛教經量部，該部認爲，五識祇緣和合假相，並不是實有極微是所緣緣。所緣緣必須具備二義：一有體能生心，二相於心中現。

〔二〕「第二月」，眼患翳症能見到二個月亮。瞿波著二十唯識釋對「第二月」有二解：一、唯第六識意識得；二、亦是眼識所緣，第六識意識誤認爲是實有。護法同意第一解。

〔三〕藏要本注稱：「勘護法觀所緣論釋，此説卽破極微爲所緣也，釋云：『或許極微，雖復極微唯共聚已而見生滅，然其實體一一皆緣，不緣總聚。』今譯當從彼解。」

〔四〕藏要本注稱：「安慧釋此執云：『一一極微不待他時雖非根所能取，相待則能，無和集及相資之説。』」　此爲新薩婆多部衆賢論師的主張，他認爲極微散時非五識境，共和集時皆有二相：一本微圓相，二新和集相。這種和集相祇是現在有，過去、未來没有，因相粗，識有此相，可以作所緣緣。

〔五〕據藏要本注，「令」字原作「今」，依述記卷七及麗刻改。

〔六〕「瑜伽師」(Yogācārya)，瑜伽是梵文 yoga 的音譯，意譯相應。具體講有五相應：一、與境相應，不違背一切事物的自性；二、與行相應，與禪定、智慧等行相應；三、與理相應，與真、俗二諦之理相應；四、與果相應，能得無上菩提(Bodhi，覺悟)之果；五、與機相應，隨順衆生根機不同，因人而宜地説法教化。根據唯識觀點，多取第三意「與理相應」。但一般所説的瑜伽師，多取第二意，與禪定相應，修練瑜伽者稱爲瑜伽師，就如坐禪者稱爲禪師一樣。

〔七〕「邊際」，意謂窮盡。分析到極微再往下分析就是空。所以極微和空相鄰近。

〔本段大意〕眼、耳、鼻、舌、身五識在了別色、聲、香、味、觸的時候，祇緣和合相，好像是色等形相。並不是説和合相不同於各種極微有真實的自體，對和合相進行分析時，能緣假和合相識肯定不能生起。這種和合相既然不是真實的存在，所以不能説和合相是五識所緣，因爲不能説第二月等虛假的東西能生起五識。各種極微聚合在一起不能成爲前五識的所緣，因爲五識上沒有極微相的緣故。不能説各種極微有和合相，因爲各種極微在沒有和合時並無和合相。亦不能説和合時的極微與不和合時的極微體相不同，所以和合時與不和合時一樣，色等極微都不是五識所緣的境。有人認爲，色等單個的極微，不和集在一起時不是五識所緣的境，互相粘合在一起時，有粗大形相產生，是五識所緣的境，這種粗大形相是實有的，是五識的所緣。這種主張是錯誤的，極微和集在一起與未和集時，本體相狀是一致的。瓶、碗等東西和組成它們的極微是一致的，緣瓶等東西的識與緣其極微的識應當是沒有差別的。組成和集相的每一個極微都應捨除其微圓相狀。緣瓶粗相之識並不等於緣極微細相之識，不能説緣色境之識就是緣聲境之識。如果是那樣的話，一種心識應緣一切外境。承認有極微還有這樣的錯誤，更何況不承認識之外的真實極微呢？由此可知，自己的心識所變現的似色等相是所緣緣。人們見到的影相，託識而生，心識生起時帶彼相起。然而，識變現事物時，隨其相分形量大小，其能變識頓現此相，並不是首先變現很多極微，然後和合成一種外境。因爲有人主張粗色有其實體，佛説極微是爲了讓這些人消除執著而對極微進行分析，並不是説各種事物真的有極微。各位瑜伽師設想對粗大色相漸次除析，至不可除析時，虚假施設有極微，這種極微雖然有方分，但不可分析。如果再加分析就是空，不能再稱之爲物質，所以説極微是色法的窮盡。由此可見，各種有對色法都是識變現的，並不是極微和合而成。其餘的無對色，和有對色是同類，也不是實有，因爲是無對，就如心法和心所法一樣，肯定不是實有色法。各種有對色法顯現有色法之相，從道理上進行推究，尚且是離識而無，更何況無對色並非顯現色法之相，怎能説是真實色法呢？

表、無表色豈非實有〔一〕？此非實有，所以者何？且身表色若是實有〔二〕，以何爲性？若言是形〔三〕，便非實有，可分析故，長等極微不可得故。若言是動〔四〕，亦非實有，纔生卽滅，無動義故，有爲法滅不待因故，滅若待因應非滅故。若言有色〔五〕，非顯非形心所引生，能動手等，名身表業。理亦不然，此若是動，義如前破。若是動因，應卽風界，風無表示不應名表，又觸不應通善惡性。非顯香味，類觸應知。故身表業定非實有。然心爲因，令識所變手等色相，生滅相續，轉趣餘方，似有動作，表示心故假名身表。語表亦非實有聲性〔六〕，一刹那聲無詮表故〔七〕，多念相續便非實故，外有對色前已破故。然因心故識變似聲〔八〕，生滅相續〔九〕，似有表示〔一〇〕，假名語表，於理無違。表既實無，無表寧實〔一一〕？然依思願善惡分限，假立無表，理亦無違。謂此或依發勝身語善惡思種增長位立〔一二〕，或依定中止身語惡現行思立，故是假有。世尊經中說有三業〔一三〕，撥身語業豈不違經？不撥爲無，但言非色。能動身思說名身業〔一四〕，能發語思說名語業，審決二思意相應故，作動意故，說名意業。起身語思，有所造作，說名爲業，是審決思所遊履故，通生苦樂異熟果故〔一五〕，亦名爲道，故前七業道亦思爲自性。或身語表由思發故〔一六〕，假說爲業，思所履故說名業道。由此應知實無外色，唯有內識變似色生。

校釋

〔一〕「表、無表色」，表色是有對色，無表色是無對色。

〔二〕「身表色」：「身」爲積聚義，積聚多色以成身故。「表」爲表示，色處表色，以表依身，故稱身表。身表色就是人的肉身。

〔三〕此破小乘佛教說一切有部，該部主張「形」（身表色）實有。

〔四〕此破小乘佛教正量部，該部主張「業色初起名生，後盡名滅，中間名住，事業未竟，無生無滅，

故作業時有實動義。」(太賢著成唯識論學記卷二第五頁)

〔五〕此破鳩摩羅多(Kumāralabdha,意譯童受,約三世紀)爲代表的譬喻師,據世親著大乘成業論,譬喻師曾説過這樣的話:「諸行實無至餘方義,有爲法性念念滅故,然别有法心差别爲因,依手足等起此法,能作手足等物。異方生因是名行動,亦名身表。」(大正藏卷三十一第七八一頁)

〔六〕「語表」,卽語業。因爲説話是爲了表示自己想要説的意思,故稱語表。

〔七〕大毘婆沙論卷十五稱,小乘佛教的聲聞乘多刹那聲能説一字,佛一刹那聲能説一字。

〔八〕「識變」,是爲了和經量部相區别,經量部不承認聲是識變現的。「似聲」,是爲了和説一切有部相區别,説一切有部認爲,聲音是實有的。

〔九〕「生滅相續」,是爲了和聲論師相區别,聲論師認爲聲音是永恒的。

〔一〇〕「似有表示」,是爲了和小乘佛教的一切派别相區别,它們認爲聲音是實表。

〔一一〕「無表寧實」,小乘佛教的大衆部和法藏部認爲身勇、身精進等無表色是實有的。

〔一二〕依發殊勝身語善惡思種子增長之位是散無表,「依」謂所依。殊勝思能發無表,下中思不發無表。「身語」是爲了顯示「色」義。「善惡」是爲了和無記性相區别。律儀(依據佛法制定的儀則)名善,不律儀名惡。「增長位」是爲了和前後相區别,在加行位(唯識五位的第二位)種未增長,後已捨除,種子也不增長,祇有發身語善色,或止身語惡色的時候,種子纔能生長。

〔一三〕「世尊」,梵文 Bhagavat 的意譯,音譯薄伽梵,佛教徒對釋迦牟尼佛的尊稱,意謂受到世人的尊重。

「三業」，卽身業（行爲）、語業（說話）、意業（思維活動）。

〔一四〕「思」，成唯識論學記卷二稱：「思有四種：一、審慮思，是遠方便；二、決定思，是近方便；三、動發思，正初發業；四、剎那思，與身語俱轉。然唯第三名身語業，餘三意業。」

〔一五〕「異熟果」，五果（異熟果、等流果、離繫果、士用果、增上果）之一，前世善惡行爲所招今世苦樂果報，因爲是異熟因所生之果，故稱異熟果。

〔一六〕「由」字原刻作「中」，藏要本據麗刻改。

〔本段大意〕表色和無表色豈不都是實有嗎？這不是實有，爲什麼呢？身表色如果是實有，其性如何呢？如果說是形體，就不是實有，因爲這種形體是可以分析的，長等極微是不存在的。如果說是變動，也不是實有，剛生卽滅，沒有變動的意思。有爲法的毀滅，不需待因，待因之滅應當不是滅。如果說有的色法既非顯現，又非形體，由心所法引生，能够牽動手等，故稱身表業。這種看法道理上講不通，這如果是變動，如前所破，如果是動因，應當是風大，設許是風，不應名表，無表示故，而且，觸法不應當通善性和惡性。不用講香和味了，應當如觸那樣去理解。所以身表業肯定不是實有。然而，以心爲因，由識變現手等色相，生滅相續，往趣餘處，好像是有動作，表明心的緣故，安立假名稱爲身表業。語表也沒有真實的語性，一剎那之聲不能表示一定的意思，多念相續聲不是真實的存在。客觀有對色法，前面已經破斥。然而，由於心的緣故，識的變現好像是聲，生滅相續好像是有，安立假名稱爲語表，在道理上並不遠背。表色既然確實是無，無表色怎能是實有呢？然而，依據思慮和願望的善惡分界，假立無表色之名，在道理上並無違背。散無表色依據發殊勝身語善惡思種子的增長之位而安立，定無表色依據禪定之中防止身、語之惡，由現行思而安立，所以是假有。外人問難說：釋迦牟尼佛在經中說有身、語、意三業，現在否認身、語二業，這不違背佛經嗎？論主回答說：並沒說身、語二業是無，祇是說它們不是色法。發身之思是身業體，發語之思是語業體，前二審慮決定思，與意相應發意之思稱爲意業。發起身、語之思於境轉，並造作於心，此稱爲業，身、語行是審慮、決定之思所緣所引發，因爲能够產生當來苦、樂和異熟果，故亦稱爲道。所以，前述七種業道也以思爲其自性。或者身表和語表由思引發，所以假說爲業，思所遊履，故稱業道。由此可知，實際上並無客觀外境色法，祇有內識變現，好像是色法產生。

不相應行亦非實有，所以者何？得、非得等非如色、心及諸心所體相可得〔一〕，非異色、心及諸心所作用可得，由此故知定非實有，但依色等分位假立。此定非異色、心、心所有實體用，如色、心等許蘊攝故〔二〕。或心、心所及色、無爲所不攝故，如畢竟無定非實有〔三〕。或餘實法所不攝故，如餘假法非實有體。

校釋

〔一〕「得」(Prāpti)，心不相應行法之一。意謂獲得或成就佛教的某種功德。與此相反卽爲非得(Aprāpti)。「等」意謂省略命根、衆同分、異生性、無想定、滅盡定、無想事、名身、句身、文身、生、老、住、無常、流轉、定異、相應、勢速、次第、方、時、數、和合性、不和合性。

〔二〕「蘊」，梵文Skandna的意譯，意謂積聚、類别。通稱五蘊：色、受、想、行、識。

〔三〕「無」，據瑜伽師地論卷十六有五種「無」：一、未生無，二、已滅無，三、互相無，四、勝義無，五、畢竟無。

〔本段大意〕心不相應行法也不是實有，爲什麼呢？心不相應行法的得、非得等並不像色法、心法以及各種心所法那樣體相可得，離開色法、心法和各種心所法無其作用可得。由此可見，心不相應行法肯定不是實有，祇是色、心等法的分位而假立。這肯定不是有異於色法、心法、心所法的真實本體及作用，如色法、心法等可以是五蘊所攝，或者並非由心法、心所法以及色法、無爲法所攝取，就如畢竟無那樣肯定不是實有。或者説心不相應行法並不由其餘的實法所攝取。所以，心不相應行法像其他虛假事物那樣並非實有其體。

且彼如何知得、非得異色、心等有實體用？契經説故〔一〕，如説如是補特伽羅成就善

惡〔二〕，聖者成就十無學法〔三〕。又説異生不成就聖法〔四〕，諸阿羅漢不成就煩惱〔五〕，成、不成言顯得、非得。經不説此異色、心等有實體用〔六〕，爲證不成。亦説輪王成就七寶〔七〕，豈卽成就他身、非情〔八〕？若謂於寶有自在力假説成就，於善、惡法何不許然而執實得？若謂七寶在現在故，可假説成，寧知所成善、惡等法離現在有？離現實法理非有故，現在必有善種等故。又「得」於法有何勝用？若言能起，應起無爲，一切非情應永不起，未得已失應永不生。若俱生「得」爲因起者，所執二生便爲無用，又具善、惡、無記得者，善、惡、無記應頓現前。若待餘因，「得」便無用。若得於法是不失因，有情由此成就彼故，諸可成法不離有情，若離有情實不可得，故「得」於法俱爲無用。「得」實無故，「非得」亦無。然依有情可成諸法，分位假立三種成就〔九〕：一、種子成就〔一〇〕，二、自在成就〔一一〕，三、現行成就〔一二〕。翻此假立不成就名〔一三〕，此類雖多〔一四〕，而於三界見所斷種未永害位〔一五〕，假立「非得」名異生性〔一六〕，於諸聖法未成就故。

校釋

〔一〕以下三句破説一切有部。

〔二〕「補特伽羅」，梵文 Pudgala 的音譯，又作富特伽羅、福伽羅、補伽羅、弗伽羅等，舊譯爲人或衆生，新譯數取趣，意謂在五趣（地獄、餓鬼、畜生、人、天）不斷輪迴。

〔三〕「十無學法」，聲聞乘的第四果位阿羅漢爲無學，意謂學道圓滿，不需再加修學。十無學法是：一、無學正見，二、正思惟，三、正語，四、正業，五、正命，六、正精進，七、正念，八、正定，九、正解脫，十、正智。

〔四〕「異生」，梵文Bālapṛtnagjana的意譯，意謂愚蠢異生，卽凡夫。凡夫由於無明而在六道不斷輪迴受生，受各種別異之果報。又凡夫種種變異而生邪見造惡，故稱異生。「聖法」，佛教認爲，佛所説之法是符合正理的神聖教法，故稱聖法。

〔五〕以下三句破大衆部。「阿羅漢」，梵文Arhat的音譯，亦作阿羅訶，略稱羅漢。小乘佛教修行的最高果位。阿羅漢果亦稱無學果、無極果等。其義有三：一、剎賊，意謂剎盡一切煩惱之賊；二、應供，意謂應當受到天神和人的供養；三、不生，意謂永入涅槃，永遠擺脱生死輪迴，不再受生於人間。「煩惱」，梵文Kleśa的意譯，貪、瞋、痴等惑，煩心惱身，故稱煩惱。

〔六〕此句至「非得亦無」爲第三破，破成實師。共分六段：一、破得、非得，二、破同分，三、破命根，四、破三無心，五、破四相，六、破名、句、文身。

〔七〕「輪王」，卽轉輪王（Cakravartirāja），佛教的理想君王，因能轉動輪寶而降伏東勝身洲、南贍部洲、西牛貨洲、北俱盧洲四大部洲，故稱轉輪王或轉輪聖王。轉輪王有金輪王、銀輪王、銅輪王、鐵輪王四種，各持金、銀、銅、鐵輪寶，金輪王領四大部洲，銀輪王領東、西、南三洲，銅輪王領東、南二洲，鐵輪王領南贍部洲。四種轉輪王都有七寶：輪寶、白象寶、紺馬寶、明月珠寶、玉女寶、主藏臣寶、主兵臣寶。

〔八〕「他身、非情」，轉輪王七寶中的白象寶、紺馬寶、玉女寶、主藏臣寶、主兵臣寶是他身有情。輪寶和明月珠寶是非情，即無情識的東西。

〔九〕「成就」、「得」有二義：一、没有得到或者已經喪失的東西，現在獲得稱爲「得」；二、已經獲得不再喪失稱爲成就。這裏主要破第二義。

〔一〇〕「種子成就」，瑜伽師地論卷五十二稱：「若所有染汙法，諸無記法，生得善法，不由功用而現行者，染法未爲奢摩他伏，無記未爲聖道永害，生得未爲邪見損伏，如是名爲種子成就。」（大正藏卷三十第五八七頁）奢摩他，是梵文 Śamatha 的音譯，意謂禪定。

〔一一〕「自在成就」，據成唯識論了義燈卷二末，種子通三性：善、惡、無記。善中有二：一、有漏，二、無漏。有漏善中又有二種：一、方便，二、生得。上述有漏善和方便並稱爲自在。若成就此者，必於生死當自在，故稱自在成就。

〔一二〕「現行成就」，第八識阿賴耶識的種子顯現行動的一切色法和心法總稱爲現行。據成唯識論了義燈卷二末，種子隱而難知，所以區分爲二：一者自識變，二者他識變。現行顯而易了，所以總合爲一，稱爲現行成就。

〔一三〕以上破「得」，自此以下破「非得」。

〔一四〕「此類雖多」，非成就（非得）的種類與成就（得）一樣，亦分三類。

〔一五〕「三界」，包括：一、欲界，具有食欲、淫欲衆生所居住的世界；二、色界，在欲界之上，在此居住的衆生，已離食、淫二欲，但仍然離不開物質；三、無色界，在色界之上，在此居住的衆生，已無欲望，已無形體，祇有衆生的共性。　「見」，即見道，三道（見道、修道、無學道）之一，即初生無漏智，照見真諦理之位。

〔一六〕「異生性」，即凡夫性，具所知障和煩惱障。

〔本段大意〕論主問：而且，人們怎麼知道得、非得不同於色法、心法等有真實的本體和作用呢？外人答：因爲佛經説過，如説就像補特伽羅成就善和惡那樣，佛教「聖人」成就十種無學法。佛經還説凡夫不成就佛教聖法，各位羅漢不成就煩惱，成就就是「得」，不成就就是「非得」。論主批駁説：佛經没説得、非得不同於色法、心法等有真實的本體和作用，所以你們以經説爲證不得成立。佛經又説轉輪聖王成就七寶，豈不就是成就他身有情和非情嗎？如果你們假説輪寶可以任意轉動而假説成就，對於善、惡之法爲什麼不允許認爲有真實之「得」呢？如果你們認爲七寶存在於現在而假説成就，怎麼知道所成善、惡等法離現在而有呢？離開現在的真實事物從道理上來講是不存在的，因爲現在肯定有善性種子等。而且，「得」於事物當中有什麼殊勝作用呢？如果説能生起各種事物的話，不僅能生起有爲法，也應當生起無爲法。按照你們的意見，不僅無爲法不能生起，一切無情識的東西也應當是永不生起，未得之法和已失之法也應當是永不生起。如果與物俱生之「得」爲起因的話，人們所説的有爲生和無爲生便無作用。而且，如果事物具有善、惡、無記之「得」，事物應一切時頓生善、惡、無記三性。如果還需其他原因，「得」便没有作用了。如果「得」對於事物是不失之因，有情衆生由「得」而成就事物故，各種可成之法離不開有情衆生，如離有情衆生，事物確實不可得，所以「得」於事物之上皆無作用。因爲「得」實際上是不存在的，「非得」亦是不存在的。但是，隨順有情衆生可以成就各種事物，從不同的方面虛假設立三種成就：一、種子成就，二、自在成就，三、現行成就。與此相反卽爲不成就。不成就（非得）的種類雖然很多，而於三界見道所斷種子，祇有未永害位假立「非得」稱爲異生性，因爲於各種佛教聖法還未成就。

復如何知異色、心等有實同分〔一〕？契經説故，如契經説此天同分，此人同分，乃至廣説。此經不説異色、心等有實同分，爲證不成。若同智、言因斯起故知實有者，則草、木等應有同分。又於同分起同智、言，同分復應有別同分，彼既不爾，此云何然？若謂爲因起同事、欲知實有者，理亦不然，宿習爲因〔二〕，起同事欲，何要別執有實同分？然依有情身、心相似，分位差別，假立同分。

校釋

〔一〕「同分」，使諸法相同之因稱爲同分。分爲兩種：一、衆生同分，亦稱有情同分，使有情衆生相同之因；二、法同分，使五蘊、十二處、十八界等法相同之因。衆生同分又分爲兩種：一、無差別同分，一切有情衆生算作一類，都是等同的，祇與無情識的東西相區別；二、有差別同分，有情衆生當中又有三界、九地、五趣、四生、四種姓、男女等之區別。法同分亦有相應的兩類：一、無差別同分，把沒有情識的東西算作一類，它們是等同的，祇與有情衆生相區別；二、有差別同分，沒有情識的東西還有五蘊、十二處、十八界等區別。

〔二〕「宿習」，宿世之習氣，通善性和惡性。

〔本段大意〕論主問：而且，怎麽知道有區別於色法、心法等的同分呢？外人答：因爲佛經説過，如佛經説：這是天神同分，這是人同分，等等。論主批駁説：佛經並沒説過有區別於色法、心法等的真實同分，是爲了證明同分不能成立。若因同智、同言而認爲有真實同分的話，則野草、樹木等應當有同分。而且，若於同分而起同智、同言，在同分上應當有另外的同分，那個問題既然不是這樣，這是爲什麽呢？如果認爲同事同欲而有真實同分的話，在道理上也講不通，因爲宿業習氣而起同事同欲，爲什麽主張另有真實的同分呢？顯然是依據有情衆生身、心相似的分位差別，虛假設立同分之名。

復如何知異色、心等有實命根〔一〕？契經説故〔二〕，如契經説壽、煖、識三，應知命根説名爲壽。此經不説異色、心等有實壽體〔三〕，爲證不成。又先已成色不離識〔四〕，應此離識無别命根〔五〕。又若命根異識實有，應如受等非實命根〔六〕。若爾如何經説三法〔七〕？義别説三〔八〕，如四正斷〔九〕。住無心位壽、煖應無〔一〇〕，豈不經説識不離身〔一一〕？既爾，如何名無心位〔一二〕？彼滅轉識非阿賴耶〔一三〕，有此識因後當廣説。此識足爲界、趣、生體〔一四〕，是徧恆續異熟果故，無勞别執有實命根。然依親生此識種子〔一五〕，由業所引功能差别，住時決定，假立命根。

校釋

〔一〕「命根」，梵文Jīvitendriya的意譯，心不相應行法之一，意謂前生之業（行爲）引生今世壽命。大乘廣五蘊論稱：「云何命根？謂於衆同分，先業所引住時分限爲性。」（大正藏卷三十第八五四頁）

〔二〕此句至以下二句，是小乘佛教説一切有部答。

〔三〕此句和下四句，是論主責難。

〔四〕「離」字原作「異」，藏要本據成唯識論述記卷九和高麗藏改。

〔五〕「此」字原作「比」，藏要本據高麗藏本改。

〔六〕「受」，梵文 Vedanā 的意譯，意謂接觸外境時的感受。分苦受、樂受和非苦非樂的捨受三種。「等」，取無想、異熟。

〔七〕此句是説一切有部的詰難。

〔八〕此爲論主答。

〔九〕「四正斷」：「正斷」意謂斷惡，又稱爲「正勤」，意謂正確的勤懇修行。又稱爲「意斷」、「正勝」等。「四正斷」如下：一、律儀斷，如已生惡法，努力修行律儀（法則），令惡斷除；二、斷斷，未生惡法，使之不生；三、修習斷，未生善法，努力修行，使之生起；四、防護斷，已生善法，努力使之常住不滅。

〔一〇〕「住無心位壽、煖應無」，此爲外人詰難。「無心」，使心識暫時休止，使之不生。

〔一一〕「豈不經説識不離身？」此爲論主答。

〔一二〕「既爾，如何名無心位？」此爲外人問。

〔一三〕「彼滅轉識非阿賴耶」，此爲論主答。「轉識」，唯識宗稱第八識阿賴耶識爲本識，稱前七識爲轉識，意謂本識轉生的末識。

〔一四〕「界」，即三界：欲界、色界、無色界。「趣」，即五趣：地獄、餓鬼、畜生、人、天。或加阿修羅爲六趣。「生」，爲四生：一、卵生，從卵殼而生，如雞、鳥等；二、胎生，從母胎而生，如人、牲畜等；三、濕生，從濕氣而生，如厠中虫等；四、化生，無所依托，藉業力而出生。

〔一五〕「然依親生此識種子」，成唯識論述記卷二本對此解釋如下：「此中義意，但依本識自體分種，今論主言。依者顯體是假，依實上立，依謂所依。親者卽簡異熟因，雖生此識，是增上緣，非親生故。此中據名言種爲因緣，親生此識種子者是。言生者，簡名言之種身中，極多非業所牽，不能親爲因緣，生於今識。今取生者，簡去不生。言此者，簡親生餘識種子。言識者，簡相應法種，唯取識種故。言種者，簡現行，不取第八現行爲命根故。」（大正藏卷四三第三八一頁）

〔本段大意〕論主問：而且，怎麽知道有不同於色法、心法等的真實命根呢？外人回答說：因爲佛經説過，如佛經説過壽、煖、識這三種。應當知道，命根就稱爲壽。論主批駁説：佛經並没有説過有不同於色法、心法等的真實壽體，這就證明實有壽體不能成立。前面已經講過色法不能離開識而單獨存在，由此應知，離識之外不可能另有命根。而且，如果命根區别於真實的識而有，就應當如受、想等是不真實的命根。外人問：如果是這樣的話，爲什麽佛經説有壽、煖、識三種呢？論主回答説：從意義上的區别説有三種，壽是阿賴耶識的種子，煖是阿賴耶識的相分色法身根，識是現行識。這就像四正斷一樣，從意義上區分爲四種，其本體都是精進。外人問：住無心位時，壽和煖應當是没有，這不就是佛經所説的識不離身嗎？既然是識不離身，爲什麽稱爲無心位呢？論主答：在無心位衹是滅除了六轉識或七轉識，並没有滅除阿賴耶識，對於阿賴耶識之因，將於第三卷詳細解説。阿賴耶識滿可以成爲三界、五趣（或六趣）、四生所依的本體，因爲它普遍存在於三界一切位中，永恒相續不斷，又能引生異熟果的緣故，不需要另外主張有真實的命根存在。然而第八識阿賴耶識是命根的所依，以名言種子爲其因緣，祇有所生阿賴耶識中儲存的種子纔能稱爲命根。「由先世所引持身之差別功能，令色、心等住時決定，依此功能說名命根。」（成唯識論述記卷二本）

復如何知二無心定、無想、異熟異色、心等有實自性[一]？若無實性[二]，應不能遮心、心所法令不現起。若無心位有別實法，異色、心等，能遮於心，名無心定，應無色時有別實法異色、心等能礙於色名無色定，彼既不爾，此云何然？又遮礙心何須實法[三]？如堤塘等假亦能遮。謂修定時[四]，於定加行厭患麤動心、心所故[五]，發勝期願遮心、心所[六]，令心、心所漸細漸微[七]，微微心時熏異熟識成極增上厭心等種[八]，由此損伏心等種故，麤動心等暫不現行，依此分位假立二定，此種善故定亦名善。無想定前求無想果故[九]，所熏成種招彼異熟識，依之麤動想等不行，於此分位假立無想，依異熟立得異熟名。故此三法亦非實有[一〇]。

校釋

[一]「復如何知二無心定、無想、異熟異色、心等有實自性」，此爲論主問。「二無心定」，即無想

定和滅盡定。無想定是外道修練的一種禪定，以升無想天爲其目的，修練此定滅盡一切心想。滅盡定又稱爲滅受想定，滅盡六識心法和心所法，小乘佛教不還果以上聖者以爲此定即入涅槃。

〔二〕此句是外人答。

〔三〕「又遮礙心何須實法」，這是小乘佛教説一切有部的觀點。該部主張極微是實，如堤塘等和合色是假法，和合假法可遮極微實法，也能礙心法。

〔四〕「定」，梵文 Samādhi 的意譯，音譯三摩地或三昧，使心專注於一境而不散動謂之定。分爲兩類：一、生得之散定，欲界有情衆生與心相應而起之定；二、修得之禪定，色界和無色界的心地作用，必須經過修行纔能得到。

〔五〕「加行」，入於正位之準備，加一段之力而修行，舊譯方便，新譯加行。

〔六〕「發勝期願」，據成唯識論述記卷二本，修定時立下這樣的誓願：「我欲或一日，乃至七日，或一劫，或一劫餘無心，遮心、心所。」（大正藏卷四三第二八二頁）

〔七〕「令心、心所漸細漸微」，據太賢著成唯識論學記卷一，滅定加行具有三心：一、相，二、微細，三、微微。初二遠加行就相當於這裏的漸細漸微，第三近加行就相當於微微心。

〔八〕「微微心」，鄰次於定的前一刹那之心，此時之心開始熏習第八識阿賴耶識（異熟識）。「增上」，勢力强盛。

〔九〕「無想果」，亦稱無想報或無想事。外道認爲，生前修無想定，死後可生無想天。生於色界四禪無想天的衆生，五百大劫内心法和心所法都要滅除，外道認爲這是一種涅槃境界。

〔一〇〕「三法」，係指本段第一句所說的二無心定、無想和異熟三種。

〔本段大意〕論主問：又怎麽知道二無心定、無想、異熟區别於色法、心法等而實有自性呢？外人答：如果没有真實的自性，就應當是不能遮蔽心法和心所法，使之不能生起。論主責難説：如果在無心位另有區别於色法、心法等的實法，能遮蔽於心，稱爲無心定，就應當是在無色法時，另有區别於色法、心法等的實法，能够障礙色法，稱爲無色定。既然不是這樣，這是爲什麽呢？而且，遮礙心法，哪裏需要實法呢？說一切有部認爲，極微實有，堤塘等和合色法雖然是假有，亦能够起到遮蔽水的作用。在修練禪定的時候，由於禪定的殊勝力量，可以暫時止息粗顯的心法和心所法。發大誓願遮蔽心法和心所法，使心法和心所法逐漸變得細小和微弱。至微微心階段，就可以熏習阿賴耶識，形成極其强盛的厭惡心法和心所法的種子，由於這些摧損壓伏心法、心所法的種子，使粗顯的心法和心所法暫時形不成現行，依據這種無心分位，假立無心定和滅盡定。厭心功能的種子是禪定的體性，因爲種子是善的，禪定亦稱爲善。在修練無想定以前，爲了得到無想果，所以熏習形成的種子，感招第八識阿賴耶識。依此本識，使粗顯的六轉識等形不成現行，於此無心分位虚假設立無想。依據異熟而立，故得異熟之名，實際上並不是真實的異熟。所以，二無心定、無想、異熟三種都不是實有。

成唯識論校釋卷第二

護法等菩薩造
唐三藏法師玄奘奉詔譯

復如何知諸有爲相異色、心等有實自性〔一〕？契經説故〔二〕，如契經説有三有爲之有爲相〔三〕，乃至廣説。此經不説異色、心等有實自性〔四〕，爲證不成。非第六聲便表異體〔五〕，色、心之體卽色、心故。非能相體定異所相，勿堅相等異地等故。若有爲相異所相體，無爲相體應異所相。又生等相，若體俱有〔六〕，應一切時齊興作用，若相違故用不頓興，體亦相違，如何俱有？又住、異、滅，用不應俱〔七〕。能相所相體俱本有，用亦應然，無别性故，若謂彼用更待因緣，所待因緣應非本有，又執生等便爲無用。所相恆有而生等合，應無爲法亦有生等，彼此異因不可得故。

校釋

〔一〕「復如何知諸有爲相異色、心等有實自性？」這是論主問外人。

〔二〕「契經說故」，這是外人答。

〔三〕「三有爲之有爲相」，有爲法有三相：一、生，二、滅，三、住異。「生」爲産生，「滅」爲消滅，「住」爲相續，「異」爲變異。一般稱爲四相：生、住、異、滅。

〔四〕「此經不說異色、心等有實自性」，這是論主的責難。

〔五〕「第六聲」，即梵文語法的第六格屬格。

〔六〕「又生等相，若體俱有」，破古薩婆多部（Sarvāstivāda，說一切有部）師，他們主張相用前後。

〔七〕「又住、異、滅，用不應俱」，此破新薩婆多師，他們主張三相用俱。

〔本段大意〕論主問外人說：又怎麼知道各種有爲法之相區别於色法、心法等而有真實自性呢？外人回答說：因爲佛經說過，如佛經說有三種有爲相等等。論主責難說：佛經並没說過有爲相區别於色法、心法等有真實的自性，就是爲了證明有爲相不能成立。不能認爲屬格就表示不同之體，因爲色法、心法之體就是色法和心法。不能說能相（生、住、滅三有爲相）肯定不同於所相（色、心等有爲法），就如不能說堅、濕、暖、動與地、水、火、風有區别一樣。如果有爲法之相區别於有爲法所有相的本體，無爲法之相本體應區别於無爲法所有之相。而且，如果生、住、異、滅四相本體同時具有，應當是一切時候都一起同時發生作用，如果作用互相違逆，就不能頓時生起，作用之本體亦互相違逆，怎麼能同時具有呢？而且，住、異、滅的作用不應當同時具有，能相、所相之體本來同時具有，作用亦應當是這樣，因爲作用没有另外的特性。如果說作用還需因緣，所需的這種因緣應當是根本不存在的。而且，外人所主張的生、住、異、滅就沒有作用了。所相的色、心等法雖然是過去、現在、未來三世恒有，然而需要生等有時與法相合，無爲法亦應當有生、住、異、滅，有爲法和無爲法爲生等相合之因，彼此之間並非不同。

又去來世非現非常，應似空華非實有性，生名爲有，寧在未來？滅名爲無，應非現在〔一〕，滅若非無，生應非有〔二〕，又滅違住，寧執同時？住不違生，何容異世？故彼所執進退非理〔三〕。然有爲法因緣力故，本無今有，暫有還無，表異無爲假立四相。本無今有，有位名生；生位暫停，即説爲住；住別前後，復立異名；暫有還無，無時名滅。前三有故，同在現在，後一是無，故在過去。如何無法與有爲相〔四〕？表此後無爲相何失〔五〕？生表有法先非有，滅表有法後是無，異表此法非凝然，住表此法暫有用，故此四相於有爲法雖俱名表，而表有異。此依剎那假立四相〔六〕，一期分位亦得假立〔七〕，初有名生，後無名滅，生已相似，相續名住，即此相續轉變名異，是故四相皆是假立。

校釋

〔一〕「滅名爲無，應非現在」，此破薩婆多部（説一切有部），該部主張滅在現在世。

〔二〕「滅若非無，生應非有」，這是論主的責難，此稱「滅生相反難」。「生」是有，「滅」是無，滅體如果是非無，生體應當是非有，這種論述針對正理師，他們主張未來世生有功能，過去世有與果的功能，而不是作用，作用祇是現在世有，即取果的作用。

〔三〕「進退非理」，成唯識論述記卷二末解釋說：「進爲相違，體不得俱有；退不相返，用何不齊生？又進非理，應『滅』與『住』不同時；退非理，生、住例應同世。又進住、滅異世，便違自宗；退住、滅世同，復乖正理。」（大正藏卷四三第二八五頁）

〔四〕「如何無法與有爲相？」此爲外人問。

〔五〕「表此後無爲相何失？」此爲論主答。

〔六〕「刹那」，梵文Kṣaṇa的意譯，亦作「一念」、「須臾」等，音譯乞沙拏。最短的時間單位，俱舍論卷十二稱，一彈指頃相當於六十五刹那。

〔七〕「一期分位亦得假立」，這是正量部的主張。說一切有部主張一刹那分四相。經量部主張，一刹那可分四相，一期亦可分四相。

〔本段大意〕而且，前世和來世，並非現在，亦非常住，應當像空中花一樣，不是真實的存在，「生」是有，怎能是未來呢？「滅」爲無，不應當是現在，「滅」如果不是無，「生」應當不是有。而且，「滅」違逆於「住」，怎能是同時呢？「住」不違逆於「生」，怎能是異世呢？所以，正理師的主張進與退都不合道理。但是，由於有爲法的內因和外緣之力，原來没有，現在有了（生），暫時之有又變無

(滅),表明與無爲法不同,虛假設立生、住、異、滅四相。原來没有,現在有了,有之位稱爲「生」。生位暫停,稱爲「住」。「住」位前後有別,又立「異」名。暫時之有變爲無,無的時候稱爲「滅」。因爲生、住、異都是有,都在現在,「滅」是無,所以在過去。外人問:「滅」如果是無的話,怎能以現在有體之法爲相呢?論主答:「滅」用以後的無爲相,這有什麽過失呢?「生」表示暫有之法,原來没有。「滅」表示有法之後的無。「異」表示這種事物不是一成不變的。「住」表示這種事物暫時有其作用。所以,生、住、異、滅四相,對於有爲法來説,雖然都稱爲表相,然而這些表相是不同的。這是依刹那而虛假設立四相,正量部主張一期立四相,最初之有稱爲生,最後之無稱爲滅,産生之後的相似和相續稱爲住,這種相續的變化稱爲「異」。所以,生、住、異、滅四相都是虛假而立。

復如何知異色、心等有實詮表名、句、文身〔一〕?契經説故〔二〕,如契經説佛得希有名、句、文身。此經不説異色、心等有實名等,爲證不成〔三〕。若名、句、文異聲實有,應如色等非實能詮。謂聲能生名、句、文者,此聲必有音韻屈曲〔四〕,此足能詮,何用名等?若謂聲上音韻屈曲卽名、句、文,異聲實有,所見色上形量屈曲應異色處別有實體。若謂聲上音韻屈曲如絃管聲非能詮者〔五〕,此應如彼聲不別生名等,又誰説彼定不能詮?聲若能詮,風鈴聲等應有詮用〔六〕。此應如彼不別生實名、句、文身〔七〕。若唯語聲能生名等,如何不許唯語能詮？何理定知能詮卽語〔八〕？寧知異語別有能詮〔九〕？語不異能詮人天共了，執能詮異語天愛非餘〔一〇〕。然依語聲分位差別而假建立名、句、文身〔一一〕，名詮自性〔一二〕，句詮差別〔一三〕，文卽是字，爲二所依。此三離聲雖無別體〔一四〕，而假實異亦不卽聲〔一五〕，由此法、詞二無礙解〔一六〕，境有差別〔一七〕，聲與名等蘊、處、界攝亦各有異〔一八〕。且依此土說名、句、文依聲假立，非謂一切，諸餘佛土亦依光明、妙香、味等假立三故〔一九〕。

校釋

〔一〕「復如何知異色、心等有實詮表名、句、文身？」這是論主問外人。「名身」，梵文 Nāmakāya 的意譯，唯識宗心不相應行法之一。兩個以上的名稱爲名身。「句身」，梵文 Padakāya 的意譯，唯識宗心不相應行法之一，指表達完整意思的句子。「文身」，梵文 Vyañjanakāya 的意譯，唯識宗心不相應行法之一，指構成文身和句身的梵文字母。

〔二〕「契經說故」，這是外人的回答。「契經」，卽佛經。佛教徒認爲，佛教經文契人之根機，契合事物道理，故稱佛經爲契經。

〔三〕「此經不說異色、心等有實名等，爲證不成」，這是論主的責難。

〔四〕「聲能生名、句、文者，此聲必有音韻屈曲」，這是正理師的主張，他們認爲聲上屈曲是名、句、文身，其體異於聲而定實有。祇有一個音韻稱爲徑挺，兩個以上的音韻稱爲屈曲。

〔五〕「若謂聲上音韻屈曲如絃管聲非能詮者」，這是論主對救的破斥。唯識宗把聲音區分爲三種：一、内緣聲，亦稱因執受大種聲，這是有情衆生發出的聲音，能够表達一定的意思；二、外緣聲，亦稱因不執受大種聲，這是無情識的樹林、流水等發出的聲音，不能表達一定的思想内容；三、内外緣聲，亦稱因執受不執受大種聲，如擊鼓聲、絃管聲等，這種聲音因受有情衆生的支配，所以能够表達一定的思想内容。

〔六〕「聲若能詮，風鈴聲等應有詮用」，這是外人的救。

〔七〕「此應如彼不别生實名、句、文身」，這是論主的責難。

〔八〕「何理定知能詮卽語」，這是外人的申難。

〔九〕「寧知異語别有能詮？」這是論主的詰難。

〔一〇〕「天愛」，卽愚者，這是調弄之辭，意謂天神應憐憫的人。意思是説：這種人極其愚蠢，根本没有理由生存於世，祇因天神的愛憐纔得以生存。世間最勝者無過於天神。把最愚蠢的人稱爲天愛，就像稱貧苦人爲富者稱愚者爲聰明一樣。窺基著成唯識論掌中樞要卷上認爲天愛卽没劫(Moha)，意譯爲愚。愚有三名：一、提婆(Deva)，意譯爲天，世間最勝莫過於天，最劣莫過於愚，稱愚爲天是調弄之辭，如喚奴爲郎君一樣；二、嚧縛(Jvala)，意譯光明。這亦是調弄之辭，愚人癡闇，稱之爲光明，如喚窮人爲富者一樣；三、鉢刺闍鉢底(Prajāpati)，意譯生主，卽婆羅門教的創造神梵天，稱爲世間之父。雖生一切，都無動作，愚者雖被驅使做各種動作而無所知。劣從勝號稱爲生主。

〔一一〕「然依語聲分位差別而假建立名、句、文身」，這是論主的解釋，顯示虛假差別，依聲假立名、句、文身，如祇説斫(C)，這祇是梵文字母，祇能稱作文身。如説斫芻（Cakṣu）就構成「眼睛」這個名詞，這就是名身。再加阿薩和縛(Āsrava)就構成「眼睛有漏」這個句子，這就是句身。

〔一二〕「自性」，此指事物的本體，在因明中又稱爲有法，卽一個句子中的主語。

〔一三〕「差別」，表明事物的特性，在因明中又稱爲「法」，卽一個句子的謂語。

〔一四〕「此三離聲雖無別體」，這是論主的回答。説明名、句、文身與聲不卽不離。

〔一五〕「假實異」，名、句、文身是假，聲是實有。「假實異」説明名、句、文身並不是聲，這是非卽；但差別之聲顯示名、句、文身，這是非離。

〔一六〕「法無礙解」，四無礙解（法無礙解、義無礙解、詞無礙解、樂説無礙解）之一，「法」卽名、句、文身能詮之教法。對於教法的解釋無阻礙，稱爲法無礙解。「詞無礙解」，亦稱辭無礙解，對於諸方言辭的解釋通達自在，毫無阻礙。

〔一七〕「境有差別」，法無礙解緣假名等，詞無礙解緣實聲等。法對所詮，祇取假名；詞一般針對衆生的根機，祇説聲。因所對不同，故説二者有異。

〔一八〕「聲與名等蘊、處、界攝亦各有異」，五蘊中的色蘊攝聲，五蘊中的行蘊攝名身，十二處中的聲處和十八界中的聲界攝句身，十二處中的法處和十八界中的法界攝文身。

〔一九〕「諸餘佛土」，小乘不信有他方佛。大乘認爲，除此三千界的他方，到一定時候亦會有佛出來教化衆生，因有人、天、衆生故，猶如此土。「等」，此處省略觸、思、數等，此上皆得假立名、句、文身。

〔本段大意〕論主問外人：又怎麽知道有不同於色法、心法等起真實詮表作用的名、句、文身呢？外人回答説：因爲佛經説過，如佛經説，成佛時得稀奇少有的名、句、文身。論主責難説：佛經没説不同於色法、心法等實有名、句、文身，就是爲了證明名、句、文身不能成立。如果名、句、文身異聲而實有，就應當如色法等那樣，實際上不能詮釋。如果説聲音能夠産生名、句、文身，這種聲音一定要有音韻屈曲，這足可以起到能詮作用，何必再用名、句、文身呢？如果認爲聲上音韻屈曲就是名、句、文身，異聲而實有，人們見到色處上的形量屈曲應當是區别於色處另有真實本體。如果認爲聲上音韻屈曲，像絃管聲那樣不能起到詮釋作用，它就應當像聲音那樣，不必要另有名、句、文身。又誰説過聲上屈曲肯定不能起到詮釋作用呢？外人救説：如果聲音能夠起到詮釋作用，風聲、鈴聲等應有詮釋作用。論主反駁説：風聲、鈴聲等如彼所執，不能另生真實的名、句、文身。外人又申救説：如果認爲衹有語聲能生名、句、文身，爲什麽不允許衹有語聲能起到詮釋作用呢？有什麽理由肯定知道，能起到詮釋作用的就是語聲呢？論主詰難説：怎麽知道區别於語聲另有能詮呢？語聲不異於能詮，人和天神都是知道的，主張能詮異於語聲，除天愛之外，没有任何人。然而，依據語聲分位虚假設立名、句、文身，名身詮釋自性，句身詮釋差別，文身就是梵文字母，是名身和句身的所依。名、句、文身雖然離聲而無另外的本體，由於名等之假和聲之實有之間的區別，名、句、文身不等於聲，由於法無礙解和詞無礙解所緣的境有區別，聲和名、句、文身的五蘊、十二處、十八界的所攝亦各不相同。而且，依塵世説名、句、文身，此依聲而假立，並不是在一切處所都是這樣，在其餘的佛土也依據光明、妙香、味等假立觸、思、數上的名、句、文身。

有執隨眠異心、心所〔一〕，是不相應行藴所攝。彼亦非理，名貪等故〔二〕，如現貪等非不相應。執别有餘不相應行〔三〕，準前理趣，皆應遮止。

校釋

〔一〕「有執隨眠異心、心所」，這是小乘佛教大衆部、化地部、一説部、説出世部、鷄胤部、説一切有部等的觀點。如大衆部認爲，隨眠非心法，非心所法，亦無所緣。説一切有部認爲，隨眠是纏（煩惱），即現行法。成實師認爲，隨眠無表，雖依思而立，然是不相應攝。「隨眠」，大乘和小乘的解釋各不相同，小乘佛教説一切有部認爲，隨眠是煩惱的異名。大乘唯識宗認爲，隨眠是煩惱障和所知障的種子，諸惑種子，隨逐於人，眠伏於阿賴耶識之中，故稱隨眠。

〔二〕「等」，省略瞋、癡，貪、瞋、癡是佛教的三毒，即三種根本煩惱。

〔三〕「執别有餘不相應行」，如正量部主張，不失增長（「得」的異名）是不相應行。成實師主張無表戒是不相應行。正理論師主張和合性是不相應行。

〔本段大意〕有人主張，隨眠不同於心法和心所法，屬於心不相應行法。這種主張也不合理，因爲隨眠稱爲貪、瞋、癡，如現行的貪、瞋、癡就不屬於心不相應行法。有人主張有另外的心不相應行法，根據前面講的道理，這種主張也應當否定。

諸無爲法離色、心等決定實有〔一〕，理不可得。且定有法略有三種：一、現所知法〔二〕，如色、心等〔三〕；二、現受用法〔四〕，如瓶、衣等。如是二法，世共知有〔五〕，不待因成〔六〕。三有作用法，如眼、耳等〔七〕，由彼彼用，證知是有〔八〕。無爲非世共知定有，又無作用，如眼、耳等。設許有用，應是無常，故不可執無爲定有。然諸無爲所知性故，或色、心等所顯性故〔九〕，如色、心等不應執爲離色、心等實無爲性。又虚空等爲一爲多〔一〇〕？若體是一，偏一切處，虚空容受色等法故，隨能合法體應成多，一所合處餘不合故，不爾，諸法應互相偏。若謂虚空不與法合，應非容受，如餘無爲。又色等中有虚空不？有應相雜，無應不偏。一部一品結法斷時〔一一〕，應得餘部餘品擇滅〔一二〕，一法緣闕得不生時，應於一切得非擇滅〔一三〕，執彼體一，理應爾故。

校釋

〔一〕「諸無爲法離色、心等決定實有」，這是小乘佛教説一切有部的主張。

〔二〕「現所知法」，即通過因明現量所認識的事物，即色、聲、香、味、觸五塵。

〔三〕「如色、心等」，現量知心法和心所法，一般人是作不到的，祇能靠佛的他心智，即知他人心念的智慧。

〔四〕「現受用法」，唯識宗認爲，現見受用的東西是識變現的，是虚假不實的，並非現量所得。唯識宗的這種解釋不同於因明，因明認爲現受用法是現量所得。

〔五〕「如是二法，世共知有」，此中緣瓶等心是非量（錯誤的認識），因爲它把瓶等看作是真實的，而唯識宗認爲瓶等是識的幻影，是虚假的。

〔六〕「不待因成」，不須待比量成立，因爲由因推果是比量内容之一。

〔七〕「等」，此中省略鼻、舌、身，眼、耳、鼻、舌、身是五淨色根（發識的功能），而非扶根塵（肉眼、肉耳等）。

〔八〕「由彼彼用，證知是有」，對五淨色根的認識，祇能靠比量，由它們各自的功能，推知有根。

〔九〕「或色、心等所顯性故」，據慧沼著成唯識論演秘卷二末，色、心相顯有四方面的内容：一、以色顯色，如燈、日、月照色等法；二、以色顯心，用聲音表示人們的心情，以身、語業表善、惡心等都是以色顯心；三、以心顯心，即他心智；四、以心顯色，即心緣色。

〔一〇〕「虛空」，此指虛空無爲，説一切有部認爲，這種無爲法無限無際，真空寂滅，可在此中自由行動，没有任何障礙。　「等」，此中省略擇滅無爲和非擇滅無爲。

〔一一〕「一部一品」，説一切有部把迷惑分爲五部九品。五部是迷於苦、集、滅、道四諦之理的四部見惑，再加迷於世上事相的一部修惑。九品是上上、上中、上下、中上、中中、中下、下上、下中、下下九品惑。　「結」，繫縛之義，是煩惱的異名，由煩惱之因而結集生死，故稱爲「結」。又繫縛衆生，使之不得解脱，亦稱爲「結」。

〔一二〕「擇滅」，即擇滅無爲，「擇滅」是涅槃的異名，即通過智慧的揀擇力，滅除法相、煩惱，以達涅槃。

〔一三〕「非擇滅」，即非擇滅無爲，不依靠智慧的揀擇力，在闕緣的情況下所得之無爲法。

〔本段大意〕認爲各種無爲法離開色法、心法等肯定實有，這在道理上是講不通的。而且，肯定實有的事物，簡略來講，共有三種：一、通過因明現量所認識的事物，如色法、心法等；二、現見受用的東西，如瓶、衣等。以上兩種東西，世間共知是有，不須比量成立。三、有作用的東西，如眼、耳、鼻、舌、身五根，由於它們具有各自發識的作用，比知有根。無爲法既不像前兩種那樣世間共知而肯定實有，又不像眼、耳、鼻、舌、身那樣，有其作用。假設允許有其作用，就應當是非永恒的，所以不能認爲無爲法肯定實有。然而，各種無爲法是佛和菩薩所知的境界性，或者由於色法、心法等，甚至爲我法二空所顯的真如性。所以各種無爲法如色法、心法等一樣，不應當認爲離開色法、心法等以外，另有真實的無爲法之性。而且，虛空無爲、擇滅無爲、非擇滅無爲中，虛空無爲的自體是一個呢，還是多個呢？如果是一，虛空無爲就應當遍一切處。由於虛空無爲容受色法等，應隨能合法，虛空無爲之體應成多個，因爲一處色合，餘處色不合。如果不是這樣的話，色法等應互相遍，此處色合時，餘處色亦合，此處色即餘處色。如果說虛空無爲不與色法等合，就應當像擇滅無爲和非擇滅無爲一樣，不容受色法等。而且，色法等之中有虛空没有？如果說色中有空，色體與空，體應相雜，如果色體中没有虛空，虛空就不應當遍一切法。不遍一切法，就不應當是無爲法，而是有爲法。如果揀滅無爲之體是一的話，五部九品惑中，一部一品結法斷時，其餘的四部八品惑都應當得到揀滅。如果非擇滅無爲之體是一的話，一法由於缺緣而不生時，一切法都應當得非擇滅。因爲你們主張三種無爲法之體各一，從道理上來講應當有這樣的過失。

若體是多，便有品類，應如色等非實無爲，虛空又應非徧容受〔一〕。餘部所執離心、心所實有無爲〔二〕，準前應破。又諸無爲許無因果故〔三〕，應如兔角非異心等有。然契經説有虛空等諸無爲法，略有二種：一依識變，假施設有，謂曾聞説虛空等名，隨分別有虛空等相，數習力故，心等生時，似虛空等無爲相現，此所現相，前後相似，無有變易，假説爲常；二依法性假施設有〔四〕，謂空、無我所顯真如〔五〕，有、無俱非，心言路絶，與一切法非一、異等，是法真理，故名法性。離諸障礙，故名虚空。由簡擇力滅諸雜染〔六〕，究竟證會，故名擇滅。不由擇力，本性清淨，或緣闕所顯，故名非擇滅。苦、樂受滅〔七〕，故名不動〔八〕。想、受不行〔九〕，名想受滅〔一〇〕。此五皆依真如假立，真如亦是假施設名。遮撥爲無〔一一〕，故説爲有〔一二〕。遮執爲有，故説爲空〔一三〕。勿謂虚幻，故説爲實〔一四〕。理非妄倒，故名真如。不同餘宗離色心等有實常法，名曰真如〔一五〕。故諸無爲非定實有。

校釋

〔一〕「虚空又應非徧容受」，虚空無爲之體是多，應當是非遍非容受，色中無空是非遍，無色有空是非容受。這是别破説一切有部，對其無爲之體是一是多的主張都進行了破斥，在破斥説一切有部的同時也破斥了毘婆沙師，他們主張虚空無爲的本體是一，擇滅和非擇滅無爲是多。

〔二〕「餘部所執離心、心所實有無爲」，大衆部、一説部、説出世部、鷄胤部主張有九種無爲法：一、擇滅無爲，二、非擇滅無爲，三、虚空，四、空無邊處，五、識無邊處，六、無所有處，七、非想非非想處，八、緣起支性，九、聖道支性。化地部也立九種無爲：一、擇滅，二、非擇滅，三、虚空，四、不動，五、善法真如，六、惡法真如，七、無記法真如，八、聖道真如，九、緣起真如。

〔三〕「又諸無爲許無因果故」，説一切有部認爲，三種無爲法非六因（能作因、俱有因、同類因、相應因、遍行因、異熟因）所得，故稱無因；　非得五果（異熟果、等流果、離繫果、士用果、增上果），故稱五果。　無爲法的本體卽因果，因是能作因，果是離繫果。

〔四〕「法性」，亦稱實相、真如、法界等。　佛教認爲，真如爲萬法之體，在染在淨，在有情非情，　其性永不改變，故稱法性，卽萬事萬物（法）的真實本性。

〔五〕「真如」，梵文 Tathatā 或 Bhūtatā 的意譯，亦作「如」、「如如」等。　其異名有法界、法性、自性、清淨心、佛性、法身、　如來藏等。　意謂絕對不變的永恒「真理」，成唯識論卷九對此解釋如下：「『真』謂真實，顯非虛妄；『如』謂如常，　表無變易。　謂此真實，　於一切位，　常如其性，　故曰真如……此性卽是唯識實性。」成唯識論述記卷二本又解釋說：「『真』以簡妄，『如』以別倒。　初簡所執，後簡依他。　或『真』以簡有漏非虛妄故。『如』以簡無漏非有爲故。『真』是實義，『如』是常義，故名真如。」

〔六〕「雜染」，梵文 Saṃkleśa 的意譯，一切有漏（煩惱）法的總稱，「染」意謂煩惱祇局限於惡性，雜染則通善、惡、無記三性。　因以有漏善、無記與煩惱之惡性雜糅，故稱雜染。

〔七〕「苦」，梵文 Duṇkha 的意譯，意謂逼惱身心，佛教關於苦有多種分類，如二苦、三苦、四苦、五苦、八苦等。　　「樂」，梵文 Sukha 的意譯，　音譯蘇吉施羅。　遇好緣好境而使身心適悅。　佛教有三樂、五樂之分。

〔八〕「不動」，卽不動無爲，生於色界第四靜慮，已無苦受和樂受，離苦、樂粗動而得之真如，故稱不動無爲。

〔九〕「想」，即思想，事物性相浮現於心，成爲言行之因。「受」，梵文 Vedanā 的意譯，即感受：包括苦受、樂受和不苦不樂的捨受三種。

〔一〇〕「想受滅」，即想受滅無爲，因修滅盡定，使聖者生於無想天，滅除六識心想及苦、樂二受。

〔一一〕「遮撥爲無」，唯識宗所說的「空」並非空無，而是假有。把誤認「無」爲「空」的主張稱爲惡取空。惡取空者否定因果，否定真、俗二諦等。

〔一二〕「有」，分實有、假有、妙有三種，此中之「有」是假有、妙有，非有非不有。

〔一三〕「遮執爲有，故說爲空」，此破小乘佛教化地部定有的主張。事物本體即「空」，空並非空無，而是假有、妙有，所以是非空非不空。

〔一四〕「勿謂虛幻，故說爲實」，此破小乘佛教一說部，該部主張一切皆假。此中之「實」是真如體，非實非不實。

〔一五〕「不同餘宗離色心等有實常法，名曰真如」，此破小乘佛教化地部。該部主張，離色法、心法等以外，肯定存在實有之法，這就是真如。唯識宗認爲，真如與色法、心法等非一非異、非實非不實。

〔本段大意〕如果虛空、擇滅、非擇滅三種無爲法之體各是多個，就應當是有爲法，便有品類之分，就如色法等一樣，不是真實的無爲法。虛空無爲之體是多個，應當是非遍非容受，色中無空是非遍；無色處有空是非容受。大衆部、一說部、說出世部、雞胤部、化地部等主張除開心法、心所法以外，實有無爲法。根據前面講的道理，也應當進行破斥。而且，認爲各種無爲法非六因所得，又不得五果，應當如兔角一樣，不是異於心法等而有。然而，佛經説有虛空等各種無爲法，簡略來説有兩種：一、依識變現，虛假施設而有，聽聞佛、菩薩説有虛空無爲等名，隨此名後起分別之心，有虛空無爲等相。過去曾聽説過虛空無爲等，現在再次聽説，數習力故，心等生起，緣虛空無爲等時，便似虛空無爲等相顯現。所顯現之相，前後相似，没有改易，假説爲永恒。二、依據法性虛假施設而有。意謂空無我所顯真如非有、非無、非亦有亦無、非非有非無，既不能想，又不能説，與一切事物既不同一，又不相異等。因爲這是事物的真理，所以叫做法性。因爲這種真如不受任何障礙，所以叫做虛空無爲。由於無漏慧的揀擇力，滅除了各種雜染，最終證得，所以稱爲擇滅無爲。不用智慧的揀擇力，本性清淨，或由於闕緣所顯現的真如，稱爲非擇滅無爲。滅除一切苦、樂感受所得的真如稱爲不動無爲。思想和感受都不運行的真如稱爲想受滅無爲。虛空、擇滅、非擇滅、不動、想受滅五種無爲法，都是依據真如虛假設立，所以真如也是虛假施設，其體是非如非不如。爲了駁斥真如空無的主張，所以要説有；爲了駁斥化地部定有的主張而説空。不能像一説部那樣認爲真如是虛幻的，所以説真如是實。真如之理不是虛妄的，所以稱爲「真」；不是顛倒的，是常住的，所以稱爲「如」。唯識宗不像化地部那樣，認爲離開色法、心法等以外，有真實的常住之法，稱爲真如。所以，各種無爲法不一定是實有。

外道、餘乘所執諸法〔一〕，異心、心所，非實有性，是所取故，如心、心所。能取彼覺〔二〕，亦不緣彼，是能取故，如緣此覺〔三〕。諸心、心所依他起故〔四〕，亦如幻事，非真實有。爲遣妄執心、心所外實有境故，説唯有識，若執唯識真實有者，如執外境，亦是法執〔五〕。

校釋

〔一〕「外道、餘乘所執諸法」，此指三聚：一、正定聚，必定證悟者；二、邪定聚，畢竟不證悟者；三、不定聚，有緣（條件）可以證悟，無緣不能證悟。

〔二〕「覺」，心法和心所法的總名。

〔三〕「如緣此覺」，「此覺」即心法和心所法。「緣此覺」者是佛的他心智。

〔四〕「依他起」，即三性（遍計所執性、依他起性、圓成實性）之一的依他起性，意謂「依他衆緣而得起」。「衆緣」是使事物生起的一切條件，尤指阿賴耶識所儲藏的種子。

〔五〕「法執」，二執（我執、法執）之一，固執心外實有外境。

〔本段大意〕外道和小乘所主張的各種事物，不同於心法和心所法，並非實有，因爲它們是所緣取的對象，如心法和心所法的相分那樣。你們那能緣取的心法和心所法，也不能緣取心外的色法等，是能取（見分）的緣故，如緣心法和心所法的相分。因爲各種心法和心所法是依他起性，也如虛幻事物一樣，並非真實而有。爲了遣除虛妄執著心法、心所法以外實有外境的主張，而説祇有識。如果執著唯識真實而有，就如妄執外境實有一樣，這也是一種法執。

然諸法執略有二種：一者俱生，二者分別。俱生法執無始時來，虛妄熏習内因力故，恆與身俱，不待邪教及邪分別，任運而轉，故名俱生。此復二種：一常相續，在第七識緣第八識，起自心相，執爲實法；二有間斷，在第六識緣識所變蘊、處、界相，或總或別，起自心相，執爲實法。此二法執細故難斷，後十地中〔一〕，數數修習勝法空觀〔二〕，方能除滅。分別法執亦由現在外緣力故，非與身俱，要待邪教及邪分別然後方起〔三〕，故名分別。唯在第六意識中有。此亦二種：一緣邪教所說蘊、處、界相〔四〕，起自心相，分別計度執爲實法；二緣邪教所說自性等相〔五〕，起自心相，分別計度執爲實法。此二法執麤故易斷，入初地時〔六〕，觀一切法法空真如卽能除滅。如是所說一切法執，自心外法或有或無〔七〕，自心内法一切皆有，是故法執皆緣自心所現似法執爲實有。然似法相從緣生故，是如幻有，所執實法妄計度故，決定非有，故世尊說〔八〕：「慈氏當知〔九〕，諸識所緣，唯識所現，依他起性，如幻事等〔一〇〕。」

校釋

〔一〕「十地」，梵文 Daśabhūmi 的意譯，亦稱十住。菩薩修行的十個階位：一、歡喜地，初得聖性，具證人、法二空，能自利利他，生大歡喜；二、離垢地，具清淨戒，遠離垢染；三、發光地，發無量慧光；四、燄慧地，此位菩薩，妙慧殊勝，能斷煩惱，如火燒薪；五、極難勝地，使俗智和真智合而相應，極難做到；六、現前地，使無分別智現於面前；七、遠行地，遠離世間和小乘佛教的聲聞、緣覺二乘；八、不動地，不爲一切事相煩惱所動；九、善慧地，此位菩薩因具妙慧而自在説法；十、法雲地，法身如虛空，智慧如大雲。

〔二〕「法空觀」，二空觀（人空觀、法空觀）之一，大乘菩薩觀見色法、心法等以後，由因緣生無自性而得「空」之結論。

〔三〕「分別」，以心法和心所法思量識別各種事物的道理。

〔四〕「邪教」，唯識宗把外道以及它所反對的其他佛教派別都稱爲「邪教」。此指小乘佛教。

〔五〕「自性」，即數論的勝性。「等」，此中省略勝論的實句義等。

〔六〕「初地」，菩薩十地的第一地歡喜地，據窺基著成唯識論掌中樞要卷上，初有四種：一、地位初，兩種法執在初地斷，非餘地斷；二、聖道初，此中祇是見道，並非修道；三、真相初，在真見道，非相見道；四、四道（加行道、無間道、解脱道、勝進道）初，在無間道，非解脱道。

〔七〕「自心外法或有或無」，成唯識論述記卷二末解釋説：「第七本法定有，第六本法還無，修道本法定有，見道本法或無，計蘊等或容有，計自性等定無。」（大正藏卷四三第二九三頁）

〔八〕「世尊」，梵文 Bhagavat 或 Lokanātha 的意譯，音譯薄伽梵或婆伽婆。釋迦牟尼佛的一個尊號，意謂爲世尊重。

〔九〕「慈氏」，梵文 Maitreya 的意譯，音譯彌勒。即未來佛彌勒菩薩。中國一些佛教寺廟裏供奉的笑口常開胖彌勒塑像，是五代時一個叫做契此的和尚，相傳他是彌勒的化身。

〔一〇〕引自解深密經。原文如下：「慈氏菩薩復白佛言：『世尊！諸毘鉢舍那三摩地所行影像，彼與此心，當言有異？當言無異？』佛告慈氏菩薩曰：『善男子！當言無異。何以故？由彼影像唯是識故。善男子！我説識所緣，唯識所現故。』」

〔本段大意〕然而，各種法執簡略來説，共有兩種：一者俱生，二者分別。俱生法執從無始以來，由於虚妄熏習的內在因力，永遠與身相俱，不需要錯誤的説教和錯誤的識別，自然發生作用，所以稱爲俱生。俱生法執又分爲兩種：一、常相續，在未入無漏聖道以前，第七識末那識緣第八識阿賴耶識，起自心中影相，認爲這是實際存在的事物；二、有間斷，當第六識意識或總緣五蘊、十二處、十八界時，或別緣蘊、處、界時，認爲起自於心中的影相是實際存在的事物。這兩種法執微細，難以斷除。在以後的十地中，於十地道數數修，地地別斷，由於殊勝的法空觀，纔能斷除。分別法執不僅由於內在因力，亦由於外部條件，並不是與身俱生，需要錯誤的説教和錯誤的識別，然後纔能生起，所以稱爲分別。這種法執祇在第六識意識中存在。分別法執也分兩種：一、由於小乘所説的五蘊、十二處、十八界之相，對起自於心的影相，進行識別計度，認爲是實際存在的事物；二、由於數論外道所説的自性以及勝論所説的實句義等相，對起自於心的影相，進行分別計度，認爲是實際存在的事物。這兩種法執粗顯，容易斷除，入初地歡喜地時，觀見一切事物的法空真如即能斷除。這樣所説的一切法執，認爲心外之法或者是有，或者是無。因爲一切事物都是心識所變，都是因緣和合而生，所以自心内法，一切皆有。所以法執都是把自心所顯現的假法誤認爲實有。然而，虚假法相都是因緣和合而生，所以是如幻之有。因爲他們所説的實法是由於虚妄計度造成的，所以肯定不是有。所以釋迦牟尼佛説：「彌勒應當知道，各種識所緣的對象，都是識變現的，都是依他起性，皆如虚幻事物等。」

如是外道、餘乘所執離識我、法皆非實有，故心、心所決定不用外色等法爲所緣緣，緣用必依實有體故。現在彼聚心、心所法非此聚識親所緣緣〔一〕，如非所緣，他聚攝故。同聚心所亦非親所緣，自體異故，如餘非所取。由此應知實無外境〔二〕，唯有内識似外境生。是故契經伽他中説〔三〕：如愚所分別，外境實皆無，習氣擾濁心〔四〕，故似彼而轉。

校釋

〔一〕此破小乘佛教上座部、法藏部等，它們主張，同聚心相應之法亦互能緣。

〔二〕「由此應知實無外境」，藏要本稱：「此句總結上文，糅安慧釋。」

〔三〕「契經」，此指厚嚴經。「伽他」，梵文 Gāthā 的音譯，意譯爲偈，佛經中的詩體。主要有兩種偈：一、通偈，亦稱首盧伽陀(Śloka)，由三十二個梵文音節構成；二、別偈，共四句，每一句有四言、五言、六言、七言等之分。

〔四〕「習氣」，梵文 Vāsanā 的意譯，意謂煩惱相續在心中形成的餘習。唯識宗認爲，習氣是經七轉識現行的熏習而在阿賴耶識中新形成的種子。有三種習氣：一、名言習氣，二、我執習氣，三、有支習氣。詳見本書卷八。

〔本段大意〕這樣，外道和小乘所説離識之外的我、法，都不是真實而有，所以心法和心所法肯定不能用外境色法等作所緣緣。因爲所緣緣必須依賴實有本體。現在，他身的心法和心所法，不是自身之識的親所緣緣（直接的所緣緣），就如不是所緣的東西那樣，由他身所攝取。同聚心所法也不是親所緣，因爲自體相異，如餘眼根等，不是所取之法。由此可知，客觀事物實際上是不存在的，祇有内識變似我、法。所以佛經的偈這樣説：「就如愚者所識别的那種外境，實際上都是不存在的，由於習氣擾亂污濁之心，好像是外境在産生。

有作是難〔一〕，若無離識實我、法者，假亦應無〔二〕，謂假必依真事、似事、共法而立〔三〕，如有真火，有似火，人有猛、赤法，乃可假説此人爲火。假説牛等，應知亦然。我、法若無，依何假説？無假説故，似亦不成。如何説心似外境轉？彼難非理，離識我、法前已破故〔四〕。

依類依實假說火等〔五〕，俱不成故。依類假說理且不成，猛、赤等德非類有故〔六〕。若無共德而假說彼〔七〕，應亦於水等假說火等名。若謂猛等雖非類德而不相離〔八〕，故可假說，此亦不然，人類猛等現見亦有互相離故〔九〕。類既無德，又互相離，然有於人假說火等，故知假說不依類成。依實假說理亦不成，猛、赤等德非共有故〔一〇〕。謂猛、赤等在火在人其體各別〔一一〕，所依異故。無共假說，有過同前。若謂人、火德相似故可假說者，理亦不然，說火在人非在德故，由此假說不依實成。又假必依真事立者，亦不應理〔一二〕。真謂自相，假智及詮俱非境故，謂假智、詮不得自相，唯於諸法共相而轉。亦非離此有別方便〔一三〕，施設自相爲假所依。然假智詮必依聲起，聲不及處此便不轉，能詮、所詮俱非自相〔一四〕。故知假說不依真事。由此但依似事而轉，似謂增益非實有相，聲依增益似相而轉，故不可說假必依真。是故彼難不應正理。然依識變〔一五〕，對遣妄執真實我、法，說假似言。由此契經伽他中說〔一六〕：

「爲對遣愚夫，所執實我法，故於識所變〔一七〕，假說我、法名。」

校釋

〔一〕「有作是難」，據藏要本校注，這一大段糅安慧釋。

〔二〕「若無離識實我、法者，假亦應無」，這是勝論師和小乘佛教犢子部等共同申難。

〔三〕「真事、似事、共法」，成唯識論述記卷二末解釋説：「若有我、法，名爲真事；識所變者，名爲似事；所變上有不捨色等法之自相，名爲共法。」（大正藏卷四三第二九五頁）

〔四〕「離識我、法」，此即真事。

〔五〕「類」，是「性」的意思，即勝論六句義中的同異句義。不取「大有」句義。「實」，即勝論六句義中的「實」句義，如地、水、火、風等。「火」，有身内火和身外火之分，此指身内火。

〔六〕「猛、赤等德非類有故」，「猛」，是火上猛利之勢，是火德（火的屬性）。「赤」，是色德（色的屬性）。這種屬性在於火，不是類德。

〔七〕「若無共德而假説彼」，藏要本稱：「勘安慧釋，此二句意云：『若無共法之人而假説爲類，此不應理，有太過之失故。』」

〔八〕「若謂猛等雖非類德而不相離」，藏要本稱：「勘安慧釋，此句意云：『又於類中雖無猛赤，而二法與類不離，故假説人爲類者。』」

〔九〕「人類猛等現見亦有互相離故」，有猛、赤不一定有人，有人不一定有猛、赤，「又見貧人先無猛、赤，後富貴已，方有猛、赤。」（成唯識論述記卷二末）「人起瞋時面赤，心急假説爲火。彼若歡喜，面白心緩。」（成唯識論演秘卷二末）

〔一〇〕「等」，取其他的别性。

〔一一〕「謂猛、赤等在火在人其體各别」，此破共法。體是一法，一頭在人，一頭在火，此猛、赤等可名共法。既是共有，又非共有，因爲所依有別。

〔一二〕「又假必依真事立者，亦不應理」，此破小乘伏難真事。小乘佛教雖立真事、似事、共法，但不像外道那樣明説，故稱爲「伏」。

〔一三〕「方便」，梵文 Upāya 的意譯，音譯漚和。全稱方便善巧（Upāyakauśalya），音譯漚和俱舍羅，意謂認識佛法時或菩薩度脱衆生時所採取的各種靈活手法。

〔一四〕「能詮、所詮」，「詮」爲詮顯經典、事物之文句，能顯義理稱爲能詮，所顯義理稱爲所詮。能詮是音聲，所詮是類、實等。

〔一五〕「然依識變」，藏要本稱：「此下總結。安慧釋無文。」

〔一六〕「由此契經伽他中説」，此中「契經」係指厚嚴經，並非安慧之文。

〔一七〕「故於識所變」，係指阿賴耶識的見分和相分。安慧時無見、相二分之名，故知此頌及前面的長行非安慧文。

〔本段大意〕勝論師和小乘佛教犢子部等這樣申難：如果没有離識之外的真實我、法，似事之假也應當是不存在的，因爲假必須依賴真事、似事、共法而成立。如果有真火（真事），有似火（似事），人有猛、赤（共事），就可以假説此人爲火。假説牛、狗等，應當知道亦是這樣。外人申難説：我、法如果是没有的話（如有我、法則爲真事），依據什麼假説呢？因爲没有假説，識所變的似事也不能成立。外境既然是無，如何説心似外境轉呢？論主反駁説：這種申難是不合道理的，離識之外的我、法（真事）前面已經破斥了，依據「同異」句義和「實」句義假説火等，都不能成立。依同異類假説，其理尚且不能成立，因爲猛、赤等屬性不是類有。如果没有猛、赤共法之德（屬性）而假説火，亦不應當於水等假説火等之名。如果認爲猛等雖然不是類德，而又不相離，如人之類必與火德猛、赤等法不相離，所以可以假説，這亦不對。現見人類猛等屬性也有互相分離的現象。類既然没有屬性，又互相分離，然而對於人而假説火等，由此可知，假説不依類而成立。依實而立假説，道理上亦不能成立，因爲猛、赤等别性不是共同而有。猛、赤等屬性既可以在火，又可以在人，其體不一，所依亦不相同。無共法而假説，就犯如前面把水稱爲火那樣的過失。如果認爲人、火之德相似故可假説，在道理上亦講不通。因爲祇可説火在人，並非在德，祇能説人似火，而不能説德似火。由此可知，似事之假不依真事而立。而且，認爲似事之假必須依真事而立，這亦不合道理。真事是事物的自相，認識似事之假的智慧和詮釋都不是外境。所以認識似事之假的智慧和詮釋不能認識事物的自相，祇能認識各種事物的共相。亦不是離開假智、詮以外另有方便善巧，故虚假施設自相，説爲假智、詮的所依。然而認識似事之假的智慧和詮釋必須依賴聲音而生起，没有聲音的地方便没有假智、詮。能詮之名和所詮之法都不是事物的自相。由此可知，似事之假不依真事而立。由此可知，不依自相説假，祇依似事而説。似事是在自相之上增益共相，並不是真實有相。聲音依據增益的似相而轉，所以不能説似事之假必依真事。所以外道和小乘的非難是不合道理的。然而，依據一切事物都是識變現的道理，對治遣除衆生妄執的真實我、法，隨順有情衆生假說我、法。所以厚嚴經的偈這樣說：「爲了對治遣除愚者所妄執的真實我、法，依據一切都是識變的道理，假說我、法之名。」

識所變相雖無量種〔一〕，而能變識類則唯三〔二〕：一謂異熟〔三〕，卽第八識，多異熟性故〔四〕；二謂思量，卽第七識，恆審思量故〔五〕；三謂了境，卽前六識〔六〕，了境相麤故〔七〕。「及」言顯六合爲一種〔八〕。此三皆名能變識者，能變有二種：一因能變〔九〕，謂第八識中等流、異熟二因習氣〔一〇〕。等流習氣由七識中善、惡、無記熏令生長〔一一〕。異熟習氣由六識中有漏善、惡熏令生長。二果能變〔一二〕，謂前二種習氣力故，有八識生現種種相。等流習氣爲因緣故，八識體相差別而生，名等流果〔一三〕，果似因故。異熟習氣爲增上緣〔一四〕，感第八識酬引業力〔一五〕，恆相續故，立異熟名。感前六識酬滿業者〔一六〕，從異熟起〔一七〕，名異熟生〔一八〕，不名異熟，有間斷故。卽前異熟及異熟生，名異熟果〔一九〕，果異因故。此中且說我愛執藏〔二〇〕，持雜染種能變果識，名爲異熟，非謂一切。

校釋

〔一〕藏要本稱：「安慧釋此段生起云：未知識變有幾，說彼差別故頌云云。」

〔二〕「類」，磧砂藏本作「雖」，藏要本據述記和高麗藏本改。

〔三〕「一謂異熟」，藏要本校注稱：「此段糅安慧釋，原釋次在二能變後，並有生起文云，已說三變未審是何，釋彼差別故頌云云。」

〔四〕「多異熟性故」，據成唯識論述記卷二末，第八識分三位：一、我愛執藏現行位，包括七地以前的菩薩、二乘有學和一切異生，從無始以來至無人執位稱爲阿賴耶識；二、善惡業果位，從無始乃至菩薩金剛心或解脱道時，乃至二乘無餘依位，稱爲異熟識（Vipāka），音譯毘播迦；三、相續執持位，謂從無始乃至如來盡未來際利樂有情位，稱爲阿陀那識（Ādāna），意譯執持。不說第一位，因爲太狹；不說第三位，因爲太寬。說異熟識，寬狹皆得。故稱「多異熟性」。第八識又可以分爲五位：一、異生位，二、二乘有學位，三、二乘無學位，四、十地菩薩位，五、如來位。「異熟」一名通前四位，故稱「多異熟性」。瑜伽師地論卷四十八瑜伽住品第四之二講到十三住，即菩薩修瑜伽的十三個階段：一、種姓住，二、勝解行住，三、極歡喜住，四、增上戒住，五、增上心住，六、覺分相應增上慧住，七、諸諦相應增上慧住，八、緣起相應增上慧住，九、有加行有功用無相住，十、無加行無功用無相住，十一、無礙解住，十二、最上成滿菩薩住，十三、如來住。在此十三住中，異熟通十二住，故稱「多異熟性」。十三住依七地而立七地如下：一、種姓地，二、勝解行地，三、淨勝意樂地，四、行正行地，五、決定地，六、決定行地，七、到究竟地。在七地中異熟通六地半，故稱「多異熟性」。

〔五〕「恆審思量」，「恆」是爲了和第六識意識相區別，意識雖有審思作用，但有間斷，並非永恒。「審思」是爲了和第八識阿賴耶識相區別，阿賴耶識雖然是永恒的，但無審思作用。「思量」是爲了和前五識相區別，前五識有間斷，並非恒起，亦没有審思作用。

〔六〕「前六識」，包括眼識，耳識、鼻識、舌識、身識、意識。

〔七〕「了境相麤故」，據藏要本校注，安慧釋此句云：「各別現似色等境故。」蓋以現似義 ābhāsa 解釋了別 Vijñāpti。唯識原名唯了別者，意當於此。

〔八〕「及」，即頌文「及了別境識」中的「及」字。

〔九〕「因能變」，「因」，意謂所由，即第八識阿賴耶識中儲藏的種子。辨體生現，種子是現行產生的所由，故稱爲因。「變」，即轉變。「因能變」，因即能變，持業釋。意謂等流習氣和異熟習氣之因能够轉變產生自類種子、同類現行和異熟果報。

〔一〇〕「等流、異熟二因習氣」，等流習氣是產生等流果的種子，所以述記卷二末稱：「自性親因名等流種。」（大正藏卷四三第二九八頁，下同）又稱：「等謂相似，流謂流類。即此種子與果性同。相似名等，果是彼類，名之爲流。即從等所流，從因爲名，故名等流。即等之流，依士釋也。即名言熏習種子。是等流之習氣，名等流習氣。」異熟習氣，即招待異熟果的種子，述記卷二末稱：「異性招感，名異熟種。」又稱：「異熟習氣，唯依士釋，果是異熟，因名習氣。」「習氣」，梵文Vāsanā的意譯，原指煩惱相續在心中形成的餘習，唯識宗認爲，習氣是由於前七識的熏習作用而在阿賴耶識中形成的種子。述記卷二末稱：「言習氣者，是現氣分熏習所成，故名習氣。」

〔一一〕「無記」，梵文Avyākṛta的意譯，不可斷爲善性，亦不可斷爲惡性，是非善非惡的無記性。

〔一二〕「果能變」，以等流習氣和異熟習氣爲因，所生現果，這種變現是需要條件的，此稱果能變。也就是自證分變現產生見分和相分。

〔一三〕「等流果」，五果（異熟果、等流果、離繫果、士用果、增上果）之一，善因得善果，惡因得惡果，無記因得無記果。果性似因性而流出，故稱等流果。

〔一四〕「增上緣」，四緣（因緣、等無間緣、所緣緣、增上緣）之一，除因緣、等無間緣、所緣緣以外，餘下各種有助於或無礙於現象發生的條件都稱爲增上緣。

〔一五〕「引業」，亦稱引因、牽引業或總報業，牽引衆生五趣、四生之業。

〔一六〕「滿業」，亦稱別報業，使同趣衆生有壽命長短、貧富貴賤等區別之果報圓滿者，稱爲滿業。引如作模，滿如填綵。

〔一七〕「異熟」，依過去善、惡之業所得的果報，果的性質異於因而成熟，因是善性或惡性，果是無記性。「異熟」還意味着果與因隔世異時成熟。窺基著成唯識論掌中樞要卷上認爲，真異熟具三義：一業果，二不斷，三遍三界。

〔一八〕「異熟生」，唯識宗稱第八識阿賴耶識爲異熟識，稱前六識爲異熟生，因爲前六識都是由阿賴耶識的種子所生。

〔一九〕「異熟果」，五果之一，由異熟因所生的果報稱爲異熟果。阿賴耶識含藏着一切諸法種子，成熟後可以變現爲各種根識之果，如眼等根，由於過去世的善、惡之因而得今世苦、樂之果，今世的善、惡之因招感來世的苦、樂之果。

〔二〇〕「此中且說我愛執藏」，據藏要本校注，安慧釋無文。

〔本段大意〕識所變相雖然無量，而能變之識衹能區別爲三類：一、異熟，即第八識，此識雖有多位，「異熟」之性最多，故稱異熟識；二、思量，即第七識，因爲該識永起審思作用；三、了境，即前六識，眼、耳、鼻、舌、身、意，因爲這六識能够了别粗相外境。頌中「及」字表明把前六識合爲一類。這三類都稱爲能變識，能變有二種：一、因能變，即第八識中的等流習氣和異熟習氣。等流習氣由前七識的善、惡、無記三性現行熏習，使之産生和增長。異熟習氣由前六識的善、惡現行熏習，使之産生和增長。二、果能變，由於等流習氣和異熟習氣的因力，有八識變現産生的各種行相。以等流習氣爲其因緣，八識體性和相狀差别而生，這就是等流果，因爲果與因相似。異熟習氣是增上緣，招感第八識中的酬引業力永恒相續，所以立異熟之名。異熟識招感前六識的酬滿業力，因爲前六識從異熟識生起，所以稱爲異熟生，不能稱爲異熟，因爲異熟識是永恒的，而前六識是有間斷的。前述異熟和異熟生稱爲異熟果，因爲果的性質與因相異。

異熟果雖通七識而有，初能變衹是真異熟，它執藏我愛，持雜染種子，能變現善、惡業果，所以稱爲異熟識，這就是真異熟。並不是説一切業力所招感的都是初能變。

雖已略説能變三名，而未廣辯能變三相，且初能變〔一〕，其相云何？頌曰：

初阿賴耶識〔二〕，異熟、一切種。不可知執受、處、了〔三〕，常與觸、作意、受、想、思相應。唯捨受，是無覆無記。觸等亦如是〔四〕。恆轉如暴流，阿羅漢位捨。

論曰：初能變識，大、小乘教名阿賴耶〔五〕，此識具有能藏、所藏、執藏義故〔六〕，謂與雜染互爲緣故〔七〕，有情執爲自内我故〔八〕。此卽顯示初能變識所有自相，攝持因果爲自相故。此識自相分位雖多，藏識過重，是故偏説〔九〕。此是能引諸界、趣、生〔一〇〕，善、不善業異熟果故〔一一〕，説名異熟。離此，命根、衆同分等〔一二〕，恆時相續〔一三〕，勝異熟果不可得故〔一四〕。此卽顯示初能變識所有果相，此識果相雖多位多種〔一五〕，異熟寬不共〔一六〕，故偏説之。此能執持諸法種子令不失故，名一切種〔一七〕。離此餘法能偏執持諸法種子不可得故。此卽顯示初能變識所有因相。此識因相雖有多種〔一八〕，持種不共〔一九〕，是故偏説。初能變識體相雖多〔二〇〕，略説唯有如是三相。

校釋

〔一〕「且初能變」，藏要本校注稱：「此句生起，糅安慧釋。」

〔二〕「初阿賴耶識」，藏要本校注稱：「勘梵、藏本此句云：『此中名藏識。』『此中』及『名』安慧均有釋，今譯文略。」

〔三〕「不可知執受、處、了」，藏要本校注稱：「勘梵、藏本，此句首有『彼』字，又次捨受句、無覆句、恆轉句、羅漢句，均有『彼』字，以牒上文『藏識』，安慧皆有釋，今譯全略。又此句連下『處、了』分爲二句。次『常與觸』至『相應』又爲二句，合成第三頌。今譯改式。」

〔四〕「觸等亦如是」，藏要本校注稱：「梵、藏本此語祇有六韻，合下『恆轉』一句二韻乃足半頌。第四頌訖，次『阿羅漢位捨』賸爲單句，入第五頌，今譯改式。」

〔五〕「阿賴耶」，梵文Ālaya的音譯，意譯爲藏，有能藏、所藏、執藏三義。

〔六〕藏要本校注稱：「此解同轉識論，又糅安慧釋。『藏』字原作Upanibandha，乃因果結合之意，舊解於中隱藏，誤也。又論釋皆缺執藏義。」「能藏」，阿賴耶識能够儲藏諸法種子。「所藏」，受熏形成的種子是所藏。「執藏」，第八識被第七識妄執爲「我」(相當於靈魂)，阿賴耶識藏此我執，故稱爲執藏。

〔七〕「謂與雜染互爲緣故」，阿賴耶能持種種雜染，阿賴耶識是能藏，雜染是所藏。阿賴耶識是雜染法的所熏所依，雜染是能藏，阿賴耶識是所依。

〔八〕「有情執爲自內我故」，這是解釋阿賴耶識的執藏義。執藏義祇是煩惱障義，而非所知障義。

〔九〕「藏識過重，是故偏説」，藏識是阿賴耶識的異名之一，藏卽識，持業釋。阿賴耶識的自相雖有三位，藏識是第一位，從無始以來，乃至七地菩薩和聲聞、緣覺二乘有學，最先捨除。而且，藏識通我執所執，過失最重，所以要偏説。

〔一〇〕「此是能引諸界、趣、生」，藏要本校注稱：「此解大同轉識論，又糅安慧釋。」此爲引業功能。

〔一一〕「果」字，磧砂藏本作「界」，誤。藏要本據述記和高麗藏本改。

〔一二〕「衆同分」，梵文 Sabhāgatā 的意譯，亦稱同分。唯識宗心不相應行法之一，意謂衆生的共性或共因，大乘廣五蘊論稱：「云何衆同分？謂諸羣生各各自類相似爲性。」（大正藏卷三一第八五四頁）「等」，此中省略窮生死蘊等。

〔一三〕「恆時相續」，「恆時」是爲了破除斷見，卽人之身心斷滅不再生起的見解。「相續」是爲了破除常見，卽人身心過去、現在、未來三世皆常住無間斷的見解。佛教認爲常見和斷見是兩種極端錯誤的見解，故稱二邊見。「恒時相續」破除了這兩種錯誤見解，證明是「正確」的理論。

〔一四〕「勝異熟果不可得故」，此破小乘佛教説一切有部認爲命根和衆同分是真異熟的主張。亦破化地部的窮生死蘊、大衆部的根本識、上座部分別論者的有分識等。

〔一五〕「此識果相雖多位多種」，阿賴耶可以分爲三位：我愛執藏現行位、善惡業果位、相續執持位。亦可以分爲五位：異生位、二乘有學位、三乘無學位、十地菩薩位、如來位。故稱多位。此識具除離繫果之外的四果：異熟果、等流果、士用果、增上果。故稱多種。

〔一六〕「異熟寬不共」，「寬」字，磧砂藏本作「實」，藏要本據述記和高麗藏本改。在三位之中，「異熟」之名通二位。在五位之中，「異熟」之名通四位。故稱爲「寬」。四果之中，除異熟果之外的三果（等流果、士用果、增上果）皆通餘法，祇有異熟果不通餘法。故稱「不共」。

〔一七〕「一切種」，卽一切種識，第八識的異名之一，亦稱種子識，因執持一切種子而不失。

〔一八〕「此識因相雖有多種」，唯識宗的十因當中，異熟識通八因：觀待因、牽引因、生起因、攝受因、引發因、定異因、同事因、不相違因。

〔一九〕「持種不共」，在能作因中辨持種因，是不共故。意謂持種之能不共餘法，餘法不能有此功力，不是共故。祇有第八識有持種功用。

〔二〇〕「初能變識體相雖多」，第八識變爲見、相二分，或等流果等、同類因等，義相非一，故言「雖多」。祇自證分就有因、果、體三義。

〔本段大意〕雖然已經簡略說過能變識的三名（異熟、思量、了境），還沒有詳細辨解能變識的三相。初能變第八識之相如何呢？頌曰：初能變第八識阿賴耶識，又稱爲異熟識和一切種識。執受、處、了皆不可知，它又常與觸、作意、受、想、思五心所一起活動。在苦、樂、捨三受之中，阿賴耶識是捨受，其性質是無覆無記。觸等五心所的情形亦是這樣。它就像瀑流一樣永恆不斷，到阿羅漢階段纔能捨除。論說：初能變識，大乘和小乘都稱爲阿賴耶識，因爲此識具有能藏、所藏、執藏三義。能藏、所藏意謂阿賴耶識與雜染互爲因緣。執藏意謂有情衆生妄執阿賴耶識爲「我」。這就是初能變阿賴耶識的所有自相。自相攝持因、果二相爲自體故。阿賴耶識的自相分位雖然很多，藏識之名我執、所執過失最重，所以要偏説。因爲阿賴耶識能够引生三界、五趣(或六趣)、四生等善、惡業之總報，所以稱爲異熟識。如果没有阿賴耶識，就没有命根、衆同分等永恒相續生死的殊勝真實異熟果體。這就是初能變第八識的所有果相。此識的果相雖然有多位多種，「異熟」之名包括面寬，而且能够反映阿賴耶識的特點，所以要偏説。因爲阿賴耶識能够執持各種事物的種子，令其不失，所以稱爲一切種識。除阿賴耶識以外的任何事物都不能普遍執持各種事物的種子，這就是初能變第八識的因相。此識因相雖然有多種，執持種子是它的特點，所以要偏説。初能變識的體相雖然有多種，簡略來説祇有自、果、因三相。

一切種相應更分別〔一〕，此中何法名爲種子？謂本識中親生自果功能差別〔二〕。此與本識及所生果不一不異，體、用、因、果理應爾故〔三〕。雖非一異，而是實有〔四〕，假法如無，非因緣故。此與諸法既非一異，應如瓶等是假非實〔五〕。若爾，真如應是假有〔六〕，許則便無真勝義諦〔七〕。然諸種子唯依世俗説爲實有〔八〕，不同真如。種子雖依第八識體，而是此識相分非餘〔九〕，見分恒取此爲境故〔一〇〕。

校釋

〔一〕「一切種相應更分別」，藏要本校注稱：「此下廣辨一切種相，安慧釋無文，述記卷十三（大正藏本成唯識論述記卷二末——引者注）謂此中有安慧難（見大正藏卷四三第三〇三頁——引者注），未詳何據。」

〔二〕「謂本識中親生自果功能差別」，「本識」即第八識阿賴耶識。「本識中」說明種子的所在，爲了和經部師相區別，他們主張色法、心法等都能持種。「親生自果」是爲了和異熟因相區別，異熟因所生的果不是種子。「功能差別」是爲了和七轉識相區別，七轉識對於所生種子來說雖然是因緣，亦可以親生果，但衹是現法，並非功能。

〔三〕「此與本識及所生果不一不異，體、用、因、果理應爾故」，太賢著成唯識論學記卷二稱：「本識是體，種子是用，理非一異，體之用故。種子是因，現行是果，亦非一異。定一，如一物無因果差別。定異，如相違互非因果說。」

〔四〕「雖非一異，而是實有」，據成唯識論學記卷二，此破月藏等說，他們主張種子是假非實。認爲自體分上有能生事物的功用，這就是種子。護法認爲種子是實非假，假無自體，如兔角等。種子有其自體。

〔五〕「此與諸法既非一異，應如瓶等是假非實」，據成唯識論述記卷二末，此爲安慧等難。藏要本校注指出「安慧釋無文」。

〔六〕「若爾，真如應是假有」，這是論主對清辨、安慧等的質難。

〔七〕「真勝義諦」，卽真諦，亦稱勝義諦或第一義諦，與俗諦合稱二諦。諦是梵文 Satyam 的意譯，意謂「真理」。真諦是對佛、菩薩等佛教「聖人」所講的「真理」。

〔八〕「世俗」，此指俗諦，亦稱世諦或世俗諦。卽對俗人所講的真理。

〔九〕「種子雖依第八識體，而是此識相分非餘」，種子祇能是第八識的相分，不可能是它的見分。據演秘卷二末，此破護月的觀點，他主張種子依見分而有。

〔一〇〕「見分恆取此爲境故」，此爲護法的解釋。

〔本段大意〕對一切種識之相應當再加分別，此中什麼叫做種子呢？就是第八識中直接產生自己果報的各種功能。種子與阿賴耶識以及所生果報不同一，亦不相異。阿賴耶識之體和種子之用，理應非一非異；種子之因和現行之果，理應非一非異。雖然是既不同一，又不相異，但種子是實有的。虛假事物如果是無的話，就不是因緣，而種子是產生事物的因緣，所以它是實有的。安慧等(？)詰難說：既然種子與各種事物既不同一，又不相異，就應當如瓶等一樣是虛假的，而非真實。論主批駁說：如果是這樣的話，真如之體應當是假有。承認安慧等人(？)的主張，就沒有真諦了。但是，各類種子祇依俗諦而實有，與真如是不同的。種子雖然依第八識之體而有，但它祇是第八識的相分，而不是見分，因爲見分永遠緣取相分以爲外境。

諸有漏種與異熟識體無別故〔一〕，無記性攝。因果俱有善等性故〔二〕，亦名善等。諸無漏種非異熟識性所攝，故因果俱是善性攝，故唯名爲善。若爾，何故決擇分說「二十二根一切皆有異熟種子〔三〕，皆異熟生」〔四〕？雖名異熟，而非無記。依異熟故，名異熟種。異性相依，如眼等識。或無漏種由熏習力，轉變成熟，立異熟名。非無記性所攝異熟。

校釋

〔一〕「有漏」，「漏」是煩惱的異名。含有煩惱的事物稱爲有漏，一切世間事物都是有漏法。祇有離煩惱的出世間法，即佛教的涅槃境界纔是無漏。

〔二〕「等」，此中省略惡性、無記性。

〔三〕「二十二根」，「根」是梵文 indriya 的意譯，意謂「能生」，是促進增生作用的根本，如眼根能生眼識等。二十二根是：眼根、耳根、鼻根、舌根、身根、意根、女根、男根、命根、苦根、樂根、憂根、喜根、捨根、信根、精進根、念根、定根、慧根、未知當知根、已知根、具知根。

〔四〕語見瑜伽師地論卷五十七攝決擇分中五識身相應意地之七，講過二十二根以後稱：「問：『幾有種子異熟？』答：『一切皆有。』……問：『幾是異熟生？』答：『亦一切種子所攝異熟所生故。』」

〔本段大意〕各類有漏種子和第八異熟識，其體沒有區别，皆屬無記性。由於因、果具有善、惡、無記三性，所以亦可稱爲善、惡、無記三性。各無漏（無煩惱）種子，並非異熟識性所攝，其因、果都是善性，所以衹稱爲善。如果是這樣的話，瑜伽師地論攝決擇分爲什麽説「二十二根都是異熟種子，都是異熟生」呢？這些種子雖然稱爲異熟，並非無記性，其體並非異熟，由於所依識是異熟，故稱異熟種。能依之識和所依之根，其性不同，如眼等識與所依眼等根。或者説無漏種子由熏習力轉變成熟，與本種不同，立異熟之名。即轉變後纔能成熟，能够産生現行，並不是無記性所攝取的異熟。

此中有義〔一〕：一切種子皆本性有，不從熏生。由熏習力但可增長〔二〕。如契經説〔三〕：「一切有情無始時來有種種界〔四〕，如惡叉聚〔五〕，法爾而有〔六〕。」「界」即種子差別名故。又契經説〔七〕：「無始時來界，一切法等依。」「界」是因義。瑜伽亦説〔八〕，諸種子體無始時來性雖本有，而由染、淨新所熏發，諸有情類無始時來若般涅槃法者〔九〕，一切種子皆悉具足。不般涅槃法者，便闕三種菩提種子〔一〇〕。如是等文誠證非一。又諸有情既説本有五種姓别〔一一〕，故應定有法爾種子，不由熏生。又瑜伽説〔一二〕：「地獄成就三無漏根〔一三〕，是種非現。」又從無始展轉傳來法爾所得本性住姓〔一四〕。由此等證無漏種子法爾本有，不從熏生。有漏亦應法爾有種，由熏增長，不别熏生。如是建立因果不亂。

校釋

〔一〕「此中有義」，關於種子的來源問題，共三解。這是第一解，是月藏（Candragupta，亦稱護月）的主張。月藏是中印度那爛陀寺沙門，與護法同時，曾爲辨中邊論作釋。

〔二〕「由熏習力但可增長」，這種觀點不同於數論。數論主張種子是永恒的，月藏主張種子有生有滅。

〔三〕「契經」，此指有漏無漏通經。無漢譯本。

〔四〕「界」，梵文 Dhātu 的意譯，音譯馱都。意謂事物之間的差別，亦可以解釋爲産生其他事物的原因。

〔五〕「惡叉聚」，「惡叉」（Rudra-akṣa，即金剛子）是一種樹的果實名，形如無食子，落地則多聚於一處，故稱惡叉聚。

〔六〕「法爾」，即天然、自然之意。意謂不藉其他事物的造作自然而有。

〔七〕「契經」，此指阿毘達磨經。無漢譯本。

〔八〕「瑜伽」，瑜伽師地論的略稱。瑜伽師地論（Yogācārabhūmiśāstra），亦稱十七地論。印度大乘有宗和中國唯識宗的根本論書。相傳由彌勒口述，無著記録，唐玄奘譯，一百卷。

〔九〕「般涅槃法」，「法」爲道理、意義。般涅槃是梵文 Parinirvāṇa 的音譯，意譯入滅，意謂滅除煩惱，入於最高精神解脱境界。

〔一〇〕「三種菩提」，即三菩提（Saṃbodhi），音譯糝帽地，意譯正等覺。「覺」爲覺知諸法之智，其智無邪稱之爲「正」，無偏稱之爲「等」。

〔一一〕「五種姓」，十卷楞伽的第二卷、大般若經的第五百九十三卷、大莊嚴論的第一卷、瑜伽師地論的第二十一卷等都講到五種姓。唯識宗認爲，衆生先天具有的本姓有五種，都是由阿賴耶識中儲藏的種子決定的，是先天具有的，不可改變的。五種姓如下：一、菩薩定姓，通過修行可成菩薩；二、獨覺定姓，通過修行可成辟支佛；三、聲聞定姓，通過修行可成羅漢；四、三乘不定姓，通過修行究竟成爲菩薩、辟支佛，還是羅漢，不能肯定；五、無姓有情，永遠沉淪於生死苦海，無論怎樣修行，都不能得到佛教解脱。

〔一二〕「又瑜伽説」，以下内容見瑜伽師地論卷五十七，問：「生那洛迦成就幾根？」答：「八。現行、種子皆得成就。除三所餘或成就或不成就。三約現行不成就，約種子或成就。」（大正藏卷三十第六一五頁）

〔一三〕「地獄」，梵文 Naraka 的意譯，音譯那洛迦。六道中的最惡道。「三無漏根」，二十二根中的最後三根：一、未知當知根，在見道位，苦、集、滅、道四諦等佛教「真理」應當知道而未知；二、已知根，在修道位已經知道了四諦等佛教「真理」；三、具知根，在無學道已知四諦等佛教「真理」。並且知道自己已經知道，故稱爲「知」，有此「知」者，名爲具知。

〔一四〕「本性住姓」，即本性住種姓，大乘二種姓（本性住種姓、習所成種姓）之一，自無始以來，本識阿賴耶識所具有的法爾無漏種子。

〔本段大意〕護月等認爲，一切種子本來具有，並不是由於熏習而產生，熏習之力祇能使種子增長。如有漏無漏皆本有經說：「一切有情衆生，無始以來有種種界，就如惡叉聚一般，自然而有。」「界」就是種子差別之名。阿毘達磨經又說：「無始以來就有的『界』是一切事物的所依。」「界」就是因的意思。瑜伽師地論亦說：「有漏無漏種子都是本來就有的，由於染、淨熏習，使本有種子增長。由於有漏淨、染的熏習，使原來本有的有漏種子增長。由於有漏淨和無漏的熏習，使本有無漏種子增長。」「各有情衆生從無始以來，其涅槃之法的一切種子都是具足的，如不達涅槃便缺三種菩提種子。」像這樣的引文確實很多，並非一種。既然有情衆生本有五種姓之别，所以應當肯定存在本來就有的種子，不是熏習而產生的。瑜伽師地論還說：「地獄中的受苦者也能成就三無漏根，這祇能是種子，並非現行。」而且，存在從無始以來展轉流傳下來的本有種子。由此證明，無漏種子本來具有，並不是由於熏習而生。有漏種子亦應當是本來具有。由於熏習而增長，並不是由於熏習而產生。這樣，就會使因果關係不相雜亂。

有義種子皆熏故生〔一〕，所熏能熏俱無始有，故諸種子無始成就。種子既是習氣異名，習氣必由熏習而有，如麻香氣華熏故生〔二〕。如契經說〔三〕：「諸有情心染、淨諸法所熏習故〔四〕，無量種子之所積集。」論說〔五〕：「内種定有熏習〔六〕，外種熏習或有或無〔七〕。」又名言等三種熏習〔八〕，總攝一切有漏法種。彼三既由熏習而有，故有漏種必藉熏生。無漏種生亦由熏習。說聞熏習聞淨法界等流正法而熏起故，是出世心種子性故〔九〕。有情本來種姓差別，不由無漏種子有無，但依有障無障建立〔一〇〕。如瑜伽說：「於真如境，若有畢竟二障種者，立爲不般涅槃法姓。若有畢竟所知障種非煩惱者，一分立爲聲聞種姓，一分立爲獨覺種姓。若無畢竟二障種者，卽立彼爲如來種姓〔一一〕。」故知本來種姓差別，依障建立，非無漏種。所說成就無漏種言，依當可生，非已有體。

校釋

〔一〕「有義種子皆熏故生」，這是第二解，是勝軍、難陀等人的主張。

〔二〕「如麻香氣華熏故生」，印度人把香花和苣藤合在一起搗爛，然後榨油，其味香馥，用以塗身。

〔三〕「契經」，此指多界經。

〔四〕「心」，梵文 Citta 的意譯，音譯質多、質多耶、質帝等，一切精神現象的總稱。唯識宗用以作爲第八識阿賴耶識的別名。

〔五〕「論」，此指無著的攝大乘論，以下引文見玄奘譯攝大乘論本卷上：「外或無熏習，非內種應知，聞等熏習無，果生非道理。」（大正藏卷三十一第一三五頁）

〔六〕「内種定有熏習」，「内種」即阿賴耶識中儲藏的種子。無著認爲，内種必須通過熏習纔能産生。

〔七〕「外種熏習或有或無」，「外種」即穀、麥等塵世間的種子。外種的熏習，或有或無，没有一定。如香花熏習苣蕂，引起苣蕂中的香氣，這是有熏習的。如從牛糞堆裏生香蓮花是没有熏習的。

〔八〕「名言等三種熏習」，即：一、名言熏習，「名」爲事物的名稱，「言」爲言説；二、色識熏習，「色」爲色境；三、煩惱熏習，「煩惱」是由貪、瞋、癡等造成的。這三種熏習都是由於第六識的分别作用，都屬染分之相，皆由第七識和第八識傳送熏習。

〔九〕「出世」，即出離塵世的涅槃。

〔一〇〕「障」，即煩惱障和所知障。

〔一一〕語出瑜伽師地論卷五十二：「若於通達所緣緣中，有畢竟障種子者，建立爲不般涅槃法種性補特伽羅。若不爾者，建立爲般涅槃法種性補特伽羅。若有畢竟所知障種子布在所依，非煩惱障種子者，於彼一分建立聲聞種性補特伽羅，一分建立獨覺種性補特伽羅。若不爾者，建立如來種性補特伽羅。」（大正藏卷三十第二八九頁）

〔本段大意〕勝軍、難陀等認爲，種子都是由於熏習而産生，所熏、能熏都是自無始以來而有，所以各有漏種子也都是自無始以來而有。既然種子是習氣的異名，習氣必須經過熏習纔能産生，如胡麻中的香氣是由於花熏而生。如多界經稱：「各有情衆生之心，由於各種染污（有煩惱）和清淨（無煩惱）事物的熏習，使無量種子集於其中。」攝大乘論稱：「阿賴耶識内儲藏的種子，肯定要有熏習。穀、麥等塵世間的種子，可能有熏習，亦可能無熏習。」名言熏習、色識熏習、煩惱熏習，包括一切有漏法的種子。既然是這三種習氣都是由於熏習而有，所以有漏種子必藉熏習而產生。無漏種子亦由熏習而產生。因爲説聞熏習是由於聽聞從清淨法界平等流出的正法熏習而產生的，此時阿賴耶識儲藏的種子是出離塵世的涅槃法性。有情衆生原來的種姓差別，並不是由於無漏種子的有、無決定的，衹依煩惱障和所知障的有、無建立。如瑜伽師地論稱：「在真如之境，如果有煩惱障和所知障的種子，稱爲不般涅槃法性。如果衹有所知障種子，而無煩惱障種子，一部分立爲聲聞種姓，一部分立爲獨覺種姓。如果所知、煩惱二障種子都没有的話，則立爲如來種姓。」由此可知，原來的種姓差别都是依據所知、煩惱二障建立，並非依據無漏種子的有無。人們所説的無漏種子，都是後天形成的，都是由於熏習而産生，並不是未熏之前即有體性。

有義種子各有二類〔一〕：一者本有，謂無始來異熟識中，法爾而有生蘊、處、界功能差別。世尊依此説諸有情無始時來有種種界，如惡叉聚法爾而有。餘所引證廣説如初〔二〕。此卽名爲本性住種。二者始起，謂無始來數數現行熏習而有，世尊依此〔三〕，説有情心染、淨諸法所熏習故，無量種子之所積集。諸論亦説染、淨種子由染、淨法熏習故生，此卽名爲習所成種。若唯本有〔四〕，轉識不應與阿賴耶爲因緣性〔五〕。如契經説〔六〕：「諸法於識藏，識於法亦爾〔七〕。更互爲果性，亦常爲因性。」此頌意言：阿賴耶識與諸轉識於一切時展轉相生，互爲因果。攝大乘說〔八〕：「阿賴耶識與雜染法互爲因緣，如炷與燄，展轉生燒。又如束蘆，互相依住。唯依此二建立因緣，所餘因緣不可得故〔九〕。」若諸種子不由熏生，如何轉識與阿賴耶有因緣義？非熏令長可名因緣，勿善惡業與異熟果爲因緣故。又諸聖教說有種子由熏習生，皆違彼義。故唯本有，理、教相違。若唯始起〔一〇〕，有爲無漏無因緣故，應不得生，有漏不應爲無漏種，勿無漏種生有漏故，許應諸佛有漏復生，善等應爲不善等種。

校釋

〔一〕「有義種子各有二類」，這是第三解，是護法的觀點主張。「各有二類」意謂有漏、無漏種子各有二類。

〔二〕「餘所引證廣說如初」，護法所引經證與護月相同。

〔三〕「世尊依此」，這裏所引經證仍同護月。

〔四〕「若謂本有」，本段是論主護法破斥護月的主張。

〔五〕「轉識」，即前七識。唯識宗把第八識阿賴耶識稱爲本識，把前七識稱爲轉識，意謂前七識是由本識轉生的末識。

〔六〕「契經」，此指阿毘達磨經。

〔七〕「諸法於識藏，識於法亦爾」，據窺基著述記卷二末，第一句意謂阿賴耶識是能藏，諸法與諸識作二緣性：一爲彼種子，二爲彼所依。第二句意謂阿賴耶識是所藏，七轉識與阿賴耶識亦爲二緣：一於現法長養彼種，二於後法攝植彼種。太賢著學記卷二認爲窺基的解釋是錯誤的，「二句各具能、所藏故」。

〔八〕「攝大乘」，即無著的攝大乘論(Mahāyānasamparigrahaśāstra)，其内容是解釋大乘阿毘達磨經(無漢譯本)攝大乘品的。有三個漢譯本：一、陳真諦譯攝大乘論三卷，二、北魏佛陀扇多譯攝大乘論二卷，三、唐玄奘譯攝大乘論本三卷。以下引文見攝大乘論本卷一：「復次，阿賴耶識與彼雜染諸法同時更互爲因，云何可見？譬如明燈，焰柱生燒，同時更互。又如蘆束互相依持，同時不倒。應觀此中更互爲因道理亦爾。如阿賴耶識爲雜染諸法因，雜染諸法亦爲阿賴耶識因，唯就如是安立因緣，所餘因緣不可得故。」(大正藏卷三一第一三四頁)

〔九〕「所餘因緣不可得故」，異熟因、俱有因、同類因、相應因、遍行因，有時亦可稱之爲因緣，那不過是方便假説而已。

〔一〇〕「若唯始起」，以下破難陀等人的「新熏」説。

〔本段大意〕護法認爲有漏、無漏種子各有二類：一是本有，自無始以來，第八識異熟識中，自然而有産生五蘊、十二處、十八界的功能差別。釋迦牟尼佛根據這種情況，説各有情衆生自無始以來有種種「界」，如惡叉聚一樣自然而有。其他的引證詳見前述護月所引。這就是本性住種。二是始起，自無始以來由於現行的一再熏習而有，釋迦牟尼佛據此説有情衆生之心（阿賴耶識），由於各染（煩惱）、淨（無煩惱）事物熏習的緣故，使無量種子積集其中。各論也説染、淨種子是由於染、淨事物的熏習而生，這些種子稱爲習所成種。如果衹有本有種子，前七轉識就不應當與阿賴耶識互爲因緣。如阿毘達磨經所説：「各種事物攝藏於阿賴耶識之中，阿賴耶識亦攝藏於各種事物之中。阿賴耶識與諸法更互爲果性，亦常爲因性。」這一偈頌的意思是説：阿賴耶識與前七轉識永遠展轉相生，互爲因果。攝大乘論説：「阿賴耶識與雜染諸法互爲因緣，如燈柱與火焰展轉相燒，又如一束束的蘆葦，互相依靠而安住。衹有阿賴耶識與雜染諸法互爲因緣，其餘的因緣是不存在的。」如果種子不是由於熏習而生，爲什麼前七轉識與阿賴耶識互爲因緣呢？不是由於熏習而使種子增長，即可稱爲因緣，因爲不能説善、惡之業是異熟果的因緣，衹是它的增上緣。而且，佛還多處説教，有的種子是由於熏習而生，都與「唯本有」之説相違背。所以「唯本有」之説與佛教理論及佛的説教皆相違背。如衹有「始起」，有爲無漏之法即無因緣，不應當産生。有漏法不應當成爲無漏法的種子，因爲不能説無漏種子生有漏法。如果允許這種理論成立的話，各佛又要産生有漏種子，善等之法應當成爲不善等法的種子。

分別論者雖作是説〔一〕：「心性本淨，客塵煩惱所染汙故〔二〕，名爲雜染。離煩惱時轉成無漏，故無漏法非無因生。」而心性言〔三〕，彼說何義？若說空理〔四〕，空非心因，常法定非諸法種子，以體前後無轉變故。若卽說心，應同數論〔五〕，相雖轉變，而體常一。惡、無記心又應是善〔六〕。許則應與信等相應〔七〕，不許便應非善心體。尚不名善，況是無漏？有漏善心既稱雜染，如惡心等性非無漏，故不應與無漏爲因，勿善、惡等互爲因故。若有漏心性是無漏，應無漏心性是有漏，差別因緣不可得故。又異生心若是無漏，則異生位無漏現行應名聖者。若異生心性雖無漏而相有染，不名無漏，無斯過者，則心種子亦非無漏。何故汝論說有異生，唯得成就無漏種子？種子現行性相同故。然契經說心性淨者〔八〕，說心空理所顯眞如，眞如是心眞實性故。或說心體非煩惱故，名性本淨，非有漏心性是無漏故名本淨。由此應信有諸有情，無始時來有無漏種不由熏習法爾成就，後勝進位熏令增長，無漏法起以此爲因，無漏起時復熏成種。有漏法種類此應知。

校釋

〔一〕「分別論者」，梵文 Vibhajyavādin 的意譯，音譯毘婆闍縛地。其說有是有非，須加分別。持這種觀點的是小乘佛教的大衆部、一說部、說出世部、鷄胤部。

〔二〕「客塵」，常用來形容煩惱。煩惱並不是心性本來固有的，是由於對佛教理論迷惑不解而產生，所以稱爲「客」。因屬染污心性，所以稱爲「塵」。

〔三〕「心性」，不變的心體，即如來藏心、自性清淨心等。

〔四〕「空理」，「空」是梵文 Śūnyatā 的意譯，音譯舜若，意謂客觀事物的虚幻不實。此中空理即是真如。

〔五〕「若即説心，應同數論」，數論「大」等相雖有轉變，其體同一。心由有漏變爲無漏，這是心相的轉變，心體應當是同一。

〔六〕「善」，梵文 Kuśala 的意譯，從廣義來講是三性（善、惡、無記）之一的善性，凡符合佛教教理的思想、行爲等都可稱爲「善」。從狹義來講是善心所法，包括信、慚、愧、無貪、無瞋、無癡、精進、輕安、不放逸、行捨、不害等十一種。

〔七〕「信」，梵文 Śraddhā 的意譯，唯識宗善心所法之一，意謂對佛教理論的堅信不疑，大乘廣五蘊論稱：「云何信？謂於業、果、諸諦、寶等，深正符順，心淨爲性……與欲所依爲業。」（大正藏卷三一第八五一頁）

〔八〕「契經」，此指勝鬘經。

〔本段大意〕分别論者雖然這樣説過：「心性本來是清淨的，由於受到客塵煩惱的染污，纔稱爲雜染。離開煩惱以後就可以轉成無漏（無煩惱），所以無漏法並不是無因而生。」這裏所説的「心性」是什麽意思呢？若説是空理真如的話，空並不是心之因，永恒的事物肯定不能成爲諸法種子，因爲常法之體前後没有轉變。如果説是心的話，就應當同數論説「大」等一樣，其相雖有轉變，其體永遠同一。惡性、無記性之心亦應當是善，如果同意這種主張，就應當與信等善心所法相應。如果不同意這種主張，就應當是非善心體，此不善心等尚不名善，又怎能稱爲無漏法呢？既然是有漏善心稱爲雜染，如惡心等，其性並非無漏，所以不能成爲無漏法之因，因爲不能説善、惡等互爲原因。如果有漏心性是無漏的話，無漏心性應當是有漏，因爲其間的差别因緣就不存在了。而且，如果衆生之心是無漏的話，衆生位的無漏現行應當稱爲聖者。如果説衆生之心，其性雖然無漏，其相有染，故不稱無漏，就不會犯上述過錯。則心（阿賴耶識）中儲藏的種子亦不會是無漏，你們的論爲什麼説有衆生呢？如果祇有無漏種子，現行亦應當是無漏，因爲種子和現行的性質要相同。然而勝鬘經説：心性的清淨説明心空之理所顯示的真如，因爲真如是心的真實本性。或者説因爲心體並非煩惱，所以稱爲其性本淨，並不是有漏心性是無漏，故稱本淨。因此應當相信，有的有情衆生自無始以來有無漏種子，並不是由於熏習而生，而是自然而有。後至解脱分，由於修行熏習而使無漏種子增長，無漏法的生起以此爲因，無漏法生起的時候，又經熏習形成種子。有漏法的種子，根據上述道理亦應當知道。

諸聖教中雖説内種定有熏習，而不定説一切種子皆熏故生，寧全撥無本有種子？然本有種亦由熏習令其增盛，方能得果，故説内種定有熏習。其聞熏習非唯有漏，聞正法時亦熏本有無漏種子，令漸增盛。展轉乃至生出世心，故亦說此名聞熏習。聞熏習中〔一〕，有漏性者是修所斷，感勝異熟爲出世法勝增上緣〔二〕；無漏性者非所斷攝，與出世法正爲因緣〔三〕。此正因緣微隱難了〔四〕，有寄麤顯勝增上緣，方便說爲出世心種。依障建立種姓別者，意顯無漏種子有無。謂若全無無漏種者，彼二障種永不可害，卽立彼爲非涅槃法〔五〕。若唯有二乘無漏種者〔六〕，彼所知障種永不可害，一分立爲聲聞種姓，一分立爲獨覺種姓。若亦有佛無漏種者，彼二障種俱可永害，卽立彼爲如來種姓。故由無漏種子有無，障有可斷不可斷義。然無漏種微隱難知，故約彼障顯姓差別。不爾，彼障有何別因而有可害不可害者？若謂法爾有此障別，無漏法種寧不許然？若本全無無漏法種，則諸聖道永不得生。誰當能害二障種子，而說依障立種姓別？既彼聖道必無生義，說當可生亦定非理。然諸聖教處處說有本有種子，皆違彼義。故唯始起，理教相違。由此應知諸法種子各有本有、始起二類。

校釋

〔一〕「聞熏習中」，關於這個問題的解釋共兩種，本段爲第一解。

〔二〕「增上緣」，四緣（因緣、等無間緣、所緣緣、增上緣）之一，除因緣、等無間緣、所緣緣以外，其餘各種有助於或無礙於現象發生的條件，都可以稱爲增上緣。

〔三〕「因緣」，四緣之一，直接產生相應結果的內在原因。因緣適用於一切物質現象和精神現象。

〔四〕「此正因緣微隱難了」，本段爲第二解。

〔五〕「涅槃」，梵文 Nirvāṇa 的音譯，舊譯泥曰、泥洹等，意譯滅度、寂滅等。或稱般涅槃（Parinirvāṇa）、般泥洹等，意譯圓寂等。是佛教所追求的脱離煩惱和生死輪廻的最高解脱境界。

〔六〕「二乘」，即小乘佛教的聲聞乘和緣覺乘。

〔本段大意〕佛的各種説教當中，雖然講到阿賴耶識中儲藏的種子肯定有熏習，但没肯定説一切種子都是由於熏習而生，哪能完全否定本有種子呢？然而，本有種子也是由於熏習而使其成熟，纔能得到結果，所以内種肯定有熏習。其聞熏習並不是祇有有漏法，聽聞佛教正法也熏習本有無漏種子，使之展轉增盛乃至產生出世之心，所以稱爲聞熏習。在聞熏習當中，其有漏性是修道所斷，招感殊勝性的異熟，成爲出世法的殊勝增上緣。無漏性不是所斷除的對象，與出世之法正爲因緣。這種正因緣微細隱蔽，難以明了，假藉粗顯殊勝的增上緣，以方便善巧的方式説爲出世的心種子。依據煩惱障和所知障的存在程度建立種姓差别，以此顯示無漏種子的有無。如果完全没有無漏種子，煩惱障和所知障永遠不可除滅，這就立爲非涅槃之法。如果祇有聲聞、緣覺二乘無漏種子，其所知障種子永遠不能除滅，一部分立爲聲聞種姓，一部分立爲獨覺種姓。如果又有佛的無漏種子，煩惱障和所知障種子都可以永遠除滅，這就立爲如來種姓。所以由於無漏種子的有無，煩惱障和所知障有可斷和不可斷兩種意思。然而，無漏種子微細隱蔽，難以了知，所以，以其具有的煩惱障和所知障顯現種姓差別。不這樣的話，爲什麽其障有被除滅和不被除滅的區別呢？如果認爲這種區別自然而有，爲什麽不承認無漏法的種子呢？如果無漏法的種子本來都没有，各聖道永遠不能得生。應當由誰除滅煩惱、所知二障種子呢？而你們爲什麽又説依障建立種姓差別呢？既然是這樣，聖道肯定不能産生，如果你們説現在不生，當來可生，這亦肯定不合道理。然而，佛的各種説教到處都説有本有種子，都與「新熏」之義相違背，所以衹講種子「始起」不符合佛教理論和佛的説教。由此應知，有漏法和無漏法的種子各有本有、始起二類。

然種子義略有六種〔一〕：一、刹那滅，謂體纔生，無間必滅，有勝功力，方成種子。此遮常法〔二〕，常無轉變，不可説有能生用故。二、果俱有，謂與所生現行果法，俱現和合〔三〕，方成種子。此遮前後及定相離〔四〕，現、種異類互不相違，一身俱時有能生用，非如種子自類相生，前後相違，必不俱有。雖因與果有俱不俱，而現在時可有因用，未生已滅，無自體故。依生現果立種子名，不依引生自類名種，故但應説與果俱有。三、恆隨轉，謂要長時一類相續至究竟位，方成種子。此遮轉識，轉易間斷，與種子法不相應故。此顯種子自類相生。四、性決定，謂隨因力，生善、惡等功能決定，方成種子。此遮餘部執異性因生異性果，有因緣義〔五〕。五、待衆緣，謂此要待自衆緣合，功能殊勝方成種子。此遮外道執自然因，不待衆緣恆頓生果〔六〕。或遮餘部緣恆非無〔七〕，顯所待緣非恆有性，故種於果非恆頓生。六、引自果，謂於別別色、心等果各各引生，方成種子。此遮外道執唯一因生一切果〔八〕，或遮餘部執色、心等互爲因緣〔九〕。唯本識中功能差別具斯六義成種，非餘。外穀、麥等識所變故，假立種名，非實種子。此種勢力生近正果，名曰生因。引遠殘果，令不頓絶，卽名引因。

校釋

〔一〕「然種子義略有六種」，瑜伽師地論卷五說有七種子，故稱六種爲略。

〔二〕「此遮常法」，此破數論外道，以永恆的「自性」和「神我」作爲産生萬物的原因。亦破小乘佛教大衆部、一説部、説出世部、鷄胤部、化地部等以永恆的無爲法爲緣起的主張。

〔三〕「俱現和合」，「現」有顯現、現在、現有三義。因此無性人的第七識不能稱爲種子，因爲果不顯現。現在簡前後，現有簡假法，種子之體是實有。顯現衹就果而言，現有衹就因而言，現在既通因，又通果。和合簡相離，卽簡前法爲後法種子。

〔四〕「此遮前後及定相離」，此遮經量部因果異時而有。亦遮上座部，它主張心有二時，前滅後生，同在現在。亦遮外道大自在天一因生一切有情的主張。

〔五〕「此遮餘部執異性因生異性果，有因緣義」，此破小乘佛教的説一切有部等，他們主張善法等與惡、無記等爲同類因，有因緣的意思。

〔六〕「此遮外道執自然因，不待衆緣恆頓生果」，此破外道大梵或時、方産生萬物的主張。

〔七〕「或遮餘部緣恆非無」，此破小乘佛教説一切有部等，他們主張三世實有，緣體恒有。

〔八〕「此遮外道執唯一因生一切果」，如外道主張大自在天一因生萬物之果，卽是此破。

〔九〕「或遮餘部執色、心等互爲因緣」，此破小乘佛教説一切有部，他們主張色蘊是産生受蘊、想蘊、行蘊、識蘊的原因，受、想、行、識四蘊又是産生色蘊的原因。

〔本段大意〕然而，種子義簡略來説有六種：一、刹那滅，卽有爲法剛生，没有間隙必然毁滅，有殊勝功力，這纔能够成爲種子。此破永恒的無爲法，因爲常法没有轉變，不可就有能生的作用。二、果俱有，意謂與所生現行果法俱時顯現和合，這纔能够成爲種子。此破經量部等因果前後異時的主張，亦破上座部等心法因果肯定相離的主張。現行和種子異類，互不相違，於一身俱時現在，有能生的作用。並不像種子那樣自類相生，前後相違，故不得俱時一身和合。因與果有俱和不俱兩種，有俱者謂生現，不俱者生自類，雖有俱、不俱兩種，而現在時有因力，因爲有自體。過去無因用，因體已滅。未來亦無因用，因用未生，没有自體。依生現行果立種子名，爲俱有。不依引生自類稱爲種子，所以衹應當説與果俱有。三、恒隨轉，謂要成長時，其性一類相續，至究竟位纔成爲種子。此破七轉識，因爲它們有變化有間斷，與種子法不相應，這表明種子自類相生。四、性決定，意謂隨順因力，生善、惡等法的功能是肯定的，這纔能够成爲種子。此破説一切有部，他們主張善法等與惡、無記等爲同類因，有因緣之義。五、待衆緣，意謂需要其他條件的配合，功能殊勝，這纔能够成爲種子。此破外道主張自然而有之因，不需要其他條件的配合，永遠頓生現行之果。或者此破説一切有部條件永遠具有的主張。顯示需要的條件並不是永遠具有，所以種子並不是永遠頓生現行之果。六、引自果，色法種子祇能引生色法現行果，心法種子祇能引生心法現行果，這纔能够成爲種子。此破外道主張大自在天一因生萬物之果，或破説一切有部等主張色、心等法互爲因緣。祇有阿賴耶識中具有這種功能差别，具有這六義，祇有這些纔能够成爲種子，其餘的不能成爲種子。外種子如穀、麥等種，是識所變現的，所以祇能假立種子之名，並不是真實的種子。内、外種子，生近果生正果名爲生因。引遠果引殘果，使之不致於立刻斷絶，稱爲引因。

内種必由熏習生長〔一〕，親能生果是因緣性。外種熏習或有或無，爲增上緣辦所生果。必以内種爲彼因緣，是共相種所生果故。依何等義立熏習名？所熏、能熏各具四義，令種生長，故名熏習。何等名爲所熏四義？一、堅住性，若法始終一類相續，能持習氣，乃是所熏。此遮轉識及聲、風等〔二〕，性不堅住〔三〕，故非所熏。二、無記性，若法平等，無所違逆，能容習氣，乃是所熏。此遮善、染勢力强盛，無所容納，故非所熏。由此如來第八淨識〔四〕，唯帶舊種，非新受熏。三、可熏性，若法自在，性非堅密，能受習氣，乃是所熏。此遮心所及無爲法，依他堅密，故非所熏。四、與能熏共和合性，若與能熏同時同處，不卽不離，乃是所熏。此遮他身刹那前後〔五〕，無和合義，故非所熏。唯異熟識具此四義，可是所熏，非心所等。何等名爲能熏四義？一、有生滅，若法非常，能有作用生長習氣，乃是能熏。此遮無爲前後不變，無生長用，故非能熏。二、有勝用〔六〕，若有生滅，勢力增盛，能引習氣，乃是能熏。此遮異熟心、心所等，勢力羸劣，故非能熏。三、有增減，若有勝用可增可減，攝植習氣〔七〕，乃是能熏。此遮佛果圓滿善法，無增無減，故非能熏。彼若能熏，便非圓滿，前後佛果應有勝劣。四、與所熏和合而轉，若與所熏同時同處，不卽不離，乃是能熏。此遮他身刹那前後，無和合義，故非能熏。唯七轉識及彼心所，有勝勢用而增減者，具此四義，可是能熏。如是能熏與所熏，識俱生俱滅，熏習義成。令所熏中，種子生長，如熏苣藤，故名熏習。能熏識等從種生時，卽能爲因，復熏成種。三法展轉，因果同時〔八〕，如炷生燄，燄生焦炷〔九〕。亦如蘆束更互相依，因果俱時，理不傾動。能熏生種，種起現行，如俱有因得士用果〔一〇〕。種子前後自類相生，如同類因引等流果〔一一〕。此二於果是因緣性，除此餘法皆非因緣，設名因緣應知假說。是謂略說一切種相。

校釋

〔一〕「内種必由熏習生長」，阿賴耶識中儲藏的種子是因緣，必須經過熏習纔能生果。法爾種子必須經過熏習纔能够成長起來，纔能産生結果。新熏形成的種子也必須經過熏習纔能生果。

〔二〕「聲、風等」，此遮根、塵、法處色等。

〔三〕「性不堅住」，此遮經部，他們主張色、心可熏，不堅住故。生無色界時，色卽無。入滅定等，心亦無。所以稱爲性不堅。

〔四〕「如來」，梵文 Tathāgata 的意譯，音譯多陀阿伽陀、答塔葛達等。佛的一個稱號。「如」爲如實，卽真如，是佛教的「絶對真理」。如來意謂乘如實道而來，而成正覺。卽遵循真如達到成佛的覺悟。

〔五〕「此遮他身剎那前後」，此遮經部師，他們主張前念識可以熏習後念識。唯識宗認爲，前念識和後念識不能和合，不能成爲所熏。

〔六〕「有勝用」，述記卷三本稱：「勝用有二：一、能緣勢用，卽簡諸色，爲相分熏，非能緣熏。二、强盛勝用，謂不任運起。卽簡別類異熟心等，有緣慮用。無强盛用爲相分熏，非能緣熏。由斯色等有强盛用，無能緣用。異熟心等有能緣用無强盛用。不相應法二用俱無，皆非能熏，卽勝勢用，可致熏習，如强健人能致功劾故。第八俱五心所等亦非能熏。」（大正藏卷四三第三一三頁——三一四頁）

〔七〕「植」字，磧砂藏本作「持」，藏要本據高麗藏本改。

〔八〕「三法展轉，因果同時」，舊種子產生現行，現行熏習形成新的種子。一現二種三法同時，不同經部因果異時。

〔九〕「焦」字，磧砂藏本作「燋」，藏要本據慧琳著一切經音義卷五十一改。

〔一〇〕「俱有因」，小乘佛教説一切有部的六因（能作因、俱有因、同類因、相應因、遍行因、異熟因）之一，意謂互爲依存的條件，如三杖相依而得站立，三杖即互爲俱有因。「士用果」，五果（異熟果、等流果、離繫果、士用果、增上果）之一，亦稱士夫果。「士」爲士夫，即人。「用」爲作用，即造作。士用果是人們利用工具造作出來的各種結果，亦就是俱有因、相應因產生的結果。

〔一一〕同類因」，六因之一，亦稱自分因、自種因。因與果的性質相同，其因稱爲同類因。「等流果」，五果之一。「等流」意謂果的性質與因的性質相同，即同類因和遍行因所得的結果。

〔本段大意〕阿賴耶識中儲藏的内種必須經過熏習纔能生長，纔能直接產生結果，這類内種是因緣性。外種的熏習或者是有，或者是無，是增上緣所產生的結果。必須以内種爲其因緣，因爲這是共相種子所產生的結果。依據什麼意思立熏習之名呢？所熏、能熏各具四義，使種子生長，所以稱爲熏習。什麼是所熏四義呢？一、堅住性，從無始之始，直至究竟之終，一類之性，相續不斷，能持習氣，這就是所熏。前七轉識及聲、風等，性不堅住，所以不能成爲所熏。二、無記性，若法平等，無所違拒，能够容納習氣，這就是所熏。如果善、染勢力非常强盛，不能够容納習氣，所以不能成爲所熏。由此可知，佛的第八淨識，衹是携帶原來的舊有種子，並不是新近受熏。三、可熏性，如果事物之體自在，不依他起，性非堅密，體是虚疏，能够接受習氣，這就是所熏。心所法和無爲法是依他起，體非自在，其性堅密，所以不是所熏。四、與能熏共和合性，所熏和能熏的和合是相應的意思，所熏和能熏若處於同一時間同一處所，所熏之體非即能熏，亦不相離，這就是所熏。經部師所説的前念識與後念識刹那前後，因爲二者不相應，没有和合的意思，所以不是所熏。衹有第八異熟識具此四義，能够成爲所熏，心所法及餘轉識不能成爲所熏。什麽是能熏四義呢？一、有生滅，如果事物不是永恒的，能够發生作用，能够生長習氣，這就是能熏。無爲法前後没有變化，不能够生長作用，所以不是能熏。二、有勝用，如果有生滅勢力增盛，能够引生習氣，這就是能熏。第八異熟心、心所等，勢力弱劣，所以不是能熏。三、有增減，如有殊勝功用，可增可減，能够攝植習氣，這就是能熏。佛果是圓滿善法，無增無減，所以不是能熏。如果這是能熏的話，就不是圓滿，因爲各佛有勝劣功德多少的緣故。四、與所熏和合而轉，如果與所熏處於相同時間相同處所，既不相即，又不相離，這就是能熏。並不是前後刹那及與他身能熏自識，因爲二者不和合的緣故，所以不是能熏。衹有前七轉識及其心所法有殊勝的勢用，可增可減。具此四義，可以成爲能熏。這樣，能熏識和所熏識，俱時而生，俱時而滅，熏習的意思可以成立。使所熏習的種子成長起來，就如花香熏胡麻一樣，所以稱爲熏習。能熏之識等，從種子産生的時候起，就能够成爲現行之因，又熏習形成新的種子，舊種子、現行、新種子三法展轉相生，因果同時。如焰炷生火焰，火焰生燋炷一般。又如一束束的蘆葦互相依賴而立。不像經部師那樣因果異時，而是因果俱時，從理論上來講推不倒。能熏産生種子，種子又生起現行，就如俱有因得士用果一樣。種子前後，自類相生，就如同類因引等流果一樣。俱有因和同類因對於結果來説是因緣性，除此之外的事物都不是因緣。假設稱爲因緣，應當知道，這祇能是假説。這就簡略説明了一切種子之相。

此識行相所緣云何〔一〕？謂不可知執受、處、了〔二〕。了謂了別，卽是行相〔三〕，識以了別爲行相故。處謂處所〔四〕，卽器世間，是諸有情所依處故。執受有二〔五〕，謂諸種子及有根身〔六〕。諸種子者，謂諸相名分別習氣。有根身者，謂諸色根，及根依處。此二皆是識所執受〔七〕，攝爲自體，同安危故。執受及處，俱是所緣。阿賴耶識因緣力故，自體生時，內變爲種，及有根身。外變爲器，卽以所變爲自所緣〔八〕，行相仗之而得起故。

校釋

〔一〕「此識行相所緣云何？」藏要本校注稱：「此句生起，糅安慧釋，次句牒頌。」

〔二〕「不可知執受、處、了」，此爲唯識三十頌的頌文。

〔三〕「行相」，心識各自固有的性能稱爲行相。述記卷三本稱：「此解行相，識自體分以了別爲行相故。行相見分也，類體亦然。相者體也，卽爲境相。行於境相名爲行相。或相謂相狀，行境之相狀名爲行相。前解通無分別智，後解除彼。或行境之行解相貌，此解亦非無分別智。」（大正藏卷四三第三一五頁）

〔四〕「處謂處所」，藏要本校注稱：「此二句糅安慧釋。」

〔五〕「執受有二」，藏要本校注稱：「此段糅安慧釋，但原釋云：『執受謂我法分別（遍計自性執着）之習氣，以有此故藏識乃得執取二分別果，故爲執受。又謂依處自體，卽與所依俱有之色根及名，彼相切近同一安危，故爲執受。』按：此釋文兩番解執受義，今但存後一說，卽不能通種子，疑誤。」

〔六〕「有根身」，卽眼、耳、鼻、舌、身五根，「身」爲身體，是總名。身中有根，名有根身。

〔七〕「執受」，「執」爲攝義、持義。「受」爲領義、覺義。攝爲自體，持使不壞。又共安危，能生苦、樂等受，名爲執受。

〔八〕「變」，有二種：一、生變，卽轉變義。「變」謂因果、生熟差別，等流、異熟二因習氣名因能變，能生因稱爲能變。二、緣名變，卽變現義，是果能變，第八識唯變種子及有根身等，眼等轉識變爲色等，緣故名變，衹能是識的相分，卽心識的影像。

〔本段大意〕阿賴耶識的行相所緣是什麼呢？是不可知的執受、處、了。「了」卽了別，亦就是行相，因爲識以了别爲其行相。「處」是處所，亦就是塵世間，因爲塵世間是各有情衆生的所依之處。執受有二種，各有漏種子和眼、耳、鼻、舌、身五根。一切有漏善等諸法種子，其各種相狀稱爲分别習氣。有根身意謂各種淨色根和扶根塵。種子和根身都由識所執受，並攝爲自體，識與它們共同安危。執受和處所都是所緣。由於阿賴耶識的因緣之力，自體生起時，内變爲種子和根身，外變爲客觀物質世界。阿賴耶識以其所變爲自己的所緣，因其行相依仗它而得生起。

此中了者〔一〕，謂異熟識於自所緣有了别用，此了别用見分所攝〔二〕。然有漏識自體生時〔三〕，皆似所緣、能緣相現〔四〕，彼相應法應知亦爾〔五〕，似所緣相説名相分，似能緣相説名見分。若心、心所無所緣相〔六〕，應不能緣自所緣境。或應一一能緣一切，自境如餘，餘如自故。若心、心所無能緣相〔七〕，應不能緣，如虚空等，或虚空等亦是能緣。故心、心所必有二相。如契經説〔八〕：「一切唯有覺〔九〕，所覺義皆無〔一〇〕。能覺、所覺分，各自然而轉〔一一〕。」執有離識所緣境者〔一二〕，彼説外境是所緣，相分名行相，見分名事〔一三〕，是心、心所自體相故。心與心所同所依緣，行相相似，事雖數等，而相各異，識、受、想等相各别故。達無離識所緣境者，則説相分是所緣，見分名行相，相、見所依自體名事，即自證分。此若無者，應不自憶心、心所法，如不曾更境，必不能憶故。心與心所同所依根，所緣相似，行相各别，了别、領納等作用各異故。 事雖數等，而相各異，識、受等體有差別故。 然心、心所一一生時〔一四〕，以理推徵各有三分，所量、能量、量果別故〔一五〕，相、見必有所依體故。 如集量論伽他中說〔一六〕：「似境相所量， 能取相自證， 卽能量及果， 此三體無別〔一七〕。」又心、 心所若細分別應有四分〔一八〕，三分如前，復有第四證自證分〔一九〕。 此若無者，誰證第三？ 心分既同，應皆證故。 又自證分應無有果，諸能量者必有果故。不應見分是第三果，見分或時非量攝故，由此見分不證第三，證自體者必現量故。 此四分中前二是外，後二是內。 初唯所緣，後三通二，謂第二分但緣第一，或量非量，或現或比，第三能緣第二第四，證自證分唯緣第三，非第二者，以無用故，第三第四皆現量攝。 故心、心所四分合成，具所、能緣無無窮過，非卽非離唯識理成。是故契經伽他中說〔二〇〕：「衆生心二性，內、外一切分〔二一〕，所取、能取纏， 見種種差別。」此頌意說衆生心性二分合成，若內若外，皆有所取、能取纏縛〔二二〕，見有種種，或量非量， 或現或比，多分差別，此中見者是見分故。 如是四分或攝爲三，第四攝入自證分故。 或攝爲二，後三俱是能緣性故，皆見分攝， 此言見者是能緣義。 或攝爲一， 體無別故，如入楞伽伽他中說〔二三〕：「由自心執著，心似外境轉，彼所見非有，是故說唯心。」如是處處說唯一心， 此一心言亦攝心所。 故識行相卽是了別，了別卽是識之見分。

校釋

〔一〕「此中了者」，藏要本校注稱：「此下廣辨執受、處、了，安慧釋無文。述記卷十五（即大正藏本成唯識論述記卷三本——引者注）謂安慧唯立識自證分，無見、相分，未詳何據。」

〔二〕「此了別用見分所攝」，意謂於相分上有了别的作用，因爲這是行相。行相有二種：一是見分，二是影像相分。以影像相爲行相，出於集量論（已佚）。

〔三〕「然有漏識自體生時」，關於這個問題的解釋共有三種，本段是第一解。關於「四分」的理論，唯識師的主張各不相同，安慧主張一分：自證分。親勝、德慧、難陀、淨月主張二分：見分和相分。陳那、火辨主張三分：見分、相分、自證分。護法主張四分：見分、相分、自證分、證自證分。

〔四〕「皆似所緣、能緣相現」，據述記卷三本，安慧等古唯識師，主張祇有自證分（識的自體），能緣見分和所緣相分都是遍計所執（人們普遍的錯誤認識，下詳），都是虚假的，故稱似所緣、能緣相現。

〔五〕「彼相應法應知亦爾」，述記卷三本稱：「今此正義，不同安慧及小乘中正量部等，無所緣相得名爲緣。不同薩婆多等許有行相，但取心外所緣，無心、心所自能緣故。」（大正藏卷四三第三一七頁）

〔六〕「若心、心所無所緣相」，據成唯識論述記卷三本，此句爲第二正破安慧及小乘佛教正量部等。

〔七〕「若心、心所無能緣相」，據成唯識論演秘卷三本，本段破斥安慧、清辨及小乘佛教正量部等。

〔八〕「契經」，此指厚嚴經。

〔九〕「覺」，即見分。

〔一〇〕「所覺」，即相分。

〔一一〕「能覺、所覺分，各自然而轉」，意謂見、相二分各自然而有，不需要因緣和合而産生，亦不需要大自在天創造。

〔一二〕「執有離識所緣境者」，小乘佛教二十部中，除正量部之外十九部的主張。

〔一三〕「事」，梵文 Artha 的意譯，與「理」相對，離因緣的無爲法是理，因緣和合産生的有爲法是「事」。

〔一四〕「然心、心所一一生時」，本段爲第二解。

〔一五〕「所量、能量、量果」，即相分、見分和自證分，如尺量布，布爲所量，尺爲能量，量得的結果爲量果。

〔一六〕「集量論」(Pramāṇasammuccaya)，佛教因明著作，古印度陳那著。唐義淨曾於景雲二年(公元七一一年)譯爲漢文，四卷。梵、漢本皆佚，現存金鎧、信慧與寶持護、獅子勝兩種藏譯本。

〔一七〕「此」字，普寧藏本和嘉興藏本皆作「彼」。

〔一八〕「又心、心所若細分別應有四分」，本段爲第三解。

〔一九〕「證自證分」，意謂證明自證分的存在。

〔二〇〕「契經」，此指厚嚴經。

〔二一〕「內、外一切分」，四分中，相分和見分稱爲「外」，自證分和證自證分稱爲「內」。

〔二二〕「纏縛」，有情衆生被煩惱纏縛於三界六趣，輪迴不止。相分、見分、自證分、證自證分是衆生四分，故稱纏縛。

〔二三〕「入楞伽」，即北魏菩提流支譯入楞伽經，十卷。異譯本有二：一、南朝宋求那跋陀羅譯楞伽阿跋多羅寶經，四卷；二、唐實叉難陀譯大乘入楞伽經，七卷。係唯識宗所依據的「六經」之一，主要內容是弘揚萬法唯識的理論。

〔本段大意〕這裏所説的「了」，意謂第八異熟識在自己的所緣上有了別的作用，這種了別作用由見分所攝。然而有漏識自體產生的時候，都像所緣、能緣之相顯現。由此應知，那種相應的事物亦是這樣。似所緣相稱爲相分，似能緣相稱爲見分。如果像安慧和小乘佛教正量部所説的那樣，心法和心所法沒有所緣之相，就應當是不能緣自己所緣的境。或者應當是每一人之心能緣一切外境，因爲自境如其餘外境一般，其餘外境亦如自境一般。如果心法和心所法沒有能緣之相，應當是不起能緣作用，如虛空等一樣，或者説虛空等也是能緣。所以心法和心所法必有能緣、所緣二相。如厚嚴經稱：「一切衹起覺知作用的識，所覺的意義都是不存在的。能覺知的見分和所覺知的相分都是自然而有。」主張有離識之外的所緣外境，説外境是所緣的對象，相分稱爲行相，見分稱爲事，因爲這是心法和心所法的自體之相。心法和心所法同所依同所緣，俱依一根，俱緣一境，行相相似。「事」雖然是多種，其相各不相同，識、受、想等相各有區別的緣故。領悟到離識之外没有客觀外境的人們，則説相分是所緣，見分稱爲行相。相分和見分所依止的自體稱爲事，即自證分。如果没有自證分，心法和心所法自身應當是不能憶念，因爲對曾未得之境必不能回憶。心法與心所法共同所依之根，所緣之相相似，行相各有區别；因爲了别、領納等的作用各不相同。「事」雖然是多種，其相各不相同，因爲識、受等的體有差别的緣故。然而心法和心所法一一産生時，從道理上進行推論各有三分，因爲有能量、所量、量果的區别，相分和見分一定要有所依的本體，如集量論的偈頌這樣説：「似境之相分是所量，見分是能量，自證分是量果。」能量、所量、量果的本體是一識，所以這三種的本體没有區别。」而且，如果對心法和心所法再仔細分别，應當有四分，有前述的三分，另有第四分證自證分。如果没有證自證分，誰能證明第三分自證分的存在呢？既然同是心分，應當是都能證知。而且，如果没有證自證分，自證分應當是没有量果，可是事實上各種能量肯定要有量果。不應當把見分稱之爲自證分的量果，因爲見分有時候由非量所攝。因此，見分不能證知第三分自證分，因爲證知自體一定要依靠現量。在這四分當中，相分和見分似外緣外，自證分和證自證分是内緣内。相分衹是所緣，見分、自證分和證自證分通能緣和所緣二種。見分衹能緣相分，其量或者是非量，或者是現量，或者是比量。第三自證分能緣第二見分和第四證自證分，證自證分衹能緣第三自證分，不能緣第二分見分，如果允許第二分見分得緣，就要犯重緣之過，因爲没有緣彼之用。第三分自證分和第四分證自證分都是現量所攝。所以心法和心所法由相分、見分、自證分、證自證分合成，具有所緣和能緣，没有無窮之過，並非相卽，亦非相離，唯識的道理由此而成立。所以厚嚴經的偈頌這樣説：「衆生之心有内、外二性，由於所取、能取的纏繞，見分有種種差别。」這首偈頌的意思是説，衆生之心由内、外二性合成，都有所取、能取的纏縛，見分有種種差别，或者是非量，或者是現量，或者是比量，偈頌中的「見」是見分。這樣的四分或攝持爲三種，因爲第四證自證分可以攝入自證分。或者攝持爲二種，因爲見分、自證分和證自證分都是能緣性，都屬見分。這裏所説的「見」是能緣的意思。或者攝持爲一種，因爲它們的本體没有區别，如入楞伽經的偈頌這樣説：「由於内心的執著作用，好像是有客觀外境在産生，人們所見的客觀外境是不存在的，所以説唯心。」這樣，到處都説祇有一心。這裏所説的「一心」也包括心所法。所以識的行相就是了别，了别就是識的見分。

所言處者，謂異熟識，由共相種成熟力故〔一〕，變似色等器世間相〔二〕，卽外大種及所造色〔三〕。雖諸有情所變各别，而相相似，處所無異，如衆燈明，各徧似一。誰異熟識變爲此相？有義一切〔四〕，所以者何？如契經説〔五〕：「一切有情業增上力共所起故。」有義若爾〔六〕，諸佛、菩薩應實變爲此雜穢土，諸異生等〔七〕，應實變爲他方此界諸淨妙土〔八〕。又諸聖者厭離有色，生無色界，必不下生，變爲此土，復何所用？是故現居及當生者，彼異熟識變爲此界，經依少分，説一切言。諸業同者，皆共變故。有義若爾〔九〕，器將壞時既無現居及當生者，誰異熟識變爲此界？又諸異生厭離有色，生無色界，現無色身，預變爲土，此復何用？設有色身與異地器麤細懸隔，不相依持，此變爲彼，亦何所益？然所變土本爲色身依持受用，故若於身可有持用便變爲彼。由是設生他方自地，彼識亦得變爲此土，故器世間將壞初成雖無有情而亦現有。此説一切共受用者，若别受用準此應知，鬼、人、天等所見異故。

校釋

〔一〕「共相種」，種子分爲兩類：一、共相種子，所生之果可使多人受用，如山、河等；二、不共相種子，所生之果不共受用，如眼、耳、鼻、舌、身五根。共相種子又分二類：一、共中共，共相種子所變，各趣都能受用，如山河大地等；二、共中不共，共種所變，各趣不能共同受用，如餓鬼所見猛火等。不共相種子也分二類：一、不共中共，即不共種所變，自他共同受用，如扶根塵等；二、不共中不共，不共種所變，不可自他共同受用，如眼等根。「共相種」即共中共。

〔二〕「色等」，此中省略聲、香、味、觸。

〔三〕「外大種及所造色」，本識中變爲器世間外境的種子稱爲外大種，此稱能造，客觀物質（色）稱爲所造。

〔四〕「有義一切」，關於這個問題共有三種解釋，本段爲第一解，是月藏的觀點主張。「一切」包括凡聖三界六趣一切有情。

〔五〕「契經」，此指立世經。

〔六〕「有義若爾」，本段爲第二解。據述記卷三本，没有一位唯識師是這種主張，此爲假立之義。據學記卷三，此爲難陀的觀點。

〔七〕「諸異生等」，此中省略小乘佛教的聲聞、緣覺二乘和大乘佛教的低級菩薩。

〔八〕「他方此界諸淨妙土」，「他方」即三千界外，「此界」即娑婆世界。「此界諸淨妙土」，如靈鷲峰等。

〔九〕「有義若爾」，本段爲第三解，是護法的主張。

〔本段大意〕所謂「處」，即第八異熟識由於共相種子的成熟之力，變似色、聲、香、味、觸等塵世之相，亦就是地、水、火、風四大種和四大種的所造色法。雖然各有情衆生所變不一，所變之相相似，其處所無異，如衆多燈明共在一室，每一燈明都可充滿屋室，好像是祇有一盞燈一樣。是誰的異熟識變爲此相呢？月藏認爲，是一切有情衆生的異熟識共同變化爲此相，爲什麽呢？如立世經這樣説：「由於一切有情衆生之業的促進力，共同生起此相。」難陀（？）認爲，如果是這樣的話，各佛和菩薩的異熟識應當變爲塵世的雜穢土，各有情衆生等的異熟識實際上應當變爲三千界外娑婆世界中如靈鷲那樣潔淨微妙的土地。而且，各位「聖人」厭離欲界、色界，上生無色界，此後肯定不能下生欲界和色界，變爲此雜穢土又有什麼用途呢？所以，現身所居界及當生者的本識變爲現所居界及當生界，他們的異熟識變化爲這個世界。佛經據少分而推論一切，因爲諸業相同者都共同變化。護法認爲，如果是這樣的話，塵世間將要破壞的時候，既没有現居者，亦没有當生者，誰的異熟識變幻爲這個世界呢？而且，各有情衆生厭離欲界、色界，生無色界，現無色身，變化爲塵世的雜穢土又有什麼用途呢？縱許汝宗如大衆部所主張的那樣，具有色身和無色身，二者粗細懸殊，不相依持，此變爲彼，又有什麼益處呢？然而，所變雜穢之土爲色身所依持所受用。所以，若於身可以依持，可以受用，就可以變幻爲彼器界。假設生於三千界所依之處，其識也要變爲此土。所以，塵世將要破壞或最初形成，雖然没有衆生，塵世亦應當現存。這裏所説的是一切衆生共同受用。如果是别受用，類此應知，因爲鬼、人、天神等所見不同。

諸種子者，謂異熟識所持一切有漏法種，此識性攝〔一〕，故是所緣。無漏法種雖依附此識，而非此性攝，故非所緣。雖非所緣，而不相離，如真如性不違唯識。有根身者，謂異熟識不共相種成熟力故〔二〕，變似色根及根依處，即内大種及所造色〔三〕。有共相種成熟力故，於他身處亦變似彼。不爾，應無受用他義。此中有義〔四〕，亦變似根，辯中邊説似自、他身五根現故〔五〕。有義唯能變似依處〔六〕，他根於己非於用故，似自、他身五根現者，説自、他識各自變義。故生他地或般涅槃，彼餘尸骸猶見相續。

校釋

〔一〕「性」，據述記卷三本，有三義：一、體義，體卽本識，種子是用，用是體攝；二、性類，異熟識和種子都是有漏，因爲其類相同，不相違背，可成所緣；三、性質，種子住於本識，與本識同屬無記性，故能緣之，但屬識的相分。

〔二〕「不共相種」，卽不共中共，如在身色等。

〔三〕「内大種及所造色」，變似色根及根依處的種子稱爲内大種。這種種子稱爲能造，所變色根及根依處稱爲所造。

〔四〕「此中有義」，關於這個問題共有二解，本段爲第一解。藏要本校注稱：「述記卷十六（卽大正藏本成唯識論述記卷三本——引者注）謂此是安慧説，勘安慧釋無文。」

〔五〕「辯中邊」，卽印度大乘有宗和中國唯識宗的重要經典之一辯中邊論，古印度世親造，唐玄奘譯，三卷。異譯本是陳真諦譯中邊分別論，二卷。

〔六〕「有義唯能變似依處」，本段爲第二解，是護法等人的主張。

〔本段大意〕各種種子，是第八異熟識所攝持的一切有漏法的種子，因爲種子是由本識所攝，所以是所緣。無漏法的種子雖然依附本識，但不屬有漏，所以不是所緣。雖然不是所緣，而與本識不相脱離，像真如那樣不違唯識之理。所謂「有根身」，由於異熟識不共相種子的成熟之力，變似色根和根的依處，也就是地、水、火、風四大種和所造的色法色、聲、香、味、觸。當共相種子到了成熟而有力的時候，於他人的身處亦變似那種色法，使之成爲共變。不然的話，就没有受用他身之義。安慧認爲亦變似他人的淨色根，因爲辯中邊論説過，好像是自他的眼、耳、鼻、舌、身五根在顯現。護法認爲，祇能變似依處（構成色根的物質），因爲他根對於自己來説，並非所用。似自、他五根顯現，祇能説是自、他之識各自變幻，所以生上界或下界，或入般涅槃，剩餘的屍體遺骸，仍可見其相續存在。

前來且説業力所變外器、内身、界、地差别，若定等力所變器、身、界、地、自、他〔一〕，則不決定。所變身、器多恆相續〔二〕，變聲、光等多分暫時〔三〕，隨現緣力擊發起故。略説此識所變境者，謂有漏種、十有色處〔四〕，及墮法處所現實色〔五〕。何故此識不能變似心、心所等爲所緣耶〔六〕？有漏識變略有二種：一、隨因緣勢力故變〔七〕，二、隨分别勢力故變〔八〕。初必有用，後但爲境。異熟識變但隨因緣，所變色等必有實用。若變心等，便無實用，相分心等不能緣故，須彼實用别從此生，變無爲等亦無實用〔九〕，故異熟識不緣心等。至無漏位，勝慧相應，雖無分別而澄淨故，設無實用亦現彼影，不爾諸佛應非徧智〔一〇〕。故有漏位此異熟識但緣器、身及有漏種，在欲、色界具三所緣〔一一〕，無色界中緣有漏種，厭離色故，無業果色，有定果色，於理無違，彼識亦緣此色爲境。

校釋

〔一〕「定等力」，此中省略通力、大願力、善法力。

〔二〕「所變身、器多恆相續」，所變內身，相續的時間短，有少分間斷，以一生爲期。所變器世間，相續的時間長，以一劫（Kalpa，意譯極久遠的時節）爲期。

〔三〕「聲、光等」，此中省略花色、花香等，它們存在的時間更短。

〔四〕「十有色處」，包括五根（眼、耳、鼻、舌、身）和五塵（色、聲、香、味、觸）。

〔五〕「法處所現色」，十二處之一，意根所對之境，總名法處。法處所現色共有五種：一、極略色，分析眼、耳、鼻、舌、身和色、聲、香、味、觸等至極微；二、極迥色，分析虛空、青、黃等顯色至極微；三、受所引色，即無表色，由於受戒而引發於身中之色；四、遍計所執色，人們普遍錯誤認爲的實有色法；五、定所生自在色，由於禪定的殊勝功力，使一切色法變現自在。

〔六〕「心、心所等」，此中省略心不相應行法、各種無爲法和無法。

〔七〕「隨因緣勢力故變」，以異熟因爲緣，以名言種子爲因。八識心王和五位心所法（遍行、別境、善、煩惱、隨煩惱)變似各種現行和外境。

〔八〕「隨分別勢力故變」，由於第六識意識和第七識末那識的分別作用而産生作意。六、七識的影像相分没有實體。

〔九〕「無爲等」，此中省略不相應法等。

〔一〇〕「徧智」，卽一切智。

〔一一〕「在欲、色界具三所緣」，藏要本校注稱：「此段糅安慧釋，原釋云：『於欲、色界有名、色二種執受，無色界離色、貪故無色異熟，唯執受名。』」

〔本段大意〕前面已經講過業力所變器世外境、内身、界、地之别，如果是定力等所變的器世間、根身、界、地、自、他等問題，皆不決定。所變根身、器界多恒相續，少分間斷。所變的聲音、光線等存在的時間很短，因爲它們是隨順因緣之力擊發而起。簡略來説異熟識所變的外境，包括有漏種子、十色處和法處色法。爲什麽説異熟識不能變似心法、心所法等爲所緣呢？有漏識的變幻簡略來説有兩種：一是隨其因緣勢力而變，二是隨順六、七識的分别勢力而變。第一種有實體用，第二種祇是虚幻外境，並無體用。異熟識的變化，祇隨其因緣，所變色法等肯定有實體用。如果變爲心法、心所法，就没有實體用，因爲相分心等如化心，故不緣之。須七識等受用於境，從第八識生。所變化的無爲法等也没有實體用，所以第八識異熟識不緣心法等。到達無漏位的時候，由於與殊勝的智慧相應，雖然没有籌度取相分别而澄淨，假設没有實體用，亦顯現心等影、無爲影等。如果不是這樣的話，各佛就没有一切智了。所以在有漏位，這種異熟識祇緣器界、根身和有漏種子，在欲界和色界緣這三種，在無色界中緣有漏種子，因爲在無色界中厭離色的緣故，在這裏没有業果之色，有定果色，與上述道理不相違背，異熟識亦緣定果色爲境。

不可知者〔一〕，謂此行相極微細故〔二〕，難可了知。或此所緣内執受境亦微細故〔三〕，外器世間量難測故，名不可知。云何是識取所緣境行相難知〔四〕？如滅定中不離身識，應信爲有〔五〕。然必應許滅定有識，有情攝故，如有心時。無想等位當知亦爾〔六〕。

校釋

〔一〕「不可知」，卽頌文中的「不可知」三字。

〔二〕「謂此行相極微細故」，轉識論對此解釋如下：「相及境不可分別，一體無異。」（大正藏卷三一第六一頁）

〔三〕「或此所緣内執受境亦微細故」，藏要本校注稱：「此段糅安慧釋，原釋云：『内二執受皆難了知，所受是此，故云不可知。又外器界之了别，行相所緣無盡，故云不可知。』」

〔四〕「云何是識取所緣境行相難知」，這是小乘佛教經量部、説一切有部等發問。他們認爲既行難知，應非是識，此行相言但言見分。藏要本校注稱：「此段糅安慧釋，原釋以餘説滅心有識者，所言滅定等位。例如識法可有行相所緣難知之義。今文但說行相，有誤。」

〔五〕「如滅定中不離身識，應信爲有」，述記卷三本對此解釋如下：「此舉喻答，此答經部，彼未計許滅定有心故。以例答，如滅定中不離身識，行亦難知，應信第八識恒體有。此答上座及末經部有細意識，於此可然。薩婆多等定中無識，如隔日瘧。答薩婆多，彼不許滅定有識故，以理答之。」（大正藏卷四三第三二七頁——三二八頁）

〔六〕「無想等位」，此中省略無心、悶絶、睡眠等。

〔本段大意〕「不可知」的意思是說，這種行相極其微細，難以了知。或者說，這種所緣內執受境（有漏種子和有根身）亦很微細難知，非執受境的外器世間，量大難知。所以稱爲「不可知」。小乘佛教的經量部和說一切有部問：「爲什麼識取所緣境的行相難知呢？」論主答：「如修滅盡定的時候不離身識，應當相信身識是有的。所以一定要承認在修滅盡定的時候有識，因仍屬有情衆生，像有心時一樣。在修無想定等位之時，應當知道亦是這樣。」

成唯識論校釋卷第三

護法等菩薩造
唐三藏法師玄奘奉詔譯

此識與幾心所相應〔一〕？常與觸、作意、受、想、思相應〔二〕。阿賴耶識無始時來乃至未轉〔三〕，於一切位恆與此五心所相應，以是徧行心所攝故〔四〕。觸謂三和分别變異〔五〕，令心、心所觸境爲性，受、想、思等所依爲業。謂根、境、識更相隨順，故名三和〔六〕。觸依彼生，令彼和合，故説爲彼。三和合位皆有順生心所功能，説名變異。觸似彼起，故名分别〔七〕。根變異力引觸起時勝彼識境，故集論等但説分别根之變異〔八〕。和合一切心及心所，令同觸境，是觸自性。既似順起心所功能，故以受等所依爲業〔九〕，起盡經説受、想、行蘊一切皆以觸爲緣故，由斯故説識、觸、受等因二三四和合而生〔一〇〕。瑜伽但説與受、想、思爲所依者，思於行蘊爲主勝故，舉此攝餘。集論等説爲受依者，以觸生受近而勝故，謂觸所取可意等相〔一一〕，與受所取順益等相〔一二〕，極相隣近，引發勝故。然觸自性是實非假〔一三〕，六六法中心所性故〔一四〕，是食攝故〔一五〕，能爲緣故。如受等性非卽三和〔一六〕。

校釋

〔一〕「此識與幾心所相應？」藏要本校注稱：「此句生起，糅安慧釋，次句牒頌。」

〔二〕「常與觸、作意、受、想、思相應」，本句爲唯識三十頌的頌文。

〔三〕「阿賴耶識無始時來乃至未轉」，藏要本校注稱：「此段糅安慧釋，原係解頌『常』字也。」

〔四〕「徧行」，梵文Sarvatraga的意譯，唯識宗心所法之一，指任何認識發生時，都會普遍生起的心理活動，包括觸、受、想、思、作意五類。大乘廣五蘊論稱：「此遍一切善、不善、無記心，故名遍行。」

〔五〕「觸謂三和分別變異」，藏要本校注稱：「此解體業二句糅安慧釋，安慧解諸心所多依集論。今糅他家，故較詳也。『三和』等者，原釋云：『三和合已，識別根之變異，作受所依爲業。』」（大正藏卷三一第八五一頁）

「觸」，梵文Sparśa的意譯，心所法之一，即觸覺，分眼、耳、鼻、舌、身、意六觸。根、境、識三法和合産生觸，並引生受、想、思等心理活動。

〔六〕「謂根、境、識更相隨順，故名三和」，根、境、識三種，其體相異，名稱不一，不相乖反，更相交涉，名爲隨順。根可爲依，境可爲取，識二所生，可依於根，而取於境，如此交涉，名三和體。

〔七〕「分別」，梵文Vibhājya的意譯，音譯毘婆闍，是領似的異名，思量識别各種事物之理稱爲分别，是心法和心所法的自性作用。

〔八〕「集論等」，集論是大乘阿毗達磨集論的簡稱，七卷，古印度無著造，唐玄奘譯。「等」，此中省略大乘阿毗達磨雜集論，十六卷，古印度安慧糅，唐玄奘譯。

〔九〕「受等」，據學記卷三，「等取餘諸心所」。

〔一〇〕「識、觸、受等因二三四和合而生」，識依根、境二法和合而生，此稱分別。觸依根、境、識三法和合而生，此稱分別變異。受等心所法依根、境、識、觸四法和合而生。

〔一一〕「可意等相」，此中省略不可意及俱相違相。

〔一二〕「順益等相」，此中省略損害及俱相違相。

〔一三〕「然觸自性是實非假」，大乘佛教和小乘佛教説一切有部都認爲根、境、識三和合而成的「觸」心所之體是實，祇有小乘佛教經量部認爲是假。所以本句是破小乘佛教經量部的主張。

〔一四〕「六六法」，據俱舍論卷十及順正理論等，六六法是：六内處、六外處、六識身、六觸身、六受身。今取界身足論六六法，即六識、六觸、六受、六想、六思、六愛。經部也認爲「愛」是實有，所以不像對「假觸」那樣進行破斥。

〔一五〕「食」，梵文Āhāra的意譯，音譯阿賀羅。增益身心謂之食。有九種食：一、段食，分分段段噉碎而食，包括香、味、觸三種；二、觸食，六識觸對可愛之境而生喜樂，以長養身心，如眼之於美色乃至身之於軟滑；三、思食，意識思好事而生樂，資益諸根；四、識食，地獄衆生和無色界的有情等，以識資持命根；五、禪悦食，修行者得禪定之樂，能養諸根；六、法喜食，修行者聞法生喜，資慧命養身心；七、願食，修行者發誓願而持身；八、念食，修行者常念出世之善根，以其資益慧命；九、解脱食，修行者終得涅槃之樂而長養身心。此指香、味、觸三種段食。

〔一六〕「受等」，此中省略「思」等心所法。

〔本段大意〕第八識與幾心所相應呢？常與觸、作意、受、想、思相應。阿賴耶識自無始以來，至未成佛之前，在一切位永遠與這五位心所法相應，因爲這五位心所法由遍行心所法所攝。「觸」是根、境、識三法和合分別變異，使心法和心所法與外境接觸，並引生受、想、思等心所法。使根、境、識三法更相隨順，故稱三和。觸依根、境、識而生，使這三法和合，故稱三和。在根、境、識三和合位，都有順生一切心所功能的作用，此稱變異。「觸」領似根、境、識三，故稱分别。在根、境、識三和位使「觸」生起的時候，根的變異力優勝於識和境，所以集論和雜集祇説分别根之變異。「觸」能和合一切心法和心所法，使它們不致於離散，各别行相同趣一境，這是觸的自性。既似三和有能順生心所的作用，就能引生受等心所法。起盡經説一切受、想、行蘊都以「觸」爲其條件。由此而説識依根、境二法和合而生，觸依根、境、識三法和合而生，受等依根、境、識、觸四法和合而生。瑜伽師地論祇説「觸」能够引生受、想、思，「思」在行蘊上居主要地位，祇要舉出「思」即可包括其他。集論等説，觸爲受的所依，因爲觸能生受，二者互相鄰近，引發殊勝。意思是説，觸所取可意、不可意、俱相違之相與受所取順益、不順益、俱相違之相，極相鄰近，引發之力殊勝。然而，「觸」的自性是真實的，並非虚假，因爲在六六法中是心所之性，由食攝取，觸可以成爲產生其他心所法的條件，如受等性就不是三位和合。

作意謂能警心爲性〔一〕，於所緣境引心爲業。謂此警覺應起心種，引令趣境，故名作意。雖此亦能引起心所，心是主故，但說引心。有說令心迴趣異境〔二〕，或於一境持心令住〔三〕，故名作意。彼俱非理，應非徧行〔四〕，不異定故〔五〕。

校釋

〔一〕「作意謂能警心爲性」，轉識論稱：「心恒動行，名爲作意。」（大正藏卷三一第六二頁）此解與成唯識論相同。「作意」，梵文 Manaskāra 的意譯，唯識宗遍行心所法之一，意謂令心警覺並引起心理活動。大乘廣五蘊論稱：「云何作意？謂令心發悟爲性，令心心法現前警動，是憶念義，任持攀緣心爲業。」（大正藏卷三一第八五一頁）

〔二〕「有說令心迴趣異境」，藏要本校注稱：「此解同安慧釋，原釋並云：『持心者，於所緣數數引心，此就心定相續緣時而說，非一一心剎那也。』按：此釋已爲持心之說解難，而今文不加敍破，未詳何以。」本句是正理師的主張，據述記卷三末，順正理論第十一卷解「作意」稱：「謂能令心迴趣異境，但住此境行相微隱故。」（大正藏卷四三第三三〇頁）

〔三〕「或於一境持心令住」，這是雜集論師的主張。據述記卷三末，雜集云：「卽於此境，數數引心，

是故心得定者，名得作意。」（大正藏卷四三第三三〇頁）

〔四〕「應非偏行」，此破正理師。

〔五〕「不異定故」，此破雜集論師。

〔本段大意〕作意以能警心爲其屬性，其作用是引心趣境。這種警覺應當生起心的種子，因爲它能够引心，並令趣境，所以稱爲作意。這種作意雖然也能够引起心所法，因爲以心爲主，所以祇説引心。正理師説它令心迴趣異境，雜集論師説它於一境持心令住，所以稱爲作意。這兩種意見都不合道理。作意不應當像正理師所説的那樣「令心迴趣異境」，如果是這樣的話，就不應當是遍行。亦不應當像雜集論師所説的那樣「於一境持心令住」。如果是那樣的話，與禪定就没有區別了。

受謂領納順、違、俱非境相爲性〔一〕，起愛爲業，能起合、離非二欲故〔二〕。有作是説〔三〕，受有二種：一境界受，謂領所緣；二自性受，謂領俱觸。唯自性受是受自相，以境界受共餘相故。彼説非理〔四〕，受定不緣俱生觸故。若似觸生名領觸者，似因之果應皆受性。又既受因，應名因受〔五〕，何名自性？若謂如王食諸國邑〔六〕，受能領觸所生受體名自性受，理亦不然，違自所執，不自證故。若不捨自性名自性受，應一切法皆是受自性，故彼所説但誘嬰兒。然境界受非共餘相，領順等相定屬己者〔七〕，名境界受，不共餘故。

校釋

〔一〕「受謂領納順、違、俱非境相爲性」，藏要本校注稱：「此解體業三句糅安慧釋。」「受」，梵文Vedanā的意譯，意謂感受。

〔二〕「能起合、離非二欲故」，此解「起愛爲業」。述記卷三末稱：「謂於樂受未得希合，已得復有不乖離欲。於苦未得有不合欲，已得之中有乖離欲。欲者欣求。」（大正藏卷四三第三三一頁）

〔三〕「有作是說」，此指正理師，他們主張受有兩種。

〔四〕「彼說非理」，這是論主對正理師的駁斥。

〔五〕「又既受因，應名因受」，述記卷三末稱：「觸能生受，即是受因。既領於因，可名因受，名自性受。」（大正藏卷四三第三三一頁）

〔六〕「若謂如王食諸國邑」，這是正理師的主張，述記卷三末稱：「如王食邑，非食土田，土田所生諸禾稼等是王所食。言食邑者，從所依說，以邑之體即土田故。受例亦然，觸如土田，受如禾稼，受是觸果，觸是受因。受能領納，所生受體，即是領義，名自性受。言領觸者，從所依說，如言食邑，食彼所生。」（大正藏卷四三第三三一頁）

〔七〕「順等相」，此中省略違、俱非境相。

〔本段大意〕受以領納順境、違境及俱非境相爲其屬性，能引起衆生的愛欲。對於沒有得到的樂受，欲求得合；如已得到，欲求不離。對於苦受，如未得到，欲求不合；如果已經得到，欲求乖離。正理師認爲受有兩種：一、境界受，即領納所緣的境；二、自性受，領納同時觸，名領自性，觸有苦、樂、捨，受都能領納。正理師認爲，祇有自性受是受的自相，因爲境界受通其餘的心所法，它們都能够領納境界相。這種觀點是錯誤的，因爲受肯定不能緣俱生之觸，怎能説受能「領俱觸」呢？如果説受領觸意謂似俱時觸説名爲領，非緣名領。那麽，似因之果應當都是受的屬性。而且，既然是觸能生受，觸就是受因，受應稱因受，爲什麽稱爲自性受呢？如果認爲就像國王食各國邑一樣，受能領納觸所産生的受體而稱爲自性受，這在道理上亦講不通，因爲這種觀點違背正理師本派的主張（正理師認爲心不能自緣），自己不能證明。如若救言，不捨受的自相而稱爲自性受，那麽，思、想等都應當是受的自性。所以，正理師的主張祇能哄小孩。而境界受不包括其餘的心相，領納順、違、俱非等相肯定屬於自己，此稱境界受，因爲它不包括其他的心相。

想謂於境取像爲性〔一〕，施設種種名言爲業〔二〕，謂要安立境分齊相，方能隨起種種名言。

校釋

〔一〕「想謂於境取像爲性」，藏要本校注稱：「此句糅安慧釋，但原釋云：『於境取相，相謂青、黄等差別作境分齊者。』今譯取像，疑誤。」「想」，梵文Saṃjñā的意譯，意謂知覺等義。

〔二〕「名言」，卽事物的名稱和表達事物的言語。

〔本段大意〕想以對外境取像爲其屬性，對外境安立種種名稱和言詞。對外境安立界限，纔能够隨順而起各種名言。

思謂令心造作爲性〔一〕，於善品等役心爲業〔二〕，謂能取境正因等相〔三〕，驅役自心令造善等。

校釋

〔一〕「思謂令心造作爲性」，藏要本校注稱：「此句糅安慧釋。」「思」，梵文Cetanā或Cint的意譯，相當於思想、意志等。

〔二〕「於善品等役心爲業」，此解同轉識論，論云：「思惟籌量可行不可行，令心成邪成正，名爲思惟。」(大正藏卷三一第六二頁)「善品等」，此中省略惡、無記。

〔三〕「謂能取境正因等相」，意謂思是邪、正、俱相違行之因相。由於思了别的邪、正、俱相違，引起身、語業的惡、善、俱相違。由於思了别此境之相，引起善、惡等事，故稱「取境正因等相」。

〔本段大意〕思能引起心理活動，使心生善、惡、無記之行相，是邪、正、俱相違行之因相，使自己的心造作善、惡、無記之業。

此五既是徧行所攝〔一〕，故與藏識決定相應〔二〕，其徧行相後當廣釋〔三〕。此觸等五與異熟識行相雖異，而時、依同〔四〕，所緣、事等〔五〕，故名相應。

校釋

〔一〕本段解釋頌中的「相應」二字。

〔二〕「藏識」，即第八識阿賴耶識，因爲該識有能藏、所藏、執藏三義，故稱藏識。詳見本書卷一。

〔三〕「其徧行相後當廣釋」，「徧行」意謂遍行義和心所等。本書第五卷有詳細解釋。

〔四〕「時、依同」，時爲刹那，依爲俱有依和等無間依，同爲同一。

〔五〕「所緣、事等」，見分爲行相，影像相分爲所緣，自體稱爲事。「等」爲相似。包括事等、處等、時等、所依等。據成唯識論掌中樞要卷中，「此中五義各有簡，時簡前後，依簡别識，行簡依同，其境各别，緣簡别見，事簡體多。」

〔本段大意〕既然觸、作意、受、想、思五位心所法屬於遍行，所以肯定與第八識藏識相應，遍行義和心所等將於本書第五卷詳細解釋。觸等五位心所法與第八識異熟識雖然不同，而時間和所依相同，所緣和事相似，所以稱爲相應。

此識行相極不明了〔一〕，不能分別違、順境相〔二〕，微細〔三〕，一類〔四〕，相續而轉〔五〕，是故唯與捨受相應〔六〕。又此相應受唯是異熟〔七〕，隨先引業轉〔八〕，不待現緣，任善、惡業勢力轉故，唯是捨受。苦、樂二受是異熟生，非真異熟，待現緣故，非此相應。又由此識常無轉變，有情恆執爲自内我，若與苦、樂二受相應，便有轉變，寧執爲我？故此但與捨受相應。若爾，如何此識亦是惡業異熟〔九〕？既許善業能招捨受，此亦應然，捨受不違苦、樂品故，如無記法善、惡俱招。

校釋

〔一〕「此識行相極不明了」，藏要本校注稱：「轉識論此段不別分釋，即於前遍行受下云但是捨受。勘安慧釋，以此合次『無覆』句爲一段，别有生起文云：『受有苦等三種，法有善等四種。』前但總説藏識有受，未知何受，又未知是善、不善等，故頌云云。次釋捨受所以云。所緣等不可知。」「極不明了」，是捨受相。如果是苦、樂相，必然是明了。

〔二〕「不能分別違、順境相」，此爲中庸境，是捨受相。

〔三〕「微細」，行相微細，説明是捨受相，如果是苦受或樂受，行相必粗。

〔四〕「一類」，行相一類，説明是捨受，如果是苦受或樂受，行相易脱，捨受行相固定，故成一類。

〔五〕「相續而轉」，行相相續而轉，説明是捨受，如果是苦受或樂受，必有間斷。祇有捨受行相纔能永遠相續。

〔六〕「捨受」，卽不苦不樂的感受。

〔七〕「又此相應受唯是異熟」，藏要本校注稱：「此下至『非此相應』句糅安慧釋，原釋以此破別受善、不善業異熟執，故在前解受心所處止。」

〔八〕「引業」，引生總報的行爲稱爲引業。

〔九〕「若爾，如何此識亦是惡業異熟？」此爲小乘佛教説一切有部的難問。

〔本段大意〕第八異熟識的行相很不明了，不能分別違境和順境之相，此識行相微細，始終一類，相續而轉，所以祇能與捨受相應。而且，這種相應受祇能是異熟，隨順前世引業而轉，不需要今世的條件。任憑善、惡業勢力而轉，祇能是捨受。苦受和樂受是異熟生，不是真異熟，因爲它們需要現在的條件，不與異熟相應。而且，第八識異熟識永遠沒有變化，常被有情衆生的第七識末那識妄執爲自我，如果與苦、樂二受相應，就會有轉變，還怎能執爲我呢？所以異熟識祇能與捨受相應。説一切有部難問説：如果是這樣的話，異熟識怎麼又是惡業異熟呢？論主回答說：既然允許善業能招捨受，惡業也應當能招捨受，因爲捨受與苦、樂皆不相違，如無記法，善、惡都可以招感。

如何此識非別境等心所相應〔一〕？互相違故。謂欲希望所樂事轉〔二〕，此識任運無所希望。勝解印持決定事轉〔三〕，此識瞢昧無所印持。念唯明記曾習事轉〔四〕，此識昧劣，不能明記。定能令心專注一境〔五〕，此識任運刹那別緣〔六〕。慧唯簡擇德等事轉〔七〕，此識微昧不能簡擇，故此不與別境相應。此識唯是異熟性故，善、染汙等亦不相應〔八〕。惡作等四無記性者〔九〕，有間斷故，定非異熟。

校釋

〔一〕藏要本校注稱：「此下別解餘所不相應，安慧釋無文。」　「別境」，唯識宗心所法之一，意謂特定境界引起的心理活動，與「徧行」心所法相對，包括欲、勝解、念、定、慧。

〔二〕「欲」，梵文 Chandas 或 Rajas 的意譯，唯識宗「別境」心所法之一，意謂希求、欲望。大乘廣五蘊論稱：「云何欲？謂於可愛樂事，希望爲性。愛樂事者，所謂可愛見聞等事，是願樂希求之義，能與精進所依爲業。」（大正藏卷三一第八五一頁）

〔三〕「勝解」，梵文 Adhimokṣa 的意譯，唯識宗「别境」心所法之一，意謂對所緣之境作出確定的判斷。大乘廣五蘊論稱：「云何勝解？謂於決定境，如所了知，印可爲性。……言決定者，即印持義，餘無引轉爲業。」（大正藏卷三一第八五一頁）

〔四〕「念」，梵文 Smṛti 的意譯，唯識宗「别境」心所法之一，意謂記憶。大乘廣五蘊論稱：「云何念？謂於慣習事，心不忘失，明記爲性。慣習事者，謂曾所習行。與不散亂所依爲業。」（大正藏卷三一第八五一頁）

〔五〕「定」，梵文 Samādhi 的意譯，音譯三摩地、三昧等。唯識宗「别境」心所法之一。意謂令心專注一境而不散亂的精神狀態。大乘廣五蘊論稱：「云何三摩地？謂於所觀事心一境性。所觀事者，謂五蘊等，及無常、苦、空、無我等。心一境者，是專注義，與智所依爲業。由心定故，如實了知。」（大正藏卷三一第八五一——八五二頁）

〔六〕「運」字，磧砂藏本原作「業」，藏要本據述記和高麗藏本改。

〔七〕「慧」，梵文 Mati 的意譯，唯識宗「别境」心所法之一，意謂通達事理、斷除疑惑並取得決定認識的精神作用。大乘廣五蘊論稱：「云何慧？謂卽於彼擇法爲性，……斷疑爲業，慧能簡擇，於諸法中，得決定故。」（大正藏卷三一第八五二頁）

〔八〕「善、染汙等」，此中省略「不定」四：悔、眠、尋、伺。「染汙」，煩惱的異名，煩惱染汙事物的「真性」，使衆迷悶不入。

〔九〕「惡作」，梵文Kaukṛtya的意譯，亦譯爲「悔」，唯識宗「不定」心所法之一，意謂對作過的事情感到後悔。大乘廣五蘊論稱：「云何惡作？謂心變悔爲性。謂惡所作，故名惡作。此惡作體非卽變悔，由先惡所作，後起追悔故，此卽以果從因爲目，故名惡作。」（大正藏卷三一第八五四頁）

〔本段大意〕第八識異熟識爲何不與「別境」等心所法相應呢？因爲二者互相違背的緣故。有希求、隨同樂境而轉，就是「別境」心所法的欲。異熟識是任運之識，不隨所樂之境而轉，所以沒有欲。勝解印持（自信認受）曾爲猶豫之境，今得決定。異熟識闇昧微劣，無所印持，所以沒有勝解。念祇是清楚記憶曾經經過的事情，異熟識闇昧微劣，不能清楚記憶。定能使心專注一境，異熟識隨業而轉，剎那之間卽緣別境。慧祇能區別事物的屬性等，異熟識微弱闇昧，不能起區別作用。所以異熟識不能與「別境」心所法相應，因爲此識祇是異熟性。異熟識與善、煩惱等心所法亦不相應。悔、眠、尋、伺四位「不定」心所法是無記性，因爲有間斷，所以肯定不能與異熟識相應。

法有四種，謂善〔一〕、不善〔二〕、有覆無記〔三〕、無覆無記〔四〕。阿賴耶識何法攝耶？此識唯是無覆無記，異熟性故〔五〕。異熟若是善、染汙者，流、轉、還、滅應不得成〔六〕。又此識是善、染依故，若善、染者，互相違故，應不與二俱作所依。又此識是所熏性故，若善染者，如極香、臭應不受熏。無熏習故，染、淨因果俱不成立〔七〕，故此唯是無覆無記。覆謂染法〔八〕，障聖道故，又能蔽心，令不淨故，此識非染，故名無覆。記謂善、惡〔九〕，有愛、非愛果及殊勝自體，可記別故。此非善、惡，故名無記。

校釋

〔一〕「善」，與惡相對。順益佛理稱爲善，違損稱爲惡，即不善。善分爲兩種：一世俗，二勝義。有爲善法稱爲世俗善，可以招感世間和出世間的可愛結果。世俗善粗顯，生滅無常，並非安隱。無爲善法稱爲勝義善，性極寂静，並且安隱。

〔二〕「不善」，亦分兩種：一、世俗，二、勝義。極惡法稱爲世俗不善，能够招感粗顯非可愛結果。各種有漏法稱爲勝義不善，因其自性粗重，並非安隱。

〔三〕「有覆無記」，「無記」是梵文 Avyākṛta 的意譯，意謂非善非惡。無記也分兩種：一、世俗，二、勝義。有爲無記名世俗無記，不能招感愛、非愛結果，自性粗重，與不善相濫。虚空、非擇滅稱爲勝義無記，不能招感愛、非愛結果，不與善、不善相濫。能「障礙聖道，隱蔽自心」（成唯識論卷五）的無記法稱爲有覆無記。

〔四〕「無覆無記」，與有覆無記相對，使染、淨因果都不能成立的無記法稱爲無覆無記。無覆無記又分爲四種：一、異熟無記，由前世之業因決定今世的身、心果報；二、威儀無記，發起行、住、坐、卧等威儀之心；三、工巧無記，從事雕刻等工巧事業之心；四、通果無記，發起神通之心。

〔五〕「異熟性故」，藏要本校注稱：「此句糅安慧釋，原釋以此爲無覆無記第二解。」

〔六〕「流、轉、還、滅」，流是集諦，轉是苦諦，還是道諦，滅是滅諦。

〔七〕「無熏習故，染、淨因果俱不成立」，如果小乘佛教説一切有部提出詰難：如果没有熏習，異熟識會有什麽過失？論主即作此回答。如果没有熏習，就不能形成種子。如果没有種子，就没有因。既然無因，其果亦無。

〔八〕「覆謂染法」，藏要本校注稱：「此段糅安慧釋，原釋以此爲無覆無記第一解。」

〔九〕「記謂善、惡」，磧砂藏本於此上原衍「無」字，藏要本據述記和高麗藏本删。「記」，據成唯識論述記卷三末，記有二義：一、善有可愛果，不善有不可愛果，可以記别；二、善、惡法體，勝無記法可以調和。

〔本段大意〕事物分爲四類：善、不善、有覆無記和無復無記。阿賴耶識屬於哪一類呢？此識祇能是無覆無記，因爲是異熟性的緣故。異熟如果是善性或染污（惡）之性，流、轉、還、滅都應當是不得成立。而且，阿賴耶識爲善、染法所依止，如果永遠是善，就不能够被染法所依止。如果是染，就不能够爲善所依止。因爲善、染二性互相違背，不應使二者俱作所依。而且，因爲阿賴耶識是所熏性，如果其性是善或染，就如極香或極臭一樣，不應當受熏。如果阿賴耶識不能被熏習，染、淨因果都不能成立。所以阿賴耶識祇能是無覆無記。「覆」是染（惡）法，能够障礙成佛之道，又能覆蔽其心，使之不淨。阿賴耶識不是染，所以稱爲無覆。「記」是善性或惡性，含有可愛、非可愛之果和殊勝自體，可以記别。阿賴耶識不是善性，亦不是惡性，所以稱爲無記。

「觸等亦如是」者〔一〕，謂如阿賴耶識唯是無覆無記性攝〔二〕，觸、作意、受、想、思亦爾，諸相應法必同性故。又觸等五如阿賴耶亦是異熟〔三〕，所緣、行相俱不可知〔四〕。緣三種境〔五〕，五法相應，無覆無記，故説「觸等亦如是」言。有義觸等如阿賴耶亦是異熟及一切種〔六〕，廣説乃至無覆無記，「亦如是」言無簡别故。彼説非理，所以者何？觸等依識不自在故，如貪、信等不能受熏〔七〕，如何同識能持種子？又若觸等亦能受熏，應一有情有六種體。若爾，果起從何種生？理不應言從六種起，未見多種生一芽故。若説果生唯從一種〔八〕，則餘五種便爲無用。亦不可説次第生果，熏習同時勢力等故。又不可説六果頓生，勿一有情一刹那頃六眼識等俱時生故〔九〕。誰言觸等亦能受熏持諸種子〔一〇〕？不爾，如何觸等如識名一切種〔一一〕？謂觸等五有似種相，名一切種。觸等與識所緣等故，無色觸等有所緣故〔一二〕，親所緣緣定應有故，此似種相不爲因緣生現識等，如觸等上似眼根等非識所依，亦如似火無能燒用。彼救非理〔一三〕，觸等所緣、似種等相，後執受處方應與識而相例故。由此前説一切種言，定目受熏能持種義。不爾，本頌有重言失〔一四〕。又彼所説「亦如是」言，無簡别故，咸「相例」者，定不成證。勿觸等五亦能了别，觸等亦與觸等相應，由此故知「亦如是」者，隨所應說，非謂一切。

校釋

〔一〕「觸等亦如是」，此爲唯識三十頌的頌文。

〔二〕「謂如阿賴耶識唯是無覆無記性攝」，關於這個問題共有三種解釋，本段爲第一解。藏要本校注稱：「此解同轉識論，又糅安慧釋。」

〔三〕「又觸等五如阿賴耶亦是異熟」，本段爲第二解，藏要本校注稱：「此段糅安慧釋，原釋無此緣三境義，而有捨受相應義。」

〔四〕「行相」，心識各自固有之性能稱爲行相。心識以各自性能遊於境相之上，又行於所對境之相狀稱爲行相。

〔五〕「緣三種境」，阿賴耶所緣的三種境是根身、器界、種子。

〔六〕「有義觸等如阿賴耶亦是異熟及一切種」，本段爲第三解。據述記卷三末，此爲難陀等多人的主張。

〔七〕「貪、信等」，染中舉貪代表瞋等，善中舉信代表輕安等。「貪」，梵文 Rāga 的意譯，唯識宗煩惱心所法之一，意謂貪愛、貪欲。

〔八〕「若說果生唯從一種」，此破經部師，他們主張色、心二法各各有種，共生一果。如二麥等共生一芽。

〔九〕「勿一有情一刹那頃六眼識等俱時生故」，如外人救説：如大自在天面有三目，又有龍王有八萬隻眼睛。此中説有六種體，於理何違呢？論主可以這樣駁斥：如人有兩隻眼，本識祇能是一個。祇有本識纔能儲藏種子。

〔一〇〕「誰言觸等亦能受熏持諸種？」這是外人的難問。

〔一一〕「不爾，如何觸等如識名一切種？」這是論主的反問。

〔一二〕「無色」，即佛教三界之一的無色界。生無色界即不能緣色。

〔一三〕「救」，因明術語，辯論時爲了成立自己的論點，一個論據被對方駁倒以後，舉出另外一個論據，此稱爲「救」。

〔一四〕「不爾，本頌有重言失」，前句所説「一切種」肯定視爲本識，因爲本識有受熏持種的意思。不能視爲緣種、似種等義，所以不能以觸等五位心所法爲例。如果不説受熏持種稱爲「一切種」，本頌就有重言之失，前述「一切種」已經講到緣種，下解「執受」中又講緣種。

〔本段大意〕有人認爲，頌文中的「觸等亦如是」，意思是説阿賴耶識祇能是無覆無記性，觸、作意、受、想、思亦是這樣，因爲各種相應法的性質必須相同。又有人認爲，觸等五位心所法就像阿賴耶識那樣亦是異熟性，因爲它們的所緣和行相都不可知。阿賴耶識緣根身、器界、種子三種境，與五位心所法相應，是無覆無記性，所以説觸等五位心所法也是這樣。又有人認爲，觸等五位心所法就像阿賴耶識那樣稱爲異熟和一切種,乃至於亦是無覆無記性,「亦如是」没有簡别。如這些觀點都是錯誤的,爲什麽呢? 因爲觸等五位心所法依阿賴耶識而存在,它們並非自在,貪等染法、信等善法都不能接受熏習,怎能像阿賴耶識那樣儲藏種子呢? 而且,如果觸等五位心所法也能够受熏,一個有情衆生就應當有六個持種之體(五位心所法和一個阿賴耶識)。如果是這樣的話,結果從何種而生呢? 從道理上來講,不應當説是從六種生起,因爲從來没有見過很多種子共同生一個芽。如果説結果從一類種子生,則其餘的五類種子就没有用途了。亦不能説心種先生,五位心所法後生,因爲熏習是同時的,勢力是相等的。亦不能説六種結果頓時而生,因爲不能説,一個有情衆生一刹那頃六個眼識同時而生。外人救説,誰説過觸等五位心所法亦能够受熏,也能够儲藏各種種子呢? 論主反問説,如果不是這樣的話,觸等五位心所法怎能和阿賴耶識一樣也稱爲「一切種」呢? 外人回答説,因爲觸等五位心所法有似種相(阿賴耶識是真種相),所以觸等五位心所法稱爲「一切種」。因爲觸等五位心所法和阿賴耶識的所緣是相同的,至無色界,觸等五位心所法雖然已經不能緣色,但仍有所緣,緣本識相分的親所緣緣肯定是應當存在的,這種「似種」之相不能作爲因緣生現識的各種根、境等,如觸等心所法上,似眼根等不能作爲所依親生五識,就如「似火」没有燃燒的作用一樣。論主反駁説,這種「救」不合道理,觸等五位心所法的所緣、似種等相,在一切種後執受處中纔能與識相例。所以,前面所説「一切種」一定視爲受熏並能持種之義。不然的話,本頌就犯重復的過失。頌文所説的「亦如是」没有簡别，如説「相例」肯定不能證實。不能説觸等五位心所法也能了别，亦不能説觸等與觸等相應。由此可知，頌文中的「亦如是」隨所應説，非謂一切皆令例之。

阿賴耶識爲斷爲常〔一〕？非斷非常〔二〕，以「恆轉」故〔三〕。「恆」謂此識無始時來，一類相續〔四〕，常無間斷，是界、趣、生施設本故〔五〕，性堅持種令不失故〔六〕。「轉」謂此識無始時來，念念生滅，前後變異〔七〕，因滅果生，非常一故〔八〕，可爲轉識熏成種故〔九〕。「恆」言遮斷，「轉」表非常，猶如暴流，因果法爾〔一〇〕。如暴流水非斷非常，相續長時，有所漂溺。此識亦爾，從無始來生滅相續，非常非斷，漂溺有情〔一一〕，令不出離。又如暴流，雖風等擊起諸波浪，而流不斷。此識亦爾，雖遇衆緣起眼識等，而恆相續。又如暴流〔一二〕，漂水上下魚、草等物〔一三〕，隨流不捨。此識亦爾，與内習氣外觸等法，恆相隨轉。如是法喻，意顯此識無始因果非斷、常義。謂此識性無始時來，剎那剎那果生因滅，果生故非斷，因滅故非常，非斷非常是緣起理〔一四〕，故説此識恆轉如流。

校釋

〔一〕「阿賴耶識爲斷爲常？」藏要本校注稱：「此句生起糅安慧釋，原釋以一體不變而轉及相續而轉爲問，今作斷、常，意微有異。」「斷」，意謂斷滅不再生起。「常」意謂永恒。佛教把斷見和常見稱爲二邊見，意謂極端錯誤的見解。

〔二〕「非斷非常」，「非斷」是爲了和經部師相區別，他們認爲色法、心法等有時斷滅。「非常」是爲了和數論師相區別，他們認爲「自性」是常法。

〔三〕「恆轉」，這兩個字是唯識三十頌的頌文。

〔四〕「一類」，阿賴耶識永遠是無記性。「相續」，阿賴耶識從未斷滅。

〔五〕「是界、趣、生施設本故」，三界、五趣（或六趣）、四生是阿賴耶識所生的結果，阿賴耶識是界、趣、生所依之本。「施設」意謂安立。阿賴耶識如果斷滅，就不會有界、趣、生。阿賴耶識如果是善、染，其體卽非一類，趣、生應當相雜，所以阿賴耶識是一類無記性。

〔六〕「性堅持種令不失故」，此解上述「相續」義。「性堅」卽所熏四義之一的「堅住性」，意謂始終一類相續，能持習氣，直至成佛。阿賴耶識如不性堅，就不能受熏。「持種令不失」是爲了和經部師相區別，他們認爲色法、心法都能受熏，並能持種，於無色界入無心時，此種便失。阿賴耶識能令種不失，故不可斷，此解「恆」義。

〔七〕「前後變異」，這是爲了和數論師相區別，他們認爲「自性」和「我」是常是一。

〔八〕「因滅果生，非常一故」，「非一」是爲了和「我」相區別，「我」永遠同一，阿賴耶識的種子有因果性，有生滅。「非常」是爲了和「自性」相區別，自性是常一之法，沒有因果性。

〔九〕「可爲轉識熏成種故」，此顯阿賴耶識的可熏之義，如果阿賴耶識是「常」的話，就不能受熏，如虛空等。如不能受熏，就沒有生死涅槃的差別。

〔一〇〕「因果法爾」，藏要本校注稱：「此解糅安慧釋，原釋云：『因果無間相續，是爲暴流。』」

〔一一〕「漂溺有情」，生人、天等善趣，譬喻爲「漂」。生餓鬼、地獄等惡趣，譬喻爲「溺」。

〔一二〕「又如暴流」，藏要本校注稱：「此解大同轉識論，又糅安慧釋。原釋云：『亦如暴流牽引草、木、牛糞而去，如是藏識隨福等業牽引觸等流轉。』」

〔一三〕「漂水下上魚、草等物」，水上草喻外觸、受等，水下魚喻識變習氣。

〔一四〕「緣起」，梵文Pratityasamutpāda的意譯，亦稱「緣生」，意謂一切事物都處於因果聯繫之中，依據一定的條件生起變化。緣起論是佛教的基本理論，但佛教各派對它的解釋各不相同，華嚴宗把緣起論分爲四種：一、小乘佛教主張「業感緣起」；二、大乘始教主張「阿賴耶緣起」；三、大乘終教主張「如來藏緣起」；四、華嚴經圓教主張「法界緣起」。

〔本段大意〕阿賴耶識是斷呢，還是常呢？既不是斷，也不是常，正如唯識三十頌所說的，是「恆轉」。「恆」意謂阿賴耶識自無始以來，總是一類無記性，常是相續，永無間斷，是安立三界、五趣（或六趣）、四生的根本。阿賴耶識的本性堅固，能夠儲藏種子，令不喪失。「轉」意謂阿賴耶識自無始以來，念念皆有生有滅，前後變化無常，原因消滅，結果產生，阿賴耶識並非常恆不變，亦非同一，能夠被前七轉識熏習形成種子。「恆」是爲了否定斷見，「轉」表示阿賴耶識不是常恆不變，就如瀑流一般，因果亦是這樣。就像瀑流水那樣，既非斷滅不起，又非常恆不變，長時相續，使一些東西漂浮在上面，使另一些東西沉溺水底。阿賴耶識亦是這樣，從無始以來，有生有滅，相續不絶，既不是永恒不變，亦不是斷滅不起，使有的衆生生於善趣，使有的衆生生於惡趣，使他們逃不出生死輪迴。又如瀑流那樣，雖然受到風等的吹擊，生起各種波浪，而水流並不斷絶。阿賴耶識亦是這樣，雖然遇到各種條件而起眼識等，但永遠相續不斷。如瀑流水上漂草等物，水下有魚等，魚、草等物隨水流而不捨除。阿賴耶識也是這樣，内有習氣，外有觸等，它們永遠隨從阿賴耶識而轉。用這些東西進行譬喻，是爲了説明阿賴耶識自無始以來，因滅果生，非斷非常。意謂阿賴耶識自無始以來，刹那刹那生果，刹那刹那因滅。因爲果生，所以非斷，因爲因滅，所以非常。既不是斷滅不起，又不是永恆不變，這就是緣起之理，所以説阿賴耶識「恆轉如瀑流」。

過去、未來既非實有〔一〕，非常可爾，非斷如何？斷豈得成緣起正理〔二〕？過去、未來若是實有〔三〕，可許非斷，如何非常？常亦不成緣起正理。豈斥他過己義便成〔四〕？若不摧邪，難以顯正〔五〕。前因滅位後果卽生〔六〕，如稱兩頭低昂時等〔七〕，如是因果相續如流，何假去、來方成非斷？因現有位後果未生，因是誰因？果現有時前因已滅，果是誰果？既無因果誰離斷、常〔八〕？若有因時已有後果，果既本有，何待前因？因義既無，果義寧有？無因無果豈離斷、常〔九〕？因果義成依法作用，故所詰難非預我宗〔一〇〕體既本有，用亦應然〔一一〕，所待因緣亦本有故。由斯汝義因果定無，應信大乘緣起正理。謂此正理深妙離言，因、果等言皆假施設，觀現在法有引後用，假立當果對說現因，觀現在法有酬前相，假立曾因對說現果，假謂現識似彼相現。如是因果理趣顯然，遠離二邊〔一二〕，契會中道〔一三〕，諸有智者應順修學。有餘部說〔一四〕，雖無去來而有因果恆相續義，謂現在法極迅速者，猶有初後生滅二時。生時酬因，滅時引果。時雖有二，而體是一。前因正滅，後果正生，體相雖殊，而俱是有。如是因果非假施設，然離斷、常又無前難，誰有智者捨此信餘〔一五〕？彼有虛言都無實義，何容一念而有二時？生滅相違寧同現在？滅若現在生應未來，有故名生，既是現在，無故名滅，寧非過去？滅若非無生應非有，生既現有滅應現無。又二相違，如何體一？非苦樂等見有是事，生滅若一時應無二，生滅若異寧說體同？故生滅時俱現在有，同依一體理必不成。經部師等因果相續〔一六〕，理亦不成，彼不許有阿賴耶識能持種故。由此應信大乘所說因果相續緣起正理〔一七〕。

校釋

〔一〕「過去、未來既非實有」，藏要本校注稱：「此下別破諸部，安慧釋無文。」

〔二〕「斷豈得成緣起正理？」此爲小乘佛教說一切有部、正量部等的難問。它們主張過去、未來都是實有。它們認爲因有未來故不斷，因往過去故不常。唯識宗認爲過去無可以說是非常，未來無後法應斷，這怎麽成立緣起正理呢？

〔三〕「過去、未來若是實有」，本段是論主的反問。說一切有部、正量部等主張過去、未來都是實有，可以說是非斷，但應是常義。既然「斷」不能成立緣起正理，「常」怎能成立緣起正理呢？

〔四〕「豈斥他過已義便成？」此爲外人的難問。

〔五〕「若不摧邪，難以顯正」，此爲論主的回答。

〔六〕「前因滅位後果卽生」，藏要本校注稱：「勘安慧釋前解變義云：『卽因刹那滅時與彼相異之果得生。』亦同此義。」

〔七〕「稱」字，大正藏本作「秤」。

〔八〕「既無因果誰離斷、常？」此爲外人難問。

〔九〕「無因無果豈離斷、常？」這是論主的反問。

〔一〇〕「故所詰難非預我宗」這是外人的回答。述記卷三末對此解釋如下：「未來因果雖先有體，名因果時要依作用不依於體，未有作用名未來，正有作用名現在，作用已息名過去。現有因用，果用未生。因義既成，果義便立。故所詰難非預我宗。預者關也。」（大正藏卷四三第三三八頁）

〔一一〕「體既本有，用亦應然」，此爲論主的質難。

〔一二〕「二邊」，卽斷見和常見。佛教認爲這是兩種極端錯誤的見解，故稱二邊見。

〔一三〕「中道」，梵文 Madngamāpratipad 的意譯，卽脱離斷、常二邊見的觀點，被認爲是無漏真智。佛教各派對「中道」的解釋各不相同，唯識宗認爲，非空非有爲中道。

〔一四〕「有餘部説」，此指小乘佛教上座部，太賢著成唯識論學記卷三稱：「彼許有爲有其二種：一、極迅速，如心、心所，但有生滅，雖一剎那而有二時，如契經説諸行無常，有生滅法；二、遲鈍法，如色等法，具生、住、滅，雖一剎那而有三時，依遍色、心，經唯説二。且論速法略有二門：一、同體異時門，謂一法體初生後滅；二、異體同時門，謂前滅時後果體生，生滅雖殊而但有體。前滅引果，後生酬因，連頭起故，因果不斷。勝軍論師恐有斷過，亦云現在三時別，初生，次住。後法未生，至異相時，後果方生。」

〔一五〕「誰有智者捨此信餘」，此爲外人難問。

〔一六〕「經部」，卽小乘佛教經量部，梵文 Sautrāntika 的意譯，音譯修多蘭婆提耶部或修妒路句部，釋迦牟尼逝後四百年初從説一切有部分出，主張以經爲量（準則）建立自己的觀點主張。認爲人體内有一種「細意識」，稱爲「一味蘊」，以此爲根本長出色、受、想、行、識五蘊，稱爲「根邊蘊」，由此構成有情衆生。「一味蘊」又稱爲勝義補特伽羅，通過它使衆生在六道輪迴流轉。該部反對説一切有部過去、現在、未來三世實有説，對唯識學派有很大的影響。

〔一七〕「大乘」，梵文 Manāyāna 的意譯，音譯摩訶衍那。「乘」謂乘載，「大乘」意謂運載衆多的人渡過苦海，到達彼岸，貶稱小乘祇能運載少數人渡過苦海。形成於公元一世紀左右的古代印度。主張有三世十方無數佛，並進一步把佛神化，把成佛並普渡衆生作爲最高目標，修練以六度爲內容的菩薩行。後形成龍樹、提婆創立的大乘空宗和無著、世親創立的大乘有宗。傳出印度的大乘佛教稱爲北傳佛教，主要流行於中國、朝鮮、越南等國。

〔本段大意〕小乘佛教說一切有部、正量部等難問說，既然是過去、未來並非實有，說「非常」還是可以的，「非斷」怎麼講呢？斷見怎麼能成立緣起正理呢？論主反問說，過去、未來如果是實有的話，可以說是「非斷」，「非常」怎麼講呢？「常」亦不能成立緣起正理。外人反駁說，怎能用駁斥他人的過失來成立自己的主張呢？論主回答說，如果不摧毀錯誤的見解，難以顯示正確的主張。前因滅，後果生，就像一桿秤一樣，一頭高一頭低，其時相同。這樣的因果相續如瀑流一般，哪裏用得着假藉過去、未來纔能成立「非斷」呢？現在有因，後果還沒有產生，因是誰的因呢？現在有果，前面的因已經消失，果是誰的果呢？既然沒有因果，誰離斷和常呢？如果有因的時候已經有後來的果，果既然是本有，哪裏還需要前面的因呢？因的意思既然是沒有，果的意思哪裏還會存在呢？沒有因又沒有果，怎能脱離「斷」和「常」呢？外人回答說，成立因果的意思是依據事物的作用，所以前所詰難與我宗無關。論主難問說，事物之體既然是本來就有，其作用亦應當是這樣，因爲所需的內因和外部條件亦是本來就存在的。按照你們的意思，因果肯定是不存在的，應當相信大乘佛教的緣起正理。這種正理深奥玄妙，不能用語言進行表達，因、果等説法都是虛假施設。看現在的事物有引生後來事物的作用，虛假設立未來之果，是爲了説明現在的因。看現時現地的事物，需要想到這是爲酬答從前的因相而有，虛假設立曾經有過的因，是爲了説明現在的果。「假」意謂現在的種子識緣於現在法的時候，好像是有因果相在顯現。這樣，因果之理趣就很明白了，遠離斷、常二邊見，認識中道之理，各位有智之人應當隨順修行和學習。小乘佛教上座部説，雖然没有過去和未來，但有因果永恆相續之義，意謂現在的事物變化極其迅速，仍有最初産生和後來毀滅二時，生的時候需要因，滅的時候引生果。時間雖然有兩種，而本體却是一個。前面的因正在毀滅的時候，後面的果正在産生，體相雖然不一樣，但都是有。這樣，因果並非虛假施設，却離斷和常，又没有以前諸難。哪位有智之人能捨此勝義而信其他的不了義呢？論主破斥説：這些都是虛假言詞，没有實在内容，怎能容許一念（刹那）而有二種時間呢？生、滅互相違逆，怎能同在現在呢？滅如果是在現在，生應當是在未來。因爲有而稱爲生，既然是在現在，因爲是無，所以稱爲滅，怎能不是過去呢？滅如果不是無的話，生應當不是有。生既然是現在有，滅應當是現在無。而且，生和滅互相違逆，其體怎能同一呢？如苦、樂等不同一體，這是世間現見的事實。生、滅之體如果同一，時間應當是没有初後二時。生、滅如果是不同的話，其體怎能是同一呢？所以，生與滅同在現在，同依一體，在道理上肯定不能成立。經量部等所説的因果相續，在道理上也不能成立，因爲他們不承認有阿賴耶識能够儲藏種子。因此，應當相信大乘佛教所説的因果相續的緣起正理。

此識無始恆轉如流〔一〕，乃至何位當究竟捨？阿羅漢位方究竟捨〔二〕。謂諸聖者斷煩惱障究竟盡時〔三〕，名阿羅漢，爾時此識煩惱麤重永遠離故，説之爲捨〔四〕。

校釋

〔一〕「此識無始恆轉如流」，藏要本校注稱：「此二句生起，糅安慧釋，次句牒頌。」

〔二〕「阿羅漢」，梵文Arhat的音譯，略稱羅漢，另譯阿羅訶。小乘佛教修行的最高果位。意譯有三：一、剎賊，意謂滅盡一切煩惱之賊；二、應供，意謂應當受到天神和人的供養；三、不生或無生，意謂已入涅槃，已經擺脱生死輪迴。

〔三〕「謂諸聖者斷煩惱障究竟盡時」，藏要本校注稱：「此二句糅安慧釋，原釋云：『得盡智無生智者，名阿羅漢。此彼位中依止藏識之粗重無餘永斷，爲捨藏識。』」

〔四〕「捨」，梵文Upekṣā的意譯，唯識宗善心所法之一。全稱行捨，意謂離諸分別執著和煩惱，令心平靜。大乘廣五藴論稱：「云何捨？謂依如是無貪、無瞋，乃至精進，獲得心平等性、心正直性、心無功用性；又復由此，離諸雜染法，安住清淨法。……業如不放逸説。」（大正藏卷三一第八五二頁）

〔本段大意〕阿賴耶識自無始以來恆轉如瀑流，到什麼位纔能究竟捨除。意謂各位佛教「聖人」把煩惱障斷除究竟盡時，稱爲阿羅漢。到那時候，阿賴耶識中的粗重煩惱永遠滅離，所以稱之爲捨。

此中所說阿羅漢者〔一〕，通攝三乘無學果位〔二〕，皆已永害煩惱賊故〔三〕，應受世間妙供養故〔四〕，永不復受分段生故〔五〕。云何知然？決擇分說〔六〕，諸阿羅漢、獨覺〔七〕、如來皆不成就阿賴耶故。集論復說，若諸菩薩得菩提時〔八〕，頓斷煩惱及所知障，成阿羅漢及如來故。若爾，菩薩煩惱種子未永斷盡，非阿羅漢應皆成就阿賴耶識。何故卽彼決擇分說，不退菩薩亦不成就阿賴耶識〔九〕？彼說二乘無學果位〔一〇〕，迴心趣向大菩提者，必不退起煩惱障故，趣菩提故，卽復轉名不退菩薩，彼不成就阿賴耶識，卽攝在此阿羅漢中，故彼論文不違此義。又不動地以上菩薩〔一一〕，一切煩惱永不行故，法駛流中任運轉故，能諸行中起諸行故〔一二〕，刹那刹那轉增進故，此位方名不退菩薩。然此菩薩，雖未斷盡異熟識中煩惱種子，而緣此識我見、愛等不復執藏爲自內我〔一三〕，由斯永捨阿賴耶名，故說不成阿賴耶識，此亦說彼名阿羅漢。有義初地以上菩薩〔一四〕，已證二空所顯理故，已得二種殊勝智故〔一五〕，已斷分別二重障故，能一行中起諸行故，雖爲利益起諸煩惱，而彼不作煩惱過失，故此亦名不退菩薩。然此菩薩雖未斷盡俱生煩惱，而緣此識所有分別我見、愛等，不復執藏爲自內我，由斯亦捨阿賴耶名，故説不成阿賴耶識。此亦説彼名阿羅漢，故集論中作如是説：「十地菩薩雖未永斷一切煩惱〔一六〕，然此煩惱猶如呪藥所伏諸毒〔一七〕，不起一切煩惱過失。一切地中如阿羅漢已斷煩惱，故亦説彼名阿羅漢〔一八〕。」彼説非理，七地以前猶有俱生我見、愛等〔一九〕，執藏此識爲自內我，如何已捨阿賴耶名？若彼分別我見、愛等不復執藏説名爲捨，則預流等諸有學位〔二〇〕，亦應已捨阿賴耶名，許便違害諸論所説。地上菩薩所起煩惱皆由正知〔二一〕，不爲過失，非預流等得有斯事，寧可以彼例此菩薩〔二二〕？彼六識中所起煩惱〔二三〕，雖由正知不爲過失，而第七識有漏心位，任運現行執藏此識，寧不與彼預流等同？由此故知彼説非理。然阿羅漢斷此識中煩惱麤重究竟盡故，不復執藏阿賴耶識爲自內我，由斯永失阿賴耶名，説之爲捨，非捨一切第八識體，勿阿羅漢無識持種，爾時便入無餘涅槃〔二四〕。

校釋

〔一〕「此中所説阿羅漢者」，關於這個問題共有三種解釋，本段爲第一解。藏要本校注稱：「此下廣辨阿羅漢捨，安慧釋無文。」

〔二〕「三乘」，包括小乘佛教的聲聞乘、緣覺乘和大乘佛教的菩薩乘。「無學果」，小乘佛教修行的前三果（入流、一來、不還）稱爲有學果，第四果阿羅漢果稱爲無學果。意謂學道圓滿，不需要再加修學。

〔三〕「煩惱賊」，煩惱能損害智慧，傷害法身，故稱爲賊。

〔四〕「供養」，佛教徒爲資養佛、法、僧三寶而奉獻的香華、燈明、飲食、資具等物，稱之爲供養。

〔五〕「分段生」，即在六道輪迴的凡夫之生。在六道輪迴的凡夫之身，各隨其業因而使壽命有分限，形體有段別，故稱分段。「分」即齊限，亦就是命根。「段」爲差別，即五蘊構成的人體。二者都隨因緣有一定的齊限，所以稱爲令段。

〔六〕「決擇分」，即瑜伽師地論的第二分攝決擇分。

〔七〕「獨覺」，亦稱緣覺，梵文 Pratyekabuddha 的意譯，音譯辟支迦佛陀，略稱辟支佛。意謂佛去世以後，由於獨自觀悟十二因緣之理而得道者。與聲聞合稱小乘佛教的二乘，與聲聞、菩薩合稱三乘。

〔八〕「菩提」，梵文 Bodhi 的音譯，意譯覺悟，意謂對佛教義理的覺悟。

〔九〕「何故即彼決擇分說，不退菩薩亦不成就阿賴耶識？」此爲外人的難問。「不退」，梵文 Avinivartaniya 或 Avajivartika 的意譯，音譯阿毘跋致，即功德善根不退失不退轉之意。據述記卷三末，有四種不退：「一、信不退，即十信第六心；二、證不退，入地已往；三、行不退，八地以上；四、煩惱不退，謂無漏道所斷煩惱一切聖者。今說迴心名不退者，即第四不退，以得證淨故，亦

名信不退。」（大正藏卷四三第三四一——三四二頁）

〔一〇〕「彼説二乘無學果位」，本段爲論主的回答。

〔一一〕「又不動地以上菩薩」，本段爲第二解。「不動地」，菩薩十地的第八地，該地菩薩無分別智任運相續，不爲一切事相煩惱所動。

〔一二〕「諸行中起諸行」，學記卷三稱：「如十地論，初六地中一身一行，而行一切行，此顯實身。於一度中修一切行，化百身等，但能修一，不堪雙行。第七地中一身一切行，而得一切行。八、九、十地於一切身一切行中行一切行。」

〔一三〕「我見」，即我執，亦稱身見。把色、受、想、行、識五蘊虚假和合之心身，視爲常一之「我」，此稱我見。「我愛」，即平常所説的自愛心，意謂對於妄執之「我」深爲愛著。

〔一四〕「有義初地以上菩薩」，本段爲第三解，據述記卷三末，此爲難陀等的主張。

〔一五〕「二種殊勝智」，即根本智和後得智。根本智又稱爲如理智、無分别智、正體智、真智、實智等，即認識真諦的智慧。後得智又稱爲如量智、有分別智、俗智、遍智等，即認識俗諦的智慧。

〔一六〕「菩薩」，梵文 Bodhisattva 的音譯菩提薩埵之略，意譯覺有情，亦稱開士、大士等。大乘佛教修行的一種果位，往往稱爲候補佛。佛典上經常提到的菩薩有彌勒、文殊、普賢、觀世音、地藏王等。

〔一七〕「咒」，梵文 Dhāraṇī 的意譯，音譯陀羅尼。亦稱作持、總持等。意謂持善，使之不失，並能遮惡，使之不生。共分四種：一、法陀羅尼，亦稱聞陀羅尼，聞佛教法而不忘失；二、義陀羅尼，於諸法之義總持而不妄；三、咒陀羅尼，依禪定而發密語，產生不可思議的神驗；四、忍陀羅尼，安住於諸法實相謂之「忍」，持忍稱爲忍陀羅尼。

〔一八〕語出大乘阿毗達磨集論卷七，原文如下：「又諸菩薩已得諦現觀，於十地修道位唯修所知障對治道　非煩惱障對治道。若得菩提時，頓斷煩惱障及所知障，頓成阿羅漢及如來。此諸菩薩雖未永斷一切煩惱，然此煩惱猶如咒藥所伏諸毒，不起一切煩惱過失，一切地中如阿羅漢已斷煩惱。」（大正藏卷三一第六九二頁）

〔一九〕「七地」，菩薩十地的第七地是遠行地，亦稱深行地或深入地，在禪定中悟空寂無相之理，遠離世間和小乘佛教的聲聞、緣覺二乘。

〔二〇〕「有學」，小乘佛教四果中的前三果（預流、一來、不還）爲有學，意謂尚有可修學之道。

〔二一〕「地上菩薩」，初地歡喜地以上稱爲地上，初地以前稱爲地前。地前爲凡夫之菩薩，地上爲法身之菩薩。

〔二二〕「寧可以彼例此菩薩？」此爲外人難問。

〔二三〕「彼六識中所起煩惱」，從此以下是論主的詰難。

〔二四〕「無餘涅槃」，與有餘涅槃相對，意謂所受五蘊皆盡，生死因果皆盡，不再受生於三界和人世間。

〔本段大意〕這裏所説的阿羅漢，包括聲聞、緣覺、菩薩三乘的無學果位。因爲這三乘的無學果位都永遠消滅了煩惱之賊，應當受到世間的絶妙供養，永遠不再有塵世的分段之生。外人問説，怎麽知道呢？論主回答説，瑜伽師地論的攝決擇分稱，各位阿羅漢、緣覺和如來佛都不成就阿賴耶識。大乘阿毘達磨集論又説：如果各位菩薩得到覺悟時，就會頓斷煩惱障和所知障，成爲阿羅漢和如來佛。外人問：如果是這樣的話，菩薩得到菩提時，纔能究竟斷盡俱生煩惱，纔能捨棄阿賴耶名，而阿羅漢並未永遠斷盡俱生煩惱，自應仍皆成就具有我愛執藏的阿賴耶識。如果真是這樣的話，爲什麽瑜伽師地論卷一一決擇分説，到不退地菩薩亦不成就阿賴耶識呢？論主回答説：決擇分説不退菩薩亦不成就阿賴耶識，是指修學二乘的行者，證得無學果位以後，遇到一種特殊的因緣，發迴小向大之心，要求成爲趣向大菩提的漸悟菩薩，肯定不會再退起煩惱障。由於他們此時趣向大菩提，於是即由二乘無學又稱爲不退菩薩，他們不成就阿賴耶識，即包括在這裏所説的阿羅漢當中。所以決擇分所説的並不違背此論所説的意義。護法認爲，第八地不動地以上的菩薩，一切煩惱永不再行，因爲他們掌握了真、俗二諦，可以在無相海中任運而轉，八、九、十地菩薩能於六度萬行的諸行中起修一切諸行，每一剎那都可增進，這時候纔能稱爲不退菩薩。此位菩薩雖然還没有斷盡異熟識中的煩惱種子，而第七識的見分緣此第八識的見分時，不再生起我見、我愛等的煩惱，當然亦就不被妄執爲我。從此以後，永遠捨除阿賴耶識之名，所以説不成就阿賴耶識，這亦被稱爲阿羅漢。難陀等認爲，初地以上的菩薩已經證得我、法二空所顯示的「真理」，已得根本智和後得智，已經斷除煩惱障和所知障，可以於一行當中生起各種行爲。雖然因爲某些利益而起各種煩惱,但不算作煩惱過失,所以,這亦稱爲不退菩薩。然而,這種菩薩雖然還没有斷盡俱生而來的煩惱,而緣阿賴耶識所有的分別我見、我愛等,不再被妄執爲「我」,因此亦已捨阿賴耶識之名,所以説不成就阿賴耶識,這亦被稱爲阿羅漢。所以大乘阿毘達磨集論中説,十地菩薩雖然還没有永遠斷除一切煩惱,然而這種煩惱就如呪藥所折伏的各種毒一樣,不再生起一切煩惱過失,一切地中就如阿羅漢已斷煩惱一樣,所以這亦稱爲阿羅漢。論主批駁説:這些説法都是錯誤的,七地以前還有與生俱來的我見、我愛等,妄執阿賴耶識爲「我」,怎能説是已經捨除阿賴耶識之名呢?如果那種分別我見、我愛等不再執藏而説爲「捨」,則預流等各有學位也應當已捨阿賴耶識之名。如果同意這種説法,就會違害各論所説内容。難陀等人救説:初地歡喜地以上菩薩所生起的煩惱,都是由於正知(爲救衆生),而不是由於過失,並不等於預流等所幹的那種事情,怎能以此與菩薩相比呢?論主又批駁説:他們在六識中所生起的煩惱,雖然由於正知而不成爲過失,而第七識末那識的有漏心位任運現行執藏阿賴耶識,怎能不與預流等相同呢?由此而知,那種説法是錯誤的。然而,阿羅漢已經把阿賴耶識中的粗重煩惱斷除乾淨,所以不再妄執阿賴耶識爲「我」。因此,永遠喪失阿賴耶識之名,這就稱爲「捨」,並不是捨除一切第八識阿賴耶識之體。不能説阿羅漢已無識持種,此時便入無餘涅槃。

然第八識雖諸有情皆悉成就，而隨義別立種種名。謂或名心，由種種法熏習種子所積集故。或名阿陀那〔一〕，執持種子及諸色根令不壞故。或名所知依〔二〕，能與染、淨所知諸法爲依止故。或名種子識〔三〕，能偏任持世、出世間諸種子故。此等諸名通一切位〔四〕。或名阿賴耶〔五〕，攝藏一切雜染品法令不失故，我見、愛等執藏以爲自內我故，此名唯在異生、有學，非無學位、不退菩薩，有雜染法執藏義故。或名異熟識，能引生死善不善業異熟果故，此名唯在異生、二乘諸菩薩位，非如來地猶有異熟無記法故。或名無垢識〔六〕，最極清淨諸無漏法所依止故，此名唯在如來地有，菩薩、二乘及異生位持有漏種可受熏習，未得善淨第八識故。如契經說〔七〕：「如來無垢識，是淨無漏界〔八〕，解脱一切障，圓鏡智相應〔九〕。」阿賴耶名過失重故，最初捨故，此中偏說。異熟識體菩薩將得菩提時捨，聲聞、獨覺入無餘依涅槃時捨。無垢識體無有捨時，利樂有情無盡時故。心等通故，隨義應說〔一〇〕。

校釋

〔一〕「阿陀那」，梵文Ādāna的音譯，意譯執持。阿賴耶識的異名之一，意謂執持種子和有情衆生的根身，使之不壞。

〔二〕「所知依」，阿賴耶識的異名之一，意謂阿賴耶識是依他起性、遍計所執性、圓成實性的所依。述記卷三末稱："所知者，即三性與彼爲依名所知依，即攝論第一所知依品是。此所知依阿賴耶識之别名也。"(大正藏卷四三第三四四頁)

〔三〕"種子識"，阿賴耶識的異名之一，因爲它能産生一切有漏法和無漏法。種子識和心的主要區别是，"心"意謂種子積聚其中，"種子識"是能生世間法和出世間法。

〔四〕"此等諸名"，阿賴耶識除上述幾種名稱之外，還可以稱爲無垢識、現識、無没識、本識、宅識、藏識、執持識等。小乘佛教大衆部稱爲根本識，化地部稱爲窮生死藴，上座部稱爲有分識。

〔五〕"阿賴耶"，唯識宗第八識，梵文 Ālaya 的音譯，意譯爲"藏"，有能藏、所藏、執藏三義。阿賴耶識能够儲藏諸法種子，阿賴耶識爲能藏，種子爲所藏。第八識被第七識妄執爲"我"，阿賴耶識藏此我執，故稱執藏。

〔六〕"無垢識"，梵文 Amala 的意譯，音譯阿末羅或阿摩羅，舊譯認爲是第九識，新譯認爲是第八識的淨分，主張不再立第九識。述記卷三末稱："唯無漏依，體性無垢，先名阿末羅識或名阿摩羅識，古師立爲第九識者，非也。"(大正藏卷四三第三四四頁)

〔七〕"契經"，此指如來功德莊嚴經。

〔八〕"界"，梵文 Dhātu 的意譯，音譯馱都，意謂差别、體性，還有藏義、因義、族義等。這裏是體性之義。

〔九〕"圓鏡智"，即大圓鏡智，意謂智體如大圓鏡一樣清淨光明。此智性相清淨，離諸雜染，就像大圓鏡一樣光明，能够遍映萬象，絲毫不遺。

〔一〇〕「心等通故，隨義應説」，述記卷三末稱：「金剛心位及或八地已去方捨，若異熟位亦捨心者，即二乘入涅槃時捨，無漏心者無有捨時。心言等者，謂所知依、執持識等，或心義者，菩薩因中，二乘無學實有熏習，佛無熏習。前有熏習，熏習之種如來亦有，亦得名心。」（大正藏卷四三第三四五頁）

〔本段大意〕第八識各有情衆生雖然都有，但隨其意義之别立種種名稱。或者稱爲心，因爲由各種事物熏習形成的種子積集其中。或者稱爲阿陀那識，因爲第八識能够執持種子和各種色根，使之不壞。或者稱爲所知依，因爲它被所知染、淨諸法所依止。或者稱爲種子識，因爲它能够普遍任持各種世間法和出世間法的種子。這種種名稱可通有漏位、無漏位，亦通凡位和聖位，即相續執持位。或者稱爲阿賴耶識，因爲它能够攝藏一切雜染品法，使之不失。又可以執藏我見、我愛等，被妄執爲「我」。阿賴耶識之名衹在異生和聲聞、緣覺二乘有學位，不在無學位和不退菩薩，因爲無學位和不退菩薩沒有執藏雜染法的意思。或者稱爲異熟識，因爲它能導致生和死，能够引生善業或不善業（惡業）的異熟果報。衹是在異生、二乘有學和第十地已還菩薩有此名，因爲至如來地已無異熟和無記法。或者稱爲無垢識，因爲它最清淨而無污垢，被各種無漏法所依止。此名衹在如來佛地有，因爲菩薩和小乘佛教的聲聞、緣覺二乘及異生位，都持有漏種子，可以接受熏習，還沒有獲得善淨第八識。如如來功德經的頌説：「如來佛的無垢識，是清淨的無漏界，它解脱了一切煩惱障和所知障，與大圓鏡智相應。」因爲阿賴耶識執藏雜染，過失極重，首先捨除，所以頌文中偏説阿羅漢位捨。至於異熟識體，菩薩將得覺悟時纔能捨除，聲聞、緣覺入無餘涅槃時捨除。無垢識體，任何時候都不捨除，因爲它給有情衆生帶來利益和歡樂，永無盡期。心、所知依、執持識等，遍通各位，何時而捨？應隨義而説。

然第八識總有二位〔一〕：一、有漏位〔二〕，無記性攝，唯與觸等五法相應，但緣前説執受處境；二、無漏位〔三〕，唯善性攝，與二十一心所相應，謂徧行、别境各五，善十一〔四〕。與一切心恆相應故，常樂證知所觀境故，於所觀境恆印持故，於曾受境恆明記故，世尊無有不定心故，於一切法常決擇故〔五〕，極淨信等常相應故〔六〕，無染汙故〔七〕，無散動故。此亦唯與捨受相應〔八〕，任運恆時平等轉故。以一切法爲所緣境，鏡智徧緣一切法故。

校釋

〔一〕「然第八識總有二位」，藏要本校注稱：「此段對辨染、淨第八識，安慧釋無文。」

〔二〕「有漏位」，即十地菩薩、二乘無學以前諸位，衹有無記性，異熟所攝，衹與觸等五遍行心所法相應，衹緣執受根身、種子處境。

〔三〕「無漏位」，祇有如來地，祇是善性。菩薩和聲聞、緣覺二乘之果皆未圓滿，功德低劣，還没有得到成所作智、妙觀察智、平等性智、大圓鏡智，所以不能成無漏位。

〔四〕「善十一」，即信、慚、愧、無貪、無瞋、無癡、精進、輕安、不放逸、行捨、不害。

〔五〕「決擇」，用智慧決斷其疑，分别其理，此稱決擇。

〔六〕「等」，這裏省略慚、愧等善心所法。

〔七〕「染汙」，此指六根本煩惱：貪、瞋、癡、慢、疑、惡見；及二十隨煩惱：忿、恨、覆、惱、嫉、慳、誑、諂、害、憍、無慚、無愧、掉舉、惛忱、不信、懈怠、放逸、失念、散亂、不正知。

〔八〕「捨受」，非苦非樂的感受。

〔本段大意〕然而第八識總共有二位：一、有漏位，屬無記性，祇與觸、作意、受、想、思五位遍行心所法相應，祇緣前述執受根身、種子及器界一境；二、無漏位，祇屬善性，與二十一位心所法相應，即遍行五、别境五、善十一。爲什麽與遍行心所法相應呢？因爲第八識的無漏位與一切心法永恆相應，因爲遍行心所法中的「欲」，使佛永緣樂境。因爲别境心所法的「勝解」，佛於所觀境永恆印持（理解）無疑。因爲别境心所法中的「念」，使佛對於經歷過的事情都能明記不忘。因爲别境心所法中的「定」，使佛永恆入定，没有不定散心。因爲别境心所法的「慧」，佛對於一切事物永遠都能決擇。第八識的無漏位永遠與極清淨的「信」等善心所法相應，没有根本煩惱和隨煩惱的染污，没有惡作、睡眠、尋、伺等散動之心。第八識的無漏位亦祇能與捨受相應，因爲它永遠任運平等而轉。一切有爲法和無爲法都是它所緣的境，大圓鏡智可以普遍緣一切事物。

云何應知此第八識離眼等識有別自體〔一〕？聖教正理爲定量故〔二〕。謂言大乘阿毘達磨契經中說〔三〕：「無始時來界，一切法等依〔四〕，由此有諸趣，及涅槃證得。」此第八識自性微細，故以作用而顯示之，頌中初半顯第八識爲因緣用，後半顯與流轉還滅作依持用。「界」是因義，卽種子識，無始時來展轉相續，親生諸法，故名爲因。「依」是緣義，卽執持識，無始時來與一切法等爲依止，故名爲緣。謂能執持諸種子故，與現行法爲所依故，卽變爲彼及爲彼依。「變爲彼」者謂變爲器及有根身，「爲彼依」者，謂與轉識作所依止。以能執受五色根故，眼等五識依之而轉。又與末那爲依止故〔五〕，第六意識依之而轉。末那、意識轉識攝故，如眼等識依俱有根〔六〕，第八理應是識性故，亦以第七爲俱有依〔七〕。是謂此識爲因緣用。「由此有」者，由有此識。「有諸趣」者，有善、惡趣，謂由有此第八識故，執持一切順流轉法〔八〕，令諸有情流轉生死。雖惑、業生皆是流轉，而趣是果〔九〕，勝故偏說。或「諸趣」言，通能、所趣，諸趣資具亦得趣名。諸惑、業生皆依此識，是與流轉作依持用。「及涅槃證得」者，由有此識故有涅槃證得，謂由有此第八識故，執持一切順還滅法，令修行者證得涅槃。

此中但說能證得道，涅槃不依此識有故。或此但說所證涅槃，是修行者正所求故。或此雙說，涅槃與道俱是還滅品類攝故，謂「涅槃」言顯所證「滅」，後證得言顯能得道，由能斷道斷所斷惑，究竟盡位證得涅槃。能、所斷證皆依此識，是與還滅作依持用。又此頌中初句顯示此識自性無始恆有，後三顯與雜染、清淨二法總、別爲所依止〔一〇〕。雜染法者，謂苦、集諦〔一一〕，即所、能趣生及業、惑。清淨法者，謂滅、道諦〔一二〕，即所、能證涅槃及道。彼二皆依此識而有，依轉識等理不成故。或復初句顯此識體無始相續，後三顯與三種自性爲所依止，謂依他起〔一三〕、偏計所執〔一四〕、圓成實性〔一五〕，如次應知。今此頌中諸所說義，離第八識皆不得有。

校釋

〔一〕「云何應知此第八識離眼等識有別自體」，藏要本校注稱：「此下別以教理證有藏識，安慧釋有文，極略。在後解第十九頌末始出，教證僅舉此頌，而無解釋。理證亦但取無藏識則流轉還滅不成一義。」本句爲外人問，此稱第八識而不稱阿賴耶識，爲通位，不退菩薩和三乘無學皆有第八識，但無學位並無阿賴耶識，所以阿賴耶識之名有局限性，故此中不用。

〔二〕「量」，梵文 Pramāṇa 的意譯，意謂量度、楷定，即認識事物的形式和判定知識真僞的標準。認識阿賴耶識不能靠現量，祇能靠比量，祇能從佛的説教進行推理而認知。

〔三〕「言」字，磧砂藏本和大正藏本皆作「有」。

〔四〕「等依」，藏要本校注稱：「等依原作 Smāsraya gnas-pa，但有『依』字之義，不云『等』也。」

〔五〕「末那」，即唯識宗的第七識末那識，梵文 Manovijñāna 的音譯，意譯意識，但其解釋與第六識意識不同，對第七識的解釋是意即識，持業釋。對第六識的解釋是屬於意根的識，依主釋。末那識以第八識爲所依，以第八識的見分爲所緣。

〔六〕「俱有根」，心法、心所法同時所依眼、耳、鼻、舌、身、意六根。

〔七〕「俱有依」，同時有依之義，所以又稱爲俱有根，見本書第四卷。

〔八〕「順流轉法」，能生現行，令諸有情流轉生死現行染法，稱爲流轉。種子染法稱爲順流轉。流轉是梵文 Saṃsāra 的意譯，「流」爲相續，「轉」爲生起。一切有情衆生作善、惡之業，感苦、樂之果，在六道輪迴不息，此稱流轉。

〔九〕「趣」，意謂有情生往的處所。

〔一〇〕「後三顯與雜染、清淨二法總、別爲所依止」，頌文的第二句「一切法等依」意謂阿賴耶識是染、淨二法的總依。第三句「由此有諸趣」是染法依，第四句「及涅槃證得」是淨法依。所以，第三句和第四句是染、淨二法別依。

〔一一〕「苦諦」，四諦之一，即世界上的痛苦現象，此中係指所趣和生。佛教認爲，人生在世，一切皆苦。「集諦」，四諦之一，造成痛苦的原因，此中係指能趣和業惑。

〔一二〕「滅諦」，四諦之一，即消滅痛苦，達到涅槃，此中係指所證涅槃。「道諦」，四諦之一，即達到涅槃的途徑八正道：正見、正思惟、正語、正業、正命、正精進、正念、正定。此中係指能證涅槃。

〔一三〕「依他起」，唯識宗三自性之一，意謂依他衆緣而生起，特別是作爲因緣的阿賴耶識的種子是産生一切事物的根本條件。此指頌文的第二句「一切法等依」，一切有漏法和無漏法皆依阿賴耶識而生，因爲它含有諸法種子。

〔一四〕「遍計所執」，唯識宗三自性之一，意謂人們普遍認爲客觀物質世界實有的「錯誤」認識。此指頌文的第三句「由此有諸趣」，由於心存執著而生諸趣，此趣又生彼趣。或緣諸趣而起執著，「此由彼起，故是彼性。」（述記卷四本）或者「趣」是見趣，因起我、法二執。

〔一五〕「圓成實性」，唯識宗三自性之一，由我、法二空所顯示的真如實性。此指頌文第四句「及涅槃證得」。

〔本段大意〕怎麼知道這第八識離眼識等另有自體呢？以佛説教的正理爲準則進行推理而知，如大乘阿毘達磨經中這樣説：「第八識是自無以來之界，一切有爲法和無爲法都依止它，由於第八識而有六趣，及證得涅槃。」因爲這第八識自性微細，所以要以其作用進行顯示。頌文的前半部分説明第八識作因緣用，後半部分説明第八識可以作流、轉、還、滅的依持。「界」是因的意思，亦就是種子識，自無始以來，展轉相續，是直接産生各種事物的内因，所以稱爲因。「依」是緣（外部條件）的意思，卽執持識，自無始以來被一切事物所依止，所以稱爲緣。意謂第八識能够執持各種種子，這些種子可以變爲現行諸法，又被現行諸法所依止。「變爲彼」意謂第八識的種子變爲器世間和有根身。「爲彼依」意謂第八識被前七轉識所依止。因爲第八識能够執受眼、耳、鼻、舌、身五色根，所以眼、耳、鼻、舌、身五識依之而轉。又因爲第八識被第七識末那識所依止，第六識意識依第七識而轉。因爲第七識末那識和第六識意識都是轉識，如眼、耳、鼻、舌、身識那樣依俱有根。從道理上來講，第八識應當具有識的性質，所以它亦以第七識末那識爲俱有依。所以第八識可以作因緣用。頌文中的「由此有」意謂由於有第八識。頌文中的「有諸趣」意謂有人、天等善趣和餓鬼、地獄等惡趣。意謂由於有這第八識執持的一切雜染法種子，使各類有情衆生生死流轉不息。雖然惑業生有漏集苦都是流轉，但六趣是流轉的結果，因其殊勝而偏說。或者說，「諸趣」通能趣和六趣之所趣，趣之資具器世間也可以稱爲趣。各種惑和業都依賴第八識，所以第八識可以成爲輪迴流轉的依持。頌文中的「及涅槃證得」意謂由於有第八識而可證得涅槃。意思是說，由於有這第八識，能够執持一切順應滅、道之法，使修行的人們證得涅槃。此中祇說能證得達到涅槃的途徑，因爲涅槃並不依這第八識而有。或者此中祇說所證得的涅槃，因爲涅槃是修行者所追求的最終結果。或者此中包含涅槃及證得涅槃的途徑雙重意思，因爲二者都是還、滅類所攝。頌文中的「涅槃」說明所證得的「滅」，頌文後面的「證得」說明達到涅槃的途徑。由能斷之道斷除所斷之惑，將惑斷除乾淨之後，就可以證得涅槃。能斷道、所斷惑、能證道、所證滅都依第八識，所以第八識作還、滅之依持用。而且，在此頌文之中，第一句「無始時來界」説明第八識的自性，自無始以來永遠具有，後面三句説明第八識是雜染、清淨二法的總依和别依。雜染法意謂苦、集二諦，所趣是苦諦，即生。能趣是集諦，即業和惑。清淨法意謂滅、道二諦，所證是滅諦，能證是道諦，所證是涅槃，能證是八正道。滅諦和道諦都依第八識而有，因爲若依前七轉識，從道理上來講不能成立。或者説，頌文的第一句説明第八識自無始以來相續不斷，後面三句説明第八識被三種自性所依止，即依他起性、遍計所執性、圓成實性，如其次第，應當明了。在此頌文當中所説的各種意思，離開第八識都不會有。

即彼經中復作是説〔一〕：「由攝藏諸法，一切種子識，故名阿賴耶，勝者我開示。」由此本識具諸種子，故能攝藏諸雜染法，依斯建立阿賴耶名，非如勝性轉爲大等〔二〕，種子與果體非一故，能依、所依俱生滅故〔三〕。與雜染法互相攝藏，亦爲有情執藏爲我，故説此識名阿賴耶。已入見道諸菩薩衆得真現觀名爲勝者，彼能證解阿賴耶識，故我世尊正爲開示。或諸菩薩皆名勝者，雖見道前未能證解阿賴耶識，而能信解求彼轉依〔四〕，故亦爲説。非諸轉識有如是義。

校釋

〔一〕「彼經」，即大乘阿毘達磨經。

〔二〕「非如勝性轉爲大等」，並不像數論所説的那樣，以自性爲勝性，轉爲大等二十三諦。

〔三〕「能依、所依俱生滅故」，能依爲諸法，所依爲識。「能依、所依俱生滅故」不同於數論所説的常法。

〔四〕「轉依」，唯識宗修行的最高目標，轉捨煩惱障種子，轉得涅槃果；轉捨所知障種子，轉得菩提果。詳見本書卷九。

〔本段大意〕大乘阿毘達磨經中又這樣説：「由於第八識是攝藏各種事物的一切種子識，所以稱爲阿賴耶識，我（釋迦牟尼佛）向勝者菩薩們説明這個道理。」因爲第八識含有各類種子，所以能够攝藏各種雜染法，依此建立阿賴耶名。並不像數論所説的那樣，由自性轉爲「大」等二十三諦，因爲種子和果體並非同一，能依諸法和所依之識都是有生滅變化的，第八識與雜染法互相攝藏，亦被有情衆生執藏爲「我」，所以説第八識稱爲阿賴耶識。已入見道的菩薩們得到真實現觀後，稱爲勝者，他們能够契合唯識之理，能够證解阿賴耶識，所以我們的世尊佛陀要爲他們説明這個道理。或者説，各種菩薩都稱爲勝者，雖然在見道前未能證解阿賴耶識，但能信解，不生誹謗，希求此識轉依之果，我們的佛陀亦要爲他們講解。前六識没有這樣的意思。

解深密經亦作是說〔一〕：「阿陀那識甚深細〔二〕，一切種子如暴流，我於凡、愚不開演，恐彼分別執爲我。」以能執持諸法種子及能執受色根依處，亦能執取結生相續，故說此識名阿陀那。無姓有情不能窮底〔三〕，故說甚深，趣寂種姓不能通達〔四〕，故名甚細。是一切法真實種子，緣擊便生轉識波浪，恆無間斷，猶如暴流。「凡」即無姓，「愚」即趣寂，恐彼於此起分別執，墮諸惡趣〔五〕，障生聖道〔六〕，故我世尊不爲開演〔七〕。唯第八識有如是相。

校釋

〔一〕「解深密經」（Sandninirmocanavyūhasūtra），唯識宗所依據的六經之一，唐玄奘譯，五卷八品。異譯本有三種：一、南朝宋求那跋陀羅譯相續解脱經一卷；二、北魏菩提流支譯深密解脱經五卷；三、南朝陳真諦譯解節經一卷。

〔二〕「阿陀那識」，阿陀那是梵文 Ādāna 的音譯，意譯執持，唯識宗第八識阿賴耶識的異名之一，意謂執持種子和有情衆生的根身，使之不壞。

〔三〕「無姓有情」，五種姓之一，又稱爲無種姓，通過修行，他們雖然可以轉生爲人或天神，但永遠得不到佛教解脱。

〔四〕「趣寂種姓」，即唯識宗五種姓中的聲聞種姓和獨覺種姓，因爲這二種姓趣向寂滅之涅槃，所以稱之爲趣寂。

〔五〕「墮諸惡趣」，此指頌文中的「凡」。

〔六〕「障生聖道」，此指頌文中的「愚」。

〔七〕「故我世尊不爲開演」，據述記卷四本，南印度羅羅國有位小乘佛教正量部的著名僧人，叫做般若毱多(Prajñāgupta，意譯慧藏)，是安慧的弟子，曾爲三代帝王師，造七百頌攻擊大乘佛教說：「是佛說者，何故相違？」認爲大乘爲非善說。「此不達義，謂不爲說。其第七識但生俱生我見，不生惡趣，未障聖道。若爲說時，便增煩惱所知分別我、法二見。第六者起，障生聖道，便生惡趣，故不爲說。」(大正藏卷四三第三五一頁)

〔本段大意〕解深密經亦這樣說：「阿陀那識非常深，亦很細，它攝藏的種子就像瀑流那樣持續不斷。我(釋迦牟尼)所以對凡人和愚者不講這個道理，就是害怕他們虛妄分別執著爲我。」因爲阿賴耶識能夠執持雜染現行熏習形成的各種事物的種子，並能執持淨色根和根依處扶根塵，亦能夠執取新生命體的形成和前後生命的連接相續，所以第八識阿賴耶識又稱爲阿陀那識。因爲無姓有情不能窮解阿賴耶識的原底，所以說「甚深」，這祇限於凡夫。趣於寂靜涅槃的聲聞、緣覺二乘人不能證知第八識阿賴耶識的隱微行相，所以說「甚細」。阿賴耶識中攝藏一切事物的真實種子，受到外部條件的擊發，就產生前七轉識的波浪，永遠沒有間斷，就如瀑流一般。「凡」是無姓有情，「愚」是聲聞種姓和緣覺種姓。害怕他們對阿賴耶識起虛妄分別執著，使凡夫墮惡趣，愚者障礙成佛之道，所以我（釋迦牟尼佛）不爲他們講說。祇有第八識纔有這種相狀。

入楞伽經亦作是説〔一〕：「如海遇風緣，起種種波浪，現前作用轉，無有間斷時。藏識海亦然，境等風所擊〔二〕，恆起諸識浪〔三〕，現前作用轉〔四〕。」眼等諸識，無如大海恆相續轉，起諸識浪，故知別有第八識性。此等無量大乘經中〔五〕，皆別説有此第八識〔六〕。諸大乘經皆順無我，違數取趣〔七〕，棄背流轉，趣向還滅，讚佛、法、僧〔八〕，毁諸外道表蘊等法遮勝性等〔九〕，樂大乘者許能顯示，無顛倒理，契經攝故，如增壹等〔一〇〕，至教量攝〔一一〕。又聖慈氏以七種因證大乘經真是佛説〔一二〕：一、先不記故〔一三〕。若大乘經佛滅度後有餘爲壞正法故説〔一四〕，何故世尊非如當起諸可怖事先預記別〔一五〕？二、本俱行故〔一六〕。大、小乘教本來俱行〔一七〕，寧知大乘獨非佛説？三、非餘境故〔一八〕。大乘所説廣大甚深，非外道等思量境界〔一九〕，彼經論中曾所未説，設爲彼説，亦不信受，故大乘經非非佛説。四、應極成故〔二〇〕。若謂大乘是餘佛説，非今佛語，則大乘教是佛所説，其理極成。五、有無有故〔二一〕。若有大乘，卽應信此諸大乘教是佛所説。離此大乘不可得故，若無大乘，聲聞乘教亦應非有，以離大乘決定無有得成佛義，誰出於世説聲聞乘？故聲聞乘是佛所説，非大乘教，不應正理。六、能對治故〔二二〕。依大乘經勤修行者，皆能引得無分別智〔二三〕，能正對治一切煩惱。故應信此是佛所説。七、義異文故。大乘所説意趣甚深，不可隨文而取其義，便生誹謗謂非佛語〔三四〕。是故大乘真是佛説。如莊嚴論頌此義言〔三五〕：「先不記、俱行、非餘所行境、極成、有無有、對治、異文故〔三六〕。」

校釋

〔一〕「入楞伽經亦作是説」，楞伽（Lankā）是獅子國（今斯里蘭卡）山名。相傳釋迦牟尼曾至此爲神王説法，故稱爲「入」。下述引文見四卷楞伽經的第一卷。原文如下：「譬如巨海浪，斯由狂風起，洪波皷冥豁，無有斷絶時。藏識海亦然，境界風所動，種種諸識浪，騰躍而轉生。」（大正藏卷一六第四八四頁）成唯識論的引文與此稍異。

〔二〕「境等風所擊」，第八識自境不能熏習形成種子，不能擊發藏識，前七識的相分可以熏習形成種子。「等」意謂不僅是所緣緣的擊發，還包括前七識見分的增上緣、種子因緣和等無間緣。

〔三〕「恆起諸識浪」，即前喻中所説「無有間斷時」，意謂永恒相續不斷。

〔四〕「現前作用轉」，意謂産生前七識，其功能是現前作用。

〔五〕「此等無量大乘經中」，如顯揚聖教論所引諸經。

〔六〕「皆別説有此第八識」，顯揚聖教論卷一稱：「云何知有此識？如薄伽梵説：『無明所覆，愛結所繫，愚夫感得有識之身。』此言顯有異熟阿賴耶識。又説如五種子，此則名爲有取之識，此言顯有一切種子阿賴耶識。」（大正藏卷三一第四八〇頁）涅槃經講的五種子是根子、莖子、種子、節子、子子。以外五法比喻内種，故稱爲「如」。内五種是：識、名色、六處、觸、受。

〔七〕「數取趣」，補特伽羅(Pudgala)的意譯，有情衆生輪迴流轉，數取諸趣。

〔八〕「佛、法、僧」，佛教三寶(Triratna)。「佛」，指佛教創始人釋迦牟尼，亦泛指一切佛；「法」，佛的教法，即佛教義理；「僧」，即僧衆，他們的任務是繼承和弘揚佛教教義。

〔九〕「外道」，佛教自稱爲内學，稱佛教之外的宗教或哲學派别爲外道。

〔一〇〕「增壹」，即增一阿含經(Ekottarikāgama)，北傳四阿含之一，東晉瞿曇僧伽提婆譯，五十一卷，因經文按法數順序從一遞增到十一，故稱增壹。與南傳佛教的增支部大體相應。

〔一一〕「至教量」，因明術語，亦稱聖教量、正教量、聲量等，以佛至極之教作爲衡量是非的標準。

〔一二〕「又聖慈氏以七種因證大乘經真是佛説」，大乘莊嚴經論的漢譯本共舉八因，窺基於述記卷四本稱：「依勘梵本但有七種。」顯揚聖教論第二十卷有十因證大乘是佛説。

〔一三〕「先不記」，大乘莊嚴經論稱爲「不記」。意謂釋迦牟尼佛原來没有預言過。

〔一四〕「滅度」，涅槃(Nirvāṇa)的意譯，「滅」意謂消滅生死之因果。「度」意謂渡生死之瀑流。「滅度」意謂命終證果。

〔一五〕「如當起諸可怖事先預記别」，如分十八部、滅正法等，佛事先都有「預言」。

〔一六〕「本俱行」，大乘莊嚴經論稱爲「同行」，意謂大乘佛教和小乘佛教同時而有。

〔一七〕「大、小乘教本來俱行」，認爲大乘與小乘同時而有，不符合佛教史實。一般認爲，公元前六世紀中葉至前四世紀中葉爲原始佛教時期，公元前四世紀中葉至公元一世紀左右爲部派佛教時期，公元一世紀左右出現大乘佛教，把以前的原始佛教和部派佛教都貶稱爲小乘佛教。

〔一八〕「非餘境故」，大乘莊嚴經論稱爲「不行」，意謂聲聞智不能理解。

〔一九〕「外道等」，此中省略小乘。

〔二〇〕「極成」，因明術語，辯論雙方共同承認。

〔二一〕「有無有故」，大乘莊嚴經論分爲體、非體二種。「體」義如下：如果其他佛有大乘體，釋迦牟尼佛亦應當有大乘體，因爲大乘之體同一。「非體」義如下：如果認爲大乘無體，聲聞乘亦應當是無體。

〔二二〕「能對治故」，顯揚聖教論稱爲「有對治故」。

〔二三〕「無分別智」，又稱爲無分別心，是佛教認識真如的智慧。因爲真如離一切相而不可分別，認識真如的智慧必須與真如之體相應。詳見本書卷十。

〔二四〕「便生誹謗謂非佛語」，是不是佛語要以三相進行檢驗。三相如下：一、解脱相，言無生死之相；二、離相，言無涅槃之相；三、滅相，言生死涅槃之無相。其無相亦無，即非有非無之中道。

〔二五〕「莊嚴論」，大乘莊嚴經論（Manāyānasūtrālaṅkāraṭīkā）之略，唯識宗依據的論書之一，古印度無著著，唐波羅頗蜜多羅譯，十三卷。

〔二六〕語出大乘莊嚴經論卷一第二品的頌。原文如下：「不記亦同行，不行亦成就，體、非體、能治、文

異八因成。」（大正藏卷三二第五九一頁）

〔本段大意〕入楞伽經亦這樣説：「如海水遇到風這種條件，就會生起各種波浪，其功能作用出現在面前而轉變，永無間斷。藏識之海亦是這樣，由於七識境等之風所擊發，永恆生起七識波浪，其功能作用出現在面前而轉變。」眼識等前七識不能像大海那樣永恆相續，生起各種識的波浪。由此可見，另有第八識。如顯揚聖教論所引各大乘經中都説另有這第八識。各大乘經都順應「無我」，違逆數取趣，背棄苦、集，趣向滅、道，讚揚佛、法、僧三寶，摧毁各種外道有五藴等事物的主張，並摧毁他們對勝性的否定。樂行大乘佛教的人們都能説明没有顛倒錯誤的道理，由佛經所攝取，如增一阿含經那樣，屬於至教量。聖彌勒用七種理由證明大乘經真正是佛所説：一、因爲佛没有預言過，如果大乘經是佛涅槃以後，有人爲破壞佛教正法而説，爲什麽釋迦牟尼不像事先預言十八部等可怕事那樣事先預言呢？二、因爲大乘和小乘本來同時而行。大乘教和小乘教本來同時而有，怎麽知道唯獨大乘非佛説呢？三、因爲大乘境界並非其他派别所能達到。大乘所説境界既廣大又深奥，並非外道、小乘的思量境界。外道和小乘的經論中没有講到，假設爲他們講説，他們亦不會相信接受，所以大乘經並不是非佛所説。四、因爲辯論雙方都承認大乘是佛説。如果認爲大乘是其他佛所説，並不是釋迦牟尼佛所説，則大乘是佛説，辯論雙方都承認這個道理。五、關於有體和無體的問題。如果有大乘，就應當相信各種大乘教都是佛所説，除此之外大乘不可得。如果没有大乘佛教，聲聞乘佛教亦應當是没有。如果没有大乘，肯定没有成佛之義，世界上誰説聲聞乘呢？所以認爲聲聞乘是佛説大乘非佛説，此説不合道理。六、因爲大乘教義能够對治煩惱。依據大乘經的説教勤加修行的人們，都能獲得無分别智，都能够正確對治一切煩惱，所以應當相信大乘是佛所説。七、因爲大乘教義與經文有别。大乘佛教的意趣非常深奥，不能隨順經文而取其義，便生誹謗認爲大乘非佛説。所以實際上大乘是佛所説。如大乘莊嚴經論的偈頌這樣説：「佛事先没有預言過大乘非佛説。大、小二乘同時而行。外道和小乘都達不到大乘佛教的境界。辯論雙方都承認大乘是佛説。不管是『有體』還是『無體』，都證明大乘是佛説。按照大乘教義修行能够對治煩惱。大乘教義與經文有别。」

餘部經中亦密意説阿賴耶識有别自性。謂大衆部阿笈摩中密意説此名根本識〔一〕，是眼識等所依止故，譬如樹根是莖等本，非眼等識有如是義。上座部經〔二〕、分别論者〔三〕，俱密説此名有分識〔四〕；「有」謂三有，「分」是因義，唯此恆徧爲三有因。化地部説此名窮生死藴〔五〕，離第八識無别藴法窮生死際無間斷時，謂無色界諸色間斷〔六〕，無想天等餘心等滅〔七〕，不相應行離色、心等無别自體，已極成故，唯此識名窮生死藴。説一切有部增壹經中亦密意説此名阿賴耶，謂愛阿賴耶，樂阿賴耶，欣阿賴耶，喜阿賴耶〔八〕。謂阿賴耶識是貪總别三世境故〔九〕，立此四名。有情執爲真自内我，乃至未斷，恆生愛著。故阿賴耶識是

真愛著處。不應執餘五取蘊等〔一〇〕，謂生一向苦受處者〔一一〕，於餘取蘊不生愛著。彼恆厭逆餘五取蘊，念我何時當捨此命，此衆同分，此苦身心，令我自在受快樂故。五欲亦非真愛著處〔一二〕，謂離欲者於五妙欲雖不貪著而愛我故。樂受亦非真愛著處，謂離第三靜慮染者〔一三〕，雖厭樂受而愛我故。身見亦非真愛著處〔一四〕，謂非無學信無我者，雖於身見不生貪著，而於內我猶生愛故。轉識等亦非真愛著處，謂非無學求滅心者〔一五〕，雖厭轉識等而愛我故〔一六〕。色身亦非真愛著處〔一七〕，離色染者雖厭色身而愛我故。不相應行離色、心等無別自體，是故亦非真愛著處。異生、有學起我愛時，雖於餘蘊有愛非愛，而於此識我愛定生，故唯此是真愛著處。由是彼說阿賴耶名，定唯顯此阿賴耶識。

校釋

〔一〕「大衆部」，梵文 Mahāsaṃghika的意譯，音譯摩訶僧祇部。釋迦牟尼逝世一百年時形成，其教義與上座部直接對立，後分裂出一說部、說出世部、多聞部、說假部、制多山部等。主要分佈在古印度中部和南部。主張有一種根本識，由眼、耳、鼻、舌、身、意六識所依止，但根本識不能發起六轉識。「阿笈摩」，阿含經（Āgama）的音譯。

〔二〕「上座部」（梵文 Sthaviravāda，巴利文 Theravāda），釋迦牟尼逝後一百年時分出，其教義與大衆部直接對立。公元前三世紀從印度傳入斯里蘭卡等國，後稱南傳上座部。

〔三〕「分別論者」，舊譯分別說部，新譯說假部。

〔四〕「有分識」，「有」即三有，亦就是三界：欲界、色界、無色界。「分」爲因義。有分識是恒遍三界的原因。上座部認爲，有情衆生通過九心輪輪迴流轉。九心輪實際上祇有八心，將有分心一分爲二而成九心：一有分心，二能引發心，三見心，四等尋求心，五等貫徹心，六安立心，七勢用心，八返緣心，九有分心。

〔五〕「化地部」，梵文 Mahīśāsaka 的意譯，音譯彌沙塞部，小乘佛教十八部（或二十部）之一，釋迦牟尼逝後三百年時從上座部系統的說一切有部分出。相傳部主原爲國王，爲教化本國人民而捨國出家，「化地」意謂教化的國土。該部主張有三蘊：一、一念蘊，即刹那生滅法；二、一期生蘊，如人的根身等法；三、窮生死蘊，在没有達到涅槃之前，有情衆生靠它輪迴流轉。

〔六〕「無色界」，三界之一，位於色界之上，由無形色衆生所居，在此居住者祇靠衆生的共性和命根而得相續，包括四天，稱爲四無色天：空無邊處、識無邊處、無所有處、非想非非想處。

〔七〕「無想天」(Avṛha)，色界淨梵地中的一天，無想有情所居。

〔八〕「謂愛阿賴耶」等四句，現存的漢譯本增一阿含經中没有這四句話。現存巴利文本的增支部(Aṅguttaranikāya，相當於漢譯增一阿含經)亦没有這四句話。不知此說何據。

〔九〕「謂阿賴耶識是貪總別三世境故」，根據無性的解釋，「愛阿賴耶」是總句，其餘三句是現在、過去、未來三世別説。現在世樂阿賴耶，過去世欣阿賴耶，未來世喜阿賴耶。

〔一〇〕「等」，這裏省略五欲、樂受、身見、前六識、色身、不相應行。

〔一一〕「一向苦受處」，卽三惡趣：地獄、餓鬼、畜生。

〔一二〕「五欲」，亦稱五妙欲、五欲德等。有二解：一、爲追求色、聲、香、味、觸五境而起的五種情欲；二、財欲、色欲、飲食欲、名欲（名譽欲）、睡眠欲。佛教認爲，五欲是有情衆生流轉生死的直接原因。

〔一三〕「第三靜慮染」，「靜慮」是「禪」(Dhyāna)的意譯。修靜慮（禪定）者可生四禪天，初禪三天：梵衆天、梵輔天、大梵天。二禪三天：少光天、無量光天、極光淨天。三禪三天：少淨天、無量淨天、遍淨天。四禪八天：無雲天、福生天、廣果天、無煩天、無熱天、善現天、善見天、色究竟天。「第三靜慮」卽三禪三天。佛教認爲，天神仍有染法（煩惱），因爲他們還没有達到涅槃解脱。「第三靜慮染」卽三禪三天的染法。

〔一四〕「身見」，梵文 Satkāyadṛṣṭi 的意譯，音譯薩迦耶達利瑟致，意謂於身執實我之邪見。小乘佛教説一切有部稱爲有身見。經量部稱爲懷身見，亦稱僞身見。大乘佛教稱作移轉身見，亦稱不實移轉身見，常略作身見。若就能緣之迷情而言，稱爲我見。

〔一五〕「求滅心者」，無想定、滅盡定等。

〔一六〕「轉識等」，意兼心所，卽識、受、想三蘊的全部和行蘊的一部分。

〔一七〕「色身」，包括眼、耳、鼻、舌、身五根的扶根塵等。

〔本段大意〕其他部派的經典中亦暗示說阿賴耶識另有自性。大衆部的阿含經中暗示說，阿賴耶識稱爲根本識，因受眼識等所依止。如樹根是莖等之本，眼識等没有這樣的意思。上座部的經和分别説部的論都暗示説阿賴耶稱爲有分識。「有」即三有，「分」是因的意思。祇有有分識永恒周遍，爲三有之因。化地部稱阿賴耶識爲窮生死蘊，除阿賴耶識之外，没有另外的東西能够隨順生死，永無間斷。在無色界各種色法已經間斷，無想天等的有情，其餘的六識心等已滅，心不相應行法離色、心等法並非另有自體，辯論雙方都承認這種觀點，祇有阿賴耶識稱爲窮生死蘊。説一切有部的增一阿含經中亦暗示説此識稱爲阿賴耶識，即愛阿賴耶，樂阿賴耶，欣阿賴耶，喜阿賴耶。阿賴耶識是貪三世總别之境，故立這「愛阿賴耶」等四名。有情衆生妄執阿賴耶識爲真實的自内我，在未斷這種妄執之前永生愛著，所以阿賴耶識是真正的愛著之處。不應當妄執其餘的五蘊等爲真愛著處。在三惡趣受苦的衆生們，對於五蘊不生愛著，他們往往厭惡五取蘊，總想我什麽時應當捨除這種命運，捨除這種衆同分，捨除這種受苦的身心，使我自由自在地享受快樂。五欲亦不是真正的愛著處，離欲者雖然對於五欲已不貪著，但仍然愛「我」。樂受亦不是真正的愛著處，離第三静慮染者，雖然厭離樂受，但仍然愛「我」。身見亦不是真正的愛著處，未證無我的非是無學，於正法中已能信解無我者，雖然對於身見不生貪著，但對於内我仍生愛著。轉識等亦不是真正的愛著處，修無想定、滅盡定等非無學求滅心者，雖然厭離轉識等，但仍然愛「我」。色身亦不是真正的愛著處，生於無色界離色染者，雖然厭離色身，但仍然愛「我」。心不相應行法離色、心等法沒有另外的自體，所以亦不是真正的愛著處。凡夫及二乘有學生起我愛的時候，雖然對於五蘊有愛和非愛兩種情況，但肯定產生對於阿賴耶識「我」的愛，所以祇有阿賴耶識是真正的愛著處。因此，前述真正的阿賴耶之名肯定祇能夠顯示這種阿賴耶識。

已引聖教，當顯正理。謂契經說，雜染、清淨諸法種子之所集起〔一〕，故名爲心〔二〕。若無此識，彼持種心不應有故。謂諸轉識在滅定等有間斷故，根、境、作意、善等類別易脱起故〔三〕，如電光等不堅住故〔四〕，非可熏習不能持種，非染、淨種所集起心。此識一類〔五〕，恆無間斷〔六〕，如苣藤等堅住可熏〔七〕，契當彼經所説心義。若不許有能持種心，非但違經，亦違正理。謂諸所起染、淨品法，無所熏故，不熏成種，則應所起唐捐其功。染、淨起時既無因種，應同外道執自然生。色不相應非心性故，如聲、光等，理非染淨内法所熏，豈能持種？又彼離識無實自性，寧可執爲内種依止？轉識相應諸心所法，如識間斷易脱起故，不自在故，非心性故，不能持種，亦不受熏，故持種心理應別有。有説六識無始時來依根境等前後分位〔八〕，事雖轉變，而類無別，是所熏習能持種子，由斯染淨因果皆成，何要執有第八識性？彼言無義〔九〕，所以者何？執類是實，則同外道；許類是假，便無勝用，應不能持內法實種。又執識類何性所攝？若是善惡，應不受熏，許有記故，猶如擇滅〔一〇〕。若是無記，善惡心時，無無記心，此類應斷。非事善惡，類可無記，別類必同別事性故。又無心位此類定無，既有間斷，性非堅住，如何可執持種受熏？又阿羅漢或異生心，識類同故，應爲諸染無漏法熏，許便有失。又眼等根或所餘法，與眼等識根法類同，應互相熏，然汝不許。故不應執識類受熏。又六識身若事若類前後二念既不俱有〔一一〕，如隔念者非互相熏，能熏、所熏必俱時故。執唯六識俱時轉者〔一二〕，由前理趣既非所熏，故彼亦無能持種義。有執色、心自類無間〔一三〕，前爲後種，因果義立，故先所説爲證不成。彼執非理，無熏習故，謂彼自類既無熏習，如何可執前爲後種？又間斷者應不更生〔一四〕，二乘無學應無後蘊，死位色、心爲後種故。亦不應執色、心展轉互爲種生，轉識色等非所熏習，前已説故。有説三世諸法皆有〔一五〕，因果感赴無不皆成，何勞執有能持種識？然經説心爲種子者〔一六〕，起染淨法勢用强故。彼説非理，過去未來非常非現，如空華等，非實有故，又無作用不可執爲因緣性故。若無能持染淨種識，一切因果皆不得成。有執大乘遣相空理爲究竟者〔一七〕，依似比量撥無此識及一切法〔一八〕，彼特違害前所引經〔一九〕，知斷證修染淨因果皆執非實〔二〇〕，成大邪見。外道毀謗染淨因果，亦不謂全無，但執非實故。若一切法皆非實有，菩薩不應爲捨生死，精勤修集菩提資粮〔三〕，誰有智者爲除幻敵，求石女兒用爲軍旅？故應信有能持種心，依之建立染淨因果，彼心即是此第八識。

校釋

〔一〕「雜染、清淨諸法種子之所集起」，雜染法，即有漏法，善、染都是雜染法。清淨法，即無漏法，色、受、想、行、識五蘊都是無漏法。或順解脱分稱爲清淨，因爲順解脱分隨順清淨，因爲分位之中有清淨無漏種子。

〔二〕「故名爲心」，或諸法種子於此集起名心，心是種子集起的處所，所集起處通有漏和無漏。或者諸法種子之所集起名心，因爲心是由各類種子所集起的，如善、不善業爲異熟因，無記種子爲因緣，集起現識，果唯有漏，不通無漏。

〔三〕「善等類別」，述記卷四本稱：「瑜伽等種子中有四位：一、三性善等位互相望起；二、三界位，謂下中妙界心互相望起；三、有漏無漏位互相望起；四、世、出世位互相望起。今以善爲首，等取彼位。」（大正藏卷四三第三五六頁）

〔四〕「電光等」，此中省略聲等。

〔五〕「此識一類」，簡前善等類別。

〔六〕「恆無間斷」，與五位無心相區別。一、無想天無心；二、無想定無心；三、滅盡定無心；四、極睡眠無心；五、極悶絶無心。

〔七〕「滕」字，磧砂藏本和普寧藏本皆作「勝」。「等」，此中省略衣等。

〔八〕「有説」，此指經量部義，經部師計總有四類：一、本經部，許内六根是所熏性；二、六識展轉而互相熏；三、前念熏後念；四、同類之内互相熏習。

〔九〕「彼言無義」，藏要本校注稱：「安慧釋以理證有藏識中有一段，略同此義，意謂六識不能自熏，又未來識未生，過去識已滅，皆不能受熏故，又滅定無心故。」

〔一〇〕「擇滅」，涅槃的異名。「擇」爲揀擇，涅槃是由真智的揀擇力所得到的滅法。「滅」是滅除諸相的無爲法。俱舍論卷一稱：「『擇』謂揀擇，卽慧差別，各別揀擇四聖諦故。擇力所得滅名爲擇滅，如牛所駕車名曰牛車。略去中言故作是説。」（大正藏卷二九第一頁）

〔一一〕「又六識身若事若類前後二念既不俱有」，本段破經量部。經量部共三種：一、經量部祖師鳩摩邏多（Kumāralabdha，意譯童受）；二、室利邏多（Śrīlabdha，意譯勝受），經量部著名論師，曾著毘婆沙論；三、譬喻師，其代表作爲結鬘論。據學記卷四，經量部主張「彼識體上假立一類，事能熏於同念識類，類貫前後，受熏持種。」

〔一二〕「執唯六識俱時轉者」，本段破大衆部。

〔一三〕「有執色、心自類無間」，本段破上座部。

〔一四〕「又間斷者應不更生」，如生無色界時，色法已斷，後生下界，色不應生。修滅盡定時，心法已斷，前已久無，應非後念種子。

〔一五〕「有説三世諸法皆有」，本段破説一切有部。該部主張因果之體三世皆有。

〔一六〕「然經説心爲種子者」，經量部認爲色法和心法都可以執持種子，但心殊勝，故衹説心。大衆部、上座部雖説有色法和心法，但心能起色，故但説心。

〔一七〕「有執大乘遣相空理爲究竟者」，本段破清辨系的大乘無相空宗，主張諸法無相，一切皆空。

〔一八〕「似比量」，即錯誤的比量。

〔一九〕「彼特違害前所引經」，違前染淨集起心經。

〔二〇〕「知」字，磧砂藏本原作「智」，藏要本據述記改。

〔二一〕「資糧」，「資」爲資助，「糧」爲糧食。如人遠行必借糧食資助其身。佛教用以譬喻證聖果所需要的功德之糧。一般分爲兩種：一、福德資糧，包括六度中的前五種（布施、持戒、忍、精進、定）；二、智德資糧，即六度中的智慧。

〔本段大意〕已引經中佛的説教，現在應當進一步説明邏輯推理。如佛經所説，由於各種雜染、清淨事物的種子之所集起，所以稱爲心。如果没有第八識阿賴耶識，那種執持種子之心就不應當有，因爲前七轉識在滅盡定等時會有間斷，根、境、作意三種肯定有别，善等類别容易脱漏。如電光、聲等，性不堅住，不能接受熏習，不能執持種子。由此可見，轉識並非染、淨諸法種子所集起之心。第八識前後一類，永無間斷，如苣藤等，性堅住，可以接受熏習，契合佛經所説的「心」

義。如果不允許有能執持種子的心，不僅違背佛經，亦違背佛教邏輯。如果所生起的各種染、淨品法，没有它們的所熏之義，不能熏習形成種子，就應當是「所起」唐捐，空無結果，故無生死，亦無涅槃。染、淨之法生起時既然是没有因緣種子，就應當同外道所主張的那樣是自然而生。色法和不相應行法，並非心性，如聲、光等那樣，從道理上來講並非染、淨内法所熏，怎能執持種子呢？而且，這種色法和不相應行法離識之外没有真實的自性，怎能認爲是内種依止呢？與轉識相應的各種心所法，如果識間斷的話，容易脱漏，因其性不自在，亦非心性，不能執持種子，亦不能够接受熏習。所以，從道理上來講，執持種子之心應當另有。經量部認爲，眼、耳、鼻、舌、身、意六識，自無始以來依根、境等而有，前後分位，現象雖有轉變，而類並無區别，是所熏習的對象，能够執持種子，因此染、淨因果都能成立，爲什麽還主張另有第八識呢？論主回答説，這種説法是没道理的，爲什麽呢？主張類别實有，就同外道一樣。如果認爲類别是虚假的，就没有特殊功用，應當是不能執持真實的内法種子。而且，主張識類是什麽性質呢？如果是善或惡的話，應當是不受熏習，因爲承認有善、惡之記别，就如擇滅一樣。如果是無記的話，善、惡心生起的時候，没有無記心，無記類應當斷滅。亦不能説識的自體事是善、惡之性，類成無記，因爲識體之性與類一定要相同。而且，當五位無心時，識類肯定没有，既然是有間斷，其性並非堅住，怎麽能認爲是執持種子接受熏習呢？而且，阿羅漢或凡夫之心，因爲識類相同，阿羅漢應當受各種染污法的熏習而成凡夫，凡夫受無漏法的熏習而成羅漢，承認這種理論就會産生過失。而且，眼、耳、鼻、舌、身、意六根或信等餘法，與眼等六識根法類同，應當是互相熏習，然而你們並不允許，所以不應當認爲識類接受熏習。而且，六識身不管是事還是類，前念與後念既然不是同時而有，如相隔之念不能互相熏習，因爲能熏和所熏必須同時。如果認爲祇有六識同時而生的話，由於前述道理，既然不是所熏，所以它亦没有執持種子的意思。上座部認爲，色法和心法各自成類而無間斷，前者爲後者之種子，以此成立因果之義，所以前述第八識的意思不能成立。論主反駁説，這種主張是不合道理的，因爲没有熏習的意思。既然是自類不能熏習，怎麼能認爲前念有後念的種子呢？而且，生無色界時色法已斷，修滅盡定時心法間斷。既然是有間斷，應當是不能再生。根據聲聞、緣覺二乘無學的理論，應當是没有死後的色、受、想、行、識五蘊，你們不以第八識儲藏種子，而以死位色法和心法是後者種子。既然死位色心已斷，還以什麼爲種子呢？亦不能認爲色法有心法種子，心法有色法種子，色、心二法展轉互爲種子所生。因爲轉識和色等都不是所熏習，轉識不能受熏，因有間斷，色根亦不能受熏，因爲它並不是心法，這些道理前面已經講過了。説一切有部認爲，過去、現在、未來三世諸法都是實有，因能感果，果能赴因，没有不能成立的，哪裏用得着另立執持種子的第八識呢？論主反駁説，然而佛經所説的阿賴耶識之心能够攝藏種子，因爲它生起染、淨之法的勢力强盛。説一切有部的理論是錯誤的，過去、未來並非永恆，亦非現有，如空中華等那樣，並非實有。過去、未來没有生果的作用，不能認爲是因緣性，如果没有執持染、淨諸法種子的第八識阿賴耶識，一切因果都不能成立。

清辨系的無相大乘以無相之空理爲究竟，依據似比量否定阿賴耶識和一切事物的存在。這種理論特別違害前面所引的染淨集起心經，如果認爲知苦、斷集、證滅、修道、染苦集、净滅道都非實有的話，即成極大的錯誤見解。這種理論與外道没什麽不同，因爲外道毁謗説，染、淨因果亦不能説全没有，但認爲並非實存。如果一切事物都非實有，菩薩就不應當起大悲捨生死，精進勤懇修集菩提資糧。哪位智者爲除虚幻之敵而以石女之兒作爲軍旅呢？所以，應當相信有能够執持種子的心，依此心建立染淨因果，這種心就是第八識阿賴耶識。

又契經説有異熟心善惡業感〔一〕，若無此識，彼異熟心不應有故。謂眼等識有間斷故，非一切時是業果故，如電光等非異熟心，異熟不應斷已更續，彼命根等無斯事故〔二〕。眼等六識業所感者猶如聲等非恆續故，是異熟生，非真異熟。定應許有真異熟心，酬牽引業徧而無斷，變爲身器作有情依，身器離心理非有故。不相應法無實體故〔三〕，諸轉識等非恆有故〔四〕，若無此心誰變身器？復依何法恆立有情？又在定中或不在定有別思慮，無思慮時，理有衆多身受生起〔五〕，此若無者，不應後時身有怡適或復勞損，若不恆有真異熟心，彼位如何有此身受？非佛起餘善心等位〔六〕，必應現起真異熟心，如許起彼時非佛有情故。由是恆有真異熟心，彼心即是此第八識。

校釋

〔一〕「又契經説有異熟心善惡業感」，此破小乘佛教經量部、説一切有部等。

〔二〕「命根等」，此中省略眼、耳、鼻、舌、身五根。

〔三〕「不相應法無實體故」，此破小乘佛教説一切有部。

〔四〕「諸轉識等非恆有故」，此破小乘佛教經量部。

〔五〕「身受」，領納於身而無分別之受，即苦受、樂受和不苦不樂的捨受。

〔六〕「非佛」，包括大乘佛教的菩薩和小乘佛教的聲聞、緣覺二乘，以及凡夫衆生等。「餘」，包括善、無漏心位和無心位。

〔本段大意〕佛經又説有異熟心，使善業招感善果，惡業招感惡果，如果没有第八識的話，就不應當有異熟心。眼、耳、鼻、舌、身、意六識，因爲有間斷，並非永遠接受業果，如電光等那樣，不是異熟心。異熟不應當間斷後再繼續，命根及眼、耳、鼻、舌、身五根没有這種情況。眼、耳、鼻、舌、身、意六識，由業所感，就如聲等一樣，並非永恒相續，是異熟所生，並不是真正的異熟。所以一定要承認有真正的異熟心，酬牽引業，周遍三界而有，但無間斷，變化爲根身和器世間，作爲有情衆生的所依。因爲從道理上來講，根身和器世間離開心以外是没有的，與心不相應的事物是没有實體的，六轉識並非永恆而有，如果没有這心的話，誰變爲根身和器世間呢？又依據什麼永恒安立有情之體呢？而且，在禪定之中或不在禪定之中，或有別思慮時，或無思慮時，從道理上來講應當有很多身受生起。如果沒有第八識的話，出定時其身就不會有怡適或勞損之感。如果不是永恆具有真正的異熟心，定出等位怎能有此身受呢？大乘佛教的菩薩和小乘佛教的聲聞、緣覺二乘及凡夫衆生等，肯定應當現起真正的異熟心，如果允許起彼六識中業所感是真異熟，這不是佛，而是有情衆生。由此可見，永恒具有真正的異熟心，那種異熟心就是第八識阿賴耶識。

又契經說有情流轉五趣〔一〕、四生〔二〕，若無此識，彼趣、生體不應有故。謂要實有、恆、偏、無雜〔三〕，彼法可立正實趣、生〔四〕。非異熟法趣、生雜亂，住此起餘趣、生法故，諸異熟色及五識中業所感者不偏趣生，無色界中全無彼故，諸生得善及意識中業所感者〔五〕，雖偏趣、生，起無雜亂，而不恆有。不相應行無實自體，皆不可立正實趣、生。唯異熟心及彼心所，實、恆、偏、無雜，是正實趣生。此心若無，生無色界起善等位應非趣、生。設許趣、生攝諸有漏，生無色界起無漏心應非趣、生，便違正理。勿有前過及有此失，故唯異熟法是正實趣、生。由是如來非趣、生攝，佛無異熟無記法故。亦非界攝，非有漏故，世尊已捨苦、集諦故，諸戲論種已永斷故。正實趣、生既唯異熟心及心所，彼心、心所離第八識理不得成，故知別有此第八識。

校釋

〔一〕「五趣」，亦稱五道。佛教認爲，有情衆生有五種輪迴轉生的趣向：地獄、餓鬼、畜生、人、天。

〔二〕「四生」(Caturyoni)，佛教所説有情衆生誕生的四種形態：一、卵生，從卵殼而生，如鷄、鳥等；二、胎生，從母胎而生，如人、畜等；三、濕生，亦名因緣生，從濕氣而生，如厠中蟲、尸中蟲等；四、化生，藉業力而出現者，如天神、餓鬼和地獄中的受苦者。

〔三〕「謂要實有、恆、徧、無雜」，趣、生需要四個條件：一、要實有，意思是説要有實體，假法不能稱爲趣、生，因爲趣、生實有，是業所感；二、要恆續，即無間斷法方稱趣、生之體，生此趣此生中，一期之中要恒續，如有間斷便非趣、生；三、要周遍，通三界九地；四、要無雜，意謂生此趣此生方起此法，名此趣、生。若生此趣此生可起餘趣餘生法，則非趣、生。

〔四〕「彼法可立正實趣、生」，能趣法煩惱及中有等不能稱爲正確的真實的趣生，衹能稱爲假趣、生。

〔五〕「生得善」，述記卷四本把「善」分爲兩種：一生得善，二方便善。生得善是與生俱來的善法，方便善是方便善巧善。生得善具實、遍二義，無雜。

〔本段大意〕佛經又説有情衆生流轉於五趣、四生，如果没有第八識阿賴耶識，五趣、四生之體不應當有。具備實有、恒續、周遍、無雜四個條件，纔能成爲正確的真實趣和生，假定以非具足四義真異熟法爲趣生體，趣生體就會雜亂，因爲它住此趣此生而起餘趣餘生。各種異熟色和眼、耳、鼻、舌、身五識中業所招感的結果不遍五趣、四生；因爲無色界中完全没有各種異熟色和五識中業所招感的結果。各種生得善和意識中所招感的結果雖然周遍五趣、四生而起，亦無雜亂，但不恆有。不相應行没有真實的自體，都不能立爲正確的真實趣和生。祇有異熟心及其心所實有、恆續、周遍、無雜，是正確的真實趣和生。如果没有第八識阿賴耶識，生無色界的有情，在生起善心等位時，應非趣非生，如佛一樣。如果認爲趣、生攝諸有漏，生無色界起無漏心時，應當是非趣非生，這就違背佛教的正確理論。爲了避免前述和現在所説的這種過失，祇能認爲異熟法是正確真實的趣和生。由此可見，如來佛並非趣、生所攝，因爲佛没有異熟無記之法，亦不屬於「界」，因非有漏，因爲佛已經捨除苦、集二諦，各類戲論種子已經永遠斷滅。既然是正確真實的趣和生，祇有異熟心及其心所。從道理上來講，這種心法和心所法離開第八識阿賴耶識不能成立。由此可見，另有這第八識。

又契經説有色根身是有執受〔一〕，若無此識彼能執受不應有故。謂五色根及彼依處，唯現在世是有執受，彼定由有能執受心。唯異熟心先業所引，非善、染等〔二〕，一類、能徧、相續執受有色根身，眼等轉識無如是義。此言意顯眼等轉識皆無一類、能徧、相續執受自內有色根身，非顯能執受唯異熟心，勿諸佛色身無執受故，然能執受有漏色身唯異熟心，故作是說。謂諸轉識現緣起故，如聲、風等，彼善、染等非業引故，如非擇滅。異熟生者非異熟故，非徧依故，不相續故，如電光等，不能執受有漏色身。諸心識言亦攝心所，定相應故，如唯識言。非諸色根不相應行，可能執受有色根身，無所緣故，如虛空等。故應別有能執受心，彼心卽是此第八識。

校釋

〔一〕「執受」，「執」的意思是攝、持，「受」的意思是領、覺，「執受」意謂攝爲自體，持使不壞。共安危能生苦、樂等覺受亦稱爲執受。

〔二〕「等」，此中省略威儀等無記法。

〔本段大意〕而且，佛經說有色根身是有執受的，如果没有第八識，那種執受就不應當有。意謂眼、耳、鼻、舌、身五色根和它們的依處，祇有現在世是有執受，這肯定是由於有能執受之心。祇有異熟心有先業所引，而不是善、染等的無覆無記性，因爲異熟心始終一類，能够周遍，永恆相續執受有色根身，眼、耳、鼻、舌、身、意六轉識没有這樣的意思。這些話表明，眼等轉識都没有始終一類，不能够周遍，不能永恒相續執受有色根身，並不說明能執受祇是異熟心，不能認爲各種佛的無漏色身没有執受，然而能執受有漏色身的祇是異熟心，所以要這樣説。意謂各種轉識顯現緣起，如聲、風等那樣，那種善、染等，並不是行爲所引的總報，就如非擇滅無爲那樣。因爲異熟生並非異熟性，因爲並非周遍依持，不是相續，如電光等那樣，不能執受有漏色身。所説的各種心識亦包括心所法，因爲心法和心所法肯定相應，如唯識所説。並非各種色根不相應行，可以執受有色根身，因爲没有所緣，如虚空等那樣。因此，應當另有能執受之心，那種心就是第八識阿賴耶識。

又契經説〔一〕，壽、煖、識三，更互依持，得相續住，若無此識能持壽、煖，令久住識不應有故。謂諸轉識有間有轉，如聲、風等無恆持用，不可立爲持壽、煖、識。唯異熟識無間無轉，猶如壽、煖有恆持用，故可立爲持壽、煖、識。經説三法更互依持，而壽與煖一類相續，唯識不然，豈符正理？雖説三法更互依持〔二〕，而許唯煖不偏三界，何不許識獨有間轉？此於前理非爲過難〔三〕。謂若是處具有三法，無間轉者可恆相持。不爾，便無恆相持用。前以此理顯三法中所説識言，非詮轉識，舉煖不偏，豈壞前理？故前所説，其理極成。又三法中壽、煖二種既唯有漏，故知彼識如壽與煖定非無漏。生無色界起無漏心，爾時何識能持彼壽？由此故知有異熟識一類恆偏能持壽、煖，彼識卽是此第八識。

校釋

〔一〕「契經」，此指三法契經，其頌文稱：「壽、暖及與識，三法捨身時，所捨身僵仆，如木無思覺。」此中「更互依持」是經的長行文。

〔二〕「雖説三法更互依持」，本段爲外人質難。

〔三〕「此於前理非爲過難」，本段爲論主的回答。

〔本段大意〕而且，三法契經説，壽、暖、識三種更互相依持而得相續穩定，如果没有第八識執持壽與暖，令其久住之識就不應當有。六轉識有間斷有變易，如聲音、風等那樣，没有永恆執持的作用，不能成爲執持壽和暖的識，祇有第八識異熟識没有間斷，没有變易，猶如壽、暖那樣，在一期生命中有永恆執持的作用，所以能够立爲執持壽和暖的識。佛經説，壽、暖、識三種，更是互相依靠維持，倘若壽與暖始終一類，永恆相續，祇有識不是這樣，這怎麽能符合三法更互依持的正確道理呢？外人詰難説，雖然壽、暖、識三種更互相依靠和維持，祇有暖不周遍於欲、色、無色三界，爲什麽不承認祇有識有間斷，有變易呢？論主回答説，由於我前述道理，這種詰難不能成立。經説壽、暖、識三法互相依持，這裏一定要承認這三法在欲界和色界没有間斷，没有變易，可以永恆相持。不然的話，就没有永恒相持的作用。由於前述道理，上述壽、暖、識三法中的「識」不是講轉識，汝舉暖不遍無色界，怎能破壞我前面所講的道理呢？所以前述道理大家都是承認的。而且，三法之中既然壽、暖二種僅是有漏，由此可知，識與壽、暖一樣，肯定不是無漏。

生無色界，起無漏之心，此時什麼識能執持那種壽命呢？由此可知，肯定有第八識異熟識始終一類，永恆周遍，能够執持壽與暖，那種識就是這第八識。

又契經說，諸有情類受生、命終必住散心，非無心、定，若無此識，生死時心不應有故。謂生死時身心惛昧，如睡無夢〔一〕，極悶絶時，明了轉識必不現起。又此位中六種轉識行相、所緣不可知故〔二〕，如無心位必不現行。六種轉識行相、所緣，有必可知，如餘時故。真異熟識極微細故，行相所緣俱不可了，是引業果，一期相續，恆無轉變，是散有心，名生死心，不違正理。有說五識此位定無〔三〕，意識取境，或因五識，或因他教，或定爲因，生位諸因既不可得，故受生位意識亦無。若爾〔四〕，有情生無色界，後時意識應永不生，定心必由散意識引，五識、他教彼界必無，引定散心無由起故。若謂彼定由串習力〔五〕，後時率爾能現在前〔六〕。彼初生時寧不現起〔七〕？又欲、色界初受生時，串習意識亦應現起。若由惛昧初未現前，此卽前因，何勞别說？有餘部執生死等位〔八〕，别有一類微細意識，行相、所緣俱不可了。應知卽是此第八識，極成意識不如是故。又將死時由善惡業下上身分，冷觸漸起，若無此識，彼事不成。轉識不能執受身故，眼等五識各别依故，或不行故，第六意識不住身故，境不定故，偏寄身中恆相續故，不應冷觸由彼漸生。唯異熟心由先業力，恆偏相續執受身分，捨執受處冷觸便生，壽、煖、識三不相離故，冷觸起處卽是非情，雖變亦緣而不執受。故知定有此第八識。

校釋

〔一〕「如睡無夢」，此破經量部。

〔二〕「又此位中六種轉識行相、所緣不可知故」，此破小乘佛教說一切有部。

〔三〕「有說五識此位定無」，本段爲大乘異說。

〔四〕「若爾」，本段爲論主的破斥。

〔五〕「若謂彼定由串習力」，本段爲大乘異師的救。

〔六〕「率爾」，卽率爾心，五心（率爾心、尋求心、決定心、染淨心、等流心）之一，最初一刹那接觸外境時的心識。

〔七〕「彼初生時寧不現起」，本段爲論主的詰難。

〔八〕「有餘部執生死等位」，此破上座部。該部主張有根本計和末計。根本計主張粗、細二意同時而生，末計主張粗、細二意別時而起。

〔本段大意〕佛經又說，各類有情衆生受生和命終之時，必住散位，非住無心，亦非住定位。如果沒有第八識，生死時不應當有心識。意謂生死時身惛昧，硬强性，心惛昧，闇劣性，如熟睡無夢和悶絶時一樣，明了轉識肯定不能生起。而且生死時六種識的行相和所緣是不可知的，就如無心位一樣，肯定不能生起現行。六種轉識的行相和所緣如果是有的話，肯定可知，就如其他的散有心位一樣。眞異熟識極其微細，行相和所緣都是不可知的，是引業之果，於一期相續之中永無轉變，是散位有心，稱之爲生死心，並不違背佛教的正確理論。某些大乘佛教徒說，眼、耳、鼻、舌、身五識於生死位肯定没有，第六識意識緣取外境，或者由於前五識，或者由於他人的說教而另生別解，或以禪定爲因。既然是生位這些原因都不存在，所以受生位没有第六識意識。論主反駁說，如果是這樣的話，有情衆生生無色界後，第六識意識應當是永遠不生，因爲定心由散意識所引，五識、他教在無色界肯定是不存在的，因爲加行引定心由他教引散心是没有理由産生的。大乘異師又救說，如果認爲那種禪定是由於串習力，以後的率爾心能現在前，這有什麽過失呢？論主詰難說，彼界定心卽初生位，怎能不生起呢？而且，欲界、色界初受生時，串習意識亦應當生起，卽生得善。若汝救云，無色界中初生定心，及下界中初生位散心，由於惛昧初受生時意識未能現前，此卽前述之因，何勞於中妄生別說？上座部主張，生死等位另有一種微細意識，行相和所緣都不可知。應當知道，這就是第八識，因爲大家都承認第六識意識不是這種情況。而且，衆生將要死時，行善者從下向上冷，行惡者從上向下冷，冷觸逐漸生起，最後至心。如果没有第八識，這種情況就不能成立，因爲前六轉識不能執受身體。因爲眼、耳、鼻、舌、身五識所依不同，或者不行，逐漸命終時有的先捨五識，因爲第六識意識不住於身，緣境不定，因爲第六識意識恆常起時，逢境卽緣，隨依卽止，永恆相續，冷觸不應當由它逐漸產生。衹有第八識真異熟心，由於以前的業力永恆不斷，周遍相續執於身，捨執受處便生冷觸，因爲壽、暖、識三種不相脱離。冷觸起處就是非生命，非生命體雖然是第八識所變和所緣，但不執受。由此可見，肯定有這第八識。

又契經説識緣名色〔一〕，名色緣識，如是二法展轉相依，譬如蘆束俱時而轉，若無此識，彼識自體不應有故。謂彼經中自作是釋，名謂非色四蘊，色謂羯邏藍等〔二〕，此二與識相依而住，如二蘆束更互爲緣，恆俱時轉，不相捨離。眼等轉識攝在名中，此識若無，説誰爲識？亦不可説名中識蘊謂五識身，識謂第六，羯邏藍時無五識故。又諸轉識有間轉故，無力恆時執持名色，寧説恆與名色爲緣？故彼識言顯第八識。

校釋

〔一〕「名色」，梵文 Nāmarūpa 的意譯，佛教用以概括一切精神現象和物質現象。「名」相當於五蘊中的受、想、行、識四蘊，屬於精神現象。「色」相當於五蘊中的色蘊，相當於物質現象。

〔二〕「羯邏藍」，梵文 Kalala 的音譯，亦稱歌羅邏、羯剌藍、羯邏羅等，意譯凝滑、雜穢等。胎內五位（羯邏藍位、頞部曇位、閉尸位、健南位、鉢羅奢佉位）的第一位，相當於自受生之初至七日間之位，父母之兩精最初的和合凝結。「等」，此中省略後四位。

〔本段大意〕佛經又説，識是産生名色的緣（條件），名色是産生識的緣，識與名色展轉相依，如二束蘆葦同時而立。如果像小乘佛教所説的那樣没有第八識，就不應當有那種識的自體。佛經中是這樣解釋的，名是五蘊除色蘊之外的四蘊：受、想、行、識，色爲羯邏藍等胎內五位，名色與識互相依存，如二束蘆葦那樣互爲安立的條件，永遠同時而立，互不相離。眼等六轉識屬於名中，如果没有第八識，十二因緣中「識緣名色」的識是什麽呢？亦不能説名中的識蘊是前五識，「識緣名色」的識是第六識意識，因爲在羯邏藍位没有前五識。而且，因爲六轉識有間斷，有轉易，其性不堅，没有能力永遠執持名色，怎能説永遠與名色爲緣呢？所以經中説的「識緣名色，名色緣識」的那種識是指第八識阿賴耶識。

成唯識論校釋卷第四

護法等菩薩造
唐三藏法師玄奘奉詔譯

又契經說[一]，一切有情皆依食住[二]。若無此識，彼識食體不應有故。謂契經說「食」有四種：一者段食[三]。變壞爲相，謂欲界繫，香、味、觸三於變壞時能爲食事。由此色處非段食攝，以變壞時色無用故。二者觸食[四]。觸境爲相，謂有漏觸纔取境時攝受喜等能爲食事。此觸雖與諸識相應，屬六識者食義偏勝。觸麤顯境，攝受喜、樂及順益捨，資養勝故。三意思食[五]。希望爲相，謂有漏思與欲俱轉，希可愛境，能爲食事。此思雖與諸識相應，屬意識者食義偏勝，意識於境希望勝故。四者識食[六]。執持爲相，謂有漏識由段、觸、思勢力增長能爲食事。此識雖通諸識自體，而第八識食義偏勝，一類相續執持勝故。由是集論說，此四食三蘊[七]、五處[八]、十一界攝[九]。此四能持有情身命[一〇]，令不壞斷，故名爲食。段食唯於欲界有用，觸、意、思食雖徧三界，而依識轉，隨識有無。眼等轉識有間有轉，非徧恆時能持身命。謂無心定、熟眠、悶絕、無想天中有間斷故[一一]。設有心位，隨所依緣性、界、地等有轉易故，於持身命非徧非恆。諸有執無第八識者依何等食？經作是言：一切有情皆依食住。非無心位過去未來識等爲食〔一二〕，彼非現常，如空華等，無體用故。設有體用，非現在攝，如虛空等，非食性故。亦不可說入定心等與無心位有情爲食，住無心時彼已滅故，過去非食已極成故〔一三〕。又不可說無想定等不相應行卽爲彼食，「段」等四食所不攝故，不相應法非實有故。有執滅定等猶有第六識〔一四〕，於彼有情能爲食事。彼執非理，後當廣破。又彼應說生上二界無漏心時以何爲食〔一五〕？無漏識等破壞有故，於彼身命不可爲食。亦不可執無漏識中有有漏種能爲彼食，無漏識等猶如涅槃，不能執持有漏種故。復不可說上界有情身命相持〔一六〕，卽互爲食，四食不攝彼身命故。又無色無身，命無能持故，衆同分等無實體故。由此定知異諸轉識有異熟識一類恆徧，執持身命令不壞斷。世尊依此故作是言：一切有情皆依食住。唯依取蘊建立有情，佛無有漏非有情攝。說爲有情依食住者，當知皆依示現而說。既異熟識是勝食性，彼識卽是此第八識。

校釋

〔一〕「契經」，此指四食經。

〔二〕「食」，梵文Āhāra的意譯，音譯阿賀羅。意謂增益身心。

〔三〕「段食」，分分段段嚼碎而食，即一般食物。

〔四〕「觸食」，眼、耳、鼻、舌、身、意六識接觸色、聲、香、味、觸、法六境時，能够産生喜、樂、捨受，資養身心。

〔五〕「意思食」，亦稱思食。因想好事而生喜樂，資益身心。

〔六〕「識食」，地獄及無色界衆生，以識資持命根。

〔七〕「三蘊」，即色蘊、行蘊、識蘊。

〔八〕「五處」，即香處、味處、觸處、意處、法處。

〔九〕「十一界」，七心界（眼識界、耳識界、鼻識界、舌識界、身識界、意識界、意根界）再加香境界、味境界、觸境界、法境界。

〔一〇〕「此四」，這裏講的四食是世間食。據增一阿含經卷四一，除此之外還有五種出世間食：一、禪悦食，修行者入定時，能得歡樂，資養身心；二、法喜食，學習佛法者聞法生喜；三、願食，修行者發誓願；四、念食，修行者經常思念出世之善根；五、解脱食，修行者終得涅槃之樂。

〔一一〕「無想天」，没有思想的有情衆生所居住的處所。説一切有部和經量部認爲此處爲廣果天。上座部認爲，在廣果天之上另有一天，爲無想天。

〔一二〕本句破説一切有部。該部主張，在無心位時雖然没有識，但入定前的識可以作爲「食」。唯識宗認爲，這種「食」祇存在於過去和現在，並不存在於未來。

〔一三〕以上爲無性釋，以下爲世親釋。

〔一四〕本段主要破斥上座部和經量部。

〔一五〕本段主要破斥經量部，兼破説一切有部。

〔一六〕本段破斥經量部和説一切有部。

〔本段大意〕佛經又説，一切有情衆生都依靠「食」維持生命。如果没有這第八識，就不應當存在那種識之食的本體。所以佛經説有四種「食」：一是段食。消化爲其本相，屬欲界，香、味、觸三境消化時可以作爲「食」。由此可見，色處不是段食，因爲消化時色處就不起作用了。二是觸食。接觸外境爲其自相，能帶來煩惱的「觸」剛與外境接觸時能够産生歡喜等，可以起「食」的作用。這種「觸」雖然與各種識都相應，但對第六識來説，「食」的意思最爲殊勝。因爲接觸粗顯外境，可以産生喜、樂及能生順益於心的捨受，資養之意最爲殊勝。三是意思食。以希望爲其自相。卽帶來煩惱的思想和欲望都在起作用，希求可愛的外境，可以起「食」的作用。這種思想雖然與各種識相應，但對第六識意識來説，「食」的意義最爲殊勝，因爲意識對於外境的希求最爲殊勝。四是識食。以執持爲其自相。因爲帶來煩惱的識由於段、觸、思三食的作用增長，使識可以起到「食」的作用。這種識雖然能通各種識的本體，但第八識阿賴耶識的「食」義最爲殊勝，因爲它相續執持的意義最爲殊勝。所以集論説，這四食由三蘊、五處、十一界所攝持。這四食能够維持有情衆生的身體和生命，使之不致於受到破壞斷滅，所以稱爲「食」。段食祇在欲界起作用，觸、意、思食雖然遍布三界，但依靠識而起作用，隨從識的有無而有無。眼、耳、鼻、舌、身、意六識有時間斷，有時轉易，並不能够普遍地存在於三界，不能永恆地維持生命，因爲每當處於無心定、熟睡、休克、無想天時有間斷。假設處於有心位，隨其所依根所緣境的三性、三界、九地等之别而有變化，所以對於維持生命並非普遍，亦非永恒。那些主張没有第八識的人們用什麽作爲「食」呢？佛經是這樣説的：一切有情衆生都依靠「食」維持生命。並不像説一切有部所説的那樣在無心位中以過去未來的識等作爲「食」，因爲那種識並非現有，亦非永恒存在，就像空中花等一樣，没有實在的本體和作用。假設有其本體和作用，並不存在於現在，因爲就像虚空等一樣，没有「食」的本性。亦不能像説一切有部所説的那樣入定之心等與處於無心位時有情衆生有其食體，因爲無心位時其識已滅，過去的識不是現在的食，這是大家共同承認的。亦不可以説當處於無想定等之中，不相應行（無想定等的本體）就是它的「食」，因爲「段」等四食並不包含無想定等，不相應行法並非實有。上座部認爲，當修滅盡定等之時，還有第六識意識，這對於有情衆生來説，可以起「食」的作用。這種主張不合道理，以後要詳細破斥。經量部和説一切有部可能要問：生於色界、無色界的有情衆生，其心是無煩惱的，此時用什麽作爲「食」呢？因爲無漏識等生起，要破壞有漏身，身體和生命不能以此爲「食」。亦不能像經量部所主張的那樣，在無煩惱的識中存在有煩惱的種子，可以作爲維持身體和生命的「食」。因爲無煩惱的識等，就像涅槃一樣，不能執持有煩惱的種子。亦不能像經量部和説一切有部所説的那樣，色界和無色界的有情衆生，其身體和生命互相維持，可以互相爲「食」，因爲四食並不包含它們的身食和命食。假設身體可以作爲「食」，上述主張亦不能成立，因爲在無色界没有身體，就没有東西能够維持生命了。衆同分等亦不能維持生命，因爲它們没有實體。由此可知，肯定有一個不同於轉識的異熟識，它前後是一類的，恒常無間斷的，普遍存在，能够維持衆生的身體和生命，使之不間斷不破壞。佛根據這種理由斷定：一切有情衆生都依靠「食」來維持它們的身體和生命。一切有情衆生衹能依靠五蘊聚合而成，佛没有煩惱，不算有情衆生。當然，佛亦可以説是有情衆生，亦是依靠「食」來維持他們的身體和生命，但是應當知道，這都是依於大慈大悲示現的應化身而説。既然異熟識是殊勝的「食」的本性，那異熟識就是這第八識阿賴耶識。

又契經説，住滅定者，身、語、心、行無不皆滅，而壽不滅，亦不離煖，根無變壞〔一〕，識不離身。若無此識住滅定者〔二〕，不離身識不應有故。謂眼等識行相麤動，於所緣境起必勞慮。厭患彼故，暫求止息，漸次伏除至都盡位。依此位立住滅定者，故此定中彼識皆滅。若不許有微細一類，恒徧執持壽等識在，依何而説識不離身？若謂後時彼識還起〔三〕，如隔日瘧，名不離身。是則不應説心行滅，識與想等起滅同故。壽、煖諸根應亦如識，便成大過。故應許識如壽、煖等，實不離身。又此位中，若全無識，應如瓦礫，非有情數，豈得説爲住滅定者？又異熟識此位若無，誰能執持諸根、壽、煖？無執持故，皆應壞滅，猶如死屍，便無壽等。既爾，後識必不還生。説不離身，彼何所屬？諸異熟識，捨此身已，離託餘身，無重生故。又若此位無持種識〔四〕，後識無種，如何得生？過去未來不相應法非實有體，已極成故。諸色等法，離識皆無，受熏持種〔五〕，亦已遮故。然滅定等無心位中，如有心位定實有識，具根、壽、煖，有情攝故。由斯理趣，住滅定者，決定有識實不離身。若謂此位有第六識名不離身，亦不應理，此定亦名無心定故。若無五識名無心者，應一切定皆名無心，諸定皆無五識身故。意識攝在六轉識中，如五識身滅定非有。或此位識行相所緣不可知故，如壽、煖等，非第六識。若此位有行相所緣可知識者，應如餘位，非此位攝。本爲止息，行相所緣，可了知識〔六〕，入此定故。又若此位有第六識，彼心所法爲有爲無？若有心所，經不應言住此定者心行皆滅〔七〕。又不應名滅受想定〔八〕。此定加行但厭受、想故，此定中唯受、想滅。受、想二法資助心强，諸心所中獨名心行。説心行滅何所相違〔九〕？無想定中應唯想滅，但厭想故，然汝不許〔一〇〕。既唯受、想資助心强，此二滅時心亦應滅。如身行滅而身猶在〔一一〕，寧要責心令同行滅？若爾〔一二〕，語行尋〔一三〕、伺滅時語應不滅〔一四〕，而非所許。然「行」於法有偏非偏〔一五〕，偏行滅時法定隨滅〔一六〕，非偏行滅法或猶在。非偏行者謂入出息，見息滅時身猶在故。尋、伺於語是偏行攝，彼若滅時語定無故。受、想於心亦偏行攝〔一七〕，許如思等大地法故〔一八〕。受、想滅時心定隨滅，如何可説彼滅心在？又許思等是大地法，滅受、想時彼亦應滅。既爾，信等此位亦無，非徧行滅餘可在故。如何可言有餘心所？既許思等此位非無，受、想應然，大地法故。又此定中若有思等，亦應有觸，餘心所法無不皆依觸力生故。若許有觸，亦應有受，觸緣受故。既許有受，想亦應生，不相離故。如受緣愛〔一九〕，非一切受皆能起愛，故觸緣受非一切觸皆能生受。由斯所難，其理不成。彼救不然〔二〇〕，有差別故。謂佛自簡，唯無明觸所生〔二一〕，諸受爲緣生愛，曾無有處簡觸生受。故若有觸必有受生，受與想俱，其理決定。或應如餘位，受、想亦不滅，執此位中有思等故。許便違害心行滅言，亦不得成滅受想定。若無心所，識亦應無，不見餘心離心所故。餘徧行滅法隨滅故，受等應非大地法故，此識應非相應法故，許則應無所依緣等，如色等法亦非心故〔二二〕。

校釋

〔一〕「根」，梵文 Indriya 的意譯，意謂「能生」，如眼根能生眼識，耳根能生耳識等。共二十二根：眼根、耳根、鼻根、舌根、身根、意根、女根、男根、命根、苦根、樂根、憂根、喜根、捨根、信根、精進根、念根、定根、慧根、未知當知根、已知根、具知根。

〔二〕本段總破小乘佛教諸部。

〔三〕本段破説一切有部。該部主張，定中有生命而無識。

〔四〕本段破經量部，該部主張有種子，識能持種。

〔五〕「持」字，磧砂藏本原作「等」，藏要本據成唯識論述記卷二十三和高麗藏改爲「持」。

〔六〕「行相」，有二解：一、心識各自固有的性能稱爲行相；二、心緣外境時，必現其影像於心内，就像照鏡子一樣，心内之影像稱之爲行相。

〔七〕「心行」，心爲念念遷流，故稱心行。善惡思維亦稱心行。

〔八〕「滅受想定」，亦稱滅盡定。這種禪定使前六識的心法和心所法都滅而不起，故稱滅盡定。因修此定時，特别厭惡感受和思想。從此意義而言，稱爲滅受想定。詳見本書卷七。

〔九〕本段爲外人申難。

〔一〇〕本段爲論主破斥。

〔一一〕本段爲經量部的救。該部主張，四禪以上，其身尚存，仍然有心。

〔一二〕本段爲論主對上述經量部觀點的批駁。

〔一三〕「尋」，梵文 Vitarka 的意譯，是對事理的粗略思考作用。大乘廣五蘊論稱：「云何尋？謂思慧差别，意言尋求，令心粗相分别爲性。意言者，謂是意識，是中或依思，或依慧而起。分别粗相者，謂尋求瓶、衣、車乘等之粗相。樂觸苦觸等所依爲業。」（大正藏卷三一第八五四頁）

〔一四〕「伺」，梵文Vicāra的意譯，是對事理細密深入的思考作用。大乘廣五蘊論稱：「云何伺？謂思慧差別，意言伺察，令心細相分別爲性。細相者，謂於瓶衣等，分別細相成不成等差別之義。」（大正藏卷三一第八五四頁）

〔一五〕本段爲論主的解釋。「法」，梵文Dharma的意譯，音譯達磨。大致有兩種解釋：一是佛法，二是事物或現象。

〔一六〕「徧行」，梵文Sarvatraga的意譯。唯識宗心所法之一，是指任何認識發生時都會普遍生起的心理活動。包括觸、受、思、想、作意五類。大乘廣五蘊論稱：「此徧一切善、不善、無記心，故名徧行。」（大正藏卷三一第八五一頁）徧行的對立面是非徧行，即別境。

〔一七〕「受」，梵文Vedanā的意譯，心所法之一。意謂對外界事物的感受，包括苦受、樂受和不苦不樂的捨受三種。

〔一八〕「思」，梵文Cetanā的意譯。唯識宗大地法之一，意謂思想，即造作身、口、意三業的精神作用。大乘廣五蘊論稱：「云何思？謂於功德過失，及以俱非，令心造作，意業爲性。此性若有，識攀緣用即現在前，猶如磁石引鐵令動，能推善、不善、無記心爲業。」（大正藏卷三一第八五一頁）「大地法」，梵文Mahābhūmidnarma的意譯，心所法之一，全稱遍大地法，意謂任何認識活動，都會普遍生起的心理功能，包括受、想、思、觸、欲、慧、念、作意、勝解、三摩地十法。

〔一九〕「愛」，梵文Tṛṣṇā的意譯，意謂貪愛、愛欲。佛教認爲「愛」是一切罪惡之源，是不得解脫的根本原因。本段爲經量部的救。

〔三〇〕本段爲論主的破斥。

〔三一〕「無明」，梵文 Avidyā 的意譯，意謂不懂佛教道理的愚昧無知，是造成生死輪迴的十二因緣之首。

〔三二〕「色」，梵文 Rūpa 的意譯，指能變壞有質礙的物質現象。

〔本段大意〕佛經又説，修滅盡定的人，身行、語行、心行都已滅除，但命根不滅，也不離暖，根沒被破壞，識還在身內。如果沒有這第八識，修滅盡定的人就不應當有不離開身體的識。眼識等有兩大特點：一者粗顯，二者變化(動)。有時存在，有時間斷。性質、處所等都可能發生變化。因此，當眼識等對於他們各自所緣的境界，如生起活動，必然感到疲倦。一般人愚蠢不知道，聖人聰慧，對此產生厭惡之情。要求從粗至細，漸趨停息，逐漸制伏乃致於全部消除，依此建立滅盡定。所以滅盡定中轉識全部消滅。如果不允許有一種微細意識，永不變化，體遍三界，由它執持命根等。依據什麼説識不離身呢？説一切有部救説，如果説識如隔日瘧一樣，滅後還會生起，就可以説識不離身。論主批駁説，如果是那樣的話，就不應當説心行滅，因爲識與想等同起同滅。壽、暖及諸根亦應當像識那樣，這就要造成大的過錯。所以應當承認識像壽、暖一樣，其實是不離身的。而且，在修滅盡定的過程中，如果是完全無識，人就應當像瓦礫一樣沒有情感，那還怎麼説是修滅盡定呢？而且，當修滅盡定的時候，如果沒有異熟識，誰能執持諸根和壽、暖呢？因爲没有執持者，諸根等都應當滅除，修滅盡定者就如死屍一樣，没有命根等。既然修滅盡定的時候没有異熟識，前六轉識肯定不會再生。佛經説的識不離身，是什麽原因呢？各阿賴耶識捨除原來的身軀，再託生到其他的身軀，它們是永遠存在，並非滅後再生。而且，在修滅盡定的時候，如果没有執持種子的識，前六轉識没有種子，怎能生起呢？過去、未來二世及不相應法，並非實有本體，這是大家共同承認的。各種色法等離識以外都是不存在的，受熏、持種亦已經被否定。然而在滅盡定等無心位中，就如有心位一樣，肯定真實存在有識，因爲一切有情衆生都具有根、壽、暖。由此道理可見，修滅盡定者肯定有識確實不脱離身體。如果認爲修滅盡定的時候，有第六識意識稱爲不離身識，這亦不合道理，因爲滅盡定亦稱無心定。如果認爲没有前五識稱爲無心，就應當把一切禪定都稱爲無心，因爲修各種禪定時都没有前五識。意識包括在六轉識中，它像前五識一樣，在修滅盡定的時候就不存在了。你們或許要説，滅盡定中的識，行相所緣微細難知，如壽、暖等一樣，並非第六識意識。如果你們説滅盡定中有行相所緣可知之識，就如其他時候一樣，並不屬於滅盡定位。前述内容從根本上來説，是爲了防止行相所緣可了知的前六識進入滅盡定中，這是「總破有心」，後「别破有心所」。而且，在修滅盡定的時候，如果有第六識意識，其心所法是有是無呢？如果有心所法，佛經就不應該説修滅盡定的人心行都滅。而且，如果是這樣的話，滅盡定就不應當稱爲滅受想定。經量部救説，因爲滅盡定的加行位，衹是厭離受和想，所以在修滅盡定的過程中，衹有受和想滅除。受和想資助心力作用强盛，增長勞慮，所以滅除，思等心所法並未滅除。祇有受和想的心所法稱爲心行，佛經説的「心行滅」有什麽不合道理呢？論主破斥説：在修滅盡定的過程中，應當是祇有「想」滅除，因爲祇厭於「想」，而你却不承認。既然是祇有「受」和「想」資助心力强盛，它倆滅時心亦應當滅。經量部救説：就像身行滅時身仍然存在一樣，爲什麽一定要説心滅心行同時而滅呢？論主批駁説：如果是這樣的話，語行尋、伺滅時語應當不滅，但佛法並不允許這樣。然而「行」對於「法」來説，有普遍和非普遍兩種。遍行滅的時候，「法」肯定要隨之而滅。非遍行滅的時候，「法」或者隨之而滅，或者仍然存在。所謂「非遍行」意思是呼吸。四禪以上，呼吸滅後身體仍存。靠下地力量維持身體。因爲尋、伺對於語來説屬於遍行，它們滅時語肯定是不存在的。受和想對於心來説亦屬於遍行，認爲它們就像「思」等大地法一樣。受和想滅的時候，心肯定要隨之而滅，怎能説它們滅時心還在呢？你們又説「思」等是大地法，受、想滅時它們也應當滅。「思」等既然已滅，「信」等善法亦就不存在了，因爲並不是遍行諸法滅後其餘的非遍行諸法可存。怎能説有其餘的心所法呢？既然承認「思」等在滅盡定中並非不存在，受和想亦應當這樣，因爲它們是大地法。而且，在修滅盡定的過程中，如果有「思」等，亦應當有「觸」，因爲其餘的心所法没有不是依靠「觸」的力量産生的。如果允許有「觸」，亦應當有「受」，因爲以「觸」爲條件産生「受」。既然允許有「受」，「想」亦應當産生，因爲受和想不相脱離。經量部救説：如經説以「受」爲條件産生「愛」，並不是一切「受」都能産生「愛」。所以以「觸」

爲條件産生「受」，並不是一切「觸」都能生「受」，在滅盡定位中有「觸」而無「受」。由此可見，你們的詰難在道理上講不通。論主反駁説：你們的「救」不能成立，因爲以「受」爲條件産生「愛」和以「觸」爲條件産生「受」，二者是不同的。佛曾經親自進行簡别，祇有無明「觸」所産生的各種「受」爲條件纔能産生「愛」，並不是以所有的「受」爲條件都能産生「愛」。佛從來没有簡别過「觸」生「受」，從來没有説過，散心位的「觸」能生「受」，滅盡定中的「觸」不能生「受」，所以不能以此爲例。因爲有「觸」肯定有「受」産生，在滅盡定中有「觸」肯定有「受」。「受」與「想」相隨，這個道理是肯定無疑的。或者説滅盡定位和其他位一樣，「受」和「想」亦不滅除，因爲在此位中有「思」等。假使允許有受想，便違背佛的説教「心行滅」，亦不能成立滅受想定。以上是破除有心所，以下破除無心所。如果没有心所的話，識亦應當是不存在的，因爲從來没有見過其餘的心識是離開心所的。如餘尋、伺的語行是遍行法，遍行的尋、伺滅了，語行亦就隨之而滅。同樣，滅定位中受想的心行滅，心法亦就隨之而滅，因爲都是遍行法。如果遍行的受、想心行滅，而心法還是存在不滅，那受、想、思等就不應該是大地法。假若按照你們的意見，心識獨存，則滅定位中的心識就没有心所相應，則此識應如色等，不是相應法。如果你們真的認爲是這樣，則滅定位中的心識就没有所依根和所緣境，就如色法等一樣，不是心法。

又契經説：意法爲緣生於意識，三和合觸，與觸俱起有受、想、思。若此定中有意識者，

三和合故必應有觸，觸既定與受、想、思俱，如何有識而無心所？若謂餘時三和有力成觸生觸〔一〕，能起受等。由此定前厭患心所，故在定位三事無能不成生觸，亦無受等。若爾〔二〕，應名滅心所定。如何但説滅受想耶？若謂厭時唯厭受想〔三〕，此二滅故心所皆滅。依前所厭以立定名。既爾〔四〕，此中心亦應滅，所厭俱故，如餘心所。不爾，如何名無心定？又此定位意識是何？不應是染或無記性〔五〕。諸善定中無此事故，餘染、無記心必有心所故，不應厭善起染等故，非求寂静翻起散故。若謂是善〔六〕，相應善故，應無貪等，善根相應〔七〕。此心不應是自性善或勝義善，違自宗故，非善根等及涅槃故。若謂此心是等起善，加行善根所引發故。理亦不然，違自宗故，如餘善心非等起故。善心無間起三性心，如何善心由前等起？故心是善，由相應力。既爾，必與善根相應，寧説此心獨無心所？故無心所心亦應無。如是推徵，眼等轉識於滅定位非不離身。故契經言：不離身者，彼識即是此第八識。入滅定時，不爲止息，此極寂静執持識故。無想等位類此應知。

校釋

〔一〕本段爲經量部兩個不同派别的救：一派主張無别觸，認爲根、境、識三和合本身即爲「觸」；另一派主張别有觸，認爲根、境、識三和合以外，另有觸生。

〔二〕本段爲論主返難。

〔三〕本段爲經量部救。

〔四〕本段爲論主詰難。

〔五〕「染」，常稱染污或染垢，意謂不潔或不淨，卽愛著之心和所執之物。「無記性，」無記是梵文 Avyākṛta 的意譯，意謂不可判斷，卽不可斷爲善，亦不可斷爲惡，其性質爲非善非惡。

〔六〕「善」，佛教把符合佛教義理的稱爲「善」，反之稱爲「惡」。經量部認爲有四善：一、勝義善，卽涅槃。因爲涅槃已經永遠滅除各種痛苦，這種境界最安穩，就像没有疾病的身體一樣。二、自性善。慚、愧和三善根：無貪、無瞋、無癡。這五法猶如良藥，本身就是善，並非與其他善法相應而起。三、相應善。信、勤等善法，與五種自性善相應而起，如水。四、等起善。由自性善和等起善等起（產生）而爲善，如良牛所出牛乳。

〔七〕「善根」，身、口、意三業之善，非常堅固，不可拔除，所以稱之爲「根」。而且，這種善如根生芽一樣，可以產生妙果，亦可以產生其他善。一般講三善根：一不貪，二不瞋，三不癡。

〔本段大意〕十問經說：意法爲條件，產生意識。根、境、識三和合生「觸」，與觸共同生起的有受、想和思。如果在修滅盡定的過程中有意識存在，根、境、識三和合，肯定有觸產生，還能生起受等。既然觸肯定與受、想、思同時俱起，怎能說有意識而無心所呢？如果像經量部的一派論師所說，根、境、識三和合，其力成「觸」；或如另一派論師所說，三和產生「觸」。「觸」能生「受」等。

由於在修滅盡定之前厭患心所法，在修滅盡定的過程中，根、境、識不能成「觸」，不能生「觸」，也就不會有「受」等。論主返難說：如果是這樣的話，應當稱爲滅心所定，爲什麽祇説滅受、想呢？經量部救説：如果厭患時祇厭患受和想，由於受、想滅，心所法都滅。依據以前的厭患以定禪定之名。論主難云：既然如此，滅盡定中的心法亦應當滅，因爲心法和心所法一樣，也是被厭患的對象。不然的話，爲什麽稱爲無心定呢？而且，滅盡定的意識是什麽性質呢？不應當是染污性或無記性，因爲各種作爲「善」的禪定中，没有染污性或無記性。除禪定之外的染污或無記之心法，肯定有心所法，不應當修善定而起染污或無記之心。不可能是求寂静反而起散心。如果説滅盡定是善，應當是相應善，應與無貪、無瞋、無癡三善根相應。此位善心不應當是自性善或勝義善，因爲這與經量部本身的主張相違背，因爲它既不是三善根及慚、愧，又不是涅槃。如果認爲此心是等起善，由加行善根所産生。這在道理上也講不通，這與經量部本身的主張相違背，該部並不認爲其他散心位的善心爲等起善。如其餘散心位的善心没有間斷地生起善、惡、無記三性之心，怎能説此位善心是「加行善根所引發」呢？所以滅盡定位的心法如果是善的話，肯定是相應善，因爲是由相應力促成的。既然如此，肯定與善根相應，怎能説祇有此心没有心所呢？如果没有心所法，心法也應當没有。由此推論，眼等六轉識於滅盡定位，並不是不離身，所以佛經所説的那不離身識，就是這第八識阿賴耶識。修滅盡定時並不是爲了止息這極其寂静的起執持作用的第八識。無想定、無想天等位，依此類推，應當知道。

又契經說：心雜染故有情雜染，心清淨故有情清淨〔一〕。若無此識，彼染、淨心不應有故。謂染淨法以心爲本，因心而生，依心住故。心受彼熏，持彼種故〔二〕。然雜染法略有三種：煩惱、業、果種類別故。若無此識持煩惱種，界地往還、無染心後，諸煩惱起皆應無因。餘法不能持彼種故，過去未來非實有故〔三〕。若諸煩惱無因而生，則無三乘、學、無學果，諸已斷者皆應起故。若無此識持業、果種，界地往還〔四〕，異類法後〔五〕，諸業果起亦應無因，餘種餘因前已遮故。若諸業果無因而生，入無餘依涅槃界已〔六〕，三界業果還復應生，煩惱亦應無因生故。又行緣識應不得成〔七〕，轉識受熏前已遮故，結生染識非行感故〔八〕，應說名色行爲緣故，時分懸隔無緣義故，此不成故後亦不成。諸清淨法亦有三種：世、出世道、斷果別故〔九〕。若無此識持世、出世清淨道種，異類心後〔一〇〕，起彼淨法，皆應無因。所執餘因前已破故。若二淨道無因而生，入無餘依涅槃界已彼二淨道還復應生，所依亦應無因生故。又出世道初不應生，無法持彼法爾種故，有漏類別非彼因故，無因而生非釋種故〔一一〕，初不生故後亦不生，是則應無三乘道果。若無此識持煩惱種〔一二〕，轉依斷果亦不得成。謂道起時現行煩惱及彼種子俱非有故〔一三〕，染淨二心不俱起故，道相應心不持彼種自性相違如涅槃故，去、來、得等非實有故〔一四〕，餘法持種理不成故〔一五〕，既無所斷，能斷亦無，依誰由誰而立斷果？若由道力〔一六〕，後惑不生，立斷果者，則初道起，應成無學。後諸煩惱皆已無因〔一七〕，永不生故。許有此識，一切皆成，唯此能持染、淨種故。證此識有，理趣無邊，恐厭繁文，略述綱要〔一八〕。別有此識，教理顯然，諸有智人應深信受。

校釋

〔一〕「清淨」，没有惡行之過失，没有煩惱之垢染，稱爲清淨。一般講身、語、意三業清淨。

〔二〕據成唯識論述記卷四末，以上五句有二解：「有漏現行依心生，種子依心住，心受無漏現行熏，持彼無漏種故。又解：初句如前，『因心而生』者，謂有爲現行法皆因種子心而生。『依心住』者，謂有爲現行法皆依現行識法而住。『心受彼熏』者，謂本識現行受染、淨有爲現行之熏。釋上依住。持彼有爲之種子故，釋上因心生。」（大正藏卷四十二第三七四頁）

〔三〕「過去未來非實有故」，本句正破經量部，該部主張過去、未來無。唯識宗認爲過去、未來不是無，亦不是有，而是假有，所以這句又兼破説一切有部，該部主張過去、未來實有。

〔四〕「界地往還」，界爲三界，地爲九地，生他地爲往，生自地爲還。

〔五〕「異類法後」，當有情衆生生於無色界的無所有處地和非想非非想處地時，出世間心出現在面前，上述二地的世間心都要滅除，此時之境界稱爲異類法後。

〔六〕「無餘依涅槃」，卽無餘涅槃。「依」爲所依之身體。如果涅槃有苦之依身稱爲有餘依涅槃，如無苦之依身稱爲無餘依涅槃。

〔七〕藏要本校注稱：「此段糅安慧釋，原釋理證別有藏識，先以無藏識則流轉不成爲證。略云：離藏識卽無行緣識，無識卽無流轉。以次卽破行熏六識爲行緣識之說。」

〔八〕「結生染識非行感故」，本句破經量部，又破說一切有部。經量部認爲沒有過去世和未來世，但有種子，行緣識生就像大乘所說現行能够招感以後名色位中之識。說一切有部主張有過去世和未來世。它認爲最初生的染識並不是現行所招，名色位中有異熟識纔是由「行」所招，它以分位的方法解釋「行緣識」。唯識宗認爲「行緣識」所生之識是無記性。

〔九〕「世道」，卽有漏六行：一、十信行，二、十住行，三、十行行，四、十迴向行，五、十地行，六、等覺行。「出世道」，卽無漏。「斷果」，卽無爲。斷卽果。

〔一〇〕本段破經量部和說一切有部。

〔一一〕「釋」字，磧砂藏本原作「識」，藏要本據成唯識論述記卷二十四及高麗藏本改。「無因而生」，是一種外道主張，佛教稱之爲自然外道。「釋種」，「釋」是釋迦牟尼之略，釋種卽釋迦牟尼弟子，卽佛教徒。

〔一二〕藏要本校注稱：「此段糅安慧釋，原釋以無藏識則還滅不成爲證也，但不說斷果。」

〔一三〕「謂道起時現行煩惱及彼種子俱非有故」，「道」爲無漏道或無間道。無漏道是聲聞、緣覺、菩薩三乘之人，離煩惱垢染之戒、定、慧三學，相當於四諦中的道諦，分爲見道、修道、無學道三種。無間道是不爲惑所間隔的無漏智，舊譯稱之爲無礙道。本段正破經量部，因爲該部主張有種子。兼破説一切有部，因爲該部主張有造成現行煩惱的惑。

〔一四〕「去、來、得等非實有故」，「得」是梵文 Prāpti 的意譯，唯識宗不相應行法之一，意謂獲得或成就，俱舍論卷四：「得有二種：一者未得，已失今獲；二者得已，不失成就。」（大正藏卷二十九第二十二頁）本句主要破斥説一切有部等，他們主張去、來、得實有。

〔一五〕「餘法持種理不成故」，本句破斥經量部，該部主張惑種在色等之中。

〔一六〕本段爲經量部救。

〔一七〕以下兩句是論主的難。

〔一八〕「恐厭繁文，略述綱要」，八證中的最初生起、明了生起、業用不可得等，這裏都没講，留待第七卷解釋。

〔本段大意〕染淨心經稱：心雜染有情衆生就雜染，心清淨有情衆生就清淨。如果没有這第八識，雜染心和清淨心都不應當有。雜染法和清淨法都以心爲其本源，有漏現行依心而生，種子依心而住，心受無漏現行熏習，並執持無漏種子。然而雜染法大概來説有三種：煩惱、業、果種類有别。三界見修所有煩惱稱爲煩惱；一切有漏善和不善業稱爲業；此業所得總别異熟稱爲果。如果没有第八識執持煩惱種子，往生無色界的他地或還生本地、無染心後的解脱境界、各種煩惱的生起，都應當是無因。因爲色法等不能執持種子，過去未來並非實有。如果各種煩惱無因而生，就沒有聲聞、緣覺、菩薩三乘，亦不會有有學、無學之果，已斷之惑都應生起。如果沒有這第八識執持業種子和果種子，往生無色界的他地或還生本地，世間心滅盡，出世間心出現在面前，各種業果的生起。所有這一切都應當是無因。如果經量部和說一切有部之救稱：後報業果現在成熟、色法等持種、過去世和未來世有因等，前面已經破斥。如果說各種業果都是無因而生，入無餘依涅槃以後，三界業果還可以再生，因爲煩惱也可以無因而生。而且，十二因緣的「行緣識」就不能成立，因爲前六轉識接受熏習前面已經否定。如果經量部救說「結生染識是識友」，這亦不對，因爲結生染識並非由行招感。如果說一切有部、經量部救說「行感名色位中識」，這亦不對，如果是那樣的話，應當說「行緣名色」，不應當說「行緣識」。即使像說一切有部所主張的那樣有過去世和現在世，行在現在世，色果在未來世，業果相望，時間遙遠而又隔絕，行不能成爲色果産生的條件。「行緣識」不能成立，「取緣有」也不能成立。各種清淨法可分三類：世道、出世道、斷果。如果沒有第八識執持世間、出世間清淨道的種子，由欲界至色界、無色界，由世間至出世間的異類心後所生起的無漏淨法都應當是無因。經量部和說一切有部所主張的其他原因，前面已經破斥。如果世間和出世間的清淨道是無因而生，入無餘依涅槃以後，二淨道還可以再生，所依之身亦應當是無因而生。而且，出世道最初不應得生，因爲沒有一個東西執持它的法爾種子。各種不同的有漏法，並不以經量部的世第一法（最高的有漏智，在世俗法中，名列第一）爲因，因爲有漏和無漏，其性類是各別的，有漏種不能作爲生起無漏道的原因。主張無因而生的不是佛教徒，初無漏不生，後時無漏亦應不生，這就不會有聲聞、緣覺和菩薩三乘的道果。如果没有這第八識執持煩惱種子，轉依斷果亦不能成就，因爲無間道生起時，現行煩惱及其種子都是不存在的，因染、淨二心不能同時俱起。聖道不執持煩惱種子，與煩惱種自性相違，如涅槃那樣。因爲說一切有部主張有的過去、未來、得等皆非實有。像經量部所說的那樣，由色法等執持種子，在道理上不能成立。既然没有所斷之惑，亦就没有能斷之道，依何煩惱由何斷道而立斷果呢？經量部救說：衹由道力，後悔則不生起，由此成立斷果。論主難云：如果是這樣的話，則初斷道生起，就應當成爲無學。以後的各種煩惱由於初斷道，都已無因，因爲没有種子，永遠不再産生。承認有第八識阿賴耶識，染淨二法都能成立，衹有第八識纔能執持染、淨種子。證明第八識存在，理由非常充足，但恐怕太繁瑣，這裏衹是提綱挈領地講一講。除其他識之外，另有第八識阿賴耶識，這在佛教道理上是顯而易見的，一切有智之人都應當深信不疑。

如是已說初能變相〔一〕，第二能變其相云何？頌曰：

次第二能變〔二〕，是識名末那〔三〕，依彼轉，緣彼，思量爲性相〔四〕。

四煩惱常俱〔五〕，謂我癡、我見〔六〕，並我慢、我愛〔七〕，及餘觸等俱〔八〕。

有覆無記攝，隨所生所繫〔九〕，阿羅漢滅定〔一〇〕、出世道無有。

論曰：次初異熟能變識〔一一〕，後應辯思量能變識相。是識聖教別名末那，恆審思量勝餘識故。此名何異第六意識？此持業釋〔一二〕，如藏識名〔一三〕，識即意故〔一四〕。彼依主釋〔一五〕，如眼識等，識異意故。然諸聖教恐此濫彼，故於第七但立意名。又標意名爲簡心識〔一六〕，積集、了別劣餘識故。或欲顯此與彼意識爲近所依〔一七〕，故但名意。「依彼轉」者，顯此所依〔一八〕。「彼」謂即前初能變識，聖說此識依藏識故。　有義此意以彼識種而爲所依〔一九〕，非彼現識，此無間斷不假現識爲俱有依方得生故。　有義此意以彼識種及彼現識俱爲所依〔二〇〕，雖無間斷而有轉易，名轉識故〔二一〕，必假現識爲俱有依方得生故。「轉」謂流轉〔二二〕，顯示此識恆依彼識取所緣故。

校釋

〔一〕「如是已說初能變相」，藏要本校注稱：「此段生起，糅安慧釋。」

〔二〕「次第二能變」，藏要本校注稱：「勘梵、藏本，此句在出世道句下，安慧釋云，結上所標釋也，今譯改式。又前藏識頌末本有一單句，合此下三句爲第五頌。」

〔三〕「是識名末那」，藏要本校注稱：「勘梵、藏本，本句與次句互倒，而與思量句文義相貫。安慧釋云訓釋詞也，今譯改式。」　「末那」，即唯識宗的第七識末那識（Manas-Vijñāna），其特點是永不停頓地思慮，以阿賴耶識爲其存在的依據，並以阿賴耶識爲所緣，妄執阿賴耶識爲「我」，所以末那識是「我執」的本源。

〔四〕「思量爲性相」，藏要本校注稱：「勘梵、藏本，原云自體，ātmakam，dag-ñic-can，轉識論以執著爲體，無此『相』字，今譯增文。」

〔五〕「四煩惱常俱」，藏要本校注稱：「勘梵、藏本，此句下卽爲有覆句，轉識論同，今譯改式。」

〔六〕「謂我癡、我見」，藏要本校注稱：「勘梵、藏本云我見、我癡，安慧釋兩處皆云染意與有身見等相應，則應以我見居首也。今譯改文。」　「我癡」，不懂得無我的道理。「我見」，亦稱身見，卽我執。妄執五蘊假和合之身心爲永恒不變的「我」。大乘義章卷六稱：「言身見者，亦名我見。五蘊名身，身中見我，取執分別，從其所迷故，名身見，以見我故。從其所立，亦名我見。」（大正藏卷四四第五八二頁）

〔七〕「並我慢、我愛」，藏要本校注稱：「梵、藏本無此『並』字，又第六頌至此句訖。」　「我慢」，梵文 Asmimāna 的意譯，過高地估計自己，對其他人傲慢。　「我愛」，卽我貪，意謂自愛心。對於所妄執的「我」深深愛著。

〔八〕「及餘觸等俱」，藏要本校注稱：「勘梵、藏本無此『俱』字，祇有六韻，不足句，安慧釋始云頌文具足應言相應也，今譯增文。」

〔九〕「隨所生所繫」，藏要本校注稱：「勘梵、藏本，此句在『及餘觸』句前，亦祇六韻，合餘觸句六韻，及次阿羅漢無彼一語四韻，爲第七頌前半頌，今譯改式。」

〔一〇〕「阿羅漢滅定」，藏要本校注稱：「梵、藏本云滅盡等至無，爲第七頌第三句。」

〔一一〕「次初異熟能變識」，藏要本校注稱：「此句生起，糅安慧釋。」

〔一二〕「持業釋」，梵文 Dharmadhāraya 的意譯，六離合釋之一，亦稱同依釋。體能持用，故名持業。如藏識，識持藏之用，即第八識起「藏」的作用。如末那識，末那即識，識持末那之用，即第七識起末那(思慮)的作用。

〔一三〕「藏識」，即第八識阿賴耶識，因爲阿賴耶識能够含藏諸法種子，故稱藏識。

〔一四〕「意」，梵文 Manas 的意譯，音譯末那，所以第七識稱爲末那識，意謂思慮。

〔一五〕「依主釋」，亦稱依士釋。梵文 Tatpuruṣa 的意譯，六離合釋之一。從所依之體立能依之名，如眼識是依眼根所生之識，又如意識是依意根所生之識。

〔一六〕「又標意名爲簡心識」，藏要本校注稱：「此句糅安慧釋。」

〔一七〕「近所依」，第六識意識以第八識爲遠所依，以第七識爲近所依。

〔一八〕藏要本校注稱：「此二句糅安慧釋，原釋云藏識爲彼種子之所依。」

〔一九〕本段爲第一解，是難陀、勝子的解釋。

〔二〇〕本段爲第二解，是護法等論師的解釋。「所依」，事物生起所依靠的條件，有三種所依：一、種子依，亦稱因緣依，各種有爲法的生起，都要依賴自己的種子。二、增上緣依，亦稱增上依、俱有依，「增上」是增加其助緣，促進其發展。「俱有」是互爲因果，相依不離。此即內六處，即六根：眼、耳、鼻、舌、身、意。三、等無間緣依。心法和心所法前念滅，後念生，前後相似，此稱「等」。中無間隔，故稱「無間」。前念爲後念開導，故亦稱開導依。

〔二〕「轉識」，前七識是以第八識爲本識的轉生末識，故稱轉識。

〔三〕「『轉』謂流轉」，藏要本校注稱：「安慧釋：染意隨藏識所生界繫，是爲依彼轉。」

〔本段大意〕前面已經講了初能變第八識之相，第二能變第七識之相如何呢？頌說：第二能變是末那識，以阿賴耶識爲其所依，又以阿賴耶識爲其所緣，思量是它的特性。常與四煩惱一起活動，即我癡、我見、我慢、我愛，和其他的「觸」等心所法相應。第七識屬有覆無記性，有情衆生生於那一界，它就屬於那一界，到阿羅漢位、滅盡定位、出世道位，它就没有了。論說：講完初能變異熟識以後，應當辨別第二能變思量識之相。這第二能變思量識在聖教中，別名叫做末那（思慮），因其永恆的思慮作用勝於其他七識。第七識與第六識有什麽區別呢？第七識是持業釋，如藏識之名，因爲此識即意（末那）。第六識是依主釋，如眼識等，此識與意有別，是意根産生的識。然而佛的各種説教中，恐怕第七識與第六識相混，衹在第七識立意之名末那。而且，標明意是爲了和其他識相區別，它不能像第八識那樣積聚種子，又不能像前六識那樣起了別作用。或者爲了説明第七識是第六識的近所依，所以衹稱它爲「意」。頌文的「依彼轉」是爲了説明第七識的所依。「彼」是前面講的初能變第八識阿賴耶識，因爲佛説第七識的所依是藏識。難陀、勝子認爲，末那識是以阿賴耶識的種子爲其所依，並不是阿賴耶識的現行識。因爲第七識永無間斷，不用現行識爲俱有依即可生起。護法等認爲，第八識的種子和現行識都是第七識的所依，它雖然没有間斷，但有變化，因爲它稱爲轉識，必須以現行識爲俱有依纔能生起。「轉」是相續生起的意思，這是爲了表明第七識永遠以第八識爲其所依，以取所緣之境。

諸心、心所皆有所依〔一〕，然彼所依總有三種：一、因緣依。謂自種子，諸有爲法皆託此依，離自因緣必不生故。二、增上緣依。謂內六處，諸心、心所皆託此依，離俱有根必不轉故〔二〕。三、等無間緣依。謂前滅意，諸心、心所皆託此依，離開導根必不起故。唯心、心所具三所依，名有所依，非所餘法。

校釋

〔一〕「諸心、心所皆有所依」，藏要本校注稱：「此下廣辨三依，安慧釋無文。」

〔二〕「俱有根」，心法和心所法同時所依眼、耳、鼻、舌、身、意六根，亦稱內六處。若對小乘佛教來說，祇通前五內處，意內處是等無間緣依。

〔本段大意〕各種心法和心所法都有所依，其所依共有三種：一、因緣依。即自己的種子，各種有爲法都靠此依。因爲没有自己的因緣，它肯定不能産生。二、增上緣依。即眼、耳、鼻、舌、身、意六根。各種心法和心所法都靠此依，因爲無此六根，心法和心所法都不能生起。三、等無間緣依。即前滅之意念，各種心法和心所法都靠此依，因爲没有起引導作用的意根，心法和心所法都不能生起。祇有心法和心所法所具有的三種所依稱爲有所依，並不是其餘的色法等。

初種子依。有作是説：要種滅已，現果方生。無種已生集論説故，種與芽等不俱有故。有義彼説爲證不成，彼依引生後種説故，種生芽等非勝義故，種滅芽生非極成故，燄炷同時互爲因故。然種自類因果不俱，種、現相生決定俱有，故瑜伽説無常法與他性爲因〔一〕，亦與後念自性爲因，是因緣義。自性言顯種子自類前爲後因，他性言顯種與現行互爲因義。攝大乘論亦作是説，藏識染法互爲因緣，猶如束蘆俱時而有，又説種子與果必俱，故種子依定非前後。設有處説種果前後，應知皆是隨轉理門。如是八識及諸心所定各别有種子所依。

校釋

〔一〕「瑜伽」，瑜伽師地論（Yogācārabhūmiśāstra）的略稱，因爲該論把禪觀境界分爲十七地，故亦稱十七地論。古印度無著著，唐玄奘譯，一百卷，是唯識宗的根本論書。

〔本段大意〕第一種子依，卽因緣依。關於這個問題有兩種解釋。難陀等人認爲：祇有種子滅除以後，現時之果纔能産生，因爲大乘阿毘達磨集論有「無種已生」之説，種子和芽不能同時而有。護法等人認爲：這種論證不能成立，因爲他們認爲過去的種子引生以後的種子，這實際上是不可能的。這裏説的種子生芽是世俗法，不是佛教道理。因爲種子滅除芽纔産生，這並不是大家共同承認的。又因爲焰與炷同時互相爲因。然而種子自類相續，前念種滅後念種生，像這樣的因果關係，不能同時而有，但種子生現行，現行生種子，肯定同時而有。所以瑜伽師地論説非永恒的事物以「他性」爲因，亦以後念的「自性」爲因，這就是因緣的意思。「自性」是説種子本身前爲後因，卽種子生種子。「他性」是説種子與現行互相爲因。攝大乘論亦這樣説：藏識和染污事物互爲因緣，就像是一捆一捆的蘆葦同時相依不倒一樣。又説種子與結果肯定是同時而有，所以種子依肯定不是前後異時，假設有的地方説種子與結果一前一後，應當明白，這都是隨順經量部「異時因果」理論，權且轉變大乘的教理。由此可見，八識和各種心所法肯定各有種子所依。

次俱有依。有作是説：眼等五識意識爲依，此現起時必有彼故。無別眼等爲俱有依，眼等五根卽種子故。二十唯識伽他中言〔一〕：「識從自種生〔二〕，似境相而轉，爲成内外處，佛説彼爲十〔三〕。」彼頌意説：世尊爲成十二處〔四〕，故説五識種爲眼等根，五識相分爲色等境，故眼等根卽五識種。觀所緣論亦作是説〔五〕：「識上色功能名五根應理，功能與境色無始互爲因〔六〕。」彼頌意言：異熟識上能生眼等色識種子，名色功能，説爲五根，無別眼等，種與色識常互爲因，能熏與種遞爲因故。第七、八識無別此依，恆相續轉自力勝故。第六意識別有此依，要託末那而得起故。有義彼説理教相違〔七〕，若五色根卽五識種，十八界種應成雜亂〔八〕。然十八界各別有種，諸聖教中處處説故〔九〕。又五識種各有能生相、見分異，爲執何等名眼等根？若見分種應識蘊攝，若相分種應外處攝，便違聖教眼等五根皆是色蘊內處所攝〔一〇〕。又若五根卽五識種，五根應是五識因緣，不應説爲增上緣攝。又鼻、舌根卽二識種，則應鼻、舌唯欲界繫〔一一〕，或應二識通色界繫〔一二〕，許便俱與聖教相違。眼、耳、身根卽三識種，二地、五地爲難亦然〔一三〕。又五識種既通善惡，應五色根非唯無記。又五識種無執受攝〔一四〕，五根亦應非有執受。又五色根若五識種，應意識種卽是末那，彼以五根爲同法故。又瑜伽論説眼等識皆具三依〔一五〕，若五色根卽五識種，依但應二。又諸聖教説眼等根皆通現種，執唯是種，便與一切聖教相違。有避如前所説過難，朋附彼執，復轉救言：異熟識中能感五識，增上業種名五色根，非作因緣生五識種，妙符二頌，善順瑜伽。彼有虛言，都無實義，應五色根非無記故。又彼應非唯有執受，唯色蘊攝，唯內處故，鼻、舌唯應欲界繫故，三根不應五地繫故，感意識業應末那故，眼等不應通現種故，又應眼等非色根故。又若五識皆業所感，則應一向無記性攝，善等五識既非業感，應無眼等爲俱有依。故彼所言非爲善救。又諸聖教處處皆說〔一六〕：阿賴耶識變似色根及根依處器世間等〔一七〕，如何汝等撥無色根？許眼等識變似色等，不許眼等藏識所變，如斯迷謬深違教理。然伽他說「種子功能名五根」者，爲破離識實有色根，於識所變似眼根等，以有發生五識用故，假名種子及色功能，非謂色根卽識業種。又緣五境明了意識應以五識爲俱有依〔一八〕，以彼必與五識俱故，若彼不依眼等識者，彼應不與五識爲依，彼此相依勢力等故。又第七識雖無間斷，而見道等既有轉易，應如六識有俱有依。不爾，彼應非轉識攝，便違聖教轉識有七。故應許彼有俱有依，此卽現行第八識攝。如瑜伽說：有藏識故得有末那，末那爲依意識得轉。彼論意言現行藏識爲依止故得有末那，非由彼種。不爾，應說有藏識故意識得轉，由此彼說理教相違。是故應言前五轉識一一定有二俱有依，謂五色根同時意識。第六轉識決定恆有一俱有依，謂第七識。若與五識俱時起者，亦以五識爲俱有依。第七轉識決定唯有一俱有依，謂第八識，唯第八識恆無轉變，自能立故，無俱有依。有義此說猶未盡理，第八類餘既同識性，如何不許有俱有依？第七、八識既恆俱轉，更互爲依，斯有何失？許現起識以種爲依，識種亦應許依現識，能熏異熟爲生長住依，識種離彼不生長住故。又異熟識有色界中能執持身，依色根轉，如契經說：「阿賴耶識業風所飄，徧依諸根恆相續轉〔一九〕。」瑜伽亦說眼等六識各別依故〔三〇〕，不能執受有色根身。若異熟識不偏依止有色諸根，應如六識非能執受。或所立因有不定失〔三一〕。是故藏識若現起者，定有一依，謂第七識，在有色界亦依色根，若識種子定有一依謂異熟識，初熏習位亦依能熏，餘如前説。有義前説皆不應理〔三二〕，未了所依與依別故。「依」謂一切有生滅法仗因託緣而得生住，諸所仗託皆説爲「依」如王與臣互相依等。若法決定〔三三〕、有境〔三四〕、爲主〔三五〕、令心心所取自所緣〔三六〕，乃是所依，卽內六處，餘非有境、定、爲主故，此但如王，非如臣等。故諸聖教唯心、心所名有所依，非色等法，無所緣故。但説心所心爲所依，不説心所爲心所依，彼非主故。然有處説依爲所依，或所依爲依，皆隨宜假説。由此五識俱有所依定有四種，謂五色根、六、七、八識。隨闕一種，必不轉故，同境、分別、染淨、根本，所依別故。聖教唯説依五根者，以不共故，又必同境，近、相順故。第六意識俱有所依唯有二種，謂七、八識，隨闕一種，必不轉故。雖五識俱，取境明了，而不定有故非所依。聖教唯説依第七者，染淨依故，同轉識攝，近、相順故。第七意識俱有所依，但有一種，謂第八識。藏識若無，定不轉故。如伽他説：「阿賴耶爲依，故有末那轉，依止心及意，餘轉識得生。」阿賴耶識俱有所依亦但一種，謂第七識，彼識若無定不轉故。論説藏識恆與末那俱時轉故〔三七〕，又説藏識恆依染汙〔三八〕，此卽末那。而説三位無末那者，依有覆説，如言四位無阿賴耶非無第八，此亦應爾。雖有色界亦依五根而不定有，非所依攝。識種不能現取自境，可有依義而無所依。心所所依隨識應説，復各加自相應之心。若作是説，妙符理教。

校釋

〔一〕「二十唯識」，即唯識二十論，亦稱二十唯識論或摧破邪山論。古印度世親著，唐玄奘譯，一卷，主要論述「三界唯心」的唯識理論。異譯本有二：一、北魏菩提流支譯唯識論一卷，亦稱破色心論；二、南朝陳真諦譯大乘唯識論，一卷。

〔二〕「自種」，難陀認爲：見分和相分都稱爲自種。「自」有三種：一、因緣自，即見分種；二、所緣緣自，即相分種；三、增上緣自，即能感五識的業種。

〔三〕以上引文見大正藏卷三十一第七十五頁。「十」，即十處，包括眼、耳、鼻、舌、身五根（亦稱內五處）和色、聲、香、味、觸五境（亦稱外五處）。

〔四〕「十二處」，梵文Dvādaśāyatana的意譯，「處」是説根與境爲産生心法和心所法的處所。又因爲根與境相涉而入，所以十二處又稱爲十二入。包括眼、耳、鼻、舌、身、意六根和色、聲、香、味、觸、法六境。

〔五〕「觀聽緣論」，即觀所緣緣論。唯識宗論書之一，古印度陳那造，唐玄奘譯。

〔六〕以上引文見大正藏卷三十一第八八八頁至八八九頁。

〔七〕「有義彼説理教相違」，本段爲第二解，窺基認爲是安慧等人的解釋，圓測認爲是火辨的解釋。

〔八〕「十八界」，梵文 Aṣṭādaśadhātu 的意譯，包括六根（眼根、耳根、鼻根、舌根、身根、意根）、六境（色、聲、香、味、觸、法）和六識（眼識、耳識、鼻識、舌識、身識、意識）。

〔九〕「然十八界各別有種，諸聖教中處處説故」，見瑜伽師地論卷五十一：「依此一切種子阿賴耶識故，薄伽梵説有眼界、色界、眼識界，乃至有意界、法界、意識界。由於阿賴耶識中有種種界故。又如經説惡叉聚喻，由於阿賴耶識中有多界故。」（大正藏卷三十第五八一頁）

〔一〇〕「便違聖教眼等五根皆是色藴内處所攝」，見瑜伽師地論卷五十四：「色藴攝一藴全，十界十處全，一界一處少分。」（大正藏卷三十第五九六頁）

〔一一〕「欲界」，具有欲望的有情衆生所居住的處所，包括五道中的地獄、畜生、餓鬼、天、人所在的器世間。

〔一二〕「色界」，在欲界之上，在此居住的有情衆生已無食欲和情欲，但其宫殿等仍然離不開「色」，即物質。色界包括四禪十七天。

〔一三〕「二地、五地」，二地是九地中的離生喜樂地，五地是捨念清淨地。這二地都屬色界。

〔一四〕「執受」，「執」的意思是攝、持，「受」的意思是領、覺，執受是攝爲自體，使之不壞，或産生苦、樂等感覺。

〔一五〕「又瑜伽論説眼等識皆具三依」，參見瑜伽師地論卷一等。

〔一六〕「又諸聖教處處皆説」，此指解深密經、楞伽經、辯中邊論、瑜伽師地論卷五十一、七十六和顯揚聖教論卷十七等。

〔一七〕「器世間」，一切有情衆生所居住的處所。

〔一八〕「明了意識」，亦稱五俱意識，第六識意識與前五識同時俱起，明了緣取所緣之境。

〔一九〕語見楞伽經卷九：「人體及五蘊，諸緣及微塵，勝人自在作，唯是心分别，心遍一切處，一切處皆心。」（大正藏卷十六第五六八頁）

〔二〇〕「瑜伽亦説眼等六識各别依故」，見瑜伽師地論卷五十一：「又六識身各别依轉，於彼彼依彼彼識轉。」（大正藏卷三十第五七九頁）

〔二一〕「不定」，因明中一種似可斷定又不能斷定的似因（錯誤的因支）。

〔二二〕「有義前説皆不應理」，本段爲第四解，是護法的解釋。

〔二三〕「決定」，如果有的事物是依此而生，無時不依此而生，此稱決定。第六識不能以前五識爲依，因爲第六識生時前五識不一定有。第八識不能以五根爲依，即使無五根第八識也可産生。第七、八二識不能以第六識和前五識爲依，因七、八恒轉，第六識和前五識有時間斷。

〔二四〕「有境」，雖是決定，體須有境。如命根等，雖是決定，但無境可緣，不能稱爲所依。四大、種子及一切無爲法，都不是所依。

〔二五〕「爲主」，具備決定、有境兩個條件以後，還須「爲主」，即有自在力，可以使其他事物産生，遍行及其他心所法都不能稱爲所依。

〔二六〕「令心心所取自所緣」，這表明種子不以阿賴耶識爲所依，因爲種子不能取所緣。

〔二七〕「論說藏識恆與末那俱時轉故」，見瑜伽師地論卷六十三。

〔二八〕「又說藏識恆依染汙」，見古印度無性著攝大乘論釋卷三。

〔本段大意〕第二俱有依。關於這樣問題有四種解釋。難陀等人認爲：眼、耳、鼻、舌、身五識生起時，以第六識意識爲俱有依，因爲眼等五識生起時肯定有意識。並非另有淨色大種所形成的眼等現行五根爲俱有依，眼等五根本身就是阿賴耶識的種子。唯識二十論的頌這樣說：「識是從自己的種子產生的，好像是有客觀事物存在，爲了成立眼、耳、鼻、舌、身內五處和色、聲、香、味、觸外五處，佛說有十處。」這個頌的意思是說：佛爲了成立十二處，說眼等五識的種子是眼等五根，五識的相分是色等五境，所以眼等五根是眼等五識的種子。觀所緣緣論亦這樣說：「識上顯現色等的功能稱爲五根，這是合乎道理的，其功能與五境等，自無始以來就互相爲因。」這首詩的意思是說：阿賴耶識上有產生眼等色識的種子，稱爲色功能，被說成是五根，並不是除識之外另有眼等五根。見分種子和現行見分變似境色的色識互相爲因，色識之能熏與根種之所熏互爲能生，互爲因由。第七識和第八識無此俱有依，它們所以永恆相續是由於它本身的力量殊勝。第六識意識有此俱有依，因爲它要靠第七識末那識而得生起。安慧認爲：上述理論與佛的教誨相違背，如果說五色根就是五識的種子，十八界的種子就會混亂不堪。然而十八界各有自己的種子，聖人在很多地方這樣說過。而且，五識種子各有其能生的相分種子和見分種子的差異，按照這種理論，哪些爲眼根等呢？如果是見分種子，應屬識蘊；如果是相分種子，應屬色等外處。這就違背了聖人關於眼等五根都屬色蘊的教誨。而且，如果說五根是五識的種子，五根應當是五識的因緣，不應當說是增上緣。而且，如果鼻、舌二根是此二識的種子，就應當說鼻、舌二根祇屬欲界，或者說鼻、舌二識亦通色界，承認這種說法，就與聖人的教誨相違背。如果說眼、耳、身三根是此三識的種子，三識通二地，三根通五地，這就講不通。而且，既然五識種子又是善性種子，又是惡性，就應當說五色根不是無記性。而且，五識種子是無執受，五根亦應當是無執受。而且，如果五色根是五識種子，第六識意識的種子就應當是第七末那識，因爲攝大乘論認爲第六根與前五根相同。而且，瑜伽師地論說眼等五識都具三依，如果五色根是五識種子，五識依應當祇有因緣和等無間的二依。而且，各種聖人之教都說眼等五根都通現行和種子，主張五色根祇是種子，這就與一切聖人教誨相違背。爲了避免上述錯誤所受到的詰難，對那種主張又設救說：阿賴耶識中能感招感五識起促進作用的種子，稱爲五色根，並不是作爲因緣而生的五識種子。這樣講就巧妙地與前面所引的唯識二十論和觀所緣緣論的兩個頌文相符合，又很好地隨順了瑜伽師地論。上述主張都是虛假的，並非真實意思，因爲五色根應非無記性。而且，身業色可以有執受，聲、意二業無執受。按照你們的觀點，五根就是業種子，就應該不是有執受。五色根祇屬五蘊中的色蘊，祇是内處。因爲鼻根和舌根祇屬欲界，眼、耳、身三根祇通二地，不應當通五地。因爲招感意識的業種子應當是末那，眼等不應當通現行種子。而且，眼等不應當是色根。而且，如果五識都由業所招感，就應當一直是無記性。善、惡、無記性的五識既然不是由業招感，就應當是没有眼等爲俱有依，所以他們的救不能成立。而且，聖人之教很多地方都説阿賴耶識所變，似乎是色根和根依處、器世間等，你們爲什麽不承認阿賴耶識變似色根呢？你們承認眼等五識可以變現爲色等五塵，但不承認眼等五根是藏識所變。這種觀點既迷於眼等五根不是第八識所變，又謬執五識種子或業種子就是五根，這違背教理實在是太遠了。然而觀所緣緣論的伽他所説的「種子功能名五根」，是爲了破除離識之外實有色根的理論，色根是識所變，好像是眼根等。因爲它們有産生五識的作用，假名種子和色功能，並不是説色根就是識種或業種。而且，緣色、聲、香、味、觸的明了意識應當以五識爲俱有依，因爲它們必須與五識同時俱起。如果它不依眼等五識，它就不應以五識爲依，彼此互相爲依，因雙方勢力均等。而且，第七識末那識雖然没有間斷，既然它在見道等有變化，它就應當像第六識那樣有俱有依。不然的話，它就應當不屬轉識，這就違背了聖人關於有七種轉識的説教。所以應當承認第七識有俱有依，這就是現行第八識。這就像瑜伽師地論卷五十一所説的，因爲有藏識纔有末那識，以末那識爲依，意識纔能發生作用。瑜伽師地論的意思是説，因爲以現行藏識爲依止纔有末那識，並非由其種子。不然的話，應當説因有藏識而使意識發生作用，這種理論不但與道理相違，亦與教法相違。所以應當説前五轉識的每一個都肯定有兩種俱有依，即五色根，同時還有意識。第六識肯定永遠有一個俱有依，即第七識。如果與前五識同時俱起，亦以五識爲俱有依，第七轉識肯定衹有一個俱有依，這就是第八識。祇有第八識永遠没有變化，自己本身可以成立，没有俱有依。淨月認爲，這種意見不盡合理，既然第八識與其餘七識同屬識性，爲什麼不允許有俱有依呢？既然第七識和第八識永恆同時起作用，説它們互相爲依，這有什麼錯誤呢？允許現行識以種子爲依，阿賴耶識的種子亦應當以現行識爲依。能熏六、七現行是新所熏種子生依，是本有種子長依，以異熟識爲住依。如果没有六、七識，異熟識的種子就不能生，不能長，亦不能住。而且，異熟識在有色界（包括欲界和色界）中能够執持身體，依靠色根發生作用。就像楞伽經所説的：「阿賴耶識被業（行爲）風所飄，普遍依靠各種色根，永恆持續發生作用。」瑜伽師地論亦説，因爲眼等六識各有所依，不能執受有色根身。如果阿賴耶識不普遍地依止各種有色根，它就應當像前六識那樣不能執受。或者説所立因支有不定的過失。所以如果藏識生起的話，肯定有一個所依，這就是第七識，在欲界和色界亦依靠色根。如果阿賴耶識的種子肯定有一依是阿賴耶識本身，最初的熏習位或生或長亦依能熏，這就和前述一樣犯不定的過失。護法認爲，前述主張都不合理，因爲他們不懂得所依和依的區别。「依」是一切有生滅變化的有爲法，仗其内因並託其他條件而得産生和持續，各種所依託者都被説成爲「依」，就像國王和大臣互相依靠一樣。如果事物具備決定、有境、爲主、令心心所取自所緣四個條件，就是所依，即眼、耳、鼻、舌、身、意六根，因爲除六根之外的其他事物非有境、非決定、非爲主。這衹如世間王爲臣所依，非如臣等爲王所依。所以各種聖人之教都説衹有心法和心所法稱爲所依，色法等不能稱爲有所依，因爲它們没有所緣的境。衹能説心所法以心法爲所依，不能説心所法是心法的所依，因爲心所法不是心法之主。然而有的地方説依就是所依，或者説所依就是依，這都是隨順情宜的假説。由此可見，前五識都有所依，肯定有四種所依，即五色根、第六識、第七識和第八識。這四種所依衹要缺一種，五識肯定不能發揮作用。五根與五識爲同境依，因爲二者同取現境；第六識意識於五識爲分别依，因爲意識對五識所緣的境起分别作用；第七識於五識爲染淨依，五識由此根本染故而成有漏，根本淨故而成無漏；第八識於五識爲根本依。聖人之教衹説依五根，因爲五根是五識的不共依。因爲五識和五根肯定同取外境，又因爲二者相近，互相隨順。第六識意識的所依衹有二種，即第七識和第八識，衹要缺一種，第六識就不能發揮作用。雖然有前五識可以使第六識明了取境，但不一定有前五識，没有它們亦可以有第六識，所以前五識不是第六識的所依。聖人之教衹説依第七識，因爲第七識是染淨依，它與前六識一樣，同屬轉識。又因爲第六識離第七識近，二者互相隨順。第七識的所依衹有一種，即第八識。如果没有第八識，第七識肯定不能發揮作用。這就如楞伽經的伽他所説：「以阿賴耶識爲依，纔能使末那識發揮作用，依止第八識阿賴耶識和第七識末那識，其他的六轉識纔能生起。」瑜伽阿賴耶識的所依也衹有一種，即第七識。如果没有第七識，阿賴耶識肯定不能發揮作用。

師地論說，阿賴耶識永遠與第七識末那識同時發揮作用。又說阿賴耶識永遠依靠染污識，這就是第七識末那識。所說滅盡定、無學位、聖道現前三位沒有末那識，是說此時沒有染污的有覆無記的末那識。如說聲聞、獨覺、不退菩薩、如來四位沒有阿賴耶識一樣，也衹是說，在此四位中沒有我愛執藏的阿賴耶識，並非真的沒有阿賴耶識體。「三位無末那」之說與此相同。雖然在有色界亦依五根，但不一定有，所以五根不是所依。阿賴耶識的種子不能現緣自己現行所緣之境，可以有「依」的意思，但沒有「所依」的意思。心所法的所依，應當隨順識而說，還要各加與自己相應的心法，即相應依。如果這樣講，就巧妙地符合佛教道理和佛的教誨。

後開導依。有義五識自他前後不相續故，必第六識所引生故，唯第六識爲開導依第六意識自相續故，亦由五識所引生故，以前六識爲開導依。第七、八識自相續故，不假他識所引生故，但以自類爲開導依。有義前說未爲究理〔一〕。且前五識未自在位遇非勝境〔二〕，可如所說？若自在位，如諸佛等，於境自在，諸根互用，任運決定，不假尋求，彼五識身寧不相續？等流五識既爲決定、染淨、作意、勢力引生，專注所緣未能捨頃，如何不許多念相續？故瑜伽說，決定心後方有染淨，此後乃有等流眼識善不善轉，而彼不由自分別力，乃至此意不趣餘境，經爾所時眼、意二識或善或染，相續而轉，如眼識生乃至身識，應知亦爾。彼意定顯經爾所時眼、意二識俱相續轉，既眼識時非無意識，故非二識互相續生。若增盛境相續現前，逼奪身心，不能暫捨，時五識身理必相續，如熱地獄、戲忘天等〔三〕。故瑜伽言若此六識爲彼六識等無間緣，卽施設此名爲意根。若五識前後定唯有意識，彼論應言若此一識爲彼六識等無間緣，或彼應言若此六識爲彼一識等無間緣。既不如是，故知五識有相續義。五識起時必有意識能引後念意識令起，何假五識爲開導依？無心睡眠、悶絶等位意識斷已後復起時，藏識、末那既恆相續，亦應與彼爲開導依。若彼用前自類開導，五識自類何不許然？此既不然，彼云何爾？平等性智相應末那初起〔四〕，必由第六意識，亦應用彼爲開導依。圓鏡智俱第八淨識，初必六、七方便引生，又異熟心依染汙意，或依悲願相應善心。既爾，必應許第八識亦以六、七爲開導依。由此彼言都未究理。應説五識、前六識內隨用何識爲開導依？第六意識用前自類或第七、八爲開導依，第七末那用前自類或第六識爲開導依，阿陀那識用前自類及第六、七爲開導依，皆不違理，由前説故。有義此説亦不應理。開導依者，謂有緣法、爲主、能作等無間緣，此於後生心、心所法開避引導，名開導依，此但屬心，非心所等。若此與彼無俱起義，説此於彼有開導力，一身八識既容俱起，如何異類爲開導依？若許爲依，應不俱起，便同異部，心不並生。又一身中諸識俱起，多少不定，若容互作等無間緣，色等應爾，便違聖説等無間緣唯心、心所〔五〕。然攝大乘説色亦容有等無間緣者〔六〕，是縱奪言，謂假縱小乘色心前後有等無間緣奪因緣故。不爾，「等」言應成無用。

若謂「等」言非遮多少，但表同類，便違汝執異類識作等無間緣。是故八識各唯自類爲開導依，深契教理，自類必無俱起義故。心所此依，應隨識說。雖心、心所異類並生，而互相應，和合似一，定俱生滅，事業必同，一開導時餘亦開導，故展轉作等無間緣，諸識不然，不應爲例。然諸心所非開導依，於所引生無主義故。若心、心所等無間緣各唯自類，第七、八識初轉依時相應「信」等此緣便闕則違聖説諸心、心所皆四緣生〔七〕。無心睡眠、悶絶等位意識雖斷，而後起時彼開導依卽前自類，間斷五識應知亦然，無自類心於中爲隔名無間故，彼先滅時已於今識爲開導故，何煩異類爲開導依？然聖教中説前六識互相引起，或第七、八依六、七生，皆依殊勝增上緣説，非等無間，故不相違。瑜伽論説若此識無間，諸識決定生説此爲彼等無間緣。又此六識爲彼六識等無間緣，卽施設此名意根者，言總、意別亦不相違。故自類依，深契教理。傍論已了，應辯正論，此能變識雖具三所依，而「依彼轉」言但顯前二，爲顯此識依、緣同故，又前二依有勝用故，或開導依易了知故。

校釋

〔一〕「有義前説未爲究理」，藏要本校注説：「述記卷二十七謂此是安慧説，勘安慧釋無文，但釋作意心所處有云，持心爲業就多念相續而説。」

〔二〕「且前五識未自在位遇非勝境」，瑜伽師地論卷一分爲五心：一、率爾心。最初接觸外境時的那一刹那之心識。二、尋求心。對接觸到的外境進行思慮。三、決定心。斷定外境的好壞。四、染淨心。對好境起貪，對壞境起瞋。不符合佛法的爲「染」，符合佛法的爲「淨」。五、等流心，前後之心識相似相續。本句爲第一心。

〔三〕「戲忘天」，亦稱戲忘念天。在欲界六天之中，在此居住的有情衆生，因戲笑而忘失正念。

〔四〕「平等性智」，亦稱平等智。唯識宗認爲，通過修行可以轉八識而成四智，轉第七識之我見而成平等性智。能像對待自己一樣，平等地普度一切衆生。

〔五〕「聖説等無間緣唯心、心所」，見瑜伽師地論卷三、攝大乘論卷一等。

〔六〕「等無間緣」，四緣之一，祇適用於精神現象。前念滅後念生，前後相似，故稱爲「等」，中無間隔，故稱「無間」。

〔七〕「四緣」，一切有爲法生起所需要的四個條件：一、因緣，產生自果的內在原因；二、等無間緣；三、所緣緣，指認識的一切對象；四、增上緣，對事物的產生起促進作用的條件。

〔本段大意〕最後講開導依。關於這個問題共有三種解釋。難陀等認爲：因爲前五識自類前後及與他前後，皆不相續，必須靠第六識意識引生，所以祇有第六識意識爲開導依。因爲第六識意識自己可以相續不斷，亦可以由五識所引生，由五識引生以前的第六識爲開導依。第七識和第八識自己本身可以相續不斷，不用藉助其他識所引生，祇有自類爲開導依。安慧（或淨月）認爲，上述意見都無盡理，前五識在沒有達到自在位（解脱）的時候，遇到平平淡淡的境界可以像前面所講的那樣。如果達到自在位，像各位佛那樣，對於外境自由自在，眼、耳、鼻、舌、身、意六根互用，眼可聞聲，耳可觀境等。「不假分別，恒緣於此，故言任運；更無疑慮，故言決定；無所未知，即無尋求。」（述記卷五本）那五識身爲什麽不能相續呢？第五心等流心的五識既然已有決定心、染淨心，還有第六識意識的引生，當專注一緣而未捨除的時刻，爲什麽不允許有多念相續呢？所以瑜伽師地論說，決定無記心後纔有第四染淨心生，以後纔有五識等流心起，此時纔有眼識見的善或不善起作用，這時候不需要分別力，因爲它是由意識所引生。但這種意見祇指專一境而未趣其他外境的時刻。此時的眼識和意識或是善性，或是染性，持續不斷地發揮作用。應當知道，耳、鼻、舌、身識亦和眼識的生起一樣。這個意思肯定是說，此時眼識和意識同時持續不斷地發揮作用。既然眼識產生時並不是沒有意識，但並不是說意識和五識互相持續產生。如果增盛（强烈）外境連續出現在面前，逼迫奪取身心，在不能暫時捨除時的五識身，從道理上來講肯定是持續的。如熱地獄中的火增盛，戲忘天的戲樂增盛等。所以瑜加師地論卷五十二說，如果這六識是那六識的等無間緣，虛假施設此名意根。如果五識間斷，前後肯定祇有意識，該論就應當說，若此前念第六意識爲彼後念六識的等無間緣，或者說此六識爲彼後念第六意識的等無間緣。既然不是這樣，由此可知五識有相續的意思。五識生起時肯定有意識能够引尋求意識，哪裏用得着以五識作開導依呢？無心的睡眠、休克等位之時，意識已經間斷，以後再生起時既然藏識和末那識是永恒相續，亦應當爲它作開導依。如果第六識用自類作開導依，爲什麽不許五識用自類作開導依呢？既然不允許五識，怎能允許六識呢？平等性智相應末那識最初生起時，必然由第六引方生，亦應當用它作開導依。大圓鏡智與第八淨識同時俱起，最初必須用第六識和第七識引生。而且，異熟心依染污第七識（無性認爲是第六識）或依菩薩與慈悲誓願相應的二智（根本智、後得智）善心。既然如此，必須允許第八識亦以第六識、第七識爲開導依。由此看來，彼所説言，都無盡理。應當説眼等五識在前六識的範圍内，隨便用任何一識作爲開導依，第六識意識用前自類或第七、第八識爲開導依。第七末那識用前自類或第六識爲開導依，阿陀那識用前自類和第六、第七識爲開導依。這都不違背佛教道理，由前述内容可以證知。護法等認爲，這種説法亦不合理，開導依必須具備三個條件：一、有緣法，即能緣取外境的心法。色法、不相應行法和無爲法都不具備這個條件。二、爲主，即有自在力。一切心所法都不具備這個條件。三、能作等無間緣，祇限自類識。前念心王爲後念心法和心所法開避彼路，引導令生，此稱開導依。祇有心王可作開導依，心所法、色法、不相應行法和無爲法都不能作開導依。如果此識與彼識不能同時俱起，説此識對彼識有開避彼路引導令生之力。既然允許八識可以同時俱起，爲什麼以異類識作開導依呢？如果允許異類識爲開導依，八識就不應同時俱起，這就和小乘佛教説一切有部關於六識不俱起的理論相同了。而且，一身八識俱起可多可少，如果允許互作等無間緣，色法等亦應如此。這就違背了聖人關於祇有心法和心所法可作等無間緣的教導。然而攝大乘論説色法亦允許有等無間緣，是縱奪之説，謂假縱小乘佛教經量部所說的色法、心法的前刹那和後刹那有等無間緣，奪彼因緣，因爲經量部認爲没有第八識，故以色法爲因。不作此解，等無間緣的「等」字就没用了。如果說「等」不是說多少，而要前後各有法稱爲「等」，祇表示前念是此心、心所，後亦此心、心所，表此同類，這就違背你所說的異類識可作等無間緣。所以八識祇能以自類作開導依，十分符合佛教道理，自類眼識等肯定没有俱起的意思。心所法的開導依應當隨順識說。雖然心法、心所法二者異類並生，但互相應，而不違背，所依、時、事、處四義等同，二者和合在一起，好像是一種，肯定是一起生，一起滅，所起的作用肯定相同，即同取一境，善、惡、無記三性一致。所以隨一心開導之時，相應的心所亦能開導，所以心法、心所法雖異類相望，互作等無間緣。各種識並不是這樣，不應以此爲例。然而各種心所法並不是開導依，因爲它們對所引生者没有「主」的意思，亦就是没有「依」的意思。如果心法和心所法的等無間緣，祇能各以自類，第七識和第八識最初轉依的時候，相應「信」等善法就没有等無間緣，這就違背了聖人所說的各種心法和心所法都具四緣。當無心的睡眠、休克等位，意識雖然間斷，但以後生起時，其開導依就是以前的自類。應當知道，五識間斷時亦是這樣，没有自類心在其中間隔，故稱無間。它原先滅除時就已經爲現今之識開導，哪裏還用得着異類作開導依呢？然而聖人的教導中說前六識互相引生，或者說第七、八識依第六、七識而生，都是依殊勝的增上緣而說，並不是等無間緣，所以並不矛盾。瑜伽師地論稱：如果此心、心所等無間，各識肯定生起，心法和心所法是各識的等無間緣，而且此六識是彼六識的等無間緣，即將此六識稱爲意根。「『言總』遍於六識，『意』乃別說六識，自類各各相望，亦不違理。」（述記卷五本）所以八識自類爲依，十分符合佛教道理。

關於開導依的三家解釋，現代佛教學者文智曾列表說明如下（見現代佛教學術叢刊第二十六集）：

難陀等說

- 前五識——前念第六意識——他類識（獨頭意識）
- 第六識
  - 第六識——自類識（五俱意識）
  - 前五識——他類識
- 第七識、第八識——以前念自類識（自相續故，不假他識）

（淨月）安慧等說

- 前五識——前念六識
  - 前念五識——自類識
  - 第六意識——他類識（五俱意識）
- 第六識
  - 前念第六識——自類識
  - 前念第七、八識——他類識（五無心位時）
- 第七識
  - 前念第七識——自類識（有漏位時）
  - 前念第六識——他類識（轉無漏位時）
- 第八識
  - 前念第八識——自類識（未成佛前）
  - 第六、七識——他類識（轉無漏——大圓鏡智）

（前兩家共同點在於異類識可作開導依）

護法説——前五識、第六識、第七識、第八識——各各自類爲開導依

論述不同見解的傍論到此結束，現在講正論。此能變識雖然具有三所依，但頌文的「依彼轉」祇説明前面兩種：因緣依和增上緣依。這是爲了説明此識的所依和所緣相同，而且前二依有殊勝作用，或者説因爲開導依容易明白。

如是已説此識所依〔一〕，所緣云何〔二〕？謂卽「緣彼」。「彼」謂卽前此所依識〔三〕，聖説此識緣藏識故。有義此意緣彼識體及相應法〔四〕，論説末那我、我所執恆相應故〔五〕，謂緣彼體及相應法，如次執爲我及我所〔六〕。然諸心所不離識故，如唯識言無違教失。有義彼説理不應然〔七〕，曾無處言緣「觸」等故。應言此意但緣彼識見及相分，如次執爲我及我所，相、見俱以識爲體故，不違聖説。有義此説亦不應理〔八〕，五色根、境非識蘊故〔九〕，應同五識亦緣外故，應如意識緣共境故，應生無色者不執我所故，厭色生彼不變色故。應説此意但緣藏識及彼種子，如次執爲我及我所，以種卽是彼識功能，非實有物。不違聖教。有義前説皆不應理〔一〇〕，色等種子非識蘊故，論説種子是實有故〔一一〕，假應如無非因緣故。又此識俱薩迦耶見〔一二〕，任運一類恆相續生，何容別執有我、我所？無一心中有斷、常等二境別

執俱轉義故〔一三〕，亦不應説二執前後，此無始來一味轉故。應知此意但緣藏識見分非餘，彼無始來一類相續似常一故，恆與諸法爲所依故。此唯執彼爲自內我〔一四〕，乘語勢故説我所言。或此執彼是我之我〔一五〕，故於一見義説二言〔一六〕。若作是説，善順教理，多處唯言有我見故〔一七〕，我、我所執不俱起故。未轉依位唯緣藏識，既轉依已亦緣真如及餘諸法〔一八〕，平等性智證得十種平等性故〔一九〕，知諸有情勝解差別示現種種佛影像故〔二〇〕。此中且説未轉依時，故但説此緣彼藏識，悟迷通局理應爾故，無我我境徧不徧故。如何此識緣自所依？如有後識卽緣前意，彼既極成，此亦何咎？

校釋

〔一〕「如是已説此識所依」，藏要本校注稱：「安慧釋以此合前所依爲一段解，不別生起。」

〔二〕「所緣」、「緣」爲攀緣。心法和心所法爲能緣，境是所緣。心法和心所法祇有緣境時纔能生起。

〔三〕「『彼』謂卽前此所依識」，藏要本校注稱：「此句糅安慧釋。」

〔四〕「有義此意緣彼識體及相應法」，關於所緣問題共有四解，本段爲第一解，是難陀的解釋。藏要本校注稱：「此下別諍所緣，安慧釋無文，述記卷二十七謂第三解是安慧説，但原釋云：『與有身見等相應，故緣藏識爲我我所。』不分別緣識及種子。」

〔五〕「論説末那我、我所執恆相應故」，見瑜伽師地論卷六十三：「末那名意，於一切時執我、我所及我慢等，思量爲性。」（大正藏卷三十第六五一頁）

〔六〕「我所」，我所有之略。有情衆生把自身稱之爲我，把身外萬物稱之爲我所有。

〔七〕「有義彼説理不應然」，本段爲第二解，是火辨等人的解釋。

〔八〕「有義此説亦不應理」，本段爲第三解，是安慧的解釋。

〔九〕「識蘊」，五蘊（色、受、想、行、識）之一。「蘊」（Skandha）是積聚、類别的意思。識蘊是對外境起了别作用的心。

〔一〇〕「有義前説皆不應理」，本段爲第四解，是護法的解釋。

〔一一〕「論説種子是實有故」，見瑜伽師地論卷五十二：「云何略説安立種子？謂於阿賴耶識中，一切諸法遍計自性妄執習氣，是名安立種子，然此習氣是實物有，是世俗有，望彼諸法不可定説異不異相，猶如真如。」（大正藏卷三十第五八九頁）

〔一二〕「薩迦耶見」，梵文 Satkāyadarśana 的音譯，意譯身見、我見，認爲「我」和「我所」都是真實存在。一切錯誤的見解和煩惱都依此而生。大乘廣五蘊論稱：「云何薩迦耶見？謂於五取蘊隨執爲我，或爲我所，染慧爲性……染慧者，謂煩惱俱。一切見品所依爲業。」（大正藏卷三十一第八五二頁）

〔一三〕「斷、常」，即斷見和常見，這是佛教强烈反對的二邊見，即兩種極端「錯誤」的見解。斷見，認爲人之身心斷滅不起，如人死後不復再生。常見，認爲人之身心過去、現在、未來皆常住不滅。

〔一四〕「内我」，與外我相對。把身外的大自在天等執爲常一主宰，此稱外我。把自己的身心執爲常一主宰，此稱内我。

〔一五〕「我之我」，據述記卷五本，有三種解釋：一、前我是五蘊假和合的我，是第六識意識所緣。後我是第七識所妄執的我。二、前我是前念，後我是後念。三、前我是體，後我是用。

〔一六〕「見」，梵文 Dṛṣṭi 的意譯，指對事物的見解或觀點、主張等，分正見、邪見、惡見等，但泛用時一般指錯誤的見解。

〔一七〕「多處唯言有我見故」，瑜伽師地論卷五十一和顯揚聖教論卷十七、卷十九等都講到我見。

〔一八〕「真如」，梵文 Tatnatā 的意譯，亦譯如、如如等，與佛性、法性、法界、實相等同義，即永恒不變的絶對真理或本體。詳見本論卷九。

〔一九〕「十種平等性」，它們是：一、諸相增上喜愛，二、一切領受緣起，三、遠離異相非相，四、弘濟大慈，五、無待大悲，六、隨諸有情所樂示現，七、一切有情敬受所説，八、世間寂静皆同一味，九、世間諸法苦樂一味，十、修殖無量功德究竟。

〔二〇〕「勝解」，梵文 Adhimokṣa 的意譯，唯識宗「别境」之一，對所緣外境作出確定判斷。大乘廣五蘊論稱：「云何勝解？謂於決定境，如所了知，印可爲性。……言決定者，卽印持義，余無引轉爲業。」（大正藏卷三十一第八五一頁）

〔二一〕「如何此識緣自所依」，藏要本校注稱：「此段糅安慧釋，蓋謂意識緣前等無間意也。」

〔本段大意〕這就講完了第七識的所依，它的所緣如何呢？就是頌文所説的「緣彼」。「彼」就是前面所講的這所依識第八阿賴耶識，因爲瑜伽師地論、顯揚聖教論等都説第七識緣藏識。難陀等認爲，第七識祇緣第八識的識體及其心所，因爲瑜伽師地論和顯揚聖教論都説末那識的我執、我所執永遠相應，卽緣第八識的識體及其心所，按次第執爲我和我所。然而各種心所法都不離識，如「唯識」所説，並無違背聖人之教的過失。火辨認爲，他講的不合道理，聖人在任何地方都未嘗説過緣「觸」等遍行五法。應當説第七識祇緣第八識的見分和相分，按照次第執爲我和我所，因爲相分和見分都以第八識爲其本體，這樣講並不違背聖人的説教。安慧認爲，這種説法亦不合理，因爲五根、五塵都不屬識蘊，末那識應當像五識那樣亦緣外境。意識緣五塵與五識相同，稱爲緣共境，第七識緣五塵亦應當像意識那樣緣共境。若生無色界，不應當有我所，因爲極端厭惡色而生無色界，此後並不變爲色，所以在無色界肯定没有我所。應當説第七識祇緣阿賴耶識及其種子，按照次第執爲我和我所。因爲種子是阿賴耶識的現識功能，並非實有其物，體是假有。這樣講並不違背聖人的説教。護法認爲，前述三種觀點都不合乎道理，因爲色法等的種子並不屬識蘊，瑜伽師地論和攝大乘論等都説種子實有，如果你們一定認爲是假，那就等於無法，應如無法一樣，不可作爲因緣。而且，第七識與薩迦耶見一起，自無始以來就非常相似，永遠相續而生，哪能容許別執有我和我所呢？任何一念心中都不可能同時具有斷、常等二見，因爲二種互不相同的主張不可能同時而起，亦不應當説我和我所一前一後，因爲它自無始以來都是一味相續。由此可見，第七識祇緣藏識的見分而不是其他的相分、種子和心所，因爲藏識見分自無始以來總是粗細一類，相續不斷，似常（不像色法、種子那樣有間斷）似一（不像心所那樣多法）。因爲心王永遠是萬物的所依，第七識祇執第八識的見分爲自内我，乘語勢而説我所，實際上並不是離我而起我所。或者説第七識執第八識爲我之我。前我是第六識所緣五蘊和合之我，後我是第七識所計度的我，或者前我是體，後我是用，所以在一個「我見」上有我和我所兩個意思。如果這樣講，就很好地隨順佛教道理，因爲瑜伽師地論和顯揚聖教論等多處都祇説有我見，我和我所不可同時生起。當還沒有達到轉依位的時候，第七識祇緣藏識。達到轉依位以後，亦緣真如及其他的一切法，因爲末那識所轉的平等性智，具有十種平等性，因爲佛知道各種有情衆生具有不同的勝解，所以要顯示各種佛的影像。這裏暫且説在沒有達到轉依位的時候，所以祇説第七識緣藏識，「無漏名悟，有漏是迷，無漏是通，有漏名局，道理應爾。無漏無我，有漏有我，無我境遍，有我不遍故也。」（述記卷五本）這第七識怎麼緣自己的所依呢？如有後念的第六識意識緣前念的等無間緣意，既是所依，又是所緣，既然大乘和小乘都同意這種觀點，説第七識緣自己的所依第八識，這有什麼錯誤呢？

頌言「思量爲性相」者，雙顯此識自性、行相。意以思量爲自性故〔一〕，即復用彼爲行相故。由斯兼釋所立別名〔二〕，能審思量名末那故，未轉依位恆審思量所執我相，已轉依位亦審思量無我相故。此意相應有幾心所〔三〕？且與四種煩惱常俱。此中「俱」言顯相應義〔四〕，謂從無始至未轉依，此意任運恆緣藏識，與四根本煩惱相應。其四者何〔五〕？謂我癡、我見，並我慢、我愛，是名四種。我癡者〔六〕，謂無明，愚於我相，迷無我理，故名我癡。我見者，謂我執，於非我法妄計爲我，故名我見。我慢者，謂倨傲〔七〕，恃所執我，令心高舉，故名我慢。我愛者，謂我貪，於所執我深生耽著，故名我愛。「並」表慢、愛有見、慢俱，遮餘部執無相應義。此四常起，擾濁内心，令外轉識恆成雜染，有情由此生死輪迴〔八〕，不能出離，故名煩惱〔九〕。彼有十種〔一〇〕，此何唯四？有我見故餘見不生，無一心中有二慧故。如何此識要有我見？二取邪見但分別生〔一一〕，唯見所斷，此俱煩惱唯是俱生，修所斷故。我所、邊見依我見生，此相應見不依彼起，恆内執有我，故要有我見。由見審決，疑無容起。愛著我故，瞋不得生，故此識俱煩惱唯四。見、慢、愛三如何俱起？行相無違，俱起何失？瑜伽論說：「貪令心下，慢令心舉〔一二〕。」寧不相違？分別俱生，外境内境，所陵所恃，麤細有殊。故彼此文義無乖返。

校釋

〔一〕「意以思量爲自性故」，藏要本校注稱：「此句糅安慧釋，頌本無『相』字，故安慧不釋行相。」

〔二〕「由斯兼釋所立别名」，藏要本校注稱：「此二句糅安慧釋。」成唯識論演祕卷四末對「别名」解釋如下：「心、意、識三皆有通别，若緣慮名心，依止名意，了别名識，此卽通名。八識皆有此三名故。若積聚名心，思量爲意，了粗名識，乃是别名，如次别屬第八、七、六。」（大正藏卷四十二第八九九頁）

〔三〕「此意相應有幾心所」，藏要本校注稱：「此句生起，糅安慧釋，次句牒頌。」

〔四〕「此中『俱』言顯相應義」，藏要本校注稱：「此段糅安慧釋。」

〔五〕「其四者何」，藏要本校注稱：「此句生起，糅安慧釋，次二句牒頌答。」

〔六〕「我癡者」，藏要本校注稱：「此段糅安慧釋，但原釋文意三惑皆依我見而起。」

〔七〕「倨」，磧砂藏本作「踞」，藏要本據慧琳一切經音義卷五十一改。

〔八〕「淪」，宋藏、元藏和述記都作「淪」，大正藏本作「輪」。這兩個字的解釋不一樣。「淪」是淪没生死，不能出離而得聖道。「輪」是説有情衆生在三界生死，猶如車輪而不停息。

〔九〕「煩惱」，梵文 Kleśa 的意譯，亦譯「惑」。「煩」是擾義，「惱」是亂義，與佛教的寧静、涅槃相對立的迷惑、苦惱精神境界的總稱，貪、瞋、癡等擾亂身心，使之不得安寧，此稱煩惱。

〔一〇〕「彼有十種」，藏要本校注稱：「此下別辨廢立，安慧釋無文。」唯識宗認爲有六根本煩惱：貪、瞋、癡、慢、疑、惡見。惡見又分爲五種：身見、邊見、邪見、取見、戒禁取見。合爲十種。

〔一一〕「二取邪見」，「邪見」即主張無因果的見解，佛教認爲這種見解是邪惡的，故稱「邪見」。「二取邪見」即：一、見取見，亦稱取見。自己的意見本來是錯誤的，但誤認爲是正確的，仍固執己見。二、戒禁取見，亦稱戒取見。此見有二：一是執非因爲因，如認爲大自在天是產生萬物之因；二是執非道爲道，如認爲拜雞拜狗可以升天。這是外道的兩種見解。

〔一二〕本段引文見瑜伽師地論卷五十八：「貪染令心卑下，憍慢令心高舉，是故貪、慢更互相違。」（大正藏卷三十第六二三頁）

〔本段大意〕頌文的「思量爲性相」，是爲了說明第七識的體性（自證分）和行相（見分），因爲意（末那）以思量爲自性，所以又用思量作爲自己的行相。「由此性、相二義，兼解所立名意所由，能審思量，各自所取名末那故。」（述記卷五本）末那識在沒有達到轉依位的時候，永恒思慮量度所執的我相。達到轉依位以後，永恒思慮無我之相。和末那識相應的有幾位心所法呢？與四種煩惱相應。頌文的「俱」是爲了說明相應的意思，即第七識從無始以來至轉依位，無論如何都永恒緣這藏識，與四根本煩惱相應。有哪四種呢？就是我癡、我見，還有我慢、我愛，這四種煩惱。我癡就是無明，愚蠢地執我之相，對無我之理迷惑不解，所以稱爲我癡。我見就是主張有我，把並不是「我」的東西虛妄計度爲「我」，所以稱爲我見。我慢就是高傲，倚恃所妄執的「我」，使心過高地估計自己，所以稱爲我慢。我愛就是我貪，對於所妄執的「我」深深地産生貪愛執著，所以稱爲我愛。頌文的「並」字表示慢、愛與見俱起，愛與慢俱起，這是爲了否定小乘佛教説一切有部等不許相應的主張。這四種煩惱經常生起，擾亂攪渾内心，使其内緣（第七識）永遠讓外六轉識（前六識）處於煩惱之中，有情衆生由此淪没生死，迴轉不息，不能脱離，所以稱爲煩惱。外人問：煩惱有十種，這裏爲什麽衹講四種呢？論主答：因爲有我見，所以其他的邪見就不産生，一念心中不能同時具有兩種見解。外人問：第七識爲什麽要有我見呢？論主答：見取見和戒禁取見衹是分别生起，衹是見道所斷。這相應的四種煩惱是同時生起，由修道所斷。我所和斷、常二邊見依我見後生，與第七識相應的我見，不依彼邊見生起，永恆任運緣内相續而生，因爲它永恒不間斷地内執有我，所以有我見。因爲我見能够審思決定，疑行猶豫，與之不相應。因爲愛見順著於我，瞋不能産生，所以與第七識相應的煩惱衹有四種。小乘等持不同見解的人問：我見、我慢、我愛爲什麽能同時生起呢？論主答：它們的行相不相違背，同時生起有什麽錯誤呢？外人問：瑜伽師地論説：「貪使心卑下，慢使心高傲。」怎能説不相違背呢？論主答：因爲分别與俱生有别，外境與内境有别，所淩與所恃有别，粗、細有别，所以我説的與瑜伽師地論並無矛盾。

此意心所唯有四耶〔一〕？不爾「及餘觸等俱」故。有義此意心所唯九〔二〕，前四及餘觸等五法，即觸、作意、受、想與思，意與徧行定相應故。前説觸等異熟識俱〔三〕，恐謂同前亦是無覆〔四〕，顯此異彼，故置「餘」言。「及」是集義〔五〕，前四後五合與末那恆相應故。此意何故無餘心所〔六〕？謂欲希望未遂合事。此識任運緣遂合境，無所希望，故無有欲。勝解印持曾未定境。此識無始恆緣定事，無所印持，故無勝解。念唯記憶曾所習事。此識恆緣現所受境，無所記憶，故無有念。定唯繫心專注一境。此識任運剎那別緣，既不專一，故無有定。慧卽我見，故不別説。善是淨故，非此識俱。隨煩惱生必依煩惱，前後分位差別建立〔七〕，此識恆與四煩惱俱，前後一類，分位無別，故此識俱無隨煩惱。惡作追悔先所造業〔八〕，此識任運恆緣現境，非悔先業，故無惡作。睡眠必依身心重昧〔九〕，外衆緣力有時暫起，此識無始一類內執，不假外緣，故彼非有。尋、伺俱依外門而轉，淺深推度，麤細發言。此識唯依內門而轉，一類執我，故非彼俱。

校釋

〔一〕「此意心所唯有四耶」，藏要本校注稱：「此句生起，糅安慧釋，次二句牒頌答。」

〔二〕「有義此意心所唯九」，藏要本校注稱：「此解同轉識論，又糅安慧釋，原釋謂染意與五遍行四煩惱相應，不説有餘心法。」

〔三〕「異熟識」，梵文 Vipākavijñāna 的意譯，阿賴耶識的異名之一，因爲阿賴耶識能够引生三界、六趣、四生、善或不善等異熟果報，故稱異熟識。

〔四〕「無覆」，即無覆無記，如阿賴耶識之自體及内五根及外之山河草木等，不覆聖道，故稱無覆。非善非惡，故稱無記。

〔五〕「『及』是集義」，藏要本校注稱：「此句糅安慧釋，原釋云：『又』者，總攝之意。」

〔六〕「此意何故無餘心所」，藏要本校注稱：「此下別辨餘所不相應，安慧釋無文。」

〔七〕「隨煩惱」，梵文 Upakleśa 的意譯，亦稱隨惑。隨從根本煩惱産生的煩惱，包括大、中、小三種。小隨煩惱包括忿、恨、覆、惱、嫉、慳、誑、諂、害、驕十種。中隨煩惱包括無慚、無愧二種。大隨煩惱包括掉舉、昏沉、不信、懈怠、放逸、失念、散亂、不正知八種。總共二十種。

〔八〕「惡作」，梵文 Kaukṛtya 的意譯，亦譯「悔」，即對以前所作的事情感到後悔。大乘廣五蘊論稱：「云何惡作？謂心變悔爲性，謂惡所作，故名惡作。」（大正藏卷三十一第八五四頁）如果對以前所作的惡業感到後悔，此爲善性。如果對以前所作的善業感到後悔，此爲惡性。

〔九〕「睡眠」，梵文 Middha 的意譯，簡稱「睡」。心處於昏迷而不由自主的狀態。大乘廣五蘊論稱：「云何睡眠？謂不自在轉，昧略爲性。不自在者，謂令心等不自在轉，是癡之分；又此自性不自在故，令心、心法極成昧略。此善、不善及無記性，能與過失所依爲業。」（大正藏卷三十一第八五四頁）

〔本段大意〕外人問：照你所說，這第七識的心所法祇有四種了？論主答：不是。因爲頌文説「及餘觸等俱」。有人認爲，第七識的心所法衹有九種，卽前述我癡、我見、我慢、我愛及其餘的觸等五法，卽觸、作意、受、想和思，因爲末那識肯定要與遍行心所法相應。前面説觸等五法與異熟識相應，恐怕讓人誤解第七識相應的遍行和前述異熟識相應的遍行一樣亦是無覆無記，爲了説明第七識不同於第八識，所以加了一個「餘」字。「及」是合集的意思，前四種（我癡、我見、我慢、我愛）和後五種（觸、作意、受、想、思）合在一起，永遠與末那識相應。外人問：末那識爲什麼没有其他的心所法呢？論主答：欲是希望還未實現的樂境。末那識隨意緣取現境，無所希望，所以没有欲。勝解是判斷未曾決定的外境，末那識自無始以來，永恒緣取決定計我，不需要判斷，所以没有勝解。念衹是記憶自己經歷過的事情，末那識永遠緣取現在所感受的外境，不需要記憶，所以没有念。定衹是繫心專注一境，末那識在任何一刹那都可隨意緣取另外的境界，既然不專注一境，所以没有定。慧就是我見，所以就不用另作解釋了。善是淨，所以與第七識不相應。隨煩惱的産生必須依靠根本煩惱的前後分位差别建立，末那識永遠與四煩惱相應，前後一致，没有變化，没有分位差别，所以末那識與隨煩惱不相應。惡作是對以前所作的事情感到後悔，末那識無論如何都永遠緣取現境，並不對以前作的事情感到後悔，所以没有惡作。睡眠如果生起，必須依靠身心的沉重惛昧，這是内緣，有時還藉助疾病、涼風等外緣，末那識自無始以來，總是内執，不假藉外緣，所以没有睡眠。尋、伺都是「並依外門，緣外境生故，此二多依身、語門轉故。尋則淺推，伺則深度。尋則粗發言，伺則細發語。此識唯内門，緣内我生故。」（述記卷五本）所以末那識與尋、伺不相應。

有義彼釋「餘」義非理〔一〕，頌別説此有覆攝故，又闕意俱隨煩惱故，煩惱必與隨煩惱俱，故此「餘」言顯隨煩惱。此中有義五隨煩惱偏與一切染心相應，如集論説惛沈〔二〕、掉舉〔三〕、不信〔四〕、懈怠〔五〕、放逸〔六〕，於一切染汙品中恆共相應。若離無堪任性等〔七〕，染汙性成，無是處故。煩惱起時心既染汙，故染心位必有彼五。煩惱若起，必由無堪任、囂動、不信、懈怠、放逸故。掉舉雖偏一切染心，而貪位增，但説貪分，如眠與悔雖偏三性心，而癡位增但説爲癡分。雖餘處説有隨煩惱或六或十偏諸染心，而彼俱依別義説偏，非彼實偏一切染心。謂依二十隨煩惱中，解通麤、細，無記、不善，通障定、慧相顯，説六。依二十二隨煩惱中〔八〕，解通麤、細，二性，説十。故此彼説非互相違。然此意俱心所十五，謂前九法，五隨煩惱，並別境慧〔九〕。我見雖是別境慧攝，而五十一心所法中〔一〇〕，義有差別〔一一〕，故開爲二。何緣此意無餘心所？謂忿等十行相麤動〔一二〕，此識審細，故非彼俱。無慚〔一三〕、無愧唯是不善〔一四〕。此無記故，非彼相應。散亂令心馳流外境〔一五〕，此恆内執一類境生，不外馳流，故彼非有。不正知者〔一六〕，謂起外門身、語、意行違越軌則。此唯内執，故非彼俱。無餘心所，義如前説。有義應説六隨煩惱偏與一切染心相應。瑜伽論説不信、懈怠、放逸、忘念〔一七〕、散亂、惡慧，一切染心皆相應故。忘念、散亂、惡慧若無，心必不能起諸煩惱。要緣曾受境界種類，發起忘念及邪簡擇，方起貪等諸煩惱故。煩惱起時心必流蕩，皆由於境起散亂故。惛沈、掉舉行相互違，非諸染心皆能徧起。論説五法徧染心者，解通麤細，違唯善法〔一八〕，純隨煩惱，通二性故。説十徧言義如前説。然此意俱心所十九，謂前九法，六隨煩惱，並念、定、慧，及加惛沈。此別説念，準前慧釋。並有定者，專注一類，所執我境，曾不捨故。加惛沈者，謂此識俱，無明尤重，心惛沈故。無掉舉者，此相違故。無餘心所，如上應知。有義復説十隨煩惱徧與一切染心相應，瑜伽論説放逸、掉舉、惛沈、不信、懈怠、邪欲、邪勝解、邪念、散亂、不正知，此十一切染汙心起，通一切處，三界繫故。若無邪欲、邪勝解時，心必不能起諸煩惱。於所受境，要樂合離，印持事相，方起貪等諸煩惱故。諸疑理者，於色等事必無猶豫，故疑相應亦有勝解，於所緣事亦猶豫者非煩惱疑，如疑人杌。餘處不説此二徧者，緣非愛事，疑相應心，邪欲、勝解非麤顯故。餘互有無，義如前説。此意心所有二十四，謂前九法，十隨煩惱，加別境五，準前理釋。無餘心所，如上應知。有義前説皆未盡理。且疑他世爲有爲無？於彼有何欲、勝解相？煩惱起位若無惛沈，應不定有無堪任性。掉舉若無，應無囂動，便如善等非染汙位。若染心中無散亂者，應非流蕩，非染汙心。若無失念、不正知者，如何能起煩惱現前？故染汙心決定皆與八隨煩惱相應而生，謂惛沈、掉舉、不信、懈怠、放逸、忘念、散亂、不正知。忘念、不正知念、慧爲性者，不偏染心，非諸染心皆緣曾受，有簡擇故。若以無明爲自性者，偏染心起，由前説故。然此意俱心所十八，謂前九法，八隨煩惱，並別境慧。無餘心所及論三文，準前應釋，若作是説，不違理教。

校釋

〔一〕「有義彼釋『餘』義非理」，藏要本校注稱：「此解及下別静隨惑多少，安慧釋均無文。」

〔二〕「惛沈」，梵文Styāna的意譯，隨煩惱之一，即昏昏沉沉的精神狀態，大乘廣五蘊論稱：「云何惛沈？謂心不調暢，無所堪任，蒙昧爲性，是癡之分，與一切煩惱及隨煩惱所依爲業。」（大正藏卷三十一第八五三頁）

〔三〕「掉舉」，梵文Auddhatya的意譯，隨煩惱之一，是躁浮不静的精神狀態，大乘廣五蘊論稱：「云何掉舉？謂隨憶念喜樂等事，心不寂静爲性……是貪之分，障奢摩他（意譯「止」，禪定）爲業。」（大正藏卷三十一第八五三頁）

〔四〕「不信」，梵文Asrādha的意譯，隨煩惱之一，與「信」相對，意謂心不清淨，不相信佛教道理。大乘廣五蘊論稱：「云何不信？謂信所治，於業果等，不正順信，心不清淨爲性，能與懈怠所依爲業。」（大正藏卷三十一第八五三頁）

〔五〕「懈怠」，梵文Kausīdya的意譯，隨煩惱之一，與「勤」相對立，意謂不努力從事佛教修行。大乘廣五蘊論稱：「謂精進所治，於諸善品，心不勇進爲性，能障勤修衆善爲業。」（大正藏卷三十一第八五三頁）

〔六〕「放逸」，梵文Pramāda的意譯，隨煩惱之一，與「不放逸」相對立。意謂放縱，不修善法。大乘廣五蘊論稱：「云何放逸？謂依貪、瞋、癡、懈怠故，於諸煩惱，心不防護，於諸善品不能修習爲性，不善增長，善法退失爲業。」（大正藏卷三十一第八五三頁）

〔七〕「等」，此中省略四種，卽掉舉的不寂靜性、不信的不忍性、懈怠的不策勵性、放逸的不防有漏性。

〔八〕「二十二隨煩惱」，二十種隨煩惱再加「別境」的欲和勝解。

〔九〕「別境」，梵文Viniyata的意譯，意謂由特定外境引起的心理活動，與「遍行」相對。詳見本書卷五。

「慧」，梵文Mati的意譯，別境之一，分別、通達事理和決定疑念的精神作用。大乘廣五蘊論稱：「云何慧？謂卽於彼擇法爲性，……斷疑爲業，慧能簡擇，於諸法中，得決定故。」（大正藏卷三十一第八五二頁）

〔一〇〕「五十一心所法」，包括遍行五、別境五、善十一、煩惱六、隨煩惱二十、不定四。

〔一一〕「義有差別」，慧是別境，通善、惡、無記三性和九地：一欲界五趣地，二離生喜樂地，三定生喜樂地，四離喜妙樂地，五捨念清淨地，六空無邊處地，七識無邊處地，八無所有處地，九非想非非想處地。我見唯染污性，祇通九地，但不通三性。所以心所法中有寬、狹之別。

〔一二〕「忿等十」，忿、恨、覆、惱、嫉、慳、誑、諂、害、驕等十種小隨煩惱。

〔一三〕「無慚」，梵文 Anrikatā 的意譯，隨煩惱之一，意謂作壞事不感到羞耻。

〔一四〕「無愧」，梵文 Anapatrapā 的意譯，隨煩惱之一，意謂作了錯事，不感到慚愧，不感到害怕。

〔一五〕「散亂」，梵文 Vikṣepa 的意譯，隨煩惱之一，意謂貪、瞋、癡等煩惱令人心思分散。大乘廣五蘊論稱：「云何散亂？謂貪、瞋、癡分，令心心法流散爲性，能障離欲爲業。」（大正藏卷三十一第八五三頁）

〔一六〕「不正知」，梵文 Asamprajanya 的意譯，隨煩惱之一，意謂不符合佛教義理的認識，往往導致錯誤的行爲或違犯戒律。大乘廣五蘊論稱：「云何不正知？謂煩惱相應慧，能起不正身、語、意行爲性，違犯律行所依爲業，謂於去、來等不正觀察故，而不能知應作不應作，致犯律儀。」（大正藏卷三十一第八五四頁）

〔一七〕「忘念」，亦稱失念，梵文 Muṣitasmṛtitā 的意譯，隨煩惱之一，意謂對所緣外境和各種善法不能明記在心，造成散亂。大乘廣五蘊論稱：「云何失念？謂染污念，於諸善法，不能明記爲性。……能與散亂所依爲業。」（大正藏卷三十一第八五三頁）

〔一八〕「違唯善法」，不信違信，懈怠違精進，惛沈違輕安，掉舉違捨，放逸違不放逸。

〔本段大意〕有人認爲，前述對「餘」字的解釋不合道理，因爲頌文特別說「有覆無記攝」，又没說末那識與隨煩惱相應，煩惱必須與隨煩惱相應，所以這個「餘」字是說隨煩惱。關於這個問題，有人認爲五種煩惱普遍地與一切染心相應，如集論卷三所說的惛沈、掉舉、不信、懈怠、放逸永遠與一切染心相應。如果沒有惛沈的不堪任性等，任何染污性都不能成立。既然煩惱生起時心是染污性，所以在染心位肯定有惛沈等五種隨煩惱。如果煩惱生起，肯定是由於無堪任的惛沈、囂動的掉舉，還有不信、懈怠、放逸。掉舉雖然普遍地存在於一切染心，但貪位增盛，祇能稱爲貪的一部分。如睡眠和惡作，雖然普遍地存在於善、惡、無記三性之心，但癡位增盛，祇稱爲癡的一部分。雖然瑜伽師地論說有六種隨煩惱普遍地存在於各種染心，該論又説有十種隨煩惱普遍地存在於各種染心，這祇是就某種特定含義說「普遍」，它們並不是真的普遍存在於一切染心。在二十種隨煩惱中，不信、懈怠、放逸、失念、散亂、不正知通粗、細二位，不像忿等十種小隨煩惱祇通粗位。它們通無記、不善二性，不像無慚、無愧那樣祇通不善。它們通障定和慧，不像惛沈那樣祇障定，亦不像掉舉那樣祇障慧。惛沈、掉舉是別障，不信等六是通障，其相特別明顯，所以説這六種隨煩惱遍諸染心。在二十二種隨煩惱中通粗、細二位和無記、不善二性者，有不信、懈怠等八種大隨煩惱，再加邪欲和邪勝解，所以說有十種大隨煩惱遍諸染心。所以，這兩種說法並不矛盾。然而第七識與十五種心所法相應，即前述五遍行及四根本煩惱的九種和五種隨煩惱（惛沈、掉舉、不信、懈怠、放逸），再加別境的慧。我見雖然屬於別境的慧，但在五十一位心所法中意義有別，所以分爲兩種。末那識爲什麼沒有其他的心所法呢？因爲忿等十種小隨煩惱行相粗顯，末那識思慮細密，所以末那識不與忿等十種小隨煩惱相應。無慚、無愧祇是惡性，末那識無記性，所以末那識與無慚、無愧不相應。散亂使心流散於外境，末那識永遠内執，不向外流散，所以末那識没有散亂。不正知是外顯的身行、語行、意行，違背善性，末那識總是内執，所以末那識没有不正知。没有其他的心所法，其義如前所説。有人認爲，應當説六種隨煩惱普遍地與一切染心相應，因爲瑜伽師地論説不信、懈怠、放逸、失念、散亂、不正知與所有的染心都相應，如果没有失念、散亂、不正知，心肯定不能生起各種煩惱。心要緣曾經接受過的外境和聽聞未曾接受過的外境，就要産生失念和不正知，這就要生起貪等各種煩惱。煩惱生起的時候，心肯定馳流，於境縱蕩，因爲都是由於心接受外境而起散亂。惛沈和掉舉行相互相違背，不能普遍地生起各種染心。瑜伽師地論所説的五法（不信、懈怠、惛沈、掉舉、放逸）普遍存在於染心，是因爲三、它們通粗、細二境，不像忿等十種小隨煩惱祇通粗境；二、祇與善法相違；三、它們是純煩惱，不同於根本煩惱和四種不定；四、通惡、無記二性，不像無慚、無愧那樣祇通惡性。説十種隨煩惱普遍地存在於一切染心，其義如前所説。然而末那識與十九種心所法相應，卽前述九法、六種隨煩惱和念、定、慧，再加惛沈。這裏特别説的念，就如前師説慧那樣解釋。還有定，係指專注一類所執我境，不曾捨故。前述「加惛沈」，是説末那識與無明相應，其過失特别嚴重，内心迷執有我，所以有惛沈。没有掉舉是因爲它與惛沈性質相違背。没有别境的欲和勝解、忿等十種小隨煩惱以及四種不定，如前第一師所説，應當知道。又有人説，有十種隨煩惱普遍與一切染心相應，瑜伽師地論説，放逸、掉舉、惛沈、不信、懈怠、欲、勝解、念、散亂、不正知十種隨煩惱，能引起一切染心，因爲它們通三界的一切處所。當没有欲、勝解的時候，心肯定不能生起各種煩惱。對於所接受的外境，如隨順自己則與之相合，如與己違背則與之遠離，這就決定外境的性質，方能生起貪等各種煩惱。懷疑佛教道理者，對物質等客觀事物肯定没有懷疑，所以和疑問並存的亦有勝解。對於所緣事物有懷疑就像懷疑是人是柱一樣，並不是産生煩惱的疑問。餘論不説欲、勝解普遍存在，是因爲緣非愛事物和心有懷疑時，欲和勝解並非粗顯。其他的心所法有的與末那識相應，有的與末那識不相應，其義如前所説。末那識有二十四種心所法，即前述九法、十種隨煩惱，再加五種别境，其理如前所説。没有其他的心所法，如上述解釋應當知曉。護法認爲，上述三師所説都未盡理。懷疑未來世是有是無，對此有什麽欲和勝解之相呢？當煩惱生起的時候，如果没有惛沈，應當是没有無堪任性。如果没有掉舉，應當是没有囂動（擾惱）。就如善、無記一樣，並非染污之位。如果染心中没有散亂，就應當不是流蕩，這就不是染污心了。如果没有失念、不正知，怎能生起煩惱呢？所以染污心肯定與八種隨煩惱相應而生，這就是惛沈、掉舉、不信、懈怠、放逸、失念、散亂、不正知。如果失念、不正知以别境的念、慧爲其特性，它就不會普遍存在於染心，因爲並不是所有的染心都緣曾經接受過的外境，它們是有區别的。如果以無明爲其自性，就能與一切染心同時俱起，就像前面所説的那樣。然而這末那識與十八個心所法相應，即前述九法、八個隨煩惱和別境的慧。没有其他的心所法，論有三處（對法及瑜伽師地論卷五十五和卷五十八）已經解釋過了。如果這樣説，就不違背佛教道理。

成唯識論校釋卷第五

護法等菩薩造

唐三藏法師玄奘奉詔譯

此染汙意何受相應？有義此俱唯有喜受，恆内執我生喜愛故。有義不然，應許喜受乃至有頂〔一〕，違聖言故〔二〕。應說此意四受相應。謂生惡趣憂受相應〔三〕，緣不善業所引果故。生人欲天初二靜慮〔四〕，喜受相應，緣有喜地善業果故。第三靜慮樂受相應〔五〕，緣有樂地善業果故。第四靜慮乃至有頂捨受相應〔六〕，緣唯捨地善業果故。有義彼說亦不應理，此無始來任運一類緣内執我，恆無轉易，與變異受不相應故〔七〕。又此末那與前藏識義有異者，皆別說之，若四受俱亦應別說。既不別說，定與彼同，故此相應唯有捨受〔八〕。未轉依位與前所說心所相應，已轉依位唯二十一心所俱起，謂徧行、別境各五，善十一，如第八識已轉依位唯捨受俱，任運轉故恆於所緣平等轉故。末那心所何性所攝〔九〕？有覆無記所攝，非餘。此意相應四煩惱等是染法故〔一〇〕，障礙聖道，隱蔽自心，說名有覆，非善不善，故名無記。如上二界諸煩惱等定力攝藏，是無記攝。此俱染法所依細故，任運轉故，亦無記攝。若已轉依，唯是善性。末那心所何地繫耶〔二〕？隨彼所生，彼地所繫。謂生欲界現行末那〔三〕，相應心所卽欲界繫，乃至有頂應知亦然，任運恆緣自地藏識執爲内我，非他地故。若起彼地異熟藏識現在前者〔三〕，名生彼地，染汙末那緣彼執我，卽繫屬彼，名彼所繫。或爲彼地諸煩惱等之所繫縛，名彼所繫。若已轉依，卽非所繫。

校釋

〔一〕「有頂」，有二解：一、色界第四處色究竟天，在有形世界之最頂，故稱有頂；二、無色界第四處非想非非想處，位於世界最頂，故稱有頂。此處用第二解。

〔二〕「違聖言故」，據瑜伽師地論卷十一（述記稱瑜伽第十二，誤），初定出憂，第二定出苦，第三定出喜，第四定出樂，於無想中出捨根（包括憂、苦、喜、樂）。如果允許喜、樂通有頂，應許憂、苦通三界。

〔三〕「惡趣」，衆生因作惡業而趣生的處所，六趣中的地獄、餓鬼、畜生稱爲三惡趣。三惡趣加阿修羅稱爲四惡趣。三惡趣加人、天（三界諸天）稱爲五惡趣。

〔四〕「初二静慮」，静慮是梵文 Dhyāna 的意譯，卽禪定。佛教認爲修不同的禪定可生不同的天處，初禪有三天：梵衆天、梵輔天、大梵天。二禪亦有三天：少光天、無量光天、光音天。

〔五〕「第三静慮」，三禪有三天：少淨天、無量淨天、遍淨天。

〔六〕「第四静慮」，四禪八天如下：無雲天、福生天、廣果天、無煩天、無熱天、善現天、善見天、色究竟天。生於此者亦是僅有意識，祇有捨受與之相應。

〔七〕「變異受」，卽憂、喜、苦、樂受，因爲這四受有變化，故稱變異受。

〔八〕「故此相應唯有捨受」，藏要本校注稱：「此解同安慧釋，原釋第三識變文末云，染意唯捨受，但不釋所以。」

〔九〕「末那心所何性所攝」，藏要本校注稱：「安慧釋以此義合上與四煩惱俱爲一段解，不別生起，但釋文有云煩惱有不善、無記二類，今簡不善云無記也。」

〔一〇〕「此意相應四煩惱等是染法故」，藏要本校注稱：「此二句糅安慧釋。」

〔一一〕「末那心所何地繫耶」，藏要本校注稱：「此句生起，糅安慧釋，原釋云，如說我癡等煩惱亦如意有九地（引經文）。今既總說，不審是何者相應，故頌云云。」

〔一二〕「謂生欲界現行末那」，藏要本校注稱：「此三句糅安慧釋。」

〔一三〕「若起彼地異熟藏識現在前者」，藏要本校注稱：「此二句糅安慧釋，原釋係解『依彼轉』句。」

〔本段大意〕這染污的末那識與什麼受相應呢？有人認爲祇與喜受相應，因爲它永恒内執於我而生喜愛。有人認爲並非如此，如果允許喜受至非想非非想處，這就違背了聖人之教，應當說這末那識與憂、喜、樂、捨四受相應，如生惡趣則與憂受相應，因爲這是以不善業爲其條件所引生的果報。生於欲界人趣的初禪、二禪與喜受相應，因爲這是以有喜地善業爲條件所引生的果報。三禪與樂受相應，因爲這是以有樂地的善業爲條件所引生的果報。四禪乃至非想非非想處與捨受相應，因爲這祇是以捨地善業爲條件所引生的果報。有人認爲這種説法亦不合理，因爲末那識自無始以來，總是毫無變異地緣内阿賴耶識而妄執爲我，永無變化，與變異受憂、喜、苦、樂不相適應，而且這末那識與前述阿賴耶識，其義有别者，頌文都要别説，如果與四受相應，頌文亦應當别説。既然没有别説，肯定與阿賴耶識相同，所以與末那識相應的祇有捨受。在没有達到轉依位的時候，與前述心所法相應。達到轉依位以後，祇與二十一位心所法相應，即遍行五、别境五、善十一。就像第八識阿賴耶識達到轉依位以後祇與捨受相應一樣，它自由運轉，永遠以平等性智對待所緣的對象。末那識及其心所法屬於什麽性質呢？正像頌文所説的「有覆無記攝」，而非其他。因爲與末那識相應的四種煩惱（我癡、我見、我慢、我愛）等是染污法，它們障礙成佛之道，掩蔽自己的思想，所以稱爲有覆。又因爲它既不是善性，又不是惡性，所以稱爲無記性。就像色界、無色界的各種煩惱等由於定力攝藏而是無記性一樣，與第七識相應的煩惱所依細密，自由運轉，亦是無記性。如果已達轉依位，它祇能是善性。末那識及其相應的心所法屬於哪一地？正像頌文所説的「隨所生所繫」。即生於欲界的有情衆生，其現行末那識及其相應的心所法就屬於欲界，乃至生於有頂者就屬於有頂。因爲它總是緣取自地阿賴耶識而妄執爲我，非緣他地阿賴耶識。如果異熟藏識仍然在欲界地，又起上界彼地的異熟藏識出現在面前的時候，這就稱爲「生彼地」，染污的末那識緣取它並妄執爲我，就繫屬於阿賴耶識所在的那一地，這就稱爲「彼所繫」。或爲那地四種煩惱等所繫縛稱爲「彼所繫」。如果已達轉依位，末那識就不繫屬於任何一地。

此染汙意無始相續〔一〕，何位永斷或暫斷耶？「阿羅漢、滅定、出世道無有。」阿羅漢者〔二〕，總顯三乘無學果位〔三〕。此位染意種及現行俱永斷滅，故說「無有」。學位、滅定、出世道中俱暫伏滅，故說「無有」。謂染汙意無始時來微細一類任運而轉，諸有漏道不能伏滅〔四〕，三乘聖道有伏滅義〔五〕，真無我解違我執故，後得無漏現在前時〔六〕，是彼等流〔七〕，亦違此意。真無我解及後所得俱無漏故，名出世道。滅定既是聖道等流，極寂靜故〔八〕，此亦非有。由未永斷此種子故，從滅盡定聖道起已，此復現行〔九〕，乃至未滅。然此染意相應煩惱是俱生故〔一〇〕，非見所斷。是染汙故，非非所斷。極微細故，所有種子與有頂地下下煩惱一時頓斷〔一一〕，勢力等故。金剛喻定現在前時〔一二〕，頓斷此種成阿羅漢。故無學位永不復起。二乘無學迴趣大乘，從初發心至未成佛，雖實是菩薩，亦名阿羅漢，應義等故不別說之。

校釋

〔一〕「此染汙意無始相續」，藏要本校注稱：「安慧釋此段生起云，染污意無息時，從何得脱？將成不能解脱之失耶。但無此失，此所以者，如頌云云。」

〔二〕「阿羅漢者」，藏要本校注稱：「此解糅安慧釋，原釋略云，染意屬於修斷有頂煩惱，得羅漢時由無門道無餘永斷，故無所有。又不還果既離無所有處貪，得滅盡定，由道力故如道亦無染意，乃至出世道中見無我故對治我執，亦無染意，由滅定出，復從藏識生彼現行。」

〔三〕「三乘」，即聲聞乘、緣覺乘、菩薩乘。聲聞乘亦稱小乘，親自聽聞佛的説教而悟四諦之理，終得羅漢果。緣覺乘亦稱中乘，不親自聽聞佛的説教，自己領悟十二因緣之理，終得辟支佛果。菩薩乘亦稱大乘，修六度而證無上菩提。

〔四〕「有漏道」，與達涅槃的無漏道相對，使有情衆生轉生爲人或天神的三界果報行法稱爲有漏道。因爲人和天神都有煩惱，即有漏。

〔五〕「聖道」，即聖者之道，是聲聞、緣覺、菩薩三乘所行之道的總稱。

〔六〕「後得」，即後得智，無量智的異名。因有根本智而産生認識世間萬物的世俗智。因産生於根本智之後，故稱後得智。

〔七〕「等流」，「等」爲相似，「流」爲流出。由因流出果，由本流出末。因與果相類似，本與末相類似。

〔八〕「寂静」，没有煩惱稱爲「寂」，没有苦患稱爲「静」。寂静是涅槃之理。有兩種寂静：一、身寂静，捨家棄欲，閑居静處，一切身之惡行都不作；二、心寂静，消除貪、瞋、癡等，修習禪定而不散亂，一切意之惡行都不作。

〔九〕「現行」，阿賴耶識的種子産生色、心二法稱之爲現行。亦可以是現行法之略，阿賴耶識的種子所産生的色、心二法亦稱之爲現行法。

〔一〇〕「俱生」，俱生起之略，惑心生起分爲兩種：一是分別起，二是俱生起。由於外道論師的錯誤説教而引起的錯誤思惟，此稱分別起。對於外境自然而起惑心，此稱俱生起。分別起之惑强，但易斷。俱生起之惑弱，但難斷。在見道頓斷分別起之惑，於修道漸斷俱生起之惑。

〔一一〕「下下煩惱」，佛教把煩惱分爲九類，此稱九品煩惱，亦稱九品惑。貪、瞋、慢、無明四種修惑，就粗、細而分九品：上上、上中、上下、中上、中中、中下、下上、下中、下下。三界總有九地，每地都有這九品，所以共八十一品。下下煩惱即下下品煩惱。

〔一二〕「金剛喻定」，一種禪定名，亦稱金剛心、金剛三昧等。意謂這種禪定堅固、鋭利，猶如金剛，能斷盡一切煩惱。此爲三乘人的最後禪定，斷滅最微細的煩惱而得最高果報。

〔本段大意〕這染汙的末那識自無始以來永恆相續，到什麽時候纔能永遠斷除或暫時斷除呢？世親的唯識三十頌回答説：「阿羅漢、滅定、出世道無有。」阿羅漢總的顯示三乘無學果位，在此位的染意末那識種子和現行都已經永遠斷滅，所以頌文説「無有」。在三乘學位、滅盡定、出世道中都使末那識暫時被折服，所以頌文説「無有」。這染汙意末那識自無始以來，總是微細難知，又相類似，任運生起，在各種有漏道都不能被折服，在三乘聖道纔有折服的意思，作真正的無我解釋與我執相違背。無漏後得智出現在面前時，隨人、法觀無分别智等流引生，亦與末那識相違背。認識真正無我的智慧和後得智都是無漏，所以稱爲出世道。既然滅盡定是聖道的等流引生，極其寂静，所以此位亦没有末那識。因爲此位還没有永遠斷除末那識的種子，滅盡定聖道以後，它還可以産生現行，直至種子還没有完全滅除以前。然而因爲與這染汙意末那識相應的煩惱是俱生，不是見道所斷，因爲它是染汙性，所以亦不是不斷。因爲末那識極端微細難知，所有的種子與有頂地下下品煩惱一時斷除乾淨，因其勢力相等。當修金剛喻定的時候，頓斷末那識的種子而成羅漢。所以在無學位，末那識永遠不再生起。小乘佛教聲聞、緣覺二乘改學大乘的時候，從最初發誓直至未成佛的時候，雖然實際上是菩薩，亦稱爲羅漢，其義應當相同，所以就不另外講了。

此中有義〔一〕，末那唯有煩惱障俱〔二〕，聖教皆言三位無故。又説四惑恆相應故，又説爲識雜染依故〔三〕。有義彼説教理相違，出世末那經説有故，無染意識如有染時，定有俱生不共依故〔四〕。論説：「藏識決定恆與一識俱轉，所謂末那。意識起時則二俱轉，所謂意識及與末那。若五識中隨起一識，則三俱轉，乃至或時頓起五識則七俱轉〔五〕。」若住滅定無第七識，爾時藏識應無識俱，便非恆定一識俱轉。住聖道時若無第七，爾時藏識應一識俱，如何可言若起意識爾時藏識定二俱轉？顯揚論說〔六〕，末那恆與四煩惱相應，或翻彼相應，恃舉爲行或平等行，故知此意通染不染。若由論說阿羅漢位無染意故便無第七，應由論說阿羅漢位捨藏識故便無第八，彼既不爾，此云何然？又諸論言轉第七識得平等智，彼如餘智定有所依相應淨識，此識無者彼智應無，非離所依有能依故。不可說彼依六轉識，許佛恆行如鏡智故。又無學位若無第七識，彼第八識應無俱有依，然必有此依，如餘識性故。又如未證補特伽羅無我者〔七〕，彼我執恆行，亦應未證法無我者〔八〕，法我執恆行，此識若無，彼依何識？非依第八，彼無慧故。由此應信二乘聖道、滅定、無學，此識恆行，彼未證得法無我故。又諸論中以五同法證有第七爲第六依，聖道起時及無學位，若無第七爲第六依，所立宗、因便俱有失〔九〕，或應五識亦有無依。五恆有依，六亦應爾。是故定有無染汙意，於上三位恆起現前，言彼無有者，依染意說，如說四位無阿賴耶非無第八〔一〇〕，此亦應爾。此意差別略有三種〔一一〕：一補特伽羅我見相應，二法我見相應，三平等性智相應。初通一切異生相續〔一二〕、二乘有學、七地以前一類菩薩有漏心位，彼緣阿賴耶識起補特伽羅我見。次通一切異生、聲聞、獨覺相續，一切菩薩法空智果不現前位〔一三〕，彼緣異熟識起法我見。後通一切如來相續〔一四〕，菩薩見道及修道中法空智果現在前位，彼緣無垢、異熟識等起平等性智〔一五〕。補特伽羅我見起位，彼法我見亦必現前，我執必依法執而起，如夜迷杌等方謂人等故。我、法二見用雖有別，而不相違，同依一慧，如眼識等體雖是一，而有了別青等多用，不相違故，此亦應然。二乘有學聖道、滅定現在前時，頓悟菩薩於修道位〔一六〕，有學漸悟生空智果現在前時〔一七〕，皆唯起法執，我執已伏故。二乘無學及此漸悟法空智果不現前時，亦唯起法執，我執已斷故。八地以上一切菩薩所有我執皆永不行，或已永斷，或永伏故。法空智果不現前時猶起法執，不相違故。如有經說八地以上〔一八〕，一切煩惱不復現行，唯有所依所知障在〔一九〕。此所知障是現非種，不爾，煩惱亦應在故。法執俱意於二乘等雖名不染，於諸菩薩亦名爲染，障彼智故，由此亦名有覆無記。於二乘等説名無覆，不障彼智故。是異熟生攝〔二〇〕，從異熟識恆時生故，名異熟生。非異熟果，此名通故，如增上緣，餘不攝者，皆入此攝。

校釋

〔一〕「此中有義」，藏要本校注稱：「此下別辨染淨，安慧釋無文。述記卷二十九云此第一解是安慧説，未詳何據，或原釋處處以染汙意 Klișta-mana 爲言，因謂不説淨意，但今譯亦雜用此名，無所簡別也。」

〔二〕「煩惱障」，二障（煩惱障、所知障）之一。煩惱能擾亂有情衆生的身心，使之不能寂靜，障礙涅槃，故稱煩惱障。

〔三〕「雜染依」，因爲在滅定、聖道、無學三淨位没有第七識，所以把它稱爲雜染依。

〔四〕「不共依」，俱有所依分爲兩種：一共依，二不共依。共依是不爲一識所依，而是多識所依。不共依是唯一識依，不爲他識所依。

〔五〕本段引文見瑜伽師地論卷五十一：「謂阿賴耶識或於一時唯與一種轉識俱轉，所謂末那。……或於一時與二俱轉，謂末那及意識。或於一時與三俱轉，謂五識身隨一轉時。或於一時與四俱轉，謂五識身隨二轉時。或時乃至與七俱轉，謂五識身和合轉時。」（大正藏卷三十第五八〇頁）

〔六〕「顯揚論」，卽顯揚聖教論（Āryavācāprakaraṇaśāstra）。唯識宗的重要論書之一。古印度無著著，唐玄奘譯。

〔七〕「補特伽羅無我」，補特伽羅是梵文 Pudgala 的音譯，亦稱富特伽羅，舊譯福伽羅、補伽羅等。舊譯意譯人或衆生，新譯數取趣，意謂一再往來諸趣，輪迴不息。補特伽羅無我，卽人無我，二無我之一。俗人不懂得人體是五蘊假和合之義，誤認爲實有自主自在的我體。認識到人體是五蘊假和合之義，此稱人無我。小乘佛教主張，認識到人無我就可以斷煩惱障而達涅槃。

〔八〕「法無我」，二無我之一。認爲諸法有實體，有實用，此稱法我。認識到諸法因緣和合而生，無實自性，此稱法無我。大乘佛教主張，領悟法無我，斷所知障而成菩薩。

〔九〕「宗」，梵文 Siddhānta 的意譯，佛教因明術語，意謂論題。

〔一〇〕「四位無阿賴耶」，阿羅漢、三乘無學、不退菩薩、佛四位無阿賴耶識。

〔一一〕「此意差别略有三種」，藏要本校注稱：「此下别以教理證有末那，安慧釋無文。」

〔一二〕「異生」，梵文 Bālapṛthagjana 的意譯，愚異生之略，凡夫異名，意謂凡夫愚癡無智慧而生我見，不生無漏，在六道輪迴不息，受種種别異之果報。又因凡夫種種變異而生邪見造惡，故稱異生。

〔一三〕「法空智果」法空是二空（我空、法空）或三空（我空、法空、空空）之一，世間萬物都是因緣和合而生，没有實體，都是假有，此稱法空。無分别智名智，後得智和滅盡定稱爲果。無分别智卽無分别心，是體會真如的智慧。真如離一切相而不可分别，所以體會它的智慧稱爲無分别智。

〔一四〕「如來」，梵文 Tatnāgata 的意譯，音譯多陀阿伽陀、答塔葛達等。佛的十號之一，「如」爲如實，卽真如。如來意謂乘如實道而來，亦就是循此真如達到佛的覺悟。

〔一五〕「無垢」，清淨而無垢染，與無漏同義。

〔一六〕「頓悟」，有的衆生可以直接修行大乘教法而證佛果，此稱頓悟。

〔一七〕「漸悟」，有的衆生必須先修學小乘得小乘果報，然後修學大乘而得佛果，此稱漸悟。

〔一八〕「有」，大正藏本和成唯識論學記皆作「契」。

〔一九〕「所知障」，有情衆生受愚癡所迷惑，不能了知諸法實相，因障礙能知之智的生起，故稱智障，亦稱知障。因障礙所認識的對象使之不能顯現，故稱所知障，與煩惱障合稱二障，由法執而生。

詳見本書卷九。

〔三〇〕「異熟生」，大乘佛教和小乘佛教對這個詞有不同解釋。大乘佛教認爲，眼、耳、鼻、舌、身、意、末那七識都是由異熟識(阿賴耶識)的種子而生，故稱異熟生。

〔本段大意〕關於這個問題，安慧認爲末那識祇與煩惱障相應，因聖人之教都説阿羅漢、滅盡定、出世道中没有末那識。顯揚聖教論説末那識永遠與我癡、我見、我慢、我愛四惑相應。攝大乘論説末那識是識的雜染依。護法認爲，安慧的解釋和佛的説教及佛教理論都相違背，因爲解脱經説有出世末那，所以此説違教。因爲没有雜染的意識和有染的時候一樣，肯定有俱生不共所依。瑜伽師地論説，阿賴耶識肯定與一個識共同發揮作用，這就是末那識。意識生起的時候，與兩個識共同發揮作用，這就是意識和末那識。如果五識中生起任何一識，這就要與三個識共同發揮作用。乃至於有時前五識同時生起，則與七個識共同發生作用。如果在滅盡定位没有第七識，此時的阿賴耶識應當是不和他識相應，這就不是永恒與一個識共同發揮作用了。在聖道位的時候如果没有第七識，此時的阿賴耶識應當是與一識俱起，瑜伽師地論爲什麼説如果意識生起，此時的阿賴耶識肯定與二識俱起呢？顯揚聖教論説末那識永遠與四煩惱相應，或者翻過來説，與傲慢行和平等行相應，所以末那識通染、不染二性。如果由瑜伽師地論説的阿羅漢位没有染汙意便説没有第七識，應由論説的阿羅漢位捨阿賴耶識而認爲没有清淨的第八識。既然第八識不祇在染位有，怎能説第七識唯在染位呢？莊嚴經論和攝大乘論都説轉第七識得平等性智，這就像其他智一樣，肯定有所依的相應淨識。如果無此淨識，那智亦應當是無。不能説没有所依而有能依。亦不能説它依前六轉識，因爲佛地經中説，佛的行爲永遠如大圓鏡智。而且，在無學位如果没有第七識，那第八識應當是没有俱有依，但肯定有此俱有依，就像其他的識性一樣。又像未證人空我執恒行一樣，亦應當是未證法空法執恒行。如果没有第七識，平等性智靠什麽識呢？不能説它依靠第八識，因爲第八識没有慧心所。由此可見，聲聞、緣覺二乘聖道、滅盡定和無學位，第七識恒行，因爲他們還没有證得法空。瑜伽師地論和攝大乘論都證七識中以五識爲同法，證有第七識爲第六識所依。聖道生起時和無學位如果没有第七識爲第六識所依，所立宗支和因支便都有過失。汝之五識亦應許無依之時，但五識恒有依，第六識意識亦應當如此。因此肯定存在没有染汙的末那識，在上述三位經常生起。所説的「無」是依染汙意思説的，如説四位没有阿賴耶識並不是没有第八識。這亦應當如此。這末那識的差别大概有三種：一與人我見相應，二與法我見相應，三與平等性智相應。第一通一切凡夫相續位、二乘有學和七地以前的漸悟菩薩有漏心位，在此三位中，末那識緣阿賴耶識而起人我邪見。第二通一切凡夫、聲聞、緣覺相續位，在此三位一切菩薩的法空後得智之果都没有出現，末那識緣阿賴耶識而起法我邪見。第三通一切佛位，因爲此時菩薩於見道和修道中的法空智慧之果已經産生。此時末那識緣無垢的異熟識等而起平等性智。人我見生起之位，那法我見肯定要産生。我執肯定依法執而生起，比如一個人夜間行路，迷杌不知是杌等纔誤認爲是人等。迷杌（喻法執）在先，人起（喻人執）在後。我、法二見的作用雖然有區別，但不相違背，慧體是一，如眼識等，雖然是一個識，但有了别青、黄等多種用途，不相違背，這亦應當如此。聲聞、緣覺二乘有學聖道和滅盡定出現的時候，頓悟菩薩在修道位，有學漸悟菩薩人空後得智之果出現的時候，都祇是起法執，因爲我執已經治伏。二乘無學和漸悟菩薩法空智果没有出現的時候，亦僅是生起法執，因爲我執已經斷滅。八地以上的一切菩薩，所有我執都永遠不再發生作用，或者説已經永遠斷除，或者説永遠治伏。法空智果没有出現的時候，仍然生起法執，與理無違。如解深密經説，八地以上菩薩，一切煩惱不再發生作用，祇取第七識中法執所知障爲其所依。這所知障是現行而不是種子，不然的話，煩惱障的種子亦應當存在。法執和末那識一起，對於二乘等來説，雖然稱爲不染，對於各位菩薩來説亦稱爲染，因爲障礙他們的智慧。由此可稱爲有覆無記，對於聲聞、緣覺二乘人等來説，稱爲無覆，因爲不障礙他們的智慧。末那識屬於異熟生，因爲它永遠從異熟識而生，所以稱爲異熟生，不是異熟果，因爲異熟生與無記之名相通。就像增上緣一樣，不屬於因緣、等無間緣、所緣緣的都屬於增上緣。有四種無記：異熟無記、威儀無記、工巧無記、變化無記。三無記不攝者皆此異熟無記所攝。

云何應知此第七識離眼等識有别自體〔一〕？聖教、正理爲定量故。謂薄伽梵處處經中說〔二〕，心、意、識三種別義。集起名心，思量名意，了別名識，是三別義。如是三義雖通八識，而隨勝顯，第八名心，集諸法種起諸法故。第七名意，緣藏識等恆審思量爲我等故。餘六名識，於六別境麤動間斷了別轉故。如入楞伽伽他中說〔三〕：「藏識說名心，思量性名意，能了諸境相，是說名爲識〔四〕。」又大乘經處處別說有第七識，故此別有。諸大乘經是至教量〔五〕，前已廣說，故不重成。解脫經中亦別說有此第七識，如彼頌言：「染汙意恆時，諸惑俱生滅〔六〕，若解脫諸惑，非曾非當有。」彼經自釋此頌義言：「有染汙意從無始來與四煩惱恆俱生滅，謂我見、我愛及我慢、我癡，對治道生〔七〕，斷煩惱已，此意從彼便得解脫。爾時此意相應煩惱，非唯現無，亦無過未〔八〕，過去未來無自性故。」如是等教諸部皆有，恐厭廣文，故不繁述。

校釋

〔一〕「云何應知此第七識離眼等識有別自體」，藏要本校注稱：「此下別以教理證有末那，安慧釋無文。」

〔二〕「薄伽梵」，梵文 Bhagavat 的音譯，又譯婆伽婆，意譯世尊。佛的名號之一，意謂佛具備各種高貴品德，爲世人所欽重。

〔三〕「入楞伽」，卽入楞伽經（Laṅkāvatārasūtra），北魏菩提流支譯，十卷。異譯本有二：一、唐實叉難陀譯大乘入楞伽經，七卷；二、南朝宋求那跋陀羅譯楞伽阿跋多羅寶經，略稱楞伽經，四卷。楞伽(Laṅkā)是山名。阿跋多羅(Avatāra)是「入」的意思。所以這部經相傳是佛入楞伽山而説。唯識宗所依六經之一，中心内容是論述萬物皆由心造的唯心主義理論。

〔四〕上述引文見入楞伽經卷九。

〔五〕「至教量」，佛教因明術語。量是認識形式和判斷認識真僞的標準。至教量亦稱聖教量、正教量、聲量。以佛的説教作爲判斷正邪的標準。

〔六〕「惑」，卽迷妄之心，貪、瞋、癡等煩惱的總名。迷於所對之境而顛倒事理謂之惑。

〔七〕「對治」，卽斷煩惱。共四種：一、厭患對治，謂加行道。在見道以前，緣苦、集二諦，厭患煩惱。二、斷對治，謂無間道，緣四諦而正斷煩惱。三、持對治，謂解脱道。再緣四諦，使已斷煩惱不再生起。四、遠分對治，謂解脱道。再緣四諦，使已斷之惑更遠。

〔八〕「過未」，磧砂藏本原作「見在」，藏要本據述記卷二十和高麗藏本改。

〔本段大意〕我們怎麽知道這第七識離眼等六識另有自體呢？通過聖人説教和佛教邏輯而知。世尊佛在解深密經和楞伽經中多處講到心、意、識三種不同的含意。積集種子生起現行的是心，卽第八識阿賴耶識。起思慮作用的是末那識，起了別作用的是前六識，這是三類識的不同含意。這三種含意雖然通八個識，但隨順殊勝作用而顯示第八識稱爲心，因爲它爲一切現行所熏習，形成種子，積集起來，又產生一切事物。第七識稱爲意，即末那識，因爲它緣阿賴耶識等，永恒思慮，妄執阿賴耶識爲「我」。其餘六識稱爲識，因爲它們對六種不同的外境起了別作用，粗顯易知，有變動，有間斷。如入楞伽經的頌文這樣說：「藏識稱爲心，思量特性稱爲意，能够對外境起了別作用的稱爲識。」而且，大乘經入楞伽經和佛地經多處特别講到有第七識，所以肯定有末那識。各種大乘經都是至教量，前面已經詳細講過了，這裏不再重復。解脱經中亦特别講到有這第七識末那識，如其頌文説：「這染污的末那識永遠與各種煩惱同生同滅，一旦它從諸惑解脱出來，不僅現在没有，過去、未來都没有。」解脱經自己對此頌文是這樣解釋的：「染污的末那識自無始以來，永遠與四煩惱同生同滅，這就是我見、我愛、我慢、我癡。對治道產生並斷除煩惱以後，這末那識就從煩惱中解脱出來了。此時，這末那識相應的煩惱，不僅現在没有，過去未來亦没有，因爲過去未來没有自性。」像這樣的説教，各部大乘經典都有，但恐繁瑣，這裏不再贅述。

已引聖教，當顯正理。謂契經説，不共無明微細恆行〔一〕，覆蔽真實〔二〕。若無此識，彼應非有，謂諸異生於一切分，恆起迷理不共無明，覆真實義，障聖慧眼〔三〕。如伽他説：「真義心當生，常能爲障礙，俱行一切分，謂不共無明〔四〕。」是故契經説異生類恆處長夜，無明所盲，惛醉纏心，曾無醒覺。若異生位有暫不起此無明時，便違經義。俱異生位迷理無明有行不行，不應理故。此依六識皆不得成，應此間斷彼恆染故，許有末那便無此失。染意恆與四惑相應，此俱無明何名不共〔五〕。有義此俱我見、慢、愛非根本煩惱，名不共何失？有義彼説理教相違，純隨煩惱中不説此三故，此三六、十煩惱攝故〔六〕，處處皆説染汙末那與四煩惱恆相應故。應説四中無明是主，雖三俱起亦名不共，從無始際，恆內惛迷，曾不省察，癡增上故。此俱見等，應名相應，若爲主時，應名不共。如無明故，許亦無失。有義此癡名不共者，如不共佛法〔七〕，唯此識有故。若爾，餘識相應煩惱此識中無，應名不共。依殊勝義立不共名，非互所無皆名不共。謂第七識相應無明，無始恆行障真義智，如是勝用餘識所無，唯此識有，故名不共。既爾，此俱三亦應名不共。無明是主，獨得此名。或許餘三亦名不共，對餘癡故，且説無明。不共無明總有二種：一、恆行不共〔八〕，餘識所無；二、獨行不共〔九〕，此識非有。故瑜伽説：「無明有二：若貪等俱者名相應無明；非貪等俱者名獨行無明〔一〇〕。」是主獨行唯見所斷，如契經説諸聖有學，不共無明已永斷故，不造新業。非主獨行亦修所斷〔一一〕，忿等皆通見所斷故。恆行不共餘部所無，獨行不共此彼俱有。又契經説眼、色爲緣生於眼識，廣説乃至意、法爲緣生於意識，若無此識，彼意非有。謂如五識〔一二〕，必有眼等增上不共俱有所依，意識既是六識中攝，理應許有如是所依。此識若無，彼依寧有？不可説色爲彼所依〔一三〕，意非色故，意識應無隨念、計度二分別故。亦不可説五識無有俱有所依〔一四〕，彼與五根俱時而轉如牙影故。又識與根既必同境，如心、心所決定俱時。由此理趣極成意識，如眼等識必有不共，顯自名處，等無間不攝，增上生所依，極成六識隨一攝故。又契經說，思量名意。若無此識，彼應非有。謂若意識現在前時〔一五〕，等無間意已滅非有。過去、未來理非有故〔一六〕，彼思量用定不得成。既爾，如何說名爲意？若謂假說，理亦不然，無正思量，假依何立？若謂現在曾有思量，爾時名識，寧說爲意？故知別有第七末那恆審思量，正名爲意，已滅依此假立意名。又契經說無想、滅定，染意若無，彼應無別。謂彼二定俱滅六識及彼心所，體數無異。若無染意於二定中一有一無，彼二何別？若謂加行、界、地、依等有差別者，理亦不然，彼差別因由此有故。此若無者，彼因亦無。是故定應別有此意。又契經說無想有情一期生中，心、心所滅，若無此識，彼應無染。謂彼長時無六轉識，若無此意，我執便無。非於餘處有具縛者，一期生中都無我執。彼無我執，應如涅槃，便非聖、賢同所訶厭。初後有故，無如是失。中間長時無故有過。去來有故，無如是失。彼非現、常，無故有過。所得無故，能得亦無。不相應法前已遮破，藏識無故熏習亦無。餘法受熏，已辯非理。故應別有染汙末那，於無想天恆起我執，由斯賢聖同訶厭彼。又契經說，異生善、染、無記心時，恆帶我執，若無此識，彼不應有。謂異生類三性心時，雖外起諸業，而內恆執我。由執我故，令六識中所起施等不能亡相〔一七〕，故瑜伽說染汙末那爲識依止，彼未滅時，相了別縛不得解脱。末那滅已，相縛解脱。言相縛者，謂於境相不能了達如幻事等，由斯見分、相分所拘不得自在，故名相縛。依如是義，有伽他言：「如是染汙意，是識之所依，此意未滅時，識縛終不脱。」又善、無覆無記心時〔一八〕，若無我執，應非有漏，自相續中六識煩惱與彼善等不俱起故，去來緣縛理非有故。非由他惑成有漏故，勿由他解成無漏故。又不可説別有隨眠〔一九〕，是不相應現相續起，由斯善等成有漏法，彼非實有，已極成故。亦不可説從有漏種生彼善等〔二〇〕，故成有漏，彼種先無因可成有漏故。非由漏種彼成有漏，勿學無漏心亦成有漏故。雖由煩惱引施等業而不俱起，故非有漏正因，以有漏言表漏俱故。又無記業非煩惱引，彼復如何得成有漏？然諸有漏，由與自身現行煩惱俱生俱滅，互相增益，方成有漏。由此熏成有漏法種，後時現起有漏義成。異生既然，有學亦爾。無學有漏雖非漏俱，而從先時有漏種起，故成有漏，於理無違。由有末那恆起我執，令善等法有漏義成。此意若無，彼定非有。故知別有此第七識。證有此識理趣甚多，隨攝大乘略述六種〔二一〕，諸有智者應隨信學。然有經中説六識者，應知彼是隨轉理門，或隨所依六根説六，而識類別實有八種。

校釋

〔一〕「不共無明」，亦稱獨頭無明或獨行無明，二無明（獨頭無明、相應無明）之一，獨起的無明稱爲獨頭無明，與貪等惑相應而起的無明稱爲相應無明。

〔二〕「真實」，法離迷情，斷絶虚妄，此稱真實。真實有二：一無我理，二無漏見。其義有二：一謂境義，見分境；二謂義理，真如卽理。

〔三〕「慧眼」，五眼之一，慧卽眼，持業釋。智慧能够觀照，所以稱之爲眼。慧眼不見有爲法，亦不見無爲法，衹見真空之理。

〔四〕以上引文見玄奘譯攝大乘論本卷上（大正藏卷三十第一三四頁）。

〔五〕「此俱無明何名不共」，本段爲小乘佛教問。

〔六〕「六」，磧砂藏本原作「中」，藏要本據述記卷三十和高麗藏本改。

〔七〕「不共佛法」，梵文Avenika–buddnadharma的意譯，略稱不共法。意謂佛不同於小乘佛教聲聞、緣覺二乘的功德法。據大智度論卷二十六，共十八種，稱爲十八不共法：一、身無失，二、口無失，三、念無失，四、無異想，五、無不定心，六、無不知已捨，七、欲無減，八、精進無減，九、念無減，十、慧無減，十一、解脱無減，十二、解脱知無減，十三、一切身業隨智慧行，十四、一切口業隨智慧行，十五、一切意業隨智慧行，十六、智慧知過去世無礙，十七、智慧知未來世無礙，十

八、智慧知現在世無礙。

〔八〕「恆行不共」，即恒行不共無明。祇與末那識相應，因爲這種無明恒時相續不斷，故稱恒行不共無明，不同於與第六識意識相應的無明，因與意識相應的無明有間斷。

〔九〕「獨行不共」，亦稱主獨無明，祇與第六識意識相應的不共無明。勢力最强盛，不僅不與根本煩惱俱起，亦不與忿等隨煩惱相應。

〔一〇〕本段引文見瑜伽師地論卷五十八：「又此無明總有二種：一、煩惱相應無明，二、獨行無明。非無愚癡而起諸惑，是故貪等餘惑相應所有無明，名煩惱相應無明。若無貪等諸煩惱纏，但於苦等諸諦境中，由不如理作意力故，鈍慧士夫補特伽羅諸不如實簡擇，覆障纏裹闇昧等心所性，名獨行無明。」（大正藏卷三十第六二二頁）

〔一一〕「非主獨行」，即非主獨行無明，是與忿等隨煩惱俱起的一種無明。

〔一二〕「謂如五識」，本段破小乘佛教説一切有部。

〔一三〕「不可説色爲彼所依」，本段破上座部。該部主張胸中色物爲其意根。

〔一四〕「亦不可説五識無有俱有所依」，本段破經量部。該部主張前念五根生後五識，意識亦是這樣。

〔一五〕「謂若意識現在前時」，本段破説一切有部。該部主張思量名意，是説過去的心是意。

〔一六〕「過去、未來理非有故」，本段破經量部。該部主張没有過去和未來，假説爲有。

〔一七〕「施」，布施（Dāna）的簡稱，音譯檀那。大乘六度之一，施與他人財物等以求解脱的一種修行方式。唯識宗把布施分爲三種：向衆生施捨財物稱爲財施，向衆生説法稱爲法施，使衆生無所恐懼稱爲無畏施。

〔一八〕「又善、無覆無記心時」，本段破説一切有部。該部主張，由以前的煩惱引發以後的煩惱，前者爲後者的條件。

〔一九〕「又不可説別有隨眠」，本段破大衆部、正量部等。「隨眠」，對於這個詞大乘和小乘有不同的解釋。小乘佛教説一切有部認爲是煩惱的異名。貪、瞋、癡等煩惱隨逐有情而不離，故稱爲「隨」。煩惱幽微而難了知，猶如睡眠，故稱爲「眠」。大乘唯識宗認爲隨眠是煩惱障和所知障的種子，它們隨逐有情衆生而眠伏於阿賴耶識之中，故稱隨眠。詳見本書卷九。

〔二〇〕「亦不可説從有漏種生彼善等」，本段破經量部。該部主張，無學位的有漏識雖然不是其他惑或過去惑所引發，但自身中存在有漏種子生此有漏識。善等亦是這樣。

〔二一〕「隨攝大乘略述六種」，攝大乘論卷一從六個方面證明有第七識末那識：「復次，云何得知有染污意？謂此若無，不共無明則不得有，成過失故。又五同法亦不得有，成過失故。所以者何？以五識身必有眼等俱有依故。又訓釋詞亦不得有，成過失故。又無想定與滅盡定差別無有，成過失故。謂無想定染意所顯，非滅盡定。若不爾者，此二種定應無差別。又無想天一期生中，應無染污，成過失故，於中若無我執我慢。又一切時我執現行現可得故，謂善、不善、無記心中。若不爾者，唯不善心彼相應故，有我、我所煩惱現行，非善、無記。是故若立俱有現行，非

相應現行，無此過失。」（大正藏卷三十一第一三三頁）

〔本段大意〕 前面已經引證聖人的說教，現在應當說明有第七識的基本理論和邏輯推論。緣起經說，不共無明微細，並與末那識相應，永恆不斷地産生現行，覆無我理，蔽無漏智。如果沒有第七識末那識，那種不共無明就不應當有。各凡夫之心於善、惡、無記之時，常起迷無我理的不共無明，遮覆真如，障礙聖人的慧眼。如攝大乘論本的頌說：「無分別智對於諸法真理，應當生起悟解，但有一法常對此起阻礙作用，恒行於善、惡、無記之心，這就是不共無明。」所以佛經說，凡夫永遠處於無明長夜之中，盲其慧眼，惛昧醉亂，恒自纏心，不曾覺醒。如果認爲在凡夫位有暫時不起的不共無明時，便與佛經說的意思相違背。認爲在凡夫位，迷理的無明，有的變爲現行，有的不變爲現行，這在道理上講不通。如果認爲這種無明依大識身，這都不能成立；因爲六識有間斷，這種無明永恒染污。如果允許有第七識末那識，就沒有這種過失了。小乘佛教問：染意末那識永遠與我癡、我見、我慢、我愛四惑相應，與之共起的無明爲什麼稱爲不共呢？初師認爲：我見、我慢、我愛不是根本煩惱，說不共有什麼過失呢？二師認爲，初師所說於教於理皆相違背，因爲純隨煩惱中不包括我見、我慢、我愛三種。這三種或者屬於六根本煩惱，或者屬於十根本煩惱。佛教的論典多處說到染污的末那永遠與四煩惱相應。應當說四煩惱中無明是癡主，雖然三惑俱起，亦稱爲不共，因爲自無始以來，它們永恆內執惛迷，不曾省察，愚癡增盛。外人問：我見、我慢、我愛不爲主，應當稱爲相應，若許爲主，應當稱爲不共。論主回答説：我見等三爲主時，亦可以稱爲不共，如無明爲主時一樣，稱爲不共並無過失。三師認爲，這種無明稱爲不共，就像十八不共佛法一樣，祇第七識末那識有。前師難言：如果是這樣的話，其餘的識與一切煩惱相應，末那識中没有，應當稱爲不共。論主回答説：依殊勝之義而立不共之名，並不是他識有此識無都稱爲不共。與第七識相應的無明永遠障礙認識真如的智慧，像這樣的殊勝作用，其他識没有，祇有末那識有，所以稱爲不共。前師問：既然是這樣，與此識相應的我見、我慢、我愛亦應當稱爲不共。論主回答説：無明是主，祇有它纔得不共之名。或者允許其餘三惑亦稱爲不共，因爲這是對其餘識相應的愚癡而言，所以稱爲無明。不共無明共有二種：一、恆行不共，祇第七識有，其他識没有。二、獨行不共，第七識没有。所以瑜伽師地論説：「無明有二種：若與貪等俱起，稱爲相應無明；不與貪等俱起，稱爲獨行無明。」主獨行無明祇有見道所斷，如緣起初勝法門經説，入見道的聖者有學已經永遠斷除不共無明，所以不再造新業。非主獨行是見道斷，亦通修道斷，因爲忿等十種小隨煩惱皆通見道所斷。恒行不共無明，小乘佛教部派没有，唯大乘有。獨行不共無明大乘和小乘都有。佛經説：以眼根和色境爲緣産生眼識，……乃致於以意根和法爲緣産生意識。如果没有第七識，就不會有前六識，就像前五識一定要有眼等增上不共俱有所依一樣。第六識意識既然是六識之一，從道理上來講應當承認有這樣的所依。如果没有第七識，哪會有第六識的所依呢？上座部救説，胸中色物爲其意根。論主反駁説，不能説色爲意識的所依，因爲意並不是色，意識應當像前五識一樣，没有憶念和計度的區别。亦不能説五識没有所依，五識與五根同時發揮作用，如芽、影與所依的種子和形必定同時一樣。而且，既然五識與五根必定同緣一境，如心法、心所法必定同時一樣。由此道理，大乘和小乘共同承認的意識，就如眼識等一樣，肯定有不共所依，不像第八識那樣是共依，以顯示意識自己所有的名處。在十二處中意處所攝，不像上座部所説的胸中色物以爲意根，那是法處。等無間不攝，不像次第滅意爲等無間緣。是增上緣生的俱有所依，因爲意識是大、小乘共同承認的六識中的一識，亦有它不共俱生的所依。佛經又説，思量稱爲意。如果没有第七識，思量之意就不應當有。小乘佛教説一切有部救説，思量之意是過去的心。論主反駁説，如果意識出現在面前時，等無間意已經滅除，過去之心已經不存在了。從道理上來講，過去、未來都是不存在的，意的思量作用肯定不能成立。既然如此，怎麽能稱爲意呢？像經量部所説的那樣過去無體假説作用，這在道理上亦講不通。没有真正的思量，假説作用依何而立呢？經量部或説一切有部救説，過去的意於現在時曾有思量，所以過去稱爲意。論主難云，過去起思量作用稱爲意，現在了别稱爲識，識怎麽能稱爲意呢？由此可知，有一個不同於六識的第七識末那識，永恆起思慮作用，它的真正名字稱爲意。意有二義：一思量義，二依止義。過去唯依止義。末那識已經滅除了過去依止此識所假立的意名。佛經又説，如果没有染意末那識，無想定和滅盡定就没有區别了。因爲這兩種禪定都滅除了六識及其心所，這兩種禪定滅除的心法、心所法體數没有區别，都是二十二種。如果不是染污意在無想定中有，在滅盡定中無，這兩種禪定還有什麽區别呢？如果説這兩種禪定在加行、三界、九地、依身等方面有差别的話，這在道理上亦講不通。這些差别之因都是由於第七識末那識的緣故。如果没有末那識，這些差别之因亦就不存在了，所以肯定應當有區别於前六識的第七識末那識。佛經又説：無想天的有情衆生，從生到死的一期生命中，前六識的心法和心所法都已經伏滅。倘若認爲無想天的有情衆生没有末那識，他們應當是没有染污現行。他們長時間内没有六轉識，如果没有末那識，就没有我執。亦不是其他地方有繫縛，一期生命中都没有我執。他們没有我執，就應當像涅槃一樣，不是賢人和聖人所厭惡的境界。説一切有部等小乘佛教部派救説，初生之位和以後命終時都有心起，因有我執，所以這種觀點没有上述過失。論主難云，中間長時没有我執，故有過失。除經量部以外的小乘佛教部派救説，因爲過去和未來有我執，所以没有這種過失。論主詰難説：你們承認過去和未來有我執，而不承認現在常有我執，這就有過失。小乘佛教救説：過去世和未來世雖然是現在没有，但有不相應行法的「得」，由於這種「得」在現在，所以有現在的我執。論主詰難説：所得的過去世和未來世是無，能得之「得」亦是没有的。因爲能得非有，所以不成我執。大衆部、一説部、説出世部、鷄胤部和化地部救説：别有隨眠是不相應行法，此位成就，故成我執。論主難云：關於不相應行法，前面已經否定。經量部救説：雖然没有現行，但有種子，這就稱爲我執。論主破云：因爲你們不承認有藏識，這就没有熏習，哪裏來的種子呢？經量部救説：我們承識的色法和心法都受熏習，既有色根，就有種子。論主破云：除藏識之外的餘法受熏問題，前面已經講過了，這不合乎道理。所以應當有區別於六識的染污意末那識存在於無想天，永恒生起我執。出定之後仍然沉淪於生死，生起各種煩惱，所以大乘和小乘的賢人和聖人都很厭惡無想天的果報。佛經又說，凡夫於善、惡、無記心時永遠有我執，如果没有第七識末那識，就不應當有我執。凡夫於善、惡、無記三性心時，雖然對外生起各種行爲，但對内妄執有我。由於有我執，使眼、耳、鼻、舌、身、意六識所生起的布施等不能無其相狀。所以瑜伽師地論說，染汙末那識爲其他識所依止，當它還没有滅除的時候，境相繫縛心，使之得不到解脱。末那識滅除以後，相縛纔能得到解脱。所謂「相縛」意謂不知道境相是因緣和合而生，是假有，就像夢幻、陽焰等一樣。能緣是見分，各位心法和心所法是境的相分，由於不懂得這種道理而使心受到束縛，得不到自在，因相分縛心，所以稱爲相縛。依據這種意思，阿毘達磨經（無漢譯本）的偈頌這樣說：「這樣的染污意末那識被其他的識所依止，這種末那識還没有滅除的時候，識的繫縛終究得不到解脱。」而且，善心和無覆無記心時，如果没有我執，就不應當是有煩惱，因爲在自類相續中，前六識的煩惱與善性、無覆無記性不能同時生起。從這種道理來看，過去和未來的煩惱就不存在。並不是由於其他人的迷惑而成有漏，恰如不能由於他人的解脱而成無漏一樣。又不能像大衆部所說的那樣，另有隨眠是不相應行所攝，當這隨眠現行相續生起的時候，使善、無覆無記形成有漏法，因爲大乘和小乘都認爲這種隨眠不是實有。亦不能像經量部所說的那樣，從有漏種子產生善性和無覆無記性，所以成爲有漏，因爲那善法種子原先並没構成有漏的内因。並不是由有漏種子使彼善法成爲有漏的。亦不是在有學無漏心中的無漏種子，亦有有漏種子隨逐。雖然由煩惱引發布施等善，但布施等善業與煩惱染法並不同時俱起，所以煩惱不是有漏善業的正因，衹是傍因，因爲有漏之説表明與漏（煩惱）俱起。而且，無記業不是由煩惱所引發，無記業又怎能形成有漏呢？然而，各種有漏必須與自身的現行煩惱同時生同時滅，二者之間互相資益，這樣纔能成爲有漏。由此現行熏習而成的有漏法種子，以後生起現行，這就構成有漏的意思。既然凡夫如此，有學亦是這樣，末那識没有滅除以前有煩惱相應。無學有漏雖然不與漏俱起，但因爲原先的有漏種子生起，所以成爲有漏，這並不違背佛教道理。因爲有末那識永恒生起我執，使善、無記性之法形成有漏之義。如果没有末那識，肯定没有這種有漏，由此可知有區別於六識的末那識。證明有末那識的理由很多，隨順攝大乘論大概有六種，各位有智慧者應當隨順信仰學習。然而有的佛經説衹有六識，應當知道，這是隨順小根器者因人施教之理，或者隨順所依六根而説有六識，但識的種類實際上是有八種。

如是已説第二能變〔一〕，第三能變其相云何？頌曰：

次第三能變〔二〕，差别有六種，了境爲性相，善、不善、俱非。

論曰：次中思量能變識後，應辯了境能變識相。此識差别總有六種，隨六根、境種類異故。

謂名眼識，乃至意識，隨根立名具五義故。五謂依、發、屬、助、如根。雖六識身皆依意轉，然隨不共立意識名，如五識身無相濫過。或唯依意故名意識，辯識得名心意非例。或名色識，乃至法識，隨境立名順識義故，謂於六境了別名識。色等五識唯了色等，法識通能了一切法，或能了別法獨得法識名，故六識名無相濫失。此後隨境立六識名，依五色根未自在說。若得自在，諸根互用〔三〕，一根發識緣一切境，但可隨根無相濫失。莊嚴論說如來五根一一皆於五境轉者〔四〕，且依麤顯同類境說。佛地經說〔五〕，成所作智決擇有情心行差別〔六〕，起三業化〔七〕，作四記等〔八〕。若不徧緣，無此能故。然六轉識所依所緣麤顯極成，故此不說。前隨義便已說所依，此所緣境義便當說。次言「了境爲性相」者，雙顯六識自性行相，識以了境爲自性故〔九〕，卽復用彼爲行相故。由斯兼釋所立別名，能了別境名爲識故。如契經說，眼識云何？謂依眼根了別諸色，廣說乃至意識云何？謂依意根了別諸法。彼經且說不共所依未轉依位見分所了，餘所依了如前已說。此六轉識何性攝耶〔一〇〕？謂「善、不善、俱非」性攝。「俱非」者〔一一〕，謂無記，非善不善故名俱非。能爲此世、他世順益，故名爲善〔一二〕。人、天樂果雖於此世能爲順益，非於他世，故不名善。能爲此世、他世違損，故名不善〔一三〕。惡趣苦果雖於此世能爲違損，非於他世，故非不善。於善不善益損義中不可記別，故名無記〔一四〕。此六轉識若與信等十一相應〔一五〕，是善性攝。與無慚等十法相應〔一六〕，不善性攝。俱不相應，無記性攝。

校釋

〔一〕「如是已説第二能變」，藏要本校注稱：「此段生起，糅安慧釋。」

〔二〕「次第三能變」，藏要本校注稱：「勘梵、藏本，原以前第七識頌末單句是第二能變爲此第八頌首句，此三句則合爲二云，第三六種境能緣慮者。是，此云緣慮 Upalabdhi，與前第二頌云了別境之了別 Vijñāpti 字異，今譯改文。又頌中本無『能變』二字。安慧釋頌始云具足應云第三識變。又頌本無此差別有及爲性相等字，勘轉識論云，第三塵識者，識轉似塵更成六種，亦無爲性相語，今譯增文。」

〔三〕「諸根互用」，即六根互用，消除眼、耳、鼻、舌、身、意六根的罪垢，使之清淨，使每一根都具有見色、聞聲、辨香、别味、覺觸、知法的功能。如觀世音菩薩，他不是聽聲，而是用眼睛「觀」聲。

〔四〕「莊嚴論」，即大乘莊嚴經論（Mahāyānasūtrālaṃkāra），古印度無著造，唐波羅頗蜜多羅譯，十三卷，唯識宗所依據的論典之一，主要論述菩薩的修行次第。這裏所談的内容，見該論卷三的偈：「如是五根轉，變化得增上，諸義遍所作，功德千二百。」「釋曰：此偈顯示轉五根變化，此變化得二種增上：一者得諸義遍所作，謂一一根皆能互用一切境界故；二者得功德千二百，謂一一根各得千二百功德。」（大正藏卷三十一第六〇五頁）

〔五〕「佛地經」，一卷，唐玄奘譯，内容是佛爲妙生菩薩説清淨法界和四智等。佛地經論對此進行了詳細論釋。

〔六〕「成所作智」，唯識宗認爲，通過修行可使有漏八識轉爲無漏智。轉眼、耳、鼻、舌、身五識而成成所作智，亦稱作事智或成事智。佛以此智於十方以身、口、意三業爲衆生行善。「決擇有情心行」，即八萬四千法門。能詮之教稱爲法藏，所詮之義稱爲法門。皆有八萬四千之數。

〔七〕「三業化」，即身、口、意三業的神通力。共十種。身化有三：一現神通化，二現受生化，三現業果化。語化亦三：一慶慰語化，二方便語化，三辯揚語化。意化有四：一決擇意化，二造作意化，三發起意化，四領受意化。

〔八〕「四記」，亦稱四答，當別人發問時回答的方式有四種：一、一向記。如果有人問：一切有情衆生都應當死嗎？答曰：一切有情衆生當死。二、分別記。如果有人問：一切死者都要生嗎？答曰：有煩惱者當生，無煩惱者不生。三、反詰記。如果有人問：人爲勝爲劣？應反問：和誰相比？若與天神比，人爲劣。若與畜生比，人爲勝。四、捨置記。如果有人問：五蘊與有情爲一爲異？答：有情無實，一、異皆不成。

〔九〕「識以了境爲自性故」，藏要本校注稱：「安慧釋緣慮云，執著及分別之意。餘無文。」

〔一〇〕「此六轉識何性攝耶」？藏要本校注稱：「此句生起，糅安慧釋，次句牒頌。」

〔一一〕「『俱非』者」，藏要本校注稱：「此三句糅安慧釋，但原釋在次下出。」

〔一二〕「善」，大乘阿毘達磨雜集論認爲有十三種善：一自性善，二相屬善，三隨逐善，四發起善，五第一義善，六生得善，七方便善，八現前供養善，九饒益善，十引攝善，十一對治善，十二寂靜善，十三等流善。

〔一三〕「不善」，大乘阿毘達磨雜集論認爲有十二種不善：一自性不善，二相屬不善，三隨逐不善，四發起不善，五第一義不善，六生得不善，七方便不善，八現前供養不善，九損害不善，十引攝不善，十一所治不善，十二障礙不善。

〔一四〕「無記」，大乘阿毘達磨雜集論認爲有十四種無記：一自性無記，二相屬無記，三隨逐無記，四發起無記，五第一義無記，六生得無記，七方便無記，八現前供養無記，九饒益無記，十受用無記，十一引攝無記，十二對治無記，十三寂靜無記，十四等流無記。

〔一五〕「此六轉識若與信等十一相應」，藏要本校注稱：「此解糅安慧釋，原釋但云與三善、不善根相應。又次在前出。」據述記卷五末，此中未必要十一法俱，如不定地唯十法。

〔一六〕「無慚等十法」，包括二個中隨惑：無慚、無愧。還有八個大隨惑：掉舉、惛沈、不信、懈怠、放逸、失念、散亂、不正知。

〔本段大意〕這就講完了第二能變，第三能變的相狀如何呢？頌說：「然後是第三能變，差別共有六種，其特點是了别外境，其性質包括善性、惡性和無記性。」論說：講完末那識以後，應講了别外境的能變識相。這種識的差别共有六種，因隨順六根六境而有不同的種類，所以稱爲眼識、耳識、鼻識、舌識、身識、意識。因隨順六根而立其名，具有五種含義，這就是依於根、根之所發、屬於彼根、助於彼根、如於根。雖然六識都依末那(意)識發揮作用，但祇有第六識依第七不共意根而立意識之名，其餘五識相續稱爲眼識等，這樣就不會相混。或者說祇有第六識依意根，所以稱爲意識。前六識都因所依而得其名，心(阿賴耶識)、意(末那識)並非如此。前六識或者稱爲色識、聲識、香識、味識、觸識、法識，隨順所緣外境而立識名，這是順通識的意思，這就是隨順對於六種外境的了別功能而立識名。色識等前五識祇了別色等五種外境，法識能夠了別一切事物。或者說因爲第六識能夠了別法，所以祇有它纔得法識之名。所以六識之名不會相混。這後一種情況，是隨順所緣外境而立六識之名，是依五色根還未自在的情況而說，如果得自在，六根互用，一根所發之識能緣一切外境，祇要隨順所依之根，就不會犯相混的過失。大乘莊嚴經論說，佛的五根每一種都能緣五境，是暫且依據粗顯和同類外境而說。佛地經說，成所作智能夠決擇各個有情的心行差別，而起身、口、意三業不思議化，又能作四記等。如果每個根不是普遍之緣，就不會有這樣的功能。然而六轉識的所依所緣都是粗顯易知，大小乘都承認，所以本頌略而不說。前面已經講了所依的意思，現在應講所緣境的意思。頌文所說的「了境爲性相」，說明了前六識的自性和行相。前六識以了別外境爲其自性，又以了別外境爲其行相。這又解釋了心、意、識中的識別名，因爲能了別外境的是識。如佛經所說，眼識如何呢？它依眼根並了別各種顏色。……乃至於意識如何呢？它依意根並了別各種事物。彼經且說諸所依中不共所依。未轉依位的見分所了別的不同於自證分。與其餘識共有的分別依、染淨依、根本依第四卷已經講過了。其餘的了別作用，如果是自證分，第二卷已經講過了，如果是自在五識見分境，本卷前面已經講過了。前六轉識屬於什麼性質呢？屬於善、惡、俱非三性，「俱非」就是無記，因爲既不是善，又不是不善，所以稱爲「俱非」。能爲今世和前世、來世順益，所以稱爲善。人和天神的歡樂果報雖然今世能爲順益，並不順益於去世和來世，所以稱爲不善。能違損於今世和來世，所以稱爲惡。惡趣痛苦果報，雖然違損於今世，但並不違損於來世，所以不能稱爲惡。既不是善，又不是惡，既不是順益，又不是違損，所以稱爲無記。這六轉識如果與信等十一位善心所相應，這就屬於善性。如果與無慚等十位心所法相應，這就屬於惡性。如果既不與信等相應，又不與無慚等相應，這就屬於無記性。

有義六識三性不俱〔一〕，同外門轉互相違故，五識必由意識導引、俱生、同境，成善染故。若許五識三性俱行，意識爾時應通三性，便違正理，故定不俱。瑜伽等說，藏識一時與轉識相應三性俱起者，彼依多念，如說一心非一生滅〔二〕，無相違過。有義六識三性容俱〔三〕，率爾、等流眼等五識或多或少容俱起故〔四〕。五識與意雖定俱生，而善性等不必同故，前所設難於此唐捐。故瑜伽說若遇聲緣從定起者，與定相應意識俱轉，餘耳識生。非唯彼定相應意識能取此聲，若不爾者，於此音聲不領受故，不應出定。非取聲時卽便出定，領受聲已，若有希望，後時方出。在定耳識率爾聞聲，理應非善。未轉依者率爾墮心定無記故，由此誠證五俱意識非定與五善等性同〔五〕。諸處但言五俱意識亦緣五境，不說同性。雜集論説等引位中五識無者〔六〕，依多分説〔七〕。若五識中三性俱轉，意隨偏注，與彼性同。無偏注者便無記性，故六轉識三性容俱。

校釋

〔一〕「有義六識三性不俱」，關於六識的屬性問題有二解，本段爲第一解。藏要本校注稱：「此下別辯三性，安慧釋無文。」

〔二〕本段内容見瑜伽師地論卷三：「如經言，起一心若衆多心，云何安立此一心耶？謂世俗言説一心剎那。云何世俗言説一心剎那？謂一處謂依止於一境界事，有爾所了別生，總爾所時名一心剎那。又相似相續亦説名一，與第二念極相似故。」（大正藏卷三十第二九一頁）

〔三〕「有義六識三性容俱」，本段爲第二解。是護法的主張。

〔四〕「率爾」，五心的第一心率爾心，是眼等五識最初接觸外境的那一剎那。「等流」，五心的第五心等流心，即識的相續狀態。

〔五〕「五俱意識」，與前五識俱起的意識，因爲它明了取所緣外境，所以也稱爲明了意識。五俱意識又分爲五同緣和不同緣兩種。與前五識俱起並同緣一境的意識稱爲五同緣意識。雖與前五識俱起但並不同緣一境的意識，稱爲不同緣意識。

〔六〕「等引」，梵文 Samāhita 的意譯，音譯三摩呬多，一種禪定名，意謂定心專注之性。「等」是身心的安和平等。當人們修練禪定的時候，依靠定力引生此「等」，所以稱爲等引。

〔七〕「多分」，據述記卷五末，多分有二義：一多識，二多人。多人多識不起言無。

〔本段大意〕有人認爲，前六識的善、惡、無記三性不能同時俱起，因與外境互相違背。前五識生起的時候，必須由意識導引，五識纔能與意識俱生，纔能同緣一境，纔成善性或染性。如果允許前五識三性並存，就應當允許一念心中通三性，這不合道理，所以前五識肯定不能三性並存。瑜伽師地論等說，一刹那間藏識與轉識相應，三性同時生起。這是依多念而說，如瑜伽師地論所說的「一心」並不是一次生和一次滅，所以上述理論和瑜伽師地論講的並不矛盾。護法認爲，前六識可以三性並存，當率爾心和等流心時，眼等五識或多或少地容許同時生起，前五識與第六識意識雖然肯定同時而生，但善、惡、無記三性肯定並不相同，前述詰難在此不能成立。所以瑜伽師地論說，當一個人修定的時候，聽到某一種聲音，與定相應的第六識意識同時發揮作用，其餘的耳識亦就生起了。並不是祇有與那種禪定相應的意識纔聽取這種聲音。如果不是這樣的話，耳識不領受這種聲音，就不應當爲此聲而出定。並不是聽聲時就出定，聽到聲音以後，如果意識希望出定，這纔出定。在修禪定的時候，耳識率爾聞聲，從道理上來說這是惡。瑜伽師地論說，率爾等五心中，前三心（率爾心、尋求心、決定心）肯定是無記性，這是就未轉依位的五識而説，轉依以後祇能是善性。由此可證，五俱意識不一定與前五識的善等三性相同，顯揚聖教論、雜集論等多處都祇是説五俱意識亦緣五境，但没説五俱意識與五識同性。大乘阿毘達磨雜集論説，當修等引定的時候没有五識，這是依多分而説，如果與意識俱起的五識中具有善、惡、無記三性，意識隨順它特别注意的一識與之性同，没有特别注意的識就是無記性。所以前六轉識善、惡、無記三性可以同時具有。

得自在位唯善性攝，佛色、心等道諦攝故〔一〕，已永滅除戲論種故〔二〕。六識與幾心所相應〔三〕？頌曰：

此心所徧行、別境、善、煩惱、隨煩惱、不定〔四〕，三受共相應〔五〕。

論曰：此六轉識總與六位心所相應〔六〕，謂徧行等。恆依心起，與心相應，繫屬於心，故名心所，如屬我物立我所名。心於所緣唯取總相，心所於彼亦取別相，助成心事得心所名，如畫師、資作模填彩。故瑜伽説識能了別事之總相，作意了此所未了相，即諸心所所取別相〔七〕。觸能了此可意等相，受能了此攝受等相，想能了此言説因相〔八〕，思能了此正因等相，故作意等名心所法。此表心所亦緣總相。餘處復説欲亦能了可樂事相〔九〕，勝解亦了決定事相，念亦能了串習事相，定、慧亦了得、失等相〔一〇〕。由此於境起善、染等，諸心所法皆於所緣兼取别相。雖諸心所名義無異，而有六位種類差別，謂徧行有五，別境亦五，善有十一，煩惱有六，隨煩惱有二十，不定有四，如是六位合五十一。一切心中定可得故，緣別別境而得生故，唯善心中可得生故，性是根本煩惱攝故，唯是煩惱等流性故，於善、染等皆不定故。然瑜伽論合六爲五，煩惱、隨煩惱俱是染故。復以四一切辯五差別，謂一切性及地、時俱〔一〕，五中徧行具四一切，別境唯有初二一切，善唯有一謂一切地，染四皆無，不定唯一，謂一切性，由此五位種類差別。此六轉識易脱不定〔二〕，故皆容與三受相應，皆領順、違、非二相故。領順境相適悦身心，説名樂受。領違境相逼迫身心，説名苦受。領中容境相於身於心非逼非悦，名不苦樂受。

校釋

〔一〕「道諦」（Mārgasatya），四諦（苦、集、滅、道）之一，滅世間苦而達涅槃的理論和修行，即八正道正見、正思惟、正語、正業、正命、正精進、正念、正定。

〔二〕「戲論」，梵文 Prapañca 的意譯，對佛教來説是錯誤而又無益的言論，佛教把人類的正常言論稱爲無稽之談。吉藏著中觀論疏卷一把戲論分爲二種：一者愛論，由貪愛心引起的言論；二者見論，對一切事物錯誤而又固執的見解。

〔三〕「六識與幾心所相應」，藏要本校注稱：「此句生起，糅安慧釋。」

〔四〕「此心所徧行、別境、善、煩惱、隨煩惱、不定」，藏要本校注稱：「梵、藏本順結頌法，『心所』二字在『善』字下，合爲第二句。煩惱連下隨煩惱爲第三句。無『不定』二字，轉識論亦同，蓋以惡作等四法爲隨煩惱也。又轉識論合説五遍行與五別境爲十心法，與此文異。」

〔五〕「三受共」，大正藏本作「皆三受」，唯識三十論頌和成唯識論學記卷五與此相同。

〔六〕「此六轉識總與六位心所相應」，藏要本校注稱：「安慧釋不解此頌。」

〔七〕「所取」，磧砂藏本誤作「取所」，藏要本據述記卷三十二和高麗藏本改。

〔八〕「言説因相」，心中想法，如想某物爲青爲黄等，然後説出來。想法是言説之因，故稱言説因相。

〔九〕「餘處復説欲亦能了可樂事相」，見辯中邊論卷一的頌：「唯了境名心，亦別名心所。」世親解釋説：「唯能了境總相名心，亦了差別名爲受等諸心所法。」（大正藏卷三十一第四六五頁）

〔一〇〕「得」，大正藏和成唯識論學記皆作「德」。

〔一一〕「一切性及地、時、俱」，一切性即善、惡、無記三性。一切地即有尋有伺地、無尋唯伺地、無尋無伺地。一切時包括長時多劫、短時一刹那等。一切俱即八識心王心所。

〔一二〕「此六轉識易脱不定」，藏要本校注稱：「安慧釋下解五位心所文末云，如六種了別識隨應與遍行等心所相應，如是隨應與樂等三受相應，於喜等所攝色等境起故。」

〔本段大意〕達到解脱自在的佛位以後，前六識祇屬善性，因爲佛色、佛心等都屬道諦，因爲此時已經永遠滅除了戲論種子。前六識與幾位心所法相應呢？唯識三十頌說：「前六識的心所法有遍行、別境、善、煩惱、隨煩惱和不定，與苦、樂、捨三受相應。」論說：這六轉識與六位心所法相應，即遍行等。因爲永遠依心識而生起，與心相應，並繫屬於心，所以稱爲心所。就像屬於我的東西稱爲我所一樣。心對於所緣的對象祇取其總相，心所對於所緣的對象亦取其別相，因協助心完成它的緣境作用而稱爲心所。就像畫人物像的師資，先由師父做模後由弟子填彩一樣。所以瑜伽師地論說，心識能够了別外境的總相，作意了別心識所未了別之相，這就是各位心所所緣取的別相。觸能了別一種外境的可意等相，受能了別樂等感受，想能了別作爲言說之因的想法，思能了別產生正確行爲等的因相，所以作意等稱爲心所法。這表明心所亦能緣取事物的總相。辯中邊論又說，欲亦能了別事物的可樂事相，勝解亦能了別事物的決定之相，念亦能了別自己曾經經歷並已熟悉的事物之相，定和慧亦能了別事物的得、失等相。由於前述作意等十位心所法緣取總相和別相，於境起善十一、染二十六和不定四等。各心所法都對所緣對象亦緣取別相。雖然各位心所法都稱爲心所法，名義没有區別，但有不同的六位心所法，即遍行五，別境亦是五，善有十一，根本煩惱有六種，隨煩惱有二十種，不定有四種。這六位心所法總共有五十一種。五種遍行於一切心中皆可得，五種別境祇有緣取特定境界時纔能生起，十一種善心所祇能生起於善心。體性根本能生諸惑，即貪等六根本煩惱。二十種隨煩惱祇是六根本煩惱的等流，意謂與根本煩惱同類，並由根本煩惱所引發。四種不定於善、染、無記之心不定。然而瑜伽師地論把六位心所法合併爲五種，因爲根本煩惱和隨煩惱都是染性，合爲一種。又以四個一切辨五位之别，卽一切性、一切地、一切時、一切俱。五位心所法中，遍行具四個一切，别境祇有最初的二個：一切性、一切地。善祇有一個，卽一切地。染心所四個一切都没有。不定祇有一個，卽一切性。這就是五位心所的不同。這六轉識容易變化間斷，因其永恆不定，所以都很容易與苦、樂、捨三受相應，都能領受順境、違境、非順非違之境。領受順境，使身心感到舒適喜悦，此稱樂受。領受違境，使身心受到逼迫，此稱苦受。領受非順非違之境，使身心既不感到舒適喜悦，又不感到逼迫，此稱不苦不樂的捨受。

如是三受或各分二〔一〕，五識相應，説名身受，别依身故。意識相應，説名心受，唯依心故。又三皆通有漏、無漏，苦受亦由無漏起故。或各分三，謂見所斷，修所斷，非所斷。又學、無學、非二，爲三。或總分四，謂善、不善、有覆、無覆二無記受。有義三受容各分四，五識俱起，任運貪、癡，純苦趣中任運煩惱不發業者，是無記故，彼皆容與苦根相應。瑜伽論説：「若任運生一切煩惱，皆於三受現行可得。若通一切識身者，偏與一切根相應。不通一切識身者，意地一切根相應〔二〕。」雜集論説〔三〕：「若欲界繫，任運煩惱發惡行者，亦是不善，所餘皆是有覆無記〔四〕。」故知三受各容有四。或總分五，謂苦、樂、憂、喜、捨。三中苦、樂各分二者〔五〕，逼、悦身心相各異故，由無分別有分別故，尤重輕微有差別故〔六〕。不苦不樂不分二者，非逼非悦相無異故，無分別故，平等轉故。諸適悦受，五識相應恆名爲樂。意識相應若在欲界，初二靜慮近分名喜〔七〕，但悦心故。若在初二靜慮根本名樂名喜，悦身心故。若在第三靜慮近分根本名樂，安靜、尤重無分別故。諸逼迫受，五識相應恆名爲苦。意識俱者，有義唯憂〔八〕，逼迫心故，諸聖教説意地慼受名憂根故，瑜伽論説：「生地獄中諸有情類，異熟無間有異熟生，苦憂相續〔九〕。」又説：「地獄尋、伺憂俱，一分鬼趣，傍生亦爾〔一〇〕。」故知意地尤重慼受，尚名爲憂。況餘輕者。有義通二〔一一〕，人、天中者恆名爲憂，非尤重故。傍生、鬼界名憂名苦〔一二〕，雜受純受有輕重故。㮈落迦中唯名爲苦〔一三〕，純受尤重，無分別故。瑜伽論説：「若任運生一切煩惱，皆於三受現行可得〔一四〕。」廣説如前。又説：「俱生薩迦耶見，唯無記性〔一五〕。」彼邊執見應知亦爾〔一六〕。此俱苦受非憂根攝，論説憂根非無記故。又瑜伽説：「地獄諸根餘三現行定不成就，純苦鬼界、傍生亦爾〔一七〕。」餘三定是樂、喜、憂根，以彼必成現行捨故。豈不客捨彼定不成〔一八〕？寧知彼文唯説客受〔一九〕？應不説彼定成意根，彼六客識有時無故。不應彼論唯説客受，通説意根無異因故。又若彼論依客受説，如何説彼定成八根〔二〇〕？若謂五識不相續故定説憂根爲第八者，死、生、悶絶寧有憂根？有執苦根爲第八者，亦同此破。設執一形爲第八者，理亦不然，形不定故，彼惡業招容無形故。彼由惡業令五根門恆受苦故，定成眼等。必有一形，於彼何用？非於無間大地獄中可有希求婬欲事故〔三二〕。由斯第八定是捨根，第七、八識捨相應故。如極樂地意悅名樂無有喜根，故極苦處意迫名苦無有憂根，故餘三言定憂、喜、樂。餘處說彼有等流樂〔三三〕，應知彼依隨轉理說，或彼通說餘雜受處，無異熟樂名純苦故。然諸聖教意地慼受名憂根者，依多分說〔三三〕，或隨轉門，無相違過。瑜伽論說：「生地獄中諸有情類，異熟無間有異熟生苦憂相續〔三四〕。」又說地獄尋伺憂俱，一分鬼趣、傍生亦爾者，亦依隨轉門〔三五〕。又彼苦根意識俱者，是餘憂類假說爲憂。或彼苦根損身心故，雖苦根攝而亦名憂，如近分喜益身心故，雖是喜根而亦名樂。顯揚論等具顯此義。然未至地定無樂根，說彼唯有十一根故。由此應知意地慼受，純受苦處亦苦根攝。此等聖教差別多門，恐文增廣故不繁述。有義六識三受不俱，皆外門轉，互相違故。五俱意識同五所緣，五三受俱，意亦應爾，便違正理。故必不俱。瑜伽等說藏識一時與轉識相應三受俱起者，彼依多念，如說「一心」非一生滅，無相違過。有義六識三受容俱，順、違、中境容俱受故，意不定與五受同故。於偏注境起一受故，無偏注者便起捨故，由斯六識三受容俱。」

校釋

〔一〕「如是三受或各分二」，藏要本校注稱：「此下廣辨三受，安慧釋無文。」

〔二〕本段引文見瑜伽師地論卷五十九：「若任運生一切煩惱，皆於三受現行可得。是故通一切識身者，與一切根相應。不通一切識身者，與意地一切根相應。不任運生一切煩惱，隨其所應諸根相應。」（大正藏卷三十第六二七頁）「意地」，意即第六識意識，因爲它是支配一身之所，又是發起萬物的場所，所以稱爲地。不通五識身的身、邊二見唯在意地。

〔三〕「雜集論」，大乘阿毘達磨雜集論的簡稱，唯識依據的主要論典之一。安慧糅，唐玄奘譯，十六卷。

〔四〕語見雜集論卷四：「欲界繫不任運起者是不善，若任運起能發惡行者亦是不善，所餘是有覆無記。」（大正藏卷三十一第七〇九頁）

〔五〕「三中苦、樂各分二者」，述記卷五末稱：「在五識即楚利逼切明利適悦名苦樂；在意稍降逼切，如可適悦名憂喜受，身心異相也。」（大正藏卷四十三第四二四頁）

〔六〕成唯識論述記卷五末對以上二句解釋如下：「又在五識逼迫適悦俱無分別名爲苦樂，意有分别逼迫適悦，故是憂喜。又在五識逼迫適悦二俱粗重，故名苦樂。在意輕微，故名憂喜。又在意識動勇逼悦，故名憂喜。在五識中但動而不勇，故名苦樂。是二别相，動者粗動，勇者勇躍。」

（大正藏卷四十三第四二四頁）

〔七〕「静慮」，卽禪，一般分爲四種，稱爲四静慮或四禪。初禪不分段食，無鼻、舌二識，衹眼、耳、身、意有喜受，有樂受與三識相應。二禪亦無眼、耳、身三識，僅有意識，所以衹有喜、捨二受。三禪僅有意識，有樂、捨二受與之相應。四禪亦僅有意識，唯有捨受與之相應。「初二静慮近分名喜」，據瑜伽師地論卷五十七，十一根有喜，包括信等五根：信根、精進根、念根、定根、慧根，三無漏根：未知當知根、已知根、具知根，還有意根、喜根、捨根。

〔八〕「有意唯憂」，藏要本校注稱：「述記卷三十二謂此是安慧説，勘安慧釋無文。」

〔九〕語見瑜伽師地論卷六十六：「從異熟生生那洛迦（卽地獄）諸有情類，異熟無間有異熟生，苦憂相續。如生那洛迦如是，若生一分餓鬼及傍生中，當知亦爾。」（大正藏卷三十第六六五頁）

〔一〇〕語見瑜伽師地論卷五和六十六。

〔一一〕「有義通二」，本段爲第二解，是護法等人的主張。

〔一二〕「傍生」，梵文Tiryagyoni的意譯，卽畜生，亦稱旁生。意謂旁行之生類，因其行不正，受果報旁，又負天而行，故稱旁行。　「鬼界」，卽鬼居住的世界。鬼是梵文Preta的意譯，亦稱餓鬼。有二義：一者令人生畏，二者挨餓。佛教中鬼的種類很多，最常見的是夜叉。

〔一三〕「㮈落迦」梵文Naraka的音譯，亦稱那落迦，意譯不樂、可厭、苦具等，意謂地下牢獄。佛教認爲罪孽深重者，轉生到地獄去受苦。佛教把地獄分爲三大類：根本地獄、近邊地獄、孤獨地獄。

〔一四〕語見瑜伽師地論卷五十九（大正藏卷三十第六二七頁）。

〔一五〕語見瑜伽師地論卷五十八（大正藏卷三十第六二三頁）。

〔一六〕「邊執見」，略稱邊見，五見之一。有我見以後，或者認爲我死後斷絶，此稱斷見。或者認爲我死後亦常住不滅，此稱常見。斷見和常見是二邊見。起於我見之後的妄見稱爲邊見，又偏於斷、常一邊的妄見稱爲邊見。

〔一七〕語見瑜伽師地論卷五十七。問：「生那落迦成就幾根？」答：「八。現行種子皆得成就，除三所餘或成就或不成就，三約現行不成就，約種子或成就。謂般涅槃法或不成就，謂不般涅槃法餘三現行故不成就，種子故成就。若生那落迦趣，於一向若傍生、餓鬼當知亦爾。若苦、樂、雜受處後三種亦現行成就。」（大正藏卷三十第六一五頁）

〔一八〕「豈不客捨彼定不成」，「客」字磧砂藏本原作「容」，藏要本依述記卷三十二和高麗藏本改，下同。本句爲前師問。

〔一九〕「寧知彼文唯説客受」，此爲護法等論師返問。

〔二〇〕「八根」，地獄八根是：眼根、耳根、鼻根、舌根、身根、意根、命根、捨根。

〔二一〕「無間大地獄」，音譯阿鼻（Avici）地獄或阿鼻旨地獄，在地獄的最底層，最苦處，極惡之人墮之。「無間」之意有五：趣果無間、受苦無間、時無間、命無間、形無間。

〔二二〕「餘處說彼有等流樂」，攝大乘論隨順小乘佛教說一切有部等。如依大乘，在餓鬼趣和傍生趣雜生處有等流樂。地獄無異熟樂，因爲它稱爲純苦處。

〔二三〕「依多分說」，意感名憂者，依多分說，卽人天趣全部和餓鬼趣、傍生趣的一部分，或隨順小乘佛教說一切有部等。

〔二四〕語見瑜伽師地論卷六十六：「從異熟生生那落迦諸有情類，異熟無間有異熟生苦憂相續。」（大正藏卷三十第六六五頁）

〔二五〕「隨轉門」，依大衆部等主張，諸識並生，苦憂相續。或依上座部由異熟果而生，此爲這裏所說的「異熟無間」。瑜伽師地論所說的「尋伺憂俱」是依經量部，該部主張尋伺唯在意識，但地獄中的意祇是憂受。或依彌沙塞部，它亦主張有異熟意識生。

〔本段大意〕像這樣的苦受、樂受和不苦不樂的捨受或各分爲兩種：一者與前五識相應，稱爲身受，因其特別依靠身的緣故；二者與意識相應，稱爲心受，因其特別依心的緣故。而且，這三受又都通有漏和無漏，因爲苦受亦是由無漏引起的緣故。或者各分爲三種：見道所斷、修道所斷和非所斷。又可以分爲有學、無學、非有學非無學三種。或者總共分爲四種，卽善受、惡受、有覆無記受、無覆無記受。安慧（？）認爲，三受可以各分爲上述四種，因爲在五識中有俱起的任運貪、癡，第六識意識在純苦趣中任運生起的煩惱，是不發業的，是無記性。它們都可以與苦根相應。瑜伽師地論說：「俱生煩惱一定要與苦、樂、捨三受現行俱起。各種任運而生的一切煩惱，假若是遍通一切識身，就普遍與一切識所有的苦、樂、捨一切根相應。假定不遍通一切識身而祇與第六意地相應者，就祇與第六意地所有的苦、樂、捨一切根相應。」大乘阿毘達磨雜集論説：「如果欲界繫的煩惱，假定是任運而自然的生起，並引起各種罪惡行爲，這就屬於不善。其餘不引發惡行及色、無色界任運而起的煩惱，都是有覆無記。」由此可知，苦、樂、捨三受，都容許分爲善、不善、有覆無記、無覆無記四性。或者將三受總的分爲五種，卽苦、樂、憂、喜、捨，三受中的苦、樂二受可以各分爲二種，因爲所緣外境有逼迫身心和適悦身心之相的區別。因爲在五識上所感受的逼迫與適悦都是無分別的，所以稱爲苦、樂二受。因爲在意識上所感受的逼迫與適悦，都是有分別的，所以稱爲憂、喜二受。在五識上所感受的逼迫與適悦都極其粗重，所以稱爲苦、樂二受。在意識上所感受的逼迫與適悦，都是極其輕微的，所以稱爲憂、喜二受。像這樣的「極其粗重」和「極其微細」是有差別的，所以要分別説明它們的感受。不苦不樂的捨受所以不分爲二種，因爲它既不是逼迫，又不是適悦，其相没有不同，所以没有區別，其性等同。各種與五識相應的適悦感受，永遠稱爲樂受。與意識相應的感受，如果是在欲界與初禪、二禪相親近，這就稱爲喜，因爲它祇是適悦身心。與意識相應的感受，如果是在初禪和二禪的根本定中，就稱爲樂受和喜受，因爲它適悦身心的緣故。如果是在第三靜慮的近分及根本定中，稱爲樂受，因爲第三靜慮的安静狀態，特別深重於前面所有的靜慮，於中喜樂都無分別。與五識相應的各種逼迫感受永遠稱爲苦。有人認爲：與意識相應的祇是憂，因其逼迫心的緣故，因爲各位聖人之教都説意感受稱爲憂根的緣故。瑜伽師地論説：「生於地獄中的各種有情衆生，他們的第八異熟識在最初受生以後，更無間隔的有前六識異熟生，苦憂相續。」該論又説：「地獄中的有情衆生，其尋、伺二位心所法與憂相應，一部分餓鬼趣和傍生趣與之相同。」由此可知，第六意地所感地獄最嚴重的感受尚且不稱爲苦，而稱爲憂，更何況其餘的輕微逼迫呢！護法等論師認爲：意地中的苦根區分爲二種：憂和苦。在人界和天界永遠稱爲憂，因爲這不是重逼。在傍生界和鬼界稱爲憂和苦。因爲雜受較輕，此稱爲憂；純受較重，此稱爲苦。在地獄中祇能稱爲苦，因爲這是純受，是重逼，純受苦的逼迫，毫無區別。瑜伽師地論説：「不管怎樣産生的煩惱，都與苦、樂、捨三受現行相應。」對這個問題的詳細解釋如前所説。該論又説與生俱來的薩迦耶見祇是無記性，應當知道那邊執見亦是這樣。這俱生苦受並不屬於憂根，因爲瑜伽師地論説憂根不是無記性。瑜伽師地論説，地獄中有情衆生的諸根，「餘三」肯定不能成就現行，純苦的鬼界、傍生界也是這樣。「餘三」肯定是樂根、喜根、憂根，因爲肯定有七、八二識相續不斷，而成現行捨受。前師反詰曰：與六識相應外來捨受肯定不能成就現行嗎？護法等論師回答説：你怎麼知道那論文祇是講的外來捨受呢？你不應當説肯定能够成就意根，因爲六客識有時没有。不應當認爲瑜伽師地論祇是講的受中客受，意中通説主識第八識，没有另外的理由作這樣的論説。而且，縱許該論像你所認爲的那樣是依客受而説，如何説地獄定成八根呢？如果認爲因爲五識不相續，所以一定要説憂根爲第八根，死、生、悶絶時怎麼會有憂根呢？如果你認爲苦根爲第八根，亦像前述一樣進行破斥。如果以男根或女根爲第八根，這在道理上亦講不通，因爲地獄衆生男形女形不定，他們是由惡業招感，可以無形。因爲地獄衆生由惡業招感，使五根都永遠受苦，所以肯定有眼等五根。你一定要説有男根或女根，這對受苦來説有什麽用途呢？並不是在無間大地獄中的受苦衆生有希求婬欲之事。由此可見，第八根肯定是捨根，因爲第七、八二識與捨根相應。就像在極樂地的意識之喜悦稱爲樂一樣，這裏没有喜根。所以在極苦處意識受到逼迫而稱爲苦，這裏没有憂根。所以前面所説的「餘三」肯定是憂根、喜根、樂根。世親的攝大乘論釋説在地獄受苦的衆生有等流樂，應當知道這是依小乘佛教説一切有部而説。若依大乘就應當是傍生趣和餓鬼趣的雜受處没有異熟樂，因爲這是純粹受苦的處所。對法第七等所説的意慼楚感受稱爲憂根，是依人天趣之全部和鬼、畜趣少分而説，或者隨順小乘佛教説一切有部而説，這和瑜伽師地論所説並無矛盾。瑜伽師地論説：「墮生地獄的各類有情衆生異熟識没有間斷，其異熟果苦、憂相續不斷。」又説：「地獄衆生尋、伺與憂相應。」鬼趣的一部分和傍生趣亦是這樣。亦依不同的根機，因人施教。而且，地獄等苦根與意識相應，與其餘的雜受處和人天中的憂根相類似，並使意識受逼迫，所説苦根爲憂，並不是真正的憂受，而是假説爲憂。地獄苦根能損衆生之身心，雖然屬於苦根，但亦稱爲憂。如與喜相親近就有益於身心，雖然是喜根，但亦稱爲樂。顯揚聖教論和對法等都説明了這個意思。初禪之前肯定没有樂根，顯揚聖教論説衹有十一根。由此應當知道，意地慼楚感受在純粹受苦的處所亦屬於苦根。像這樣的聖人説教，差别是多方面的，如三受、五受，有報、無報，界、地繫，何地斷等。但恐繁不述。有人認爲六識不能與三受相應，因爲三受顯現出來，彼此互相違背。五俱意識和五識所緣相同，如果是五識與三受相應，意識亦應當是這樣。這就違背了佛教的正確理論，所以六識肯定不與三受相應。瑜伽師地論等説，藏識一時與前六轉識相應，三受俱起，這是依多念而説，如説「一心」並不表示一次生一次滅，而是多次生多次滅。所以這種理論與瑜伽師地論所説並不矛盾。護法認爲，六識可以與三受相應，因爲它們可以同時接受順境、違境和中境，第六識意識不一定與五識的感受相同。當它特别注意一種外境時，就生起一種感受，當它没有特别注意一種外境時，便生起捨受，所以六識可以與三受相應。

得自在位唯樂、喜、捨，諸佛已斷憂、苦事故。前所略標六位心所〔一〕，今應廣顯彼差别相，且初二位其相云何？頌曰：

初徧行觸等〔二〕，次别境謂欲、勝解、念、定、慧〔三〕，所緣事不同。

論曰：六位中初徧行心所即觸等五〔四〕，如前廣説。此徧行相云何應知？由教及理爲定量故。此中教者，如契經言：「眼、色爲緣生於眼識，三和合觸，與觸俱生有受、想、思。」乃至廣説，由斯觸等四是徧行。又契經説：「若根不壞，境界現前，作意正起，方能生識。」餘經復言：

「若復於此作意卽於此了別，若於此了別卽於此作意，是故此二恆共和合。」乃至廣説，由此作意亦是徧行。此等聖教誠證非一。理謂識起必有三和，彼定生觸，必由觸有，若無觸者心、心所法應不和合觸一境故。作意引心令趣自境，此若無者心應無故。受能領納順、違、中境，令心等起歡、慼、捨相，無心起時無隨一故。想能安立自境分齊，若心起時無此想者，應不能取境分齊相。思令心取正因等相，造作善等，無心起位無此隨一，故必有思。由此證知觸等五法心起必有〔五〕，故是徧行。餘非徧行，義至當説。次別境者〔六〕，謂欲至慧〔七〕，所緣境事多分不同〔八〕，於六位中次初説故。云何爲欲？於所樂境希望爲性〔九〕，勤依爲業。有義所樂謂可欣境〔一〇〕，於可欣事欲見、聞等有希望故。於可厭事希彼不合，望彼別離，豈非有欲？〔一一〕此但求彼不合離時可欣自體〔一二〕，非可厭事，故於可厭及中容境一向無欲。緣可欣事若不希望，亦無欲起。有義所樂謂所求境〔一三〕，於可欣厭求合離等，有希望故。於中容境一向無欲，緣欣厭事若不希求，亦無欲起。有義所樂謂欲觀境〔一四〕，於一切事欲觀察者，有希望故。若不欲觀，隨因境勢任運緣者，卽全無欲。由斯理趣，欲非徧行。有説要由希望境力，諸心、心所方取所緣，故經説欲爲諸法本。彼説不然，心等取境由作意故；諸聖教説作意現前能生識故，曾無處説由欲能生心、心所故。如説諸法愛爲根本，豈心、心所皆由愛生？故説欲爲諸法本者〔一五〕，説欲所起一切事業，或説善欲能發正勤，由彼助成一切善事，故論說此勤依爲業。云何勝解？於決定境印持爲性〔一六〕，不可引轉爲業。謂邪正等教理證力，於所取境審決印持，由此異緣不能引轉。故猶豫境勝解全無，非審決心亦無勝解，由斯勝解非徧行攝。有說心等取自境時無拘礙故，皆有勝解。彼說非理，所以者何？能不礙者卽諸法故，所不礙者卽心等故，勝發起者根作意故，若由此故彼勝發起，此應復待餘便有無窮失。云何爲念？於曾習境令心明記不忘爲性〔一七〕，定依爲業。謂數憶持曾所受境，令不忘失，能引定故。於曾未受體類境中全不起念，設曾所受不能明記，念亦不生，故念必非徧行所攝。有說心起必與念俱，能爲後時憶念因故〔一八〕。彼說非理，勿於後時有癡、信等，前亦有故，前心、心所或想勢力，足爲後時憶念因故。云何爲定？於所觀境令心專注不散爲性〔一九〕，智依爲業。謂觀德、失、俱非境中，由定令心專注不散，依斯便有決擇智生〔二〇〕。心專注言顯所欲住卽便能住，非唯一境。不爾，見道歷觀諸諦〔二一〕，前後境別，應無等持。若不繫心專注境位，便無定起，故非徧行。有說爾時亦有定起，但相微隱，應說誠言。若定能令心等和合，同趣一境，故是徧行。理亦不然，是觸用故。若謂此定令刹那頃心不易緣，故徧行攝。亦不應理，一刹那心自於所緣無易義故。若言由定心取所緣故徧行攝，彼亦非理，作意令心取所緣故。有說此定體卽是心，經說爲心學心一境性故，彼非誠證，依定攝心，令心一境，說彼言故。根、力、覺支〔二二〕，道支等攝〔二三〕，如念、慧等非卽心故。云何爲慧？於所觀境簡擇爲性〔二四〕，斷疑爲業。謂觀德、失、俱非境中，由慧推求得決定故。於非觀境愚昧心中無簡擇故，非偏行攝。有説爾時亦有慧起〔二五〕，但相微隱，天愛寧知〔二六〕？對法説爲大地法故〔二七〕。諸部對法展轉相違〔二八〕，汝等如何執爲定量？唯觸等五經説偏行，説十非經，不應固執。然欲等五非觸等故，定非偏行，如信、貪等。

校釋

〔一〕「前所略標六位心所」，藏要本校注稱：「此段生起，糅安慧釋。」

〔二〕「初偏行觸等」，藏要本校注稱：「勘梵、藏本此句爲『偏行』二字，祇六韻，合下『欲』字乃足一句，安慧釋亦以初謂遍行爲解，可知頌本無此二字也，今譯增文。」

〔三〕「次別境謂欲、勝解、念、定、慧」，藏要本校注稱：「梵、藏本無此『次』字。」

〔四〕「六位中初偏行心所即觸等五」，藏要本校注稱：「勘梵、藏本無此一句，以下善謂信、慚、愧句足第十頌，符於頌式，今譯增文。」

〔五〕「由此證知觸等五法心起必有」，藏要本校注稱：「此句解糅安慧釋，但原釋無教理證。」

〔六〕「次別境者」，藏要本校注稱：「勘安慧釋，此句爲別段生起之文，次句牒頌。」

〔七〕「謂欲至慧」，即五種別境：欲、勝解、念、定、慧。

〔八〕「所緣境事多分不同」，藏要本校注稱：「安慧釋云：『於差別境中決定，故名別境，彼等境各差別非一切故。』」

〔九〕「於所樂境希望爲性」，藏要本校注稱：「此解體業及初有義一段，皆糅安慧釋。」

〔一〇〕「有義所樂謂可欣境」，關於欲的問題，共有三解，本段爲第一解。

〔一一〕「豈非有欲」，此爲外人問。

〔一二〕「此但求彼不合離時可欣自體」，本段爲論主答。

〔一三〕「有義所樂謂所求境」，本段爲第二解。

〔一四〕「有義所樂謂欲觀境」，本段爲第三解。

〔一五〕「説欲」，磧砂藏本倒爲「欲説」，藏要本據述記卷三十三和高麗藏本改。

〔一六〕「於決定境印持爲性」，藏要本校注稱：「此解至『不能引轉』句糅安慧釋，又原釋云：『印持者謂此事如是不如餘也。』」

〔一七〕「於曾習境令心明記不忘爲性」，藏要本校注稱：「此句糅安慧釋，原釋云不散亂爲業，謂不於餘所緣行相散亂也。」

〔一八〕「憶」，普寧藏本爲「意」。

〔一九〕「於所觀境令心專注不散爲性」，藏要本校注稱：「此解至『決擇智生』句，糅安慧釋。」

〔二〇〕「決擇」，利用智慧滅除對事物疑惑，分別其道理，俱舍論卷二十三稱：「決謂決斷，簡謂簡擇，決

斷簡擇謂諸聖道。以諸聖道能斷疑故，及分別四諦相故。」（大正藏卷二十九第一二〇頁）

〔二一〕「諦」，梵文Satyam的意譯，意謂真理，即真實而不虛妄的道理。關於俗事的道理稱爲俗諦，關於涅槃的道理稱爲真諦。又如苦、集、滅、道四諦。「見道歷觀諸諦」，見道有十六心觀境：一苦法智忍，二苦法智，三集法智忍，四集法智，五滅法智忍，六滅法智，七道法智忍，八道法智，九苦類智忍，十苦類智，十一集類智忍，十二集類智，十三滅類智忍，十四滅類智，十五道類智忍，十六道類智。

〔二二〕「根、力、覺支」，都是三十七道品的組成部分，根即五根：眼、耳、鼻、舌、身。力即五力：信力、精進力、念力、定力、慧力。覺支即七覺支：亦稱七覺分或七菩提分，一擇法覺支（以智慧簡擇諸法之真僞），二精進覺支，三喜覺支，四輕安覺支，五念覺支，六定覺支，七行捨覺支，捨諸法之虛僞。

〔二三〕「道支」，即八正道。

〔二四〕「於所觀境簡擇爲性」，藏要本校注稱：「此解至『得決定故』句，糅安慧釋，但原釋云：『於如理、不如理、俱非境界簡擇爲性。』」

〔二五〕「有説爾時亦有慧起」，本段爲外人主張。

〔二六〕「天愛」，是佛教對愚人（凡人）的戲弄之辭，對於凡人來説，最神聖的莫過於天神，最劣者莫過於愚人。稱愚爲天，猶如稱貧爲富，稱癡鈍者爲聰明，此爲反語，是對愚者的嘲弄。亦可以解釋爲愚者毫無所取，祇爲天神所愛憐方得幸存，故稱天愛。玄奘弟子窺基著成唯識論掌中樞要卷上末認爲天愛之梵名是没劫(Moha)，意譯爲愚。愚有三名：一者提婆(Deva)，意譯爲天；二者曬縛(Jvala)，意譯光明；三者鉢剌闍鉢底(Prajāpati)，意譯生主。三名皆爲戲弄之辭。

〔二七〕「對法説爲大地法故」，這是天愛的救。「對法」是一身六足論的總稱。一身是迦多衍尼子造阿毘達磨發智論。六足論如下：一、舍利子造阿毘達磨集異門足論，二、大目乾連造阿毘達磨法蘊足論，三、迦多演那造阿毘達磨施設足論，四、提婆設摩造阿毘達磨識身足論，五、世友造阿毘達磨品類足論，六、世友造阿毘達磨界身足論。一身六足論是小乘佛教説一切有部所依據的基本論典。「大地法」，梵文 Mahābhūmidharma 的意譯，遍大地法之略。任何認識活動都會相應生起的精神現象，包括受、想、思、觸、欲、慧、念、作意、勝解、三摩地十種。

〔二八〕「諸部對法展轉相違」，本段爲論主的難。

〔本段大意〕得自在佛果位以後，祇有樂受、喜受、捨受，因爲各佛都已經斷除了引起憂、苦之因。前面已經簡略標明六位心所，現在應當詳細説明它們的特性。最初兩位心所法的特性如何呢？頌説：「第一位心所法是遍行，包括觸、受、思、想、作意五種。第二位心所法是別境，包括欲、勝解、念、定、慧，五種別境的所緣各不相同。」論説：六位心所中的第一位遍行心所，即觸等五種，前第三卷講第八識的時候已經詳細解釋過了。我們如何知道這些遍行心所的特性呢？我們用佛的説教和正確理論作爲認識的標準。這裏所説佛的説教，如起盡經所説：「以眼根和色塵爲條件産生眼識，根、境、識三位和合産生觸，與觸同時生起的有受、想、思。……」由此可知，觸、受、想、思四位心所是第一位遍行心所法。象跡喻經説：「如果眼根不被破壞，色塵外境出現在面前，作意生起，這纔能够產生眼識。」起盡經又説：「在那裏生起作意，就在那裏生起了別作用。在那裏生起了別作用，就在那裏生起作意。所以作意與了別永遠和合在一起。……」由此可見，作意亦是遍行心所法。像這樣的聖人説教，確實不衹一部佛經。從理論上來講，識的生起必須有根、境、識三位和合，這肯定要產生觸，並由觸而有三和。如果没有觸，心法和心所法就不應當和合在一起共觸一境。所以觸肯定是遍行。作意之性能够警心，使心所趣向自境。如果没有作意，心識就不應當生起。受能領納順境、違境、中境，使心生起樂、苦、捨相。心不生起的時候，就不會有三受中的任何一受。想能決定特定外境，如大小、顏色、部分、整體等。當心生起的時候，如果没有「想」，就不能緣取外境的分齊相。思使心成爲產生行爲的正因、邪因等相，由此形成善、惡、無記三性之業，在没有心生起的地方，没有三性中的任何一思，所以衹要心識生起，肯定有思。由此可見，觸等五位心所法，當心法生起的時候肯定是存在的，所以稱爲遍行。其他的心所法不是遍行，其義我們將作適當解釋。然後講別境，即欲、勝解、念、定、慧。所緣外境大部分不同，所以在六位心所法中放在第二位解釋。什麼是欲呢？對於可享樂的外境生起希望之性，並辛勤追求。有人認爲，可享樂的外境就是使人歡欣的外境，對於使人歡欣的外境想見、想聽等，對此懷有希望。外人問：對於所厭惡的外境，未得者希望不得，已得者希望別離，這不是欲是什麼呢？論主回答説：當人們衹追求不與所厭惡的外境相合或別離之時，人們祇追求令人歡欣外境本身，並不追求所厭惡的外境。所以對於人們所厭惡的外境和中境向來無欲，對於令人歡欣的外境如果不生起希望之心，亦不會有欲心所生起。第二師認爲：所樂者謂所求之境，隨境體性可欣可厭，對於可欣事未得望合，已得願不離。對於可厭之事，未得願不得，已得願別離等，因有希望，所以有欲。對於中容外境向來無欲，對於所緣欣、厭外境如果不生起希求，亦不會有欲心所生起。第三師認爲：所樂境謂欲觀境，對一切想觀察和經受的事物，都是因爲有希望。如果是不想觀察和經受的事物，隨順外境，隨意緣取，就都没有欲心所。由此可見，欲不是遍行心所。小乘佛教説一切有部説：因爲有希望緣取外境之力，各位心法和心所法纔能緣取所緣的對象，所以佛經説欲是萬物之本。論主回答説：這種説法不對。心等緣取外境是由於作意，因爲各位聖人之教都説，作意出現在面前，能够產生識，因爲在任何地方都没有説過，能够由欲產生心法和心所法。如説愛爲萬物之本，怎能説心法和心所法皆由愛而生呢？所以前文所説的「欲爲諸法本」，是説欲所生起的一切行爲，或者説正確的欲望能够引發正確的努力，由此協助成就一切好事，所以顯揚聖教論等説，欲是產生辛勤努力的基础。什麼叫勝解呢？是對確立外境起判斷作用，不可動摇。意思是説，由於錯誤、正確的説教和理論，對於所緣取的外境經過深思熟慮以後再作判斷，不被外來的不同因素所動摇。所以於猶豫不決的外境都没有勝解，没經過深思熟慮而作決定之心亦没有勝解。由此可見，勝解不屬於遍行心所。説一切有部認爲，心等緣取自己的外境時没有阻礙，都有勝解。論主反駁説，這種説法不合道理，爲什麽呢？你們所説的「無拘礙」有能不礙和所不礙兩種。能不礙是除心法、心所法以外的所有事物，它們都不阻礙心法和心所法的生起，所以「能不礙」就是除心法、心所法以外的一切事物，它們都不能成爲你們所説的勝解。「所不礙」就是心法和心所法本身，並不指任何一種心法或心所法，所以亦不能成爲你們所説的勝解。如果説一切有部救説：由於勝解，心法、心所法的生起都不受阻礙。論主就會這樣反駁：心法和心所法生起的强盛原因，都是由於根和作意，和勝解有什麽關係呢？如果説一切有部救説：根和作意的生起，是由於勝解，而不是由於它們本身。論主就會這樣反駁：如果説根和作意的生起是由於勝解，勝解的生起又由於其他，這就要犯無窮的過失。什麽叫念呢？對於自己所經受的事情明記而不忘懷，是禪定所依的基礎。意思是説，對於自己所經受的事物，一再記憶，使之不忘，並能引生禪定。對於未曾經受的事物不起任何憶念。假設説，對於自己所經受的外境不能明記，念亦不會産生，所以念肯定不屬於遍行。説一切有部認爲，當心生起的時候，肯定有念與之俱起，因爲此念能够成爲後時憶念之因。論主反駁説：這種説法不合道理，因爲不能説後有癡、信等，前面亦有，就説它是遍行。因爲以前的心法、心所法緣取外境，已熏功能在本識中，足爲後時有憶念之因，不須前爲後因。或者憑於想心的勢力强盛，足爲後時憶念之因，不需要今念引後念生。什麽叫定呢？對於所觀外境，使心專注而不散亂，是智慧所依靠的基礎。意思是説：當注意有功德、有過失、中容外境時，由於定的力量使心專注而不散亂。依靠定，心便明淨，便有無漏智産生。這裏所説的「心專注」是説我們的一念心想住在什麼境界上，就能够住在什麼境界上，並不是專注一境。否則，見道以十六心觀各個真理時，前後之境就會有區别，隨時都會出現變化，就不應當有平等持心的三昧。當散亂心不專注時，就不會有定生起，所以定不是遍行。正理師認爲，散亂心位亦有定生起，其相微細隱蔽難知，但應當説是實有。正理師救説：定能使心等和合在一起，共同趣向一境，心起皆有，所以是遍行。論主反駁説：這在道理上亦講不通，因爲這是「觸」的作用。如果你説，這種禪定使刹那頃心不改變所緣的對象，所以屬於遍行，這在道理上亦講不通，因爲一刹那之心對於自己所緣的對象没有改變的意思。如果你説由定之心緣取所緣外境，所以屬於遍行，這亦不合道理，因爲作意使心緣取所緣的對象，並非定力。經量部論師説，這種禪定本體就是心，因爲佛經稱爲心學，静慮支中説爲心一境性。論主破斥説，此説非理。「心學」是説定依攝於心，使心住於一境，所以稱爲心，並不是説其體就是心，定屬於五根、五力、七覺支、八正道等，就像念、慧等一樣，定並不等於心。什麼是慧呢？對於所經受的外境進行區别，其作用是斷除疑惑。對於所經受的外境是有德、無德，還是中容？皆由慧推敲決定。對於没有經受過的外境和愚昧心中都没有區别作用，所以慧不屬於遍行。説一切有部認爲，對於没有經受過的外境和愚昧心中亦有慧起。但其相微細隱蔽難知。論主反駁説：一般人不知道有慧，你們這些天愛怎能知道呢？説一切有部救説，因爲一身六足論説慧屬於大地法，而小乘的大地法相當於大乘的遍行。論主破斥説：你們所信仰的一身六足論互相矛盾，你們怎麼能够把它們作爲認識事物的標準呢？佛經説，祇有觸等五種是遍行，並沒有説過遍行有十種（説一切有部的大地法有十種），不應當固執己見。然而欲等五種並不是觸等五種，如信、貪等一樣，肯定不屬於遍行。

有義此五定互相資〔一〕，隨一起時必有餘四。有義不定〔二〕，瑜伽説此四一切中無後二故〔三〕，又説此五緣四境生〔四〕，所緣能緣非定俱故。應説此五或時起一，謂於所樂唯起希望，或於決定唯起印解，或於曾習唯起憶念，或於所觀唯起專注，謂愚昧類爲止散心，雖專注所緣而不能簡擇，世共知彼有定無慧。彼加行位少有聞思，故説等持緣所觀境，或依多分，故説是言，如戲忘天專注一境，起貪、瞋等，有定無慧〔五〕，諸如是等其類實繁。或於所觀，唯起簡擇，謂不專注，馳散推求。或時起二，謂於所樂、決定境中起欲、勝解。或於所樂、曾習境中起欲及念，如是乃至於所觀境起定及慧，合有十二〔六〕。或時起三，謂於所樂、決定、曾習起欲、解、念，如是乃至於曾、所觀起念、定、慧，合有十三〔七〕。或時起四，謂於所樂、決定、曾習、所觀境中起前四種，如是乃至於定、曾習、所觀境中起後四種，合有五四〔八〕。或時起五，謂於所樂、決定、曾習、所觀境中具起五種。如是於四起欲等五，總別合有三十一句。或有心位五皆不起〔九〕，如非四境、率爾墮心及藏識俱，此類非一。第七、八識此別境五隨位有無，如前已説。第六意識諸位容俱，依轉未轉皆不遮故。有義五識此五皆無，緣已得境無希望故，不能審決無印持故，恆取新境無追憶故，自性散動無專注故，不能推度無簡擇故。有義五識容有此五，雖無於境增上希望，而有微劣樂境義故，於境雖無增上審決，而有微劣印境義故，雖無明記曾習境體，而有微劣念境類故，雖不作意繫念一境，而有微劣專注義故，遮等引故，説性散動，非遮等持〔一〇〕，故容有定，雖於所緣不能推度，而有微劣簡擇義故。由此聖教説眼、耳通是眼、耳識相應智性〔一一〕。餘三準此有慧無失。未自在位此五或無〔一二〕，得自在時此五定有，樂、觀諸境欲無減故，印境勝解常無減故，憶習曾受念無減故，又佛五識緣三世故，如來無有不定心故，五識皆有作事智故。此別境五何受相應？有義欲三，除憂、苦受，以彼二境非所樂故。餘四通四，唯除苦受，以審決等五識無故。有義一切五受相應，論説憂根於無上法思慕愁慼求欲證故，純受苦處希求解脱，意有苦根，前已説故。論説貪愛憂苦相應，此貪愛俱必有欲故，苦根既有意識相應，審決等四苦俱何咎？又五識俱亦有微細印境等四，義如前説。由斯欲等五受相應。此五復依性、界、學等〔一三〕，諸門分別，如理應思。

校釋

〔一〕「有義此五定互相資」，據述記卷六本，此爲安慧義，但藏要本校注稱：「此下諸門廣辨，安慧釋無文。」

〔二〕「有義不定」，據成唯識論學記卷五，此爲護法等論師的主張，但藏要本校注稱：「安慧釋五別境心所末云：此五法互異而起，若此處起勝解者必不更起餘法。一切應如是說，略同此義。」

〔三〕「四一切」，即上文所説的一切性、一切地、一切時、一切俱。

〔四〕「四境」，欲緣所樂境，勝解緣決定境，念緣曾習境，定、慧緣所觀境。

〔五〕「定」，磧砂藏本誤作「足」，藏要本據述記卷三十三和高麗藏本改。

〔六〕「合有十二」，「合」字磧砂藏本原作「今」，藏要本據述記卷三十三和高麗藏本改。本句義爲總共有十個二：一於所樂、決定境中起欲、勝解，二於所樂、曾習境中起欲和念，三於所樂、所觀境中起欲和定，四於所樂、所觀境中起欲和慧，五於決定、曾習境中起勝解和念，六於決定、曾習境中起勝解和定，七於決定、所觀境中起勝解和慧，八於曾習、所觀境中起念和定，九於曾習、所觀境中起念和慧，十於曾習、所觀境中起定和慧。

〔七〕「合有十三」，意爲總共有十個三：一於所樂、決定、曾習境中起欲、勝解、念，二於所樂、決定、所觀境中起欲、勝解、定，三於所樂、決定、所觀境中起欲、勝解、慧，四於所樂、曾習、所觀境中起欲、念、定，五於所樂、曾習、所觀境中起欲、念、慧，六於所樂、所觀境中起欲、定、慧，七於決定、曾習、所觀境中起勝解、念、定，八於決定、曾習、所觀境中起勝解、念、慧，九於決定、所觀境中起勝解、定、慧，十於曾習、所觀境中起念、定、慧。

〔八〕「合有五四」，意謂總共有五個四：一於所樂、決定、曾習、所觀境中起欲、勝解、念、定，二於所樂、決定、曾習、所觀境中起欲、勝解、念、慧，三於所樂、決定、所觀境中起欲、勝解、定、慧，四於所樂、曾習、所觀境中起欲、念、定、慧，五於決定、曾習、所觀境中起勝解、念、定、慧。

〔九〕「有心位」，對於無心位而言。小乘佛教説一切有部認爲，六識中不管何識生起都稱爲有心位。大乘唯識宗認爲八識可以同時俱起，七、八二識永恒相續不止，前五識必須伴隨第六識生起，所以有心無心祇就第六識而言，有第六識則爲有心，反之則爲無心。詳見本書卷七。

〔一〇〕「等持」，定的别名。梵文 Samādhi 的意譯，意謂平等持心，心住一境，平等維持。舊譯三昧，新譯三摩地。通定、散二心，分爲三種：空等持、無相等持、無願等持。又可以分爲有尋有伺等持、無尋唯伺等持、無尋無伺等持。

〔一一〕「由此聖教説眼、耳通是眼、耳識相應智性」，見瑜伽師地論卷六十九。眼通，即天眼通，五神通之一。謂色界四大所造清淨色根，能觀欲界、色界萬物，不管多遠多近，亦不管多粗多細。耳通，即天耳通，五神通之一，謂色界四大所造清淨色根，能够聽聞欲界和色界的一切聲音。

〔一二〕「此五」，即五神通，亦稱五通或五神變。「神」謂不可思議的力量。「通」意謂自由自在，毫無阻擋。五神通包括：一天眼通；二天耳通；三他心通，能够洞察其他人的心理活動；四宿命通，知道自己來世的一切；五如意通，亦稱神境通、神足通，自由飛行，石壁都不能阻擋，還能够變石爲金，變火爲水等。

〔一三〕「學」，即戒、定、慧三學。因位稱爲學，果位稱爲無學。

〔本段大意〕安慧認爲：欲、勝解、念、定、慧這五種別境肯定要互相資助，當一個生起時，其餘的四個肯定要生起。護法等認爲：欲等五種別境可能俱起，亦可能不俱起，因爲瑜伽師地論所説的四個一切（一切性、一切地、一切時、一切俱）中，没有後二種。又因爲該論説，這五種別境依所樂、決定、曾習、所觀四境而生，所緣四境和能緣欲等五種別境肯定不能俱起。應當説，這五種別境或許有時祇能生起一種，於所樂境祇能生起欲，於決定境祇能生起勝解，於曾習境祇能生起念，於所觀境祇能生起定。極其愚癡者爲了攝斂粗動散心，雖然專注繫念所緣的對象如眉間等住心，但不能對此進行鑒別和判斷。人們都知道，他們祇有定而無慧。外人問：如果是這樣的話，此境爲什麽稱爲所觀呢？「所觀」是慧的意思。論主回答説：這種極其愚癡者，於攝斂心加行位中，有很少的聽聞和思考，或者從老師那裏聽到斂心之説，或者祇從經論看到斂心之説，但很少有所簡擇。此定所緣之境，從定前的加行位來説，稱爲所觀境。或者依據大部分行者而説，是定慧俱起的，如戲忘天專注一境而起貪、瞋等，此時祇有定而無慧。像這樣祇有定而無慧的情況實在是太多了。或者是於所觀境祇有慧而無定，意謂掉舉多者不能專注一境，他們馳散其心，推求法相或復雜義理。或許有時生起兩種，於所樂、決定境中生起欲和勝解，或者於所樂、曾習境中生起欲和勝解，……乃至於於所觀境中生起定和慧，總共有十個二。或者有時於四境生起三位心所法，於所樂、決定、曾習境中生起欲、勝解和念，……乃至於於曾習、所觀境中生起念、定、慧，總共有十個三。或者有時於四境生起四種別境心所法，於所樂、決定、曾習、所觀境中生起欲、勝解、念、定，……乃至於於決定、曾習、所觀境中生起勝解、念、定、慧，總共有五個四。或者有時於四境生起五種別境心所法，卽於所樂、決定、曾習、所觀境中生起欲、勝解、念、定、慧五種別境心所法。像這樣的於四境生起欲等五種別境心所法，合前一一別起，乃至於生起五種別境心所法，總共有三十一句。或者於有心位五種別境心所法都不生起，如當四境不出現在面前時，於散疑境等率爾心生起時，以及與藏識俱起時。像這類情況還有多種。第七、八二識是不是與五位別境心所法俱起，要依據是否成佛而論，正如前面所說。第六識意識在各位都與五位別境心所法俱起，若在因位或五俱起，或一一別生；若在果位，一向定有，不管是轉依位或未轉依位，第六識永遠與五種別境心所法俱起。有人認爲：前五識都沒有這五種別境心所法，因爲前五識緣已得之境，沒有希求，所以沒有欲。前五識不能深思熟慮並作出決定，所以沒有勝解。前五識永遠緣取新境，不緣過去境，所以沒有念。前五識自性散動，不能專注一境，所以沒有定。前五識不能進行推理和鑒別，所以沒有慧。第二師認爲，前五識可以有這五種別境心所法。前五識對於外境雖然沒有像第六識那樣的强烈欲望，但在第六識的導引下，對於樂境有微弱的希望，所以有欲。前五識對於外境雖然没有强盛的深思和判斷，但有微弱模糊的印象，所以有勝解。前五識雖然不能清析記憶過去所經歷的事情，但可微弱憶念外境，所以有念。前五識雖然不能像第六識那樣故意繫念於一境，但有微弱的專注一境之義。因爲不能有等引之定，所以説「自性散動」，但不能否認有等持之定，所以容許有定。前五識雖然對於所緣外境不能進行推理，但有微弱的鑒別之義，所以瑜伽師地論説眼通、耳通是與眼、耳二識相應的智慧。既然眼、耳二識有慧，所以其餘的鼻、舌、身三識與前二識一樣，亦有智慧，此説並無過失。在没有得到解脱自在之前，這五種别境心所法或許是没有，但得自在解脱佛位的時候，這五種别境心所法肯定是存在的。佛期望觀看各種外境，其欲並無減退，所以有欲。佛要判斷外境，恒常無滅，所以有勝解。佛憶念經歷過的外境，並無減退，而且佛的前五識緣過去、現在、未來三世外境，所以有念。如來佛没有不定之心，所以有定。因爲佛的前五識都有成所作智，所以有慧。這五種别境心所法與什麼受相應呢？有人認爲欲與除憂、苦二受以外的三受（喜、樂、捨）相應，因爲逼迫法生憂受和苦受，欲緣人們所樂好的外境。其餘的四種别境心所法（勝解、念、定、慧）與除苦受之外的四受（憂、喜、樂、捨）相應，因爲前五識没有對外境進行審思判斷的勝解等四種别境心所法。第二師認爲：一切别境心所法都與五受相應，爲什麼説憂受與欲相應呢？因爲瑜伽師地論説，憂根於無上法思慕欲證，愁慼所攝，即善法欲與憂相俱。純受苦處的地獄和一部分餓鬼、畜生都希望解脱這種痛苦，意識與苦根相應，前邊我們已經説過了。瑜伽師地論說，貪愛與憂、苦相應，既然有貪愛，肯定有欲。既然苦根與意識相應，說勝解、念、定、慧與苦根俱起，這有什麼錯誤呢？而且，與五識相應俱有的，亦有微弱的勝解、念、定、慧，這個意思正如前文所說的。由此可見，欲等五種別境心所法與苦、樂、憂、喜、捨五受相應，這五種別境心所法所依之性、界、學等，如上述道理應當明了。

成唯識論校釋卷第六

護法等菩薩造
唐三藏法師玄奘奉詔譯

已說徧行、別境二位〔一〕，善位心所其相云何？頌曰：

善謂信、慚、愧〔二〕，無貪等三根〔三〕，勤、安、不放逸〔四〕，行捨及不害〔五〕。

論曰：唯善心俱名善心所〔六〕，謂信、慚等，定有十一〔七〕。云何爲信〔八〕？於實、德、能深忍樂欲，心淨爲性，對治不信〔九〕，樂善爲業。然信差別略有三種：一信實有，謂於諸法實事、理中深信忍故；二信有德，謂於三寶真淨德中深信樂故〔一〇〕；三信有能，謂於一切世、出世善深信有力，能得能成，起希望故。由斯對治不信彼心，愛樂證修世、出世善。忍謂勝解，此卽信因。樂欲謂欲，卽是信果。確陳此信自相是何〔一一〕？豈不適言心淨爲性〔一二〕？此猶未了彼心淨〔一三〕言，若淨卽心，應非心所，若令心淨慚等何別？心俱淨法爲難亦然。此性澄清能淨心等〔一四〕，以心勝故立心淨名，如水清珠能清濁水。慚等雖善，非淨爲相，此淨爲相，無濫彼失。

又諸染法各別有相，唯有不信自相渾濁，復能渾濁餘心、心所，如極穢物自穢穢他，信正翻彼，故淨爲相。有説信者愛樂爲相〔一五〕。應通三性〔一六〕，體應卽欲，又應苦、集非信所緣〔一七〕。有執信者隨順爲相〔一八〕，應通三性，卽勝解欲。若印順者卽勝解故〔一九〕，若樂順者卽是欲故，離彼二體無順相故，由此應知心淨是信。云何爲慚〔二〇〕？依自、法力，崇重賢、善爲性，對治無慚，止息惡行爲業。謂依自、法尊貴增上〔二一〕，崇重賢、善，羞恥過惡，對治無慚，息諸惡行。云何爲愧〔二二〕？依世間力輕拒暴惡爲性，對治無愧，止息惡行爲業。謂依世間訶厭增上，輕拒暴惡羞恥過罪，對治無愧，息諸惡業。羞恥過惡是二通相，故諸聖教假説爲體。若執羞恥爲二別相，應慚與愧體無差別。則此二法定不相應，非受想等有此義故。若待自他立二別者，應非實有，便違聖教〔二三〕。若許慚、愧實而別起，復違論説十徧善心〔二四〕。崇重輕拒若二別相，所緣有異應不俱生，二失既同，何乃偏責〔二五〕？誰言二法所緣有異〔二六〕？不爾如何〔二七〕？善心起時隨緣何境皆有崇重善及輕拒惡義〔二八〕，故慚與愧俱徧善心，所緣無別。豈不我説亦有此義〔二九〕？汝執慚、愧自相既同〔三〇〕，何理能遮前所設難？然聖教説顧自他者，自法名自，世間名他。或卽此中崇拒善惡，於己益、損名自、他故。無貪等者〔三一〕，等無瞋、癡〔三二〕。此三名根〔三三〕，生善勝故，三不善根近對治故〔三四〕。云何無貪〔三五〕？於有、有具無著爲性〔三六〕，對治貪著，作善爲業。云何無瞋？於苦、苦具無恚爲性〔三七〕，對治瞋、恚，作善爲業。善心起時隨緣何境皆於有等無著無恚，觀有等立非要緣彼，如前慚愧觀善惡立，故此二種俱偏善心。云何無癡？於諸理事明解爲性，對治愚癡，作善爲業。有義無癡卽慧爲性，集論説此「報、教、證、智，決擇爲體。」生得、聞、思、修所生慧，如次皆是決擇性故。此雖卽慧，爲顯善品有勝功能，如煩惱見，故復別説。有義無癡非卽是慧，別有自性正對無明，如無貪、瞋善根攝故。論説大悲無瞋、癡攝，非根攝故。若彼無癡以慧爲性，大悲如力等應慧等根攝〔三八〕。又若無癡無別自性，如不害等應非實物，便違論説十一善中三世俗有〔三九〕，餘皆是實。然集論説慧爲體者〔四〇〕，舉彼因果顯此自性，如以忍樂表信自體，理必應爾。以貪、瞋、癡六識相應〔四一〕，正煩惱攝，起惡勝故，立不善根。斷彼必由通、別對治，通唯善慧，別卽三根，由此無癡必應別有。勤謂精進〔四二〕，於善惡品修斷事中勇悍爲性，對治懈怠，滿善爲業。「勇」表勝進，簡諸染法。「悍」表精純，簡淨無記，卽顯精進唯善性攝。此相差別略有五種，所謂被甲、加行、無下、無退、無足，卽經所説有勢、有勤、有勇、堅猛、不捨善軛〔四三〕，如次應知。此五別者，謂初發心〔四四〕、自分、勝進，自分行中三品別故。或初發心、長時、無間、殷重、無餘修差別故。或資糧等五道別故〔四五〕，二乘究竟道欣大菩提故〔四六〕，諸佛究竟道樂利樂他故。或二加行、無間、解脱、勝進別故〔四七〕。安謂輕安〔四八〕，遠離麤重〔四九〕，調暢身心，堪任爲性。對治惛沈，轉依爲業。謂此伏除能障定法，令所依止轉安適故。不放逸者〔五〇〕，精進、三根於所斷修防修爲性，對治放逸，成滿一切世、出世間善事爲業。謂卽四法於斷修事皆能防修，名不放逸。非別有體，無異相故。於防惡事修善事中離四功能無別用故。雖信、慚等亦有此能，而方彼四勢用微劣，非根徧策，故非此依。豈不防修是此相用〔五一〕？防修何異精進三根〔五二〕？彼要待此方有作用〔五三〕。此應復待餘，便有無窮失〔五四〕。勤唯徧策，根但爲依，如何說彼有防修用〔五五〕？汝防修用其相云何〔五六〕？若普依持卽無貪等，若徧策錄不異精進，止惡進善卽總四法，令不散亂應是等待，令同取境與觸何別？令不忘失卽應是念。如是推尋不放逸用，離無貪等竟不可得，故不放逸定無別體。云何行捨〔五七〕？精進、三根令心平等、正直、無功用住爲性，對治掉舉，靜住爲業。謂卽四法令心遠離掉舉等障，靜住名捨。平等、正直、無功用住，初中後位辯捨差別。由不放逸先除雜染，捨復令心寂靜而住。此無別體，如不放逸離彼四法無相用故，能令寂靜卽四法故，所令寂靜卽心等故。云何不害〔五八〕？於諸有情不爲損惱無瞋爲性，能對治害〔五九〕，悲愍爲業〔六〇〕。謂卽無瞋於有情所不爲損惱，假名不害。無瞋翻對斷物命瞋，不害正違損惱物害，無瞋與樂，不害拔苦，是謂此二麤相差別。理實無瞋實有自體，不害依彼一分假立，爲顯慈、悲二相別故，利樂有情彼二勝故。有說不害非卽無瞋〔六一〕，別有自體謂賢善性。此相云何〔六二〕？謂不損惱〔六三〕。無瞋亦爾，寧別有性？謂於有情不爲損惱，慈悲賢善，是無瞋故。「及」顯十一義別心所〔六四〕，謂欣厭等善心所法，雖義有別説種種名，而體無異，故不別立。欣謂欲俱無瞋一分，於所欣境不憎恚故。不忿、恨、惱、嫉等亦然〔六五〕，隨應正翻瞋一分故。厭謂慧俱無貪一分，於所厭境不染著故。不慳、憍等當知亦然〔六六〕，隨應正翻貪一分故。不覆、誑、諂無貪、癡一分〔六七〕，隨應正翻貪癡一分故。有義不覆唯無癡一分，無處説覆亦貪一分故。有義不慢信一分攝，謂若信彼不慢彼故。有義不慢捨一分攝，心平等者不高慢故。有義不慢慚一分攝，若崇重彼不慢彼故。有義不疑卽信所攝，謂若信彼無猶豫故。有義不疑卽正勝解，以決定者無猶豫故。有義不疑卽正慧攝，以正見者無猶豫故。不散亂體卽正定攝〔六八〕，正見、正知俱善慧攝〔六九〕。不忘念者卽是正念〔七〇〕，悔、眠、尋、伺通染、不染〔七一〕，如觸、欲等無別翻對。

校釋

〔一〕「已説徧行、別境二位」，藏要本校注稱：「此段生起，糅安慧釋。」

〔二〕「善謂信、慚、愧」，藏要本校注稱：「梵、藏本以此句結第十頌。」

〔三〕「無貪等三根」，藏要本校注稱：「勘梵、藏本缺此『根』字，今譯增文。」此中三根卽無貪、無瞋、無癡。對治貪、瞋、癡三毒。

〔四〕「勤、安、不放逸」，藏要本校注稱：「勘梵、藏本，原云不放逸俱，Sa，bcas。安慧釋云：與不放逸俱者，謂捨也。蓋頌不說行捨，但以『俱』字表之，故釋云云。轉識論說十善法，亦缺一種。可證頌文名數本不全也。今譯次句增行捨，又改『俱』字爲『及』字，別作他解。」「勤」，卽善心所的精進(Vīrya)，音譯毘梨耶。意謂按照佛教教義，不懈地努力修善斷惡、去染轉淨。百法明門論忠疏：「云何精進？於善惡品修斷事中，勇悍爲性，能治懈怠、滿善爲業。『勇』表勝進，揀諸染法；『悍』表精純，揀淨無記。卽顯精進，唯善性攝。」(大正藏卷四四第五四頁)「安」，卽善心所的輕安(Praśrabdhi)，禪定使身心輕適安穩，使之持續進行。「不放逸」，梵文Apramāda的意譯，意謂專注努力修善，對治貪、瞋、癡等煩惱，與放逸相對立。

〔五〕「行捨及不害」，藏要本校注稱：「梵、藏本此句無『行捨及』三字，祇六韻，連下『煩惱』二字乃足一句。」「行捨」，亦稱爲捨(Upekṣā)，善心所法之一，平等安靜的心境，在五蘊中屬於行蘊，故稱行捨，以區別於屬於受蘊的捨受。大乘廣五蘊論稱：「云何捨？謂依如是無貪、無瞋，乃至精進，獲得心平等性、心正直性、心無功用性；又復由此，離諸雜染法，安住清淨法。謂依無貪、無瞋、無癡，精進性故。或時遠離昏沈、掉舉諸過失故，初得心平等，或時任運無勉勵故，次得心正直。或時遠離諸雜染故，最後獲得心無功用，業如不放逸說。」(大正藏卷三十一第八五二頁)「不害」，梵文Ahiṃsā的意譯，善心所法之一。慈悲爲懷，不傷害衆生。大乘廣五蘊論稱：「云何不害？謂害對治，以悲爲性。謂由悲故，不害羣生。是無瞋分，不損惱爲業。」(大正藏卷三

十一第八五二頁）

〔六〕「唯善心俱名善心所」，此簡經量部，該部主張信和精進通善、惡、無記三性。又遮説一切有部，該部主張輕安遍善，故説唯善。

〔七〕「定有十一」，正理論師認爲善心所有十二種，比唯識宗多一個欣厭。小乘佛教正量部認爲有十三種，把欣、厭區分爲二種。

〔八〕「云何爲信」，藏要本校注稱：「此段至『起希望故』句，糅安慧釋。」

〔九〕「不信」，梵文Aśraddha的意譯，隨煩惱之一，意謂心不清淨，不相信因果報應等佛教義理，能生懈怠。大乘廣五蘊論稱：「云何不信？謂信所治，於業果等，不正順信，心不清淨爲性，能與解怠所依爲業。」（大正藏卷三十一第八五三頁）

〔一〇〕「三寶」，梵文Triratna的意譯，佛教稱佛、法、僧爲三寶。「佛」可指佛教創始人釋迦牟尼，也泛指一切佛；「法」即佛法；「僧」即僧衆。

〔一一〕「確陳此信自相是何」，此爲外人問。

〔一二〕「豈不適言心淨爲性」，此爲論主答。

〔一三〕「此猶未了彼心淨言」，本段爲外人難。

〔一四〕「此性澄清能淨心等」，藏要本校注稱：「安慧釋心淨云：『信與心濁正相翻故，與之相應則無煩惱、隨煩惱垢濁，故説心淨。』」本段爲論主答。

〔一五〕「有說信者愛樂爲相」，此爲小乘佛教上座部義，或爲大乘異師。

〔一六〕「應通三性」，本段爲論主難。

〔一七〕「苦、集」，卽四諦中的苦諦和集諦。苦諦(Duḥkhasatya)認爲人世間的一切，本性都是苦。集諦(Samudyasatya)是說明造成世間痛苦的原因，卽「業」與「惑」。

〔一八〕「有執信者隨順爲相」，此爲小乘佛教大衆部或大乘異師的主張。

〔一九〕「若印順者卽勝解故」，此爲論主難。

〔二〇〕「云何爲慚」，藏要本校注稱：「此段糅安慧釋。」「慚」，梵文Hrī的意譯，唯識宗善心所法之一。對自己所作的錯事感到羞耻，注意不再重犯。大乘廣五蘊論稱：「云何慚？謂自增上，及法增上，於所作罪，羞耻爲性。罪謂過失，智者所厭患故。羞耻者，謂不作重罪。防息惡行所依爲業。」(大正藏卷三十一第八五二頁)

〔二一〕「依自、法尊貴增上」，雜阿毘曇心論把增上區分爲三種：一、自增上，謂上品人，慚於自身，不作諸惡；二、法增上，是中品人，爲護聖教，不作諸惡；三、世間增上，謂下品人，護世名利，不造諸惡。

〔二二〕「云何爲愧」，藏要本校注稱：「此段至『息諸惡業』句糅安慧釋。」「愧」，梵文Apatrapā的意譯，唯識宗善心所法之一，自己作錯了事，在別人面前感到羞耻，害怕責罰，注意不再重犯。大乘廣五蘊論稱：「云何愧？謂他增上，於所作罪，羞耻爲性。他增上者，謂怖畏責罰，及議論等，

所有罪失，羞耻於他。業如慚説。」（大正藏卷三十一第八五二頁）

〔二三〕「便違聖教」，瑜伽師地論卷五十五説，在十一種善心所法中，有八種是實有。這就是信、慚、愧、無貪、無瞋、無癡、精進、輕安。

〔二四〕「復違論説十徧善心」，瑜伽師地論卷六十九説，有十種心所法遍善心。這就是信、慚、愧、無貪、無瞋、無癡、精進、輕安、不放逸、不害。行捨衹有在禪定時纔能顯示出來。

〔二五〕「何乃偏責」，此爲外人問。

〔二六〕「誰言二法所緣有異」，此爲論主答。

〔二七〕「不爾如何」，此爲外人問。

〔二八〕「善心起時隨緣何境皆有崇重善及輕拒惡義」，本段爲論主答。

〔二九〕「豈不我説亦有此義」，此爲外人問。

〔三〇〕「汝執慚、愧自相既同」，本段爲論主答。

〔三一〕「無貪」，梵文 Alobha 的意譯，唯識宗善心所之一，與貪相反。意謂對生存和生存的條件皆無貪著之心。大乘廣五蘊論稱：「云何無貪？謂貪對治。令深厭惡，無著爲性。謂於諸有及有資具，染著爲貪，彼之對治説爲無貪。此卽於有及有資具無染著義，遍知生死諸過失故，名爲厭患。惡行不起所依爲業。」（大正藏卷三十一第八五二頁）

〔三二〕「無瞋」，梵文 Adveṣa 的意譯，唯識宗善心所之一，對治瞋。對衆生慈悲爲懷，對任何痛苦和造成痛苦的原因皆不憤根，不因此而傷害衆生。大乘廣五蘊論稱：「謂瞋對治，以慈爲性，謂於衆生不損害義。業如無貪説。」（大正藏卷三十一第八五二頁）

〔三三〕「無癡」，梵文 Amoha 的意譯，唯識宗善心所法之一，對治癡。意謂對四聖諦、八正道、十二因緣等佛教義理通達無礙。大乘廣五蘊論稱：「云何無癡？謂癡對治，如實正行爲性。如實者，略爲四聖諦，廣爲十二緣起。於彼加行是正知義。業亦如無貪説。」（大正藏卷三十一第八五二頁）

〔三三〕「三」，磧砂藏本原作「二」，藏要本據述記卷三十四和高麗藏本改。「根」，梵文 Indriya 的意譯，意謂「能生」，是促進增生的根本，如眼根能生眼識，耳根能生耳識等。共有二十二根：眼根、耳根、鼻根、舌根、身根、意根、女根、男根、命根、苦根、樂根、憂根、喜根、捨根、信根、精進根、念根、定根、慧根、未知當知根、已知根、具知根。

〔三四〕「三不善根」，卽貪、瞋、癡三根。其義有三：一與六識相應，二屬於煩惱，三生起惡業强勝。

〔三五〕「云何無貪」，藏要本校注稱：「下釋三根體性，皆糅安慧釋，原釋云：『以惡行不轉所依爲業。』」

〔三六〕「有」，卽三有，亦稱三界：欲界、色界、無色界。因爲三界是生死境界，有因有果，所以稱之爲「有」。

〔三七〕「苦」，梵文 Duḥkha 的意譯，意謂逼迫身心。可以區分爲二苦、三苦、四苦、五苦、八苦等。此指三苦：一、苦苦，寒、熱、饑、渴等原因所造成的痛苦；二、壞苦，樂境破壞時所産生的痛苦；三、行苦，一切有爲法無常變動時所産生的痛苦。

〔三八〕「力」，即十力(Daśabala)，佛所具有的十種智力：一、知覺處非處智力，「處」即道理，此智能知事物是否合理；二、知三世業報智力；三、知諸禪解脱三昧智力；四、知衆生上下根智力，即知衆生能力的優劣；五、知種種解智力，知道衆生各種知解的智力；六、知種種界智力，對處於不同境界的衆生施以不同的説教；七、知一切至處道智力，知道轉生人、天及達涅槃等因果的智力；八、知天眼無礙智力；九、知宿命無漏智力；十、知永斷習氣智力。「等」，此中省略四無畏：一、一切智無所畏，二、漏盡無所畏，三、説障道無所畏，四、説盡苦道無所畏。

〔三九〕「便違論説十一善中三世俗有」，見瑜伽師地論卷五十五，問：「是諸善法幾世俗有？幾實物有？」答：「三世俗有。謂不放逸、捨及不害。所以者何？不放逸、捨是無貪、無瞋、無癡、精進分故。即如是法離雜染義建立爲捨，治雜染義立不放逸，不害即是無瞋分，故無别實物。」(大正藏卷三十第六〇二頁)

〔四〇〕「慧」，通達事理決斷疑念的精神作用。有時與智同義，有時二者相對。通達有爲事相爲智，通達無爲空理爲慧。

〔四一〕「貪、瞋、癡」，此稱三毒，亦稱三垢或三火。在各種煩惱中，此三毒害衆生最甚，被列於根本煩惱之首，稱爲三不善根。「貪」，梵文 Rāga 的意譯，意謂對三界或造成三界輪迴的條件所産生的貪愛或貪欲。大乘廣五蘊論：「謂於諸有及有資具染著爲貪。」「瞋」，梵文 Pratigha 的意譯，意謂仇恨和損害有情衆生。大乘廣五蘊論稱:「云何瞋?謂於羣生損害爲性,住不安隱及惡行所依爲業。不安隱者,謂損害他,自住苦故。」「癡」,梵文 Moha 的意譯,亦稱無明,意謂對因果報應、四諦、三寶等佛教義理愚昧無知。大乘廣五蘊論稱:「云何無明?謂於業果諦寶無智爲性。此有二種:一者俱生,二者分別。又欲界貪瞋及以無明爲三不善根,謂貪不善根、瞋不善根、癡不善根。此復俱生、不俱生、分別所起。俱生者,謂禽獸等。不俱生者,謂貪相應等。分別者,謂諸見相應與虚妄決定,疑煩惱所依爲業。」(以上引文均見大正藏卷三十一第八五二頁)

〔四二〕「勤謂精進」,藏要本校注稱:「此解體業,糅安慧釋。」

〔四三〕「卽經所説有勢、有勤、有勇、堅猛、不捨善軛」,見成唯識論述記卷六本:「最初發起猛利樂欲,名被甲,經名有勢。如着鉀入陣,卽無所畏,有大威勢。次起堅固勇悍方便,名加行,經名有勤。堅固其心,自策勤也。次爲證得不自輕蔑,亦無怯懼,名無下,經名有勇。不自卑下,更增勇鋭。次能忍受寒、熱等苦,於劣等善不生厭足,欣求後後勝品功德等,名無退,經名堅猛。遭苦不屈,堅猛其志。次後乃至漸次入諦觀等後後勝道,名無足,經名不捨善軛。軛謂車軛,以軛牛者,令牛不出能有所往。善法亦爾,軛修行者不越善品,往涅槃宫修曾不足,從喻爲稱。」(大正藏卷四十三第四三七頁)

〔四四〕「發心」,卽發菩提心,發誓願求證無上菩提之心。

〔四五〕「資糧」,卽資糧道,五道或五位(資糧道、加行道、見道、修道、無學道)之一,資益己身之糧稱爲資糧，包括十住、十信、十迴向，此位深信唯識之理，發深廣堅固的菩提心，爲求證唯識真勝義趣無上菩提而具修種種資益自己的菩提法身之福智行，卽六度、四攝、四無量等。此位亦稱順解脱分，「順」爲隨順，「解脱」爲涅槃，「分」爲因義。

〔四六〕「究竟道」，卽第五道無學道。此時已達二轉依，轉煩惱障得涅槃，轉所知障得菩提。已得佛果，不需要再進行修學，故稱無學道。

〔四七〕「二加行」，加行卽第二道加行道，因加工用行而趣見道，故稱加行，又稱爲順抉擇分，卽隨順真如境界而起抉擇的智慧。因分暖、頂、忍、世第一法四位，故稱四加行，二加行是近加行和遠加行。在加行位依聞、思、修三慧修四尋思觀和四如實智，逐步得到無漏智慧。「無間」，卽無間道。加行道取得智慧以後，此道不爲諸惑所間隔，故稱無間道。「解脱」，卽解脱道。無間道後更生解脱諸惑的正智。「勝進」，卽勝進道。解脱道以後，定、慧之力更加强勝增進。此卽無學道，果德已經究竟圓滿。

〔四八〕「安謂輕安」，藏要本校注稱：「此解體性糅安慧釋，原釋業云：『由此所依轉變永離煩惱障爲業。』」

〔四九〕「遠離麤重」，「輕安」意謂輕而安穩。離重名輕，調暢名安。此分二種：一、無漏除有漏粗重，粗重通善、惡、無記三性；二、有漏除煩惱粗重，唯是善性。

〔五〇〕「不放逸者」，藏要本校注稱：「此解體業糅安慧釋。」

〔五一〕「豈不防修是此相用」，此爲順正理論師等外人問。

〔五二〕「防修何異精進三根」，此爲論主質問。

〔五三〕「彼要待此方有作用」，此爲外人答。

〔五四〕「便有無窮失」，此爲論主詰難。

〔五五〕「如何說彼有防修用」，此爲外人問。

〔五六〕「汝防修用其相云何」，此爲論主問。

〔五七〕「云何行捨」，藏要本校注稱：「安慧釋以此與不放逸合解云：『不放逸俱者，謂與不放逸相俱而有，此卽是捨，以是一向善故。』此處盡說一切善故，不如信等顯明說故，更無餘善法故，蓋頌本無『捨』字，故今釋成，其解體性與今譯大同，解業則云不容諸煩惱隨煩惱之所依爲業。」

〔五八〕「云何不害」，藏要本校注稱：「此解體性糅安慧釋，但原釋以不損惱爲業。」

〔五九〕「害」，梵文 Vihiṃsā 的意譯，意謂損害衆生，唯識宗隨煩惱之一，以瞋爲因。大乘廣五蘊論稱：「云何害？謂於衆生，損惱爲性，是瞋之分。損惱者，謂加鞭杖等，卽此所依爲業。」（大正藏卷三十一第八五三頁）

〔六〇〕「悲」，梵文 Karuṇā 或 Parideva 的意譯，意謂惻愴他人之苦而欲救濟，常與「慈」連用，但與「慈」義不同，愛憐衆生並給以享樂，此稱爲「慈」，惻愴衆生，拔除他們的痛苦，此稱爲「悲」。

〔六一〕「有說不害非卽無瞋」，此爲說一切有部正理論師等的觀點。

〔六二〕「此相云何」，此爲論主問。

〔六三〕「謂不損惱」，此爲外人答。

〔六四〕「『及』顯十一義別心所」，藏要本校注稱：「此段解『及』字，安慧釋無文。」

〔六五〕「等」，據瑜伽師地論卷八十九，此中省略不憤發、不惡説、非不忍、不觝突、不諱訾、無瞋尋、無害尋七法。

〔六六〕「等」，據瑜伽師地論卷八十九，此中省略不研求、不惡欲等十八種。

〔六七〕「不覆、誑、諂」，據瑜伽師地論卷六十二，此中省略不憍、不詐等。

〔六八〕「正定」，梵文 Samyak-samādhi 的意譯，佛教八正道之一，不同於一切外道禪定。即以無漏之定，觀四諦之理。

〔六九〕「正見」，梵文 Samyak-dṛṣṭi 的意譯，八正道之一，以無漏慧爲體，正確理解苦、集、滅、道四諦之理。「正知」，即八正道的正思（Samyak-saṅkalpa），以無漏心所爲體，對四諦等佛教義理的正確思惟。

〔七〇〕「正念」，八正道之一，梵文 Samyak-smṛti 的意譯，意謂明記四諦等佛教「真理」。

〔七一〕「悔」，即不定心所法的惡作（Kaukṛtya），對自己作過的事情感到後悔。

〔本段大意〕我們已經講過遍行和別境二位心所法，善心所的相狀怎樣呢？唯識三十頌説：「善心所包括信、慚、愧，以及無貪、無瞋、無癡三根，還有精進、輕安、不放逸、行捨和不害。」論説：祇與善心相應而起，稱爲善心所，包括信、慚等，肯定有十一種。什麼叫信呢？深刻理解並强烈希求實有、有德和有能，其本質特點是心清淨，對治隨煩惱的不信，樂意行善。信的差别簡略來説有三種：一、相信實有，深刻相信並深刻理解真實存在的各種事物和道理。二、相信有德，深刻相信，並十分喜歡三寶的真實清淨功德。三、相信有能，深刻相信自己有能力得到並成就一切世間善和出世間善，並對此産生希求。由信對治不信，强烈希求證修世間善和出世間善。外人問：忍是勝解，這是信的原因。樂欲是欲，這是信的結果。確實而論，這信的自相是什麼呢？論主回答説：我不是説過嗎？心淨是它的特性。外人難曰：還没講清楚「心淨」的意思，如果淨體就是心，這是持業釋，信就不應當是心所法。如果「心淨」是使心清淨，這就是依主釋，這與慚等有什麼區别呢？如果「心淨」是説心與淨法相俱，此爲隣近釋，其詰難與上述内容相同。論主回答説：此信之體澄清，能淨心等。由於有信等善心所，心等方善，因心殊勝，故立「心淨」之名，就像水精珠能使濁水清淨一様。慚等雖然是善心所，但不以淨爲其相狀，信以淨爲其相狀，所以没有那種相濫的過失。而且，各種染法各有自己的相狀，衹有不信，不僅它的自相渾濁，並能使其他的心法、心所法渾濁，就像一個極其污穢的東西，不僅它自己污穢，還能使其他東西污穢。信與渾濁的不信相反，所以信以淨爲其特性。上座部或大乘異師認爲，信以强烈追求爲其特征。論主難曰：信如果以强烈追求爲其特征，追求善、惡、無記三性之境，信亦應當通三性，其本體應當是欲。而且，苦、集二諦不應當是信所緣的對象，因爲欲緣所樂外境。大衆部或大乘異師認爲，信以隨順爲其特征。論主難曰：如果是這樣的話，應通善、惡、無記三性，這信就成了勝解或欲。如果他們作如下之救：雖然説隨順，本體並非勝解或欲。論主難云：如果是認定隨順，這就是勝解。如果是樂順其境，這就是欲。如果他們作如下之救：印順和樂順之體都是信，並不是欲和勝解。論主難曰：離開欲和勝解，肯定没有隨順之相。由此可見，心淨就是信。什麼叫慚呢？依靠自己羞耻過惡的法力，崇重賢人和善法，祇要是有賢德者，不管是賢人或聖人，皆生崇重，對於一切有漏無漏善法皆生崇重，對治隨煩惱的無慚，防止邪惡行爲的發生。就是依靠自己的法力，對於自身産生自尊自愛之情，崇賢重善，對於自己所犯的過錯和罪惡感到羞耻，對治無慚，使各種邪惡行爲不再發生。什麼叫愧呢？依靠世間之力，對於有惡之暴和染法之惡不親近不作，這些都是愧的特性，對治隨煩惱的無愧，防止邪惡行爲，使之不再發生。就是依靠世人所訶自厭法的增上促進力，對有惡者之暴徒和染法（令人煩惱的行爲）之惡業，不親近，亦不做。對治無愧，使各種邪行爲不再發生。對於自己所犯的過錯和罪惡感到羞耻，這是慚、愧二法的共性，所以顯揚聖教論等假説爲二法別體。如果認爲羞耻是慚、愧二法的特性，慚與愧之體就應當是没有差別，慚、愧二法肯定是不能相應而起，並不是受、想等有這樣的意思。如果説由待自、他之境而有區別，慚、愧二法應非實有，因爲相待而成立的事物肯定没有實體。這就違背了瑜伽師地論所説的善十一中有八種是實有。如果説慚、愧二法實有並分別生起，這又違背了瑜伽師地論所説的善十一中，有十種普遍存在於善心之中。外人問：崇重善爲慚，唯緣善法。輕拒惡爲愧，唯緣惡法。如果説這就是慚、愧二法特性的話，既然慚、愧二法的所緣不同，不應當是同時而生。既然是這兩種説法彼此相同，爲什麼要偏偏責備我呢？我也講到緣境之别，因緣自、他之境，又不同時。論主反問：誰説過慚、愧二法所緣不同呢？外人問：不如此，又怎樣呢？論主答曰：善心生起時，不管是緣什麼境，都有崇重善法和輕拒惡法之義，所以慚與愧都普遍存在於善心，所緣並無區别。外人問：我前所説不是亦有這個意思嗎？論主答：既然你認爲慚、愧二法自相相同，有什麼理由推翻我前面所設之難呢？然而涅槃經等所説「顧自他」，意思是説自法本身稱爲自，世間稱爲他。或者説崇善是顧自，拒惡是顧他。於己有益，稱爲自；於己有損，稱爲他。頌文所説的「無貪等」，包括無貪、無瞋、無癡，這三種稱爲根，因生善法殊勝的緣故，又因爲它們能够直接對治貪、瞋、癡三不善根。什麼叫無貪呢？對於三界和造成三界輪迴的條件皆無貪著，這是它的特性，對治貪著，令人行善是它的作用。什麼叫無瞋呢？對於三苦和造成三苦的條件皆不憤恨，這是它的特性，對治瞋恚之心，令人行善是它的作用。當善心生起的時候，不管緣什麼外境，都對有、有具以及苦、苦具，都無貪著和憤恨之心。觀待有等，皆非緣彼，就如前述慚、愧觀待善、惡時所説一樣，所以無貪、無瞋二法都普遍地存在於善心之中。什麼叫無癡呢？對於各種事物及其道理都明確理解而不迷惑，這就是它的特性，能够對治愚癡，令人行善是它的作用。有人認爲，無癡以别境心所法的慧爲其特性，大乘阿毘達磨集論所説的「報、教、證、智，抉擇爲體」。意思是説：報是生得慧，因爲生得善法以宿習爲因；聞是聞慧，就是從聽聞正法所得到的智慧；思是思慧，就是從思惟其義所得到的智慧；修是修慧，就是由於修定所得到的智慧。依照次第，它們都是慧的辨别和決定之性。問：若體卽是别境慧者，何須善中唯説於慧，餘四别境善中不説也？答：雖然無癡就是慧，爲了説明善心所的殊勝功能，能够增加善法，能斷不善之根，就像煩惱的惡見一樣，因其功能殊勝，所以要特别解説。護法認爲：無癡並不是慧，另有自性，和煩惱的癡正好相反，就像無貪、無瞋一樣，屬於善根，瑜伽師地論説，大悲以無瞋、無癡二法爲體，並不屬於二十二根，如果無癡以慧爲其特性，這大悲就如十力、四無畏一樣，屬於二十二根中的慧根和三無漏根。而且，如果無癡没有其他的自性，就像不害等一樣，不應當是實有之物，這就違背了瑜伽師地論所説的十一種善中有不放逸、捨、不害三種是世俗假有，其餘的八種是實有。然而大乘阿毘達磨集論所説的無癡以慧爲體，是以無癡的因果來説明無癡的自性，猶如以忍、樂卽勝解、欲一樣，以信的因果來解釋信的自體，對無癡的解釋，從道理上來講亦必然是這樣。因爲貪、瞋、癡與六識相應，屬於根本煩惱，生起惡業的作用殊勝，所以立爲不善根。要斷除它們，必須經過通對治和别對治，通對治衹有善心所的慧，别對治就是無貪、無瞋、無癡三根，因此必須别有無癡。勤就是精進，在修善斷惡的過程中，勇健無墮是它的特性，對治隨煩惱的懈怠，成滿一切善品爲業。「勇」表示精進努力，不同於各種煩惱事物。「悍」表示精純，不同於四無記，不須要再次淨化，這就説明精進衹屬於善性。精進之相差别簡略來説有五種，就是被甲、加行、無下、無退、無足，就是佛經所説的有勢、有勤、有勇、堅猛、不捨善軛，按照次第應當明了。這五種區別，就是最初的發心，和修行中的自分、勝進。自分修行中又分上、中、下三品，或者是因爲最初發心、長時修、無間修、殷重修、無餘修之間的區別，或者是因爲資糧道、加行道、見道、修道、無學道五位之別。聲聞、緣覺二乘的究竟無學道迴心欣大菩提，所以各位佛的究竟果樂盡未來際，利樂有情衆生。或者是因爲近遠二加行道、無間道、解脱道、勝進道之間的區別。安就是輕安，意謂輕而安穩，遠離粗重稱爲輕，調暢身心稱爲安，能夠對治惛沈，並能使人達到轉依。因爲有漏輕安可以壓伏能障禪定之法，無漏輕安可以滅除它，使所依身轉去粗重而得安穩。不放逸就是精進和無貪、無瞋、無癡三根，其特性是於所斷惡法防令不起，使所修善法修令增長。對治放逸，能夠圓滿成就一切世間和出世間善法，這是它的作用。就是精進、三根四法於斷惡修善的過程中都能起到防惡修善的作用。四法本身就是不放逸，並不是另有不放逸之體，離彼四法無異相故，因爲於防惡修善的過程中，離開四法的功能，並無其他的體用。問：信等十法皆有防惡修善的功能，爲什麼衹講四法呢？答：雖然信、慚等六法也有這種防惡修善的功能，但和四法比較起來，其功能微而且劣，四法當中的三法爲根，精進遍策一切能斷能修善心，六法非根及遍策，所以並非不放逸之依。順正理論師等外人問：「防惡修善不就是不放逸的特性和作用嗎？」論主反問：「防惡修善和精進、三根有什麼不同呢？」外人回答説：「四法没有能力起到防惡修善的作用，四法中必須另有不放逸纔能起到防惡修善的作用，所以不能以四法爲防惡修善的本體，故知別有不放逸。」論主難曰：「按照你們的意見，四法没有能力防惡修善，所以要待不放逸，不放逸也没有這種能力，需要另有所待，如是展轉卽有無窮的過失。」外人問：「精進祇能是普遍策勵善心，三根祇能作爲善法所依，怎能説四法有防惡修善的作用呢？」論主反問：「你們所説的防惡修善的相狀如何呢？如果普遍依持一切善心稱爲防惡修善之義，這就是無貪等三根。如果能够普遍促進善心的增長，這和精進就没有區别了。所以防惡修善就是四法。如果令心等不散亂是防惡修善的話，這就應當是定。如果令心、心所法同取一境稱爲防惡修善，這與觸有什麽區别呢？如果使所作善惡憶念不忘稱爲防惡修善的話，這就應當是念。按照這種道理推論下去，不放逸的防惡修善作用，離開無貪等四法，究竟不可得，所以不放逸肯定不是另有其體。」什麽是行捨呢？行捨卽行藴中的捨，其功能和精進、三根一樣，使心平等、正直、無努力性，能够對治掉舉，使心安寧。意謂四法使心遠離掉舉等障礙心静住的因素，這就叫做捨。平等、正直、無努力性符合捨初位、中位、後位之别。首先由不放逸滅除雜染，再由捨使心寂静安住。四法的功能就是行捨，行捨並非另有其體，因爲就像不放逸離開四法無其體相和作用一樣，能使心寂静者就是四法，變得寂静者就是心等。什麽是不害呢？不損惱有情衆生，無瞋恨爲其特性，能够對治害，能使人産生悲愍之情。亦就是説，無瞋不損惱有情衆生，立虚假之名爲不害。無瞋與斷衆生之命的瞋正好相反，不害與損惱衆生的害正好相反，無瞋能够給衆生以享樂（慈），不害能拔除衆生的痛苦（悲）。所以這裏講的二種相反祇是二者的粗相差別。實際上無瞋實有其體，不害是依無瞋的一部分拔苦之義而虛假成立。爲了説明慈、悲二相差別，在給衆生帶來利益和享樂方面，慈、悲二法功能殊勝。説一切有部認爲，不害並不等於無瞋，另有其體，它能够使人賢善。論主問：「其相如何呢？」外人答：「就是不損惱衆生。」但是無瞋也是不損惱，不害怎會有自己的特點呢？亦就是説，不損惱有情衆生，體性慈悲賢善之相就是無瞋。頌文的「及」字是爲了説明除十一位善心所以外，更有義別心所，這就是欣厭等善心所法。欣厭等和十一種善心所比較起來，雖義有別而立種種名稱，但其體無異，並非實有，所以不另外成立。欣與欲相應，是無瞋的一部分，因爲對自己所欣賞的外境不憎恨的緣故。不忿、不恨、不惱、不嫉等亦是這樣，和隨煩惱的忿、恨、惱、嫉等正好相反，因爲忿等是瞋的一部分，所以不忿等是無瞋的一部分。厭與慧相應，是無貪的一部分，因爲對自己所討厭的外境不染不貪的緣故。應當知道，不慳、不憍等亦是這樣，與隨煩惱的慳、憍等正好相反，慳、憍等是貪的一部分，所以不慳、不憍等是無貪的一部分。有人認爲，不覆、不誑、不諂是無貪、無癡的一部分，和隨煩惱的覆等正好相反，因爲覆等是貪、癡的一部分，所以無覆等是無貪、無癡的一部分。二師認爲，不覆祇是無癡的一部分，因爲佛教經論在任何地方都没説過覆亦是貪的一部分。有人認爲，不慢屬於信的一部分，意思是説，如果一個人信仰某人，他就不會對那個人產生傲慢之情。二師認爲，不慢屬於捨的一部分，因爲心平等的人，就不會過高地估計自己而生傲慢之情。三師認爲，不慢屬於慚的一部分，因爲如果一個人崇敬師長，他就不會産生傲慢之情。有人認爲，不疑屬於信，因爲如果一個人相信某種事物或某人，他就不會産生猶豫。二師認爲，不疑就是正確的勝解，因爲下決心者不會有猶豫。三師認爲，不疑屬於正確的智慧，因爲對佛教義理有正確見解者不會猶豫。不散亂之體屬於正定，正見、正知都屬於善慧。不失念就是正念。惡作、睡眠、尋、伺之性通染和不染，和别境心所法的觸、欲等一樣，善心所法中没有與此相對的内容。

何緣諸染所翻善中有别建立〔一〕，有不爾者〔二〕？相、用别者便别立之〔三〕，餘善不然，故不應責。又諸染法徧六識者，勝故翻之，别立善法，慢等忿等唯意識俱〔四〕，害雖亦然，而數現起損惱他故，障無上乘勝因悲故〔五〕，爲了知彼增上過失，翻立不害。失念、散亂及不正知，翻入别境，善中不説。染、淨相翻，淨寧少染〔六〕？淨勝染劣〔七〕，少敵多故。又解理通，説多同體，迷情事局隨相分多，故於染淨不應齊責。此十一法三是假有，謂不放逸、捨及不害，義如前説。餘八實有，相用别故。有義十一四徧善心，精進、三根徧善品故。餘七不定，推尋事理未決定時不生信故，慚、愧同類，依處各别，隨起一時，第二無故。要世間道斷煩惱時有輕安故，不放逸、捨無漏道時方得起故，悲愍有情時乃有不害故。論説：「十一六位中起，謂決定位有信相應，止息染時有慚、愧起，顧自他故，於善品位有精進、三根，世間道時有輕安起，於出世道有捨、不放逸，攝衆生時有不害故〔八〕。」有義彼説未爲應理，推尋事理未決定心，信若不生應非是善，如染心等無淨信故，慚、愧類異，依別境同，俱徧善心，前已説故。若出世道輕安不生，應此覺支非無漏故〔九〕。若世間道無捨、不放逸，應非寂靜防惡修善故。又應不伏掉、放逸故，有漏善心既具四法，如出世道應有二故，善心起時皆不損物，違能損法有不害故。論説六位起十一者，依彼彼增作此此説，故彼所説定非應理。應説信等十一法中，十徧善心，輕安不徧，要在定位方有輕安調暢身心，餘位無故。決擇分説：「十善心所定不定地皆徧善心，定地心中增輕安故〔一〇〕。」有義定加行亦得定地名，彼亦微有調暢義故，由斯欲界亦有輕安，不爾便違本地分説信等十一通一切地。有義輕安唯在定有，由定滋養有調暢故，論説：「欲界諸心、心所由闕輕安名不定地〔一一〕。」説一切地有十一者，通有尋伺等三地皆有故。此十一種前已具説第七、八識隨位有無，第六識中定位皆具，若非定位唯闕輕安。有義五識唯有十種，自性散動，無輕安故。有義五識亦有輕安，定所引善者亦有調暢故，成所作智俱必有輕安故。此善十一何受相應？十五相應，一除憂、苦，有逼迫受，無調暢故。此與別境皆得相應，信等欲等不相違故。十一唯善。輕安非欲，餘通三界。皆學等三。非見所斷，瑜伽論説信等六根唯修所斷〔一二〕，非見所斷。餘門分別，如理應思。

校釋

〔一〕「何緣諸染所翻善中有别建立」，藏要本校注稱：「此下諸門廣辨，安慧釋無文。」

〔二〕「有不爾者」，此爲外人問。

〔三〕「相、用别者便别立之」，本段爲論主答。

〔四〕「慢」，梵文 Māna 的意譯，唯識宗煩惱心所法之一，意謂傲慢，有七慢、九慢之分，七慢屬於大乘，九慢屬於小乘。七慢如下：一、慢，對劣於己者認爲自己勝，對等於己者認爲自己等，自負傲慢；二、過慢，對等於己者認爲自己勝，對勝於己者認爲自己等，過高地估計自己；三、慢過慢，對比己勝者認爲自己更勝；四、我慢，把五蘊和合之我誤認爲實我、我所；五、增上慢，當自己還没有證得聖果時，自以爲已經證得；六、卑慢，别人勝過自己很多，自以爲差不多；七、邪慢，自己本來没有功德，但自以爲有德。「忿」，梵文 Krodha 的意譯，唯識宗隨煩惱之一，對不順心的事情感到忿恨而生暴怒，從而産生暴烈行爲。大乘廣五蘊論稱：「云何忿？謂依現前不饒益事，心憤爲性，能與暴怒、執持鞭杖所依爲業。」（大正藏卷三十一第八五三頁）

〔五〕「無上乘」，大乘異名。大乘佛教徒自以爲自己的教法至高無上，故稱無上乘，寶積經卷二十八稱：「諸佛如來正真正覺所行之道，彼乘名大乘，名爲上乘，名爲妙乘，名爲勝乘、無上乘、無上上乘、無等乘、不惡乘、無等等乘。」（大正藏卷十一第一五七頁）「勝因」，即殊勝善因。

〔六〕「淨寧少染」，此爲外人問。

〔七〕「淨勝染劣」，本段爲論主答。

〔八〕語見瑜伽師地論卷五十五：「於決定時有信相應，止息雜染時有慚與愧，顧自、他故。善品業轉時有無貪、無瞋、無癡、精進，世間道離欲時有輕安，出世道離欲時有不放逸及捨，攝受衆生時有不害，此是悲所攝故。」（大正藏卷三十第六〇二頁）

〔九〕「覺支」，舊譯菩提分（Bodhganga），「覺」爲覺悟，能使定、慧均等，故稱等覺。覺法有七種，故稱七覺支（Saptabodhyaṅga）：一、擇法覺支，以智慧區別法之真僞；二、精進覺支，以勇猛之心遠離邪行而行真法；三、喜覺支，心得善法而生歡喜；四、輕安覺支，以禪定斷除身心粗重，使身心輕松安適；五、念覺支，經常憶念定、慧而不忘，使之均等；六、定覺支，使心住於一境而不散亂；七、行捨覺支，捨諸妄念，令心平坦。

〔一〇〕語見瑜伽師地論卷六十九攝決擇分中聲聞地之三：「遍善心起復有十種，謂慚、愧、無貪、無瞋、無癡、信、精進、不放逸、不害、捨，如是十法若定地若不定地善心皆有，定地心中更增輕安、不放逸等，唯是假法。」（大正藏卷三十第六八四頁）

〔一一〕語見瑜伽師地論卷六十三：「或有闕輕安，故名不定地，謂在欲界諸心、心所。」（大正藏卷三十第六五〇——六五一頁）

〔一二〕「信等六根」，包括信根、精進根、念根、定根、慧根、未知當知根。

〔本段大意〕外人問：「六根本煩惱和二十種隨煩惱中爲什麼有的翻過來就是善心所法，而有的就不是這樣呢？」論主回答說：「有的翻過來，性質和作用都有區別，所以別立爲善，有的翻過來，性質和作用没有區别，故不立之。所以你們不應當責備。而且，各種染法普遍存在於六識之中者，因作用殊勝，所以要翻過來別立爲善。慢等七種根本煩惱（慢、疑、身見、邊見、邪見、見取見、戒禁取見）和忿等九種隨煩惱（忿、恨、覆、惱、嫉、慳、誑、陷、害）祇與意識相應。「害」雖然亦是這樣，但它一再生起，損惱他人，障礙大乘殊勝原因之悲，爲了表明它的强勝違害作用，所以要翻過來成立「不害」善法。失念、散亂、不正知翻過來分別是念、定、慧，列入別境心所法，並不列入善心所法。」外人問：「從染翻過來成爲淨，從淨翻過來成爲染，爲什麼染多淨少呢？」論主回答說：「淨體是勝法，染體是劣法，因爲以淨勝染之劣，是以少敵多，所以染多淨少。而且，對淨法的解釋，能够使人理解事物的普遍真理，其理通於一切事物。對事物之理迷惑不解的有情衆生，認識不到事物的本質特徵，隨順其染心而把事物的性質分爲多種，所以你們不應當責備染、淨不等之説。在十一種善心所法中，有三種是世俗假有，這就是不放逸、捨和不害，其義如前所説，其餘的八種是實有，因其性質和作用都有區別。」有人認爲，在十一位心所法中，有四種普遍存在於一切善心之中，這就是精進和無貪、無瞋、無癡三根，因爲它們普遍存在於定地、不定地、有漏或無漏等善心之中。其餘的七種不一定普遍存在於善心之中，因爲披讀推理，當還没有決定的時候，不會有信産生。慚、愧二法與此相同，依自、他之力不同，都以羞耻爲其自相，隨便生起任何一種，第二種肯定不能存在。如果在世間道斷除煩惱的時候有輕安存在，在無漏道時纔能生起不放逸和捨，悲愍有情衆生時纔會有不害。瑜伽師地論説：「十一種善心所法在六位生起，因爲在決定位有信生起，在止息染法的時候有慚或愧生起，由於自己的力量而使慚生起，由於他人的力量而使愧生起。在善位有精進和無貪、無瞋、無癡三根，在世間道時有輕安生起，在世間道和出世間道有捨和不放逸，當對衆生産生憐愍的時候有不害生起。」二師認爲，這種説法並不符合道理，在思考事物或原則的過程中，當還沒有下決心的時候，如果沒有信産生，就不應當是善，如染心或無記心就不存在沒有煩惱的信。慚、愧二法各有別相，體是異類，所依有別，所緣的外境相同，一時俱起，普遍存在於善心之中，在前文講自體的時候已經説過了。如果在出世道不産生輕安，這種覺支就不應當是無漏。如果世間道沒有捨和不放逸，其心就不應當是寂靜的，如染心和無記心，不能防惡修善。而且，不應當壓伏掉舉和放逸，既然有漏善心具有精進、無貪、無瞋、無癡四法，世間道就應當像出世間道那樣具有捨、不放逸二法。當善心生起的時候，肯定不損惱他人，因爲有抵制損惱他人的不害存在。瑜伽師地論所説的在六位生起十一種善心所，依決定時信增，止染時慚、愧增等，這種説法肯定是不正確的，因爲決定時有信等六種增加，並不是祇有信一種增加。應當説信等十一種善心所法有十種普遍存在於一切善心，輕安不普遍存在於一切善心，祇有定位纔有輕安，因爲在散位不能調暢身心。因爲瑜伽師地論攝決擇分説，有十種善心所法，不管是定地還是不定地，都普遍存在於一切善心，在定地心中增加輕安。有人認爲，定前近加行也可以稱爲定地，此時亦有輕微地調暢身心的意思，因此卽使在欲界亦有輕安。不然的話，便違背瑜伽師地論本地分所説的信等十一種善心所法通一切地。二師認爲，輕安祇存在於定地，由於禪定的滋潤而有所長養，因此能够調暢身心。瑜伽師地論等説欲界的各種心法和心所法由於缺少輕安，所以稱爲不定地，瑜伽師地論本地分所説的「信等十一通一切地」，意謂有尋有伺地、無尋唯伺地、無尋無伺地都有善心所法。這十一種善心所法前文我們都已經説過，第七識和第八識有的位有，有的位無。至於第六識意識，在定位都有，如果在散位祇缺輕安。有人認爲，前五識祇有十種善心所法，因爲當自性散動的時候没有輕安。二師認爲：前五識亦有輕安存在，因爲禪定所引的善法，亦有調暢身心的作用，前五識轉成的成所作智肯定有輕安。這十一種善心所法與什麼受相應呢？除輕安之外的十種與五受相應，輕安祇除憂、苦二受，因爲有逼迫的憂、苦二受，就不會有輕安調暢身心的作用。十一種善心所法都與别境心所法相應，因爲信等十一種善心所法和欲等五種别境心所法不相違背。十一種善心所法祇有善性。輕安不在欲界，其餘的十種通欲、色、無色三界。都通有學、無學、非有學非無學。它們並不是見道所斷，瑜伽師地論説信等六根祇是修道所斷，並不是見道所斷。其他方面的問題，如上述道理皆可明了。

如是已説善位心所〔一〕，煩惱心所其相云何？頌曰：

煩惱謂貪、瞋、癡、慢、疑、惡見〔二〕。

論曰：此貪等六性是根本煩惱攝故，得煩惱名。云何爲貪〔三〕？於有、有具染著爲性，能障無貪，生苦爲業，謂由愛力取蘊生故〔四〕。云何爲瞋〔五〕？於苦、苦具憎恚爲性，能障無瞋，不安隱性惡行所依爲業，謂瞋必令身心熱惱起諸惡業〔六〕，不善性故。云何爲癡〔七〕？於諸理、事迷闇爲性〔八〕，能障無癡，一切雜染所依爲業。謂由無明起疑、邪見、貪等煩惱、隨煩惱業，能招後生雜染法故。云何爲慢〔九〕？恃己於他高舉爲性，能障不慢，生苦爲業，謂若有慢，於德有德，心不謙下，由此生死輪轉無窮，受諸苦故。此慢差別有七、九種〔一〇〕，謂於三品、我、德處生〔一一〕，一切皆通見、修所斷，聖位我慢既得現行，慢類由斯起亦無失。云何爲疑〔一二〕？於諸諦理猶豫爲性，能障不疑，善品爲業，謂猶豫者善不生故。有義此疑以慧爲體〔一三〕，猶豫簡擇説爲疑故，毗助末底是疑義故〔一四〕，末底、般若，義無異故〔一五〕。有義此疑別有自體，令慧不決非卽慧故，瑜伽論說：「六煩惱中見世俗有，卽慧分故，餘是實有，別有性故〔一六〕。」毗助末底執慧爲疑，毗助若南智應爲識〔一七〕，界由助力〔一八〕，義便轉變。是故此疑非慧爲體。云何惡見？於諸諦理顛倒推度〔一九〕，染慧爲性。能障善見，招苦爲業。謂惡見者多受苦故。此見行相差別有五〔二〇〕：一、薩迦耶見〔二一〕，謂於五取蘊執我、我所，一切見趣所依爲業。此見差別有二、十句〔二二〕，六十五等分別起攝〔二三〕。二、邊執見，謂卽於彼隨執斷、常，障處中行，出離爲業。此見差別，諸見趣中有執前際四徧常論〔二四〕、一分常論〔二五〕，及計後際有想十六〔二六〕，無想、俱非各有八論〔二七〕，七斷滅論等〔二八〕，分別起攝〔二九〕。三、邪見，謂謗因果作用實事及非四見諸餘邪執〔三〇〕，如增上緣，名義徧故。此見差別，諸見趣中有執前際二無因論〔三一〕、四有邊等〔三二〕、不死矯亂〔三三〕，及計後際五現涅槃〔三四〕，或計自在、世主、釋、梵及餘物類常恆不易〔三五〕，或計自在等是一切物因，或有横計諸邪解脱，或有妄執非道爲道，諸如是等皆邪見攝〔三六〕。四、見取，謂於諸見及所依蘊執爲最勝，能得清淨，一切鬭諍所依爲業。五、戒禁取〔三七〕，謂於隨順諸見、戒禁及所依蘊執爲最勝能得清淨，無利勤苦所依爲業。然有處説執爲最勝名爲見取，執能得淨名戒取者，是影略説，或隨轉門〔三八〕。不爾，如何非滅計滅非道計道説爲邪見，非二取攝？

校釋

〔一〕「如是已説善位心所」，藏要本校注稱：「此段生起，糅安慧釋。」

〔二〕「煩惱」，藏要本校注稱：「勘梵、藏本，以此二字屬上句，貪至癡爲一句，結第十一頌。慢、見、疑爲一句，屬第十二頌。今譯改式。」「謂貪、瞋、癡、慢、疑、惡見」，藏要本校注稱：「勘梵、藏本，順結頌法云見、疑，又無『惡』字。安慧釋云：『今雖總説見名，以屬煩惱故，但取五見以煩惱爲性者，非世、出世正見也。』頌無惡見明文，故此釋云云。今譯增字。」「惡見」，梵文 Mithyādṛṣṭi 的意譯，唯識宗根本煩惱之一，意謂不符合佛教義理的見解，障礙正確見解，招感煩惱，使有情衆生感到痛苦。

〔三〕「云何爲貪」，藏要本校注稱：「此解體業糅安慧釋。」

〔四〕「取蘊」，「取」是梵文 Upādāna 的意譯，意謂追求執著，取着於貪愛使人產生煩惱的事物。「蘊」是梵文 Skandha 的意譯，意謂類或聚，即色、受、想、行、識五蘊。因爲五蘊以煩惱爲因而生，故稱五取蘊，五蘊常從屬於煩惱或生煩惱，故稱取蘊。

〔五〕「云何爲瞋」，藏要本校注稱：「此解體業糅安慧釋，原釋苦、苦具作有情，又業云不安隱住，解云：安隱謂樂，與彼共住爲安隱住，今譯作不安隱性，疑是寫誤。」

〔六〕「熱惱」，由於三苦的逼迫而使身熱心惱。

〔七〕「云何爲癡」，藏要本校注稱：「此解體業糅安慧釋，原釋云：『於善惡趣涅槃及得彼等之因及因果相應，不能正知。』」

〔八〕「於諸理、事迷闇爲性」，獨頭無明迷理，相應無明迷理，亦迷事。無明與貪、瞋、癡、慢、疑五惑俱起，稱爲相應無明。無明獨起，稱爲獨頭無明。

〔九〕「云何爲慢」，藏要本校注稱：「此段至『有七、九種』句，糅安慧釋，又勘原釋，於德有德有德作於諸師長及有德，今譯誤以於師長 Guruṣu 爲於德 Guṇeṣu 也。」

〔一〇〕「此慢差別有七、九種」，七慢如下：一慢，二過慢，三慢過慢，四我慢，五增上慢，六卑慢，七邪慢。九慢如下：一我勝，二我等，三我劣，四有勝，五有等，六有劣，七無勝，八無等，九無劣。九慢是從前七慢中的慢、過慢、卑慢三種分出。我勝、我等、我劣爲初三，有勝、有等、有劣爲中三，無勝、無等、無劣爲後三。初三由慢分出，中三由過慢分出，後三由卑慢分出。

〔一一〕「謂於三品、我、德處生」，依下品中品處生慢，於劣計己勝，於等計己等；依中品上品處生過慢，於等計己勝，於勝計己等；依上品處生慢過慢，於勝計己勝；依我蘊處生我慢，於我蘊自恃高舉；依辨勝德處生增上慢，於未證勝德，雖得少分，於所未得謂己已得；依上品處生卑慢，謂他多分勝己，謂己少分不及；依辨勝德處生邪慢，於己無德謂己有德。

〔一二〕「云何爲疑」，藏要本校注稱：「此解體性糅安慧釋。」「疑」，梵文 Vicikitsā 的意譯，唯識宗根本煩惱之一，意謂對四諦、三寶等佛教義理猶豫不決，不能使人行善。大乘廣五蘊論稱：「謂於諦、寶等，爲有爲無，猶豫爲性，不生善法所依爲業。」（大正藏卷三十一第八五三頁）

〔一三〕「有義此疑以慧爲體」，藏要本校注稱：「此段糅安慧釋，述記卷三十六謂是大乘異師説，勘安慧釋無明文，原釋意云，疑（毘末底 Vimati）謂於是非作種種（毘毘陀 Vividhā）解（末底 Mati）而成猶豫，故卽慧（般若 Prajñā）爲自性。此解從字源以解字義也。」

〔一四〕「毗」，梵文 Vi 的音譯，意謂種種。「末底」，梵文 Mati 的音譯，意譯爲慧。

〔一五〕「般若」，梵文 Prajñā 的音譯，另譯波若、鉢羅若等，意譯爲智慧、智、慧、明等，是佛認識真如實相的智慧。

〔一六〕語見瑜伽師地論卷五十五：「見世俗有，是慧分故。餘實物有，別有心所性。」（大正藏卷三十第六〇三頁）

〔一七〕「若南」，梵文 jñāna 的音譯，另譯惹那、闍那等，意譯爲智。

〔一八〕「界」，梵文 Dhātu 的意譯，音譯馱都。其義有六：一、差別之義；二、因義；三、種類；四、維持；五、語根；六、性，即事物的體性。這裏用第六義。

〔一九〕「度」，磧砂藏本原作「求」，藏要本據述記卷三十六和高麗藏本改。

〔二〇〕「此見行相差別有五」，藏要本校注稱：「此句糅安慧釋。」

〔二一〕「一薩迦耶見」，藏要本校注稱：「此下四段出體，皆糅安慧釋。」

〔二二〕「此見差別有二十句」，色、受、想、行、識五蘊，每蘊有四句，共二十句：一色是我，二我有色，三色屬我，四我在色中，五受是我，六我有受，七受屬我，八我在受中，九想是我，十我有想，十一想屬我，十二我在想中，十三行是我，十四我有行，十五行屬我，十六我在行中，十七識是我，十八我有識，十九識屬我，二十我在識中。二十句中五句是我見，即一、五、九、十三、十七，其餘的十五句是我所見。

〔二三〕「六十五等分別起攝」，六十五見是約蘊、處、界來進行分別，以色爲我，受、想、行、識四蘊各有三所，即我的纓絡、我的僮僕、我的器具，共十二句，再加「色爲我」一句，共十三句。以此類推，受、想、行、識四蘊也各有十三句。五蘊共六十五句。其中有五個我見，六十個我所見。

〔二四〕「前際」，三際（前際、中際、後際）之一，卽過去世、前世或前生。「四徧常論」，述記卷六末解釋如下：「四遍常論者：一、由能憶二十成壞劫，彼便執我世間倶常，由隱顯故；二、由能憶四十成壞劫，彼便執我世間倶常；三、由能憶八十成壞劫，便執爲常；四、由天眼見諸有情死時生時諸蘊相續，彼便執我世間倶常。」（大正藏卷四十三第四四六頁）

〔二五〕四一分常論，述記卷六末解釋如下：「四一分常論：一、從梵天没來生此間得宿住通，作如是執，我等皆是梵王所化，梵王是常，我等無常；二、聞梵王有如是見等，大種常心無常，或翻此説同彼忍者，或住梵世乃至或是展轉，聞如是道理，我以梵王爲量，信其所言，是故世間一分常住；三、有先從戲妄天没來生此間，得通起執在彼諸天不極戲等，在彼常住，我等無常；四、有從意憤天没乃至如前此天住處。文如前已説。此四由執大梵、大種或心戲忘、憤恚四事而起。」（大正藏卷四十三第四四六頁）

〔二六〕「後際」，三際之一，卽未來世、後世或後生。後際有想十六如下：一、我有色，死後有想；二、我無色，死後有想；三、我亦有色我亦無色，死後有想；四、我非有色非無色，死後有想；五、執我有邊，死後有想；六、執我無邊，死後有想；七、執我亦有邊亦無邊，死後有想；八、執我非有邊非無邊，死後有想；九、我有一想；十、我有種種想；十一、我有少想；十二、我有無量想；十三、我純有樂；十四、我純有苦；十五、我純有苦有樂；十六、我純無苦無樂。

〔二七〕「無想、俱非各有八論」，無想八論如下：一、我有色，死後無想；二、我無色，死後無想；三、執我亦有色亦無色，死後無想；四、執我非有色非無色，死後無想；五、執我有邊，死後無想；六、執我無邊，死後無想；七、執我亦有邊亦無邊，死後無想；八、執我非有邊非無邊，死後無想。俱非八論如下：一、執我有色，死後非有想非無想；二、執我無色，死後非有非無想；三、執我亦有色亦無色，死後非有想非無想；四、執我非有色非無色，死後非有想非無想；五、執我有邊，死後非有想非無想；六、執我無邊，死後非有想非無想；七、執我亦有邊亦無邊，死後非有想非無想；八、執我非有邊非無邊，死後非有想非無想。

〔二八〕「七斷滅論」，認爲死後斷滅，已無思想，不能轉生。包括以下七種：一、我有色，死後斷滅；二、我欲界天，死後斷滅；三、我色界天，死後斷滅；四、我空無邊處，死後斷滅；五、我識無邊處，死後斷滅；六、我無所有處，死後斷滅；七、我非想非非想處，死後斷滅。

〔二九〕「起」，大正藏本和成唯識論學記皆作「趣」。

〔三〇〕「四見」，即薩迦耶見、邊見、見取見、戒禁取見。

〔三一〕「前際二無因論」：一、死於無想天，轉生人世，得宿命通，回憶不起出心以前諸位，便認爲我及世間皆爲無因而生；二、由於尋、伺不能回憶前身，便認爲我及世間是無因而生。

〔三二〕「四有邊」，述記卷六末解釋如下：「四有邊者：一、由一向能憶，下至無間地獄，上至第四靜慮天，執我於中悉皆遍滿，便作是念，過此有我，我應能見，故知有邊；二、由一向能憶傍無邊，執我遍滿，故執無邊；三、由能憶下上如初近遠，傍如第二不得邊際，於上下起有邊想，於傍起無邊想；四、由能憶壞劫分位，便生非有邊非無邊想，諸器世間無所得故。此四皆憶成壞劫故，得說前際。」（大正藏卷四十二第四四八頁）

〔三三〕四不死矯亂，述記卷六末解釋如下：「四不死矯亂者，不死謂天，以天長壽，外道執爲常住不死，由答不死天無亂問，故得生彼天。今毀之言名爲矯亂。一、念我不知善不善等，有餘問我不得定答，我若定答而他鑒我無知，因卽輕咲。我於天祕密義不應皆說等。二、行諂曲者作是思惟，非我淨天一切隱密皆許記別，謂自所證及修淨道，故作如前語。三、懷恐怖而無記別，而我昧劣爲他所知，由是因緣不得解脫，以此爲室而自安處，懷恐怖故，如前廣說。四、有愚戇專修止行不能矯言，但作是思：諸有問我我當返詰，隨彼所問我當一切隨言無滅而印順之，此待未來亦名前際，然於現轉。又四皆緣先所聞教，皆前際攝此四：第一依怖無知，二行諂曲，三懷恐怖，四爲愚戇而起。」（大正藏卷四十二第四四八頁）

〔三四〕「後際五現涅槃」，外道對涅槃的五種誤解：一、人或天神現在享受色、聲、香、味、觸五種外境之樂，便認爲是涅槃。二、厭五欲現住初定以爲涅槃。三、厭欲尋伺故，現住第二定以爲涅槃。四、厭諸欲尋伺喜，故現住第三定以爲涅槃。五、厭諸欲乃至入出息，現住第四定以爲涅槃。待過去，故名後際。

〔三五〕「自在」，卽自在天，就是婆羅門教的毀滅神濕婆，被描繪爲五個頭、三隻眼、四隻手，四手分別拿着三股叉、神螺、水灌和鼓。婆羅門教認爲，毀滅之後必然要創造，所以濕婆雖然是毀滅神，但亦有再生能力，男性生殖器被認爲是它的象徵，還傳説有地、水、火、風、空、日、月、祭祀八種化身，與宇宙合一，所以世間萬物都是他創造的。他又以自己的苦行創造了有情衆生，下品苦行生腹行蟲，中品苦行生飛鳥，上品苦行生人和天神。「世主」，即世間主，是大自在天（Maheśvara）的一個稱號，他是自在天外道的主神，住在色界之頂，爲三千界之主。「釋」，即帝釋（Śakra-devānāṃ Indra），亦稱天帝釋、帝釋天等，音譯釋迦提桓因陀羅。原爲婆羅門教的戰神，後被佛教吸收爲護法神之一，稱其爲忉利天（即三十三天）之主，居須彌山頂之善見城。「梵」，即梵王（Brahmā），亦稱大梵、梵天或大梵天，音譯婆羅賀摩。原爲婆羅門教的創造神，後被佛教吸收爲護法神，作釋迦牟尼的右脇侍，持白拂。又爲色界初禪天之王。「餘物類」，此指自性（Svabhāva）等。

〔三六〕「等」，此中省略十四不可記中的世界及我爲有邊、世界及我爲無邊、世界及我爲亦有邊亦無邊、世界及我爲非有邊非無邊。

〔三七〕「五戒禁取」，藏要本校注稱：「安慧釋云：『戒禁取者，於五取蘊見爲清淨解脱出離，與上見取相對。』大同次有處説所云也。」

〔三八〕「或隨轉門」，大乘阿毘達磨集論卷一、瑜伽師地論卷八、顯揚聖教論卷一等，都認爲見取最爲殊勝，但不説能得淨。把戒取稱爲得淨，但不説是殊勝，這都是隨順小乘等派而説。

〔本段大意〕這就講完了善心所法，煩惱心所法的性質怎樣呢？頌說：「煩惱心所法包括貪、瞋、癡、慢、疑、惡見。」論說：貪等六種，其性是根本煩惱，所以得煩惱之名。什麼叫做貪呢？貪愛三界和造成三界輪迴的條件是其特性，能够障礙善心所法的無貪，產生痛苦是它的作用。亦就是說，由於貪愛之力使取蘊產生。什麼叫瞋呢？憎恨痛苦和造成痛苦的條件是它的特性，能够障礙善心所法的無瞋，使人心情不安，產生邪惡行爲，亦就是說，瞋必定使人身心熱惱，生起各種邪惡行爲，因其性質不善。什麼是癡呢？對於各種事物及其道理迷惑不解是它的特性，能够障礙善心所法的無癡，是一切煩惱的所依。亦就是說，由無明（即癡）生起疑、邪見、貪等根本煩惱和隨煩惱，能够招感來世煩惱。什麼叫慢呢？當自己和他人比較的時候，總是過高地估計自己，能够障礙不慢，令人生苦。亦就是說，慢對於德法及有德之人，心不謙虛，使人無窮無盡的輪迴，受各種痛苦。這種慢的差別有七種、九種之別。這七慢於上、中、下三品生起四種，於我生起一種，於德生起二種。一切都通見道所斷和修道所斷，聖位我慢即使產生現行，慢由此生起，亦無過失。什麼叫疑呢？對於各種佛教道理猶豫不決是它的特性，能够障礙不疑，障礙善行。亦就是說，對佛教義理猶豫不決的人不能產生善行。安慧認爲，此疑以智慧爲其本體，因爲猶豫鑒别被稱爲疑。因爲在慧上加毘助之，這是「疑」的意思，因爲末底和般若的意思沒有區别。護法認爲，此疑另有自體，使慧猶豫不決並不等於慧。瑜伽師地論說，在六種根本煩惱之中，見是世俗有，屬於慧，其餘五種是實有，因另有自性。末底加毘助之，可以認爲慧就是疑，但若南加毘助之，智就應當是識。字界有助之力，其義就會變化，所以這種疑不能以慧爲其本體。

什麼叫惡見呢？對於各種佛教道理顛倒錯誤思度，其慧虛假是它的特性，能够障礙好的見解，招感痛苦是它的作用，因爲有惡見者大多受苦。這種惡見的行相差别有五種：一、薩迦耶見，誤認五蘊是我和我所，並由此產生一切錯誤的見解。這種惡見有二十句、六十五等之别。二、邊執見，由於薩迦耶的我見誤認爲有我和我所，隨之主張我死後斷滅或常住，障非斷非常處中而行的道諦和出離生死的滅諦。這種邊執見的差别，有的主張前際四遍常論和四一分常論；有的主張後際有想十六種，無想、俱非各有八論，還有七種斷滅論等。三、邪見，否定因果報應，認爲無此世間、無彼世間、無母無父、無化生有情等，又認爲世間無真阿羅漢等，堅持除薩迦耶見、邊執見、見取見、戒禁取見之外的一切邪見。像增上緣那樣義遍，包括一切邪解。這種邪見的差别，有的主張前際二無因論、四有邊論和四不死矯亂。有的主張後際五現涅槃。或者主張自在天、大自在天、大梵天、帝釋天和自性等永恒不變。或者主張自在天等是產生世間萬物之因，或者頑固堅持各種錯誤虛假的解脱，或者錯誤地主張以非解脱之道爲解脱之道。所有的這一切都屬於邪見。四、見取，其餘的一切惡見及所依五蘊被認爲是最勝能得涅槃清淨法，一切外道鬭爭因此而起。五、戒禁取，謂依諸見所受戒及戒所依五蘊，被認爲是最殊勝能得涅槃清淨法，這種辛勤和苦行對達涅槃毫無用途。然而，大乘阿毘達磨集論、瑜伽師地論、顯揚聖教論等處都把見取執爲最勝，但不言能得淨；把戒禁取稱爲得淨，但不言是勝。這祇是捕風捉影和概略之說，或者是隨順小乘等派而說。不然的話，怎能把非滅諦執爲滅諦把非道諦執爲道諦說爲邪見，而不說是見取見和戒禁取見呢？

如是總、別十煩惱中[一]，六通俱生及分別起[二]，任運、思察俱得生故，疑後三見唯分別起，要由惡友及邪教力，自審思察方得生故。邊執見中通俱生者，有義唯斷，常見相麤，惡友等力方引生故。瑜伽等說，何邊執見是俱生耶？謂斷見攝，學現觀者起如是怖，今者我我何所在耶？故禽獸等若遇違緣，皆恐我斷而起驚怖。有義彼論依麤相說，理實俱生亦通常見，謂禽獸等執我常存，熾然造集長時資具，故顯揚等諸論皆說，於五取蘊執斷計常，或是俱生或分別起。此十煩惱誰幾相應？貪與瞋、疑定不俱起[三]，愛、憎二境必不同故，於境不決，無染著故。貪與慢、見或得相應，所愛所陵境非一，故說不俱起。所染所恃境可同，故說得相應。於五見境皆可愛故[四]，貪與五見相應無失。瞋與慢、疑或得俱起，所瞋所恃境非一，故說不相應，所蔑所憎境可同，故說得俱起。初猶豫時未憎彼，故說不俱起，久思不決便憤發，故說得相應，疑順違事隨應亦爾。瞋與二取必不相應，執爲勝、道，不憎彼故。此與三見或得相應[五]，於有樂蘊起身、常見，不生憎，故說不相應，於有苦蘊起身、常見生憎恚，故說得俱起。斷見翻此說瞋有無。邪見誹撥惡事好事，如次說瞋或無或有。

慢於境定，疑則不然，故慢與疑無相應義。慢與五見皆容俱起，行相展轉不相違故。然與斷見必不俱生，執我斷時無陵恃故，與身、邪見一分亦爾。疑不審決，與見相違，故疑與見定不俱起。五見展轉必不相應，非一心中有多慧故。癡與九種皆定相應，諸煩惱生必由癡故。此十煩惱何識相應？藏識全無，末那有四〔六〕，意識具十，五識唯三，謂貪、瞋、癡。無分別故，由稱量等起慢等故〔七〕。此十煩惱何受相應？貪、瞋、癡三，俱生、分別一切容與五受相應，貪會違緣，憂、苦俱故，瞋遇順境喜樂俱故。有義俱生、分別起慢，容與非苦四受相應，恃苦劣蘊憂相應故。有義俱生亦苦俱起，意有苦受前已說故。分別慢等純苦趣無，彼無邪師、邪教等故，然彼不造引惡趣業，要分別起，能發彼故。疑後三見容四受俱〔八〕，欲疑無苦等亦喜受俱故，二取若緣憂俱見等〔九〕，爾時得與憂相應故。有義俱生身、邊二見但與喜、樂、捨受相應，非五識俱，唯無記故。分別二見容四受俱，執苦俱蘊爲我、我所，常、斷見翻此，與憂相應故。有義二見若俱生者，亦苦受俱，純受苦處緣極苦蘊苦相應故。論說：「俱生一切煩惱皆於三受現行可得〔一〇〕。」廣說如前，餘如前說。此依實義。隨麤相者，貪、慢、四見樂、喜、捨俱〔一一〕，瞋唯苦、憂、捨受俱起，癡與五受皆得相應，邪見及疑四俱除苦。貪、癡俱樂通下四地〔一二〕，餘七俱樂除欲通三〔一三〕，疑、獨行癡欲唯憂捨，餘受俱起，如理應知。此與別境幾互相應？貪、瞋、癡、慢容五俱起，專注一境，得有定故。疑及五見各容四俱，疑除勝解，不決定故。見非慧俱，不異慧故。此十煩惱何性所攝？瞋唯不善，損自、他故。餘九通二，上二界者唯無記攝，定所伏故。若欲界繫分別起者，唯不善攝，發惡行故。若是俱生發惡行者，亦不善攝，損自他故，餘無記攝細不障善，非極損惱自他處故。當知俱生身、邊二見唯無記攝，不發惡業，雖數現起不障善故。此十煩惱何界繫耶？瞋唯在欲，餘通三界，生在下地，未離下染，上地煩惱不現在前。要得彼地根本定者，彼地煩惱容現前故。諸有漏道雖不能伏分別起惑及細俱生，而能伏除俱生麤惑，漸次證得上根本定。彼但迷事，依外門轉。散亂麤動，正障定故。得彼定已，彼地分別俱生諸惑皆容現前。生在上地，下地諸惑分別俱生，皆容現起。生第四定中有中者，由謗解脫生地獄故。身在上地將生下時，起下潤生俱生愛故。而言生上不起下者，依多分說，或隨轉門。下地煩惱亦緣上地，瑜伽等說欲界繫貪，求上地生，味上定故。既說瞋恚憎嫉滅道亦應憎嫉離欲地故，總緣諸行執我我所斷常慢者，得緣上故。餘五緣上，其理極成。而有處言貪、瞋、慢等不緣上者，依麤相說，或依別緣。不見世間執他地法爲我等故，邊見必依身見起故。上地煩惱亦緣下地，說生上者，於下有情，恃己勝德而陵彼故。總緣諸行執我我所，斷常愛者得緣下故。疑後三見如理應思。而說上惑不緣下者，彼依多分或別緣說。此十煩惱學等何攝？非學無學，彼唯善故。此十煩惱何所斷耶？非非所斷，彼非染故。分別起者唯見所斷，麤易斷故，若俱生者唯修所斷，細難斷故。見所斷十，實俱頓斷，以真見道總緣諦故。然迷諦相有總有別。總謂十種，皆迷四諦，苦、集是彼因依處故，滅、道是彼怖畏處故。別謂別迷四諦相起，二唯迷苦，八通迷四，身、邊二見唯果處起，別空非我，屬苦諦故。謂疑、三見親迷苦理，二取執彼三見戒禁及所依蘊爲勝能淨，於自他見及彼眷屬，如次隨應起貪恚慢。相應無明與九同迷〔一四〕，不共無明親迷苦理，疑及邪見親迷集等，二取貪等准苦應知〔一五〕。然瞋亦能親迷滅道〔一六〕，由怖畏彼生憎、嫉故〔一七〕。迷諦親疏，麤相如是。委細說者，貪、瞋、慢三見、疑俱生〔一八〕，隨應如彼。俱生二見及彼相應愛、慢、無明，雖迷苦諦，細難斷故，修道方斷。瞋餘愛等，迷別事生，不違諦觀，故修所斷。雖諸煩惱皆有相分，而所仗質或有或無，名緣有事無事煩惱。彼親所緣雖皆有漏，而所仗質亦通無漏，名緣有漏無漏煩惱。緣自地者相分似質名緣分別所起事境，緣滅、道諦及他地者，相分與質不相似故，名緣分別所起名境。餘門分別如理應思。

校釋

〔一〕「如是總、別十煩惱中」，藏要本校注稱：「此下諸門廣辨，安慧釋無文。」貪、瞋、癡、慢、疑、惡見爲總。惡見分爲五種：薩迦耶見、邊執見、邪見、見取、戒禁取。此稱爲別。

〔二〕「六通俱生及分別起」，十種煩惱中的貪、瞋、癡、慢、身見、邊見六種通俱生和分別起，疑、邪見、見取和戒禁取只是分別起。依靠無始以來的熏習力與自身俱生而來的煩惱，稱爲俱生煩惱，在修道漸漸斷之。依靠邪師、邪教、邪思惟之緣而生起的煩惱，稱爲分別起煩惱，在見道一時斷之。

〔三〕「疑」，磧砂藏本和大正藏本皆作「癡」，藏要本據述記卷三十七改。

〔四〕「五見」，即前文所説的薩迦耶見、邊執見、邪見、見取見、戒禁取見。

〔五〕「三見」，此指我見、邊見和邪見。

〔六〕「末那有四」，第七識末那識與四種煩惱相應，即貪、癡、慢、惡見。

〔七〕「稱量等」，此中省略猶豫門等。

〔八〕「疑後三見容四受俱」，邪見、見取見、戒禁取見與除苦受之外的四受（樂受、憂受、喜受、捨受）相應。

〔九〕「見等」，此指見取見和戒禁取見。

〔一〇〕語見瑜伽師地論卷五十九：「若任運生一切煩惱，皆於三受現行可得。」（大正藏卷三十第六二七頁）

〔一一〕「四見」，除邪見之外的四見：薩迦耶見、邊執見、見取見、戒禁取見。

〔一二〕「下四地」，此指欲界和三禪：初禪、二禪、三禪。

〔一三〕「餘七」，除貪、瞋、癡三種之外的其餘七種煩惱：慢、疑、薩迦耶見、邊執見、邪見、見取見、戒禁取見。

〔一四〕「相應無明」，無明與貪、瞋、慢、疑、惡見五大惑俱起，此稱相應無明。「九」，此指除癡（無明）之外的九種根本煩惱：貪、瞋、慢、疑、薩迦耶見、邊執見、邪見、見取見、戒禁取見。

〔一五〕「淮」，嘉興藏本作「唯」。

〔一六〕「滅道」，即滅諦和道諦。「滅」意謂滅除生死因果之涅槃。「道」是證得涅槃的正道。滅是果，道是因，此稱無漏因果，亦稱還滅因果。先果後因，爲的是使人嚮往涅槃之果而修行（因）。

〔一七〕「憎、嫉」，「憎」即隨煩惱的恨（Upanāha），唯識宗隨煩惱之一，由忿而生怨恨心理，不能忍耐。大乘廣五蘊論稱：「云何恨？謂忿爲先，結怨不捨爲性，能與不忍所依爲業。」（大正藏卷三十一第八五三頁）「嫉」，梵文Irsyā的意譯，唯識宗隨煩惱之一，對別人的成功產生嫉妬心理，不能忍耐，自生憂苦。大乘廣五蘊論稱：「謂於他盛事心妬爲性，爲名利故於他盛事不堪忍耐，妬忌心生，自住憂苦所依爲業。」（大正藏卷三十一第八五三頁）

〔一八〕「貪、瞋、慢三見、疑俱生」，貪和慢與薩迦耶見、邊執見、邪見俱生。慎與疑、薩迦耶見、邊執見、邪見俱生。

〔本段大意〕貪等六種煩惱爲總，薩迦耶等五見爲別，在這總別十煩惱中，有六種通俱生和分別，任運生起是俱生，思察而生是分別起。疑和邪見、見取見、戒禁取見只是分別起，因爲它們是由惡友或邪教之力，通過自己的推理和思考纔能產生。邊執見中通俱生者，有人認爲祇是斷見，因爲常見相粗，要有惡友、邪教和自己的分別纔能產生，瑜伽師地論、大乘阿毘達磨雜集論等說，什麽邊執見是俱生呢？是屬於斷見的邊執見。修禪者產生這樣的想法：「現在我在哪裏呢？」所以，禽獸等如果遇到不利條件，都害怕自己死後斷滅而起恐怖。二師認爲，瑜伽師地論等是依粗相而說，實際上俱生也通常見。禽獸等認爲「我」永恒生存，熱心地製造和積聚長期生活的食糧，所以顯揚聖教論和瑜伽師地論等說，於五蘊計常、斷通俱生或分別起。這十煩惱彼此之間的關係如何呢？貪與瞋、疑肯定不能俱起，因爲可愛之境和可憎之境肯定不同。對於外境猶豫不決，就不會有染著，所以貪和疑不能俱起。貪與慢、五見或許可以相應而起，所愛外境和自己所藐視的外境並非同一，所以說不俱起。所愛染的外境和引起我慢之外境可以相同，所以說相應。對於五見外境都可以產生愛染，所以說貪與五見相應並無過失。瞋與慢、疑有時或許可以俱起，所憎恨的外境和所重視的外境並不相同，所以說不相應。所蔑視的外境和所憎恨的外境可以相同，所以說俱起。剛猶豫不決的時候並不憎恨它，所以說不俱起。經過長久思考仍然猶豫不決，這纔產生憤怒，所以說相應。若疑順己之事，或許不起瞋；若疑違己之事，便瞋於彼。瞋與見取見、戒禁取見肯定不相應，因爲見取見執爲勝，戒禁取見執爲道，因爲是順己之境，所以不憎恨它們。瞋與薩迦耶、邊執見、邪見有時或許可以相應，對於樂蘊生起薩迦耶見和常見，因爲不產生憎恨，所以說不相應。對於苦蘊生起薩迦耶見和常見，產生憎恨，所以説俱起。關於斷見，與此説相反，謂於樂俱蘊執爲斷，與瞋相應；於苦俱蘊起斷，便瞋不俱。邪見否定惡事之無，便不與瞋俱；否定好事之無，便與瞋俱。慢對於外境肯定不疑，疑則不是這樣，所以慢與疑没有相應的意思。慢與五見都可以俱起，因爲這些心所法的行相都無矛盾。但是慢與斷見肯定不能俱生，認爲「我」斷滅時，不會看不起别人而驕傲自大。慢與一部分薩迦耶見、邪見的關係亦是這樣。疑對外境没有深思熟慮，没下決心，與五見相違背，所以疑和五見肯定不能俱起。五見彼此之間肯定不相適應，多種見解不可能同時存在於一心之中。癡與除此之外的九種煩惱肯定都相適應，因爲各種煩惱的生起肯定都是由於癡。這十種煩惱與什麽識相應呢？第八識阿賴耶識與十煩惱的任何一種都不相應，第七識末那識與貪、癡、慢、惡見四煩惱相應，第六識意識與十煩惱都相應，前五識祇與三煩惱相應，即貪、瞋、癡，因爲它們不需要思索和辨别，由於估量比較而生慢等煩惱。這十種煩惱與什麽受相應呢？貪、瞋、癡三種的俱生和分别起，一切都可以與五受相應。因爲貪遇到違己條件，就與憂、苦俱起。瞋遇到順己外境，就與喜、樂俱起。有人認爲：俱生和分别起的慢可以與除苦之外的四受相應，因爲苦蘊弱劣，與憂相應。二師認爲：俱生之慢亦與苦受相應，因爲意地有苦，前文已經説過了。在地獄純粹受苦之趣没有分别起慢等，因爲在地獄没有邪師、邪教等。一個人今世並没有使他今世下地獄的行爲，但前生的强烈分别之惑有使他今世下地獄的行爲。疑及邪見、見取見、戒禁取見四煩惱可以與四受俱起，因爲地獄没有分别之惑，「欲界之疑先作惡行，疑無苦、集諦等，亦喜受俱故，以後苦無故。」（述記卷六末） 如果緣憂而俱起見取見、戒禁取見及所依蘊，此時見取見、戒禁取見與憂相應。有人認爲：俱生的薩迦耶見、邊執見衹與喜、樂、捨受相應，並不與五識俱起，因爲此俱生者衹是無記性。分別起的薩迦耶見和邊執見可以與四受俱起，在極苦處執苦俱蘊爲我、我所，常見、斷見與此相反，它們與憂受相應。二師認爲：薩迦耶見和邊執見，如果是俱生的，亦與苦受相應，因爲在地獄極受苦處緣極苦蘊，與苦受相應。瑜伽師地論說，俱生的一切煩惱都與苦、樂、捨三受相應，詳細解釋可參見前文所說，分別二見與第一師相同。上述內容都依確實含義而說。如依粗相而說，貪、慢及除邪見之外的四見與樂、喜、捨三受相應。瞋衹與苦、憂、捨受相應，癡與五受都相應，邪見和疑與除苦之外的四受相應。貪、癡與樂受相應，存在於下四地，除貪、瞋、癡之外的七種煩惱與樂受相應，存在於除欲之外的三禪。疑和獨行無明在欲界衹與憂受、捨受相應。煩惱與受相應的其餘情況，如上述道理應當明了。這十種煩惱與幾種別境相應呢？貪、瞋、癡、慢可以與五種別境俱起，因爲此四專注一境需要有「定」別境心所法。疑和五見各與四種別境心所法相應，疑與除勝解之外的四種別境相應，因其不決定的緣故。五見與除慧之外的四種別境相應，因爲五見與慧不能同時並存。這十種煩惱屬於什麼性質呢？瞋衹是惡性，因爲它既損惱自己，又損惱他人。除瞋之外的九種煩惱通善性和無記性。色界和無色界的貪等煩惱衹有無記性。因爲它們被禪定所攝伏。在欲界繫的貪等九種煩惱，如果是分別起的，衹屬惡性，因爲它們一向發動惡行。

如果是俱生的有兩種：發動惡行的屬於惡性，因爲損惱自己和他人。其餘的屬於無記性，其原因有四：一極端微細，二不障善法，三並不是極端損惱自己和他人，四數數現行（見述記卷六末）。應當知道，薩迦耶見和邊執見祇屬無記性，因爲它們不發動惡行，雖然一再產生現行，但不障礙善法。這十種煩惱繫於哪一界呢？瞋祇在欲界，其餘的九種通欲界、色界和無色界。生在下地的有情衆生，如果没有離開下地的欲染，則上地的煩惱不會出現在面前。要得了上地根本定的有情衆生，上地煩惱就可以出現在面前。各種有漏道雖然不能攝伏分別起之惑和俱生細惑，但能攝伏滅除俱生粗惑，逐步證得更高級的根本禪定。修道所伏之惑：一、僅是由於迷事而生；二、依外緣而起；三、此所伏煩惱體散亂；四、粗動，直接障礙禪定。下地分別惑雖然不能攝伏，修下地禪定以後，下地分別、俱生的各種煩惱都可以出現在面前。生在上地，下地各種煩惱，不管是俱生還是分別起，都可以出現在面前。得第四定的增上慢比丘，自以爲已得第四果阿羅漢，命終以後，中有（死後生前階段）現起。中有以後，即色界身起下邪見，誹謗釋種没有涅槃，便下墮地獄之中。身在上地，將生下地的時候，必然生起下地潤生的俱生愛、慢和無明等。瑜伽師地論等文所説的生上地者不起下地之惑，這是依一般情況而説，或者是隨順説一切有部等小乘佛教而説。下地煩惱亦緣上地，瑜伽師地論等所説欲界繫的貪，貪味之力超過禪定，貪求生於上地。瑜伽師地論既然説瞋憎恨和嫉妒滅道，以此類推，也應當憎恨和嫉妒離開欲地。薩迦耶見、邊執見和慢總緣三界諸行，認爲有我和我所，生起斷見、常見和慢，因爲要緣上界或上地。其餘五種(癡、疑、邪見、見取見、戒禁取見)緣上界或上地，其道理大乘和小乘都是承認的。大乘阿毘達磨集論和瑜伽師地論等處所説的貪、瞋、慢、我見不緣上，是依小乘（或粗顯形相）而説，或依別緣自身爲我。因爲沒有見道別緣我見有計他地現行爲我等，邊執見必須依身見而起。上地分別或俱生煩惱也緣下地，瑜伽師地論説，生在上地的有情衆生，依靠自己的殊勝功德，藐視下地有情衆生，因而起慢。因爲如上文所説總緣三界諸行而認爲有我、我所，生起斷見、常見和愛，要緣下地。疑及邪見、見取見、戒禁取見四法，應如上述道理考慮。瑜伽師地論所説的上地之惑不緣下地，是依一般情況而説，或依別緣自我而計爲我，由此產生邊執見和貪愛。貪等十種煩惱在有學、無學、非有學非無學之中，屬於哪一種呢？祇屬於非有學非無學，有學和無學雖然通有漏和無漏，但祇是善性，貪等十種煩惱是染性，故非所屬。這十種煩惱由何而斷呢？不通非所斷，因爲它們不是染污法。分別起的煩惱，祇是見道所斷，因爲它粗顯易斷，若是俱生煩惱，祇是修道所斷，因爲它們微細難斷。見道所斷的十種煩惱實際上都是頓斷，因爲真見道總緣四諦。然而對四諦迷惑不解之相有總有別，從總的來説，貪等十種煩惱一一都迷四諦，苦、集二諦是煩惱產生之因或依據，滅、道二諦使之產生恐懼。別起意謂煩惱由於對四諦的不同迷惑之相而生起，薩迦耶見和邊執見祇迷苦諦，除身、邊二見之外的八種煩惱通迷苦、集、滅、道四諦，實際上，身、邊二見祇生起於苦果，別觀十六行相的空和非我理都屬於苦諦。亦就是説，疑及薩迦耶見、邪見、邊執見由於對苦諦之理迷惑不解而直接生起。見取見和戒禁取見執前述三見、戒禁取見和所依之蘊爲勝爲淨。於自見起貪，於他見起瞋，於自他二見起慢。相應無明與前述九種煩惱同樣迷惑不解，不共無明直接對苦諦之理迷惑不解。疑和邪見直接對集、滅、道三諦迷惑不解，見取見、戒禁取見、貪等，准前苦説，應當明了。然而，瞋亦能直接迷於滅、道二諦，由於怕它而生憎恨和嫉妒。關於十煩惱直接或間接迷於四諦的情況，大概就是這樣。若詳細而論，貪、瞋、慢、薩迦耶見、邊執見、邪見和疑，如果是俱生的，隨其所應，如彼見道所斷。俱生的薩迦耶見和邊執見及其相應的貪、慢、無明雖然迷於苦諦，但微細難斷，修道纔能斷除。瞋及除前二見相應以外，其他的獨行愛、慢和相應無明等，是迷色心等的別事而生，不迷於理，不違四諦觀，所以是修道所斷。雖然十種煩惱生起的時候，都有相分，但所仗託的本質可以是有，亦可以是無，有本質的稱爲緣有事的煩惱，無本質的稱爲緣無事的煩惱。各種煩惱的親所緣緣雖然都是有漏的，但所仗託的本質也通無漏，稱爲緣有漏無漏煩惱。貪等煩惱緣自地法，其相分似乎是本質，此稱緣分別所起事境，緣滅、道諦及他地法，其相分與本質不相似，所以稱爲緣分別所起名境。其他的有無異熟、有漏無漏等問題，都應當按照上述道理進行思考。

已説根本六煩惱相〔一〕，諸隨煩惱其相云何？頌曰：

隨煩惱謂忿〔二〕、恨、覆、惱、嫉、慳、誑、諂與害、憍〔三〕，無慚及無愧，掉舉與惛沈，

不信并懈怠，放逸及失念〔四〕，散亂、不正知。

論曰：唯是煩惱分位差別等流性故，名隨煩惱。此二十種類別有三：謂忿等十各別起故〔五〕，名小隨煩惱；無慚等二徧不善故〔六〕，名中隨煩惱；掉舉等八徧染心故〔七〕，名大隨煩惱。云何爲忿〔八〕？依對現前不饒益境憤發爲性，能障不忿，執仗爲業，謂懷忿者多發暴惡身表業故。此卽瞋恚一分爲體，離瞋無別忿相用故。云何爲恨〔九〕？由忿爲先，懷惡不捨，結怨爲性。能障不恨，熱惱爲業，謂結恨者，不能含忍〔一〇〕，恆熱惱故。此亦瞋恚一分爲體，離瞋無別恨相用故。云何爲覆〔一一〕？於自作罪恐失利譽，隱藏爲性，能障不覆，悔惱爲業，謂覆罪者後必悔惱，不安隱故。有義此覆癡一分攝，論唯説此癡一分故，不懼當苦，覆自罪故。有義此覆貪癡一分攝，亦恐失利譽，覆自罪故，論據麤顯唯説癡分，如説掉舉是貪分故，然説掉舉徧諸染心，不可執爲唯是貪分。云何爲惱〔一二〕？忿、恨爲先，追觸暴熱很戾爲性〔一三〕，能障不惱，蛆螫爲業，謂追往惡，觸現違緣，心便很戾，多發囂暴，凶鄙麤言，蛆螫他故。此亦瞋恚一分爲體，離瞋無別惱相用故。云何爲嫉〔一四〕？殉自名利，不耐他榮〔一五〕，妒忌爲性，能障不嫉，憂慼爲業，謂嫉妒者聞見他榮深懷憂慼，不安隱故。此亦瞋恚一分爲體，離瞋無別嫉相用故。云何爲慳〔一六〕？耽著財法，不能惠捨，祕悋爲性，能障不慳，鄙畜爲業，謂慳悋者，心多鄙澀，畜積財、法，不能捨故。此卽貪愛一分爲體，離貪無別慳相用故。云何爲誑〔一七〕？爲獲利譽，矯現有德，詭詐爲性，能障不誑，邪命爲業〔一八〕，謂矯誑者，心懷異謀，多現不實，邪命事故。此卽貪、癡一分爲體，離二無別誑相用故。云何爲諂〔一九〕？爲罔他故，矯設異儀，險曲爲性，能障不諂、教誨爲業，謂諂曲者爲網帽他〔二〇〕，曲順時宜矯設方便，爲取他意或藏己失，不任師友正教誨故。此亦貪、癡一分爲體，離二無別諂相用故。云何爲害？於諸有情心無悲愍，損惱爲性，能障不害，逼惱爲業。謂有害者逼惱他故。此亦瞋恚一分爲體，離瞋無別害相用故，瞋、害別相準善應說。云何爲憍〔二一〕？於自盛事深生染著，醉傲爲性，能障不憍，染依爲業。謂憍醉者生長一切雜染法故。此亦貪、愛一分爲體，離貪無別憍相用故。云何無慚？不顧自法，輕拒賢善爲性。能障礙慚，生長惡行爲業，謂於自法無所顧者，輕拒賢善，不恥過惡，障慚生長諸惡行故。云何無愧？不顧世間，崇重暴惡爲性，能障礙愧，生長惡行爲業，謂於世間無所顧者，崇重暴惡，不恥過罪，障愧生長諸惡行故。不恥過惡是二通相，故諸聖教假說爲體。若執不恥爲二別相，則應此二體無差別。由斯二法應不俱生，非受、想等有此義故。若待自他立二別者，應非實有，便違聖教。若許此二實而別起，復違論說俱徧惡心〔二二〕。不善心時隨緣何境，皆有輕拒善及崇重惡義。故此二法俱徧惡心，所緣不異無別起失。然諸聖教說不顧自他者，自法名自，世間名他。或卽此中拒善崇惡，於己益損名自他故。而論說爲貪等分者，是彼等流，非卽彼性。云何掉舉〔二三〕？令心於境不寂靜爲性，能障行捨、奢摩他爲業〔二四〕。有義掉舉貪一分攝，論唯說此是貪分故，此由憶昔樂事生故。有義掉舉非唯貪攝，論說掉舉徧染心故，又掉舉相謂不寂靜，說是煩惱共相攝故，掉舉離此無別相故。雖依一切煩惱假立，而貪位增說爲貪分。有義掉舉別有自性，徧諸染心〔二五〕，如不信等，非說他分體便非實，勿不信等亦假有故。而論說爲世俗有者〔二六〕，如睡眠等隨他相說。掉舉別相謂卽囂動，令俱生法不寂靜故。若離煩惱無別此相，不應別說障奢摩他，故不寂靜非此別相。云何惛沈〔二七〕？令心於境無堪任爲性，能障輕安、毗鉢舍那爲業〔二八〕。有義惛沈癡一分攝，論唯說此是癡分故，惛昧沈重是癡相故。有義惛沈非但癡攝，謂無堪任是惛沈相，一切煩惱皆無堪任，離此無別惛沈相故。雖依一切煩惱假立，而癡相增但說癡分。有義惛沈別有自性，雖名癡分而是等流，如不信等，非卽癡攝。隨他相說名世俗有，如睡眠等是實有性。惛沈別相謂卽瞢重，令俱生法無堪任故。若離煩惱無別惛沈相，不應別說障毗鉢舍那，故無堪任非此別相。此與癡相有差別者，謂癡於境迷闇爲相，正障無癡而非瞢重，惛沈於境瞢重爲相，正障輕安而非迷闇。云何不信〔二九〕？於實、德、能不忍、樂、欲，心穢爲性，能障淨信，惰依爲業，謂不信者多懈怠故。不信三相翻信應知，然諸染法各有別相，唯此不信自相渾濁，復能渾濁餘心、心所，如極穢物自穢穢他，是故說此心穢爲性。由不信故，於實、德、能不忍樂欲，非別有性。若於餘事邪忍樂欲，是此因果，非此自性。 云何懈怠〔三〇〕？ 於善惡品修斷事中懶惰爲性，能障精進，增染爲業，謂懈怠者滋長染故。 於諸染事而策勤者，亦名懈怠退善法故。 於無記事而策勤者，於諸善品無進退故，是欲、勝解，非別有性，如於無記忍可樂欲非淨非染，無信不信。 云何放逸〔三一〕？於染淨品不能防修，縱蕩爲性，障不放逸，增惡損善所依爲業，謂由懈怠及貪、瞋、癡不能防修染淨品法，總名放逸，非別有體。雖慢、疑等亦有此能，而方彼四勢用微劣，障三善根〔三二〕，徧策法故，推究此相如不放逸。 云何失念〔三三〕？ 於諸所緣不能明記爲性，能障正念，散亂所依爲業，謂失念者心散亂故。 有義失念念一分攝，說是煩惱相應念故。有義失念癡一分攝，瑜伽說此是癡分故，癡令念失，故名失念。 有義失念俱一分攝，由前二文影略說故，論復說此徧染心故。 云何散亂〔三四〕？ 於諸所緣令心流蕩爲性，能障正定，惡慧所依爲業，謂散亂者發惡慧故。 有義散亂癡一分攝，瑜伽說此是癡分故〔三五〕。 有義散亂貪、瞋、癡攝，集論等說是三分故。 說癡分者，徧染心故，謂貪、瞋、癡令心流蕩勝餘法，故說爲散亂。 有義散亂別有自體。 說三分者，是彼等流，如無慚等非卽彼攝，隨他相說名世俗有。 散亂別相謂卽躁擾，令俱生法皆流蕩故。 若離彼三無別自體，不應別說障三摩地〔三六〕。 掉舉、散亂二用何別？ 彼令易解，此令易緣，雖一刹那解、緣無易，而於相續有易義故。 染汙心時由掉、亂力常應念念易解易緣，或由念等力所制伏，如繫猨猴有暫時住，故掉與亂俱徧染心。 云何不正知〔三七〕？於所觀境謬解爲性，能障正知，毁犯爲業，謂不正知者多所毁犯故。有義不正知慧一分攝，説是煩惱相應慧故。有義不正知癡一分攝，瑜伽説此是癡分故，令知不正名不正知。有義不正知俱一分攝，由前二文影略説故，論復説此徧染心故。與、并、及言顯隨煩惱非唯二十〔三八〕，雜事等説貪等多種隨煩惱故。隨煩惱名亦攝煩惱，是前煩惱等流性故，煩惱同類，餘染汙法但名隨煩惱，非煩惱攝故。唯説二十隨煩惱者，謂非煩惱、唯染、麤故。此餘染法或此分位，或此等流，皆此所攝，隨其類别，如理應知。

校釋

〔一〕「已説根本六煩惱相」，藏要本校注稱：「此段生起，糅安慧釋。」

〔二〕「隨煩惱謂忿」，藏要本校注稱：「梵、藏本此下至『諂』字分爲三句，並前慢見疑句爲第十二頌。」

〔三〕「誑、諂與害、憍」，藏要本校注稱：「勘梵、藏本，『誑、諂』二字互倒，『諂』字屬上句讀，又次『害、憍、掉、沉』，梵、藏本皆互倒，今譯改文。」　「與」，藏要本校注稱：「勘梵、藏本，此處無『與』字，但在前慳下有『俱』字，又次不信下有『並』字，不正知下有『及』字，後文釋云，與並及言顯隨煩惱非唯二十，指此。今譯改文。」

〔四〕「放逸及失念」，藏要本校注稱：「梵、藏本以此爲第十三頌末句，次餘一句屬十四頌。」

〔五〕「忿等十」，即忿、恨、覆、惱、嫉、慳、誑、諂、害、驕。

〔六〕「無慚等二」，即無慚、無愧。

〔七〕「掉舉等八」，即掉舉、惛沈、不信、懈怠、放逸、失念、散亂、不正知。

〔八〕「云何爲忿」，藏要本校注稱：「此解體業糅安慧釋，原釋執仗作鞭撻等所依。」

〔九〕「云何爲恨」，藏要本校注稱：「此解體性糅安慧釋，原釋缺業。」

〔一〇〕「忍」，梵文 Kṣānti 的意譯，音譯羼提，意謂忍受、認可。主要是忍受苦難和恥辱，故稱忍辱，六度之一，稱爲羼提波羅蜜多(Kṣāntipāramitā)，意譯忍辱度，故稱忍度。詳見本書卷九。

〔一一〕「云何爲覆」，藏要本校注稱：「此解體業及下第一有義糅安慧釋，但原釋以惡作及不安隱住所依爲業。」　「覆」，梵文 Mrakṣa 的意譯，唯識宗隨煩惱之一。意謂自己作錯了事，害怕丢失名利，隱瞞而不泄露，將來必然後悔，感到不安。大乘廣五蘊論稱：「云何覆？謂於過失，隱藏爲性。謂藏隱罪故，他正教誨時，不能發露。是癡之分，能與追悔、不安隱住所依爲業。」(大正藏卷三十一第八五三頁)

〔一二〕「云何爲惱」，藏要本校注稱：「此段糅安慧釋，原釋云生語惡行不安隱住爲業，蛆螫意當梵本 dāśī。蓋從字源解釋惱字 Pradāśa 也。」　「惱」，梵文 Pradāśa 的意譯，隨煩惱之一，由於忿恨而惱怒，繼而出現粗暴言行。大乘廣五蘊論稱：「云何惱？謂發暴惡言，陵犯爲性，忿恨爲先，心

起損害。暴惡言者，謂切害粗獷，能與憂苦不安隱住所依爲業，又能發生非福爲業，起惡名稱爲業。」（大正藏卷三十一第八五三頁）

〔一三〕「很」，嘉興藏本作「恨」。下同。

〔一四〕「云何爲嫉」，藏要本校注稱：「此下至無愧，八段皆糅安慧釋。」

〔一五〕「他榮」，意謂他人的榮耀，包括世間榮和出世榮兩種，世間榮即人世間的富貴安樂。出世榮即修行功德，包括有爲和無爲兩種。

〔一六〕「慳」，梵文 Mātsarya 的意譯，隨煩惱之一，意謂慳悋。由於貪愛而不願施捨。大乘廣五蘊論稱：「云何慳？謂施相違，心悋爲性。謂於財等，生悋惜故，不能惠施，如是爲慳。心遍執著利養衆具，是貪之分，與無厭足所依爲業。無厭足者，由慳悋故，非所用物，猶恒積聚。」（大正藏卷三十一第八五三頁）

〔一七〕「誑」，梵文 Śāthya 的意譯，小隨煩惱之一，爲貪圖財利而騙人。大乘廣五蘊論稱：「云何誑？謂矯妄於他，詐現不實功德爲性，是貪之分，能與邪命相依爲命。」（大正藏卷三十一第八五三頁）

〔一八〕「邪命」，梵文 Ajīva 的意譯，比丘不以乞食過活，過不符合佛法規定的生活。共分四種：一、下口食，靠種地、和合湯藥過活；二、仰口食，靠仰觀星宿、日、月、風、雨、雷電、霹靂之術過活；三、方口食，曲媚於有勢者，活動於四面八方，以此維持生活；四、維口食，靠種種咒術卜算吉凶，以此維持生活。

〔一九〕「諂」，梵文 Māyā 的意譯，小隨煩惱之一，爲之貪求名利，愚癡地施展手段，欺騙他人。大乘廣五蘊論稱：「云何諂？謂矯設方便，隱己過惡，心曲爲性。謂於名利，有所計著，是貪、癡分，障正教誨爲業。」（大正藏卷三十一第八五三頁）

〔二〇〕「網帽」，磧砂藏本原作「罔冒」，藏要本據述記卷三十八改。

〔二一〕「憍」，梵文 Mada 的意譯，唯識宗小隨煩惱之一，依仗自己的長處驕傲自大，大乘廣五蘊論稱：「云何驕？謂於盛事，染著倨傲，能盡爲性。……謂於染愛，悅豫矜恃，是貪之分。能盡者，謂此能盡諸善根故。」（大正藏卷三十一第八五三頁）

〔二二〕「論說俱徧惡心」，見瑜伽師地論卷五十五：「當知無慚、無愧與一切不善相應。」（大正藏卷三十第六〇四頁）

〔二三〕「云何掉舉」，藏要本校注稱：「此解體業及下第一有義糅安慧釋。」

〔二四〕「奢摩他」，梵文 Śamatha 的音譯，意譯爲止或止寂，禪定異名。常與「觀」（智慧）並用，稱爲止觀。

〔二五〕「自性」，梵文 Svabhāva 的意譯，即各種事物所具有的永不變易之性。

〔二六〕「論說爲世俗有」，見瑜伽師地論卷五十五：「慳、憍、掉舉是貪分，故皆世俗有。」（大正藏卷三十第六〇四頁）

〔二七〕「云何惛沈」，藏要本校注稱：「此解體性及下第一有義，糅安慧釋。原釋業云，與一切煩惱、隨煩惱作依爲業。」

〔二八〕「毗鉢舍那」，梵文 Vipaśyana 的音譯，意譯爲觀，卽智慧。常與「止」連用稱爲止觀，二者相輔相成，定是慧之本，慧是定之用。佛教要求止觀双修。

〔二九〕「云何不信」，藏要本校注稱：「此解體業糅安慧釋。」

〔三〇〕「云何懈怠」，藏要本校注稱：「此解體業糅安慧釋，原釋無斷惡義，又云是癡一分爲體。」

〔三一〕「云何放逸」，藏要本校注稱：「此段至『非別有體』句，糅安慧釋。」

〔三二〕「三善根」，有二解：一、據集異門足論，對治貪、瞋、癡三毒的無貪、無瞋、無癡爲三善根，因爲它們是產生無量善法的根本；二、據仁王經，對治三毒的施、慈、慧爲三善根。

〔三三〕「云何失念」，藏要本校注稱：「安慧釋云，失念者爲染污念。染污卽煩惱相應之義。次釋業與今譯合。」

〔三四〕「云何散亂」，藏要本校注稱：「安慧釋云：『散亂者令心離定所緣，能障離欲爲業。』」

〔三五〕「瑜伽說此是癡分故」，見瑜伽師地論卷五十五：「忘念、散亂、惡慧是癡分故，一切皆是世俗有。」（大正藏卷三十第六〇四頁）

〔三六〕「三摩地」，梵文 Samādhi 的音譯，另譯三昧，意譯爲定，意謂使心專注一境而不散亂。

〔三七〕「云何不正知」，藏要本校注稱：「此解體業及下第一有義，糅安慧釋。」

〔三八〕「與、並、及言顯隨煩惱非唯二十」，藏要本校注稱：「此段釋與等言，安慧釋無文。」

〔本段大意〕這就講完了六種根本煩惱的特性，各種隨煩惱的特性怎樣呢？唯識三十頌說：「隨煩惱包括忿、恨、覆、惱、嫉、慳、誑、諂與害、憍，還有無慚、無愧，以及掉舉與惛沈，還有不信和懈怠、放逸及失念、散亂、不正知。」論說：忿等十種小隨煩惱和失念、不正知、放逸三種是貪等法根本粗行差別分位，稱爲隨煩惱。無慚、無愧、掉舉、惛沈、散亂、不信、懈怠七種雖然別有自體，但祇是根本煩惱的等流之性，所以稱爲隨煩惱。這二十種隨煩惱又可以分爲三大類：忿、恨、覆、惱、嫉、慳、誑、諂、害、憍十種，因爲是各別生起，所以稱爲小隨煩惱。無慚、無愧普遍存在於不善之心，所以稱爲中隨煩惱。掉舉等八種普遍存在於染心，所以稱爲大隨煩惱。什麼叫做忿呢？對現前所見所聞不利之事，心生忿怒。能够障礙不忿（即善心所法的無瞋），使人執持器杖，亦就是說，懷忿者多發暴烈邪惡的身行和語行。它以根本煩惱瞋的一部分爲其本體。離開瞋，没有另外的忿之特性和作用。什麼叫恨呢？由於有忿，心懷惡義不能捨除，結怨仇爲其特性，能够障礙不恨，使人身熱心惱。亦就是說，懷恨者不能忍耐，因他永恒身熱心惱。恨亦以根本煩惱瞋的一部分爲其本體，因爲離開瞋就没有恨的特性和作用。什麼叫覆呢？自己犯了罪過，恐怕丢失財利和名譽，遮掩罪過爲其特性，能够障礙不覆，使人後悔煩惱。亦就是說，遮掩罪過的人，以後必然要後悔煩惱，由此不得安隱而住。有人認爲：這覆亦屬於根本煩惱癡的一部分，因爲瑜伽師地論祇說覆是癡的一部分，因爲他不害怕當來在地獄受苦纔遮掩自己的罪過。二師認爲：這覆是根本煩惱貪、癡的一部分，亦是由於害怕丟失財利和名譽而遮掩自己的罪過，瑜伽師地論根據粗顯之相祇說是癡的一部分，就像說掉舉是貪的一部分一樣。然而，說掉舉普遍存在於各種染心，不能認爲祇是貪的一部分。什麼叫惱呢？以忿、恨爲先導，隨之而來的是狂熱和暴行，能夠阻礙不惱，猶如蜈蚣噴毒一樣，能致毒害。亦就是說，不管違境是過去的，還是現在産生，他祇要一想起，就狂吼，産生暴行，發出粗俗凶惡的言論，猶如蛆螫他人。惱亦以根本煩惱瞋的一部分爲其本體，因爲離開瞋，沒有另外惱的特性和作用。什麼叫嫉呢？拼命謀取自己的名譽和財利，不耐他榮，嫉妒是它的特性。能夠障礙不嫉，深懷憂慼。亦就是說，聽聞或見到別人有光榮事的時候，深懷憂慼，身心不得安隱而住。嫉亦以根本煩惱瞋的一部分爲其本體，因爲離開瞋，沒有另外嫉之特性和作用。什麼叫慳呢？貪著資具、妻子、榮位之財和理、教、行、果之法，不能惠捨求者，祕藏和悋惜是它的特性，能夠障礙不慳，鄙惡蓄積是由於慳的作用。亦就是說，慳悋者心多鄙惡慳澀，積蓄財法，不能施捨。慳以根本煩惱貪的一部分爲其本體，因爲離開貪沒有另外慳的特性和作用。什麼叫誑呢？爲了獲得財利和名譽，自己本來無德詐僞有德，詭詐是它的特性，能夠障礙不誑，過不正當的生活。亦就是說，矯誑者詭計多端，很不誠實，過不正當的生活。誑以貪、癡的一部分爲其本體，因爲離開貪、癡，沒有另外的誑之特性和作用。什麼叫諂呢？爲了把別人引入歧途欺騙他，採取不誠實不直接的手段。奸詐是它的特性。能夠障礙不諂和正教誨訓。亦就是說，諂曲的人爲了把別人引入歧途欺騙他人，錯誤地隨順時宜，採取各種方便手法，以取好他人，或者掩蓋自己的過失，所以不能接受師長和朋友的正確教誨。諂亦以貪、癡的一部分爲其本體，因爲離開貪、癡沒有諂之特性和作用。什麽叫害呢？對於各種有情衆生，無悲愍之心，損惱他人是其特性。能够障礙不害，逼迫損惱他人是害的作用。亦就是説，有害者逼迫損惱他人。害亦以根本煩惱瞋的一部分爲其本體，因爲離開瞋沒有另外的害之特性和作用。瞋障礙無瞋，正障於慈；害障礙不害，正障於悲。所以以善爲準則而説，瞋能斷命，害祇損惱他人。所以二者之别如「善」中所説。什麽叫憍呢？因獲世間榮利、長壽等興盛事，心恃高舉，驕傲自大，躭醉傲逸爲其特性。能够障礙不憍，是一切煩惱的所依。亦就是説，驕傲惛迷者生長一切雜染法。憍亦以根本煩惱貪的一部分爲其本體。因爲離開貪沒有另外的憍之特性和作用。什麽叫無慚呢？不顧自己的人格，又不顧真理之法，輕視並遠離有賢德之人，拒絶善法，這就是它的特性。能够障礙善心所法的慚，使人行惡，這就是它的作用。亦就是説，於自身於善法都無所顧念，輕視遠離有賢德之人，拒絶善法，對自己所犯的罪過惡行不感到羞耻，能够障礙善心所法的慚，使人産生各種惡行。什麽叫無愧呢？不顧世間道德等，崇重暴惡是它的特性。能够障礙愧，令人行惡是它的作用。亦就是説，對於世間道德、法律、輿論等都無所顧忌，崇拜有暴惡行爲的人，愛重惡法，對於自己所犯的過失和罪惡不感到羞耻，障礙愧，令人生起一切惡行。對於自己所犯的過失和罪惡不感到羞耻，這是無慚、無愧二法的通相，所以各處聖人之教，特别是在顯揚聖教論中，雖説不耻是無慚、無愧的體性，那不過是假説爲體。如果認爲「不耻」是無慚、無愧二法別相，就應當認爲這二法的本體没有區別。由此可見，無慚、無愧二法不應當是俱生，並不是受、想等有這樣的意思。如果自、他相待而立是無慚、無愧二法別相，就應當是並非實有，這就違背了聖人説教。如果允許無慚、無愧二法實有，但分別生起，又違背了瑜伽師地論等所説的同時普遍地生起於一切惡心。因爲心不善時，不管是緣什麽外境，都有輕視遠離拒絶善法和崇拜愛重惡法的意思。無慚、無愧同時普遍生起於一切惡心，所緣並非不同，所以不能説它們分別生起。然而各處聖教所説「不顧自他」，自法稱爲自，世間稱爲他。或説此中拒絶善法崇拜惡法，於己有益稱爲自，於己有損稱爲他。而大乘阿毘達磨集論所説無慚、無愧二法是貪、瞋、癡的一部分，是説無慚、無愧是貪等三法的等流（等爲相同，流爲相續。），並不是與此三法同性。什麽叫掉舉呢？使心於所緣外境不寂静，擾亂内心是它的特性，能够障礙善心所法的行捨和別境心所法的定，這就是它的特性。有人認爲：掉舉屬於貪的一部分，因爲瑜伽師地論以及顯揚聖教論、大乘阿毘達磨集論等衹説掉舉是貪的一部分，是由於回憶過去的享樂之事而生。二師認爲：掉舉不衹屬於貪，因爲大乘阿毘達磨集論和瑜伽師地論説掉舉普遍存在於一切染心。而且，掉舉的特性是囂動，不寂静，據説掉舉具有一切煩惱的共性，掉舉離開煩惱的共性没有另外的特性。雖然依一切煩惱虚假成立，但貪位增盛，所以説是貪的一部分。三師認爲，掉舉另有自性，普遍存在於一切染心，如不信、懈怠，不能説是除貪之外其餘煩惱的一部分，便認爲是並非實有。如不信、懈怠，大乘阿毘達磨集論説爲癡分，瑜伽師地論説是實有。因爲不能説不信、懈怠是假有，所以不能説掉舉是假有。瑜伽師地論所説的世俗有，如睡眠、惡作二法稱爲世俗有，是隨他相而説。因爲掉舉位貪位增盛，從貪相説稱爲世俗有，説世俗有者，本體仍然是實有。掉舉的特性就是囂動，因爲它使俱生之法不寂静。如果離開煩惱不會有這樣的特性，不應當像二師那樣特别指出障礙奢摩他，不寂静並不是這樣的特性。什麽是惛沈呢？使人對於外境無堪能任持是它的特性，能够障礙輕安和毘鉢舍那，這就是它的作用。有人認爲，惛沈屬於癡的一部分，因爲瑜伽師地論衹説惛沈是癡的一部分，因爲惛昧沈重是癡的特性。二師認爲：惛沈不衹屬於癡，因爲無堪能任持是惛沈的特性。一切煩惱都無堪能任持，離此没有另外惛沈的特性，所以諸煩惱的共性就是惛沈的特性。惛沈雖然是依一切煩惱而虚假成立，但在癡位增盛，所以衹説是癡的一部分。三師認爲：惛沈另有自性，雖然稱爲癡的一部分，衹是癡的等流，就像不信、懈怠那樣，並不屬於癡。因爲癡位增盛，隨癡相稱爲世俗有，就像睡眠等一樣是實有性。惛沈的特性就是昏懵沉重，因爲它使俱生之法無堪能任持。如果離開煩惱不會另有惛沈的特性，不應當特别説明障礙毘鉢舍那，因爲無堪能任持並不是這樣的特性。惛沈與癡的區别，在於癡對外境迷惑不解，正障善中無癡，但並非惛懵沈重。惛沈對外境惛懵沈重，這是它的特性，正障善中輕安，但並不是對外境迷惑不解。什麽是不信呢？對於三寶的實有之事、實有之德、實有之能不相信、不高興、没願望。其心污穢是它的特性，能够障礙對於佛法的相信，懈怠所依是它的作用，因爲不信者多有懈怠。不信的三個特點，把善心所法的「信」翻轉過來就會知道。然而各種染法各有自己的特性，祇有這不信自性污穢，又能使其餘的心法、心所法變得污穢。就像是極其污穢的東西，不僅自己污穢，還能使其他的東西污穢，所以不信以心穢爲其特性。由於有不信，對於三寶的實有之事、實有之德、實有之能不相信、不高興、没願望，並非另有自性。如果對其餘的邪惡之事相信、高興、有願望，祇是不信的因果，並不是不信的自性。什麽是懈怠呢？在修善斷惡的過程中懶惰是它的特性，能够障礙善心所法的精進，增生染污行爲是它的作用。亦就是説，有懈怠者能够滋生增長染污行爲。在各種染污事中勤勉亦稱爲懈怠，因爲它減退善法。於無記事勤勉者對於各種善法不增進，亦不減退，這是别境心所法的欲和勝解，没有另外的心所法。如果對於無記法相信，高興，有願望，此心不淨亦不染，非信非不信。什麽叫放逸呢？不能防染，亦不能修淨，縱姿蕩逸是它的特性。障礙善心所法的不放逸，依靠它能够增長惡法，損減善法。亦就是説，由於懈怠和貪、瞋、癡三毒，不能防止染法，亦不能修行善法，總稱爲放逸，並不是另有其體。雖然慢、疑等亦有縱蕩性，亦不能防惡修善，但和懈怠、貪、瞋、癡四法比較起來，勢用力微劣，障礙三善根和普遍促進一切善法的精進，放逸的這種特性能從不放逸推論出來。什麽是失念呢？對於各種所緣外境不能清楚記憶，這就是它的特性。能够障礙正念，是散亂的所依，這就是它的作用，因爲失念者的心是散亂的。有人認爲：失念屬於念的一部分，因爲大乘阿毘達磨集論説念與煩惱相應。二師認爲：失念屬於癡的一部分，因爲瑜伽師地論說失念屬於癡的一部分。癡使念失，所以稱爲失念。三師認爲：失念屬於念和癡的一部分，因爲初師和二師所講都是捕風捉影和概略之說，大乘阿毗達磨集論又說失念普遍存在於一切染心。什麽是散亂呢？於各種所緣外境，使心馳流，這是散的功能，使心蕩逸，這是亂的功能。散亂能够障礙正定，是邪惡智慧的所依。亦就是說：心散亂者能够引生邪惡智慧。有人認爲：散亂屬於癡的一部分，因爲瑜伽師地論說散亂屬於癡的一部分。二師認爲：散亂屬於貪、瞋、癡的一部分，因爲大乘阿毗達磨集論說散亂屬於貪、瞋、癡三毒的一部分，瑜伽師地論說它是癡的一部分，是因爲它普遍存在於一切染心。貪、瞋、癡三毒使心馳流蕩逸，超過其他的煩惱法，所以把它們說爲散亂。三師認爲：散亂另有自己的本體，大乘阿毗達磨集論說它是貪、瞋、癡三毒的一部分，是因爲它是三毒的等流，如無慚、無愧，大乘阿毗達磨集論說它們是貪、瞋、癡三毒的一部分，瑜伽師地論說它們是實有。散亂並不屬於貪、瞋、癡三毒，隨順癡相說爲世俗有。散亂的特點就是躁擾，「躁」意謂散，「擾」意謂亂，因爲散亂使俱生之法都馳流蕩逸，如果離開貪、瞋、癡，没有另外的自體，不應當特別說明障礙定。外人問：「掉舉、散亂二法的作用有什麽區別呢？」論主回答說：「掉舉於心，境雖是一，但掉舉使俱生心、心所之解一再轉易，亦就是一境多解。散亂令心易緣別境，即一心易多境。」外人問：「如五識等一念染心，如何說易？」論主回答說：「雖然一念剎那之中，解、緣二法無俱易義，而多念相續有易解、緣義。染污心存在的時候，由於掉舉、散亂二法之力，經常變易理解和變易所緣，或者由於俱生念、定等力制持掉舉、散亂，就像繫縛猿猴一樣。俱生染心可以暫時專注一境，所以掉舉和散亂都普遍地存在於一切染心。」什麼是不正知呢？對於所觀外境錯謬邪解是它的特性。能够障礙正知，多起邪惡的身業和語業，並多犯惑等。亦就是説，不正知者大多毀犯戒律。有人認爲：不正知屬於慧的一部分，因爲大乘阿毘達磨集論説不正知是與煩惱相應的慧。二師認爲：不正知屬於癡的一部分，因爲瑜伽師地論説不正知是癡的一部分。使知不正稱爲不正知。三師認爲：不正知屬於慧和癡的一部分，初師、二師所講都是捕風捉影和概略之説，因爲瑜伽師地論又説不正知普遍存在於一切染心。頌文中的與、並、及是爲了説明隨煩惱不衹二十種，如法蘊解雜事經（無漢譯本）等説有貪等很多種隨煩惱。隨煩惱之名亦包括煩惱，因爲隨煩惱是煩惱的等流性。因爲隨煩惱與煩惱同類，其餘的染污法衹稱爲隨煩惱，並不屬於煩惱。衹説二十種隨煩惱，因具其三義：一非煩惱，二唯染，三粗顯。除此二十種以外，其餘的染污法或此分位，即假法在此實體法上假立；或此等流，與此等類，諸隨煩惱所等起。都屬這二十種隨煩惱，隨順其類別不同，如上述道理應當知道。

如是二十隨煩惱中小十、大三〔一〕，定是假有。無慚、無愧、不信、懈怠，定是實有，教理成故〔二〕。掉舉、惛沈、散亂，三種有義是假，有義是實，所引理教如前應知。二十皆通俱生、分別，隨二煩惱勢力起故。此二十中小十展轉定不俱起，互相違故，行相麤猛各爲主故。中二一切不善心俱，隨應皆得小大俱起，論說大八偏諸染心，展轉小、中皆容俱起。有處說六偏染心者〔三〕，惛、掉增時不俱起故。有處但說五偏染者〔四〕，以惛、掉等違唯善故。此唯染故，非第八俱。第七識中唯有大八，取、捨差別如上應知。第六識俱，容有一切。小十麤猛，五識中無，中、大相通，五識容有。由斯中、大五受相應。有義小十除三，忿等唯喜、憂、捨三受相應，諂、誑、憍三四俱除苦。有義忿等四俱除樂，諂、誑、憍三五受俱起，意有苦受，前已說故。此受俱相如煩惱說，實義如是。若隨麤相，忿、恨、惱、嫉、害憂、捨俱，覆、慳喜、捨，餘三增樂，中、大隨麤亦如實義。如是二十與別境五皆容俱起，不相違故。染念、染慧雖非念、慧俱，而癡分者亦得相應故。忿亦緣現曾習類境，忿亦得緣剎那過去，故忿與念亦得相應。染定起時心亦躁擾，故亂與定相應無失。中二、大八，十煩惱俱。小十定非見、疑俱起，此相麤動，彼審細故。忿等五法容慢、癡俱，非貪、恚並，是瞋分故。慳、癡、慢俱，非貪、瞋並，是貪分故。憍唯癡俱，與慢解別，是貪分故。覆、誑與諂、貪、癡、慢俱，行相無違，貪、癡分故。小七、中二唯不善攝〔五〕，小三、大八亦通無記〔六〕。小七、中二唯欲界攝，誑、諂欲、色，餘通三界。生在下地容起上十一，耽定於他起憍、誑、諂故。若生上地起下後十，邪見愛俱容起彼故。小十生上無由起下非正潤生及謗滅故。中二、大八下亦緣上，上緣貪等相應起故。有義小十下不緣上，行相麤近不遠取故。有義嫉等亦得緣上，於勝地法生嫉等故。大八諂、誑上亦緣下，下緣慢等相應起故，梵於釋子起諂、誑故〔七〕，憍不緣下非所恃故。二十皆非學、無學攝，此但是染，彼唯淨故。後十唯通見、修所斷，與二煩惱相應起故。見所斷者隨迷諦相，或總或別煩惱俱生，故隨所應皆通四部。迷諦親疏等，皆如煩惱說。前十有義唯修所斷，緣麤事境任運生故。有義亦通見修所斷，依二煩惱勢力起故，緣他見等生忿等故。見所斷者隨所應緣總別惑力皆通四部。此中有義忿等但緣迷諦惑生，非親迷諦，行相麤淺不深取故。有義嫉等亦親迷諦，於滅、道等生嫉等故。然忿等十但緣有事，要託本質方得生故。緣有漏等，準上應知。

校釋

〔一〕「如是二十隨煩惱中小十、大三」，藏要本校注稱：「此解體業及下第一有義，糅安慧釋。」

〔二〕「教理成故」，見瑜伽師地論卷五十五：「無慚、無愧、不信、懈怠是實物有。」（大正藏卷三十第六〇四頁）

〔三〕「有處說六徧染心者」，見瑜伽師地論卷五十五：「不信、懈怠、放逸、忘念、散亂、惡慧與一切染心相應。」（大正藏卷三十第六〇四頁）忘念，即失念。惡慧，即不正知。

〔四〕「有處但說五徧染者」，見大乘阿毘達磨集論卷六：「惛沈、掉舉、不信、懈怠、放逸，於一切染污品中恒共相應。」（大正藏卷三十一第七二三頁）

〔五〕「小七」，十種小隨煩惱除去諂、誑、憍以外的七種：忿、恨、覆、惱、嫉、慳、害。

〔六〕「小三」，卽小隨煩惱中的諂、誑、憍三種。

〔七〕「梵於釋子起諂、誑故」，「梵」卽大梵天。「釋子」，卽釋迦佛的弟子，由於釋迦牟尼的教化而出生，故稱釋子。據述記卷六末，梵王執馬勝手是諂、誑。本典故出於大毘婆沙論卷一百二十九，過去佛在室羅筏城住逝多林，當時有個羅漢比丘叫馬勝，他想地、水、火、風四大種何位滅盡呢？然後入定，四大天王出後，馬勝問他們，回答說不知。最後問大梵天，梵王不知，便作矯亂答：「我於此衆是大梵、自在、作者、化者、生者、養者，是一切父。」故知有誑，作是語已，引出衆外，諂言愧謝，還令問佛，故知有諂。

〔本段大意〕在這二十種隨煩惱中，小隨煩惱十種和大隨煩惱的忘念、放逸、不正知三，肯定是假有。無慚、無愧、不信、懈怠，肯定是實有，因爲邏輯推理和經典都能使這種理論成立。掉舉、惛沈、散亂三種有人認爲是假有，有人認爲是實有，所引證的邏輯推理與經典和前文一樣，應當知道。二十種隨煩惱都通俱生和分別起，因爲隨煩惱是依隨俱生、分別兩類根本煩惱的勢力而起。在這二十種隨煩惱中，十種小隨煩惱各自相望，定不俱起，因爲體性相違，行相粗猛，一一各爲主，故不並生。無慚、無愧二種中隨煩惱普遍與一切不善心相應，祇要是不善心，肯定有這二種隨煩惱。隨其所應，皆得與小十、大八俱起，瑜伽師地論説，八種大隨煩惱普遍存在於各種染心，展轉自類相望，與小十、中二都可以俱起，行相不相違故。瑜伽師地論説，大八中除惛沈、掉舉以外的六種，普遍存在於一切染心，惛沈、掉舉二者的行相增時不能俱起，大乘阿毗達磨集論説不信、懈怠、惛沈、掉舉、放逸五法普遍存在於染心位，因爲惛沈、掉舉等五法祇是與善相違，如惛沈障輕安、掉舉障於捨等。二十種隨煩惱祇是染性，所以不與第八識相應，因爲第八識體性無記。第七識末那識中祇有大隨煩惱八種，取癡分念等，捨念分念等，此中差別如上文所説，應當知道。第六識意識容有一切隨煩惱。十種小隨煩惱行相粗猛，前五識中没有，相應俱起的中二、大八，前五識中容有，因爲它們普遍存在於一切不善和染位。由此可見，中二、大八皆與憂、喜、苦、樂、捨五受相應。有人認爲：十種小隨煩惱，除諂、誑、憍三種以外，忿等七種祇與喜受、憂受、捨受相應，諂、誑、憍三種與除苦之外的四受相應。二師認爲：忿等七種小隨煩惱，與除樂受以外的四受相應，諂、誑、憍三種小隨煩惱與五受相應，意地有苦受，前文已經説過了。忿等如何與喜俱？慳等如何與憂並？此如前根本煩惱中説，真實的意思就是這樣。如果隨於粗相而説，忿、恨、惱、嫉、害五法，祇與憂受和捨受相應而起。覆與慳二法，祇與喜與捨的二受俱起。其餘的諂、誑、憍三法，再增一個樂受，與喜、樂、捨三受相應。至於中隨煩惱和大隨煩惱，其相粗顯，亦如前面「實義」的説法一樣，皆通五受相應。這二十種隨煩惱與五種别境心所法都可以相應俱起，因爲它們的行相不相違背。失念、不正知雖然不與别境心所法的念、慧相應，但別境心所法的念、慧有癡分，失念、不正知與此癡分相應。問：「忿緣現在境，念緣曾習境，二法怎麼可以相應呢？」答：「因爲念也緣曾習現在境，是過去曾習的同類。忿亦緣刹那過去境，所以忿與念也可以相應。」問：「定專注一境，散亂緣取多境，二者怎麼相應呢？」答：「染定生起的時候，心亦躁擾，所以説散亂與定相應，並無過失。」中二、大八十種隨煩惱俱起。十種小隨煩惱肯定不能與見、疑俱起，因爲十種小隨煩惱行相粗動，見、疑行相審細。忿、恨、惱、嫉、害五種小隨煩惱可以與慢、癡俱起，不與貪、瞋二法並起，因爲忿等是瞋分，與貪的行相相違背，瞋是忿等的自體相。慳與癡、慢相應，不與貪、瞋並起，因爲它是貪的一部分。憍衹與癡相應，與慢的解説不同，憍緣自高舉生，慢亦緣他下逸起，故不俱生。憍是貪的一部分。覆、誑與諂、貪、癡、慢相應，因爲它們的行相不相違背，因爲覆、誑、諂三種是貪、癡的一部分。十種小隨煩惱除誑、諂、憍以外的七種，和無慚、無愧二種中隨煩惱，衹屬於惡性。誑、諂、憍三種小隨煩惱和八種大隨煩惱也通無記性。七種小隨煩惱和二種中隨煩惱衹屬於欲界，誑、諂二種屬於欲界和色界，其餘的隨煩惱通欲界、色界、無色界。生在下地的有情衆生，能够生起上地十一種隨煩惱，修定者起憍，於他欲界有情衆生起誑、諂。八種大隨煩惱普遍生起於染心，因爲很明顯，這裏不再解釋。若生在上地的有情衆生，生起下地後十種隨煩惱，即中二、大八。中有（死後生前階段）邪見生無慚、無愧，命終起愛時具有八種大隨煩惱。十種小隨煩惱生在上地，没有理由生在下地，因爲十種小隨煩惱不是潤生，下地十種小隨煩惱衹是惡性，而潤生則是無記性。它們又不是否定滅諦之惑，所以不與邪見並起。二種中隨煩惱和八種大隨煩惱下地亦緣上地，與前根本惑中所説上緣貪等相應起故，有人認爲：處於下地的十種小隨煩惱不緣上地，因爲此十行相淺近，不能深遠取彼界故。二師認爲：忿等七法肯定不能緣取上地，嫉、慳、憍三法亦可以緣取上地，對於上地有情生嫉、慳、憍。如嫉他所得静慮無色定，驕恃所證知解勝地法，慳所證知解上地法。生於上地的八種大隨煩惱和諂、誑亦緣取下地，與前根本惑中所説下緣慢等相應俱起，大梵天對釋子馬勝生起諂、誑，憍不緣下地。下地法劣，不能成爲憍的所依。二十種隨煩惱都不屬於有學、無學，因爲它們衹是染法，有學、無學衹是淨法。後十種（中二、大八）隨煩惱衹通見道所斷和修道所斷，因爲它們與俱生、分别兩種根本煩惱相應生起。見道所斷的隨煩惱，隨從總的或分别迷於四諦之相而生起，與根本煩惱相應而起。根據它們的特點，都與四諦有關係，迷於四諦是直接還是間接的問題，都如前文講根本煩惱時所説。有人認爲：忿等十種小隨煩惱，衹是修道所斷，因爲此十緣粗事境不是分别生，是任運生。二師認爲：通見道所斷和修道所斷，因爲它們依俱生、分别二種煩惱勢力生起，不僅緣粗事境任運而生，也緣他人我見等而生忿等十種小隨煩惱。見道所斷的隨煩惱，隨其所依止的前能所引生煩惱，或從所緣以分四諦，迷諦總别之惑都通四諦。有人認爲，忿等十種小隨煩惱，衹緣迷諦之惑所生，不直接迷於四諦，因爲它們行相粗而浮淺，不能深遠緣取。二師認爲：嫉、惱、害、慳、憍五法亦直接迷於四諦，因爲瑜伽師地論説，因迷於滅諦、道諦等而生嫉等。然而忿等十種小隨煩惱衹緣有事(真實存在的東西)，因爲它們要依託本質纔能生起。二十種隨煩惱緣有漏、無漏的情況，如前根本惑中所説應當知道。

成唯識論校釋卷第七

護法等菩薩造

唐三藏法師玄奘奉詔譯

已說二十隨煩惱相〔一〕，不定有四〔二〕，其相云何？頌曰：

不定謂悔、眠、尋、伺〔三〕，二各二。

論曰：悔、眠、尋、伺於善、染等皆不定故，非如觸等定徧心故，非如欲等定徧地故，立不定名。悔謂惡作〔四〕，惡所作業，追悔爲性，障止爲業〔五〕。此卽於果假立因名，先惡所作業，後方追悔故。悔先不作亦惡作攝，如追悔言：「我先不作如是事業，是我惡作。」眠謂睡眠〔六〕，令身不自在，昧略爲性，障觀爲業〔七〕，謂睡眠位身不自在，心極闇劣，一門轉故。昧簡在定，略別寤時，令顯睡眠非無體用。有無心位假立此名，如餘蓋、纏〔八〕，心相應故。有義此二唯癡爲體，說隨煩惱及癡分故〔九〕。有義不然，亦通善故。應說此二染癡爲體，淨卽無癡，論依染分說隨煩惱及癡分攝。有義此說亦不應理，無記非癡，無癡性故。應說惡作思、慧爲體，明了思擇所作業故。睡眠合用思想爲體，思想種種夢境相故，論俱說爲世俗有故。彼染污者是癡等流，如不信等說爲癡分。　有義彼說理亦不然，非思、慧、相纏彼性故。　應說此二各別有體，與餘心所行相別故，隨癡相說名世俗有。尋謂尋求〔一〇〕，令心悤遽，於意言境麤轉爲性〔一一〕。　伺謂伺察，令心悤遽，於意言境細轉爲性。此二俱以安不安住身心分位所依爲業。並用思、慧一分爲體，於意言境不深推度及深推度義類別故，若離思、慧，尋、伺二種體、類差別不可得故。　二各二者，有義尋、伺各有染、淨二類差別。有義此釋不應正理，悔、眠亦有染、淨二故。應說如前諸染心所有是煩惱、隨煩惱性，此二各有不善、無記，或復各有纏及隨眠〔一二〕。有義彼釋亦不應理〔一三〕，不定四後有此言故。應言二者顯二種二：一謂悔、眠，二謂尋、伺。此二二種種類各別〔一四〕，故一二言顯二二種。　此各有二謂染不染，非如善、染各唯一故。或唯簡染故說此言，有亦說爲隨煩惱故。　爲顯不定義說二各二言，故置此言深爲有用。

校釋

〔一〕「已說二十隨煩惱相」，藏要本校注稱：「安慧釋以此惡作等四法合前諸隨煩惱爲一章解，不別生起。」

〔二〕「不定」，即不定心所法，包括悔、眠、尋、伺四種，故稱四不定。「不定」意謂於識、界、性都不肯定。

〔三〕「不定謂悔、眠、尋、伺」，藏要本校注稱：「梵、藏本無此不定名目，餘文廣爲三句，合前散亂、不正知句爲第十四頌，又『悔』字原云惡作。」

〔四〕「悔謂惡作」，藏要本校注稱：「此解體業糅安慧釋，原釋云：『惡劣所作 Kutsitam kṛtam 是爲惡作，Kukṛta 其體即此惡作 Kaukṛtya 心法，意謂於惡劣所作心有追悔爲惡作也。』今譯解惡作爲嫌惡所作，有誤。」

〔五〕「止」，梵文 Śamatha 的意譯，音譯奢摩他，意謂禪定。

〔六〕「眠謂睡眠」，藏要本校注稱：「安慧釋云：『眠者癡一分爲體，越失所作所依爲業，同下第一有義。』」

〔七〕「觀」，梵文 Vipaśyana 的意譯，音譯毘婆舍那，意謂智慧。

〔八〕「蓋」，梵文 Āvaraṇa 的意譯，煩惱異名，意謂覆蓋，覆蔽行者之心，使善心不能生起。共分五種：一、貪欲蓋，因貪外境以蓋心性，障樂出家；二、瞋恚蓋，對於違境懷忿怒情以蓋心性，障覺正行；三、惛沈睡眠蓋，心昏身重，障礙修定；四、掉舉惡作蓋；五、疑蓋。五蓋能障三位：初樂出家，次修正行，後入正定。「纏」，煩惱的異名，因爲煩惱使人之身心不得自在，不得解脱，故稱之爲纏。可以分爲八種或十種。八纏如下：惛沈、睡眠、掉舉、惡作、嫉、慳、無慚、無愧。以上八纏再加忿、覆即成十纏。

〔九〕「説隨煩惱及癡分故」，見瑜伽師地論卷五十五：「覆、誑、諂、惛沈、睡眠、惡作是癡分，故皆世俗

有。」（大正藏卷三十第六〇四頁）

〔一〇〕「尋謂尋求」，藏要本校注稱：「此段糅安慧釋，原釋無忽遽義，又釋意言云，謂意之言，與言相似能說境義也，又釋思慧一分爲體云，思能動心，慧能分別，由此心轉故，或不推度與推度各異故。」

〔一一〕「意言境」，述記卷七本：「意言境者，意卽意識，以徧緣故。此有三解：一、從喻，卽意識及相應法能取境故，與言說言相似；二、從境，言說言是聲性，此言爲意之所取性，從言爲名，但名意言；三、從果，由意能起言等，故名意言。意所取境名意言境。」（大正藏卷四十三第四六八頁）

〔一二〕「隨眠」，據小乘佛教說一切有部，此爲煩惱之異名。據大乘唯識宗義，此爲煩惱障和所知障種子。諸惑種子隨逐於人，眠於阿賴耶識中，故稱隨眠。詳見本書卷九。

〔一三〕「有義彼釋亦不應理」，藏要本校注稱：「此義糅安慧釋，與述記卷三十九說合，原釋文末總結云：『惟染污者爲隨煩惱，非不染污。』」

〔一四〕「此二二種種類各別」，據述記卷七本，有十種區別：一繫界種類別，二依思慧種類別，三假實種類別，四斷時種類別，五上地起不起種類別，六支非支種類別，七纏蓋性種類別，八語行非行別，九通定散門別，十通無漏類別。

〔本段大意〕這就講完了二十種隨煩惱的行相。不定心所法有四種，其行相是什麼呢？唯識三十頌說：「不定心所法包括悔（惡作）、睡眠、尋、伺。分爲二類，每一類包括兩種，第一類包括惡作和睡眠兩種,第二類包括尋、伺兩種。」論説:因爲悔、眠、尋、伺的界、性(善、染)、識等都不肯定。不像觸等五種遍行心所法肯定普遍存在於一切心。亦不像欲等五種别境心所法普遍存在於一切地,所以立「不定」之名。悔就是惡作,嫌惡作過的事情, 後悔是它的特性, 障礙禪定是它的作用。 惡作是因,悔體是果, 悔名惡作, 從因爲名。 先惡所作顯其因, 後方追悔明其果。 後悔原先不作也屬於惡作,如後悔説:「我原先不作這樣的事情,是我的後悔。」眠就是睡眠, 它使身體不自在,令心極闇輕略是它的特性, 障「觀」是它的作用。 亦就是説, 在睡眠位身體不得自在,其心極端闇昧弱劣,衹有意識在發生作用。 闇昧不同於定, 輕略不同於醒時的散心位。 不能像經部師那樣假立睡眠, 是爲了説明睡眠並不是没有體和用。 正因爲有眠的本體, 它纔有使身體不得自在的作用。 世間聖教有於無心之位亦名睡眠,這是假立,猶如其餘的蓋和纏, 因與心相應。 有人認爲:悔、眠二法衹以癡爲其本體,因爲瑜伽師地論説,它們是隨煩惱和癡的一部分。 二師認爲: 並非如此,因爲悔、眠亦通善性, 應説此二染者以癡爲體, 善就是無癡。 瑜伽師地論依染分義説它們屬於隨煩惱和癡的一部分。 三師認爲: 這種意見亦不合理, 大乘阿毗達磨集論和瑜伽師地論都説通三性,無記性不是癡,亦不是無癡, 所以應當另有。 應當説惡作以思、慧二法爲體,明了知所作,故以慧爲體,思擇所作,故以思爲體。 睡眠以思、 想二法爲體,因爲睡眠時思想各種夢境。 瑜伽師地論説,悔、眠二法都是世俗有, 故假有自性, 它們的染污性與癡相似,是癡的等流,如不信等, 體雖别有, 但瑜伽師地論仍然説它是癡的一部分。 四師認爲：這種説法亦不合理，應當不是思、慧、想，因纏彼淨性。應當説悔、眠二法各有別體，因爲它們與思等其餘心所法的行相有區別。瑜伽師地論説爲世俗有，以説是癡分，又隨癡相説爲世俗有。尋就是尋求。使心悤迫遽急，以意普遍緣境，但性相粗動。伺就是伺察，使心悤迫遽急，以意普遍緣境，但性相細動。尋、伺二法或使身心若安，徐緩爲業，或使身心不安，悤遽爲業。都通思、慧，或思名安，慧名不安。身心前後有安不安，都依尋、伺。尋、伺二法都以思、慧的一部分爲其本體，由尋對意言境粗轉是不深推度，伺對意言境細轉是深推度，這就形成意義和種類的差別。如果没有思和慧，尋、伺二法的本體和種類就没有差別了。頌文的「二各二」，有人認爲是尋、伺各有染、淨之別。二師認爲：這種解釋不合道理，因爲悔、眠也有染、淨二性，應當説第一個「二」表明染心所中，貪等是煩惱，忿等是隨煩惱。第二個「二」表明它們有惡性和無記性，或者又表明此二各有現行纏和種子隨眠。三師認爲：這種解釋亦不合理，因爲頌文講四種不定以後纔有「二各二」等。應當説第一個二是表明有二種二：一、悔、眠二；二、尋、伺二。第二個二表明每一種不定心所法都有不同的二種性、界等。四種不定心所法各有染性和不染性，不像善、染心所各各祇有一性。瑜伽師地論等説爲隨煩惱，是恐怕混同於前文所講的唯染。爲了表明不定心所法的意思纔説「二各二」，所以這樣講是非常有用的。

四中尋、伺定是假〔一〕有，思、慧合成，聖所說故。悔、眠有義亦是假有，瑜伽說爲世俗有故。有義此二是實物有，唯後二種說假有故。世俗有言隨他相說，非顯前二定是假有，又如內種體雖是實而論亦說世俗有故。四中尋、伺定不相應，體、類是同，麤、細異故。依於尋、伺有染、離染立三地別〔二〕，不依彼種現起有無，故無雜亂。俱與前二容互相應，前二亦有互相應義。四皆不與第七、八俱，義如前說。悔、眠唯與第六識俱，非五法故。有義尋、伺亦五識俱，論說五識有尋、伺故〔三〕，又說尋、伺卽七分別〔四〕，謂有相等。雜集復言任運分別謂五識故〔五〕。有義尋、伺唯意識俱，論說尋求、伺察等法皆是意識不共法故。又說尋、伺憂、喜相應，曾不說與苦、樂俱故，捨受徧故可不待說，何緣不說與苦、樂俱？雖初靜慮有意地樂而不離喜總說喜名，雖純苦處有意地苦而似憂故，總說爲憂。又說尋、伺以名身等義爲所緣〔六〕，非五識身以名身等義爲境故。然說五識有尋、伺者，顯多由彼起，非說彼相應。雜集所言任運、分別謂五識者，彼與瑜伽所說分別義各有異，彼說任運卽是五識，瑜伽說此是五識俱分別意識相應尋、伺，故彼所引爲證不成，由此五識定無尋、伺。有義惡作憂、捨相應，唯慼行轉通無記故。睡眠喜、憂、捨受俱起，行通歡、慼、中庸轉故。尋、伺憂、喜、捨、樂相應，初靜慮中意樂俱故。有義此四亦苦受俱，純苦趣中意苦俱故〔七〕。四皆容與五別境俱，行相所緣不相違故。悔、眠但與十善容俱，此唯在欲，無輕安故。尋、伺容與十一善俱，初靜慮中輕安俱故。悔但容與無明相應，此行相麤，貪等細故〔八〕。睡眠、尋、伺十煩惱俱，此彼展轉不相違故。悔與中、大隨惑容俱，非忿等十各爲主故。睡眠、尋、伺二十容俱，眠等位中皆起彼故。此四皆通善等三性，於無記業亦追悔故。有義初二唯生得善〔九〕，行相麤鄙及昧略故。後二亦通加行善攝〔一〇〕，聞所成等有尋、伺故。有義初二亦加行善，聞思位中有悔、眠故。後三皆通染、淨、無記。惡作非染，解麤猛故。四無記中悔唯中二〔一一〕，行相麤猛，非定果故。眠除第四，非定引生異熟生心亦得眠故。尋、伺除初，彼解微劣不能尋察名等義故。惡作、睡眠唯欲界有，尋、伺在欲及初靜慮，餘界地法皆妙靜故〔一二〕。悔、眠生上必不現起，尋、伺上下亦起下上。下上尋、伺能緣上下。有義悔、眠不能緣上，行相麤近極昧略故。有義此二亦緣上境，有邪見者悔修定故，夢能普緣所更事故。悔非無學，離欲捨故。睡眠、尋、伺皆通三種，求解脱者有爲善法皆名學故，學究竟者有爲善法皆無學故。悔、眠唯通見、修所斷，亦邪見等勢力起故，非無漏道親所引生故，亦非如憂深求解脱故。若已斷故名非所斷，則無學眠非所斷攝。尋、伺雖非真無漏道，而能引彼，從彼引生，故通見、修、非所斷攝。有義尋、伺非所斷者，於五法中唯分別攝〔一三〕，瑜伽說彼是分別故〔一四〕。有義此二亦正智攝〔一五〕，說正思惟是無漏故〔一六〕，彼能令心尋求等故。又說彼是言說因故，未究竟位於藥、病等未能徧知〔一七〕，後得智中爲他說法必假尋、伺〔一八〕，非如佛地無功用說〔一九〕，故此二種亦通無漏。雖說尋、伺必是分別〔二〇〕，而不定說唯屬第三，後得正智中亦有分別故。餘門準上如理應思。如是六位諸心所法爲離心體有別自性〔二一〕？爲卽是心分位差別？設爾何失？二俱有過。若離心體有別自性〔二二〕，如何聖教說唯有識？又如何說心遠、獨行〔二三〕，染、淨由心，士夫六界〔二四〕？莊嚴論說復云何通？如彼頌言：「許心似二現，如是似貪等，或似於信等，無別染、善法〔二五〕。」若卽是心分位差別〔二六〕，如何聖教說心相應？他性相應，非自性故。又如何說心與心所俱時而起如日與光〔二七〕？瑜伽論說復云何通？彼說心所非卽心故，如彼頌言：「五種性不成〔二八〕，分位差過失，因緣無別故，與聖教相違〔二九〕。」應說離心有別自性，以心勝故說唯識等，心所依心勢力生，故說似彼現，非彼卽心。又識心言亦攝心所，恆相應故。唯識等言及現似彼皆無有失，此依世俗。若依勝義〔三〇〕，心所與心非離非卽，諸識相望應知亦然，是謂大乘真俗妙理。

校釋

〔一〕「四中尋、伺定是假有」，藏要本校注稱：「此下諸門廣辨，安慧釋無文。」

〔二〕「依於尋、伺有染、離染立三地別」，卽有尋有伺地、無尋唯伺地、無尋無伺地。

〔三〕「論說五識有尋、伺故」，見瑜伽師地論卷五十六，問：「生第二靜慮或生上地，若有尋有伺眼等識現在前，云何此地無尋無伺？若不現前，云何於彼有色諸根而能領受彼地境界？」答：「由有尋有伺諸識種子隨逐無尋無伺三摩地故，從彼起已此得現前。又此起已識現行時，復爲無尋無伺三摩地種子之所隨逐，是故此地非是一向無尋無伺，由彼有情於諸尋、伺以性離欲而離欲故。彼地雖名無尋無伺，此復現行亦無過失。」（大正藏卷三十第六一〇頁）

〔四〕「又說尋、伺即七分別」，見瑜伽師地論卷五：「尋、伺即七分別，謂有相、無相，乃至不染污。」（大正藏卷三十第三〇二頁）七分別如下：有相、無相、任運、尋求、伺察、染污、不染污。

〔五〕「雜集復言任運分別謂五識故」，見大乘阿毘達磨雜集論卷二：「復有七種差別，謂於所緣任運分別、有相分別、無相分別、尋求分別、伺察分別、染污分別、不染污分別。初分別者謂五識身，如所緣相無異分別，於自境界任運轉故。」（大正藏卷三十一第七〇三頁）

〔六〕「又說尋、伺以名身等義爲所緣」，見瑜伽師地論卷五：「尋、伺所緣者，謂依名身、句身、文身義爲所緣。」（大正藏卷三十第三〇二頁）「名身」，梵文 Nāmakāya 的意譯，即名詞，唯識宗心不相應行法之一，大乘廣五蘊論稱：「云何名身？謂於諸法自性增語爲性，如說眼等。」（大正藏卷三十一第八五四頁）

〔七〕「苦」，磧砂藏本原作「若」，藏要本據述記卷二十九改。

〔八〕「等」，此中省略瞋、慢、疑、薩迦耶見、邊執見、邪見、戒禁取見。

〔九〕「生得善」，任運而生的善法。

〔一〇〕「加行善」，對於生得善而言，與方便善、修得善同義，即加行方便所得善心。

〔一一〕「四無記」，無覆無記分爲四種，稱爲四無記：一、異熟無記，依前世業因得現世果報；二、威儀無記，行、住、坐、卧等威儀時之心無記性；三、工巧無記，作圖畫、雕刻等種種工巧時之心無記性；四、變化無記，以神通力作種種變化時之心無記性。

〔一二〕「妙」，梵文曼乳(Mañju)、薩(Sat)、蘇(Su)的意譯，意謂勝、不可思義、絶待、無比等義。如果身體疲憊有憂等方有眠、悔，否則無眠、悔，故稱爲妙。

〔一三〕「五法」，即名(Nāma)、相(Nimitta)、分別(Vikalpa)、正智(Samyk-jñāna)、真如(Bhūtatathātā)。

〔一四〕「瑜伽説彼是分別故」，見瑜伽師地論卷五：「若尋、伺即分別耶，設分別即尋、伺耶。」(大正藏卷三十第三〇二頁)

〔一五〕「正智」，按照佛教義理，「正確」認識事萬物實相的智慧。認爲萬事萬物都是因緣和合而生，没有自性，不是實有。没有虚妄分別的智慧稱爲正智。

〔一六〕「正思惟」，八正道之一。梵文 Samyak-saṁkalpa 的意譯，亦稱正思、正志等，對四諦等佛教義理的「正確」思惟。

〔一七〕「究竟位」，即佛果。這是佛教修行最後的至高無上的果報，故稱究竟位。此位已斷盡煩惱，故稱無漏位。已得永恆清淨的安樂、解脱、轉依境界，既不能言説，又不能思慮，是不可思議的。這是無量功德的法聚，故稱法性身。詳見本書卷十。

〔一八〕「後得智」，二智之一，亦稱如量智、有分別智、俗智、遍智等。是佛和菩薩認識俗諦事相的智慧。

〔一九〕「佛地無功用說」，「無功用」即不加造作的自然作用。功用有二：一、自利，即使自己覺悟；二、利他，即使他人覺悟。這兩種功用佛都没有，說法時不假功用。有正思惟體就是思，不稱爲尋。

〔二〇〕「分別」，梵文 Vibhājya 的意譯，是心法和心所法的異名，是識對事物及其道理的分別作用。據述記卷七本，分別可以區分爲二種或三種。二分別如下：一、有漏心名分別，即五法中的分別；二、緣事名分別，即後得智，亦名分別。以上二種分別再加遍計心名分別，即成三分別。小乘佛教俱舍論所說的三分別如下：一、自性分別，識對外境的分別作用，如眼識識別色、耳識識別聲等；二、計度分別　意識對事物的思量推度；三、隨念分別，追念思惟自己曾經經歷過的事情。

〔二一〕「如是六位諸心所法爲離心體有別自性」，藏要本校注稱：「此段別辨心、心所法一、異，安慧釋無文。」

〔二二〕「若離心體有別自性」，述記卷七本認爲這是楞伽師、中論師、百論師、經部妙音等的主張，義燈卷五末否認此說。

〔二三〕「又如何說心遠、獨行」，見瑜伽師地論卷五十七，問：「世尊依何根處說如是言？遠行及獨行？無身寢於窟耶？」答：「依意根處。由於前際無始時故，遍緣一切所知境故，名爲遠行。諸心相續一一轉故，無主宰故，名爲獨行。無色無見亦無對故，名爲無身。依止色故，名寢於窟。」（大正

藏卷五十七第六一七頁）

〔二四〕「六界」，亦稱六大（Ṣaḍ-dhātu），構成人體的六種原素：地、水、火、風、空、識。

〔二五〕語見大乘莊嚴經論卷五：「能取及所取，此二唯心光，貪光及信光，二光無二法。」（大正藏卷三十一第六一三頁）

〔二六〕「分位」，事物發生變化的時分與地位，意謂假法。如波爲水的分位，離水無波，波是依於水而假立。

〔二七〕「又如何説心與心所俱時而起如日與光」，見楞伽經卷七：「心、心數法一時非前後，如日共光明一時而有，分别種種相。」（大正藏卷十六第六九二頁）

〔二八〕「五種性」，瓔珞經講六種性，除去第六妙覺性之果性，剩下的五種，卽成五種性：一、習種性，在十住位研習空觀，破除見惑和思惑；二、性種性，在十行位，不住於空，分别法性，教化衆生；三、道種性，在十迴向位修中道，通達一切佛法；四、聖種性，十地菩薩依中道理，破除一部分無明，證入聖位；五、等覺性，此位菩薩望後之妙覺，猶有一等。但勝於以前諸位，故稱覺名爲等覺性。

〔二九〕語見瑜伽師地論卷五十六（大正藏卷三十第六〇九頁）。

〔三〇〕「勝義」，佛教徒認爲，佛教理論勝於世間之世俗義，深奥而玄妙，故稱勝義。

〔本段大意〕四種不定心所法中尋、伺肯定是假有，因爲瑜伽師地論等説尋、伺是由思、慧和合而成。悔、眠二法有人認爲也是假有，因爲瑜伽師地論説它們是世俗有。二師認爲：悔、眠二法是實有，因爲瑜伽師地論説祇有尋、伺是假有。所説世俗有是隨癡分而説，並没有説悔、眠二法肯定是假有。又比方説，内法種子的本體雖然是實有，但瑜伽師地論亦説是世俗有。四種不定心所法中的尋、伺二法肯定不能相應而起，它們的體都是思和慧，類都是推度，體、類雖然相同，但粗、細不同。根據尋、伺有染無染的情況而立有尋有伺地、無尋唯伺地、無尋無伺地三地之別，不根據它們種子和現行的有無去區分，所以不會出現三地的混亂狀況。尋、伺二法與悔、眠可以相應而起，悔、眠二法有相應而起的意思，但無四法一時並起之義。四種不定心所法都不與第七識、第八識相應，其義如前所説。悔、眠祇與第六識相應，因爲悔、眠不是五識俱法。有人認爲：尋、伺也與五識相應，因爲瑜伽師地論説前五識有尋、伺。瑜伽師地論又説尋、伺就是七分別，卽有相等，因爲大乘阿毘達磨雜集論又説任運分別就是前五識。二師認爲：尋、伺祇與意識相應，因爲瑜伽師地論説尋求分別、伺察分別等七分別都是祇與意識相應。瑜伽師地論又説尋、伺祇與憂受、喜受相應，從來没有説過與苦受、樂受相應。捨受普遍相應，瑜伽師地論可以不説，爲什麽不説與苦受、樂受相應呢？雖然初定有意地樂受，但不離喜受，總的説爲喜受。雖然地獄等純受苦處有意地之苦，但與憂受很相似，所以總説爲憂。因爲瑜伽師地論又説，尋、伺以名身、句身、文身爲所緣，並不是前五識以名身、句身、文身爲所緣之境。然而瑜伽師地論等説前五識有尋、伺，表明前五識大多數由於尋、伺而引起，並没有説前五識與尋、伺相應。大乘阿毘達磨雜集論所説的任運分別卽五識，這種説法與瑜伽師地論所説的分別不同。

雜集論説任運就是前五識，而瑜伽師地論説任運就是五俱意識與尋、伺相應。所以，初師的引證不能成立。由此可見，前五識肯定没有尋、伺。有人認爲：惡作與憂受、捨受相應，因唯慼行轉，故與憂受相應，不與喜受、樂受相應。因通無記性，故與捨受相應。睡眠與喜受、憂受、捨受相應，因其行相通歡喜、憂慼和中庸之境。尋、伺與憂、喜、捨、樂受相應，因爲初定中意識與樂受相應。二師認爲：這四種不定心所法也與苦受相應，因爲地獄等純苦趣中意識與苦受相應。四種不定心所法都可以與五種别境心所法相應，因其能緣行相和所緣外境不相違背。悔、眠衹與除輕安之外的十種善心所法相應，因爲它們衹在欲界，没有輕安。尋、伺可以與十一種善心所法相應，因爲初定中有輕安。悔衹與癡相應，因爲悔的行相粗，貪等九法的行相細。睡眠、尋、伺與十種煩惱相應，因爲它們彼此之間不相違背。悔能與中二、大八隨煩惱相應，不與忿等十種小隨煩惱相應，因爲它們各自爲主。睡眠、尋、伺能與二十種隨煩惱相應，因爲在睡眠、尋、伺三位能够生起二十種隨煩惱。這四種不定心所法都通善性、惡性和無記性，因爲對無記行爲亦可以後悔。有人認爲：悔、眠衹通生得善，因爲惡作行相粗而體鄙，睡眠昧略。尋、伺二法亦通加行善，因爲於聞、思、修三位都有尋、伺。二師認爲：悔、眠亦通加行善，因爲在聞、思位中有悔、眠。眠、尋、伺三法都通染性、淨性和無記性，因爲惡作不是染性，以解粗猛故。在四種無記中，悔衹通中間的兩種：威儀無記和工巧無記。因爲惡作的行相粗猛，不能與異熟無記相應。不是禪定之果，不能與變化無記相應。眠與除第四無記（變化無記）以外的三種無記相應，因爲睡眠不是禪定所引生，異熟無記之心也可以有睡眠。尋、伺與除第一種無記（異熟無記）以外的三種無記相應，因爲異熟無記心微劣，不能尋求、伺察名等五法的意思。惡作、睡眠祇存在於欲界，尋、伺存在於欲界和初定。因爲其餘二界（色界、無記界）及地之法都妙勝寂静，尋、伺囂繁，所以没有。如果一個人生在上地（色界或無色界），肯定没有悔和眠。生於上地的有情衆生，其尋、伺能緣下地；生在下地的有情衆生，其尋、伺能緣上地。因爲下地的尋、伺能緣上地；上地尋、伺亦能緣下地。有人認爲：悔、眠不能緣上地，因爲惡作的行相粗近，眠的行相極其昧略。二師認爲：悔、眠亦緣上地外境，因爲有邪見者後悔自己修過的禪定，夢能够普遍緣取自己經歷過的事情。悔並不是無學，因爲離欲界時要捨掉悔。睡眠、尋、伺都通有學、無學、非有學無學三種，因爲尋求解脱者的有爲善法都稱爲有學，修學達到究竟位者，其有爲善法都是無學。悔、眠祇通見道所斷和修道所斷，不通不斷。悔、眠祇通見道所斷和修道所斷，因爲這二法亦是邪見等勢力所生起，爲什麽不通非所斷？因爲悔、眠不是無漏道直接引生的，亦不像憂根那樣深求解脱。如果已經斷除了一切有漏法，就稱爲非所斷，所以無學的睡眠亦是非所斷。尋、伺雖然不是真無漏道，然而它們在加行位能够引生無漏，又從無漏引生尋、伺，所以通見道所斷、修道所斷和非所斷。有人認爲：尋、伺所以是非所斷，是因爲在五法中祇屬於分別，因爲瑜伽師地論説尋、伺是分別。二師認爲：尋、伺亦屬於五法中的正智，因爲顯揚聖教論、瑜伽師地論都説正思惟是無漏，因爲它能使心尋求、極尋求、趣入、極趣入等。大乘阿毘達磨集論和十地經論等都説正思惟是言説之因。没有達到究竟佛果位的二乘聖者和十地菩薩，對於能治藥和所治病都不能普遍了知，於後得智中爲他人説法必須假藉尋、伺二法，並不像佛那樣説法時不假藉功用，所以尋、伺二法亦通無漏。雖然説尋、伺肯定是分別，但没有肯定地説祇屬於五法中的第三種（分別），因爲五法的後得正智中亦有分別。其他的有漏無漏、有事無事等，應當按照上述道理進行思考。外人問：「按照你的説法，遍行、別境、善、煩惱、隨煩惱、不定六位心所法，都是離心體而有自性了？或説六位心所法是心的分位差別？」論主反問：「如果承認這兩種意見，有什麼錯誤呢？」外人回答説：「這兩種意見都不對。如果離心體另有自性，俱舍論、攝大乘論、十地經、楞伽經等，爲什麼都説祇有識呢？瑜伽師地論又爲什麼説心的遠行和獨行呢？無垢稱經爲什麼説心染故衆生染，心淨故衆生淨呢？瑜伽師地論又爲什麼説人體是由六界構成的呢？莊嚴經論又怎能講得通呢？如該論的頌文説：『成立心現似見、相二分，或現似能取及所取，心復變似貪等染法，或變似信等善法，没有另外的染法和善法。』如果像覺天、經部師等所説的那樣，六位心所法就是心的分位差別，楞伽經爲什麼説心所法與心相應呢？如果心所就是心，不能説相應，所謂『相應』肯定是與他性相應，不能説與自性相應。楞伽經又爲什麼説心與心所就像日與光一樣同時而起呢？瑜伽師地論又怎能講得通呢？該論認爲心所法並不等於心法，其頌文説：『五種性不能成立，因爲按照覺天等人的主張，並不是另有心所法，祇是由於心前後分位差別而成五種性，這就會産生過失。如果説祇有識而無心所，有什麼差别因緣使一識有很多行相的分位差别呢？這與楞伽經所説有矛盾。』」論主回答説：「應當説離心另有自性，因爲心識殊勝，所以説唯識等。心所法依心識勢力而生，所以説心似貪、信等現，不能説心所之體就是心。而且，當説心識的時候，亦包括心所法，因爲心所與心永恆相應。所説唯識等，以及現似貪、信等，都無過失。這是依俗諦而説，如依真諦而説，心所與心並不相離，亦不相即，應當知道，諸識展轉相望亦是這樣。這就是大乘佛教真、俗二諦的玄妙理論。」

已説六識心所相應〔一〕，云何應知現起分位？頌曰：

依止根本識〔二〕，五識隨緣現，或俱或不俱，如濤波依水。

意識常現起〔三〕，除生無想天，及無心二定，睡眠與悶絶。

論曰：根本識者〔四〕，阿陀那識，染、淨諸識生根本故。依止者，謂前六轉識以根本識爲共親依〔五〕。五識者，謂前五轉識，種類相似〔六〕，故總説之。隨緣現言顯非常起，緣謂作意、根、境等緣〔七〕，謂五識身内依本識，外隨作意、五根、境等衆緣和合方得現前。由此或俱或不俱起，外緣合者有頓、漸故。如水濤波隨緣多少，此等法喻廣説如經〔八〕。由五轉識行相麤動〔九〕，所藉衆緣時多不具，故起時少，不起時多。第六意識雖亦麤動，而所藉緣無時不具，由違緣故，有時不起。第七、八識行相微細，所藉衆緣一切時有，故無緣礙令總不行。又五識身不能思慮，唯外門轉，起藉多緣，故斷時多，現行時少。第六意識自能思慮，内外門轉，不藉多緣，唯除五位常能現起〔一〇〕，故斷時少，現起時多，由斯不説此隨緣現。五位者何？生無想等。無想天者〔一一〕，謂修彼定，厭麤想力〔一二〕，生彼天中，違不恒行心及心所，想滅爲首名無想天，故六轉識於彼皆斷。

校釋

〔一〕「已説六識心所相應」，藏要本校注稱：「安慧釋此段生起略云，今次應思，若眼等五識俱有所緣緣，當從藏識唯起一識或起多識，故頌云云。」

〔二〕「依止根本識」，藏要本校注稱：「勘梵、藏本，此句云五等於本識，以於聲顯依義，非直云依止也。今譯改文。」「依止」有二種：一、依種子第八識，即是因緣親依；二、依現行第八識，即是增上緣依。

〔三〕「意識常現起」，藏要本校注稱：「梵、藏本此頌文句不次，又『無心』二字連睡眠爲文。」

〔四〕「根本識者」，藏要本校注稱：「此段至『廣説如經』糅安慧釋，原釋云：『藏識是根本識，是眼等五識種子所依故，從彼而生故，又於諸趣結生故。』今糅以染、淨法合説，故以阿陀那識爲根本識。」　這裏的根本識與大衆部的根本識相同，以阿陀那識而不以阿賴耶識爲根本識，因爲阿陀那識通染、淨位。淨卽無漏，通二乘聖位和菩薩。阿賴耶識有局限，阿羅漢位卽捨。

〔五〕「共親依」，前六轉識以根本識爲共依，卽現行本識。親依卽種子識。

〔六〕「種類相似」，前五識是眼等五根所生之識，相同點有五：一、都依色根，二、同緣色境，三、都祇緣現在，四、都是現量所得，五、都有間斷。

〔七〕「緣謂作意、根、境等緣」，眼識生需要九個條件：明（光綫）、空（空間）、作意（動念）、阿賴耶識、末那識、意識、眼根、色境、種子。如果是天眼，則除空、明二個條件。耳識生需要八個條件：空、作意、阿賴耶識、末那識、意識、耳根、聲境、種子。鼻識生需要七個條件：作意、阿賴耶識、末那識、意識、鼻根、香境、種子。舌識生需要七個條件：作意、阿賴耶識、末那識、意識、舌根、味境、種子。身識生需要七個條件：作意、阿賴耶識、末那識、意識、身根、觸境、種子。

〔八〕「此等法喻廣説如經」，藏要本校注稱：「安慧釋具引解深密經佛告廣慧一段。」見解深密經卷一：「譬如大瀑水流，若有一浪生緣現前，唯一浪轉，若二若多浪生緣現前，有多浪轉，然此瀑水自類恒流無斷無盡。」（大正藏卷十六第六九二頁）

〔九〕「由五轉識行相麤動」，藏要本校注稱：「安慧釋意識現起頌別爲一章，生起文云，今當説意識與眼等識俱不俱起，故頌云云。」　「行相麤動」，粗者唯取外境，動者浮囂之義。又粗者行相易知，動者由緣外境數加轉易。

〔一〇〕「唯除五位常能現起」，有五種情況沒有第六識意識：一、生於無想天，二、修無想定，三、修滅盡定，四、睡眠，五、悶絶。

〔一一〕「無想天者」，藏要本校注稱：「此三句糅安慧釋。」

〔一二〕「厭麤想力」，各種外道認爲想是生死之因，所以要厭想。外道所説的「想」祇有第六識意識，並沒有第七識和第八識，所以稱爲粗想。

〔本段大意〕已經講完與六識相應的心所法，怎麼知道六識的分位差別呢？頌説：「依靠第八根本識，前五識隨其産生的條件而顯現，或者同時，或者不同時，就像水上的波濤生起的情形一樣。第六識意識經常生起，除生無想天、修無想定、修滅盡定、睡眠和苦悶斷絶氣息的時候。」論説：頌文所説的根本識是指阿陀那識，因爲阿陀那識是各種染識和淨識生起的根本。頌文的「依止」是指前六識以本識爲共同的直接所依。頌文的「五識」是指前五識，因爲它們種類相似，所以總括起來講。頌文的「隨緣現」説明前五識不是永恒生起，祇有具備作意、根、境等條件的時候纔能生起。因爲前五識内依第八識，外隨從作意、五根、境等各種條件的和合纔能生起。因此就像頌文所説的那樣，或者同時生起，或者不同時生起，因爲外部條件的和合有頓、漸之分。就像水上波濤的生起要隨順條件的多少，這種比喻詳見解深密經。因爲前五識的行相粗動，所需要的條件多時不具備，所以生起的時候少，不生起的時候多。第六識意識的行相雖然亦有粗動。（有粗也有細），但所需要的條件無時不具備，但由於違逆條件，有時候不能生起。第七識和第八識的行相微細，所需要的條件永恆具有，所以没有條件阻礙使之總不現行（第七識於無漏、滅定、違染一分不行）。而且，五識没有尋、伺，不能思考。祇緣外境，生起時需要很多條件，所以間斷的時候多，生起現行的時候少。第六識意識因有尋、伺，自己就能思慮，內緣理，外緣事，不需要很多條件，祇除無想天等五位，經常生起，所以間斷的時候少，生起的時候多，因此不説第六識意識「隨緣現」。五位是什麽呢？生無想天等。所説的無想天，就是修無想定的時候厭惡第六識的粗想力，生第四禪的廣果天中，與前六識不永恆現行的心法、心所法相違逆，首先滅除想，所以稱爲無想天。所以生無想天後，前六識都要滅除。

有義彼天常無六識〔一〕，聖教説彼無轉識故，説彼唯有有色支故〔二〕，又説彼爲無心地故〔三〕。有義彼天將命終位，要起轉識，然後命終。彼必起下潤生愛故，瑜伽論説後想生已是諸有情從彼没故。然説彼無轉識等者，依長時説，非謂全無。有義生時亦有轉識，彼中有必起潤生煩惱故〔四〕，如餘本有初必有轉識故〔五〕。瑜伽論説若生於彼，唯入不起，其想若生，從彼没故，彼本有初，若無轉識如何名入？先有後無乃名入故。決擇分言所有生得心、心所滅名無想故〔六〕，此言意顯彼本有初，有異熟生轉識暫起，宿因緣力後不復生，由斯引起異熟無記分位差別〔七〕，説名無想，如善引生二定名善，不爾轉識一切不行，如何可言唯生得滅？故彼初位轉識暫起。彼天唯在第四静慮，下想麤動難可斷故，上無無想異熟處故。卽能引發無想定思，能感彼天異熟果故。

校釋

〔一〕「有義彼天常無六識」，藏要本校注稱：「以下廣辨，安慧釋無文。」

〔二〕「説彼唯有有色支故」，見瑜伽師地論卷十，問：「於一切生處及三摩鉢底中，皆有一切支現行可得耶？」答：「不可得。謂無想天中，及滅盡定、無想定中，有色支可得，非無色支。若生無色界，無色支可得，非有色支。」（大正藏卷三十第三二六頁）

〔三〕「又説彼爲無心地故」，見瑜伽師地論卷十三：「謂無心睡眠位、無心悶絶位、無想定位、無想生位、滅盡定位，及無餘依涅槃界位，如是六位名無心地。」（大正藏卷三十第三四五頁）

〔四〕「中有」，梵文 Antarābhava 的意譯，卽衆生的死後生前階段。亦稱中陰，「陰」卽蘊，五蘊。中陰意謂中間所受之陰形。亦稱意成，意謂由意而生之身。亦稱求生，意謂以常喜尋求畜生之處。亦稱食香，意謂以香資身。

〔五〕「本有」，意謂本來固有之性德。佛教認爲，不論有情無情，本性萬德圓滿，故稱本有。

〔六〕「決擇分言所有生得心、心所滅名無想故」，瑜伽師地論卷五十三攝決擇分在解釋無想天時説：

「所有生得心、心所滅，是名無想。」（大正藏卷三十第五九二頁）

（七）「異熟無記」，四無記之一。「異熟」意謂果報。異熟無記是前世業因所得今世身、心果報。

（本段大意）有人認爲：在無想天永遠没有前六識，因爲大乘阿毘達磨集論、顯揚聖教論等都説在無想天没有轉識，瑜伽師地論説在無想天衹有色（物質現象），瑜伽師地論又稱無想天爲無心地。二師認爲：在無想天的有情衆生將要命終的時候，要生起轉識，然後纔能命終，因爲他們肯定要潤生下地之愛。因爲瑜伽師地論説想生了以後纔從該地結束生命。大乘阿毘達磨集論等所説的在無想天没有轉識，是依中間長時説，不是依末後位説，並不是一期全無六識。三師認爲：初生的時候亦有轉識，因爲他們的中有末後肯定有心潤生煩惱。如其他天趣的本有初位，法爾受生，肯定有轉識。瑜伽師地論在解釋無想定的時候説，要生於無想天，衹有修無想定。如果要生想的話，衹有從無想天墜落。在無想天的本有之初，如果没有轉識，怎能稱爲「入」（由初期階段進入中期階段）呢？先有後無纔能稱爲「入」。因爲瑜伽師地論的攝決擇分説，把原來所有的心法、心所法都滅除掉，此稱無想。這話的意思是説，無想天的本有初位，有從第八識生起異熟生的轉識短暫生起，因爲宿習無想定的因緣之力，以後不再生起心，由此生得第六報心滅，引起異熟無記心分位差別的時候，稱爲無心報。如善心引生的無想定、滅盡定稱爲善一樣。如果不是這樣的話，轉識三性不行，瑜伽師地論怎能説初期生起的心法、心所法要滅除呢？所以無想天的本有初位有轉識短暫生起。無想天衹能在四禪，以下諸天處，其想粗動，難以斷滅。以上諸天是無受無想的異熟果報，唯聖者居，非外道所生。這就是說，定前能引無想定，因爲思能够招感無想天的異熟果報。

及無心二定者〔一〕，謂無想、滅盡定。俱無六識，故名無心。無想定者〔二〕，謂有異生，伏徧淨貪〔三〕，未伏上染。由出離想作意爲先，令不恆行心、心所滅，想滅爲首，立無想名。令身安和〔四〕，故亦名定。修習此定〔五〕，品别有三。下品修者現法必退，不能速疾還引現前，後生彼天不甚光淨，形色廣大，定當中夭。中品修者現不必退，設退速疾還引現前，後生彼天雖甚光淨，形色廣大而不最極，雖有中夭而不決定。上品修者現必不退，後生彼天最極光淨，形色廣大，必無中夭，窮滿壽量後方殞没。此定唯屬第四靜慮。又唯是善，彼所引故。下上地無，由前説故。四業通三〔六〕，除順現受。有義此定唯欲界起。由諸外道説力起故，人中慧解極猛利故。有義欲界先修習已，後生色界，能引現前，除無想天至究竟故。此由厭想欣彼果入，故唯有漏，非聖所起。

校釋

〔一〕「及無心二定者」，藏要本校注稱：「此段糅安慧釋，原釋云：『二等至者，謂無想等至，及滅等至。』無此解無心句，蓋頌中本連下眠悶也。」

〔二〕「無想定者」，藏要本校注稱：「此三句糅安慧釋。」

〔三〕「伏徧淨貪」，此指第三禪天，第四禪以上貪猶未伏。

〔四〕「令身安和」，使身心平等稱爲安，使心怡悦稱爲和。無心定由定前心力，使身心平等和悦。

〔五〕「修習此定」，藏要本校注稱：「此下廣辨，安慧釋無文。」

〔六〕「四業」，「業」爲身、口、意的行爲。根據受果的不同情況，區分爲四種：一、順現受業，俱舍論稱爲順現法受業，今世作業，今世受果；二、順生受業，俱舍論稱爲順次生受業，今世作業，來世受果；三、順後受業，俱舍論稱爲順業次受業，今世作業，二生以後受果；四、不定受業，今世作業，何世受果不能肯定。

〔本段大意〕頌文的「及無心二定」，是指無想定和滅盡定。因爲在修練這兩種禪定的時候，都没有六識，所以稱爲無心。無想定是説有的衆生已經壓伏第三禪最上一天徧淨天的貪，還没有壓伏四禪以上諸天之惑染。希望出離塵世之想，或作涅槃想，以作意爲先，使不恒行的心法、心所法皆滅。因以想滅爲首，所以稱爲無想，又使身心安和，所以稱爲定。修習無想定可以區分爲三種。如果今世修低級的無想定，必然墮落，墮落後不能很快恢復原狀。以後生於無想天，不會光明潔淨，其形色不會很廣大，不滿五百劫就會夭折。如果今世修中級無想定，不一定墮落。如果墮落，能够很快恢復原狀。以後生於無想天，雖然光明潔淨形色廣大，但没達到極限。雖然可能中途夭折，但不肯定。如果今世修高級無想定，肯定不會墮落。以後生於無想天，最光明潔淨，形色最廣大，肯定不會中途夭折，壽命達到五百劫後纔能死亡。無想定肯定屬於四禪。無想定祇能是善性，因爲它是由禪定所引發。不屬於上地或下地，其道理如前所說。無想定在四業當中構成除順現受業以外的三業。有人認爲：無想定祇生起於欲界，因爲它是由於各種外道的邪説之力而生起，人的智慧和理解力極其勇猛鋭利，無想定者的智慧和理解力不如一般人。二師認爲：欲界先修，死後生色界，由於欲界宿習定力，還能引發此定現前，但要除去無想天，因爲已至於究竟。無想定是由於厭惡想，希望升於無想天，所以它祇是有漏的，佛教聖人不修此定。

滅盡定者〔一〕，謂有無學，或有學聖，已伏或離無所有貪〔二〕，上貪不定。由止息想作意爲先，令不恆行恆行染汙心、心所滅，立滅盡名。令身安和，故亦名定。由偏厭受想，亦名滅彼定。修習此定品别有三〔三〕：下品修者現法必退，不能速疾還引現前。中品修者現不必退，設退速疾還引現前。上品修者，畢竟不退。此定初修〔四〕，必依有頂遊觀無漏爲加行入〔五〕，次第定中最居後故，雖屬有頂而無漏攝。若修此定已得自在，餘地心後亦得現前。雖屬道諦，而是非學非無學攝，似涅槃故。此定初起唯在人中，佛及弟子説力起故，人中慧解極猛利故。後上二界亦得現前，鄔陀夷經是此誠證〔六〕，無色亦名意成天故〔七〕。於藏識教未信受者，若生無色不起此定，恐無色心成斷滅故，已信生彼亦得現前，知有藏識不斷滅故。要斷三界見所斷惑〔八〕，方起此定。異生不能伏滅有頂心、心所故，此定微妙要證二空，隨應後得所引發故。有義下八地修所斷惑中〔九〕，要全斷欲，餘伏或斷〔一〇〕，然後方能初起此定。欲界惑種，二性繁雜障定强故，唯說不還〔一一〕。三乘無學及諸菩薩得此定故，彼隨所應生上八地〔一二〕，皆得後起。有義要斷下之四地修所斷惑，餘伏或斷，然後方能初起此定。變異受俱煩惱種子障定强故，彼隨所應生上五地，皆得後起。若伏下惑，能起此定，後不斷退生上地者，豈生上已卻斷下惑〔一三〕？斷亦無失，如生上者斷下末那俱生惑故。然不還者對治力强，正潤生位不起煩惱，但由惑種潤上地生。雖所伏惑有退不退〔一四〕，而無伏下生上地義，故無生上卻斷下失。若諸菩薩先二乘位已得滅定後迴心者，一切位中能起此定。若不爾者，或有乃至七地滿心方能永伏一切煩惱。雖未永斷欲界修惑〔一五〕，而如已斷能起此定，論說已入遠地菩薩方能現起滅盡定故〔一六〕。有從初地卽能永伏一切煩惱，如阿羅漢。彼十地中皆起此定〔一七〕，經說菩薩前六地中亦能現起滅盡定故。

校釋

〔一〕「滅盡定者」，藏要本校注稱：「此三句糅安慧釋。」

〔二〕「無所有」，即九地的第八地無所有處地，屬無色界第三定。

〔三〕「修習此定品別有三」，「此」字，磧砂藏本原作「比」，藏要本據述記卷四十一和高麗藏本改。藏要本校注稱：「此下廣辨，安慧釋無文。」

〔四〕「初修」，即小乘佛教聲聞、緣覺賢聖和七地（識無邊處地）以前菩薩。

〔五〕「有頂」，即有頂天，原名色究竟天（Akaniṣṭha）。屬四禪，色界最高的一天（無色界爲無形世界），故稱有頂。

〔六〕「鄔陀夷經」，無漢譯本，俱舍論卷五曾引。

〔七〕「意成天」，不用色界、無色界的飲食，祇用意思存在的天神和人。

〔八〕「惑」，由於迷妄心對事物的顛倒認識而成煩惱，所以惑是煩惱的異名。

〔九〕「下八地」，即：一、欲界五趣地，亦稱五趣雜居地，包括地獄、餓鬼、畜生、人和天神五趣，皆有欲望。二、離生喜樂地，色界初禪，與尋、伺相應，離欲界之苦而生喜樂。三、定生喜樂地，色界二禪，已無尋、伺，由於禪定而生喜樂。四、離喜妙樂地，色界三禪，已離喜貪，心悦安靜，有勝妙之樂。五、捨念清淨地，色界四禪，已離喜樂，清淨平等，住於捨受正念。六、空無邊處地，無色界初禪，厭色而住於空無邊處。七、識無邊處地，無色界二禪，住於識無邊處。八、無所有處地，無色界三禪，住於無所有處。

〔一〇〕「或」磧砂藏本原作「惑」，藏要本據述記卷四十一和高麗藏本改。次段「或」字同。

〔一一〕「不還」，梵文 Anāgāmin 的意譯，音譯阿那含。小乘佛教修行的第三果位。已斷欲界修惑，不再生還欲界。

〔一二〕「上八地」，即：一、離生喜樂地，二、定生喜樂地，三、離喜妙樂地，四、捨念清淨地，五、空無邊處地，六、識無邊處地，七、無所有處地，八、非想非非想地，無色界四禪，住於非想非非想處。

〔一三〕「豈生上已卻斷下惑」，此爲小乘佛教説一切有部問。

〔一四〕「不退」，梵文 Avinivartaniya 或 Avaivartika 的意譯，音譯阿毘跋致，意謂功德善根不再退失。唯識宗立四不退：一、信不退，十信位的第六位；二、位不退，十住位的第七位；三、證不退，初地以上，證得之法不再退失；四、行不退，有爲、無爲皆可修。

〔一五〕「修惑」，舊譯思惑、愛惑、假惑，意謂修行佛法者在修道所斷之惑。小乘佛教的俱舍論認爲有十惑，欲界有貪、瞋、癡、慢四種，色界和無色界各有除瞋之外的三種。大乘立十六惑，欲界有貪、瞋、癡、慢、身見、邊見六惑，色界和無色界各有除瞋之外的五惑。修惑微細難斷，祇能逐漸斷除，故分十惑爲九地的九品而分別斷之，所以修惑有八十一品。九地煩惱各有上、中、下三品，每一品中再分爲上、中、下三品，即成上上、上中、上下、中上、中中、中下、下上、下中、下下九品。

〔一六〕「論説已入遠地菩薩方能現起滅盡定故」，見瑜伽師地論卷六十二：「滅盡等至當言無漏，由與煩惱不相應故，非相應故，無所緣故，非諸煩惱之所生故，是出世間一切異生不能行故。唯除已入遠地菩薩。」（大正藏卷三十第六四六頁）「遠地」，即第七遠行地。

〔一七〕「十地」，梵文 Daśabhūmi 的意譯，菩薩修行的十個階位：一、歡喜地，二、離垢地，三、發光地，四、焰慧地，五、難勝地，六、現前地，七、遠行地，八、不動地，九、善慧地，十、法雲地。

〔本段大意〕滅盡定，就是無學或有學聖人，已經制伏或脱離無所有處的貪，上地貪或者仍存，或者不再存在。首先止息想作意，使不永恆、永恆的染污心法、心所法都滅，故立滅盡之名。使身心平静安和，所以稱爲定。特别厭棄受和想，故稱滅受想定。義以此定若實總滅爲論，故稱滅盡定。修習滅盡定有三種不同類别，如果今世修低級的滅盡定，必然要退轉，不能很快地恢復原狀。如果今世修中等的滅盡定，不一定退轉。如果退轉的話，亦可以很快恢復原狀。如果今世修高級的滅盡定，畢竟不退轉。初次修行滅盡定，肯定要依靠有頂遊觀（不同於以無分别智爲加行心）的無漏爲加行入，因爲在次第禪定中，滅盡定處於最後最高。雖屬有頂，但屬無漏。如果修滅盡定，能够自由自在地掌握，餘下七地心後亦得現前。雖然屬於道諦，但並不屬於有學，亦不屬於無學，和其他的有爲法一樣，似乎是涅槃。初修此定祇在人趣，由於佛及其弟子的説教，人的智慧和對事物的理解極其勇猛鋭利。欲界之後上色界和無色界，因爲鄔陀夷經是這種觀點的真實證明，無色界亦稱爲意成天。對阿賴耶識不相信不接受者，如果生於無色界，不能有滅盡定，因爲他們害怕無色界之心斷除毁滅。相信有阿賴耶識者，生於無色界亦可以有滅盡定，因爲他們知道有阿賴耶識並非斷滅。要斷除三界見道所斷煩惱，纔能生起滅盡定，因爲有情衆生不能制伏和滅除有頂的心法和心所法。滅盡定微妙殊勝，需要證得我、法二空，隨應後得智所引發。有人認爲：在下八地的修道所斷惑中，要全部斷除欲界隨眠，至於其餘的七地，或者是伏，或者是斷，然後纔能生起滅盡定，因爲欲界的煩惱種子有不善、無記二性，極端繁雜，障礙禪定的力量强大，因爲攝大乘論衹説小乘佛教的不還果，以及聲聞、緣覺、菩薩三乘的無學位和不退菩薩纔能獲得滅盡定。隨其所應，生上八地，都要以後生起。二師認爲：要斷除下之四地的修道所斷之惑，其餘上五地之惑或者制伏，或者斷除，然後纔能開始生起這種禪定，因爲下三定、欲界四地中，苦、樂等變異受和煩惱種子障礙禪定的力量强大。隨其所應，生上五地都要以後生起。小乘佛教説一切有部問：「如果説治伏下地之惑能够生起這種禪定，但並未斷除煩惱種子，以後不再退轉，此人再生於上地。這不就是生上地以後，却斷除下地之惑嗎？」論主回答説：「説斷亦無過失，就如生上地者斷除與末那識相應的煩惱。然而第三不還果對治力量强大，非初二果正潤生位不起現行煩惱，此第三果但由惑種潤生上地，此意卽是所已伏種雖退不退，但必以隨眠潤生，而無伏下生上地之義。亦就是説，雖已伏但仍有種子。所以没有已生上地卻斷下地煩惱的過失。如果各位菩薩先於聲聞、緣覺二乘已得滅盡定，然後轉向大乘，在一切地三大劫中都能入滅盡定。如果不是這樣的話，或有一類菩薩，至七地究竟滿心纔能永遠制伏一切三界六識中煩惱，雖然沒有永遠斷除欲界修惑，但如果已經斷除就能生起滅盡定，因爲瑜伽師地論説已入第七遠行地菩薩，纔能生起滅盡定。有的菩薩從初地起就能永遠制伏一切煩惱，就像阿羅漢一樣，在十地當中都能生起滅盡定，因爲十地經説，菩薩在前六地中亦能生起滅盡定。」

無心睡眠與悶絶者〔一〕，謂有極重睡眠、悶絶，令前六識皆不現行。疲極等緣所引身位違前六識，故名極重睡眠。此睡眠時雖無彼體，而由彼似彼故，假説彼名。風、熱等緣所引身位亦違六識〔二〕，故名極重悶絶。或此俱是觸處少分。除斯五位〔三〕，意識恆起。正死生時亦無意識，何故但説五位不行？有義死生及、與言顯〔四〕。彼説非理，所以者何？但説六時名無心故〔五〕，謂前五位及無餘依〔六〕。應説死生卽悶絶攝，彼是最極悶絶位故，説及、與言顯五無雜。此顯六識斷已〔七〕，後時依本識中自種還起，由此不説入無餘依。此五位中異生有四，除在滅定，聖唯後三，於中如來自在菩薩唯得有一，無睡、悶故。是故八識一切有情心與末那二恆俱轉〔八〕，若起第六則三俱轉，餘隨緣合起一至五則四俱轉，乃至八俱，是謂略説識俱轉義。若一有情多識俱轉，如何説彼是一有情？若立有情依識多少，汝無心位應非有情，又他分心現在前位，如何可說自分有情？然立有情依命根數或異熟識俱不違理〔九〕，彼俱恆時唯有一故。一身唯一等無間緣，如何俱時有多識轉？既許此一引多心所〔一〇〕，寧不許此能引多心？又誰定言此緣唯一？說多識俱者，許此緣多故。又欲一時取多境者，多境現前寧不頓取？諸根、境等和合力齊，識前後生不應理故。又心所性雖無差別，而類別者許多俱生，寧不許心異類俱起？又如浪、像依一起多，故依一心多識俱轉。又若不許意與五俱，取彼所緣應不明了。如散意識緣久滅故〔一一〕。如何五俱唯一意識？於色等境取一或多，如眼等識各於自境取一或多，此亦何失？相、見俱有種種相故。何故諸識同類不俱？於自所緣若可了者一已能了，餘無用故。若爾，五識已了自境，何用俱起意識了爲？五俱意識助五令起〔一二〕，非專爲了五識所緣。又於彼所緣能明了取，異於眼等識，故非無用。由此聖教說彼意識名有分別，五識不爾。多識俱轉，何不相應？非同境故，設同境者彼此所依體、數異故，如五根識互不相應。八識自性不可言定一，行相所依、緣相應異故。又一滅時餘不滅故，能、所熏等相各異故。亦非定異，經說八識如水、波等無差別故，定異應非因果性故，如幻事等無定性故。如前所說識差別相，依理世俗，非真勝義，真勝義中心言絕故。如伽他說：「心、意、識八種，俗故相有別，真故相無別，相所相無故。」

校釋

〔一〕「無心睡眠與悶絶者」，藏要本校注稱：「此二句糅安慧釋。」

〔二〕「風、熱等緣所引身位亦違六識」，藏要本校注稱：「此句糅安慧釋。」

〔三〕「除斯五位」，藏要本校注稱：「此二句糅安慧釋。」「五位」，即五無心位：無想天、無想定、滅盡定、睡眠、悶絶。

〔四〕「有義死生及、與言顯」，在死生頌中是這樣説的：「意識常現起，除生無想天，及無心二定、睡眠與悶絶。」這裏的及、與二字各代表一種。所以無心位應當是七種。

〔五〕「但説六時名無心故」，見瑜伽師地論卷十三：「分位建立者，謂除六位，當知所餘名有心地。何等爲六？謂無心睡眠位、無心悶絶位、無想定位、無想生位、滅盡定位，及無餘依涅槃界位，如是六位名無心地。」（大正藏卷三十第三四五頁）

〔六〕「無餘依」，即無餘依涅槃，亦稱無餘涅槃（Anupadhiśeṣa-nirvāṇa）。生死因果皆盡，不再受生於三界。

〔七〕「此顯六識斷已」，藏要本校注稱：「此句糅安慧釋，原釋云：『意識後時更從藏識而生，以彼有一切識之種子故。』」

〔八〕「是故八識一切有情心與末那二恆俱轉」，藏要本校注稱：「此下別辨八識俱起及一異，安慧釋均無文。」

〔九〕「異熟識」，梵文 Vipākavijñāna 的意譯，阿賴耶識的異名之一，因爲阿賴耶識是因果業報的主體，故稱異熟識。

〔一〇〕「既許此一引多心所」，藏要本校注稱：「勘安慧釋，前解五識俱不俱段末云，識法等無間緣不定，一切識生，一切識得爲彼等無間緣故，又一等無間緣得生多識，同此反質所云。」

〔一一〕「散」，梵文 Viprakīrṇa 的意譯，常作散善、散地、散心等，與定相對立，意謂心散亂，不能止於一境。

〔一二〕「五俱意識」，四意識（獨頭意識、五同緣意識、五俱意識、五後意識）之一，即與前五識同時而起的意識，正緣色、聲、香、味、觸五種外境，傍緣十八界，通現量、比量和非量三種。

〔本段大意〕無心睡眠與悶絶，意謂有極重的睡眠和悶絶，使前六識都不能生起現行。由於極度疲倦、瘦弱等條件，使身心違逆於前大識，所以稱爲極重睡眠。雖此眠時無彼心所眠體，而由彼加行眠引或沈重不自在，以此二義，假説無心身之分位名眠，實際上並不是眠。由於風、熱、痰、咒術等條件，使身心違逆前六識，所以稱爲極重悶絶。或者悶、疲都是觸處的一小部分。除無想天、無想定、滅盡定、睡眠、悶絶五位以外，第六識意識永恆生起。外人問：正死和正生之時亦没有意識，爲什麽祇説五位没意識呢？初師回答説：頌文中的「及」和「與」就表明死、生之時。二師認爲：這種解釋不合道理，爲什麽呢？因爲瑜伽師地論祇説六位稱爲無心，即前述五位和無餘涅槃，應當説死、生屬於五位中的悶絶，因爲生苦、死苦的逼迫，是最沈重的悶絶。頌文説的「及」和「與」是爲了説明五無心位沒有雜亂。雖然六位是無心位，但唯識三十頌衹説五位，沒説無餘依位。這是爲了説明六識間斷以後，依靠阿賴耶識中自己的種子再生起，所以不説前六識入無餘涅槃以後永不生。在這五位當中，有的衆生衹有除滅盡定以外的四位。聖者衹有後三種：滅盡定、睡眠、悶絶。此中的如來佛和八地已去菩薩，衹有滅盡定位，沒有睡眠與悶絶。所以八識在一切有情衆生當中，第八阿賴耶識和第七末那識永恒同時。如果生起第六識，則阿賴耶識、末那識、第六識三種識同時發生作用。其餘五識隨順條件的連合，生起五識中的一識或多識，這就有四種識同時發生作用，乃至八識同時發生作用。這就簡略説明了識的「俱轉」之義。小乘佛教説一切有部等問：如果一個有情衆生，多種識同時發生作用，怎能説他是一個有情衆生呢？論主回答説：如果有情衆生依識多少而立，你們所説的無心位應當不是有情衆生。欲界的有情衆生如果使他們的心生上他界（色界、無色界）分、他無漏分，怎能説爲自分的欲界有情呢？實際上，有情衆生依命根心所法或異熟識而成立，這兩種解釋都不違背道理，因爲命根或異熟識是永恆的，唯一的。外人問：一個有情衆生之身心，一念之中衹有一個等無間緣，怎能説有多種識在同時發生作用呢？論主回答説：既然你們同意一個等無間緣，能够引生多種心所法，爲什麼不同意它能引生多種心法呢？而且，誰肯定地説過，這等無間緣衹有一識呢？我所説的多種識同時發生作用，是允許此緣多的緣故。而且，我們想同時緣取多境，如色、聲等。多種境出現的時候，爲什麽不能以多種識同時緣取多種境呢？不同識的根、境、空、明等條件共同同時發揮作用。你們衹説識前後生是不合道理的。而且，心所法的性質雖然没有區别，但受、想等的功能、體類有差别，卽共許多心所得一念俱生，你們爲什麽不同意我所説的心王、眼、耳等不同類别的識一念俱起呢？而且，就像很多波浪、很多鏡像依一大海或依一鏡一樣，所以依一本識之心，多識俱起。而且，如果不允許第六識意識與前五識同時俱起，第六識緣取前五識所緣外境，應當是不明了的，就像是散意識緣取滅除很久的外境一樣。外人問："五俱意識衹有一個，在色、聲等外境中，它怎能緣取一境或多境呢？"論主回答説："如眼識等，各於色等外境緣取一境或多境，説五俱意識緣取一境或多境，這有什麽過失呢？因爲諸識見、相二分各有種種相的緣故。"外人問："爲什麽諸識中，以眼識等自同類識不俱起呢？"論主回答説："如眼識等於自所緣色等一種外境，已經能够了别，餘眼識等更生，便無用途。"外人問："如果是這樣的話，前五識已能了别自己的外境，爲什麽還要用五俱意識起了别作用呢？"論主回答説："五俱意識幫助前五識，使之生起，不僅是爲了前五識的所緣。而且，意識對於色等能够明了緣取，但不同於眼識等，因爲眼識等不能明了深取外境之相，所以意助五識並非無用。所以解深密經把第六識意識稱爲有分别，不説前五識爲有分别。"外人問："多種識同時發揮作用，它們爲什麽不相應呢？"論主回答説："因爲境不同，假設境同，彼此所依根的體數不同，如依眼等五根之識依體各異，互不相應。八個識的自性不能説是固定的一種，因爲它們的行相（見分）、所依之根和所緣之相應當是不同的。而且，如果一識滅，其餘的七識不一定要滅，所以前七識的能熏和第八識的所熏等種種相，各不相同。同時，它們亦不是定性的不同，因爲楞伽經說，八識就像水、波等的關係一樣，彼此之間是没有差別的。如果是定性的不同，就不會有因果之性，如幻事、陽炎、夢影等一樣。故知無定異性。前文所説的三能變識的差別之相，是依俗諦，並非依真諦。如依真諦，既不能想，又不能説。如楞伽經的偈頌説：『第八識阿賴耶識、第七末那識，再加前六識，總共有八識。如依俗諦，其相有別；如依真諦，其相無別。因爲識自性的能相（用）、所相（體）皆無。』

已廣分別三能變相〔一〕，爲自所變二分所依。云何應知依識所變，假説我、法，非别實有，由斯一切唯有識耶？頌曰：

是諸識轉變，分別、所分別。由此彼皆無〔二〕，故一切唯識〔三〕。

論曰：是諸識者〔四〕，謂前所説三能變識及彼心所，皆能變似見、相二分，立轉變名。所變見分説名分別，能取相故。所變相分名所分別，見所取故。由此正理，彼實我、法，離識所變皆定非有。離能、所取無別物故，非有實物離二相故。是故一切有爲、無爲，若實若假，皆不離識。「唯」言爲遮離識實物，非不離識心所法等〔五〕。或轉變者〔六〕，謂諸内識，轉似我、法外境相現。此能轉變卽名分別，虛妄分別爲自性故，謂卽三界心及心所。此所執境名所分別，卽所妄執實我法性。由此分別變似外境假我法相，彼所分別實我法性決定皆無，前引教理已廣破故。是故一切皆唯有識，虛妄分別有極成故。唯既不遮不離識法，故真空等亦是有性。由斯遠離增、減二邊，唯識義成，契會中道〔七〕。

校釋

〔一〕「已廣分別三能變相」，藏要本校注稱：「此段生起，糅安慧釋。」

〔二〕「彼」，藏要本校注稱：「此『彼』字，梵、藏本原在前句所分別上。意云彼所分別由此非有。」

〔三〕「故一切唯識」，藏要本校注稱：「勘此句『故』字梵本仍作由此 tena，第三轉聲。安慧釋始云此卽是故 tasmāt 之義。今譯改文。又句末『唯識』，梵、藏本云唯識者，較多者字 Kaṃ'Pa 一韻，安慧釋云，此乃塡頌缺韻之辭，今譯文略。」

〔四〕「是諸識者」，藏要本校注稱：「述記卷四十二謂此爲安慧說，勘安慧釋却同次說，基傳誤也。又勘轉識論釋頌，略同於此。」

〔五〕「等」，此中省略見分、相分、真如等。

〔六〕「或轉變者」，藏要本校注稱：「此解糅安慧釋，述記卷四十二謂此是難陀等解，勘原釋無明文，又原釋文意以分別增益境義無體，故離增益邊見。三界無爲境唯識，故離損減邊見。」

〔七〕「中道」，梵文 Madhyamāpratipad 的意譯，脱離極端不偏不倚的觀點或方法，被佛教認爲是最高真理，與真如、法性、佛性等同義，佛教各派對中道的解釋不盡相同，唯識宗把非空非有、非增非減稱爲中道。

〔本段大意〕我們已經詳細解釋過異熟、思量和了别境識三能變識之相，三能變識的自體是見、相二分所依，怎麽知道依靠識的所變而假説我、法，並非另外實有，因此所有的一切都衹有識呢？唯識三十頌説：「這些識的轉變就是分别，那些我、法都是所分别。因此，它們都是没有的，所有的這一切都衹有識存在。」論説：按照護法的解釋，頌文的「是諸識」三個字，是前文所説的三能變識及其心所法，都能變現爲見分和相分，故立「轉變」之名。前所變中以所變見分名爲分别，是依他起性，因爲能取於所變依他相分，生起種種遍計所執分别，此是識體所變作用，能够分别，故名分别。其識體所變，依他性相分似所執相分者，名所分别，因爲是前能分别見分之所取相。根據這種正確理論，人們所主張的實我、實法，離開識的所變，都是肯定不存在的，因爲離開能取見分和所取相分以外，没有别的事物，没有真實事物能够離開能取、所取二相。所以一切有爲法（識所變）、無爲法（識之體），不管是常住實法，亦不管是不相應假法，都離不開識。唯識的「唯」字是爲了否定離識之外的真實事物，並不否定不離識的心所法、見分、相分、真如等。難陀認爲：或者説「轉變」即前三能變見分識，能轉依他相分，似我、法外境之相顯現。這種能轉變就稱爲分别，因爲以虚妄分别爲其自性，這就是欲界、色界、無色界的心法和心所法。這種遍計所執的外境稱爲所分別，就是所妄執的實我、實法之性。由這種分別之心，變作依他相分假我、假法之相，彼心外遍計所執所分別的實我、實法之性，肯定都是不存在的，前面所引教義理論已經詳細破斥。所以說，有爲、無爲、假、實等法，都衹有識，虚妄分別之假有，是大乘及小乘二十個部派都承認的。唯識的「唯」字，不否定不離心法，所以真如和心所等亦不離識，故體皆有。所以遠離增、減二邊見，無心外法故除增益邊，有虚妄心等故離損減邊，這就是能够成立唯識的意思，完全符合中道實理。

由何教理唯識義成〔一〕？豈不已説〔二〕？雖説未了，非破他義己義便成，應更確陳成此教理。如契經説三界唯心，又説所緣唯識所現，又説諸法皆不離心，又説有情隨心垢淨。又説成就四智〔三〕，菩薩能隨悟入唯識無境。一、相違識相智，謂於一處，鬼、人、天等隨業差别所見各異。境若實有，此云何成？二、無所緣識智，謂緣過、未夢境像等非實有境，識現可得。彼境既無，餘亦應爾。三、自應無倒智，謂愚夫智若得實境，彼應自然成無顛倒，不由功用應得解脱。四、隨三智轉智：一隨自在者智轉智，謂已證得心自在者，隨欲轉變地等皆成。境若實有，如何可變？二隨觀察者智轉智，謂得勝定修法觀者〔四〕，隨觀一境，衆相現前。境若是真，寧隨心轉？三隨無分别智轉智〔五〕，謂起證實無分别智，一切境相皆不現前。境若是實，何容不現？菩薩成就四智者，於唯識理決定悟入。又伽他說：「心、意、識所緣，皆非離自性。故我說一切，唯有識無餘。」此等聖教，誠證非一。極成眼等識五隨一故〔六〕，如餘，不親緣離自色等。餘識識故，如眼識等，亦不親緣離自諸法。此親所緣定非離此〔七〕，二隨一故，如彼能緣。所緣法故，如相應法，決定不離心及心所。此等正理誠證非一，故於唯識應深信受。我法非有，空識非無，離有離無，故契中道。慈尊依此說二頌言〔八〕：「虛妄分別有，於此二都無。此中唯有空，於彼亦有此。故說一切法，非空非不空。有無及有故，是則契中道〔九〕。」此頌且依染依他說，理實亦有淨分依他。若唯內識似外境起〔一〇〕，寧見世間情非情物處、時、身用定不定轉〔一一〕？如夢境等應釋此疑〔一二〕。何緣世尊說十二處〔一三〕？依識所變，非別實有。爲入我空說六二法〔一四〕，如遮斷見說續有情。爲入法空復說唯識，令知外法亦非有故。此唯識性豈不亦空？不爾。如何？非所執故，謂依識變妄執實法，理不可得，說爲法空。非無離言正智所證唯識性故〔一五〕，說爲法空。此識若無便無俗諦，俗諦無故真諦亦無，真、俗相依而建立故。撥無二諦是惡取空〔一六〕，諸佛說爲不可治者。應知諸法有空、不空，由此慈尊說前二頌。若諸色處亦識爲體〔一七〕，何緣乃似色相顯現〔一八〕，一類堅住，相續而轉？名言熏習勢力起故〔一九〕，與染、淨法爲依處故。謂此若無，應無顛倒〔二〇〕，便無雜染，亦無淨法，是故諸識亦似色現。如有頌言：「亂相及亂體，應許爲色識，及與非色識，若無餘亦無〔三一〕。」色等外境分明現證〔三二〕，現量所得寧撥爲無？現量證時不執爲外，後意分別妄生外想。故現量境是自相分識所變，故亦說爲有。意識所執外實色等妄計有故，說彼爲無。又色等境非色似色、非外似外，如夢所緣，不可執爲是實、外色。若覺時色皆如夢境不離識者，如從夢覺知彼唯心，何故覺時於自色境不知唯識？如夢未覺不能自知，要至覺時方能追覺，覺時境色應知亦爾，未真覺位不能自知，至真覺時亦能追覺。未得真覺恆處夢中，故佛說爲生死長夜，由斯未了色境唯識。外色實無可非內識境，他心實有，寧非自所緣？誰說他心非自識境？但不說彼是親所緣。謂識生時無實作用，非如手等親執外物，日等舒光親照外境，但如鏡等似外境現名了他心，非親能了，親所了者謂自所變，故契經言無有少法能取餘法，但識生時似彼相現名取彼物。如緣他心，色等亦爾。既有異境，何名唯識？奇哉！固執！觸處生疑，豈唯識教但說一識？不爾如何？汝應諦聽，若唯一識，寧有十方凡聖尊卑因果等別？誰爲誰說？何法何求？故唯識言有深意趣。「識」言總顯一切有情各有八識，六位心所，所變相、見，分位差別，及彼空理所顯真如，識自相故，識相應故，二所變故，三分位故〔三三〕，四實性故，如是諸法皆不離識，總立識名。「唯」言但遮愚夫所執定離諸識實有色等。若如是知唯識教意，便能無倒，善備資糧速入法空〔三四〕，證無上覺〔三五〕，救拔含識生死輪迴〔三六〕，非全撥無惡取空者，違背教理，能成是事，故定應信一切唯識。

校釋

〔一〕「由何教理唯識義成」，藏要本校注稱：「此下廣成唯識，安慧釋無文。」

〔二〕「豈不已説」，第一卷和第二卷已經講過唯識道理。第二卷還引用過厚嚴經的二頌。

〔三〕「四智」，有二解，第一解是佛四智，即轉八識而得四種智慧：一、成所作智，亦稱作事智，轉前五識所得；二、妙觀察智，亦稱觀智，轉第六識所得；三、平等性智，亦稱平等智，轉第七識所得；四、大圓鏡智，亦稱鏡智，轉第八識所得。第二解是菩薩四智：一、相違識相智，對同一處所，鬼、人、天神等，由於業因不同，所見各異。由此可見，境非實有。二、無所緣識智，即識緣過去、未來夢中之境。夢境非實，但識現可得。由此可見，一切外境都是識變現而假有。三、自應無倒智，如果凡夫能得實境，他們的認識就不會是顛倒的，不需要修行，自然會得解脱。四、隨三智轉智：①隨自在者智轉智，心自在者，可隨心所欲地將土變金等，由此可見，境非實有；②隨觀察者智轉智，修殊勝禪定者，祇要觀一境，衆相現前；③隨無分別智轉智，如果證得無分別智，一切境相皆不現前。四智是從不同的方面説明境非實有。此中用第二解。

〔四〕「修法觀者」，「修」，即聲聞、獨覺所説的修，即空、境相應，或四聖諦所緣相應。「法觀者」，謂此後得觀契經等正法妙慧，隨觀一境之上，無常、苦、空、無我等相，皆可顯現。

〔五〕「無分別智」，亦稱無分別心，是體會真如的智慧。因爲真如離一切相而不可分別，所以分別之心不可體會，祇有以離一切情念分別的無相真智，纔能體會。

〔六〕「極成眼等識」，極成眼識，卽大乘和小乘共同承認的眼識，不包括不共許非極成的眼識，卽大乘他方佛眼識、小乘佛非無漏眼識、最後身菩薩不善眼識等。「極成眼等識」的「等」字，此中省略耳、鼻、舌、身四識。

〔七〕「親」，嘉興藏本作「說」。

〔八〕「慈尊」，卽慈氏菩薩，亦稱彌勒(Maitreya)菩薩，意譯爲「慈」。故稱慈尊，意謂慈氏尊者。

〔九〕語見辯中邊論卷上，長行對第一頌的解釋如下：「虛妄分別有者，謂有所取、能取分別。於此二都無者，謂卽於此虛妄分別，永無所取、能取二性。此中唯有空者，謂虛妄分別中，但有離所取及能取空性。於彼亦有此者，謂卽於彼二空性中，亦但有此虛妄分別。若於此非有，由彼觀爲空，所餘非無故。如實知爲有，若如是者，則能無顛倒顯示空相。」長行對第二頌的解釋如下：「一切法者，謂諸有爲及無爲法。虛妄分別名有爲，二取空性名無爲。依前理故說此一切法非空非不空。由有空性虛妄分別故說非空，由無所取、能取性故說非不空。有故者，謂有空性虛妄分別故。無故者，謂無所取、能取二性故。及有故者，謂虛妄分別中有空性故，及空性中有虛妄分別故。是則契中道者，謂一切法非一向空，亦非一向不空，如是理趣妙契中道。」（大正藏卷

三十一第四六四頁)

〔一〇〕「若唯内識似外境起」，藏要本校注稱：「此段用二十唯識論意。」

〔一一〕「寧見世間情非情物處、時、身用定不定轉」，唯識二十論之頌曰：「若識無實境，則處、時決定，相續不決定，作用不應成。」長行解釋説：「此説何義？若離識實有色等外法，色等識生不緣色等，何因此識有處得生，非一切處？何故此處有時識，非一切時。同一處、時有多相續，何不決定隨一識生？如眩瞖人見髮蠅等，非無眩瞖有此識生，復有何因諸眩瞖者所見髮等無髮等用。夢中所得飲食、刀、杖、毒藥、衣等無飲等用。尋香城等無城等用？餘髮等物其用非無，若實同無色等外境，唯有内識似外境生，定處定時不定相續，有作用物皆不應成。」（大正藏卷三十一第七十四頁）

〔一二〕「如夢境等應釋此疑」，唯識二十論頌曰：「處、時定如夢，身不定如鬼，同見膿河等，如夢有用。」長行解釋説：「如夢，意説如夢所見，謂如夢中雖無實境，而或有處見有村園男女等物。非一切處，卽於是處或時見有彼村園等。非一切時，由此雖無離識實境，而處、時定非不得成。説如鬼言，顯如餓鬼，河中膿滿，故名膿河。如説酥瓶，其中酥滿。謂如餓鬼同業異熟。多身共集，皆見膿河，非於此中定唯一見。等言顯示或見糞等，及見有情執持刀杖，遮捍守護，不令得食。由此雖無離識實境，而多相續不定義成。又如夢中境雖無實而有損失精血等用。由此雖無離識實境，而有虚妄作用義成。如是且依别别譬喻顯處定等四義得成。」（大正藏卷四十一第七十

四頁)

〔一三〕「十二處」，梵文 Dvādaśāyatana 的意譯，指眼、耳、鼻、舌、身、意六根和色、聲、香、味、觸、法六境。處(Āyatana)意謂六根和六境是產生心法、心所法的處所。又因爲根與境相涉而入，所以十二處又稱爲十二入。

〔一四〕「爲入我空說六二法」，見唯識二十論：「依此教能入數取趣無我。」(大正藏卷三十一第七十五頁)數取趣是梵文 Pudgala 的意譯，意謂「我」。

〔一五〕「正智」，亦稱聖智，佛教把「正確」認識諸法實相的智慧稱爲正智。

〔一六〕「惡取空」，唯識宗認爲，不管是沙門還是婆羅門，祇要他們否定因果報應，否定真、俗二諦，認爲什麽都是空，這就是惡取空。唯識宗認爲，惡取空者是不可救藥的。

〔一七〕「若諸色處亦識爲體」，藏要本校注稱：「此段用攝大乘論意。」

〔一八〕「乃」，磧砂藏本原作「不」，藏要本據述記卷四十三和高麗藏本改。

〔一九〕「名言熏習」，三熏習(名言熏習、色識熏習、煩惱熏習)之一，「名」爲名字，「言」爲言說，虚妄分別名字言說之識，即第六識意識由第七末那識和第八種子識傳送熏習，由此成就染分之相。

〔二〇〕「顛倒」，由於無明所產生的錯誤認識，如以無常爲常、以苦爲樂等。顛倒是產生煩惱的根本。一般講三顛倒：一、想顛倒，對於六塵的錯誤思慮；二、見顛倒，對於事物道理，錯誤地進行計度推求，即邪見；三、心顛倒，以邪心妄識認識事物，這是顛倒的根本。

〔二一〕語見攝大乘論釋（世親造、玄奘譯）卷四：「論曰：若此諸識亦體是識，何故乃似色性顯現？一類堅住相續而轉，與顛倒等諸雜染法爲依處故。若不爾者，於非義中起義顛倒應不得有。此若無者，煩惱、所知二障雜染應不得有。此若無者，諸清淨法亦應無有。是故諸識應如是轉，此中有頌：亂相及亂體，應許爲色識，及與非色識，若無餘亦無。釋曰：一類堅住相續轉者，由相似故名爲一類多時住故説名堅住。諸有色識相似多時相續而轉。顛倒等者，即是等取諸雜染法與煩惱障及所知障爲因性故。爲依處者，爲彼因性。若彼諸識離如是轉，於非義中起義心倒應不得有。此若無者，若煩惱障諸雜染法，若所知障諸雜染法應不得有。於此頌中顯如是義：亂相、亂體如其次第許爲色識及非色識。此中亂相卽是亂因。色識爲體，亂體卽是諸無色識。色識亂因若無有者，非色識果亦應無有。」（大正藏卷三十一第三三九頁）

〔二二〕「色等外境分明現證」，「色」，磧砂藏本原作「見」，藏要本據述記卷四十三及高麗藏本改。藏要本校注稱：「此下三段皆用二十唯識論意。」

〔二三〕「三分位故」，二十四種不相應行法，是心法、心所法、色法三種的分位。因爲這二十四種不相應行法不能自起，祇能借心法、心所法和色法三位差别而假立，所以稱爲分位。

〔二四〕「法空」，二空（我空、法空）或三空（我空、法空、空空）之一，色、心諸法都是因緣和合而生，無自性，無實體，故稱法空。

〔二五〕「無上覺」，梵文 Anuttarasamyaksambodhi 的意譯，另譯無上正覺、無上正等覺等，音譯阿耨多羅三藐三菩提，佛覺悟諸法的真智，没有比此更高的覺悟，故稱無上覺。

〔二六〕「輪迴」，梵文Saṃsāra 的意譯，另譯輪轉、流轉、淪迴等，原爲婆羅門教的基本教義之一，後被佛教吸收，意謂有情衆生在三界、六道循環不已，猶如車輪旋轉不息。

〔本段大意〕外人問：由於什麼聖人説教和道理成立唯識之義呢？論主回答説：不是已經説過了嗎？外人問：雖然已經説過了，但没有説明白。並不是破除他人主張，就能成立自己的意見，應當更確切地陳述成立唯識的聖人説教和道理。論主回答説：如十地經所説的欲、色、無色三界祇有心。解深密經又説：你所説的識外所緣外境，我説就是内識上所顯現。楞伽經又説萬事萬物都離不開心。無垢稱經（舊維摩經）又説心淨故衆生淨，心垢故衆生垢。阿毘達磨經又説成就四智以後，菩薩就能領悟唯識及識外無境的道理。四智如下：一、相違識相智，意謂在同一處所，鬼、人、天神等，隨其業因不同，所見各異。如果外境實有，怎麼能這樣呢？二、無所緣識智，意謂緣過去、未來、夢中境、鏡中影像等並非實有之境，由於識的顯現可以得到，夢中境、影像等既然是不存在的，其他的外境亦應當是不存在的。三、自應無倒智，意謂如果一切凡夫已得真實外境，一切凡夫就自然地成就無顛倒錯誤的認識，不用修行就應當獲得解脱。四、隨三智轉智：①隨自在者智轉智，意謂已經證得心自在者，十地皆得，可隨心所欲地轉變界、地等，都可以成就。如果外境實有，怎麼能够轉變呢？②隨觀察者智轉智，意謂聲聞、獨覺等修行殊勝禪定，此後得觀契經等正法妙慧者，隨觀一境（如一極微），無常、苦、空、無我等相都會顯現在面前。如果外境是真實的，怎能隨心所欲地變化呢？③隨無分別智轉智，意謂證得真實的緣真如的無分別智者，一切外境之相都不能出現在他的面前。如果外境是真實的話，爲什麼一切外境之相都不出現呢？已經成就這四智的菩薩，肯定能够領悟唯識道理。而且，厚嚴經的偈頌說：「第八阿賴耶識（心）、第七末那識（意）和前六識（識）的所緣，都離不開識的自性，因此我說一切有爲法和無爲法都祇有識，除此之外，別無其他。」像這樣的聖人說教，不祇一處，確實能够證明唯識的道理。大乘和小乘共同承認的眼等五識，五識中的任何一種，和其餘的四種一樣，不能直接緣取離自眼識之色等。因爲其餘的識亦是識，和眼識等一樣，亦不能直接緣取離開自識的各種事物。這種直接所緣（相分）肯定離不開識，相、見二分隨一攝故，如彼能緣見分離不開識體一樣。因爲是所緣法，就如心、心所相應法一樣，肯定離不開心法和心所法。像這樣的正確道理，不祇一種，確實能够證明唯識道理，所以對於唯識理論應當深刻的相信並接受。心外所計實我實法是不存在的，真如空理和能緣真識並不是沒有的，初離有，後離無，所以符合中道實理。彌勒依據這種道理，說了兩個偈頌：「有所取、能取分別，於此虛妄分別永無所取、能取二性。虛妄分別中，祇有離所取及能取的空性，於彼二空性中，亦祇有虛妄分別。所以說一切有爲法和無爲法，由有空性虛妄分別故說非空，由無所取、能取性，但虛妄分別亦有而不真，故說非不空。因爲有空性虛妄分別故，無所取、能取二性，虛妄分別中有空性，空性中有虛妄分別。一切法並不是一向空，亦不是一向不空，這樣的道理巧妙地與中道實理相符合。」彌勒所說的這兩個偈頌，暫且依染分依他而說。實際上，這種道理亦有淨分依他。外人難曰：如果衹有内識，好像是外境生起，如何現見非情物處、時二事決定，世間有情身及非情作用二事不決定呢？論主回答說：如夢境等，可以解釋這種疑問。外人問：世尊爲什麽説十二處呢？論主回答說：依識所變眼等色等，並不是離識而實有。爲了悟入我空，故説眼等六根和色等六法，猶如爲了否定斷見而説有情續於死後。爲了悟入法空，又説唯識，使人們知道心外之法亦是不存在的。外人問：這豈不是説唯識性也是空嗎？論主回答說：並非如此。外人問：爲什麽呢？論主回答說：有爲無爲名爲有，我及我所名爲無。既然不是所執，所以説是有。意謂依識所變的見分和相分上，妄執有實法，此即法我理不可得，説爲法空。非無離遍計所執實有爲無漏正體、後得二正智所證唯識故，説爲法空。若唯識無便無俗諦，俗諦若無亦無真諦，因爲真、俗二諦相依而立。否定真、俗二諦的存在，這是惡取空（如清辨等），各位佛都説這種人是不可救藥的。應當知道，各種事物遍計所執無，故有空；依他起性和圓成實性有，所以有不空。因此彌勒説了前引二頌。外人問：如果各個色處亦以識爲其本體，爲什麽就像色相顯現，前後一類，無有變異，亦無間斷，多時相續而轉呢？論主回答說：由於無始以來的名言熏習住在身中，由彼勢力，此色等起相續而轉。因爲各種識是染法和淨法的所依，色等若無，應無諸識等緣此境色而起妄執之顛倒。此識等顛倒若無，便無煩惱、所知二障的雜染。二障雜染若無，無漏淨亦無。所以諸識亦好像是色等在顯現。攝大乘論釋的偈頌説：「亂相爲色識，亂體是非色識，即諸識。若無所變似色亂相，能變亂體亦不得有。」外人問：色、聲、香、味、觸五種外境，分明由五識現證，是現量所得，怎麼能説爲無呢？論主回答説：現量證時不能認爲是外法，當以後第六識意識進行虚妄分別的時候，纔能稱爲外法。所以現量境是自己的相分，因爲它是識所變，所以説爲有。以後意識執著外法爲真實的色等，因爲是虚妄計度而有，所以説爲無。而且，依他色等諸境體非遍計色，但好像是遍計所執色。遍計所執色雖然不是外法，但由於有情衆生的虚妄計度，但好像是外法，猶如夢中所緣外境，不能認爲是真實的，亦不能認爲是心外之色。外人問：若一切覺時之色皆如夢中之境，都離不開識。如果從夢中醒來以後，就應當知道世界上衹有心識，爲什麼醒時對於自己所感覺到的色境不知道唯識呢？論主回答説：猶如睡夢還未覺醒的時候不能自知，覺醒以後纔能追憶以前夢中之境，而體不實。覺悟時的境色，應當知道亦是這樣。在沒有達到真覺位的時候不能自知，至得無漏真覺的時候，纔能追憶生死之夢境，覺知夢境皆非實有。當沒有達到真覺時永遠處於夢中，所以佛認爲生死長夜惛如夢，由此道理，不能了知色等外境唯識。外人問：五色境確實是不存在的，但它們不是内識之境。他人之心是真實存在的，怎能不是自心所緣呢？論主回答説：誰説過他人之心不是自識之境呢？但不説他心是自心的親所緣。意謂識生起時，沒有真實作用，不能像手、鉗那樣，直接拿取離身之外物，亦不能像日、月、火光那樣，舒光親照外境，心等緣時衹如鏡等照物，好像是外境顯現。他心之影於自心上顯現，此稱了别他心，並不是自心親能了他心，「親所了」是自識所變之相分。所以解深密經説，沒有少實法，能够緣取心外實法，非自實心能取他實心，祇是識生起時，心似彼他心相顯，名取他心。如緣他人之心一樣，自身別識所變色等亦是這樣。外人問：既然有他心異自心之境，爲什麼稱爲唯識呢？論主回答説：奇怪呀！你太固執了！遇到一些問題又産生懷疑，豈唯識教但説唯我一人之識呢？外人問：不如此又怎樣呢？論主回答説：你應當認真聽。如果是唯有我一人之識，怎能有十方凡人與聖人之別，尊貴與卑劣之別，因、果及色、心等法之别呢？因無佛，誰爲我説法呢？因無衆生，佛爲誰説法呢？或無行，修何法呢？因無涅槃菩提果，我何所求呢？所以唯識之説肯定有深刻意趣。「識」從總的方面説明一切有情衆生，各有八識，各有遍行、别境、善、煩惱、隨煩惱、不定六位心所法，各各自體分及此所變相、見二分，及色、心分位與二十四不相應等，及彼二無我空理所顯真如。因爲心法是識的自相，心所法是識的相應法，色法是心王、心所二種所變的相分，二十四種不相應行法是心法、心所法和色法的分位，無爲法是識的實性，即心法、心所法、色法、不相應行法的實性。如是五法皆不離識，總名爲識。「唯」字祇是否定一切愚夫所主張的離諸識之外肯定實有色等。如果一個人這樣認識唯識問題，就不會有顛倒錯誤，善備福、智二資糧，這樣就能很快地悟入法空，證得無上覺，把有情衆生從生死輪迴中拯救拔除出來。清辨等惡取空者，違背佛的教誨和佛教理論，不能成就這樣的事情，所以肯定應當相信一切唯識之理。

若唯有識〔一〕，都無外緣，由何而生種種分别？頌曰：

由一切種識〔二〕，如是如是變〔三〕，以展轉力故，彼彼分別生。

論曰：一切種識謂本識中能生自果功能差別〔四〕，此生等流、異熟、士用、增上果〔五〕，故名一切種。除離繫者〔六〕，非種生故，彼雖可證，而非種果，要現起道斷結得故〔七〕，有展轉義非此所說，此說能生分別種故。此識爲體，故立識名，種離本識無別性故。種、識二言簡非種識〔八〕，有識非種〔九〕，種非識故〔一〇〕。又種識言顯識中種，非持種識，後當說故。此識中種餘緣助故〔一一〕，卽便如是如是轉變〔一二〕，謂從生位轉至熟時。顯變種多重言「如是」，謂一切種攝三熏習、共、不共等識種盡故〔一三〕。展轉力者〔一四〕，謂八現識及彼相應相、見分等，彼皆互有相助力故。卽現識等總名分別，虛妄分別爲自性故，分別類多，故言彼彼。此頌意說雖無外緣〔一五〕，由本識中有一切種轉變差別，及以現行八種識等展轉力故，彼彼分別而亦得生，何假外緣方起分別？諸淨法起應知亦然，淨種現行爲緣生故。

校釋

〔一〕「若唯有識」，藏要本校注稱：「此段生起，糅安慧釋，原釋云：『若止唯識無外作者作用，云何藏識無所加持而能生諸分別？』」

〔二〕「由一切種識」，藏要本校注稱：「梵、藏本此句以『者』字 Ni，Pa 填頌云一切種者識，無此

『由』字。」

〔三〕「如是如是變」，藏要本校注稱：「藏本譯二三句互倒，又以『故』字屬第四句，文意更顯。」

〔四〕「一切種識謂本識中能生自果功能差別」，藏要本校注稱：「轉識論云：『藏識爲一切法種子，故名種子識。』安慧釋云：『成就生一切法之功能，故說一切種。』識謂藏識，兩語分說，又意指現識而言。」

〔五〕「增上果」，五果之一，除異熟果、等流果、離繫果、士用果之外的結果，都稱爲增上果。「增上」是促進之意，它是能作因所生之果。

〔六〕「離繫」，即離繫果，亦稱解脱果。五果之一，非六因、四緣所生，屬擇滅無爲法。「繫」爲煩惱的繫縛。通過佛教修行，斷除一切煩惱，獲得最終解脱——涅槃。

〔七〕「結」，煩惱的異名，因煩惱而結集生死，繫縛衆生，使之不得解脱。一般分爲九結：一愛結，二恚結，三慢結，四癡結，五疑結，六見結，七取結，八慳結，九嫉結。

〔八〕「種、識二言簡非種識」，藏要本校注稱：「此二句糅安慧釋，原釋又云，復次一語有錯亂故，說差別(種子)及差別所依(識)則無過失。」

〔九〕「有識非種」，即現起諸識，非內種子。小乘所說諸識，亦沒有種子之義。

〔一〇〕「種非識」，即外境之麥種等，它們不是識的自體分。還有數論所主張的自性，是諸法之因，彼體非識。

〔一一〕「此識中種餘緣助故」，藏要本校注稱：「此句糅安慧釋，原釋云：『變謂與前位異，如是如是謂得功能無間能生分別之位，蓋以心相續轉變而言。』」「餘緣」，種子是四緣中的因緣，所以「餘緣」是指等無間緣、所緣緣、增上緣。

〔一二〕「轉變」，因緣所生法，其相前後不同，有轉易、變熟之相。

〔一三〕「共、不共等識種」，即共相種子和不共相種子。共相種子，亦稱共種子，生自他共同受用外境的種子，如山河大地等。不共相種子，亦稱不共種子，祇由自己的種子所變，祇由自己感受，如五根等。共相種子又分兩類：一、共中共，如山河大地等，自界一切有情衆生皆可受用；二、共中不共，由共種子所變，祇供自己使用，如自己的田宅衣服等。不共相種子亦分爲兩類：一、不共中共，由不共相種子所變，有情衆生共同感受，如扶根塵等；二、不共中不共，由不共相種子所變，祇由自己感受，如淨色根等。

〔一四〕「展轉力者」，藏要本校注稱：「安慧釋云：『展轉力者，眼等識增長各自功能而轉，即爲藏識功能差別轉變之因，藏識轉變復爲眼等識之因，是爲展轉力。』」

〔一五〕「此頌意説雖無外緣」，藏要本校注稱：「此三句糅安慧釋。」

〔本段大意〕外人難曰：如果祇有識，沒有任何外部條件，由於什麼產生八識等種種分別呢？論主回答説：唯識三十頌説：「阿賴耶識具有產生一切事物的種子，由於它和前七識彼此之間的相互影響力，使識的轉化就如此如此地進行，因此有各種各樣的分別生起。」論説：頌文的「一切種識」

是說阿賴耶識中有能够產生一切有爲法的種子，各有不同的能生自果的功能。因爲阿賴耶識的種子能生等流、異熟、士用、增上果，所以稱爲一切種。除離繫果不是種子所生，離繫果雖然可以證得，但並不是種子之果，要現起無漏勝道斷結以後纔能得到。這種離繫果之無爲法亦有展轉證得之義，不是本頌所說，本頌所說祇限於種子所生的有爲法，這裏所說的是能生有漏三界心法、心所法之虚妄分別種子。因爲種子以識爲體，故立識名。種子離本識以外，沒有別的體性。種子與識不同於非種非識，有的識並非種子，亦有的種子並不是識。而且，種識說明本識中的種子，並不是持種名爲種識第八識，應當放到以後第四句中說。頌文的「如是如是變」，是說阿賴耶識中的種子，由於其他條件的協助，就會產生如此如此的轉變。意謂在牽引因位從未熟生位轉至成熟位時，因爲種子數衆多，皆有轉變生諸分別，所以重復地說「如是」。意謂一切種子包括所有的三種熏習、共相種子和不共相種子等。頌文所說的「展轉力」意謂八種現行識，及與八識相應的心所法，此爲識等的自證分，以及所變相、見二分，還有不相應行法和無爲法，以彼識等皆互有助力故。「彼彼分別生」意謂現行識的相、見二分及相應、不相應等，都稱爲分別，因爲它們被虚妄分別爲自性。因爲相、見等類衆多，所以說「彼彼」。此頌的意思是說，雖然沒有外部條件，由於阿賴耶識中有不同的一切種子轉變，以及現行八識等的展轉之力，各種各樣的分別亦可以產生，哪裏用得着外部條件纔能生起分別呢？應當知道，各種無漏法的產生亦如分別那樣，亦以無漏種子及無漏識的相分、見分等現行爲條件而產生。

所説種、現緣生分別〔一〕，云何應知此緣生相？緣且有四：一因緣。謂有爲法親辦自果。此體有二：一種子，二現行。種子者，謂本識中善、染、無記諸界、地等功能差別〔二〕，能引次後自類功能，及起同時自類現果，此唯望彼是因緣性。現行者，謂七轉識及彼相應所變相、見、性、界、地等〔三〕，除佛果善、極劣無記〔四〕，餘熏本識，生自類種，此唯望彼是因緣性。第八心品無所熏故，非簡所依獨能熏故，極微圓故，不熏成種。現行同類展轉相望皆非因緣，自種生故。一切異類展轉相望亦非因緣〔五〕，不親生故。有説異類、同類現行展轉相望爲因緣者，應知假説或隨轉門。有唯説種是因緣性，彼依顯勝非盡理説，聖説轉識與阿賴耶展轉相望爲因緣故。二等無間緣。謂八現識及彼心所前聚於後，自類無間，等而開導，令彼定生。多同類種俱時轉故，如不相應非此緣攝，由斯八識非互爲緣。心所與心雖恆俱轉，而相應故，和合似一，不可施設離別殊異，故得互作等無間緣。入無餘心最極微劣，無開導用，又無當起等無間法，故非此緣。云何知然？論有誠説，若此識等無間，彼識等決定生，即説此是彼等無間緣故。即依此義應作是説，阿陀那識三界、九地皆容互作等無間緣，下上死生相開等故，有漏無間有無漏生，無漏定無生有漏者，鏡智起已必無斷故，善與無記相望亦然。此何界後引生無漏？或從色界〔六〕，或欲界後〔七〕。謂諸異生求佛果者，定色界後引生無漏，後必生在淨居天上大自在宮〔八〕，得菩提故。二乘迴趣大菩提者，定欲界後引生無漏，迴趣留身唯欲界故，彼雖必往大自在宮方得成佛，而本願力所留生身是欲界故。有義色界亦有聲聞迴趣大乘願留身者，既與教理俱不相違，是故聲聞第八無漏色界心後亦得現前。然五淨居無迴趣者，經不說彼發大心故。第七轉識三界、九地亦容互作等無間緣，隨第八識生處繫故。有漏、無漏容互相生，十地位中得相引故。善與無記相望亦然，於無記中染與不染亦相開導，生空智果前後位中得相引故〔九〕。此欲、色界有漏得與無漏相生，非無色界，地上菩薩不生彼故。第六轉識三界、九地、有漏、無漏、善、不善等各容互作等無間緣，潤生位等更相引故〔一〇〕。初起無漏唯色界後，決擇分善唯色界故〔一一〕。眼、耳、身識二界二地〔一二〕，鼻、舌兩識一界一地〔一三〕，自類互作等無間緣，善等相望應知亦爾。有義五識有漏、無漏自類互作等無間緣，未成佛時容互起故。有義無漏、有漏後起，非無漏後容起有漏，無漏五識非佛無故，彼五色根定有漏故，是異熟識相分攝故。有漏不共必俱同境〔一四〕，根發無漏識理不相應故，此二於境明昧異故。三所緣緣。謂若有法是帶己相〔一五〕，心或相應所慮所託。此體有二：一親，二疏。若與能緣體不相離，是見分等內所慮託，應知彼是親所緣緣〔一六〕。若與能緣體雖相離，爲質能起內所慮託，應知彼是疏所緣緣〔一七〕。親所緣緣能緣皆有，離内所慮託必不生故。疏所緣緣能緣或有，離外所慮託亦得生故。第八心品〔一八〕，有義唯有親所緣緣，隨業、因力任運變故。有義亦定有疏所緣緣；

要仗他變質自方變故。有義二説俱不應理，自他身土可互受用，他所變者爲自質故，自種於他無受用理，他變爲此不應理故。非諸有情種皆等故，應説此品疏所緣緣一切位中有無不定。第七心品，未轉依位是俱生故，必仗外質，故亦定有疏所緣緣，已轉依位此非定有，緣真如等無外質故。第六心品，行相猛利，於一切位能自在轉，所仗外質或有或無，疏所緣緣有無不定。前五心品未轉依位麤鈍劣故，必仗外質，故亦定有疏所緣緣。已轉依位此非定有，緣過、未等無外質故。四增上緣。謂若有法有勝勢用，能於餘法或順或違〔一九〕。雖前三緣亦是增上，而今第四除彼取餘，爲顯諸緣差別相故。此順違用於四處轉，生、住、成、得四事別故〔二〇〕。然增上用隨事雖多，而勝顯者唯二十二，應知卽是二十二根〔二一〕。前五色根以本識等所變眼等淨色爲性〔二二〕，男、女二根身根所攝故，卽以彼少分爲性。命根但依本識親種分位假立，非別有性。意根總以八識爲性，五受根如應各自受爲性〔二三〕，信等五根卽以信等及善念等而爲自性〔二四〕。未知當知根體位有三種〔二五〕：一根本位。謂在見道，除後剎那無所未知可當知故。二加行位〔二六〕。謂煖、頂、忍、世第一法〔二七〕。近能引發根本位故。三資糧位。謂從爲得諦現觀故，發起決定勝善法欲，乃至未得順決擇分所有善根〔二八〕，名資糧位，能遠資生根本位故。於此三位信等五根意喜、樂、捨爲此根性，加行等位於後勝法求證愁慼亦有憂根，非正善根故多不説〔二九〕。前三無色有此根者，有勝見道傍修得故。或二乘位迴趣大者，爲證法空，地前亦起九地所攝生空無漏〔三〇〕，彼皆菩薩此根攝故。菩薩見道亦有此根，但說地前，以時促故。始從見道最後刹那乃至金剛喻定，所有信等無漏九根皆是已知根性〔三一〕，未離欲者於上解脱，求證愁慼，亦有憂根，非正善根故多不説。諸無學位，無漏九根一切皆是具知根性〔三二〕。有頂雖有遊觀無漏，而不明利，非後三根。二十二根自性如是，諸餘門義如論應知。

校釋

〔一〕「所説種、現緣生分别」，藏要本校注稱：「此下廣辨緣生，安慧釋無文。」

〔二〕「等」，此中省略有漏、無漏、色、非色、報、非報等種種各别種子。

〔三〕「等」，此中省略有漏、無漏、報、非報等。

〔四〕「極劣無記」，四無記中的異熟無記。

〔五〕「一切異類展轉相望亦非因緣」，若同時異時一切種子望現行異類，種子自望種子異類，現行望彼現行異類，現行望彼種子異類，皆非因緣。

〔六〕「或從色界」，若頓悟菩薩，色界後生無漏。

〔七〕「或欲界後」，如果是漸悟菩薩，祇能是欲界以後，引生無漏第八。

〔八〕「淨居天」，即五淨居天，略稱五淨。色界第四禪。證小乘佛教修行第三果不還果者所居之處有五：一、無想天；二、無熱天，無任何熱惱；三、善現天，能現勝法；四、善見天，能見勝法；五、色究竟天，色界諸天最勝處。這五地唯聖人居，無異生摻雜，故稱五淨居天。「大自在宮」，亦稱摩醯首羅宫，十地菩薩、大千界主大自在天所居住的宫殿，位於色界之頂。十地菩薩將成佛時，於此變現淨土，十方諸佛爲之施成佛之灌頂禮。

〔九〕「生空智果」，生空亦稱我空或人空。衆生爲五藴的虚假和合，没有實體。生空智果的智慧即是無分别智，其果即後得智及此所引滅定，皆唯不染。

〔一〇〕「潤生」，煩惱有分别起和俱生起二種。分别起是依邪師、邪教、邪思惟三緣而生起的煩惱，自然而有的煩惱稱爲俱生。分别起煩惱造善業和惡業，俱生煩惱潤其業種而使受生，故稱潤生。潤生分爲九品：上上品（二生）、上中品（一生）、上下品（一生）、中上品（一生）、中中品（半生）中下品（半生）、下上品（半生），下中品和下下品共潤半生。所以九品共潤七生煩惱。斷上、中煩惱可得一來果，斷下可得不還果。

〔一一〕「決擇分」，發於見道的無漏真智，可以決斷其疑，分别其理，通見道、修道、無學道。見道爲其一部分，故稱決擇分。

〔一二〕「眼、耳、身識二界二地」，眼、耳、身三識通欲界和色界，從九地來説，祇通第一地五趣雜居地和色界初禪離生喜樂地。

〔一三〕「鼻、舌兩識一界一地」，五識的後二識衹通三界中的一界欲界，衹通九地中的一地五趣雜居地。

〔一四〕「有漏不共必俱同境」，述記卷七末對此解釋如下：「謂有漏者，簡無漏根，無漏根發無漏識無違故。不共者，簡有漏第八識是共，故可爲無漏識依。必俱者，顯非等無間緣，等無間緣根前後生故得依有漏。同境者，簡第七爲第六依，彼雖有前義非同境故，此有漏根發無漏識不相應故。」（大正藏卷四十三第五〇〇頁）

〔一五〕「帶己相」，「帶」是心似彼境相義，即能緣之心有似所緣之相名帶，「相」謂能緣心等帶此色等之相。小乘認爲是行相，是相狀，大乘認爲是相分所攝。小乘佛教正量部師般若毱多曾造謗大乘論破斥大乘唯識宗的這一主張。玄奘又造制惡見論，反駁小乘觀點。說明「帶」是挾帶的意思，「相」爲體相，並非小乘所說的相狀。意謂正智等產生的時候，挾帶真如體相而起，與真如不一不異，非相非非相。

〔一六〕「親所緣緣」，與能緣心不相離，直接被所慮所託，如相分對見分而言，没有其他的東西間隔。乃至見分及證自證分之於自證分，自證分之於證自證分，真如之於根本智等，都屬於親所緣緣。

〔一七〕「疏所緣緣」，與能緣心相離，能引起親所慮託之相分，即他識所變及自身中別識所變，仗爲本質。「疏」意謂被相分所間隔。

〔一八〕「心品」，成唯識論學記卷六爲心王品。

〔一九〕「能於餘法或順或違」，唯識宗講十因：一隨説因，二觀待因，三牽引因，四生起因，五攝受因，六引發因，七定異因，八同事因，九不相違因，十相違因。前九因爲順，第十爲違。

〔二〇〕「生、住、成、得四事別故」，生者，三界諸法的産生。住者，一切有情衆生和草木萬物皆依地而住。成者，有兩方面的含義，一、爲因明中的宗、因、喻三支，可在辯論中成立自己的觀點；二、通過技巧和勞動，成就某些事業。得者，意謂獲得涅槃或世間修慧。

〔二一〕「二十二根」，根是梵文 Indriya 的意譯，意謂「能生」，是促進增生的根本。二十二根如下：眼根、耳根、鼻根、舌根、身根、意根、女根、男根、命根、苦根、樂根、憂根、喜根、捨根、信根、精進根、念根、定根、慧根、未知當知根、已知根、具知根。

〔二二〕「前五色根」，即眼、耳、鼻、舌、身五根。

〔二三〕「五受根」，即苦、樂、憂、喜、捨根。

〔二四〕「信等五根」，即信根、精進根、念根、定根、慧根。此稱五善根。

〔二五〕「未知當知根」，三無漏根之一，意根、樂根、善根、捨根、信根、精進根、念根、定根、慧根，這九根在見道位，欲知未曾知的苦、集、滅、道四諦之理，並想按照四諦行動。在十六心中，此根衹通前十五心。

〔二六〕「加行位」，唯識五位的第二位，此位菩薩修順抉擇分，爲趣見道而加功用行，故稱加行。於十迴向的滿心之位，修四尋思觀、四如實智之願，得暖、頂、忍、世第一法之四善根。

〔二七〕「煖、頂、忍、世第一法」，煖位，四加行位的第一位，聖道如火，能燒惑之薪。此位菩薩未得聖火之體，但已感覺到聖火的煖相，故稱煖位。此位菩薩依智修定，依定發下品尋思觀，認識到所取的名、義、自性、差別四法都是自己的心識所變，並非實有，由此而得所取「空」的「正確」認識。頂位，四加行位的第二位，智慧增長，發上品尋思觀，重觀所取空。修尋思觀至此達到最高絶頂位，故稱頂位，亦稱頂法。忍位，四加行位的第三位，起承上啓下的作用，發下品如實智，印持決定煖、頂二位的所取空，順樂印可能取空。印前順後，故稱印順。忍分下、中、上三品，於下忍位印持決定前二位的所取空。於中忍位順樂印可能取識之空。於上忍位，印前所取空，順後能取空，所以稱此定爲印順定。世第一法，依無間定發上品如實智，印持決定能取空和所取空，還能生起最初的出世道。在有漏世間法中此位最勝第一，故稱世第一法。

〔二八〕「順決擇分」，三順分（順福分、順解脱分、順決擇分）之一，即煖、頂、忍、世第一法之有漏善根。順爲順益或隨順，決爲決斷，擇爲簡擇，分爲分斷或部分。決斷簡擇是諸聖道，因爲各種聖道能斷疑，能分別苦、集、滅、道四諦之相，煖等四善根所順唯是見道一分或決擇之分，故稱順決擇分。是聲聞乘中極速者，三生方得解脱，初生起順解脱分，第二生起順決擇分，第三生於見道，乃致得究竟解脱。

〔二九〕「不」，磧砂藏本原作「及」。藏要本據述記卷四十四及高麗藏本改。

〔三〇〕「九地」，包括色界大地和無色界三地。

〔三一〕「已知根」，意等九根在修道位雖然已經知道了四諦之理，但爲了斷除其他的煩惱，對四諦之理一再了知。

〔三二〕「具知根」，在無學道，意等九根已經完全知道了四諦之理，具有其知，故稱具知。

〔本段大意〕外人問：所説種子和現行的緣生分別，應當怎樣知道這緣生之相呢？論主回答説：緣暫且説有四種：一、因緣。卽有爲法直接産生自己的結果。其體有二：一是種子，二是現行。種子就是第八識阿賴耶識中的善、惡、無記三性以及三界、九地、有漏、無漏、色、非色等各種不同的功能。能够引生次後自類功能，此卽自種相生之義，並同時生起自類現行之果。這種種子對自己所生的種子和現行來説，它是因緣之性。現行就是前七轉識及彼心所，還有識所變相分、見分、三性、三界、九地、有漏、無漏等，這七識等之中，除佛果一切善法，其餘的因位中及二無學等所有有漏，皆能熏故。有漏中除極劣無記都是能熏。它們能熏阿賴耶識而生自類性、界、地、有漏、無漏等各類種子。這種現行對那種子來説是因緣，因爲第八識及其心所、相分、見分等不另有所熏，因爲它們已經是所熏了，其餘的七識都是能熏。非簡去所依之心，而心所獨自爲能熏。問：心王簡心所尚獨爲所熏，心所簡心王獨爲能熏有何妨？答：心王有自在，自在獨所熏。心所不自在，所以單獨的不能爲熏。而且，因中第八及六識中異熟無記之心極微，所以不能爲能熏。佛果上第八因極圓滿，所以不能熏成種。同類現行前後展轉相望，如小乘的同類因，這不是因緣，因以本識中各自種子而生。一切異類展轉相望，亦不是因緣。既然是異類，就不能直接産生同時或異時異類之果。大乘阿毗達磨集論等説，異體類、同體類現行展轉相望，互爲因緣。應當知道，這是假説爲因緣，實際上是增上緣等。或者是隨順小乘佛教説一切有部而説。瑜伽師地論和顯揚聖教論等祇説種子是因緣之性，因爲種子常相續，顯得非常重要，這並不是完全正確的理論，因爲瑜伽師地論及攝大乘論引阿毗達磨經説轉識與阿賴耶識展轉相望，互爲因緣。二、等無間緣，即八現行識（簡色法、不相應行法種子和無爲法）及其心所，前者形成後者（簡俱時及後爲前緣），意爲前後自類而無間斷等，前法避其處，招引後者，使後者肯定産生（簡入無餘依最後心，無果定生。）。很多同類種子同時發揮作用，如不相應，不屬於等無間緣。由此可見，八個識不能互爲等無間緣。心所與心王雖然同時發生作用，但二者相應，和合似一，同一所緣及同所依，同一時轉，同一性攝，不可離别令其殊異，所以可以互作等無間緣。瑜伽師地論説，入無餘心以前，先入滅定滅前六轉識，以後纔滅除其餘的識。因爲入無餘涅槃的時候，心勢最弱劣，没有開導的作用，又没有因開導而生起的等無間法，所以不是等無間緣。外人問：怎麽知道是這樣呢？論主回答説：瑜伽師地論和顯揚聖教論確實這樣説過：如果前識滅，中間等同而無間隔，使後識肯定生果，這前識就是後識的等無間緣。依據這樣的意思，應當這樣説：阿陀那識在三界九地都可以互相作等無間緣，因爲異熟心在三界上地、下地死生相續，互相開導。以有漏作等無間緣可以産生無漏，以無漏作等無間緣，肯定不能產生有漏，因爲大圓鏡智產生以後肯定不能斷滅。善與無記的相互關係和有漏與無漏的關係一樣，唯無記生善，非善生無記。外人問：這第八識在哪一界後可以使有漏產生無漏呢？論主回答說：或從色界後，或從欲界後。意思是說：一切凡夫如果是頓悟而成佛者，肯定是色界後引生無漏第八識，他們肯定生在净居天上大自在天的宮殿，在此覺悟。如果是漸悟，卽小乘佛教的聲聞、緣覺二乘趣向大乘，要證得大菩提，祇能是欲界後引生無漏，因爲趣向大乘者願力留身祇在欲界。他們雖然一定到大自在宮纔能成佛，但原來願力所留下的生身是在欲界。二師認爲：色界亦有聲聞人趣向大乘，其願力留生亦可以在色界，這與佛經和佛教理論並不是矛盾的。所以聲聞乘的無漏第八識，色界心後亦可以出現。然而在五淨居天，沒有小乘趣向大乘者，因爲大般若經沒說他們發心趣向大乘。第七識末那識在三界九地也可以互相作等無間緣，因爲它隨從第八識的生處所繫。有漏、無漏第七識可以互相引生，因爲在十地位中二者可以互相引生。善與無記的相互關係亦是這樣。於無記當中，染與不染亦互相開導，因爲生空智果於前後位中可以互相引生。在欲界、色界的有漏、無漏末那識能互相引生。在無色界不能這樣，因爲地上菩薩不能生於欲界。第六轉識在三界、九地的有漏、無漏、善、不善等都可以互作等無間緣，因爲潤生位在三界九地可以互相引生。最初生起的無漏祇在色界無漏意識以後，因爲決擇分之善祇在色界。眼、耳、身三識在欲、色二界的五趣雜居地、離生喜樂地，鼻、舌二識祇在欲界的五趣雜居地。祇能是自類作等無間緣。五識的善、染、無記三性的相互關係，應當知道亦是這樣。初師認爲：有漏、無漏五識，其自類可以互作等無間緣，因爲在未成佛未得成所作智的時候，可以互相引生。二師認爲：無漏生起於有漏以後，無漏以後不能生起有漏。如果不是佛的話，不會有無漏五識，因爲非佛者之五色根肯定是有漏，因爲它們屬於異熟識的相分。問：有漏根生無漏識有什麽不對呢？答：有漏五根不是有、無漏識的共依，五有漏根不像第八識那樣與一切識共起。「必俱」説明此非等無間緣，等無間緣前後生故，無漏可依有漏。亦不像第七識爲第六識的所依那樣，彼雖有前義，但非同境，有漏五根所緣必須是同境。所以，以有漏根發無漏識，在道理上是講不通的。因爲有漏根是闇昧的，無漏識是明亮的，二者完全不同。三、所緣緣。意謂如果非遍計所執之法，依靠能緣之心及其心所的挾帶，能緣之心有似所緣之境相，這就是所緣緣。所緣緣之體有二：一親（直接），二疏（間接）。如果與能緣之體不相脱離，衹是見分等內所慮託（識所變），應當知道，那是親所緣緣。如果與能緣之體雖然相脱離，即他識所變，及自身中別識所變，以爲原型，要爲本質能起內所慮託之相分（即影像相分是帶本質之相，名所緣）。應當知道，那是疏所緣緣。親所緣緣，能緣之心都有，因爲離內所慮託之相分，肯定不能生起。對於疏所緣緣來説，在能緣之心裹或有或無，離外所慮託亦可以産生。如執實我，雖無本質，如離彼法心，亦可以産生。關於第八識，初師認爲：衹有親所緣緣，因爲此識由業及自因之力，可以任運變境，所以没有疏所緣緣。二師認爲：肯定亦有疏所緣緣，因爲這第八識要仗他變爲本質方能自變，即種子等亦仗他變，望自身雖爲本質，望他即爲影像。三師認爲：初師和二師所説，都不合道理，自身他身，自土他土，可以互相受用，即以他人所變爲己第八之相分質。因爲自己的種子於他身無受用之理，他人變爲自己的種子，這不合道理，並不是一切有情衆生的種子都一樣。應當説第八識心及其心所，疏所緣緣於一切因果位中有無不定。第七識，在没有達到轉依位的時候，此識中有漏是俱生起，任運無力，必仗第八識以爲外質，自己纔能變化，亦肯定有疏所緣緣。當達到轉依位的時候，疏所緣緣不一定有，因爲緣真如、虚空、過去、未來等的時候，没有外質。第六識意識的行相勇猛鋭利，於一切因果位中能自由自在地發揮作用，或是分别起，或是俱生，所以一切種子所仗外質有無不定，疏所緣緣亦是有無不定。前五識在没有達到轉依位的時候，因其行相中一者粗，二者鈍，三者劣，必仗第八或第六所變外質纔能生起，所以也肯定有疏所緣緣。得轉依位以後，這疏所緣緣不一定有，因爲緣真如、過去、未來等没有所仗外質。四、增上緣。如果某些事物有殊勝勢用可以作緣，能對其他事物起隨順促進作用（前九因），或起違逆作用（第十因）。雖然前三緣（因緣、等無間緣、增上緣）亦起增上作用，但第四緣增上緣取除前三緣以外之餘法，這是爲了顯示各緣之間的差别之相。增上緣的隨順和違逆在四方面發生作用，因爲諸法有生、住、成、得四種區别。然而增上作用隨順之事雖然很多，但有明顯作用的祇有二十二種，應當知道，這就是二十二根。眼、耳、鼻、舌、身五色根以第八阿賴耶識等所變眼等淨色根爲其特性。男、女二根屬於身根，故以身根的一小部分爲其特性。命根不能單獨存在，正如我們所見到的那樣，它祇是依第八阿賴耶識的種子分位而虚假成立。意根總的以八識爲其特性。苦、樂、憂、喜、捨五受根相當於遍行心所法中的「受」，各以五種感受配之。信等五善根以信、精進、念、定、慧及善念等爲自己的特性。未知當知根的體性居位有三種：一、根本位。意謂在見道除最後一刹那外，没有未知而當知者。二、加行位。意謂煖、頂、忍、世第一法鄰近並能引發根本位。三、資糧位。意謂因爲認識了四諦之理，發心欲求肯定的殊勝善法——涅槃，乃至未起順決擇分善以前，於一切方便道中所有善根都稱爲資糧位，能够從遠的方面資生根本見道位。於此三位（根本位、加行位、資糧位）九根爲性，即信、精進、念、定、慧、意、喜、樂、捨。在加行位和資糧位於後涅槃勝法求證，亦有愁慼，亦有憂根，但它不是真正的善根，所以瑜伽師地論等佛教經典大多不説。在空無邊處、識無邊處、無所有處的前三無色有未知當知根，因爲殊勝的見道有這種禪定。或者小乘佛教的聲聞、緣覺二乘第三果已去迴趣大乘者，爲證初地法空，地前亦起九地（六色界、三無色）所攝生空無漏智。彼先於生空智爲菩薩觀起，順菩薩觀故，皆此根攝。菩薩見道亦有這未知當知根，祇説地前，因見道的時間很短促。從見道最後一刹那開始，乃至金剛喻定，所有信等無漏九根都是已知根性，因爲還没有脱離欲望，爲了求得上品解脱，還有愁慼，亦有憂根，不是真正的善根，所以瑜伽師地論等佛教經典大多不説。各種無學位的無漏九根，一切都是具知根性。有頂雖然有遊觀無漏，但不明利，所以不是無漏三根。二十二根的自性就是這樣，關於其他方面的問題，如瑜伽師地論等所説應當知道。

成唯識論校釋卷第八

護法等菩薩造
唐三藏法師玄奘奉詔譯

如是四緣依十五處義差別故，立爲十因。云何此依十五處立？一、語依處。謂法名想所起語性，卽依此處立隨説因〔一〕，謂依此語隨見聞等説諸義故，此卽能説爲所説因。有論説此是名、想、見，由如名字取相執著隨起説故，若依彼説，便顯此因是語依處。二、領受依處。謂所觀待能所受性，卽依此處立觀待因〔二〕。謂觀待此，令彼諸事或生或住或成或得，此是彼觀待因。三、習氣依處。謂内外種未成熟位，卽依此處立牽引因〔三〕，謂能牽引遠自果故。四、有潤種子依處。謂内外種已成熟位，卽依此處立生起因〔四〕，謂能生起近自果故。五、無間滅依處。謂心、心所等無間緣。六、境界依處。謂心、心所所緣緣。七、根依處。謂心、心所所依六根。八、作用依處。謂於所作業、作具、作用，卽除種子餘助現緣。九、士用依處。謂於所作業、作者、作用，卽除種子餘作現緣。十、真實見依處。謂無漏見，除引自種於無漏法能助、引、證。總依此六立攝受因〔五〕，謂攝受五辦有漏法〔六〕，具攝受六辦無漏故。十一、隨順依處。謂無記、染、善現種諸行，能隨順同類勝品諸法，卽依此處立引發因〔一七〕，謂能引起同類勝行及能引得無爲法故。十二、差別功能依處。謂有爲法各於自果有能起證差別勢力，卽依此處立定異因〔一八〕，謂各能生自界等果及各能得自乘果故〔一九〕。十三、和合依處。謂從領受乃至差別功能依處，於所生、住、成、得果中有和合力，卽依此處立同事因〔二〇〕，謂從觀待乃至定異皆同生等一事業故〔二一〕。十四、障礙依處。謂於生、住、成、得事中能障礙法，卽依此處立相違因〔二二〕，謂彼能違生等事故。十五、不障礙依處。謂於生、住、成、得事中不障礙法，卽依此處立不相違因〔二三〕，謂彼不違生等事故。如是十因二因所攝：一能生，二方便。菩薩地說牽引種子生起種子名能生因，所餘諸因方便因攝。此說牽引、生起、引發、定異、同事、不相違中諸因緣種未成熟位名牽引種，已成熟位名生起種，彼六因中諸因緣種皆攝在此二位中故。雖有現起是能生因，如四因中生自種者，而多間斷，此略不說。或親辦果亦立種名，如說現行穀、麥等種。所餘因謂初、二、五、九，及六因中非因緣法，皆是生熟因緣種餘，故總說爲方便因攝。非此二種唯屬彼二因，餘四因中有因緣種故。非唯彼八名所餘因，彼二因亦有非因緣種故。有尋等地說生起因是能生因，餘方便攝。此文意說六因中現種是因緣者，皆名生起因，能親生起自類果故，此所餘因皆方便攝。非此生起唯屬彼因，餘五因中有因緣故。非唯彼九名所餘因，彼生起因中有非因緣故。或菩薩地所說牽引、生起種子卽彼二因，所餘諸因卽彼餘八。雖二因內有非能生因，而因緣種勝，顯故偏説。雖餘因內有非方便因，而增上者多，顯故偏説。有尋等地説生起因是能生因，餘方便者，生起卽是彼生起因，餘因應知卽彼餘九。雖生起中有非因緣種，而去果近，親顯故偏説。雖牽引中亦有因緣種，而去果遠，親隱故不説。餘方便攝，準上應知。所説四緣依何處立？復如何攝十因、二因？論説因緣依種子立，依無間滅立等無間，依境界立所緣，依所餘立增上〔一四〕。此中種子卽是三、四、十一、十二、十三、十五，六依處中因緣種攝。雖現四處亦有因緣，而多間斷，此略不説。或彼亦能親辦自果，如外麥等亦立種名。或種子言唯屬第四，親疏、隱顯、取捨如前。言無間滅境界處者，應知總顯二緣依處非唯五、六，餘依處中亦有中間二緣義故。或唯五、六，餘處雖有而少隱故，略不説之。論説因緣能生因攝，增上緣性卽方便因，中間二緣攝受因攝〔一五〕。雖方便內具後三緣，而增上多，故此偏説。餘因亦有中間二緣，然攝受中顯故偏説。初能生攝，進退如前〔一六〕。

校釋

〔一〕「隨説因」，十因之一，隨説卽因，持業釋，能説是所説之因。隨所見所聞等事物的名稱引起人們的思想，由思想引起言説。

〔二〕「觀待因」：「觀待」意謂相對。謂諸有欲求三界繫縛樂及出世間不繫縛樂者，或求得或受用，彼觀待此，於彼諸緣稱爲觀待因。

〔三〕「牽引因」，有漏、無漏內種和穀、麥等外種，在未成熟位，牽引可愛或不可愛的遠果。

〔四〕「生起因」，內外種子至成熟位，能生現在的自果。

〔五〕「攝受因」，三界惑業繫縛之法及不繫縛之法，都爲真實見所攝受，故稱攝受因。

〔六〕「辦」，磧砂藏本原作「辨」，藏要本據述記卷四十五及高麗藏本。

〔七〕「引發因」，善、染、無記種子引發同類現行，現行引發種子，現行引發現行，種子引發種子，乃至引發無漏，皆此因攝。

〔八〕「定異因」，三界繫縛諸法及不繫縛法，自性功能有差別，能够產生不同的結果。

〔九〕「乘」，磧砂藏本原作「更」，藏要本據述記卷四十五及高麗藏本改。 「等」，成唯識論學記卷七說：「測云：自界等者，等取不繫，如尋伺地三界不繫，各生自類。又等五趣，如對法云：五起因緣各生自趣。基云：又等各自因緣，色種子等各親生故，如菩薩地，種種異類各別因緣。」（商務印書館本第四册第三頁）

〔一〇〕「同事因」，上述七因除隨說因以外的六因，協同成辦某一事業。

〔一一〕「業」，成唯識論學記卷七作「果」。

〔一二〕「相違因」，對事物的生、住、成、得起阻礙作用。

〔一三〕「不相違因」，對事物的生、住、成、得不起阻礙作用。

〔一四〕語見瑜伽師地論卷五：「依種子緣依處施設因緣，依無間滅緣依處施設等無間緣，依境界緣依處施設所緣緣，依所餘緣依處施設增上緣。」（大正藏卷三十第三〇二頁）

〔一五〕語見瑜伽師地論卷二十八：「當知知中若能生因是名因緣，若方便因是增上緣，等無間緣及所緣緣唯望一切心、心所説，由彼一切心及心所前生開導所攝受故，所緣境界所攝受故，方生方轉，是故當知等無間緣及所緣緣攝受因攝。」（大正藏卷三十第五〇一頁）

〔一六〕「進退如前」，述記卷八本説：「然能生因是因緣者，或説六因，或説二因。且依菩薩地，若通取六名進，若唯取二名退。或取六中唯取種子是能生因，攝現不盡名之爲退，若並取現名之爲進。依有尋等地，若取六因名之爲進，唯取一因名之爲退。」（大正藏卷四十三第五〇九頁）

〔本段大意〕這樣的四緣依十五處義之差别而立爲十因。它們怎樣依十五處而立呢？一、語依處。事物的名稱引起人們的思想，又通過言語把這種思想表達出來。就是依語依處立隨説因。意謂解釋一切事物，首先給它們起個名稱並取其相狀，然後纔有言語生起。亦就是説，依據這種言語，並隨從所見、所聞、所覺知等説明各種意思。這就説明，能説是所説之因，大乘阿毘達磨集論説這是名、想、見，如由能詮名字而取境相並起執着，想能取相，執着由於見（見解）。如由名字而起取相、執着以後，隨之而起的是言説，亦就是以名、想、見三法爲因，所生之説是其結果。二、領受依處。意謂觀待能受和所受之性，就是依領受依處立觀待因，意謂觀待能受和所受之性，使各種事或生，或住，或成，或得，這就是它們的觀待因。三、習氣依處。意謂有漏無漏種子和内外種子在還没有成熟的時候，就依習氣依處立牽引因，意謂牽引遠處自果。四、有潤種子依處。意謂内、外種子已經成熟的時候，就依有潤種子依處立生起因，能够生起近處自果。五、無間滅依處。就是心法和心所法的等無間緣。六、境界依處。就是心法和心所法的所緣緣。七、根依處。就是心法和心所法所依的眼、耳、鼻、舌、身、意六根。八、作用依處。謂於作業、作具、作用，卽除内外種子生現行，種子生種子，現行生種子及親助緣，其餘的一切法疏助緣都是作用依處。九、士用依處。意謂於所作業、作者、作用，卽除種子以外，其餘作現緣者都是士用依處。十、真實見依處。真實見卽無漏見。除引自種以外，皆是此因。對於無漏的有爲法，或無漏的無爲法，如能有所資助增上和引證的，都是真實見依處。總依第五無間滅依處、第六境界依處、第七根依處、第八作用依處、第九士用依處、第十真實見依處而立攝受因。助成因緣名爲攝受，前五依處成辦三界有漏諸法，第六依處(真實見依處)成辦無漏法。十一、隨順依處。意謂無記、染、善三性之現行和種子，能够隨順自己同類的殊勝之法，卽依隨順依處成立引發因。意謂能够引發同類勝行，並能引得無爲法。十二、差别功能依處。意謂各有爲法的種子，不僅各於自果有能生的差别勢力，對無爲法亦有能證的作用。卽依此處立定異因。亦就是説，各種有爲法能够産生自界等果報，並各能引得自乘結果。十三、和合依處。意謂從第二領受依處至第十二差别功能依處，在事物的所生、所住、所成、所得的結果中，有和合之力。即依此處成立同事因，因爲從觀待因乃至定異因，都共同產生同一事業。十四、障礙依處。意謂在生、住、成、得的過程中，能對事物起障礙作用，即依此處成立相違因，意謂對事物的生、住、成、得起違逆作用。十五、不障礙依處。意謂在事物的生、住、成、得過程中，對事物不起障礙作用，即依此處成立不相違因。意謂它對事物的生、住、成、得，不起違逆作用。像這樣的十因可以用二因包括：一能生因，二方便因。瑜伽師地論的菩薩地說：牽引種子生起種子稱爲能生因，其餘各因統稱爲方便因。這說明牽引因、生起因、引發因、定異因、同事因、不相違因中，各類因緣種子在没有成熟的時候稱爲牽引種子。已經成熟的時候，稱爲生起種子。因爲在那六因當中，各種因緣種子都包括在未成熟位和已成熟位二位當中。雖然有現行生起是能生因，如引發、定異、同事、不相違四因當中，現行能生種子以爲因緣，但多間斷，非如種子永恒相續，瑜伽師地論的菩薩地略而不說。或者現行直接産生結果，亦立種子之名，如假説現行穀、麥等種。意謂第一言説因、第二觀待因、第五攝受因、第九相違因，以及前六因（牽引因、生起因、引發因、定異因、同事因、不相違因）中的非因緣法，皆是前説除未潤生位、已潤熟位二因種之餘，即説此四因的全部和六因中的一小部分爲方便因。並不是這牽引、生起二種祇屬於十因中牽引、生起二因的全部，因爲能生是因緣，所以其餘的四因（引發因、定異因、同事因、不相違因）中有因緣種子。並不是祇除生起、牽引二因之外的八因都稱爲所餘因，因爲生起、牽引二因中亦有非因緣種子。瑜伽師地論的有尋有伺等三地説生起因是能生因，其餘的屬於方便因。這段文字的意思是說，六因中若現若種已潤未潤但互爲因緣者，都稱爲生起因，因爲若現若種潤未潤時，都能直接生起自類之果。其餘的因都屬於方便因。並不是瑜伽師地論的有尋有伺等三地所說的生起衹屬於十因中的第四因生起因，因爲其餘的牽引因、引發因、定異因、同事因、不相違因五因中有因緣。並不是除生起因以外的九因名所餘因，因爲在那生起因中有非因緣。或如瑜伽師地論的菩薩地所說，牽引、生起種子就是牽引因、生起因，其餘各因卽十因中除牽引、生起二因之外的八因。雖然牽引、生起二因中有非能生因，但此二因中因緣種殊勝，因爲明顯，所以偏說。雖然其餘的四因（引發因、定異因、同事因、不相違因）內有非方便因，但增上法多，因爲明顯，所以要偏說。瑜伽師地論的有尋有伺等三地所說的生起因是能生因，其餘的九因是方便。生起就是那生起因。其餘的因，應當知道，就是除生起因之外的九因。雖然生起因中有業種等非因緣種，但是近得果，就自因中名言種子與果同性，但由於直接而又明顯，故偏說之。雖然牽引因中亦有因緣種子，但距離得果尚遠，親生現行相隱，所以不說牽引因是因緣種的能生因。雖然其餘的四因中亦有因緣，但四因全部及五因的一小部分屬於方便，按照上述道理應當知道。所說的四緣依什麼依處建立呢？又怎樣包含十因和二因呢？瑜伽師地論和顯揚聖教論說因緣是依有潤種子依處而立，依無間滅依處立等無間緣，依境界依處立所緣緣，依其餘的依處立增上緣。所說種子是因緣者，卽十五依處中的第三習氣依處、第四有潤種子依處、第十一隨順依處、第十二差別功能依處、第十三和合依處、第十五不障礙依處，共六依處。此中屬於因緣種子。六依處中雖然除第三、第四兩依處以外的其餘四依處也有現行是因緣者，但多間斷，這裏略去不説。這四種依處中現行能爲因緣者，也屬於種子，因爲它們能够直接産生自己的結果，如外種的麥種等，也立種子之名。或者説種子祇屬於十五依處的第四有潤種子依處，關於親疎、隱顯、取捨的問題，如前所説。所説無間滅依處和境界依處，應當知道這是從總的方面説明等無間緣和所緣緣的依處，但是這二緣不祇是第五無間滅依處和第六境界依處所攝，其餘的如領受依處、和合依處、不障礙依處三依處中也有中間二緣（等無間緣和所緣緣）的意思。或者説祇有第五依處（無間滅依處）和第六依處（境界依處），其餘的三依處（領受依處、和合依處、不障礙依處）雖然也有這二緣的依處，但少而且相隱，所以略去不説。瑜伽師地論説因緣屬於能生因，增上緣是方便因，中間的等無間緣和所緣緣屬於攝受因。雖然方便因内具有後三緣（等無間緣、所緣緣、增上緣），但增上緣多，所以這裏要偏説。其餘的因也有等無間緣和所緣緣，但攝受因中明顯，所以要偏説。能生因是因緣者，或説六因，或説：因，進退如前所説。

所説因、緣必應有果，此果有幾？依何處得？果有五種：一者異熟。謂有漏善及不善法，所招自相續異熟生無記。二者等流。謂習善等所引同類，或似先業後果隨轉。三者離繫。謂無漏道斷障所證善無爲法[一]。四者士用。謂諸作者假諸作具所辦事業。五者增上。謂除前四餘所得果。瑜伽等説習氣依處得異熟果，隨順依處得等流果，真見依處得離繫果，士用依處得士用果，所餘依處得增上果〔二〕。習氣處言，顯諸依處感異熟果一切功能。隨順處言，顯諸依處引等流果一切功能。真見處言，顯諸依處證離繫果一切功能。士用處言，顯諸依處招士用果一切功能。所餘處言，顯諸依處得增上果一切功能。不爾，便應太寬太狹〔三〕。或習氣者唯屬第三，雖異熟因餘處亦有，此處亦有非異熟因，而異熟因去果相遠，習氣亦爾，故此偏説。隨順唯屬第十一處，雖等流果餘處亦得，此處亦得非等流果，而此因招勝行相顯，隨順亦爾，故偏説之。真見處言唯詮第十，雖證離繫餘處亦能，此處亦能得非離繫，而此證離繫相顯故偏説。士用處言唯詮第九，雖士用果餘處亦招，此處亦能招增上等，而名相顯，是故偏説。所餘唯屬餘十一處，雖十一處亦得餘果，招增上果餘處亦能，而此十一多招增上，餘已顯餘，故此偏説。如是即説此五果中，若異熟果，牽引、生起、定異、同事、不相違因，增上緣得。若等流果，牽引、生起、攝受、引發、定異、同事、不相違因，初後緣得。若離繫果，攝受、引發、定異、同事、不相違因，增上緣得。若士用果，有義觀待、攝受、同事、不相違因，增上緣得。有義觀待、牽引、生起、攝受、引發、定異、同事、不相違因，除所緣緣餘三緣得。若增上果，十因、四緣一切容得。

校釋

〔一〕「無爲法」，無爲是梵文Asaṃskṛta的意譯，與有爲相對，指非因緣和合形成無生滅變化的真實存在。唯識宗認爲有六種無爲法：一、虚空無爲，真如離諸障礙，猶如虚空；二、擇滅無爲，靠無漏智的簡擇作用，滅諸煩惱，證得真如；三、非擇滅無爲，不靠無漏智的簡擇力，本性清淨的真如實體；四、不動無爲，進入色界四禪後，不爲苦、樂所動；五、想受滅無爲，修滅盡定進入無想地，滅六識心想及苦、樂二受；六、真如無爲，法性的真實如常之相。

〔二〕語見瑜伽師地論卷五：「依習氣隨順因緣依處施設異熟果及等流果，依真實見因緣依處施設離繫果，依士用因緣依處施設士用果，依所餘因緣依處施設增上果。」（大正藏卷三十第三〇二頁）

〔三〕「便應太寬太狹」，見述記卷八末：「若不如前解者，各有太寬太狹之失。且如習氣唯目第三，即第三中有非業者，亦得異熟果便爲太寬。餘四依處有業種，不得即太狹也。隨順處言，唯目第十一，彼自依處亦引涅槃及非同異界無漏等法故，非等流果，故太寬失。餘或六或八或七依處中亦有不攝，即太狹失。真見處言唯目第十亦爲太寬，自處亦攝俱時及後同類諸法，非離繫果故，餘四處中亦得離繫，既由不説即太狹也。士用處言唯目第九，即自依處中亦引增上、等流果等，若攝彼盡即太寬失。餘或四或十處亦得此果，若不攝者亦太寬失。餘依處中亦有太寬，即前四外餘依處中有等流果等四果體在，若並是別增上果者，即爲太寬。唯除前四所攝之外爲所餘者，前依處中亦有增上果，如習氣中不得異熟果者，即諸因緣種，隨順中不得等流者，即得涅槃。真見亦有不得離繫者引後自類等，領受中亦有不得士用者，如脛足等，若不攝彼便爲太狹，故知於我所說爲正，或此增上唯應難狹。餘四依處得餘果故，然此寬狹一，準於前得果依處頭數說故也。」（大正藏卷四十三第五一〇頁）

〔本段大意〕所說十因、四緣肯定有果，這果有幾種呢？依什麼依處而得何果呢？果有五種：一、異熟果。即有漏善法和不善法所招感的八識自體相續的異熟生無記。二、等流果。所熏習的善、無記、不善種子所引生的同類結果，或似先前所作業，而隨之産生相應的結果。三、離繫果。意謂於無漏道斷障所證得的善無爲法。四、士用果。各位作者假藉各種工具所辦成的事情。五、增上果。除異熟、等流、離繫、士用四果之外其餘所得結果。瑜伽師地論和顯揚聖教論說：習氣依處得異熟果，隨順依處得等流果，真實見依處得離繫果，士用依處得士用果，其餘依處得增上果。初師認爲：所說習氣依處表明各種依處招感異熟果的一切功能，所說隨順依處，表明各依處引生等流果的一切功能。所說的真實見依處，表明各依處證得離繫果的一切功能。所說的士用依處，表明各種依處招感士用果的一切功能。所說的所餘依處，表明各種依處得增上果的一切功能。如果不是這樣的話，就應當是太寬，或者太狹。二師認爲：習氣祇屬十五依處中的第三依處習氣依處，雖然異熟因其餘四處（有潤種子依處、差別功能依處、和合依處、不障礙依處）亦有，習氣依處中亦有非異熟因，但異熟因離果太遠，習氣依處望果亦遠，所以偏説習氣得異熟果。隨順依處衹屬十五依處中的第十一依處，雖然其餘依處（如第六依處境界依處、第七依處根依處、第八依處作用依處）亦得等流果，隨順依處亦得非處流果。但等流因招感勝有爲行相明顯，隨順依處也是這樣，所以論要偏説。所説真實見依處衹詮釋第十依處，雖然其餘的四依處（隨順、差别功能、和合、不障礙）亦能證得離繫果，真實見依處亦能得非離繫果，但證得離繫果的相狀明顯，所以論要偏説。所説的士用依處衹詮釋第九依處，雖然其餘的依處（領受、作用、和合、不障礙）亦招感士用果，但士用依處還能招感增上果等，但士用依處所得士用果，其名相明顯，所以論要偏説。除前四果所不屬，衹屬其餘的十一依處（十五依處除習氣依處、隨順依處、真實見依處、士用依處），雖然這十一依處亦得其餘的果，其餘的依處亦能招感增上果，但這十一依處大多招感增上果，其餘的依處明顯地招感其餘果，所以論要偏説。由此可見，所説的五果當中，如果是異熟果，由牽引因、生起因、定異因、同事因、不相違因和增上緣所得。如果是等流果，則由牽引因、生起因、攝受因、引發因、定異因、同事因、不相違因和因緣、增上緣所得。如果是離繫果，則由攝受因、引發因、定異因、同事因、不相違因和增上緣得。如果是士用果，初師認爲由觀待因、攝受因、同事因、不相違因和增上緣得。二師認爲，士用果由攝受因、引發因、定異因、同事因、不相違因和除所緣緣之外的三緣（因緣、等無間緣、增上緣）所得。如果是增上果，十因、四緣都可以得到。

傍論已了，應辨正論。本識中種容作三緣，生現分別〔一〕，除等無間，謂各親種是彼因緣，爲所緣緣於能緣者，若種於彼，有能助力或不障礙，是增上緣。生淨現行應知亦爾。現起分別展轉相望容作三緣，無因緣故。謂有情類自他展轉容作二緣，除等無間。自八識聚展轉相望，定有增上緣，必無等無間，所緣緣義或無或有，八於七有，七於八無，餘七非八所仗質故，第七於六五無一有，餘六於彼一切皆無，第六於五無，餘五於彼有，五識唯託第八相故。自類前後第六容三，餘除所緣，取現境故，許五後見緣前相者〔二〕，五七前後亦有三緣，前七於八所緣容有，能熏成彼相、見種故。同聚異體展轉相望，唯有增上。諸相應法所仗質同，不相緣故。或依見分說不相緣，依相分說有相緣義。謂諸相分互爲質起，如識中種爲觸等相質。不爾，無色彼應無境故，設許變色亦定緣種，勿見分境不同質故。同體相分爲見二緣，見分於彼但有增上，見與自證相望亦爾。餘二展轉俱作二緣，此中不依種相分說，但說現起互爲緣故。淨八識聚自他展轉皆有所緣，能偏緣故。唯除見分非相所緣，相分理無能緣用故。既現分別緣種現生，種亦理應緣現種起，現種於種能作幾緣？種必不由中二緣起，待心、心所立彼二故〔三〕。現於親種具作二緣，與非親種但爲增上，種望親種亦具二緣，於非親種亦但增上。依斯內識互爲緣起，分別因果理教皆成，所執外緣設有無用，況違理教何固執爲？雖分別言總顯三界心及心所，而隨勝者諸聖教中多門顯示，或說爲二、三、四、五等〔四〕，如餘論中具廣分別〔五〕。

校釋

〔一〕「分別」，包括心法、心所法，不管是見分，還是相分。

〔二〕「許五後見緣前相者」，此據陳那著觀所緣緣論：「或前爲後緣，引彼功能故。」（大正藏卷三十一第八八八頁）

〔三〕「待」，磧砂藏本原作「得」，藏要本據述記卷四十六及高麗藏本改。

〔四〕「或說爲二、三、四、五等」，「二」，據攝大乘論卷四，遍計有二：一自性，二差別。「三」，即自性、隨念、計度。「四」，如攝大乘論所說，即自性、差別、有覺、無覺。「五」，如攝大乘論所說，依名計義，依義計名，依名計名，依義計義，依名義計名義。「等」，此中省略顯揚聖教論卷十所說的六分別，以及楞伽經卷五所說的十分別。

〔五〕「如餘論中具廣分別」，此指瑜伽師地論卷三十八、七十三、七十四，以及顯揚聖教論、攝大乘論等。

〔本段大意〕傍論已經講完，現在應當辨明正論。阿賴耶識中的種子可作因緣、所緣緣、增上緣三緣，所生現行爲分別形式，唯獨不能作等無間緣。所謂種子三緣是：一、各有親生種子，是彼八識的因緣；二、能緣種子的心法和心所法，這種子就是它的所緣緣；三、如果有的種子，對於現行法的生起能够給與助力，或不起障礙作用，這就是增上緣。應當知道，因緣種子生淨現行亦是這様。各種現行分別展轉相望，可以作等無間緣、所緣緣、增上緣三緣，因爲没有因緣。意謂有情衆生自、他身分別展轉容作二緣：所緣緣、增上緣，除等無間緣。對於一個人來説，自己的八識羣展轉相望，肯定有增上緣，肯定没有等無間緣（和因緣），所緣緣的意思或者是有，或者是無。第八識對於其餘七識有所緣緣的意思，前七識對第八識没有所緣緣的意思，因爲前七識不是第八識所依仗的本質。第七識望於第六識和前五識没有所緣緣的意思，後一意識有。前六識望於第七識都没有所緣緣的意思。第六識望於前五識没有所緣緣的意思，前五識望於第六識有所緣緣的意思，因爲前五識祇托第八本識所變爲境相，不待第六識所變色等爲自境故。自身八識一一自類前後相望，第六識可以有等無間緣、所緣緣、增上緣三緣，其餘七識祇有二緣：等無間緣和增上緣，没有因緣和所緣緣，因爲它們祇緣現境。陳那的觀所緣緣論中，説許五識後念見分緣前念相分，前五識和第七識，前與後亦有三緣：因緣、等無間緣、增上緣，第六識亦如此。前七識望於第八識可以有所緣緣，因爲前七識都能熏成第八識的相分、見分種子。同聚異體之識，如一眼識中俱時心、心所一一分別相望，雖是同聚，而是別體。對於這個問題有兩種意見，第一種意見認爲祇有增上緣，没有因緣和等無間緣，有所緣緣嗎？没有，因爲各種相應法所仗本質相同，不能互相爲緣。第二種意見認爲，或依見分同聚心、心所説不相緣，此依因位，佛則不然。若依相分有相緣義，謂諸相分互爲本質方得起故，如本識中諸法種子同時爲觸等五種遍行心所法的相分本質。如果不是這樣的話，無色界中五種心所應無所緣境。假設允許無色界第八識變下界之色，五所如本識亦定緣種，六見分境不同於一個本質。同體相分爲見分二緣：所緣緣、增上緣。見分於相分無所緣緣，祇有增上緣。見分與自證分相望，亦是這樣。其餘的自證分與證自證分展轉相望，俱作二緣：所緣緣和增上緣。此中不依種子的相分説，祇説現行互相爲緣。淨八識聚自他展轉相望，都有所緣，因爲一一都能遍緣一切法，不過在同體的四分中，一定要除去見分望於相分的非所緣緣，因爲一切相分從道理上來講，肯定沒有能緣的作用。既然現起分別緣其種子和現行而生，則其種子從道理上來講亦應當緣其現行和種子而生起，現行和種子對於種子來説能作幾緣呢？種子肯定不能由中間二緣（等無間緣、所緣緣）生起，因爲這二緣待心法、心所法爲果纔能成立。今依因位現行望自親所熏種能爲二緣：因緣、增上緣，與非親種不辨體故，除自種外祇有增上緣。於一切位，種子望自親種亦具二緣：因緣、增上緣，於異性非親種亦祇有增上緣。依這内識若種若現互爲緣起，一切分別若因若果，能生所生，從理從教皆悉成立，汝等小乘所執心外之緣假設有亦無用，況且違背理、教，你們爲什麽要固執己見呢？雖然此言分別是從總的方面説明三界有漏心法和心所法，但隨從分別的殊勝之義，佛典中多方説明，或説有二、三、四、五等分別，如瑜伽師地論、顯揚聖教論攝大乘論等都詳細解釋過。

雖有內識，而無外緣〔一〕，由何有情生死相續？頌曰：

由諸業習氣〔二〕，二取習氣俱，　前異熟既盡，復生餘異熟〔三〕。

論曰：「諸業」謂福、非福、不動〔四〕，卽有漏善、不善思業。業之眷屬亦立業名，同招引滿異熟果故。此雖纔起無間卽滅，無義能招當異熟果。而熏本識起自功能，卽此功能說爲習氣，是業氣分熏習所成，簡曾、現業，故名習氣。如是習氣展轉相續，至成熟時招異熟果，此顯當果勝增上緣。相見、名色、心及心所、本末，彼取皆二取攝〔五〕。彼所熏發，親能生彼本識上功能，名二取習氣，此顯來世異熟果心及彼相應諸因緣種。「俱」謂業種二取種俱〔六〕，是疏親緣互相助義，業招生顯，故頌先說。「前異熟」者，謂前前生業異熟果。「餘異熟」者，謂後後生業異熟果。雖二取種受果無窮，而業習氣受果有盡，由異熟果性別難招，等流、增上性同易感。由感餘生業等種熟，前異熟果受用盡時復別能生餘異熟果，由斯生死輪轉無窮，何假外緣方得相續？此頌意說由業、二取，生死輪迴皆不離識，心、心所法爲彼性故〔七〕。

校釋

〔一〕「雖有內識，而無外緣」，藏要本校注稱：「安慧釋此段生起略云：上已說現在藏識生起轉識，今次當說未來云何結生，故頌云云。」

〔二〕「由」，藏要本校注稱：「梵、藏本此句習氣是體聲，無『由』字義。」「習氣」，梵文 Vāsanā 的意譯，意謂煩惱相續在心中留下的餘習，所以大智度論稱之爲「殘習」或「煩惱殘氣」。唯識宗解釋爲種子。有三種習氣：一、名言習氣。由名相概念熏習形成阿賴耶識的種子，這種子又成爲產生世間萬物的因緣。二、我執習氣。由於妄執有我、我所而熏習形成種子，此類種子成爲人們區分我你他的原因。三、有支習氣。人們的善、惡諸行熏習形成阿賴耶中的種子，此類種子成爲招感不同果報的原因。

〔三〕「復生餘異熟」，藏要本校注稱：「勘梵、藏本，此句末韻云是彼 Tat, Ce-yin-no，意謂異熟是彼藏識也，今譯缺略。」

〔四〕「『諸業』謂福、非福、不動」，藏要本校注稱：「此段至『說爲習氣』句，糅安慧釋。」述記卷八引證大乘阿毘達磨集論卷七、卷八和瑜伽師地論卷九、卷五十三等，對福、非福、不動解釋如下：「福者，勝義，自體及果俱可愛樂，相殊勝故。非福者，不可愛樂，自體及果俱不可樂，相鄙劣故。不動者，不可改轉義，其業多少住一境界，不移動故。又復移轉境，如生得散善，亦從於動，總名不動。」（大正藏卷四十二第五一四頁）

〔五〕「相見、名色、心及心所、本末，彼取皆二取攝」，藏要本校注稱：「安慧釋云：『二取者，謂所取之取及能取之取，此中若執著有所取法離識自存者爲所取取，又執定此法由識分別了知者爲能取取。』次釋習氣，大同今譯。」　「相見」，見分爲實能取，相分爲實所取。　「名色」，色爲五蘊中的色蘊，名爲受、想、行、識四蘊。　「心及心所」，一切五蘊之法皆不離此。　「本末」，謂取現果第八識是諸異熟之根本，故名之爲本。餘識中異熟名之爲末，是第八識之末果。此取二異熟，卽愛樂執取和緣取。或第八識總報品名本，餘識別報品名末，攝一切法。　「彼取」，卽上述相見、名色、心及心所、本末四取。

〔六〕「『俱』謂業種二取種俱」，藏要本校注稱：「此段至『謂後後生句』糅安慧釋，原釋末云：『餘異熟卽彼藏識得生，離藏識無別異熟故。』蓋釋頌文末句『彼』字也，原釋此下卽以理教證成別有藏識。無復次釋。」

〔七〕「性」，磧砂藏本原作「淨」，藏要本據述記卷四十七及高麗藏本改。

〔本段大意〕雖然有內識，但無外部條件，有情衆生怎能生死相續呢？唯識三十頌說：由於各種業習氣和二取習氣相應，前一生命的異熟體既盡，又會生起其餘的異熟果報體。論說：頌文的「諸業」是指福業、非福業和不動業，卽有漏善、不善思業。業的眷屬（如五蘊等）亦立業之名，因爲它門與業同樣能够招感「引」（總報）「滿」（別報）。這種業剛剛生起，馬上就消滅，無別義理像說一切有部那樣能够招感當來真異熟果。現行之業當造之時，熏於本識，生起自業之功能。這種功能就是頌文所說的「習氣」，爲什麽叫習氣呢？因爲這種功能是業的氣分，這就是習氣的「氣」字。這種功能是由現行熏習而成，這就是習氣的「習」字。不同於無慚外道（耆那教）所說的業皆宿作並是曾有，亦不同於化地部等所主張的業入過去，現皆有體。這種習氣亦不同於說一切有部等所主張的過去有體之曾業。亦不同於順世外道所説的一切果唯現業所得，作時即受。所以稱爲習氣。這種習氣展轉相續，到成熟的時候，就會招感當來異熟果報，這説明業習氣是感當來異熟果的最殊勝的增上緣，相見、名色、心及心所、本末，以上所説的四取都包括在能取、所取之中。由相分、見分等八種所熏發，能够直接産生這八種，居在第八識上的功能稱爲能取、所取習氣。這説明來世異熟果心及心相應法，各望自果爲因緣種子。頌文的「俱」意謂業的種子與能取、所取種子在一起，同時感生結果，是間接條件與直接條件互相協助的意思，由於業種招生結果明顯，所以頌文先説。頌文的「前異熟」是指過去世多生之業招感異熟果報。頌文「餘異熟」是指由業所招感的未來世多生異熟果報。雖然能取、所取種子受果無窮無盡，但業的習氣受果是有窮盡的。因爲異熟果一者性別，與業性不同，不多相順；二者難招，業雖招得，但必異世，果報纔能成熟。等流果及增上果，一者性同，體性相順；二者易感，同時生故。由感當來餘生業等種子成熟，於今身中前異熟果受用盡時，即是此身臨終之位，彼所熟業又能另外生起以後的其餘異熟果。由此所説業果不斷，生死相續，輪轉無窮，哪裏用得着假藉心外條件方得生死相續呢？這頌文的意思是説，由業及能取、所取爲緣爲因，使生死輪迴都離不開識，非心外法使生死相續。因爲業和二取都離不開心法和心所法，所以心法和心所法是生死因果的體性。

復次〔一〕，生死相續由諸習氣，然諸習氣總有三種：一、名言習氣〔二〕。謂有爲法各別親種。名言有二：一表義名言，卽能詮義音聲差別；二顯境名言，卽能了境心、心所法。隨二名言所熏成種，作有爲法各別因緣。二、我執習氣。謂虛妄執我、我所種。我執有二：一俱生我執，卽修所斷我、我所執；二分別我執，卽見所斷我、我所執。隨二我執所熏成種，令有情等自、他差別。三、有支習氣。謂招三界異熟業種。有支有二：一有漏善，卽是能招可愛果業；二諸不善，卽是能招非愛果業。隨二有支所熏成種，令異熟果善、惡趣別。應知我執、有支習氣於差別果是增上緣。此頌所言「業習氣」者，應知卽是有支習氣。二取習氣應知卽是我執、名言二種習氣，取我、我所及取名言而熏成故，皆說名取。「俱」等餘文義如前釋。復次，生死相續由惑、業、苦，發業潤生煩惱名惑，能感後有諸業名業，業所引生衆苦名苦〔三〕，惑、業、苦種皆名習氣。前二習氣與生死苦爲增上緣，助生苦故，第三習氣望生死苦能作因緣，親生苦故。頌三習氣，如應當知。惑、苦名取，能、所取故，取是著義，業不得名。「俱」等餘文義如前釋。

校釋

〔一〕「復次」，藏要本校注稱：「此下三段重廣前釋，安慧釋無文。」

〔二〕「名言」，即事物的名目與言句。有二種名言：一、表義名言。那詮釋事物意思的聲音；二、顯境名言。即了知外境的心法和心所法。

〔三〕「衆苦」，此指三苦或八苦。三苦如下：一、苦苦，由於寒、熱、飢、渴等條件所造成的痛苦；二、壞苦，樂境變壞時所造成的痛苦；三、行苦，由於一切有漏有爲法遷流變動所造成的痛苦。八苦如下：一、生苦，有兩方面的含義：一爲出生時的痛苦，二爲生是其他痛苦的基礎；二、老苦；三、病苦；四、死苦；五、怨憎會苦，與討厭的人在一起所造成的痛苦；六、愛別離苦，與親愛的人分離所造成的痛苦；七、求不得苦，欲望得不到滿足所造成的痛苦；八、五取蘊苦，五取蘊或五蘊是構成人體的五種因素，五取蘊刹那遷流變化，是生、老、病、死等各種身心痛苦的總集。三苦的苦苦相當於八苦的生、老、病、死苦和怨憎會苦，壞苦相當於愛別離苦和求不得苦。行苦相當於五取蘊苦。

〔本段大意〕此外，生死相續由於各種習氣，然而各種習氣總共有三種：一、名言習氣。就是有爲法的各自直接種子。名言有二種：①表義名言，就是能詮表義理的音聲差別；②顯境名言，就是能够了別外境的心法和心所法。隨從這兩種名言熏習所成的種子，作有爲法的各自因緣。

二、我執習氣。就是人們虛妄計度的我和我所的種子。我執有二種：①俱生我執，即修道所斷的我和我所執；②分別我執，即見道所斷的我和我所執。隨從這二種我執所熏習而成的種子，使有情衆生等有自、他之別。三、有支習氣。即招感三界異熟果報的業種子。有支有二種：①有漏善，就是能够招感可愛果報的業；②各種不善，就是能够招感不可愛果報的業。隨從這二種有支熏習而成的種子，使異熟果報有善趣和惡趣之别。應當知道，我執習氣和有支習氣在差别果報上是增上緣。應當知道，唯識三十頌所說的「業習氣」就是有支習氣。應當知道，能取和所取習氣就是我執習氣和名言習氣，即取我執、我所執及取名言以爲境界，而熏我執習氣和名言習氣，都稱爲「取」。「俱」等其餘文字的意思，如前所釋。而且，生死相續還由於惑、業、苦。引發行爲潤生煩惱稱爲惑。能够招感後有一切總報、别報和現後等業，除無記業和無漏業以外，都稱爲業。業所引生的各種痛苦都稱爲苦。惑、業、苦的種子都稱爲習氣。前二（惑、業）習氣對於生死苦來說是增上緣，因爲它們能够協助産生痛苦。第三（苦）習氣對於生死苦來說能作因緣，因爲它能够直接産生痛苦。頌文所說的三種習氣，如其所應，應當知道是這樣的：惑和苦稱爲取，因爲惑是能取，苦是所取。「取」是執著的意思，業並無此名。頌文的「俱」等，如前所釋。

此惑、業、苦應知總攝十二有支〔一〕，謂從無明乃至老死，如論廣釋〔二〕。然十二支略攝爲四：一、能引支。謂無明、行，能引識等五果種故〔三〕。此中無明唯取能發正感後世善、惡業者〔四〕，即彼所發乃名爲行〔五〕，由此一切順現受業別助當業皆非行支。二、所引支。謂本識內親生當來異熟果，攝識等五種，是前二支所引發故。此中識種謂本識因，除後三因，餘因皆是名色種攝，後之三因如名次第即後三種。或名色種總攝五因，於中隨勝立餘四種，六處與識總別亦然。集論說識亦是能引，識中業種名識支故，異熟識種名色攝故。經說識支通能、所引，業種識種俱名識故，識是名色依非名色攝故。識等五種由業熏發，雖實同時，而依主伴、總別、勝劣、因果相異，故諸聖教假說前後，或依當來現起分位有次第故說有前後。由斯識等亦說現行，因時定無現行義故。復由此說生引同時，潤未潤時必不俱故。三、能生支。謂愛、取、有，近生當來生、老死故。謂緣迷內異熟果愚發正能招後有諸業爲緣，引發親生當來生、老死位五果種已，復依迷外增上果愚緣境界受發起貪愛，緣愛復生欲等四取〔六〕，愛、取合潤能引業種及所引因，轉名爲有，俱能近有後有果故。有處唯說業種名有〔七〕，此能正感異熟果故。復有唯說五種名有，親生當來識等種故。四、所生支。謂生、老死，是愛、取、有近所生故。謂從中有至本有中未衰變來皆生支攝〔八〕，諸衰變位總名爲老，身壞命終乃名爲死。老非定有，附死立支。病何非支？不徧定故。老雖不定，徧故立支。諸界、趣、生除中夭者，將終皆有衰朽行故。名色不徧，何故立支？定故立支。胎、卵、溼生者，六處未滿，定有名色故。又名色支亦是徧有，有色化生初受生位雖具五根，而未有用，爾時未名六處支故。初生無色雖定有意根，而不明了，未名意處故，由斯論説十二有支一切一分上二界有〔九〕。愛非徧有，寧別立支？生惡趣者不愛彼故。定故別立，不求無有生善趣者定有愛故，不還潤生愛雖不起，然如彼取定有種故。又愛亦徧，生惡趣者於現我境亦有愛故，依無希求惡趣身愛經説非有，非彼全無。何緣所生立生、老死，所引別立識等五支？因位難知差別相故，依當果位別立五支。謂續生時因識相顯，次根未滿名色相增，次根滿時六處明盛，依斯發觸，因觸起受，爾時乃名受果究竟，依此果位立因爲五。果位易了，差別相故，總立二支以顯三苦。然所生果若在未來爲生厭故，説生、老、死。若至現在，爲令了知分位相生，説識等五。何緣發業總立無明？潤業位中別立愛、取？雖諸煩惱皆能發潤，而發業位無明力增，以具十一殊勝事故〔一〇〕，謂所緣等，廣如經説。於潤業位愛力偏增，説愛如水能沃潤故〔一一〕。要數溉灌方生有芽，且依初後分愛取二，無重發義立一無明。雖取支中攝諸煩惱，而愛潤勝説是愛增。諸緣起支皆依自地，有所發行依他無明，如下無明發上地行。不爾，初伏下地染者，所起上定應非行支，彼地無明猶未起故。從上下地生下上者，彼緣何受而起愛支？彼愛亦緣當生地受，若現若種，於理無違。此十二支十因二果定不同世，因中前七與愛、取、有或異或同，若二、三、七各定同世。如是十二一重因果足顯輪轉及離斷常〔一二〕，施設兩重實爲無用〔一三〕，或應過此便致無窮。此十二支義門別者，九實，三假，已潤六支合爲有故，卽識等五三相位別名生等故。五是一事，謂無明、識、觸、受、愛五，餘非一事。三唯是染，煩惱性故。七唯不染，異熟果故。七分位中容起染故，假說通二，餘通二種。無明、愛、取說名獨相，不與餘支相交雜故。餘是雜相。六唯非色，謂無明、識、觸、受、愛、取，餘通二種。皆是有漏，唯有爲攝，無漏無爲非有支故〔一四〕。無明、愛、取唯通不善、有覆無記，行唯善、惡，有通善、惡、無覆無記，餘七唯是無覆無記，七分位中亦起善、染。雖皆通三界，而有分有全〔一五〕。上地行支能伏下地，卽麤、苦等六種行相有求上生而起彼故〔一六〕。一切皆唯非學無學，聖者所起有漏善業，明爲緣故，違有支故，非有支攝。由此應知，聖必不造感後有業，於後苦果不迷求故，雜修靜慮資下故業，生淨居等，於理無違。

校釋

〔一〕「十二有支」，卽十二因緣（Dvādaśāṅgapratītyasamutpāda），因包括無明、行、識、名色、六處、觸、受、愛、取、有、生、老死十二個部分，故稱十二有支或十二支。這十二支的關係如下：一、無明緣行。因不懂得佛教真理而有種種世俗行爲。二、行緣識。由於「行」的牽引，使「識」向相應的處所投生。三、識緣名色。名即五蘊中的受、想、行、識四蘊，屬於精神現象。色是五蘊中的色蘊，屬於物質現象。四、名色緣六處。「六處」即眼、耳、鼻、舌、身、意六根。五、六處緣觸。有六根以後就要與外境接觸。六、觸緣受。由於與外境接觸，即產生苦、樂、憂、喜、捨五種感受。七、受緣愛。由於感受而生貪愛。八、愛緣取。由於貪愛便追求和執取可供享樂的東西。九、取緣有。「有」即三有，亦稱三界：欲界、色界、無色界。十、有緣生。十一、生緣老死。十二支可以貫穿過去、現在、未來三世，由無明、行二支作爲過去因，識、名色、六處、觸、受五支則爲現在果。由愛、取、有三支爲現在因，生、老死則爲未來果。此稱三世兩重因果。

〔二〕「如論廣釋」，講到十二因緣的有瑜伽師地論卷九、卷十、卷九十三，以及大乘阿毘達磨集論卷四十、十地經論卷八和世親造十二因緣論等。

〔三〕「能引識等五果種」，由無明和行作爲過去世的因，可以引生識、名色、六處、觸、受五種現在世果報的種子。

〔四〕「無明」，梵文Avidyā的意譯，意謂不明了佛教真理。有五種無明：一、相應無明。與貪、瞋、慢、疑、惡見五大惑共起的無明。二、不共無明，亦稱獨頭無明，不與貪等五大惑共起。三、恒行不共無明。不共無明中與第七末那識相應者，永恒相續不斷，不同於與第六識意識相應的有間斷的無明。四、主獨無明。與意識相應的不共無明，不但不與根本煩惱俱起，亦不與隨煩惱俱起。是最强盛的無明。五、非主獨行無明。與忿等隨煩惱俱起，但被剥奪勢力。前四種無明是煩惱障，能發諸業。第五是所知障，不能發業。所以這裏講的無明是指前四種。

〔五〕「行」，梵文 Saṃskāra 的意譯，意謂行爲，即身行、口行、意行，此稱三業。即人的一切身心活動。屬於十二支的第二支行支。

〔六〕「四取」，梵文 Catur-prāmarśa 的意譯，意謂取着。四取如下：一、欲取。對色、聲、香、味、觸五塵貪欲取着。二、見取。由五蘊和合而生我見、邊見等。三、戒取。外道取着修行非理之戒禁，如狗戒、牛戒等。四、我語取。由我見、我慢等所發言語。佛性論和俱舍論認爲四取包括一百零八種煩惱。一、欲取。在欲界四諦修道各有貪、瞋、癡、慢、無明五惑，共二十。每諦各有一疑，合前共二十四，再加十纏，總共爲三十四。二、見取。三界各有十二見，即苦諦下有身等五見，集、滅二諦下各有邪見、見取二種，合前爲九種。道諦下有邪見、見取、戒禁取三種，共十二見。三界合爲三十六見。再除去苦諦下與道諦下的二種戒禁取見，三界共除六見。剩下的三十見名爲見取。三、戒禁取，亦稱惑取。即見取中除去的六見。四、我語取。色界五部下各有貪、慢、無明三種，共十五種。四諦下各有一疑，合前爲十九。無色界與此相同。合爲三十八種。

〔七〕「有處唯説業種名有」，見瑜伽師地論卷十：「建立有支有二種：一、就勝分建立，謂取所攝受業，如前已説。二、全分建立，謂業及識，乃至受所有種子。」（大正藏卷三十第三二六頁）

〔八〕「中有」，梵文 Antarabhāva 的意譯，亦稱中陰，指有情衆生的死後生前階段。「本有」，生後死前的現世階段稱爲本有，對死有和中有來説稱爲本有。

〔九〕「由斯論説十二有支一切一分上二界有」，見瑜伽師地論卷十，問：「幾支色界繫？」答：「一切一分。」……如色界繫，當知無色界繫亦爾。

〔一〇〕「十一殊勝事」，見述記卷八末：「十一勝者：一、所緣勝，遍緣染、淨故；二、行相勝，隱真顯妄故；三、因緣勝，惑業生本故；四、等起勝，等能發起能引、所引、能生、所生緣起法故；五、轉異勝，隨眠纏縛相應不共四轉異故；六、邪行勝，於諦起增益及損減行故；七、相狀勝，微細自相遍愛非愛，共相轉故；八、作業勝，作流轉所依事，作寂止能障事故；九、障礙勝，障礙勝法及廣法故；十、隨轉勝，乃至有頂猶隨轉故；十一、對治勝，二種妙智所對治故。」（大正藏卷四十四第五二七頁）

〔一一〕「説愛如水能沃潤故」，見瑜伽師地論卷五十五，問：「何故於集諦爲四行觀？」答：「由有四種愛故。此四種愛當知由常、樂、淨、我愛差別故，建立差別。初愛爲緣建立喜貪俱行愛及彼彼希望愛，最後愛爲緣建立獨愛，當知此愛隨逐自體。又愛云何？謂於自體親昵藏護。後有愛云何？謂求當來自體差別。喜貪俱行愛云何？謂於現前或於已得可愛色、聲、香、味、觸、法起貪著愛。彼彼希望愛云何？謂於所餘可愛色等起希求愛。」（大正藏卷三十第六〇四——六〇五頁）

〔一二〕「一重因果」，無明、行、識、名色、六處、觸、受、愛、取、有十支是因，生和老死二支是果，因在過去世，果在現在世或未來世。因在現在世，果在未來世。祇要有這一重因果，就可以表明三世俱有，建立輪迴，並破除常見和斷見。以十支爲因即破常見，以二支爲果即破斷見。

〔一三〕「兩重」，即小乘佛教説一切有部的三世兩重因果，以無明和行二支作爲過去世的因，識、名色、六處、觸、受五支則爲現在世的果。這是一重因果關係。愛、取、有三支作爲現在世的因，生、老死二支則爲未來世的果。這又是一重因果關係。

〔一四〕本段是有漏有爲無漏無爲，是對小乘佛教大衆部、化地部而説。

〔一五〕「而有分有全」，欲界攝十二支全部，色界和無色界攝十二支少分。

〔一六〕「麤、苦等六種行相」，三界分爲九地，對上地和下地進行比較，下地粗、苦、障，觀而厭之；上地静、妙、離，觀而欣之。由於這種欣、厭之力，次第斷下地之惑。所以六行觀又稱爲欣厭觀。

〔本段大意〕應當知道，這惑、業、苦總的包括十二有支，即從無明乃至老死，如瑜伽師地論、大乘阿毘達磨集論、十地經論和十二因緣論等所詳細解釋的。然而十二支可以簡略爲四支：一、能引支。即無明和行，能够引生識、名色、六處、觸、受五種現在世果報的種子。這裏的無明祇取能够引發招感後世善業和惡業者，即這種無明所引發的乃稱爲行。由此可知，一切不感果的順現受業，或者别助招感當來果報的業力當中，那唯感别報的業力，都不是行支。二、所引支。阿賴耶識内直接產生當來異熟果的識等五果種子，因爲這是前述無明、行二支所引發，所以稱爲所引支。五種之中的識種是本識之因，是阿賴耶識的因緣種子，除後邊的六根、觸、受三種，其餘的色和四蘊之因緣種都是名色種子所攝，後邊的六處、觸、受三因，如其名稱次第就是六處種子、觸種子、受種子。或者說名色種子總的包括識、名色、六處、觸、受五因，此中隨順殊勝之義而立其餘四支的種子。六處和識的總別之義亦是這樣，六處名爲總，攝六識界故。識支是別，由意界所攝。大乘阿毘達磨集論說識亦是能引支，因爲識中的業種子稱爲識支，因爲異熟識的種子屬於名色，因爲緣起經說識支通能引支和所引支，因爲業種子和識種子都稱爲識，緣起經說識是名色所依，但並不屬於名色。識、名色、六處、觸、受五支由業所熏發，感招之位雖然確實同時，但主伴之相不同，意謂本識爲主，其餘的四種（名色、六處、觸、受）爲助伴。總別之相亦不同，除識之外的四支中，名色是總，性寬；其餘的三種是別，因義用狹窄。勝劣之相亦不同，六處、觸、受三支中，六處是勝，因爲它是觸和受的所依；觸和受是劣，因爲它們依六處而生。因果之相亦不同，在觸和受中，觸是因，因爲它能生受；受是果，因爲它由觸所生。識等五支有此相異，各聖人之教假說前後，體實同時。或依當來生起分位，或依現在已起分位，因有次第而說識等五支前後不同。所以，十地經論和大乘阿毘達磨集論說，識等五支亦有現行，因爲在因位（種子）時肯定沒有現行的意思。因此，緣起經又說生與引同時，於當起位方説同時，於初熏時未能現起，潤與未潤肯定不能同時。三、能生支。即愛、取、有三支，因爲它們能够産生最近未來的生和老死。受有二種，即內異熟受和外境界受。受內異熟時，由迷內異熟果的無明，引發能够招感後有的各種業，以此爲緣，引發直接産生未來生和老死的識、名色、六處、觸、受五果的種子以後，又依迷外增上果的無明，以境界受爲緣發起貪愛煩惱，以貪愛爲條件又産生欲取、見取、戒取、我語取。愛和取合潤，能够産生業種子，以及所引因識、名色、六處、觸、受五支的種子轉名爲有，因爲這六類種子都能直接産生未來的結果。瑜伽師地論說，祇有業種子稱爲有，因爲它能够直接産生異熟果。又有的經論祇說識、名色、六處、觸、受五法種子稱之爲有，因爲它們能够直接産生未來的識、名色、六處、觸和受。四、所生支。即生和老死，因爲它們直接由愛、取、有所産生。意謂從中有初生以後至本有中，隨命長短未衰變位都是生支。諸衰變位心色俱衰，總名爲老。身壞命終入滅相位方名爲死。老不一定有，所以附屬於死立爲一支。外人問：老支不定，附死合立。病亦不定，應合立支，病爲什麽不立支呢？論主回答說：因爲病不遍三界、五趣，在界、趣之中亦非定有。老雖然不定，但由於它遍有，所以立支。諸界、諸趣、諸生，除中途夭折者而外，臨終之時，根、識都會衰朽。外人問：名色並非普遍存在，爲什麽要立支呢？論主回答說：但隨其趣、生所應有處必定有，所以要立支。因爲胎生、卵生、濕生者，六處未滿以前，肯定有名色。而且，名色所以要立支，是因爲它們亦遍三界。在色界化生初受生位，雖然具有眼、耳、鼻、舌、身五根，但還没有作用，此時還不能稱爲六處支。初生無色界的時候，雖然肯定有意根，但不明了，還不能稱爲意處。因此瑜伽師地論說，十二有支在欲界全有，在色、無色二界有一部分。外人問：愛並不是普遍存在，怎能特別立爲一支呢？因爲生惡趣者並不愛惡趣，所以愛並非普遍存在。論主回答說：因爲愛肯定存在，所以要特别立爲一支。唯除彼求無後有及生惡趣以外，肯定有愛産生，因爲不求無有及生善趣者，肯定有愛。其不還果生他地潤生，雖然不現起愛，然而如果於彼自身取支，肯定有愛的種子。而且，實際上愛是普遍存在的，生惡趣者雖彼不愛當生處身，於現我身及現在境亦會生起愛，所以生惡趣有愛潤生。緣起經依無希求當來惡趣身之愛，説生惡趣無有愛生起，並不是説生彼趣諸愛全無。外人問：爲什麽所生之果合立生老死，於所引位乃别開立識、名色、六處、觸、受五支呢？論主回答説：因爲在因位是種子，很難知道它們的差别之相，佛教經典依據當生果位分别立爲識等五支。意謂於當來初生之時果識初起，即是因識相顯。即初刹那，或説最初七天，於次識位五根未滿以前，果名色生起，令因名色（種子）相貌增長，即第四個七日以前，此中五支皆應有因，次前名色第四個七日以後五根滿時，因六處明盛，依此六處發觸相顯，因觸起受，因受相增，此時稱爲受果圓滿究竟位，依此當起果位次第立因支爲五。因爲在當現果位容易明了差别之相，總立生、老死二支，以此顯示三苦，生顯行苦，老顯壞苦，死顯苦苦。然而所生果若在未來，爲令有情生厭離故，但總相説生、老死支。若至現在爲了使人們了知分位之相産生，故説識、名色、六處、觸、受五支。外人問：各種煩惱都能發業，爲什麽支内不同愛、取而總立無明呢？而且，各種煩惱都能潤業，爲什麽不同無明亦祇一種，而分别立爲愛、取呢？論主回答説：雖然一切煩惱都能發業潤業，但無明之力發業的作用增勝於其他煩惱，因具十一種殊勝之事，即所緣勝等，詳解如佛經所説。雖然各種煩惱皆能潤生，但於潤業位愛力偏增，因爲聖教皆説愛如於水，能沃能潤，並未説其他煩惱。要經過多次灌溉纔能使它生芽，今者且依愛之初後分愛、取二支，發業之義不可重發，立一無明如一芽生，不可再生。雖然取支當中包括各種煩惱，但愛潤生殊勝，故説愛增勝。外人問：諸緣起支，若生此地中十二支，皆唯與同地十二支爲緣呢？亦容許與他地十二支爲緣呢？論主回答説：一般來説，十二有支都與自地支爲緣，但所發行支亦有依他地無明爲緣的，如下地無明發上地行支。如果不允許下地無明能發上地行支，初伏下地染所起未至上定，應當不是行支，因爲此時彼地無明猶未生起。外人問：從上地生到下地，從下地生到上地的有情衆生，其能潤當生的愛，是以當生地受爲緣呢？還是以現居地受爲緣呢？論主回答説：隨其所應，這種愛亦緣當生地之受，這種受不管是現行，亦不管是種子，這種説法都不違背佛教道理。在這十二支當中，前十支（無明、行、識、名色、六處、觸、受、愛、取、有）因和後二支（生、老死）果肯定不能同世。因中的前七支與愛、取、有三支，或者異世，或者同世。十二支中，若生、老死二支，愛、取、有三支，無明、行、識、名色、六處、觸、受七支，各定同世。這樣的十二有支，祇要設立一重因果關係，肯定能够説明輪迴理論，並脱離斷見和常見，像小乘佛教説一切有部那樣施設兩重因果關係實在是没有用途。如果不堅持這種觀點，便會導致無窮的過失。這十二支的諸門分别。第一、假實分别門。無明、行、識、名色、六處、觸、受、愛、取九支是實，有、生、老死三支是假，因爲被愛、取已潤的行、識、名色、六處、觸、受六支種子，合名爲有，離此六支，别無自體，所以有是假。識、名色、六處、觸、受五支的種子至現在時，顯生、異、滅三相位的差別，初起名生，變異名老，離滅稱爲死。其體就是識等五支，所以生、老死支是假。第二、一事非一事門。「事」意謂體。無明、識、觸、受、愛五支是一事，如無明以無明爲體，識以阿賴耶識爲體。其餘各支，其體都通二法以上，所以並非一事，如行支通色、心二法，取通其餘諸惑。第三、染不染門。無明、愛、取三支是染性，因爲它們是煩惱性的緣故。識、名色、六處、觸、受、生、老死七支，體性唯是不染，因爲它們是異熟果，是無覆無記性。問：如果是這樣的話，瑜伽師地論爲什麼説三染，餘通二種呢？答：因爲七支的分位中容許起染，假説通二。其餘支通二種，意謂行、有二支，行通善、染，有亦通無記。第四、獨雜分別門。無明、愛、取三支稱爲獨相，即此體爲支，不與其餘的支相交雜。其餘九支都是雜相。第五、色非色門。十二支中的無明、識、觸、受、愛、取六支，祇是心法，不通色法。其餘六支通色、心二法。第六第七、有漏有爲無漏無爲門。十二有支都是有漏，祇屬於有爲法，因爲無漏逆生死，斷生死，無爲不是緣起之義。第八、三性分別門。十二支中的無明、愛、取三支祇通不善和有覆無記。行支祇通善性和惡性，有支通善、惡、無覆無記三性。其餘七支（識、名色、六處、觸、受、生、老死）祇是無覆無記性，七支在分位中容起善、染，但非體染，所以七支之體祇是無覆無記。第九、三界分別門。十二支雖然都通三界，但有的是部分，有的是全部，欲界攝十二支全部，色界、無色界攝十二支少分。第十、能所治門。上地行支能伏下地一切支。上地行支即粗、苦、障、靜、妙、離六種行相，有求上地法的有情衆生，由觀下界十二支爲粗、苦、障，觀上界爲静、妙、離。由下地無明所發行支，觀粗、苦、障等能觀行相，由於厭惡下地，所以能够對治下地一切支。第十一、學等分別門。十二有支都不是有學和無學，聖者雖有所起的有漏善業，但他們以無漏明慧爲緣所起，與有支相違，不屬於有支。由此應當知道，聖者肯定不造招感後有果的業，因爲聖者們於後有苦果不迷不求。不還果等雜修第四静慮，資下無雲天等故業，生淨居天等，與此道理不相違背。

有義無明唯見所斷，要迷諦理能發行故，聖必不造後有業故。愛、取二支唯修所斷，貪求當有而潤生故，九種命終心俱生愛俱故。餘九皆通見、修所斷。有義一切皆通二斷，論説「預流果已斷一切一分有支〔一〕，無全斷者」故〔二〕。若無明支唯見所斷，寧説預流無全斷者？若愛、取支唯修所斷，寧説彼已斷一切支一分？又説「全界一切煩惱皆能結生，往惡趣行唯分別起煩惱能發」〔三〕。不言潤生唯修所斷，諸感後有行皆見所斷發〔四〕，由此故知無明、愛、取三支亦通見、修所斷。然無明支正發行者，唯見所斷，助者不定，愛、取二支正潤生者唯修所斷，助者不定。又染汙法自性應斷，對治起時彼永斷故，一切有漏不染汙法非性應斷，不違道故。然有二義説之爲斷：一、離縛故，謂斷緣彼雜彼煩惱；二、不生故，謂斷彼依令永不起。依離、縛斷説有漏善、無覆無記唯修所斷，依不生斷説諸惡趣無想定等唯見所斷。說十二支通二斷者，於前諸斷如應當知。十樂、捨俱，受不與受共相應故，老死位中多分無樂及客捨故，十一苦俱非受俱故。十一少分壞苦所攝[五]，老死位中多無樂受，依樂立壞故不說之。十二少分苦苦所攝[六]，一切支中有苦受故。十二全分行苦所攝[七]，諸有漏法皆行苦故。依捨受說十一少分，除老死支如壞苦說。實義如是，諸聖教中隨彼相增所說不定[八]。皆苦諦攝，取蘊性故。五亦集諦攝[九]，業、煩惱性故。諸支相望增上定有，餘之三緣有無不定。契經依定唯說有一。愛望於取，有望於生，有因緣義。若說識支是業種者，行望於識亦作因緣。餘支相望無因緣義。而集論說無明望行有因緣者，依無明時業習氣說，無明俱故假說無明，實是行種。瑜伽論說諸支相望無因緣者，依現愛、取唯業有說。無明望行，愛望於取，生望老死，有餘二緣。有望於生，受望於愛，無等無間，有所緣緣。餘支相望，二俱非有。此中且依鄰近順次不相雜亂實緣起說。異此相望爲緣不定，諸聰慧者如理應思。惑、業、苦三攝十二者，無明、愛、取是惑所攝，行、有一分是業所攝，七、有一分是苦所攝。有處說業全攝有者，應知彼依業有說故。有處說識業所攝者，彼說業種爲識支故。惑業所招獨名苦者，唯苦諦攝爲生厭故。由惑業苦卽十二支，故此能令生死相續。復次，生死相續由內因緣，不待外緣，故唯有識。因謂有漏無漏二業正感生死，故說爲因。緣謂煩惱、所知二障助感生死[一〇]，故說爲緣。所以者何？生死有二：一、分段生死[一一]。謂諸有漏善、不善業，由煩惱障緣助勢力，所感三界麤異熟果。身命短長隨因緣力，有定齊限，故名分段。二、不思議變易生死〔一一〕。謂諸無漏有分別業，由所知障緣助勢力所感殊勝細異熟果，由悲願力改轉身命，無定齊限，故名變易。無漏定願正所資感，妙用難測，名不思議。或名意成身，隨意願成故，如契經說，如取爲緣，有漏業因續後有者而生三有，如是無明習地爲緣〔一二〕，無漏業因有阿羅漢、獨覺、已得自在菩薩，生三種意成身。亦名變化身，無漏定力轉令異本，如變化故。如有論說，聲聞無學永盡後有，云何能證無上菩提？依變化身證無上覺，非業報身，故不違理。若所知障助無漏業能感生死，二乘定姓應不永入無餘涅槃，如諸異生拘煩惱故。如何道諦實能感苦？誰言實感？不爾如何？無漏定願資有漏業，令所得果相續長時，展轉增勝，假說名感。如是感時，由所知障爲緣助力，非獨能感。然所知障不障解脱，無能發業潤生用故。何用資感生死苦爲？自證菩提利樂他故〔一三〕。謂不定姓獨覺、聲聞及得自在大願菩薩，已永斷伏煩惱障故，無容復受當分段身。恐廢長時修菩薩行，遂以無漏勝定願力，如延壽法資現身因，令彼長時與果不絶。數數如是定願資助，乃至證得無上菩提。彼復何須所知障助？既未圓證無相大悲，不執菩提有情實有，無由發起猛利悲願。又所知障障大菩提，爲永斷除，留身久住。又所知障爲有漏依，此障若無，彼定非有，故於身住有大助力。若所留身有漏定願所資助者，分段身攝，二乘異生所知境故。無漏定願所資助者，變易身攝，非彼境故。由此應知變易生死，性是有漏，異熟果攝，於無漏業是增上果，有聖教中說爲無漏出三界者，隨助因說。頌中所言「諸業習氣」，即前所說二業種子。「二取習氣」即前所說二障種子，俱執著故。「俱」等餘文義如前釋。變易生死雖無分段前後異熟別盡別生，而數資助，前後改轉，亦有前盡餘復生義。雖亦由現生死相續，而種定有，頌偏說之。或爲顯示真異熟，因果皆不離本識，故不說現，現異熟因不即與果，轉識間斷，非異熟故。前、中、後際生死輪迴〔一三〕，不待外緣，既由內識，淨法相續應知亦然。謂無始來依附本識有無漏種，由轉識等數數熏發漸漸增勝，乃至究竟得成佛時，轉捨本來雜染識種，轉得始起清淨種識，任持一切功德種子，由本願力，盡未來際，起諸妙用，相續無窮，由此應知唯有內識。

校釋

〔一〕「預流果」，「預流」是梵文 Srotāpanna 的意譯，音譯須陀洹，小乘佛教修行的第一果位，意謂剛剛進入無漏的聖道之流。

〔二〕語見瑜伽師地論卷十，問：「預流果當言幾支已斷耶？」答：「一切一分無全斷者，如預流果。」（大正藏卷三十第三二七頁）

〔三〕語見瑜伽師地論卷五十九，問：「貪等十煩惱，幾能發業幾不能發？」答：「一切能發，若諸煩惱猛利現行，方能發起往惡趣業，非諸失念而現行者，又分別起能發此業，非任運起。」（大正藏卷三十第六二七頁）

〔四〕「諸」，磧砂藏本原作「謂」，藏要本據述記卷四十九及高麗藏本改。

〔五〕「壞苦」，三苦之一，由於樂境變壞所産生的痛苦。

〔六〕「苦苦」，三苦之一，由冷、熱、饑、渴等外部條件所造成的痛苦。

〔七〕「行苦」，三苦之一，由於一切有爲法的無常遷動所造成的痛苦。

〔八〕「諸聖教中隨彼相增所説不定」，緣起經卷上認爲：生和色是行苦，老是壞苦，死是苦苦。十地經論卷八認爲：無明、行、識、名色、六入是行苦，觸和受是苦苦，其餘的因緣分是壞苦。

〔九〕「五亦集諦攝」，此指十二因緣中的行、有、無明、愛、取五支。

〔一〇〕「緣謂煩惱、所知二障助感生死」，藏要本校注稱：「勘安慧釋，理證藏識段有云：『業以煩惱爲增上故，乃引後有，故煩惱爲流轉根本，煩惱滅則輪迴滅。』略同此釋。」

〔一一〕「分段生死」，具有見、思惑之一切凡夫的生死。各種有漏善業和不善業，由煩惱障作爲輔助條件，所招感的三界六道的果報。其身果報有分分段段之差異，所以稱爲分段生死。

〔一二〕「不思議變易生死」，阿羅漢以上聖者的生死。各種無漏善業所招感的界外淨土果報。「不思議」意爲業用之神妙不測，「變易」意爲聖者改易分段之身而得不可思議殊妙之好身。

〔一三〕「無明習地」，即無明住地。「習」爲數習，有此無明等五住地，故稱無明住地。五住地（一見一處住地、二欲愛住地、三色愛住地、四有愛住地、五無明住地）之一，在我、法二執當中，屬法執所攝，爲變易生死之因，在根本無明和枝末無明中，屬於根本無明，是癡闇之心體，是一切煩惱的根本。

〔一四〕「自證菩提利樂他故」，即二利：自利、利他。上求菩提爲自利，下化衆生爲利他。

〔一五〕「前、中、後際」，即三際，亦稱三世，前際即過去世、前世、前生，中際即現在世、現世、現生，後際即未來世、來世、來生。

〔本段大意〕第十二、三斷門。初師認爲：一切發業無明支祇由見道所斷，原因有二：一、因爲要迷諦理之無明行相增，能够發行；二、聖者肯定不造後有果之業。愛、取二支祇能由修道所斷，因爲貪求當生潤生之愛，很明顯不能由見道所斷，因爲大乘阿毘達磨集論說，九種命終之心與俱生愛相伴隨。其餘九支都通見道所斷和修道所斷。二師認爲，十二支都通見、修二道所斷，無明爲什麼亦是修道所斷呢？愛、取二支爲什麼亦是見道所斷呢？因爲瑜伽師地論說，預流果已經斷除一切支的一部分，並沒有完全斷除。如果無明支祇是見道所斷，怎能說預流果沒有完全斷除呢？如果愛、取二支祇是修道所斷，怎能説預流果已經斷除一切支的一部分呢？瑜伽師地論又説，見道斷和修道斷的三界一切煩惱都能結生，往惡趣之行祇能由分別起（而非俱生）的煩惱所引發。諸聖教中不言潤生之惑祇有修道所斷，因爲全界煩惱都能結生，亦不說諸感後有行皆見所斷煩惱所發。「發」唯言惡趣行由分別惑所引發。由此可知，無明、愛、取三支亦通見、修二道所斷。但實際上，引發行的無明祇是見道所斷，助者亦通見道所斷，因其粗猛。助發人天總報之業，亦通修道斷。正潤生的愛、取二支祇是修道所斷，助者亦通見道所斷。而且，染污法的自性應當斷除，對治生起的時候，它要永遠斷除，因爲這種闇法種子與無漏明法相違，無漏起時，闇種便斷。一切有漏的不染污法（善及無覆無記）並非自性應斷，體非闇法，即通五藴，不違聖道。然而，此善、無記有二義，所以説之爲斷。一、離縛斷。「謂斷緣彼煩惱，雜彼煩惱。緣彼煩惱，謂有煩惱緣彼有漏而生，隨彼七識所緣有漏善等境是，若斷能緣煩惱説所緣境名得斷也。雜彼煩惱者，謂第七識起煩惱時，雖不緣彼六識等法，六識等由之成有漏性名染污依故，六識等三性位中彼惑恒起，第七煩惱斷時六識等法名爲得斷。又相間起者名之爲雜，此解即有平等性智等，間第七識等煩惱生故。然相順者名之爲雜，無漏第六、七不順煩惱，正相違故，不名爲雜，此非因等起，諸無記業非等起故，但相間生亦有雜義，性順漏故，間生名雜。又染者謂有漏善業煩惱引故，或有漏性，不同無記，後斷彼時善亦名斷。」（述記卷八末，大正藏卷四十三第五三二頁）二、不生斷。斷彼所依之因，使果永不生起。依離縛斷，瑜伽師地論説，諸有漏善和無覆無記祇是修道所斷，大乘阿毘達磨集論和瑜伽師地論依不生斷説，諸惡趣異熟趣體、無想天、無想定等，祇是見道所斷。瑜伽師地論等説十二有支通見、修二道斷者，於前述二斷中應當知道。無明、愛、取三支，體性染污，是自性斷，然通見道斷和修道斷。行、有二支有染污和非染污二種，染污者爲自性斷，通見道斷和修道斷。非染污者是離縛斷和不生斷，離縛斷是修道斷，不生斷是見道斷。識、名色、六處、觸、受、生、老死七支，體非染污，通離縛斷和不生斷，離縛斷是修道斷，不生斷是見道斷。第十三、三受俱門。十二支中，除受、老死二支以外的十支與樂受和捨受相應，因爲受不與受相應。老死位中大部分無樂及客捨，非謂第八，主捨亦無。十二支中，除受支以外的十一支與苦受相應，因爲受不與受相應。第十四、三苦分別門。十二支中，除老死支以外的十一支少分屬於壞苦。本來十二支通苦苦、壞苦、行苦，這裏除苦苦、行苦，唯取壞苦，所以祇説十一支少分。因爲老死位中多數没有樂受，依樂受變壞而立壞苦，所以不説老死亦是壞苦。十二支少分屬於苦苦，因爲一切支中都有苦受。十二支全部屬於行苦，因爲各種有漏法都是行苦。「約捨受説行苦即十一少分，除老死支，多分無捨故，如壞苦説，前捨受俱行與樂受同故。」（述記卷八末）實際意思就是這樣，各種佛典中根據各支的外相增盛有不同的説法。第十五、四諦門。十二有支都屬於苦諦，因爲它們是有漏的取蘊性，十二支中的行、有、無明、愛、取五支亦屬於集諦，因爲行、有二支是業性，無明、愛、取三支是煩惱性。十二支都不屬於滅、道二諦，因爲它們與無漏無爲的滅、道二諦不相適應。第十六、四緣門。在因緣、等無間緣、所緣緣、增上緣四緣當中，諸支相望，增上緣肯定都有，因爲增上緣的意思最寬，其他三緣有無不定，因其義較狹。佛經依據定有，祇説有一緣——增上緣。三緣中因緣最狹，愛支望於取支，有支望於生支，有因緣的意思。如果説識支是業的種子，行望於識亦作因緣。其餘支相望没有因緣的意思。但大乘阿毘達磨集論説無明望行支有因緣，依於無明俱時之思業習氣説，無明俱故假説無明，實是行種，非實無明。瑜伽師地論説諸支相望有三緣而無因緣，此依現行愛、取，不依種愛、取，衹依業種説爲有。無明望行支，愛望於取，生望老死，有其餘二緣——等無間緣和所緣緣。有望於生，受望於愛，没有等無間緣，有所緣緣。餘支相望，皆無等無間緣和所緣緣。意思是説：行望於識、名色、六處、觸、受五支，觸望愛，取望有，都没有等無間緣和所緣緣。以上所説諸支相望爲緣的意義，是依鄰近、順次、因果前後不相雜亂的真實緣起義説。若異此相望，如約隔越、超一、超二、超多、逆次、相雜假説緣起，則爲緣不定。各位聰明有智慧的人，應當按照上述道理進行思惟。第十七、惑、業、苦攝支門。惑、業、苦三類攝十二支者，無明、愛、取三支屬於惑，行全有一分屬業，識、名色、六處、觸、受、生、老死七支全部和有的一部分屬於苦。瑜伽師地論、十地經論、辨中邊論等説業全攝有，應當知道，這裏所説的「有」是「業有」。所以大乘阿毘達磨集論説，識屬於業，意思是説，業的種子是識。外人問：若苦體者一切皆是，何故惑、業不名爲苦？論主回答説：衹有惑、業所招感的結果稱爲苦，衹屬於苦諦，又爲生厭不起惑、業，由此可知，惑、業、苦就是十二支，它能使衆生生死輪迴，相續不斷。而且，有情衆生的生死相續，由於内部因緣，不需要外部條件，所以衹有識。因就是有漏業和無漏業，因爲這二業是真正招感生死的因素，所以説爲因。緣是煩惱障和所知障，因爲它們協助招感生死，所以説爲緣。爲什麽呢？有二種生死：一、分段生死。就是各種有漏善業和不善業，由煩惱障作爲緣（條件），其輔助勢力所招感的欲、色、無色界的粗異熟果。因爲這種異熟果易見，易知，小乘佛教的聲聞、緣覺二乘人和俗人都知道有這種異熟果，所以稱爲粗（粗顯）。由於因緣之力，身體和生命有短有長，一歲一日乃至八萬劫等，但都有一定的限度，所以稱爲分段。二、不思議變易生死。「謂前諸無漏後得有分別業，由前所知障緣助勢力所感殊勝細異熟果，此望分段轉淨妙故，轉微細故，轉光潔故，無定限故，非彼世間及非迴心二乘境，故名爲殊勝，唯妙唯細漏是菩薩及其自身並佛境界，故名爲細。」（述記卷八末）由大悲救生大願所得的菩提力，改轉舊鄙劣身命成今殊勝身命，轉原來的粗劣身命成今妙細身命，改轉舊身命生死成今身命生死，這就是「變易」的意思。沒有一定的限度，若無漏定願力正所資生，正所感彼得，其妙用細密難測，不像一般人和小乘佛教聲聞、緣覺二乘人所想像的那樣，如果不是菩薩或佛的話，卽不可知，故稱是不思議。這種生死果亦可以稱爲意成身，因隨大悲願意所成就，如勝鬘經所說，如果以取爲緣，這就是煩惱障，有漏業因卽正業因，由惑潤故續後有者而生三界之有，無明習地爲緣就是所知障，無漏業因就是有分別業，以所知障和無漏業爲因，卽生阿羅漢、獨覺、已得自在菩薩三種意成身，亦稱爲變化身。因爲無漏禪定之力，使變化身與原來的身體不同，猶如變化。如顯揚聖教論所說，聲聞無學永遠斷盡以後的再生，怎能證得無上覺悟呢？依變化身證得無上覺悟並不是業報之身，所以這種說法並不違背道理。小乘佛教諸部問：如有學凡夫由煩惱障助有漏業能感生死，便不永入無餘涅槃，一切二乘人有所知障，既能助無漏業能感生死，即汝所言定性二乘應不永入無餘滅界，有所知障及無漏業能感生故。論主回答説：如各有情衆生雖有無漏種，但由於煩惱所拘礙，馳流生死，不趣涅槃。外人問：道諦爲什麽實際上能够招感苦呢？論主回答説：誰説過道諦實際上能够招感苦呢？外人問：若非實感，感義如何？論主回答説：由第四禪無漏勝定資有漏業，使所得果相續新生，長時不絶，展轉增勝，實際上是有漏業招感，但由於無漏資力勝故，假得感名，非無漏業實能感苦。此無漏業如是感時，由所知障爲緣，助此無漏之力，非無漏業獨能感果，這説明所知障不同於煩惱。（以下答第一問）然而所知障不障礙解脱，不像無明等那樣能够引發有漏業，也不像貪等那樣，有潤生的作用。外人問：二乘無學盡此一身必入永滅，與佛無異，何故引彼趣大菩提長時受苦呢？論主回答説：因爲二利：由自己證得菩提（覺悟）爲自利；教化衆生，使衆生獲得利益和享樂，此爲利他。不定二乘（獨覺、聲聞）已永斷煩惱障。八地以上菩薩，即得自在的發大誓願的菩薩，已經永遠治伏煩惱障，因此不需要再受當來分段身，恐怕廢除長時間以來所修的菩薩行，便入無漏的殊勝禪定，以殊勝的誓願之力，如阿羅漢的延壽之法，資養現身之因，即資過去，感今身之業，使業長時生果不絶，如此由於一再地修定及誓願的資助，乃至於證得無上菩提，經三大劫。外人問：既然由無漏資現身之業，令果長時，彼復何須所知障助方感此果？論主回答説：既然還没有成佛，還没有圓滿證得無相大悲，如果不認爲實際上菩提可以求得，有情衆生可度，就没有因由發起猛利大悲和猛利誓願。而且，所知障礙大菩提，因爲它障礙智慧，爲了永遠斷除這種所知障，留身久住，説之爲緣，爲所斷緣故。而且，這種所知障能爲一切有漏之依。由有此障，諸俱行法不成無漏。這種所依之障若無，那種能依有漏肯定没有。今既留身住由有所知障，爲於身住有大助力説爲緣。外人問：且如決定姓阿羅漢等留諸壽行，捨衣鉢等，入邊際定，以修福力資現命業，亦得延壽，變易生死有何别耶？論主回答説：如果所留身是由有漏業和有漏願所資助，屬於分段生死，因爲這是小乘佛教的聲聞、緣覺二乘人和有情衆生所知道的外境。如果所留身是由無漏定及無漏願所資助，屬於變易生死，因爲這不是二乘人和有情衆生所知道的外境。因此應當知道，變易生死的性質是有漏，望感現業屬於五果中的異熟果，通五藴性，此果望於無漏業是增上果，十地經所説的有妙淨土出過三界，這是隨此無漏助業因而説，而體實非。唯識三十頌所説的「諸業習氣」即前文所説的有漏、無漏二業種子。頌文所説的「二取習氣」即前文所説的煩惱障和所知障種子，因爲執著都稱爲「取」。頌文的「俱」等，其義如前所解釋。外人問：變易生死非如分段别死别生，如何可言前異熟既盡等？論主回答説：變易生死雖然不像分段生死那樣，前異熟滅盡，後異熟産生，但由於禪定和誓願的一再資助，改去前惡，轉生後勝，亦有前盡後更生之義。雖然實際上也由於諸法現行，使有情衆生生死相續，但種子相續一切時肯定具有，不像現行那樣多有間斷，所以頌中偏説種子。或者説爲了顯示真異熟因是業種子，果即本識（阿賴耶識），因爲一切果都不離本識，所以不説現行。此諸現行善惡等法，雖然亦是異熟因，但並不是立即生果。外人問：六識之中亦有異熟果，爲什麼頌中不說前盡後生？六識現行亦不離識，因爲它是異熟果。論主回答說：轉識有間斷，因爲它不是異熟，因爲不是真異熟，所以不說六識現行，頌文偏說第八識。前際、中際、後際的生死輪迴，不需要外部條件，既然是由於內識，淨法相續應當知道亦是這樣。意謂自無始以來，依附本識阿賴耶識，有無漏種子。由於前七轉識等的一再熏發，逐漸增勝，以至於到究竟位成佛的時候，轉捨原來雜染的識種子，轉得開始生起清淨的識種子，維持和含有一切功德種子，由於佛本有的誓願之力，相續至無盡的未來際，生起各種神妙作用，相續無窮無盡。由此應當知道，世上祇有內識，別無其他。

若唯有識〔一〕，何故世尊處處經中說有三性〔二〕？應知三性亦不離識，所以者何？頌曰：

由彼彼偏計〔三〕，偏計種種物。此偏計所執，自性無所有〔四〕。

依他起自性〔五〕，分別緣所生。圓成實於彼〔六〕，常遠離前性〔七〕。

故此與依他，非異非不異。如無常等性〔八〕，非不見此彼〔九〕。

論曰：周偏計度〔一〇〕，故名偏計。品類衆多，說爲彼彼。謂能偏計虛妄分別。卽由彼彼虛妄分別，偏計種種所偏計物。謂所妄執蘊、處、界等，若法若我自性差別。此所妄執自性差別，總名徧計所執自性。如是自性都無所有，理教推徵不可得故。或初句顯能徧計識〔二〕，第二句示所徧計境，後半方申徧計所執若我若法自性非有，已廣顯彼不可得故。

校釋

〔一〕「若唯有識」，藏要本校注稱：「此段生起，糅安慧釋。」

〔二〕「世尊」，梵文 Bhagavat 和 Lokanātha 的意譯，音譯薄伽梵，佛的尊號之一，因爲佛被世人所尊敬，故稱世尊。　「三性」，即遍計所執性、依他起性、圓成實性。

〔三〕「徧計」，藏要本校注稱：「梵、藏本原作分別，Vikalpa，rnam-pa rtog-pa 與次頌分別同字，次句遍計同。」

〔四〕「自性」，藏要本校注稱：「梵、藏本『自性』二字屬上句，云此自性遍計，『無所有』三字別爲一句，釋成自性遍計之所以也。」

〔五〕「依他起自性」，藏要本校注稱：「勘梵、藏本連下句『分別』爲一句，無此『起』字，安慧釋始云依他起，意謂生起，今譯增文。」

〔六〕「實」，藏要本校注稱：「勘梵、藏本無此『實』字，今譯增文。」

〔七〕「遠離」，藏要本校注稱：「梵、藏本以遠離性相連而言 Rahitatā med-par ngyur-ba 意指彼遠離之事也。」

〔八〕「如無常等性」，藏要本校注稱：「勘梵、藏本，此句末有『説』字 Vacāyo，brjod。今略。」

〔九〕「非不見此彼」，藏要本校注稱：「勘梵、藏本，此句意謂不見此則不見彼。」

〔一〇〕「周偏計度」，據述記卷九末，本段爲難陀等的解釋，但藏要本校注稱：「此解同轉識論，又糅安慧釋，原釋云内外物分別無邊，故云彼彼。」

〔一一〕「或初句顯能偏計識」，本段爲護法的解釋。

〔本段大意〕外人問：如果説祇有識的話，爲什麼世尊在佛經中到處説有三性呢？論主回答説：應當知道，三性亦不離識，爲什麼呢？唯識三十頌説：由於各種各樣的分別活動，有各種各樣的事物産生。實際上，這些事物都是由於一般人的虛妄計度而存在，其自性是没有的。依他起性的存在就是分別，它從緣而生。圓成實性就是依他起性和遍計所執性永遠遠離的情形。所以圓成實性和依他起性，既非有異，亦非不異。這就像無常等的性質和諸行的關係一樣。圓成實性不被見時，依他起性亦見不到。論説：難陀等認爲，一般人的心識普遍認爲客觀事物實有，所以稱爲「遍計」。其心品類衆多，所以頌文説爲「彼彼」。意謂能遍計的虛妄分別，即一切能起遍計的依他性之心。就是由各種心識的虛妄分別，普遍計度各種所遍計之物，就是人們所虛妄執著的五蘊、十二處、十八界等，不管是「法」還是「我」的自性差別。這種所虛妄執著的自性差別，總稱爲遍計所執自性。這種自性都是不存在的，因爲從佛教道理和佛的説教，仔細推論起來，都得不到這種自性。護法認爲，或者説，頌文的第一句説明能夠遍計的心識，第二句説明所遍計的外境。後半頌纔申明遍計所執的對象，不管是「我」還是「法」，其自性都是不存在的，因爲已經詳細説明這種自性是不可得的。

初能偏計自性云何〔一〕？有義八識及諸心所有漏攝者皆能偏計〔二〕，虚妄分别爲自性故，皆似所取、能取現故，説阿賴耶以偏計所執自性妄執種爲所緣故。有義第六第七心品執我、法者是能偏計，唯説意識能偏計故，意及意識名意識故，計度分别能偏計故，執我、法者必是慧故，二執必與無明俱故，不説無明有善性故，癡、無癡等不相應故，不見有執導空智故，執有達無不俱起故，曾無有執非能熏故。有漏心等不證實故，一切皆名虚妄分别。雖似所取、能取相現，而非一切能偏計攝。勿無漏心亦有執故，如來後得應有執故？經説佛智現身土等種種影像如鏡等故，若無緣用應非智等。雖説藏識緣偏計種而不説唯，故非誠證。由斯理趣唯於第六第七心品有能偏計。識品雖二〔三〕，而有二三四五六七八九十等偏計不同〔四〕，故言「彼彼」。次所偏計自性云何？攝大乘説是依他起〔五〕，偏計心等所緣緣故。圓成實性寧非彼境？真非妄執所緣境故，依展轉説亦所偏計。偏計所執雖是彼境，而非所緣緣，故非所偏計。偏計所執其相云何？與依他起復有何别？有義三界心及心所由無始來虚妄熏習〔六〕，雖各體一，而似二生，謂見、相分即能、所取，如是二分情有理無，此相說爲徧計所執。二所依體實託緣生，此性非無，名依他起，虛妄分別緣所生故。云何知然？諸聖教說虛妄分別是依他起，二取名爲徧計所執。有義一切心及心所由熏習力所變二分從緣生故〔七〕，亦依他起。徧計依斯妄執定實有、無、一、異、俱、不俱等，此二方名徧計所執。諸聖教說唯量唯二種種，皆名依他起故。又相等四法、十一識等〔八〕，論皆說爲依他起攝故。不爾，無漏後得智品二分應名徧計所執，許應聖智不緣彼生，緣彼智品應非道諦，不許應知有漏亦爾。又若二分是徧計所執，應如兔角等非所緣緣，徧計所執體非有故。又應二分不熏成種，後識等生應無二分。又諸習氣是相分攝，豈非有法能作因緣？若緣所生內相、見分非依他起，二所依體例亦應然，無異因故。

校釋

〔一〕「初能徧計自性云何？」藏要本校注稱：「此下廣辨遍計自性，安慧釋無文，述記卷五十一謂此第一解爲安慧說，未詳何據。」

〔二〕「有義八識及諸心所有漏攝者皆能徧計」，據述記卷九本，本段爲安慧等人的解釋，前五識和第八識祇有法執，第七識祇有人執，第六識通法執和人執二種。

〔三〕「識品雖二」，此指第六識和第七識。

〔八四〕「而有二三四五六七八九十等偏計不同」，遍計有二的主張有六種不同的說法：一自性計，二差別計；一無差別，二有差別；一加行，二名施設；一文字，二非文字；一分別自體，二分別所依緣事；一隨覺，二隨眠。遍計有三的主張有二種不同的說法：一我，二法，三用。或自性隨念、計度、分別。遍計有四的主張有二種不同的說法：一自性計，二差別計，三有覺計，四無覺計；一計自相，二計差別，三計所取，四計能取。遍計有五的主張有四種不同的說法：一依名計義，二依義計名，三依名計名，四依義計義，五依二計二；一計義自性，二計名自性，三計染自性，四計淨自性，五計非染淨自性；一貪，二嗔，三合會，四別離，五隨捨；一無常計常，二苦計樂執，三不淨計淨，四無我計我，五於諸相中遍計所執自性執。六種遍計如下：一、自性計，謂計色等實有相；二、差別計，謂計色等實有色無色等；三、覺悟計，謂善言者執；四、隨眠計，謂不善言者執；五、加行計，此有五，謂貪、瞋等；六、名遍計，此有二，謂文字非文字所起。七種遍計卽七種分別：一有相，二無相，三任運，四尋求，五伺察，六染污，七不染污。八種遍計卽八種分別生三事，八分別如下：一自性分別，二差別分別，三總執分別，四我分別，五我所分別，六愛分別，七不愛分別，八愛不愛俱相違分別。三事如下：一戲論所依緣色事，二見我慢事，三貪、瞋、癡事。九種遍計就是九結：愛結、恚結、慢結、無明結、疑結、見結、取結、慳結、嫉結。十種遍計卽十種分別：根本分別、緣相分別、顯相分別、緣相變異分別、顯相變異分別、他引分別、不如理分別、如理分別、執著分別、散動分別（卽十種散動），十散動亦是十遍計。除此之外，還有十一、十二、十四、十六、

十七、十八、二十、二十八、六十二等不同區分，文中以「等」字省略。

〔五〕「攝大乘說是依他起」，見攝大乘論釋卷四：「又依他起自性名所遍計。」（大正藏卷三十一第三四一頁）

〔六〕「有義三界心及心所由無始來虛妄熏習」，藏要本校注稱：「述記卷五十一謂此爲安慧說，勘安慧釋無文，原釋前解二取意云，於分別法遍計能所是爲二取，非卽指見、相二分也。」

〔七〕「有義一切心及心所由熏習力所變二分從緣生故」，本段爲護法等人的主張。

〔八〕「又相等四法、十一識等」，相等四法是五法中的前四法：相、名、分別、正智。十一識卽攝大乘論所説的十一識：一、身識，卽五色根：眼、耳、鼻、舌、身；二、身者識，卽第七識末那識；三、受者識，意根；四、彼所受識，六塵；五、彼能受識，前六識；六、世識，時間；七、數識，數目；八、處識，卽有情衆生的住處；九、言説識，語言；十、自他差別識，自己與他人的差別；十一、善趣惡趣死生識，有情衆生的生死流轉。

〔本段大意〕頌文初句所説能遍計的自性怎樣呢？關於這個問題有二種不同的觀點：安慧等認爲，八個識及其各種心所法，屬於有漏者都是能遍計，因爲虛妄分別是它們的自性，都像是所取、能取之相在顯現，因爲瑜伽師地論和顯揚聖教論等都説阿賴耶識以遍計所執自性的妄執種子爲自己的所緣。護法等認爲，第六識和第七識妄執我、法者都是能遍計，因爲攝大乘論釋祇説意識能够遍計，第七識和第六識合稱爲意識，因爲它們的計度分別能够遍計，執我執法者肯定是慧，前五識和第八識並非永恒與慧相應，怎能有執著呢？我執、法執肯定與無明相應。瑜伽師地論等都没説過無明有善性，因爲癡、無癡等不能相應，從來没有見過執著於「有」的觀點能够導致於認識「空」的智慧。執著於「有」和認識「空」不能同時生起，從來就没有執著於「有」的觀點不能熏習。有漏心等不能證得實理，都是假相，一切八識都稱爲虚妄分别。雖然好像是所取、能取的相狀在顯現，但並不是一切都屬於能遍計，因爲不能説無漏心亦有執著。如果認爲有似能、所二取之相顯現就是遍計所執，如來佛後得無漏智心豈非亦應有執？佛地經説佛智顯現身、土等種種影像，猶如鏡等一樣，除大圓鏡智以外，平等性智和成所作智亦都有顯現相狀的功能，如果没有能緣的功能，就不應當是智慧、心法和心所法。雖然第八識阿賴耶識能緣遍計種子，但没説衹緣遍計種子，所以經文没有把它作爲能緣的確實憑證。由於上述道理，衹有第六識和第七識有能遍計。識品雖然是二種，但有二種、三種、四種、五種、六種、七種、八種、九種、十種等不同的遍計，所以頌文説「彼彼」。然後，所遍計的自性怎樣呢？攝大乘論衹説依他起自性是所遍計，因爲遍計心等以此爲所緣緣。外人問：圓成實性怎麽不是所遍計的外境呢？論主回答説：圓成實性是疏所緣緣，不是相分，真如不是妄執所緣的外境。意謂真如是依他起之性，依他起既然是所遍計，依展轉説，真如亦是所遍計。遍計所執雖然是遍計心境，但並不是所緣緣，所以不是所遍計。遍計所執之相怎樣呢？與依他起性又有什麽區别呢？安慧認爲，欲、色、無色三果之心及其心所，由於無始以來的虚妄熏習，雖然各自本體是一——自證分，但似依他二分而生，即見分和相分，亦就是能取和所取，如是二分情執方面雖似體有，但以佛教道理來看，實際上是不存在的。此之二相，辯中邊論等説爲遍計所執。此二所依識等體實際上是從緣而生，此性並不是没有，稱爲依他起性，因爲它是從虚妄分別種子之緣而生。怎麽知道見、相二分非有呢？因爲辯中邊論等説，虚妄分別是依他起性，能取、所取是遍計所執性。護法認爲，一切心法及其心所法，由於熏習之力所變見、相二分從緣而生，所以亦是依他起性，遍計依此二分妄執爲真實的有或無、亦有亦無、非有非無，爲一、爲異、爲俱不俱等，此見、相二分方名遍計所執。攝大乘論等説，唯量（唯識）者無境故，唯二者有見、相二分故，種種者種種行相而生起故。由有相、見二分得成二種，所以見、相分是依他起性。而且，五法除真如以外的相等四法和十一識等，瑜伽師地論、顯揚聖教論、攝大乘論釋等，都説屬於依他起性。如果各種相分不是依他起性，佛等無漏後得智品所變相、見二分，應當稱爲遍計所執。若許無漏見、相二分如二乘等亦計所執，則應聖智不緣自依他相分等生，若緣相生便計所執，能緣依他所有智品應非道諦，因有相分，如有漏心。若不許聖智，雖有見、相二分，非計所執，應當知道，有漏心亦應當這樣，因有見、相二分，如無漏心。而且，如果有漏見、相二分是遍計所執，就應當像兔角等一樣不是所緣緣，因爲遍計所執之體是没有的。而且，應當是見、相二分不能熏習成爲種子。後識等生，應當是没有見、相二分。而且，各種有漏習氣是識的相分，相分既然是非有，其體非有之法又怎能作因緣呢？如果從緣所生識内見、相二分，不是依他起性，見、相二分所依依他起識體例亦應當是這樣，因爲没有不同的原因。

由斯理趣〔一〕，衆緣所生心、心所體及相見分有漏無漏皆依他起，依他衆緣而得起故〔二〕。頌言「分别緣所生」者，應知且説染分依他，淨分依他亦圓成故。或諸染淨心心所法皆名分别，能緣慮故，是則一切染淨依他皆是此中依他起攝。二空所顯圓滿、成就、諸法實性名圓成實〔三〕。顯此徧、常，體非虚謬，簡自、共相、虚空、我等〔四〕。無漏有爲離倒，究竟，勝用周徧，亦得此名，然今頌中説初非後。此卽於彼依他起上常遠離前徧計所執〔五〕，二空所顯真如爲性。説「於彼」言，顯圓成實與依他起不卽不離。「常遠離」言，顯妄所執能所取性理恒非有。前言義顯不空依他，性顯二空非圓成實，真如離有離無性故。由前理故〔六〕，此圓成實與彼依他起非異非不異，異應真如非彼實性，不異此性應是無常。彼此俱應淨非淨境，則本後智用應無别。云何二性非異非一？如彼無常、無我等性〔七〕。無常等性與行等法異，應彼法非無常等。不異，此應非彼共相。由斯喻顯此圓成實與彼依他非一非異，法與法性理必應然，勝義、世俗相待有故。非不證見此圓成實〔八〕，而能見彼依他起性。未達徧計所執性空，不如實知依他有故。無分别智證真如已，後得智中方能了達依他起性如幻事等〔九〕。雖無始來心、心所法已能緣自相、見分等〔一〇〕，而我、法執恒俱行故，不如實知衆緣所引自心、心所虚妄變現，猶如幻事、陽燄、夢境、鏡像、光影、谷響、水月、變化所成，非有似有。依如是義，故有頌言〔三〕：「非不見真如，而能了諸行，皆如幻事等，雖有而非真〔四〕。」此中意説，三種自性皆不遠離心、心所法。謂心心所及所變現衆緣生故，如幻事等非有似有，誑惑愚夫，一切皆名依他起性。愚夫於此横執我法有、無、一、異、俱、不俱等，如空華等性相都無，一切皆名偏計所執。依他起上彼所妄執我、法俱空，此空所顯識等真性名圓成實。是故此三不離心等。

校釋

〔一〕「由斯理趣」，藏要本校注稱：「安慧釋以依他別爲一段，生起文云，遍計性後應説依他，故頌云云。」

〔二〕「依他衆緣而得起故」，藏要本校注稱：「此解同轉識論，論云：『此分别者因他故起，立名依他性。』又糅安慧釋，原釋云，分别者顯示依他性之自體，從緣生者顯示説名依他之因云云。」

〔三〕「二空所顯圓滿、成就、諸法實性名圓成實」，藏要本校注稱：「安慧釋以圓成别爲一段，生起文云：已説依他，圓成云何？次頌云云。又原釋云：無變異故圓滿成就是爲圓成自性。」

〔四〕「等」，此中省略勝論的大有、和合，又省略數論的自性。

〔五〕「此即於彼依他起上常遠離前徧計所執」，藏要本校注稱：「此解糅安慧釋，原釋云：『於依他起常一切時畢竟遠離彼二取性，是卽圓成自性。』轉識論誤解爲遍計與依他不離。」

〔六〕「由前理故」，藏要本校注稱：「安慧釋以此二句頌別爲一段，但無文生起，次如無常句亦同，今譯二段文皆糅安慧釋。」

〔七〕「性」，磧砂藏本誤作「法」，藏要本據述記卷五十一及高麗藏本改，次同。

〔八〕「非不證見此圓成實」，藏要本校注稱：「安慧釋，此段別生起云：『若依他遠離能、所取者，云何了彼有取、無取？』餘釋大同今譯，一切法如幻等，原釋謂是入無分別陀羅尼中所說。」

〔九〕「等」，此中省略陽燄、夢境、鏡像、光影、谷響、水月、變化等。

〔一〇〕「雖無始來心、心所法已能緣自相、見分等」，意謂無始以來，見分緣自相分，自證分緣自見分，亦緣自身證自證分，證自證分亦緣自己的自證分。

〔一一〕「依如是義，故有頌言」，藏要本校注稱：「此下引頌，安慧釋無文。」

〔一二〕語見厚嚴經。

〔本段大意〕由於上述道理，各種條件和合而生的心法、心所法及相分、見分、有漏、無漏等，都是依他起性，因爲它們都是依靠各種條件和合而生起。唯識三十頌所說的「分別緣所生」，應當知道，這是暫且說染分依他，因爲淨分依他起性亦就是圓成實性。或者說，染淨心法、心所法都稱爲分別，因爲心法和心所法都能緣慮，所以一切染分依他和淨分依他都屬於這裏所說的依他起性。我空和法空所顯示的圓滿、成就和諸法實性三義，稱爲圓成實性。由此真如所顯示的：一、體遍，無處不有，此爲圓滿義；二、體常，因真如非生非滅，此爲成就義；三、體非虚謬，即諸法真理，此爲諸法實性。遍簡自相，因諸法自相祇局限於諸法自身，而不通其餘諸法。常簡共相。諸法實性簡虚空、無我等，因爲諸法無常、空、無我等雖遍諸法，體非實有淨分有爲亦具三義：一者離倒，因其體非染，這是實義；二者究竟，各無漏法體是無漏，能斷諸染，此爲成義；三者勝用周遍，意謂能够普遍斷除一切染法，普緣諸境，緣遍真如，此爲圓義。具此三義，與真如相同，所以淨分依他也可以稱爲圓成實性。但唯識三十頌所説是初真如名爲圓成實性，並非以後的淨分依他。這種圓成實性，於前所説的那種依他起性上，永恒遠離第一遍計所執性，我空、法空所顯示的真如，爲其自性。唯識三十頌的「於彼」二字，説明圓成實性與依他起性既不同一，又不相離。唯識三十頌的「常遠離」三字，説明遍計所執是虚妄所執，其能取、所取之性，從道理上來講，永恒非有。前文所説的意思，説明不空是依他起性，其性説明我、法二空並不是圓成實性，因爲真如之性既不是有，亦不是無。由於前述道理，這種圓成實性與那種依他起性，既非相異，亦非不異。如果二者相異，真如應非彼之實性；如果二者全不異，此真如性應是無常。依他彼真如此既體一，俱應是淨非淨境，因爲真如爲聖智境，依他起爲凡聖智境，又依他境體不淨，真如境體是淨。二性既一，彼依他境體應亦淨，真如境體應不淨。而且依他既通凡聖境，真如亦應當是這樣。既然如此，根本無分别智與後得智應無别體。爲什麽説依他起性與圓成實性既非相異，又非同一呢？如那種無常、無我、空等性一樣。無常等性與行等法，如果肯定相異，應彼行法非無常等。不全異者，無常等此應非彼行等之共相。由上述譬喻，説明這種圓成實性與那種依他起性既非同一，又非相異。諸法與法性，從道理上來講亦必然是這樣，因爲勝義與世俗相待而有。不能説不證得這種圓成實性，就能見到那種依他起性。在沒有達到遍計所執之性體是空的時候，就不能如實知道依他起性之有。無分别智證得真如以後的後得智中，纔能了達依他起性如幻事等。雖然一切有情衆生的心法、心所法，自無始以來已經能够緣取自己的相分、見分等，但由於我執、法執第七識等三性之心永恒俱行，所以不能如實知道各種條件所引生的各種心法、心所法的虚妄變現。就像幻事、陽焰、夢境、鏡像、光影、谷響、水月、變化而成的東西一樣，實際上非有，但好像是有。依據這種意思，厚嚴經的頌説：「如果不認識真如，就不能如實知道各種行法都如幻事等一樣，雖然是有，但非真有。」此頌的意思是説：遍計所執、依他起、圓成實三性，都不遠離心法和心所法，意謂此三性都是由於心法、心所法（自證分）及其所變現（見分、相分）的各種條件所引生的事物，都如幻事等一樣，非有但好像是有。愚夫不了解這種道理，誤認爲實有，故名誑惑，名依他起性。愚夫於此硬堅持我執、法執，妄執爲有，爲無，爲一，爲異，爲俱，爲不俱等。如空華等一樣，若性若相皆無，一切都稱爲遍計所執性。在依他起性上，人們所妄執的我、法都是空，這空所顯示的識、心所法及一切相分等的真性，稱爲圓成實性。所以，遍計所執性、依他起性、圓成實性都不離心法、心所法、相分等。

虛空、擇滅、非擇滅等〔一〕，何性攝耶？ 三皆容攝。 心等變似虛空等相，隨心生故依他起攝。 愚夫於中妄執實有，此卽偏計所執性攝。 若於真如假施設有虛空等義，圓成實攝。 有漏心等定屬依他，無漏心等容二性攝，衆緣生故攝屬依他，無顛倒故圓成實攝。 如是三性與七真如云何相攝？ 七真如者：一、流轉真如，謂有爲法流轉實性；二、實相真如，謂二無我所顯實性； 三、唯識真如，謂染淨法唯識實性；四、安立真如，謂苦實性；五、邪行真如，謂集實性；六、清淨真如，謂滅實性；七、正行真如，謂道實性。 此七實性圓成實攝，根本、後得二智境故〔二〕。 隨相攝者，流轉、苦、集三前二性攝，妄執雜染故。 餘四皆是圓成實攝。 三性六法相攝云何？ 彼六法中皆具三性〔三〕，色、受、想、行、識及無爲皆有妄執緣生理故。 三性五事相攝云何？ 諸聖教說相攝不定。 謂或有處說依他起攝彼相、名、分別、正智，圓成實性攝彼真如，偏計所執不攝五事。 彼說有漏心、心所法變似所詮說名爲相〔四〕，似能詮現施設爲名，能變心等立爲分別，無漏心等離戲論故但總名正智，不說能、所詮， 四從緣生， 皆依他攝。 或復有處說依他起攝相、分別，偏計所執唯攝彼名，正智真如圓成實攝〔五〕。 彼說有漏心及心所相分名相〔六〕，餘名分別，偏計所執都無體故，爲顯非有假說爲名， 二無倒故圓成實攝。 或有處說依他起性唯攝分別，偏計所執攝彼相、名，正智、真如圓成實攝。 彼說有漏心及心所、相、見分等總名分別，虛妄分別爲自性故，偏計所執能詮、所詮隨情立爲名、相二事。復有處說名屬依他起性，義屬偏計所執，彼說有漏心、心所法、相、見分等由名勢力成所偏計〔七〕，故說爲名。偏計所執隨名横計，體實非有，假立義名。諸聖教中所說五事文雖有異，而義無違。然初所說不相雜亂，如瑜伽論廣說應知。又聖教中說有五相〔八〕，與此三性相攝云何？所詮能詮各具三性，謂妄所計屬初性攝，相、名、分別隨其所應〔九〕，所詮能詮屬依他起，真如正智隨其所應，所詮能詮屬圓成實，後得變似能詮相故。二相屬相唯初性攝，妄執義名定相屬故。彼執著相唯依他起，虚妄分別爲自性故。不執著相唯圓成實，無漏智等爲自性故。又聖教中說四真實〔一〇〕，與此三性相攝云何？世間、道理所成真實依他起攝，三事攝故。二障淨智所行真實圓成實攝，二事攝故。辯中邊論說初真實唯初性攝，共所執故，第二真實通屬三性，理通執、無執、雜染、清淨故，後二真實唯屬第三〔一一〕。三性四諦相攝云何？四中一一皆具三性。且苦諦中無常等四各有三性。無常三者：一、無性無常，性常無故；二、起盡無常，有生滅故；三、垢淨無常，位轉變故。苦有三者：一、所取苦，我、法二執所依取故；二、事相苦，三苦相故；三、和合苦，苦相合故。空有三者：一、無性空，性非有故；二、異性空，與妄所執自性異故；三、自性空，二空所顯爲自性故。無我三者：一、無相無我，我相無故；二、異相無我，與妄所執我相異故；三、自相無我，無我所顯爲自相故。集諦三者：一、習氣集，謂偏計所執自性執習氣，執彼習氣假立彼名；二、等起集，謂業煩惱；三、未離繫集，謂未離障真如。滅諦三者〔一二〕：一、自性滅，自性不生故；二、二取滅，謂擇滅二取不生故；三、本性滅，謂真如故。道諦三者：一、徧知道，能知徧計所執故；二、永斷道，能斷依他起故；三、作證道，能證圓成實故。然徧知道，亦通後二。七三三性，如次配釋。今於此中所配三性或假或實，如理應知。三解脱門所行境界〔一三〕，與此三性相攝云何？理實皆通，隨相各一，空、無願、相如次應知。緣此復生三無生忍〔一四〕：一、本性無生忍，二、自然無生忍，三、惑苦無生忍。如次此三是彼境故。此三云何攝彼二諦？應知世俗具此三種〔一五〕，勝義唯是圓成實性〔一六〕。世俗有三：一、假世俗〔一七〕，二、行世俗〔一八〕，三、顯了世俗〔一九〕。如次應知即此三性。勝義有三：一、義勝義〔二〇〕，謂真如，勝之義故；二、得勝義〔二一〕，謂涅槃，勝即義故；三、行勝義〔二二〕，謂聖道，勝爲義故。無變無倒，隨其所應，故皆攝在圓成實性。如是三性，何智所行？徧計所執都非智所行，以無自性，非所緣緣故。愚夫執有，聖者達無，亦得説爲凡聖智境。依他起性二智所行，圓成實性唯聖智境。此三性中幾假幾實？徧計所執妄安立故可説爲假，無體相故非假非實。依他起性有實有假，聚集、相續、分位性故説爲假有〔二三〕，心、心所色從緣生故説爲實有。若無實法，假法亦無，假依實因而施設故。圓成實性唯是實有，不依他緣而施設故。此三爲異爲不異耶？應説俱非，無別體故，妄執、緣起、真義別故。如是三性義類無邊，恐厭繁文，略示綱要。

校釋

〔一〕「虛空、擇滅、非擇滅等」，藏要本校注稱：「此下諸門廣辨，安慧釋無文。」「虛空」，即虛空無爲(Ākāśasaṃskṛta)，唯識宗六無爲法之一，意謂真如遠離各種障礙，猶如虛空，自由自在。「擇滅」，即擇滅無爲(Pratisaṃkhyānirodhāsaṃskṛta)，唯識宗六無爲法之一，意謂通過無漏智的簡擇作用，滅除煩惱，證得真如。「非擇滅」，即非擇滅無爲(Apratisaṃkhyānirodhāsaṃskṛta)，唯識宗六無爲法之一，真如自性清淨，不需要無漏智的簡擇力，不需要任何條件。「等」，此中省略：一、不動無爲(Acalakhyānirodhāsaṃskṛta)，唯識宗六無爲之一，修禪進入色界第四靜慮，不爲苦、樂所動，故稱不動無爲；二、想受滅無爲(Saṃjñāvedanānirodhāsaṃskṛta)，真如法性入於聖者非想地的滅盡定，滅盡六識心想及苦、樂二受；三、真如無爲(Tathātāsaṃskṛta)，聖者所證之真理，稱爲涅槃、法性、實相等。

〔二〕「根本智」，亦稱如理智、無分別智、正智、真智等。根本智之名對於後得智而言，此智不依於心，不緣外境，了一切境皆即真如，能緣之智和所緣外境無異，故稱無分別智。由此無分別智能生種種分別，生一切法樂，出一切功德大悲，故稱根本智。

〔三〕「彼六法中皆具三性」，色、受、想、行、識五蘊和無爲法都具遍計所執性、依他起性和圓成實性。六法都可以被虛妄執著，此爲遍計所執性；六法都是託緣而生，此稱依他起性；六法皆有妄執緣生之道理，理卽真如，此爲圓成實性。據辯中邊論，六法各具三性，如色家所執性、色依他起性、色圓成實性。若別談者，色、受、想、行、識五蘊通遍計所執性和依他起性，依他起性通有漏和無漏。無爲法祇通圓成實性，因無爲法無生無滅。

〔四〕「所詮」，詮爲顯義。經文顯明義理，經文爲能詮，義理爲所詮。

〔五〕語見辯中邊論卷中：「名遍計所執，相分別依他，真如及正智，圓成實所攝。」（大正藏卷三十一第四六九頁）

〔六〕「相」，梵文 Lakṣaṇa 的意譯，意謂事物的相狀。表露於外而想像於心者，稱之爲相。

〔七〕「等」，此中省略自證分、證自證分。

〔八〕「五相」，卽：一所詮，二能詮，三相屬，四執着，五不執着。

〔九〕「相、名、分別隨其所應」，成唯識論述記卷九本：「前五事中相、名、分別三事之中，取分別全相名少分是所詮相，由名亦所詮故，相、名少分是能詮相，由名亦相故。今此三法隨其所應，所詮、能詮屬依他起，唯說染分依他起故。真如全正智少分是所詮相，正智少分是能詮相，此依無倒釋成實性，故釋正智隨其所應。所詮能詮屬圓成實，後得正智亦能變似能詮相故。前言離過無漏無能詮，今談法實，無漏亦能詮，故所詮相及能詮相並屬三性。」（大正藏卷四十三第五五〇頁）

〔一〇〕「四真實」，一切世間事物由名言決定自他差別，此稱世間真實。由思擇而決定所行所知之事，以證成道理，此稱道理所成真實。苦、集、滅、道四聖諦理稱爲煩惱障淨智所行真實。真如是所知障淨智所行真實。

〔一一〕語見辯中邊論卷中：「世極成依一，理極成依三。淨所行有二，依一圓成實。」（大正藏卷三十一第四六九頁）

〔一二〕「滅諦三者」，據述記卷九本、義燈卷六末、演祕卷七本，關於這個問題，護法和安慧各有不同的解釋，護法認爲，斷除能取、所取所得不生，不生就是擇滅，由依他起性而得於滅，假說爲依他起，這就説明性假諦實。安慧認爲，二取就是遍計所執，二取所依識的自體分，是依他起性。二取所依自體分斷得不生，不生是滅，假名依他。關於本性滅的問題，辯中邊論認爲，垢、寂就是擇滅和真如。安慧認爲，垢寂有二種：一、染垢寂，即煩惱障斷，即擇滅；二、不染垢寂，即所知障斷，謂真如。或總解云：由於垢、寂而得擇滅和真如，或垢寂故得擇滅，或性寂故得真如。

〔一三〕「三解脱門」，略稱爲三解脱，佛教認爲是入涅槃解脱之門，故稱三解脱門，亦稱三三昧、三空等，一種禪定。三解脱門如下：一、空解脱門，觀我、法二空；二、無相解脱門，觀諸法無相，本無差别；三、無願解脱門，觀生死可厭，不可欣求。

〔一四〕「無生忍」，亦稱無生法忍、無生忍法等，「無生」是佛教關於無生無滅的理論，「忍」意謂認可。此指對佛教關於無生無滅理論的認可，相當於智慧，是大乘菩薩於初地或七、八、九地所獲得的覺悟，並不退轉。

〔一五〕「世俗」，此指俗諦，即世俗人的真理。

〔一六〕「勝義」，此指真諦，即佛教所堅持的「真理」。

〔一七〕「假世俗」，實際上並無體性可以稱爲世俗，唯有其名，假名世俗，相當於四世俗的第一種世間世俗諦，亦稱有名無實諦，如瓶、衣、軍、林等假法，是隱覆「真理」的世俗法，所以稱爲世間。世俗人「誤」認爲實有，所以稱爲世間世俗。

〔一八〕「行世俗」，「行」意謂有爲法的遷流變化，行世俗相當於四世俗的第二道理世俗諦和第三證得世俗諦。道理世俗諦亦稱隨事差別諦，即五蘊、十二處、十八界等種種差別之法門，一一法門都順於道理。事相差別易見，故稱世俗。證得世俗諦又稱爲方便安立諦，以佛教的方便法門安立四諦，是人們的證悟之法，所以稱爲證得。因果之相狀，明了易知，故稱世俗。

〔一九〕「顯了世俗」，我空、法空爲門所顯真如稱爲圓成實性，相當於四世俗的第四勝義世俗，亦稱假名非安立諦，二空真如没有任何外相，此爲非安立之義。祇爲聖智所覺，故稱勝義。但以假相安立，故稱世俗。

〔二〇〕「義勝義」，意謂殊勝之義，依主釋，相當於四勝義的第四勝義勝義諦，亦稱廢詮談旨，即一真法界，真如妙體言亡慮絶，超越一切法相，故稱勝義。此爲聖智，勝於第四世俗，所以復稱聖義。

〔二一〕「得勝義」，意謂涅槃，勝即義，持業釋，相當於四勝義的第三勝義證得勝義諦，亦稱依門顯實諦，即二空真如，依聖智詮空而顯理，故稱證得。一般人難以理解，勝於第三世俗，故稱勝義。

〔二二〕「行勝義」，意謂聖道，以勝爲義，多財釋，據成唯識論了義燈卷六末，亦可以解釋爲「無漏行即勝義」，此爲持業釋。亦可以解釋爲「行中之勝」，此爲依主釋。相當於四勝義的第二勝義道理勝義，亦稱因果差別諦，即苦、集、滅、道四諦，知斷證修的因果差別，稱之爲道理。無漏智境界，稱之爲勝義。

〔二三〕「聚集、相續、分位性故說爲假有」，假有三種：一、聚集假，如瓶、盆、有情等，是由很多成分聚集而成，能集成雖然是實，但所成是假；二、相續假，如過去、現在、未來三世，祇有因果，是相續性，依多法多時而立一假法；三、分位假，如不相應行是分位性，所以都是假，一法一時上而立假有。

〔本段大意〕虛空無爲、擇滅無爲、非擇滅無爲、不動無爲、想受滅無爲、真如無爲六種無爲法屬於哪一性呢？可以屬於遍計所執、依他起、圓成實三性。心等變似虛空等無爲法之相，因爲這些無爲法是隨心而生，所以屬於依他起性。愚蠢的人們對此虛妄執著爲實有，這就屬於遍計所執性。如果於真如虛假施設有虛空等意思，這就屬於圓成實性，有漏（有煩惱）心等及所變空等肯定屬於依他起性，無漏（無煩惱）心等及所變空等可以屬於依他起性和圓成實性，因由衆多條件而生，所以屬於依他起性，因爲没有錯誤顛倒，所以屬於圓成實性。遍計所執、依他起、圓成實三性與七真如怎樣相攝呢？七真如如下：一、流轉真如，即一切有爲法生滅流轉的真實性質；

二、實相真如，人無我和法無我所顯示的真實性質；三、唯識真如，意謂染法淨法皆爲識變，心染衆生染，心淨衆生淨，見識真如便能知此染淨心等，這種真實性質稱爲唯識真如；四、安立真如，即「苦」的真實性質；五、邪行真如，即「集」的真實性質；六、清淨真如，即「滅」的真實性質；七、正行真如，即「道」的真實性質。這七真如的真實性質屬於圓成實性，因爲這是根本智和後得智的境界。七真如的外相屬性，流轉真如、安立真如、邪行真如三種真如屬於遍計所執性和依他起性，因爲這是虚妄執著的雜染法，其餘的四種真如都屬於圓成實性。三性與色、受、想、行、識、無爲六法的相攝關係如何呢？六法當中都具有遍計所執、依他起、圓成實三性，因爲色、受、想、行、識及無爲都具有虚妄執著的緣生之理。三性與五事（相、名、分別、正智、真如）的相攝關係怎樣呢？佛教經典的説法不一致，據瑜伽師地論、顯揚聖教論、三無性論、佛性論等説，依他起性攝持相、名、分别、正智四事，圓成實性攝持真如一事，遍計所執性不攝持五事。瑜伽師地論等説，有漏心法、心所法變似所詮稱爲相，似能詮的顯現，虚假施設爲名，能變心等稱爲分別，因爲無漏心等遠離戲論，所以總稱爲正智，不説能詮和所詮，相、名、分别和正智四事是從緣而生，都屬於依他起性。辯中邊論説：依他起性攝持相和分別，遍計所執祇攝持名，正智、真如屬於圓成實性。還説有漏心法及其心所法的相分稱爲相，其餘的自證分、見分等稱爲分别，因爲遍計所執都無本體，爲了顯示非有而假説爲名，正智和真如都無顛倒錯誤，所以都屬於圓成實性。楞伽經五法品説：「依他起性祇攝持分別，」遍計所執攝持相和名，」正智和真如屬於圓成實性。」又說有漏心法及其心所法、相分、見分等總稱爲分別，因爲以虛妄分別爲其自性。遍計所執的能詮和所詮，隨順有情衆生立爲名、相二事。世親的攝大乘論釋說，名屬於依他起性；義（相及分別稱爲所詮）屬於遍計所執性。又說有漏心法、心所法、相分、見分、自證分、證自證分，由於名的勢力而成遍計所執性，所以稱爲名。遍計所執隨於此名而横計於義，其本體實際上是不存在的，虛假地成立「義」之名。以上四處所說的五事，其文雖然有異，而義理不相違逆，但初所說不相雜亂，如瑜伽師地論的詳細解釋應當明白。而且，佛教經典中說有五相，它們和三性的相攝關係是怎樣的呢？所詮、能詮二相各具遍計所執、依他起、圓成實三性，意謂妄所計所詮諸法屬於遍計所執性，前述五事中的相、名、分別三事之中，隨其所應，所詮、能詮屬於依他起性，即染分依他。真如的全部正智的一小部分是所詮相，正智的一小部分是能詮相，隨其所應，所詮、能詮屬於圓成實性，因爲後得正智亦能變似能詮之相。能詮、所詮二相祇屬於遍計所執性，因爲妄計名之與義肯定相屬。第四執著相祇是依他起性，因爲以虛妄分別爲自性。不執著相祇屬於圓成實性，因爲以無漏智等爲其自性。顯揚聖教論講到四真實，這與遍所執、依他起、圓成實三性的相攝關係是怎樣的呢？據瑜伽師地論的真實義品和大乘阿毘達磨集論等說，世間所成真實和道理所成真實屬於依他起性，因爲屬於五事中的相、名、分別三事。煩惱障淨智所行真實和所知障淨智所行真實屬於圓成實性，因爲屬於五事中的正智、真如二事。辯中邊論說，世間所成真實祇屬於遍計所執性，因爲這是被世俗人共同所虛妄執著的我或法。道理所成真實通屬遍計所執、依他起、圓成實三性，因爲道理通屬執著、無執著、雜染、清淨。煩惱障淨智所行真實和所知障淨智所行真實祇屬於第三圓成實性。三性和四諦的相攝關係是怎樣的呢？苦、集、滅、道四諦一一各具遍計所執、依他起、圓成實三性。而且，苦諦中的四行相——無常相、苦相、空相、無我相，各有遍計所執、依他起、圓成實三性。有三種無常：一、無性無常，因爲體性常無；二、起盡無常，因爲觀生滅法爲無常；三、垢淨無常，因爲分位的轉變而成。有三種苦：一、所取苦，由於我、法二執的所依之心及其所取形成的痛苦；二、事相苦，因以苦苦、壞苦、行苦爲相；三、和合苦，意謂各種苦相的和合。三空如下：一、無性空，因自性非有而成之空；二、異性空，此即有爲有體之法，與虚妄所執體性不同；三、自性空，以我空、法空所顯爲其自性。三種無我如下：一、無相無我，因我相體無；二、異相無我，與虚妄所執的我相不同；三、自相無我，以我空所顯爲其自相。三種集諦如下：一、習氣集，此諦實而性假，執彼我、法之習氣，體是依他，從所因爲名，假立遍計所執；二、等起集，平等而起，煩惱起業，業起結果；三、未離繫集，意謂未離障真如，假名爲集，性實而諦假。三種滅諦如下：一、自性滅，「滅」爲不生義，因自性不生，故稱自性滅；二、二取滅，意謂擇滅，因能取、所取不生；三、本性滅，意謂真如。三種道諦如下：一、遍知道，從所知爲名，名遍計所執，諦實而性假；二、永斷道，但説染分名曰依他，能斷圓成實攝，從所斷名依他性，諦實而性假；三、作證道，因真如能證圓成實性。但是，遍知道亦通後二性：依他起性和圓成實性。苦諦下有四種三，集、滅、道三諦下各三，共七種三，與三性如次配屬，於此中所配三性，與辯中邊論所説相同，或假或實，應當按照上述道理進行思考。三解脱門所行境界與此遍計所執、依他起、圓成實三性的相攝關係是怎樣的呢？從道理上來講，三解脱門都通遍計所執、依他起、圓成實三性。隨其相狀各通一種，由於遍計所執性而立空解脱門，由於依他起性而立無願解脱門，由圓成實性而立無相解脱門。又以三性爲緣而立三無生忍：依遍計所執性而立第一本性無生忍，因爲遍計所執本體無生；依依他起性而立第二自然無生忍，因爲依他緣起無自然生；依圓成實性而立第三惑苦無生忍，因爲證得圓成實性後惑苦不起。遍計所執性、依他起性、圓成實性如次是本性無生忍、自然無生忍、惑苦無生忍的境界。遍計所執、依他起、圓成實三性怎樣攝持真、俗二諦呢？應當知道，俗諦具此三性，真諦祇是圓成實性。有三種世俗：一、假世俗，二、行世俗，三、顯了世俗。應當知道，假世俗即遍計所執性，行世俗即依他起性，顯了世俗即圓成實性。有三種勝義：一、義勝義，意謂真如，因爲是殊勝之義；二、得勝義，意謂涅槃，因爲勝即義；三、行勝義，意謂聖道，因爲以勝爲義。前二勝義没有變化，不生不滅。第三勝義無顛倒錯誤，都包括在圓成實性當中。遍計所執、依他起、圓成實三性何智所行？遍計所執性都無智所行，因爲它没有自己的體性，不是所緣緣，愚蠢的人妄執爲有，聖人通達爲無，亦可説爲凡人和聖者所知之境。依他起性是世間智和無漏聖智所行之境，圓成實性祇是聖智境。遍計所執性並非聖境，圓成實性並非凡境，依他起性是凡、聖二境。遍計所執、依他起、圓成實三性幾種是假，幾種是實呢？因爲遍計所執性是妄情安立，可以説爲假，談其法體，既然是没有相，所以是非假非實。依他起性有實有假，假有三種：一、聚集假，二、相續假，三、分位假。所以説爲假有。心、心所、色從因緣種生，所以説爲實有。如果没有實法，假法亦没有，因爲假法必須依實法之因而虚假施設。圓成實性衹是實有，因爲它不依靠其他條件而虚假施設。遍計所執、依他起、圓成實三性，是相異呢，還是不異呢？應當説，既非異，亦非不異，非離依他別有遍計所執體性，所以不可説爲異，妄執是遍計所執性，緣起是依他起性，真義是圓成實性，既然此三有別，所以不可説爲不異。遍計所執、依他起、圓成實三性，顯揚聖教論、瑜伽師地論、攝大乘論等都從不同的方面進行解釋，但恐其文繁瑣，所以衹能提綱絜領地預以闡明。

成唯識論校釋卷第九

護法等菩薩造

唐三藏法師玄奘奉詔譯

若有三性〔一〕，如何世尊說一切法皆無自性？頌曰：

卽依此三性〔二〕，立彼三無性。故佛密意說，一切法無性。

初卽相無性〔三〕，次無自然性。後由遠離前，所執我、法性。

此諸法勝義〔四〕，亦卽是眞如。常如其性故，卽唯識實性。

論曰：卽依此前所說三性〔五〕，立彼後說三種無性，謂卽相、生、勝義無性〔六〕。故佛密意說〔七〕，一切法皆無自性，非性全無。說密意言顯非了義〔八〕，謂後二性雖體非無，而有愚夫於彼增益妄執實有我、法自性，此卽名爲偏計所執。爲除此執，故佛世尊於有及無總說無性。云何依此而立彼三〔九〕？謂依此初偏計所執立相無性〔一〇〕，由此體相畢竟非有，如空華故。依次依他立生無性，此如幻事託衆緣生〔一一〕，無如妄執自然性故，假說無性〔一二〕，非性全無。依後圓成實立勝義無性，謂卽勝義，由遠離前偏計所執我、法性故，假說無性，非性全無，如太虚空雖徧衆色，而是衆色無性所顯。雖依他起非勝義故亦得説爲勝義無性，而濫第二，故此不説。此性卽是諸法勝義〔一三〕，是一切法勝義諦故。然勝義諦略有四種：一、世間勝義，謂蘊、處、界等；二、道理勝義，謂苦等四諦；三、證得勝義，謂二空真如；四、勝義勝義，謂一真法界。此中勝義依最後説，是最勝道所行義故。爲簡前三故作是説〔一四〕：「此諸法勝義，亦卽是真如。」真謂真實，顯非虚妄。如謂如常，表無變易。謂此真實於一切位常如其性〔一五〕，故曰真如，卽是湛然不虚妄義。「亦」言顯此復有多名〔一六〕，謂名法界及實際等，如餘論中隨義廣釋。此性卽是唯識實性〔一七〕。謂唯識性略有二種：一者虚妄，謂偏計所執；二者真實，謂圓成實性，爲簡虚妄説實性言。復有二性：一者世俗，謂依他起；二者勝義，謂圓成實，爲簡世俗故説實性。三頌總顯諸契經中説無性言非極了義，諸有智者不應依之總撥諸法都無自性。如是所成唯識相性〔一八〕，誰於幾位如何悟入？謂具大乘二種姓者，略於五位漸次悟入。何謂大乘二種種姓？一、本性住種姓〔一九〕，謂無始來依附本識法爾所得無漏法因；二、習所成種姓〔二〇〕，謂聞法界等流法已聞所成等熏習所成〔二一〕。要具大乘此二種姓，方能漸次悟入唯識。何謂悟入唯識五位？一、資糧位，謂修大乘順解脱分；二、加行位，謂修大乘順決擇分；三、通達位〔二二〕，謂諸菩薩所住見道〔二三〕；四、修習位〔二四〕，謂諸菩薩所住修道〔二五〕；五、究竟位，謂住無上正等菩提〔二六〕。云何漸次悟入唯識？謂諸菩薩於識相性資糧位中能深信解，在加行位能漸伏除所取、能取引發真見，在通達位如實通達，修習位中如所見理數數修習伏斷餘障，至究竟位出障圓明，能盡未來化有情類復令悟入唯識相性。

校釋

〔一〕「若有三性」，藏要本校注稱：「此段生起，糅安慧釋，原釋云：若依他實有，何故經說一切法無自性，不生不滅？此不相違，舉頌云云。」

〔二〕「即依此三性」，藏要本校注稱：「勘梵、藏本，此三句意云：『即以三種自性之三無自性，性密意而說。』今譯改文。」

〔三〕「初即相無性」，藏要本校注稱：「勘梵、藏本，以此二句廣爲一頌，缺下後『由遠離』二句，今譯改文。」

〔四〕「此諸法勝義」，藏要本校注稱：「勘安慧釋，以此頌釋第三無自性性，今譯增前二句釋第三，而以此頌明唯識性，未詳何據。又真如原作如性，今譯增『真』字。」

〔五〕「即依此前所說三性」，藏要本校注稱：「此句糅安慧釋，原釋次下解一切法云，以遍計、依他、圓成性爲體者是。」

〔六〕「相、生、勝義無性」，依遍計所執性立相無性，世俗人把因緣所生法「誤」認爲實我、實法，所以認爲有我相、法相，相無性認爲我相、法相畢竟非有。依依他起性而立生無性，「生」是指依他起法，因爲萬事萬物都是託緣而生，故無自然性。依圓成實性而立勝義無性，圓成實性遠離遍計所執的我性、法性，亦就是遠離世俗人的一般認識而達到佛教的真如。三無性是佛的密意說，是不顯了的意思。

〔七〕「密意」，有二義：一、對於佛意有所隱藏，沒有把真實含義明顯地表達出來；二、佛意深奥細密，一般人難以理解。此中用第一義。

〔八〕「了義」，與不了義相對，顯了分明表達佛的究竟真實含義，永斷衆疑悔，此稱了義。反之，未了未盡之說，稱之爲不了義，了義是真實的異名，不了義爲方便之異名。

〔九〕「云何依此而立彼三」，藏要本校注稱：「此句生起，糅安慧釋，原釋云：今說三性各有何種，無自性故，舉頌云云。」

〔一〇〕「謂依此初徧計所執立相無性」，藏要本校注稱：「此段至『無如妄執』句，糅安慧釋。」

〔一一〕「此如幻事託衆緣生」，藏要本校注稱：「勘安慧釋，此句爲一因，次句又爲一因，今譯中略『故』字。」

〔一二〕「無性」，性爲體性，佛教認爲，萬事萬物皆無實體，此稱無性。

〔一三〕「此性卽是諸法勝義」，藏要本校注稱：「此二句糅安慧釋，釋云：『如是圓成自性爲一切依他性法之勝義，以是彼法性故，圓成爲勝義無自性性，以是無自性之性故。』」

〔一四〕「爲簡前三故作是説」，藏要本校注稱：「安慧釋此段別生起云：但由勝義一語説圓成耶。不爾，舉頌云云。」

〔一五〕「謂此真實於一切位常如其性」，藏要本校注稱：「此句糅安慧釋，原釋以此解『常如其性』句，故在後出。」

〔一六〕「『亦』言顯此復有多名」，藏要本校注稱：「此二句糅安慧釋，原釋在前出。」大般若經列有十二名。大乘阿毘達磨集論列有七名：一、真如，因其自性永無變異；二、無我性，人無我、法無我所顯之性；三、空性，一切雜染所不行故；四、無相，一切外相皆無；五、實際，無顛倒錯誤稱之爲實，究竟稱之爲際。六、法界，一切聖法之因；七、勝義，聖智之境。

〔一七〕「此性即是唯識實性」，藏要本校注稱：「安慧釋此段別生起云：如唯圓成爲如性，亦唯圓成爲唯識性耶，或復有餘唯識性耶，故頌云云。又釋頌云：悟入極清淨相故，又由此語顯示現觀故。」

〔一八〕「如是所成唯識相性」，藏要本校注稱：「安慧釋此段生起云：若是等皆唯識者，從何而起此心謂由眼等取色等耶，故頌云云。又釋：復次前説由諸業習氣等異熟續生，云何有斷不斷？今釋此義故頌云云。次頌分四段解釋，無五位之説。」

〔一九〕「本性住種姓」，大乘二種姓之一，即自無始以來，本識所具有的大乘無漏法爾種子，無漏種子自無始以來自成，不需熏習令其增長，此稱本種姓。「性」爲體性，「姓」爲類義。本性來住菩薩的無漏種子，姓類差別並非今有，故稱本性住種姓。

〔二〇〕「習所成種姓」，大乘二種姓之一，「習」爲修習。通過修行及聽聞法界等流教法，熏習而成之種姓。

〔二一〕「法界」，梵文 Dharmadhātu 的意譯，音譯達摩馱多，佛教認爲是事物的本質和成佛之因。與真如、實相等詞的概念相同。

〔二二〕「通達位」，唯識五位的第三位，卽見道，「道」卽我空、法空的真如實相，亦就是唯識實性。「通達」意謂無礙，卽能觀心與所觀境合一。

〔二三〕「見道」，亦稱見諦道或見諦，與修道、無學道合稱三道。此道之前爲凡夫位，其智慧爲有漏慧。進入見道後升入聖位，其智慧爲無漏慧。此位克制一百一十二種見惑，通達開悟唯識實性，故稱見道。見道分爲真見道和相見道兩種。真見道由根本無分別智證唯識理。真見道分漸證漸斷和頓證頓斷兩種。相見道是以後得無分別智證唯識相。相見道又分觀非安立諦和觀安立諦兩種。觀非安立諦由大乘所修證，又分內遣有情假立緣智、內遣諸法假立緣智、內遣有情諸法假立緣智三種。觀安立諦由小乘所修證，卽四諦十六心。

〔二四〕「修習位」，在見道獲得無分別智以後，再經過兩大阿僧祇劫的修習，以斷餘障，求得最終轉依。修習位分爲十地：一、歡喜地。修布施度（財施、法施、無畏施），斷異生障，證遍行真如。二、離垢地。修戒度，包括攝律儀戒、攝善法戒、饒益有情戒。斷邪行障，證最勝真如。三、發光地。修忍辱度，包括耐怨害忍、安受苦忍、諦察法忍。斷暗鈍障，證最勝流真如。四、燄慧地。修精進度，包括披甲精進、攝善法精進、利益有情精進。斷微細煩惱現行障，證無攝受真如。五、極難勝地。修禪定度，包括安住静慮、引發静慮、辦事静慮。斷下乘涅槃現行障，證類無别真如。六、現前地。修般若度，包括生空般若、法空般若、二空般若。斷粗相現行障，證無染淨真如。七、遠行地。修方便度，包括回向方便、濟拔方便。斷細相現行障，證法無别真如。八、不動地。修願度，包括求菩提願、度衆生願。斷無相中作加行障，證不增減真如。九、善慧地。修力度，包括思擇力、修習力。斷利他不欲行障，證智自在所依真如。十、法雲地。修智度，包括受用法樂智、成熟有情智。斷諸法未自在障，證業自在所依真如。

〔二五〕「修道」，與見道、無學道合稱三道，相當於菩薩十地的第二地至第十地。在見道領悟四諦等佛教「真理」以後，經過反復修行，以斷修惑。

〔二六〕「無上正等菩提」，菩提(Bodhi)意譯爲覺。所以無上正等菩提就是無上正等覺。

〔本段大意〕如果有三性：遍計所執性、依他起性、圓成實性，爲什麽佛説一切事物都無自性呢？頌説：依此三性而立三無性，所以佛教經典中都以密意而説，一切事物都是無自性的。首先依遍計所執性而立相無性，次依依他起性而立生無性，因爲它不是由身生成，所以亦無自然性。至於最後的圓成實性，因爲它遠離遍計所執的我性和法性，所以它本身就是無自性的狀態，這就是勝義無性。因爲它是一切事物的最高理境，所以它也就是真如。因爲它永遠是這種性質，所以這就是唯識的真實性質。論説：就是依據前文所説的遍計所執、依他起、圓成實三性而立後文所説的三無性，即相無性、生無性和勝義無性。所以佛以密意而説，一切事物都是無自性的，並非其性全無。所謂「密意」是指非了義，意謂後二性：依他起性和圓成實性，雖然體性並不是無，但有的愚蠢人，對於它們增益妄執爲實有我、法自性，這就稱爲遍計所執性，爲了破除這種妄執，所以世尊佛對於有和無總説爲無性。怎樣依此三性而立彼三無性呢？即依此第一遍計所執性而立相無性，因爲遍計所執的體性和外相畢竟是没有的，就像空中花一樣。依據第二依他起性而立生無性，這就像幻事一樣，依託各種條件而生。不像虚妄執著的自然性那樣，所以假説無性，並非其性全無。依最後的圓成實性而立勝義無性，意思是説，這種勝義由於遠離第一遍計所執的我性和法性，所以是假説無性，並非其性全無。就如太虚空一樣，雖然普遍含有各種色（物質），但各種色都表現出無自性。雖然依他起性並非勝義，亦可以説是勝義無性。如果是這樣的話，圓成實性的勝義無性就是第二勝義無性。爲了防止與第二勝義無性相濫，所以這裏不這樣説。圓成實性就是各種事物的勝義，因爲這是一切事物的勝義諦，即真諦。然而勝義諦簡略來説有四種：一、世間勝義，即五藴、十二處、十八界等；二、道理勝義，即苦、集、滅、道四聖諦；三、證得勝義，即我、法二空真如；四、勝義勝義，即一真法界。這裏所説的勝義是依第四勝義勝義而説，因爲這是最勝道所行之義。爲了和前三勝義相區别，所以唯識三十頌説：「此諸法勝義，亦即是真如。」「真」意謂真實，表明並非虚妄。「如」意謂永恆如此，表明永無變易。意謂這種真實在一切發展階段，其本性永恆如此，所以稱爲真如，就是明顯的非虛妄之義。頌文的「亦」字表示真如還有很多名稱，又稱爲法界、實際等，如大乘阿毘達磨集論、佛地經論、瑜伽師地論、顯揚聖教論等，隨順其義，詳細解釋。圓成實性就是唯識實性。唯識性簡略來説有兩種：一者虛妄，卽遍計所執性；二者真實，卽圓成實性。爲了除掉遍計所執的虛妄計度，所以這裏説實性。又有二性：一者世俗，卽依他起性；二者勝義，卽圓成實性。爲了除掉世俗，所以這裏説實性。唯識三十頌的這三頌（二十三、二十四、二十五）從總的方面説明各部佛經所説的「無性」是非極了義，告誡有智之人，不應當據此三頌認爲諸法皆無自性。這就形成了唯識的相和性。誰於幾個階位悟入呢？怎樣悟入呢？具大乘二種姓者，簡略來説於五位可以逐漸悟入。什麽是大乘二種姓呢？一、本性住種姓，意謂自無始以來，依附本識阿賴耶識自然而有的無漏法之因；二、習所成種姓，意謂由聽聞十二分教法界等流正法以後，由聞慧、思慧、修慧熏習所成種姓。祇有具備這二種大乘種姓，纔能逐漸悟入唯識。什麽叫做悟入唯識五位呢？一、資糧位，意謂修大乘順解脱分；二、加行位，意謂修大乘順抉擇分；三、通達位，意謂各位菩薩所住見道；四、修習位，意謂各位菩薩所住修道；五、究竟位，意謂佛住無上正等菩提。如何逐漸悟入唯識呢？意謂各位菩薩對於識的外相和體性，在資糧位中能够深刻信仰和理解。在加行位能够漸次制伏剷除所取和能取，引生對最高實在的認識。在通達位，以無漏現行二智（根本智、後得智）證悟實相。在修習位，按照所認識的道理，反復修行，伏餘煩惱，斷餘智障。至究竟位，全出二障，功德智慧無不周備，不同小聖，所以稱爲圓。因無缺少，不同於小乘佛教的聲聞乘和緣覺乘。福智清淨極勝，無有能過，不迷不闇，故稱爲明，這不同於菩薩。能至無盡未來，教化有情衆生，使他們亦悟入唯識的相和性。

初資糧位其相云何？頌曰：

乃至未起識〔一〕，求住唯識性。於二取隨眠，猶未能伏滅。

論曰：從發深固大菩提心〔二〕，乃至未起順決擇識，求住唯識真勝義性，齊此皆是資糧位攝。爲趣無上正等菩提，修集種種勝資糧故。爲有情故勤求解脱，由此亦名順解脱分。此位菩薩依因、善友、作意、資糧四勝力故〔三〕，於唯識義雖深信解，而未能了能、所取空，多住外門修菩薩行。故於二取所引隨眠，猶未有能伏滅功力，令彼不起二取現行。此二取言顯二取取〔四〕，執取能取、所取性故。二取習氣名彼隨眠，隨逐有情眠伏藏識，或隨增過，故名隨眠，卽是所知、煩惱障種。

校釋

〔一〕「乃至未起識」，藏要本校注稱：「勘梵、藏本，此二句云：乃至唯識性識未住彼時。轉識論亦云：若人修道智慧未住此唯識義者，無求住之義。今譯增文。」

〔二〕「從發深固大菩提心」，藏要本校注稱：「安慧釋略云：此謂心未住於唯識性卽心法性之時，則猶行於能取、所取有所得中，蓋謂猶有二取相也。」

〔三〕「此位菩薩依因、善友、作意、資糧四勝力故」，述記卷九末對此解釋如下：「第一力爲因，第二力爲緣，第三力能修正行，第四力由積集善根名資糧菩薩，如是名由作意力善修福智二種資糧，能入十地名依持力，此四望二乘性惡友緣任運心下資糧，以皆勝故名四勝力。」（大正藏卷四十三第五五九頁）

〔四〕「此二取言顯二取取」，藏要本校注稱：「此四句糅安慧釋，原釋末結云：『此說外有所得不斷故，內有所得亦不斷，故生此心謂由眼等我取色等。』」

〔本段大意〕第一位資糧位的相狀如何呢？唯識三十頌說：由最初發心修行求住於唯識，但還没有安住於唯識的時候。在這一階段中，能取、所取的隨眠活動還在繼續，仍未制伏滅除。論說：從發深刻堅固的大菩提心開始，乃至於還未生起順決擇識，求住於唯識的真正勝義狀態。這一階段都屬於資糧位。爲了達到無上正等菩提，修習各種殊勝的資糧，爲了教化有情衆生，勤勉地追求解脱，因此亦稱爲順解脱分。處於這個階位的菩薩，依靠因、善友、作意、資糧四種殊勝之力，對於唯識的意思雖然深刻信仰理解，但還没有明了能取和所取之空，多住散心修菩薩行。所以對於能、所二取所引生的隨眠，還没有能够制伏和滅除的功力，使之不再生起二取現行。能、所二取之説表明二取取，因爲它們執取能取和所取之性。能、所二取習氣稱爲它們的隨眠，因爲它們隨逐有情衆生，眠伏於第八識阿賴耶識之中。或者隨順它們而增生過失，所以稱爲隨眠，這就是所知障和煩惱障的種子。

煩惱障者〔一〕，謂執徧計所執實我薩迦耶見而爲上首百二十八根本煩惱〔二〕，及彼等流諸隨煩惱。此皆擾惱有情身心，能障涅槃，名煩惱障。所知障者，謂執徧計所執實法薩迦耶見而爲上首見、疑、無明、愛、恚、慢等，覆所知境無顛倒性，能障菩提，名所知障。此所知障決定不與異熟識俱，彼微劣故，不與無明、慧相應故，法空智品與俱起故。七轉識内隨其所應或少或多〔三〕，如煩惱説，眼等五識無分别故，法見、疑等定不相應〔四〕，餘由意力皆容引起。此障但與不善、無記二心相應，論説無明唯通不善、無記性故〔五〕，癡、無癡等不相應故。煩惱障中此障必有，彼定用此爲所依故。體雖無異，而用有别，故二隨眠隨聖道用，有勝有劣，斷或前後。此於無覆無記性中是異熟生，非餘三種〔六〕，彼威儀等勢用薄弱，非覆所知障菩提故。此名無覆望二乘説，若望菩薩亦是有覆。若所知障有見、疑等，如何此種契經説爲無明住地〔七〕？無明增故〔八〕，總名無明，非無見等。如煩惱種立見一處、欲、色、有愛四住地名，豈彼更無慢、無明等？如是二障分别起者見所斷攝〔九〕，任運起者修所斷攝〔一〇〕。二乘但能斷煩惱障，菩薩俱斷。永斷二種唯聖道能〔一一〕，伏二現行通有漏道〔一二〕。

菩薩住此資糧位中，二麤現行雖有伏者，而於細者及二隨眠止觀力微〔一三〕，未能伏滅。

校釋

〔一〕「煩惱障者」，藏要本校注稱：「此下廣辨二障，安慧釋無文。」

〔二〕「百二十八根本煩惱」，見道所斷的煩惱，欲界有四十種，色界和無色界各三十六種，修道所斷煩惱十六種，共一百二十八種。

〔三〕「七轉識内隨其所應或少或多」，七識之中根本有四，隨惑有八，及别境慧有十三法。第六識有一切。五識有根本三，隨惑十，與十三法相應。

〔四〕「等」，此中省略忿等十種小隨煩惱的全部，以及中隨煩惱二種和大隨煩惱八種的少分。

〔五〕「論説無明唯通不善、無記性故」，見瑜伽師地論卷五十九：「復次，諸煩惱略有三聚：一欲界繫，二色界繫，三無色界繫。問：如是三聚幾不善幾無記？答：初聚一分是不善，餘二聚是無記。」（大正藏卷三十第六二八頁）

〔六〕「非餘三種」，無覆無記可以分爲四種：一、異熟無記，卽前句異熟生。異熟是果報的異名，依前世業因而感今世之果報，此稱異熟無記。二、威儀無記。行、住、坐、卧等威儀時的無記心。三、工巧無記。作圖畫、彫刻等時的無記心。四、變化無記。以神通力作種種變化時的無記心。威儀、工巧二無記亦通善、惡和有覆無記心。此中「三種」是指後三無記：威儀無記、工巧無記、變化無記。

〔七〕「住地」，所依生處稱爲住地，根本煩惱是産生枝末煩惱之地，故稱住地。住地煩惱有五種：一、見一處住地。身見等欲、色、無色三界之見惑，斷於見道一處，故稱見一處。二、欲愛住地。欲界煩惱中，除見和無明以外，貪愛最重，故稱欲愛住地。三、色愛住地。色界煩惱中，除見和無明以外，貪愛最重，故稱色愛住地。四、有愛住地。無色界煩惱中，除見和無明以外，貪愛最重。「有愛」意謂貪著生死，無色界之愛是最終的生死果報，故稱有愛。五、無明住地。即欲界、色界和無色界的一切無明。無明是産生一切煩惱的根本，所以別立一地。無明住地是根本，其餘四住地是枝末。見一處住地是見惑，欲愛住地、色愛住地、有愛住地是思惑。

〔八〕「增」，據述記卷九末，增有三義：「一者體增，雖餘煩惱有俱不俱，無明皆有爲此障故。如二乘無學等，非必有餘煩惱俱故。二者用增，迷一切境，障一切智，不令得佛果，非如煩惱故。三難斷增，要上上道方能斷故。」（大正藏卷四十三第五六二頁）

〔九〕「分別起」，由於邪師、邪教、邪思惟三緣而起諸惑，稱爲分別起，即見惑。分別起惑易斷，故於見道頓斷。

〔一〇〕「任運起」，即俱生起。一切有情衆生，由於無始以來的熏習力，與身俱生自然而起諸惑，稱爲俱生起，即思惑。任運起惑難斷，故於修道漸斷。

〔一一〕「聖道」，意謂聖者之道，即自凡至聖之道，是對聲聞、緣覺、菩薩三乘所行之道的總稱。

〔一二〕「有漏道」，亦稱有漏路或迷世界。與無漏道相對，招三界六道輪迴果報的行法，稱之爲有漏道，可招涅槃果之道稱爲無漏道。因三界六道都是有漏，而涅槃爲無漏。

〔一三〕「止觀」，「止」是梵文 Śamatha 的意譯，音譯奢摩他，意謂禪定。「觀」是梵文 Vipaśyana 的意譯，音譯毘婆舍那，意謂智慧。止、觀並稱是佛教的一種修行方法。

〔本段大意〕煩惱障，就是以遍計所執實我薩迦耶見爲首的一百二十八種根本煩惱，以及與此平等而流出的各種隨煩惱。它們都擾惱有情衆生的身心，能够障礙達到涅槃，所以稱爲煩惱障。所知障，就是以遍計所執的實法薩迦耶見爲首的惡見、疑、無明、愛、瞋、慢等，遮覆所知境的真實性，能够障礙菩提，此稱所知障。這種所知障肯定不與阿賴耶識相應，因爲阿賴耶識微細劣弱，不能與無明和慧相應，菩薩法空智品可與這第八識俱起。七轉識內，根據不同情況，或多或少地與所知障相應，就如煩惱障一樣。眼、耳、鼻、舌、身五識因爲没有計度分別，肯定不能與法見、疑等相應，見、疑等餘，由意識力都可以引起。所知障祇與不善、無記二種心相應，因爲瑜伽師地論説，無明祇通不善和無記性，癡與無癡等不能相應。在煩惱障中肯定有所知障，因爲煩惱障肯定要以所知障作爲所依。煩惱障和所知障，其體雖然没有區別，但作用却有區別。所以煩惱、所知二障隨眠隨聲聞、緣覺、菩薩三乘聖道有勝有劣，斷的時間有前有後，粗顯的先斷，細密的後斷。所知障在無覆無記性中是異熟無記。並不是其餘三種無記，即威儀無記、工巧無記、變化無記，因爲威儀等三種無記，勢力薄弱，不能遮覆所知境，不能障礙菩提。所知障稱爲無覆，是對小乘佛教的聲聞、緣覺二乘所說，如果對菩薩乘來說也是有覆。外人難曰：如果所知障有惡見、疑等，勝鬘經爲什麼説爲無明住地呢？論主回答説：因爲所知障中無明增盛，所以總稱爲無明。並不是没有惡見等。如果煩惱種子立見一處住地、欲愛住地、色愛住地、有愛住地之名，豈不是又没有慢、無明等了嗎？煩惱、所知二障都通六識，分別起者屬於見道所斷，因爲粗顯，易斷；任運起者屬於修道所斷，因其細密，難斷。小乘佛教的聲聞、緣覺二乘祇能斷煩惱障，對菩薩乘來説，煩惱障和所知障都斷。永遠斷除煩惱、所知二種障，祇有聖道纔能够做到。壓伏二障現行通有漏道。在資糧位的菩薩，二障的粗現行雖然有的已被伏滅，但對於細現行和二障隨眠來説，由於止觀之力微弱，還没有能够伏滅。

此位未證唯識真如，依勝解力修諸勝行〔一〕，應知亦是解行地攝〔二〕。所修勝行其相云何？略有二種，謂福及智，諸勝行中慧爲性者皆名爲智，餘名爲福。且依六種波羅蜜多〔三〕，通相皆二。別相，前五説爲福德，第六智慧。或復前三唯福德攝，後一唯智，餘通二種。復有二種，謂利自他〔四〕，所修勝行隨意樂力，一切皆通自他利行。依別相説，六到彼岸、菩提分等自利行攝〔五〕，四種攝事、四無量等〔六〕，一切皆是利他行攝。如是等行差別無邊，皆是此中所修勝行。此位二障雖未伏除，修勝行時有三退屈〔七〕，而能三事練磨其心〔八〕，於所證修勇猛不退。一、聞無上正等菩提廣大深遠心便退屈，引他已證大菩提者練磨自心，勇猛不退；二、聞施等波羅蜜多甚難可修心便退屈〔九〕，省己意樂能修施等練磨自心，勇猛不退；三、聞諸佛圓滿轉依極難可證心便退屈，引他麤善況己妙因練磨自心，勇猛不退。由斯三事練磨其心堅固熾然修諸勝行。

校釋

〔一〕「依」，磧砂藏本原作「後」，藏要本據述記卷五十四及高麗藏本改。

〔二〕「解行地」，解行意謂知解與修行。「解」爲解理，「行」爲行事。解行地意謂由解而修行，此指未證真如之地前的三賢位（十住、十行、十迴向）菩薩。

〔三〕「六種波羅蜜多」，即六波羅蜜多（Ṣaṭpāramitā），亦稱六波羅蜜，意譯六度、六度無極或六到彼岸。佛教認爲，這是六種從生死此岸到達涅槃彼岸的方法或途徑，是大乘佛教修行的主要內容。一、布施（Dāna），音譯檀那；二、持戒（Śila），音譯尸羅；三、忍（Kṣānti），音譯羼提；四、精進（Vīrya），音譯毘梨耶；五、定（Dhyāna），音譯禪那；六、智慧（Prajñā），音譯般若。

〔四〕「謂利自他」，即自利和利他。自利是使自己覺悟，利他是使他人覺悟。小乘佛教祇有自利。大乘菩薩既有自利，又有利他。

〔五〕「六到彼岸」，即六度，因爲「度」(Pāramitā)亦可以譯爲到彼岸。「菩提分」，梵文Bodhyaṅga的意譯，可以作爲四念處、四正勤、四如意足、五根、五力、七覺支、八正道等三十七道品的總名，亦可以爲三十七道品中七覺支的别名。「分」意謂支分，即七覺支或三十七道品的支分。「分」亦可以解釋爲「因」義，七覺支或三十七道品都順趣菩提，所以稱爲菩提分。「等」，此中省略十二支、十八不共法、三十二相、八十隨好等。

〔六〕「四種攝事」，即四攝事(Catuh-saṁgraha-vastu)，亦稱四攝法，略稱爲四攝，即四攝菩薩。菩薩根據有情衆生的需要，對他們進行布施、愛語、利行、同事，使他們産生愛我之心，依我受道。四攝如下：一、布施，根據衆生的需要進行布施，如果衆生需要錢財則施財，如果衆生需要法則施法。二、愛語攝，根據衆生的根性進行説教。三、利行攝，作有利於衆生的身、口、意三善行。四、同事攝，以法眼見衆生根性，隨其所樂而分形示現，使衆生與己親近，得到利益。「四無量」(Catvāri-apramāṇāni)，即四無量心，亦稱四等心或四梵行，即十二門禪(四禪、四無量、四空定)的一個組成部分，包括：一、慈無量心，心慈給衆生以享樂；二、悲無量心，對衆生心懷大悲，拔除其痛苦；三、喜無量心，見人離苦得樂，心生歡喜；四、捨無量心，怨親平等，捨怨捨親。這四心普緣無量衆生，引生無量幸福，所以稱爲無量心。因爲平等利益一切衆生，所以稱爲等心。這四心依四禪而修，修行這四心可以生色界梵天，所以稱爲四梵行。「等」，此中省略神通、大悲、三念住等。

〔七〕「三退屈」，存在於資糧位中的三退屈如下：一、菩提廣大屈。無上菩提（Bodhi，覺悟）廣大深遠，非常難證，聽聞以後産生退屈之心。二、萬行難修屈。「萬行」意謂六度萬行，即大乘佛教的一切修行之法。布施等萬行非常難修，聞後而生退屈之心。三、轉依難證屈。「轉依」是轉掉我執、法執二障，證得涅槃、菩提二果。唯識宗的轉依妙果非常難證，聞後而生退屈之心。唯識宗主張以三練磨對治三退屈。

〔八〕「而能三事練磨其心」，即三練磨：一引他既證大菩提者而練磨自心，二省己意樂而練磨自心，三引他之粗善比己之妙因而練磨自心。

〔九〕「施」，即布施，六度之一。梵文Dāna的意譯，音譯檀那。包括財施、法施和無畏施三種，財施是向衆生施捨財物，法施是向衆生説法，無畏施是使衆生無所畏俱。

〔本段大意〕資糧位還没有證得唯識真如，依勝解之力修習各種勝行，應當知道，這也屬於解行地。所修勝行，其相狀是怎樣的呢？簡略來説有二種：福和智，各種勝行中以智慧爲本性的都稱爲智，其餘的稱爲福。而且，依六度來説，通相都是福、智二種。若依别相來説，前五種（布施、持戒、忍、精進、定）可以稱爲福德，第六種是智。又可以説爲前三種（布施、持戒、忍）祇屬於福德，最後一種祇是智，其餘的精進和定通福、智二種。又有二種，即自利和利他。從通相來説，所修勝行，隨從意樂（意得到滿足而感樂悦）之力，一切都通自利和利他之行。若依别相來説，六度、菩提分等，屬於自利行，四攝、四無量等，一切都屬利他行。如是等行，其差别無窮無盡，都是此中所修勝行。在資糧位中，煩惱、所知二障還没有伏滅剷除，所以修勝行時有三退屈，但有三事能够練（陶練）磨（修治）其心。於所證所修勇猛不退。一、聽説無上正等菩提廣大深遠，心便退屈。以他人已經證得大菩提爲例，練磨自心，勇猛而不退轉。二、聽説布施等六度非常難修，心便退屈。省悟到自己的意樂能够修行布施等，以此練磨自心，勇猛而不退轉。三、聽説各位佛的圓滿轉依非常難證，心便退屈。自己應當這樣考慮：他人粗善都能做到，更何況自己有絶妙之行因呢？以此練磨自心，勇猛而不退轉。由此三事，練磨其心，使自心堅定熱烈地修習各種勝行。

次加行位其相云何〔一〕？頌曰：

現前立少物〔二〕，謂是唯識性。以有所得故，非實住唯識〔三〕。

論曰：菩薩先於初無數劫善備福德智慧資糧〔四〕，順解脱分既圓滿已。爲入見道住唯識性，復修加行伏除二取，謂煗、頂、忍、世第一法。此四總名順決擇分，順趣真實決擇分故。近見道故立加行名〔五〕，非前資糧無加行義。煗等四法依四尋思、四如實智初後位立〔六〕。四尋思者，尋思名、義、自性、差別，假有實無。如實徧知此四離識及識非有，名如實智。名、義相異，故別尋求，二二相同〔七〕，故合思察。依明得定發下尋思觀無所取，立爲煗位，謂此位

中創觀所取名等四法，皆自心變，假施設有，實不可得。初獲慧日前行相故立明得名〔八〕，即此所獲道火前相，故亦名煖。依明增定，發上尋思觀無所取，立爲頂位，謂此位中重觀所取名等四法，皆自心變，假施設有，實不可得，明相轉盛，故名明增。尋思位極，故復名頂。依印順定，發下如實智，於無所取決定印持，無能取中亦順樂忍〔九〕。既無實境離能取識，寧有實識離所取境？所取、能取相待立故。印順忍時總立爲忍〔一〇〕，印前順後立印順名，忍境識空，故亦名忍。依無間定發上如實智，印二取空，立世第一法。謂前上忍唯印能取空，今世第一法二空雙印，從此無間必入見道，故立無間名。異生法中此最勝故，名世第一法。如是煖、頂依能取識觀所取空，下忍起時印境空相，中忍轉位於能取識如境是空順樂忍可，上忍起位印能取空，世第一法雙印空相。皆帶相故未能證實，故說菩薩此四位中猶於「現前安立少物」，謂是唯識真勝義性。以彼空、有二相未除，帶相觀心有所得故，非實安住真唯識理，彼相滅已方實安住。依如是義故有頌言：「菩薩於定位，觀影唯是心，義想既滅除，審觀唯自想，如是住內心，知所取非有，次能取亦無，後觸無所得〔一一〕。」此加行位未遣相縛〔一二〕，於麤重縛亦未能斷〔一三〕，唯能伏除分別二取，違見道故。於俱生者及二隨眠有漏觀心有所得故，有分別故，未全伏除，全未能滅。此位菩薩於安立諦非安立諦俱學觀察〔一四〕，爲引當來二種見故〔一五〕，及伏分別二種障故，非安立諦是正所觀，非如二乘唯觀安立。菩薩起此煗等善根，雖方便時通諸静慮〔一六〕，而依第四方得成滿，託最勝依入見道故。唯依欲界善趣身起，餘慧厭心非殊勝故。此位亦是解行地攝，未證唯識真勝義故。

校釋

〔一〕「次加行位其相云何？」藏要本校注稱：「安慧釋此段生起云：今此當説若緣離境唯心即住心法性耶，不爾，頌云云。又釋：復有增上慢者以爲唯聞即已住唯識，爲遣彼執，故頌云云。」

〔二〕「現前立少物」，藏要本校注稱：「勘梵、藏本以此爲第三句，轉識論亦云：若謂但唯有識現前起此執。今釋改文。」

〔三〕「非實住唯識」，藏要本校注稱：「梵、藏本作唯彼，Tammātra' deni tsam-pa。」

〔四〕「菩薩先於初無數劫善備福德智慧資糧」，藏要本校注稱：「安慧釋異，略云：『謂是皆唯識者，雖無外境有所得者，執而取相。現前者，當前。立者，如其所聞由意安立，謂行者所緣有多種故。今但隨説少物，若骨鎖若青瘀若膿脹等，非住於唯彼者，猶未斷識有所得故。』」「劫」，梵文 Kalpa 的音譯，全稱劫波或劫簸。意謂極其久遠的時節。

〔五〕「加行」，舊譯方便，爲入正位加功用行，故稱加行。

〔六〕「四尋思」，唯識宗主張人們用「萬法唯識」的觀點去觀察尋思事物的名、義、自性、差別都是假有，並非實有。一、名尋思觀。一般人認爲事物的名稱表示與此相應的實物，因此而有喜怒哀樂之情。唯識宗對事物的名稱進行推求觀察，尋思抉擇，認爲是假名，是在心識上的假立，與實物無關，所以不爲此而動喜怒哀樂之情。二、事尋思觀。唯識宗認爲，萬事萬物都是識的相分，都是虚幻不實的。三、自性尋思觀。自性是事物自己獨立的本性。唯識宗尋思事物的自性皆非實有，都是識的變現。四、差別尋思觀。唯識宗認爲事物的大小、長短等差別之相都是假有，離識不可得，由此漸悟法相空性。「四如實智」，以四尋思觀爲因，所引四種如實真智：一名尋思觀所引如實智，二事尋思觀所引如實智，三自性尋思觀所引如實智，四差別尋思觀所引如實智。

〔七〕「二二相同」，意謂名、義二種，一自性同，二差别同，故合名、義二種自性及二差别爲合觀。前二是名、義，後二是自性、差别。

〔八〕「慧日」，佛的智慧能够照耀世間，清除掉生死之雲霧，滅諸災難，所以比喻爲日。

〔九〕「能取」，原文誤爲「取能」，現徑改。

〔一〇〕「忍」，忍分下、中、上三品，下忍認識所取空，中忍認識能取空，上忍認識所取、能取二空。下品忍稱爲印忍，中品忍稱爲樂順，上品忍稱爲印順。合三忍名印順定，「忍」爲智，印順俱定，稱爲印順定。

〔一一〕語見攝大乘論本卷中（大正藏卷三十一第一四三頁）。

〔一二〕「相縛」，由色、聲、香、味、觸六塵之境相所縛，認識不到萬事萬物都是因緣和合而生，都是識的影相，都是空。使心不得自在。

〔一三〕「麤重」，據成唯識論演秘卷七，有五種粗重：一、二障種子名粗重；二、二障所引生所餘習氣無堪任性名爲粗重；三、二障現名爲粗重，即惛沉障輕安；四、諸有漏種總名粗重；五、一切有漏種及現行名爲粗重。

〔一四〕「安立諦非安立諦」，有差別名言者稱爲安立，無差別離名言者，稱爲非安立。「安立」意謂施設。

〔一五〕「二種見」，即二種見道：真見道和相見道。世第一法後所産生的無漏根本智斷除煩惱、所知二障，此稱無見道；以後證得的真理之位爲解脱道。無見道和解脱道合稱真見道。再以後産生的後得智分别思想所證得的真理，稱爲相見道。

〔一六〕「静慮」，梵文 Dhgāna 的意譯，禪定的異名，音譯馱耶演那，分定、生二種。爲了生於色界四禪天而修其禪定，稱爲四種定静慮。其所生之天處稱爲四種生静慮。

〔本段大意〕以後的加行位，其特點如何呢？唯識三十論的頌文説：「在修學四尋思觀、四如實智的時候，在行者的心識上，仍有少量的假立之物出現在面前，自以爲是唯識的性質。因爲有所得，有執著，所以這並不是真正地住於唯識。」論説：菩薩首先在最初的無數劫波之中，很好地準備了福德智慧資糧，使順解脱分圓滿成就。爲了進入見道並住於唯識實性，又在加行位修行，以滅除能取和所取，這就是暖、頂、忍、世第一法。這四種總稱爲順抉擇分，因爲它隨順趣向真實的抉擇分，鄰近見道，所以立加行之名，但並不是說以前的資糧沒有加行的意思。暖等四種，暖、頂二位依四尋思觀而立，忍和世第一法依四如實智而立。所謂四尋思觀是尋思事物的名、義、自性和差別，從而認識到，世間萬物是虛假的有，實際上是無，亦就是空，真實地普遍認識到，暖等四法離開識是不存在的，識亦是不存在的，這就叫做如實智。因其名稱和意義都不相同，所以要分別尋求。因爲一自性同，二差別同，所以把名、義二種的自性和差別合起來進行思索觀察。「明」即光明，也就是智慧，菩薩依此定發下品尋思觀，認識到名、義、自性、差別都是所取所緣的對象，所取爲空，由此而立爲暖位。意思是說：在暖位首先認識到，所取外境的名、義、自性、差別四法都是心識所變，都是虛假施設而有，實際上是不存在的。因爲這種禪定是最初獲得智慧太陽以前的行相，所以稱爲「明」，這亦是所獲淨道之火以前的行相，所以又稱爲「暖」。依據增長的智慧引發上品尋思觀，重觀所取爲空，由此立爲頂位。意思是說：在此位中重觀所取的名等四法都是自己的心識所變，都是虛假施設而有，實際上是不存在的，因爲智慧之明相增長，所以稱爲明增，修尋思觀至此位達到最高絕頂，所以又稱爲「頂」。「印前所取無，順後能取無，名印順定。」（成唯識論述記卷九末，大正藏卷四十二第五六六頁）依此印順定引發下品如實智，對於所取空能够明確地認識到，並預以確定，對於能取空亦能够忍樂隨順。既然沒有真實的外境離得開能取的心識，怎麼會有真實的心識離得開所取的外境呢？因爲所取和能取相待而成立。印持前面的四尋思觀所觀所取的名等外境爲空，同時亦隨順後面的四如實智，能够觀察到能取的心識亦是空，所以成立印順之名。印持忍隨順忍的時候，總的立爲「忍」，印持前面的四尋思觀，隨順後面的四如實智，故立印順之名，認識到外境和心識都是空，所以又稱爲「忍」。從世第一法至見道位，中間没有間斷，所以稱爲無間定。依此無間定力引發上品如實智，印持能取、所取都是空，成立世第一法。意謂前述上品忍祇印持能取空，現在所講的世第一法印持能取、所取二空，從世第一法入見道位，中無間隔，所以稱爲「無間」。在世俗法中最爲殊勝，所以稱爲世第一法。像這樣的暖位、頂位依據能取之識，觀察所取之空；下品忍生起的時候，印持外境之空相，中品忍轉换爲能取之識像外境一樣亦是空，順樂後位的上品之忍。上品忍生起之處印持能取之空，世第一法印持能取、所取二空所執相，或稱依他相或空有相，因爲皆非無相，故稱帶相，這時候還没有證得真理，所以説菩薩在這暖、頂、忍、世第一法四位之中還有心識所變的名等少物。自以爲是唯識的真正殊勝之義，但因爲這種認識空、有二相還没有滅除，其心識仍有執著之相，因爲有所得，所以並不是真正地安住於唯識道理。滅除那種相狀，纔是真正地安住於唯識道理，依據這種意義，有經文的頌這樣説：「菩薩在禪定的時候，觀内心境影，離心非有，唯是内心，這是初位觀，即在暖位。遍計所執心外之境義相既已滅除，審觀唯自相，祇有内心，這是頂位。這樣住於内心，知曉所取爲空，這是下忍位。然後知道能取之識亦是空，這是中忍位和上忍位。把以上内容合在一起，就能知道能取、所取都是空，這是世第一法。然後接觸到無所得，進入真正的見道。」在此加行位，還没有遣除相分對見分等的繫縛，對於一切有漏法的粗重繫縛亦没有能够斷除，衹能降伏並滅除起分别作用的能取之識和所分别的所取之外境，因爲它不同於見道。俱生二取還没有全部滅除，衹是滅除了一小部分，有漏之心對於俱生二取及俱生、分别二種隨眠還有所得，還有分别，還没有全部降伏，還没有能够全部滅除。加行位的菩薩，對於安立諦和非安立諦都學習過並考察過，這是爲了引生未來的二種見道，亦是爲了降伏分别煩惱、所知二障，對非安立諦亦能正確地進行思察，並不像聲聞、緣覺二乘人那樣衹思察安立諦。菩薩生起暖、頂、忍、世第一法四善根，雖然方便的時候可通各種禪定，但是衹有依靠第四静慮纔能够得到圓滿成就，因爲衹有依靠最殊勝的禪定纔能進入見道。衹能依靠欲界善趣之身生起，因爲色界和無色界的智慧，厭惡三界一切事物之心並非殊勝。這四善根亦屬於解行地，因爲它們還没有證得唯識的真正殊勝之義。

次通達位其相云何〔一〕？頌曰：

若時於所緣〔二〕，智都無所得。爾時住唯識，離二取相故〔三〕。

論曰〔四〕：若時菩薩於所緣境無分别智都無所得，不取種種戲論相故。爾時乃名實住唯識真勝義性，即證真如，智與真如平等平等俱離能取、所取相故，能、所取相俱是分别，有所得心戲論現故。有義此智二分俱無，說無所取、能取相故。有義此智相、見俱有，帶彼相起名緣彼故。若無彼相名緣彼者，應色智等名聲等智。若無見分，應不能緣，寧可說爲緣真如智？勿真如性亦名能緣，故應許此定有見分。有義此智見有相無，說無相取不取相故。雖有見分而無分別，說非能取，非取全無。雖無相分，而可說此帶如相起，不離如故。如自證分緣見分時不變而緣，此亦應爾。變而緣者便非親證，如後得智應有分別。故應許此有見無相。加行無間此智生時體會真如，名通達位。初照理故，亦名見道。

校釋

〔一〕「次通達位其相云何？」藏要本校注稱：「安慧釋此段生起云：然則何時斷識執取住於心法性耶？說頌云云。」

〔二〕「若時於所緣」，藏要本校注稱：「梵、藏本首三句意云：若時於所緣識亦無所得，爾時則住於唯識性。云所緣者，前頌以唯識爲所緣也。轉識論云：若智者不更緣此境。釋云：此境卽此唯識境，是也。今譯改識爲智。」

〔三〕「離二取相故」，藏要本校注稱：「勘梵、藏本此句意謂無所取故，無彼能取。轉識論釋曰：由無境故識無，此識既無，能緣唯識之心亦無，是也。今譯缺略。」

〔四〕「論曰」，藏要本校注稱：「安慧釋異，略云若時於教授所緣教誡所緣或色、聲等所緣，隨應是識於心外不可得，不見不取，亦無所執，如實而觀，不同生盲，爾時識之執取亦斷，住於自心法性，即此説因曰：無所取故無能取。能、所俱無，則生出世智。」

〔本段大意〕以後的通達位，其特點如何呢？唯識三十論的頌文説：「假若無分別智產生的時候，對於所緣的真如理及其能悟所緣真如的無分別智，二者冥會都無所得。這時候就住於唯識真理，因爲已經没有了能取、所取之相。」論説：如果那時候對於所緣外境來説，是以無分別智親證真如理，不僅所觀境無所得，能觀的無分別智亦無所得，亦是空，因爲此時已無各種戲論之相。能取、所取都是戲論虛假，此時已無能取、所取之相。這時候就稱爲實際住於唯識真正的殊勝之義，亦就是親證真如之智，體卽真如，都已遠離能取、所取之相。能取、所取都是分別，有所得之心會使戲論呈現。有人認爲，無分別智已無相分和見分，因爲頌文説已無所取、能取之相。又有人認爲，無分別智的相分和見分都有，因爲觀所緣緣論説「所緣緣者，謂能緣識帶彼相起」（大正藏卷三一第八八八頁），這就稱爲緣彼相分。如果没有它的相分而稱爲「緣彼」，就應當是緣色相分之智等稱爲緣聲相分之智等。如果没有見分，就應當是不能緣，怎麽能够説爲緣真如之智呢？因爲不能説真如之性亦稱爲能緣，所以應當承認無分別智肯定有見分。又有人認爲，這種無分別智有見分而無相分，因爲瑜伽師地論説没有相可取，不緣取外境之相。雖然有見分但無分別，雖説没有能取識的見分，但並不意味着能取的功能一點亦没有。雖然没有相分，但可以説無分別智帶彼真如之相而起，因爲無分別智離不開真如。就如自證分緣見分時一樣，不經變化而緣取，無分別智緣真如時亦應當是這樣。如經變化而緣取就不是親證，就像是後得智那樣，應當是有分別。所以應當承認，無分別智有見分而無相分。在加行位修無間定無分別智產生的時候，去體會真如，這就稱爲通達位。因爲這是最初照見真理，所以亦稱爲見道。

然此見道略説有二〔一〕：一、真見道〔二〕，謂卽所説無分別智。實證二空所顯真理，實斷二障分別隨眠，雖多刹那事方究竟，而相等故，總説一心。有義此中二空二障漸證漸斷，以有淺深麤細異故。有義此中二空二障頓證頓斷，由意樂力有堪能故。二、相見道〔三〕。此復有二：一、觀非安立諦，有三品心：一、內遣有情假緣智能除輭品分別隨眠，二、內遣諸法假緣智能除中品分別隨眠，三、偏遣一切有情諸法假緣智能除一切分別隨眠。前二名法智〔四〕，各別緣故。第三名類智〔五〕，總合緣故。法真見道二空見分自所斷障無間解脱別總建立，名相見道。有義此三是真見道，以相見道緣四諦故。有義此三是相見道，以真見道不別緣故。二、緣安立諦，有十六心〔六〕，此復有二：一者依觀所取、能取，別立法類十六種心。謂於苦諦有四種心：一、苦法智忍〔七〕，謂觀三界苦諦真如，正斷三界見苦所斷二十八種分別隨眠〔八〕；二、苦法智〔九〕，謂忍無間觀前真如，證前所斷煩惱解脱；三、苦類智忍〔一〇〕，謂智無間無漏慧生〔一一〕，於法忍智各别内證，言後聖法皆是此類；四、苦類智〔一二〕，謂此無間無漏智生，審定印可苦類智忍。如於苦諦有四種心，集、滅、道諦應知亦爾。此十六心八觀真如，八觀正智〔一三〕。法真見道無間解脱見自證分，差别建立，名相見道。二者依觀下上諦境别立法類十六種心。謂觀現前不現前界苦等四諦各有二心：一、現觀忍，二、現觀智。如其所應，法真見道無間解脱見分觀諦。斷見所斷百一十二分别隨眠〔一四〕，名相見道。若依廣布聖教道理，説相見道有九種心〔一五〕。此卽依前緣安立諦二十六種止觀别立。謂法類品忍智合説各有四觀卽爲八心，八相應止總説爲一。雖見道中止觀雙運，而於見義觀順非止，故此觀止開合不同，由此九心名相見道。諸相見道依真假説世第一法無間而生及斷隨眠，非實如是。真見道後方得生故，非安立後起安立故，分别隨眠真已斷故。前真見道證唯識性，後相見道證唯識相，二中初勝，故頌偏説。前真見道根本智攝，後相見道後得智攝。諸後得智有二分耶？有義俱無，離二取故。有義此智見有相無，説此智品有分别故，聖智皆能親照境故，不執著故説離二取。有義此智二分俱有，説此思惟似真如相，不見真實真如性故。又説此智分别諸法自共相等〔一六〕，觀諸有情根性差别而爲説故〔一七〕。又説此智現身土等爲諸有情説正法故，若不變現似色、聲等，寧有現身説法等事？轉色蘊依不現色者，轉四蘊依應無受等。又若此智不變似境，離自體法應非所緣，緣色等時應緣聲等。又緣無法等應無所緣緣〔一八〕，彼體非實無緣用故，由斯後智二分俱有。此二見道與六現觀相攝云何〔一九〕？六現觀者：一、思現觀，謂最上品喜受相應思所成慧。此能觀察諸法共相，引生煖等，加行道中觀察諸法，此用最猛，偏立現觀。煖等不能廣分別法，又未證理，故非現觀。二、信現觀，謂緣三寶世、出世間決定淨信，此助現觀，令不退轉，立現觀名。三、戒現觀，謂無漏戒，除破戒垢，令觀增明，亦名現觀。四、現觀智諦現觀，謂一切種，緣非安立，根本後得無分別智。五、現觀邊智諦現觀，謂現觀智諦現觀後，諸緣安立世、出世智。六、究竟現觀，謂盡智等究竟位智〔二〇〕。此真見道攝彼第四現觀少分，此相見道攝彼第四第五少分。彼第二三雖此俱起，而非自性，故不相攝。菩薩得此二見道時生如來家〔二一〕，住極喜地〔二二〕，善達法界，得諸平等。常生諸佛大集會中，於多百門已得自在〔二三〕，自知不久證大菩提，能盡未來利樂一切。

校釋

〔一〕「然此見道略說有二」，藏要本校注稱：「此下廣辨見道，安慧釋亦無文。」

〔二〕「真見道」，在見道位生起無漏根本智，或稱無分別智，斷除煩惱障和所知障，證得能取、所取二空的唯識真如之理。

〔三〕「相見道」，在真見道之後生起後得有分別之智慧，對於真見道所生起的無分別智所證真理，再加分別，變真如之相分。

〔四〕「法智」，觀見欲界苦、集、滅、道四諦法的無漏智。又因爲能知現在事物，所以又稱爲現智。

〔五〕「類智」，觀欲界四諦之智稱爲法智，觀色界、無色界四諦之智稱爲類智，因爲與法智同類。

〔六〕「十六心」，即八忍八觀，或稱八忍八智：苦法忍、苦法智、苦類忍、苦類智、集法忍、集法智、集類忍、集類智、滅法忍、滅法智、滅類忍、滅類智、道法忍、道法智、道類忍、道類智。

〔七〕「苦法智忍」，八忍之一，觀欲、色、無色三界苦諦真如，正斷見惑的無間道智。「忍」意謂信，對真理堅信不疑，是獲得苦法智之因。

〔八〕「二十八種分別隨眠」，欲界有十種，色界和無色界各有九種。

〔九〕「苦法智」，八智之一，斷三界見惑時所觀欲界苦諦。

〔一〇〕「苦類智忍」，八忍之一，相信色界、無色界的苦諦真理，是將要獲得苦類智的無間道智，苦類智是果，即解脱道。苦類智忍是因，即無間道。

〔一一〕「無間」，即無間道。二道之一，剛斷惑而不爲惑間隔的無漏智慧。舊譯爲無礙道。已斷惑已證理之智稱爲解脱道。無間道是前念之因道，解脱道是後念之果道。

〔一二〕「苦類智」，八智之一。觀欲界苦諦之後，又觀色界和無色界的苦諦，並斷對於苦諦的見惑。觀上二界之苦諦是觀欲界苦諦的流類，故稱苦類智。

〔一三〕「正智」，即聖智。正確認識一切事物都是因緣和合而成，沒有自性。道種認識離虚妄分別，契合真理，故稱正智。

〔一四〕「百一十二分別隨眠」，欲界四十，色界和無色界各三十六。

〔一五〕「九種心」，見瑜伽師地論卷五十八：「依初建立增上力故，説法智品有四種心，種類智品亦有四心，隨爾所時八種心轉，卽爾所時總説名一無間所入純奢摩他所顯之心，如是總説有九種心。」(大正藏卷三十第六二五頁)

〔一六〕「自共相」，事物的自體之相稱爲自相，通於他之相稱爲共相。如色、受、想、行、識五蘊，各别而論，稱爲自相。生、住、異、滅爲其共相。

〔一七〕「根性」，能生意謂根，習性意謂性，根性是衆生根機的習性。

〔一八〕「所緣緣」，四緣之一，卽心法和心所法，因由自心緣慮，故稱所緣緣。

〔一九〕「現觀」，意謂智慧現觀諦理，於見道十六心位觀上下八諦之理，此稱聖諦現觀。小乘説一切有部以十六心見道，爲漸現觀。大乘法相立一心真見道，爲頓現觀。成唯識論述記卷九末稱：「現謂現前，明了現前觀此現境，故名現觀。」(大正藏卷四十三第五七二頁)

〔二〇〕「盡智」，十智(世俗智、法智、類智、苦智、集智、滅智、道智、他心智、盡智、無生智)之一，斷盡一切煩惱時所産生的自信智。既知我，又知苦，還能斷集、證滅、修道。

〔二一〕「如來家」，真如法界是如來住地，故稱如來家。成唯識論述記卷九末：「無性云：謂佛法界名如來家。於此證會，故名爲生。」（大正藏卷四十三第五七三頁）

〔二二〕「極喜地」，亦稱歡喜地，菩薩十地之一。菩薩在此最初獲得聖位，已證能取、所取二空，斷分別起之煩惱，已無凡夫之性，成爲法身菩薩，既能給自己帶來利益，又能給他人帶來利益，非常歡喜，故稱歡喜地。

〔二三〕「自在」，心離各種煩惱的繫縛，稱之爲自在。進退無礙亦稱之爲自在。

〔本段大意〕然而這種見道簡略來説有二種：一、真見道，這就是所説的無分別智。實際上已經證得我、法二空所顯示的真理，實際上已經斷除煩惱、所知二障的分別隨眠。雖經衆多刹那纔得究竟，但其相狀一直相同，所以總的説爲一心。有人認爲：在真見位逐漸證得人、法二空，逐漸斷除煩惱、所知二障，因爲有淺有深有粗（明顯）有細（不明顯），互不相同。又有人認爲：在真見道可以頓證二空，頓斷二障，因其意向和歡樂力具有這種功能。二、相見道。又有二種：一、觀非安立諦，包括以下三品心：①認識到有情識衆生的自身都是虚妄所執，祇有内心。有情識衆生的自身似乎是存在的，但實際上是假有，並無實體，從而認識到我空。這種能緣之心是遣除虚假有情衆生自身的緣智，這種緣智能够滅除下品或弱小的分別隨眠。②認識到一切客觀事物都是虚妄所執，祇有内心。一切客觀事物似乎是存在的，但實際上是假有，並無實體，從而認識到法空。這種能緣心是遣除一切虚假事物的緣智，這種緣智能够滅除中品分別隨眠。

③認識到一切有情衆生自體和一切客觀事物都是虚妄所執，祇有内心。一切有情衆生自體和一切客觀事物似乎是存在的，但實際上是假有，並無實體，從而認識到我空、法空。這種能緣之心是普遍遣除虚假有情自身及一切虚假事物的緣智。這種緣智能够滅除一切分别隨眠。前二種緣智稱爲法智，因爲分别而緣。第三是類智，因爲它綜合而緣。「法」爲法則，真見道的法則有我、法二空見分，見分中有無間解脱，有二個無間，即我、法二空，有一個解脱，故有三心。二個無間爲别，一個解脱爲總，這就是相見道。有人認爲：這三心是真見道，因爲相見道緣取四諦。又有人認爲，這三心是相見道，因爲真見道總緣真如，並不分别緣取。二、緣安立諦，包含有十六心，這又分爲二種。第一依觀所取諦理和能取的緣理之智，分别建立法智和類智的十六種心。意思是説，在苦諦有四種心：①苦法智忍，意謂通過觀欲、色、無色三界的苦諦真如，正確斷除三界關於苦的見解所斷除的二十八種分别隨眠。②苦法智，「忍者無漏忍，忍前苦法智，對法第九廣解，忍言智者，以決斷故。」（成唯識論述記卷九末，大正藏卷四十二第五七一頁）苦法智意謂忍是無間道，觀察以前的真如，因爲以前所斷除的煩惱，證得解脱。③苦類智忍，與以前的苦法智毫無間斷，使無漏智慧産生，各别證得法、忍、智，所説以後的聖法都與此同類。④苦類智，意謂這種無間道使無漏智慧産生，經過審思覈定而承認苦類智忍。就像苦諦有四種心一樣，應當知道集、滅、道諦亦是這樣。這十六心的八種法品緣如，八種類品緣智。在法真見道中，無間和解脱的見分和自證分，分别而立，所以稱爲相見道。第二依觀下

上二地安立苦、集、滅、道四諦之境，分別建立法類十六種心，意謂觀欲界及色、無色二界的苦、集、滅、道四諦，各有二心：①現觀忍，②現觀智。「其現觀忍法真見道無間道見分，現觀智法真見道解脱道見分。」（成唯識論述記卷九末，大正藏卷四十三第五七一頁）在法真見道的無間解脱見分觀四諦法，斷除見道所斷的一百二十種分別隨眠，這稱爲相見道。如果依據廣泛傳佈的神聖教誨的道理，據説相見道有九種心。這就是依據前述緣安立諦的二個十六種心，由「止」和「觀」分別建立。意謂法類品的法忍和法智各有四心，合起來即爲八心，這八心與「止」相應，總的説爲一種。雖然見道中止和觀都運用，但是見道的觀並不是止，所以觀和止有時分開，有時合併運用，這是不相同的。所以，這九心稱爲相見道。各種相見道依真實義假説世第一法無間斷而産生，並斷除隨眠，實際上並非如此。因爲真見道以後纔能得以産生，非安立諦以後纔會生起安立諦，到這時候，分別隨眠纔真正已經斷除。前述真見道證得唯識實性，後述相見道證得唯識之相。這二種見道之中，前者殊勝，所以頌文祇説真見道。前述真見道屬於根本智，後述相見道屬於後得智。各種後得智是不是有見分和相分呢？安慧認爲見分和相分都没有，因爲它已經没有能取和所取。二師認爲，後得智有見分，但没有相分，因爲後得智還有分別作用，又因爲聖教的後得智都能够直接緣取外境，不變而緣，所以没有相分。因爲已無執著，所以没有能取和所取。護法認爲：這種後得智見分、相分都有，因爲瑜伽師地論説，思惟表明有見分，似乎是真如相，但不見真實的真如性，所以有相分。佛地經論、攝大乘論等又説這種後得智分別各種事物的自相、共相等，因爲要根據各種有情衆生的根性差别進行説教。佛地經論又説這種後得智使菩薩呈現爲身、土（地，構成人身的四大之一）等，爲各種有情衆生現身，講説正法，如果不變現爲似乎是存在的色、聲等，怎麽會有菩薩現身説法等事呢？如果變現色蘊不呈現爲色，變現受、想、行、識四蘊就應當是不呈現爲受、想、行、識。由此可見，二師所説的無相分義是不對的。而且，如果這種後得智不變似外境，各種非自體的事物就不帶影像，應當不是所緣緣，緣色等的時候，應當是緣聲等。而且，當緣不存在的事物時，應當是没有所緣緣，因爲其體並非實有，没有緣（條件）的作用。由此可見，後得智既有見分，又有相分。真見道、相見道與六現觀的相互包含關係是怎樣呢？六現觀是：一、思現觀，與最殊勝的喜受相應的思所形成的智慧。「喜能明利，别有分别故。捨卽不然，可與下中品思俱，上品思惠必不俱故。」（成唯識論述記卷九末，大正藏卷四十二第五七二頁）這種思現觀能够觀察各種事物的無常等共性，能够引生暖等，因爲暖等屬於色界，思能生修。在加行道中觀察各種事物，思現觀的作用最爲猛利，所以特别立爲現觀。暖等不能廣泛地分别事物，又没有證得真理，所以不是現觀。二、信現觀，意謂緣取佛、法、僧三寶世間、出世間的堅定清淨信仰，信現觀可以幫助現觀，使之不退，所以稱爲現觀。三、戒現觀，意謂無漏戒律，斷除破壞戒律的污垢，使現觀增長明利，這也稱爲現觀。四、現觀智諦現觀，卽一切見、修二道的根本智和後得智，緣非安立諦之境。五、現觀邊智諦現觀，卽現觀智諦現觀以後，各種緣安立諦的世間智和出世間智。六、究竟現觀，意謂盡智等究竟位的智慧。這種真見道包含第四現觀很少的一部分，這種相見道包含第四現觀和第五現觀很少的一部分。第二現觀和第三現觀雖然與道同時俱起，但並非自性，所以與二種見道無關。菩薩得此真見道和相見道的時候，卽生如來家。住十地中的極喜地，很好地通達法界，並得各種平等。往往生於各種佛的大集會之中，亦就是常生在佛之報土他受用土之中。「一刹那頃證百三摩地，以淨天眼見諸佛國，見百如來，動百世界，身亦能往彼佛世界，放大光等，化爲百類，普令他見成熟，百種所化有情。若欲留命，得百劫住，見前後際百劫中事，智見能入百法明門，化作百身，身皆能現百菩薩眷屬，卽於十百自在，名百多門。」（成唯識論述記卷九末，大正藏卷四十二第五七三頁）自己知道，不久以後就會證得大菩提，能够永遠使衆生得到利益和歡樂。

次修習位其相云何〔一〕？頌曰：

無得不思議〔二〕，是出世間智。捨二麤重故〔三〕，便證得轉依。

論曰：菩薩從前見道起已〔四〕，爲斷餘障證得轉依，復數修習無分別智。此智遠離所取、能取〔五〕，故說「無得」及「不思議」。或離戲論說爲「無得」，妙用難測名「不思議」。是出世間無分別智，斷世間故名出世間，二取隨眠是世間本，唯此能斷獨得出名。或出世名依二義立，謂體無漏及證真如。此智具斯二種義故獨名出世，餘智不然，卽十地中無分別智。數修此故〔六〕，捨二麤重。二障種子立麤重名，性無堪任違細輕故。令彼永滅，故説爲「捨」。此能捨彼二麤重故，便能證得廣大轉依。「依」謂所依〔七〕，卽依他起，與染淨法爲所依故。「染」謂虚妄徧計所執，「淨」謂真實圓成實性，轉謂二分：轉捨、轉得。由數修習無分別智斷本識中二障麤重，故能轉捨依他起上徧計所執，及能轉得依他起中圓成實性。由轉煩惱得大涅槃，轉所知障證無上覺，成立唯識意爲有情證得如斯二轉依果。或依卽是唯識真如，生死涅槃之所依故。愚夫顛倒迷此真如，故無始來受生死苦。聖者離倒悟此真如，便得涅槃畢竟安樂。由數修習無分別智斷本識中二障麤重，故能轉滅依如生死及能轉證依如涅槃，此卽真如離雜染性。如雖性淨而相雜染，故離染時假説新淨，卽此新淨説爲轉依，修習位中斷障證得。雖於此位亦得菩提，而非此中頌意所顯，頌意但顯轉唯識性，二乘滿位名解脱身〔八〕，在大牟尼名法身故〔九〕。

校釋

〔一〕「次修習位其相云何？」藏要本校注稱：「安慧釋合次頌爲一段，別生起云：如是心住唯識性時，復云何説，故頌云云。轉識論亦以二頌合釋上文何以爲入唯識。」

〔二〕「無得不思議」，藏要本校注稱：「勘梵、藏本云：此無心無得。轉識論同，今譯不思議，錯，或係原本無心，acitta 誤寫爲 acintya 也。」

〔三〕「捨二麤重故」，藏要本校注稱：「梵、藏本此二句互倒。」

〔四〕「菩薩從前見道起已」，藏要本校注稱：「安慧釋云：由此二頌，顯示悟入唯識性之行者，依於見道後勝進乃得果圓滿也。」

〔五〕「此智遠離所取、能取」，藏要本校注稱：「此解糅安慧釋，原釋不思議作無心。」

〔六〕「數修此故」，藏要本校注稱：「此六句糅安慧釋。」

〔七〕「『依』謂所依」，藏要本校注稱：「安慧釋云：依者，藏識一切種。轉者，轉粗重異熟及二隨眠，體爲有堪任性法身及無二智體。」

〔八〕「解脱身」，二佛身（解脱身、法身）之一，佛身斷除煩惱障以後稱爲解脱身。

〔九〕「牟尼」，梵文 Muni 的音譯，意譯爲寂、寂默、寂靜等。是靜止身、口、意三業之學道者的尊號，所以有時又譯爲仙人、賢人、聖人或佛。　「法身」，有二解：一、佛的三身（法身、報身、應身）之一，即法性。二、二佛身之一，佛身斷除所知障以後稱爲法身。這裏用第二解。

〔本段大意〕以後的修習位，其特點如何呢？唯識三十論的頌文説：「此位菩薩没有能取之心，亦没有所取的外境，這種無分别智具有超越世間的不可思議的功用，這就是出世間智。因爲已經捨棄了煩惱、所知二障的種子，這就證得了轉依。」論説：菩薩從以前的見道以後，爲了斷除其餘的障礙，證得轉依，還要多次地修習無分别智。這種無分别智已經没有所取的外境，所以頌文說「無得」，亦没有能取之識，所以頌文說「不思議」。或者解釋爲已無戲論，說爲「無得」。這種無分別智的奇妙功用能够斷除煩惱、所知二障，難以揣測，所以頌文說「不思議」。這就是出世間的無分別智，因爲它已經斷除世間煩惱，所以稱爲出世間。能取、所取隨眠是世間的根本，衹有這種無分別智能够使之斷除，所以衹有它能得出世之名。或者出世之名依二種意義而立，卽其體無漏並證得眞如。這種無分別智具有這二種意義，所以衹有它稱爲出世，其餘的智慧都不能這樣稱呼。這就是十地中的無分別智。因爲多次修習這種無分別智，所以捨除了二種粗重。煩惱、所知二障種子稱爲粗重，其性質使無分別智不可容忍，不細故名爲粗，不輕故名爲重。無分別智使之永遠滅除，所以頌文說爲「捨」。因爲這種無分別智能够捨除那二種粗重，所以能够證得廣大的轉依。「依」就是所依，卽依他起，因爲染法和淨法爲其所依。「染」意謂虛妄的遍計所執性。「淨」意謂眞實的圓成實性。「轉」有二層含意：一是轉捨，二是轉得。由於多次修習無分別智，斷除阿賴耶識中的煩惱、所知二障粗重（種子），所以能够轉捨依他起上的遍計所執性，並能够轉得依他起上的圓成實性。由於轉掉煩惱障，便證得偉大的涅槃；因爲轉掉所知障，便證得至高無上的正等覺。成立唯識的意義，就是爲了使有情衆生證得這樣的二種轉依果報。或解釋爲「依」就是唯識眞如，因爲它是生死和涅槃的所依。愚蠢的人認識顛倒，對這種眞如迷惑不解，所以自無始以來受生死之苦。聖人没有這種顛倒認識，領悟這種眞如，所以得到涅槃和終究安樂。因爲經過多次修習，無分別智斷除了阿賴耶識中的煩惱、所知二障種子，所以能够依靠真如轉滅生死，依靠這種真如還能够證得涅槃，這就是真如的遠離雜染之性。這種真如雖然其性清淨，但其相雜染。所以離開染污的時候，假説新變成的清淨。這種新變成的清淨就説成是轉依。在修習位中斷除二障，金剛心以後證得。雖然在修習位中亦可以得到菩提，但並不是這裏的頌文所説的。頌文的意思衹是説明轉得唯識性。聲聞、緣覺二乘圓滿的時候稱爲解脱身，成佛的時候纔稱爲法身。

云何證得二種轉依〔一〕？謂十地中修十勝行〔二〕，斷十重障，證十真如，二種轉依由斯證得。言十地者：一、極喜地〔三〕，初獲聖性，具證二空，能益自他，生大喜故。二、離垢地〔四〕，具淨尸羅〔五〕，遠離能起微細毁犯煩惱垢故。三、發光地〔六〕，成就勝定大法總持〔七〕，能發無邊妙慧光故。四、燄慧地〔八〕，安住最勝菩提分法，燒煩惱薪，慧燄增故。五、極難勝地〔九〕，真、俗兩智行相互違，合令相應，極難勝故。六、現前地〔一〇〕，住緣起智〔一一〕，引無分別最勝般若，令現前故。七、遠行地〔一二〕，至無相住功用後邊，出過世間二乘道故。八、不動地〔一三〕，無分別智任運相續，相用煩惱不能動故。九、善慧地〔一四〕，成就微妙四無礙解〔一五〕，能徧十方善説法故〔一六〕。十、法雲地〔一七〕，大法智雲，含衆德水，蔽如空麤重〔一八〕，充滿法身故。如是十地總攝有爲、無爲功德以爲自性〔一九〕，與所修行爲勝依持，令得生長，故名爲地。

校釋

〔一〕「云何證得二種轉依？」藏要本校注稱：「此下廣辨證得轉依，安慧釋無文。」

〔二〕「十勝行」，即十波羅蜜（Pāramitā，意譯爲度）：一、施波羅蜜（Dānapāramitā），二、戒波羅蜜（Śīlapāramitā），三、忍波羅蜜（Kṣāntipāramitā），四、精進波羅蜜（Vīryapāramitā），五、靜慮波羅蜜（Dhyānapāramitā），六、般若波羅蜜（Prajñāpāramitā），七、方便善巧波羅蜜（Upāyapāramitā），八、願波羅蜜（Pranidanapāramitā），九、力波羅蜜（Balapāramitā），十、智波羅蜜（Jñānapāramitā）。

〔三〕「極喜地」，最初獲得聖性，已證我、法二空，既能利己，又能利他，生大歡喜。此位菩薩修施波羅蜜，有三種布施：財施、法施、無畏施。斷異生障，證遍行真如。

〔四〕「離垢地」，此地菩薩修戒波羅蜜，具無邊功德。修三種戒：一攝律儀戒，二攝善法戒，三饒益有情戒。此地菩薩絶不犯戒，即使微細戒亦不違犯。他們斷邪行障，得最勝真如，遠離一切障垢，所以稱爲離垢地。

〔五〕「尸羅」，梵文śīla的音譯，意譯爲戒。

〔六〕「發光地」，成就殊勝禪定大總持法門，得大智慧，大放光輝，故稱發光地。此地菩薩修忍波羅蜜，斷暗鈍障，證勝流真如。

〔七〕「總持」，梵文Dhāraṇi的意譯，音譯陀羅尼。意謂持善不失，持惡使之不起。以念、定、慧爲體。有四種總持：一、法總持，亦稱聞總持，對佛的教法聞持而不忘失。二、義總持，菩薩依定念咒，以咒的神驗斷除衆生的災患。三、忍總持，菩薩以其實智，忍持正法實相而不喪失。

〔八〕「燄慧地」，安住於菩提分法中的菩薩，發出智慧，如大火燄，燒盡煩惱之薪。此地菩薩修精進波羅蜜，斷微細煩惱現行障，證無攝受真如。

〔九〕「極難勝地」，此地菩薩的能觀智和所觀境，能使真、俗二諦相應，此事相當困難，但菩薩可以辦到，所以稱爲極難勝地。此地菩薩修静慮波羅蜜。有三種静慮：一、安住静慮，二、引發静慮，三、辦事静慮。此位菩薩斷下乘涅槃現行障，證類無别真如。

〔一〇〕「現前地」，此地菩薩修般若波羅蜜。有三種般若：一、生空般若，二、法空般若，三、二空般若。修般若行，住緣起智，引生最殊勝的無分别智，使之現前，故稱現前地。此地菩薩斷粗相現行障，證無染淨真如。

〔一一〕「緣起」，亦稱緣生，梵文Pratityasamutpāda的意譯，意謂世間一切事物都是待緣（條件）而起。這裏是指十二緣起，亦稱十二因緣：一、無明緣行，二、行緣識，三、識緣名色，四、名色緣六處，五、六處緣觸，六、觸緣受，七、受緣愛，八、愛緣取，九、取緣有，十、有緣生，十一、生緣老死。

〔一二〕「遠行地」，此地菩薩常現觀無相，但仍有功用，修方便波羅蜜。有二種方便：一、迴向方便，二、濟拔方便。迴向廣大菩提是大智，濟拔衆生是大悲。具有這種悲智方便就能遠行，故稱遠行地。此地菩薩超越世間道和二乘道，斷細相現行障，證法無分别真如。

〔一三〕「不動地」，八地以上的無分別智，任運相續，不用加行就能現前，不爲煩惱、外境所動，故稱不動地。此地菩薩修願波羅蜜。有二種願：一、求菩提願，二、度衆生願。斷無相中作加行障，證不增減的空性真如。

〔一四〕「善慧地」，此地菩薩已得四無礙解智，説法無礙，故稱善慧。修力波羅蜜，有二種力：一、思擇力，二、修習力。斷利他不欲行障，證自在所依真如。

〔一五〕「四無礙解」，亦稱四無礙智、四無礙辯。就意業而論稱爲解，稱爲智，就口業而論稱爲辯。一、法無礙解，自在了知一切法句；二、義無礙解，自在通達一切佛教義理；三、辭無礙解，自在分別一切言辭；四、樂説無礙，亦稱辯説無礙。遍於十方，隨其所宜，自在辯説。

〔一六〕「十方」，即東、西、南、北、東南、西南、東北、西北、上、下十個方向。

〔一七〕「法雲地」，具足廣大教法，猶如蔭雲，作大法雨，利益衆生。修習智波羅蜜，斷諸法未自在障，證業自在所依真如。

〔一八〕「蔽」，嘉興藏作「蔭蔽」。大正藏本「蔽」後有「一切」二字，但磧砂藏、元藏都無此二字。

〔一九〕「有爲」，梵文 Saṃskṛta 的意譯，意謂「造作」，即因緣和合形成的事物。生、住、異、滅是有爲法的四大特徵。

〔本段大意〕怎樣證得二種轉依呢？要在十地中修十勝行，斷除十重障，證得十種真如，二種轉依由此而得。所説的十地是：一、極喜地，初斷凡性而得聖性，具證我、法二空，不像小乘人那樣祇證一空(我空)。既能利己,又能利他,不像小乘人那樣祇利己。因此,得大歡喜,故稱極喜地。二、離垢地,初地極喜地已離粗犯戒,二地全離,遵守清淨戒律,遠離能夠生起微細犯戒的煩惱污垢,故稱離垢地。三、發光地,成就殊勝禪定和殊勝之教大法總持,因爲能夠發出無邊奇妙智慧之光,所以稱爲發光地。四、焰慧地,安住於最殊勝的菩提分法智慧,燒盡一切根本煩惱及隨煩惱之薪爲灰燼,因爲智慧火焰增盛,所以稱爲焰慧地。五、極難勝地,真諦智和俗諦智,二者行相互相違逆,極難勝地的菩薩能夠使之和合相應,此事甚難,菩薩能辦,所以稱爲極難勝地。六、現前地,安住於緣起智,知曉緣起就是性空,性空就是緣起。引生無分別智最殊勝的般若智慧,使之現前,故稱現前地。七、遠行地,此位菩薩常現觀無相,仍有功用,其後超越世間及二乘之道。八、不動地,無分別智任運相續,不依加行,因爲不爲外境之相、功用及煩惱所動,所以稱爲不動地。九、善慧地,此地菩薩成功地獲得微妙的四無礙解,能夠遍於十方,很好地講説正法。十、法雲地,此地菩薩具足廣大教法,這種一切事物的共相境智就像大雲一樣含有總持、禪定等各種功德淨水,又像大雲隱覆虛空一樣。這種法智就像虛空一樣廣大無邊,消除了二障粗重,充滿法身,故稱法雲地。像這樣的十地,其自性含有一切有爲功德和無爲功德。這十地是一切殊勝修行的所依,使修行功德增長,所以稱爲地。

十勝行者,即是十種波羅蜜多〔一〕。施有三種〔二〕,謂財施〔三〕、無畏施〔四〕、法施〔五〕。

戒有三種〔六〕，謂律儀戒〔七〕、攝善法戒〔八〕、饒益有情戒〔九〕。忍有三種，謂耐怨害忍〔一〇〕、安受苦忍〔一一〕、諦察法忍〔一二〕。精進有三種〔一三〕，謂被甲精進〔一四〕、攝善精進〔一五〕、利樂精進〔一六〕。靜慮有三種，謂安住靜慮〔一七〕、引發靜慮〔一八〕、辦事靜慮〔一九〕。般若有三種，謂生空無分別慧、法空無分別慧、俱空無分別慧。方便善巧有二種，謂迴向方便善巧、拔濟方便善巧。願有二種〔二〇〕，謂求菩提願、利樂他願。力有二種，謂思擇力、修習力。智有二種，謂受用法樂智、成熟有情智。此十性者，施以無貪及彼所起三業爲性，戒以受學菩薩戒時三業爲性，忍以無瞋、精進、審慧及彼所起三業爲性，精進以勤及彼所起三業爲性，靜慮但以等持爲性，後五皆以擇法爲性，說是根本、後得智故。有義第八以欲、勝解及信爲性，願以此三爲自性故。此說自性，若并眷屬，一一皆以一切俱行功德爲性。此十相者，要七最勝之所攝受方可建立波羅蜜多。一、安住最勝，謂要安住菩薩種姓〔二一〕。二、依止最勝，謂要依止大菩提心。三、意樂最勝，謂要悲愍一切有情。四、事業最勝，謂要具行一切事業〔二二〕。五、巧便最勝〔二三〕，謂要無相智所攝受〔二三〕。六、迴向最勝，謂要迴向無上菩提。七、清淨最勝，謂要不爲二障間雜。若非此七所攝受者，所行施等非到彼岸。由斯施等十對波羅蜜多一一皆應四句分別〔二四〕。此但有十不增減者，謂十地中對治十障證十真如無增減故。復次前六不增減者，爲除六種相違障故〔二五〕，漸次修行諸佛法故，漸次成熟諸有情故，此如餘論廣說應知。又施等三增上生道，感大財體及眷屬故。精進等三決定勝道，能伏煩惱成熟有情及佛法故，諸菩薩道唯有此二。又前三種饒益有情，施彼資財，不損惱彼，堪忍彼惱而饒益故。精進等三對治煩惱，雖未伏滅，而能精勤修對治彼諸善加行永伏永滅諸煩惱故。又由施等不住涅槃，及由後三不住生死，爲無住處涅槃資糧〔二六〕，由此前六不增不減。後唯四者，爲助前六令修滿足不增減故，方便善巧助施等三，願助精進，力助靜慮，智助般若，令修滿故，如解深密廣說應知〔二七〕。十次第者，謂由前前引發後後，及由後後持淨前前。又前前麤後後細故，易難修習，次第如是。釋總別名如餘處說〔二八〕。此十修者，有五種修：一、依止任持修〔二九〕，二、依止作意修〔三〇〕，三、依止意樂修〔三一〕，四、依止方便修〔三二〕，五、依止自在修〔三三〕。依此五修修習十種波羅蜜多皆得圓滿，如集論等廣說其相〔三四〕。此十攝者，謂十一一皆攝一切波羅蜜多，互相順故。依修前行而引後者，前攝於後，必待前故。後不攝前，不待後故。依修後行持淨前者，後攝於前，持淨前故。前不攝後，非持淨故。若依純雜而修習者，展轉相望應作四句〔三五〕。此實有十而說六者，應知後四第六所攝。開爲十者，第六唯攝無分別智，後四皆是後得智攝，緣世俗故。此十果者，有漏有四，除離繫果。無漏有四，除異熟果。而有處說具五果者〔三六〕，或互相資，或二合說。十與三學互相攝者，戒學有三：一、律儀戒，謂正遠離所應離法；二、攝善法戒，謂正修證應修證法；三、饒益有情戒，謂正利樂一切有情。此與二乘有共不共，甚深廣大，如餘處説〔三七〕。定學有四：一、大乘光明定，謂此能發照了大乘理、教、行、果智光明故；二、集福王定，謂此自在集無邊福如王勢力無等雙故；三、賢守定，謂此能守世出世間賢善法故；四、健行定，謂佛菩薩大健有情之所行故。此四所緣、對治、堪能、引發、作業如餘處説〔三八〕。慧學有三：一、加行無分別慧，二、根本無分別慧，三、後得無分別慧。此三自性、所依、因緣、所緣、行等如餘處説〔三九〕。如是三慧，初二位中種具有三，現唯加行。於通達位現二，種三，見道位中無加行故。於修習位七地以前若種若現俱通三種，八地以去現二種三，無功用道違加行故，所有進趣皆用後得，無漏觀中任運起故。究竟位中現種俱二，加行現種俱已捨故。若自性攝，戒唯攝戒，定攝静慮，慧攝後五。若并助伴，皆具相攝。若隨用攝，戒攝前三，資糧、自體、眷屬性故，定攝静慮，慧攝後五，精進三攝，徧策三故。若隨顯攝，戒攝前四，前三如前及守護故，定攝静慮，慧攝後五。此十位者，五位皆具，修習位中其相最顯。然初二位頓悟菩薩種通二種，現唯有漏，漸悟菩薩若種若現俱通二種，已得生空無漏觀故。通達位中種通二種，現唯無漏。於修習位七地以前種現俱通有漏無漏，八地以去種通二種，現唯無漏。究竟位中若現若種俱唯無漏。此十因位有三種名：一名遠波羅蜜多〔四〇〕，謂初無數劫，爾時施等勢力尚微，被煩惱伏未能伏彼，由斯煩惱不覺現行；二名近波羅蜜多，謂第二無數劫，爾時施等勢力漸增，非煩惱伏而能伏彼，由斯煩惱故意方行；三名大波羅蜜多，謂第三無數劫，爾時施等勢力轉增，能畢竟伏一切煩惱，由斯煩惱永不現行，猶有所知微細現種及煩惱種，故未究竟。此十義類差别無邊，恐厭繁文，略示綱要。十於十地雖實皆修，而隨相增地地修一。雖十地行有無量門，而皆攝在十到彼岸。

校釋

〔一〕「波羅蜜多」，梵文 Pāramitā 的音譯，略稱波羅蜜。意譯爲度、到彼岸、度彼岸、度無極等。意謂從生死迷界的此岸到達涅槃解脱的彼岸。

〔二〕「施」，布施的簡稱，梵文 Dāna 的意譯，音譯檀那、檀等。意謂給予他人財物、智慧等，爲他人謀福利而求得功德以至解脱的一種修行方法。

〔三〕「財施」，三施之一，施以有情衆生衣服、飲食、田宅、珍寶等，資益有情衆生的根身。

〔四〕「無畏施」，三施之一，使有情衆生解脱水、火、野獸等和人爲的逼迫等災害恐佈，資益有情衆生的心意。

〔五〕「法施」，三施之一，向有情衆生演説佛教正法，使之止惡修善，斷染證淨，資益有情衆生的善報。

〔六〕「戒」，梵文 Śīla 的意譯，音譯尸羅。即佛教徒所堅持的戒律，防禁身心之過。又稱爲清凉，身、口、意三業如火，焚燒行人，戒能防息，故稱清凉。

〔七〕「律儀戒」，三聚淨戒之一，遵守各種律儀，防非止惡，包括五戒、十戒等七衆（比丘、比丘尼、學戒女、沙彌、沙彌尼、優婆塞、優婆夷）所遵守的戒律。

〔八〕「攝善法戒」，三聚淨戒之一，亦稱攝善戒。即攝持六度（布施、持戒、忍辱、精進、静慮、般若）等善法之戒。

〔九〕「饒益有情戒」，三聚淨戒之一，菩薩以善法、資財、神通等利樂有情衆生。

〔一〇〕「耐怨害忍」，三忍之一，能够忍耐怨敵的惱害。

〔一一〕「安受苦忍」，三忍之一，菩薩在修行道法的時候，對於水、火、刀、杖等苦，能够安然忍受，修道不退。

〔一二〕「諦察法忍」，三忍之一，亦稱無生法忍，對於高深的佛教義理，能以堅忍的意志觀察思惟，以求悟入。

〔一三〕「精進」，梵文Virya的意譯，亦譯爲「勤」，音譯毘梨耶。意謂按照佛教義理，在修善斷惡、去染轉淨的過程中，堅韌不拔的努力。

〔一四〕「被甲精進」，三精進之一。對於所修善行發大誓願，勇悍不退，如勇士入陣之前先被鎧甲，發大威力，毫不怯弱。

〔一五〕「攝善精進」，三精進之一。修行善法的時候進趣不息。

〔一六〕「利樂精進」，三精進之一。爲了教化有情衆生，使之得到永恆的利樂，精進不息，永不厭倦。

〔一七〕「謂」，藏要本校注稱：「此字依麗刻加。」「安住靜慮」，遠離昏沉、掉舉等障礙禪定的心理狀態，引生輕安寂靜，使自己能够安住，領受其樂，所以稱爲安住靜慮。

〔一八〕「引發靜慮」，依靠禪定之力，引發種種神通功德。

〔一九〕「辦事靜慮」，依靠禪定，消除有情衆生的饑渴寒熱疾病等痛苦，成辦有情衆生的一切利樂之事。

〔二〇〕「願」，梵文 Pranidhana 的意譯，意謂誓願，自制其心稱爲誓，志求滿足稱爲願。

〔二一〕「謂」，嘉興藏本作「爲」。

〔二二〕「業」，大正藏本和成唯識論學記皆作「勝」。

〔二三〕「無相智」，這種智慧在十地中證知中道之理，離斷、常二邊之相。

〔二四〕「皆應四句分別」，據述記義演，四句如下：一、有施非度，如人行施不與七最勝相應；二、有度非施，謂隨喜他施與七最勝相應；三、有亦施亦度，謂自行施與七最勝相應；四、有非施非度，謂二乘等所修五度。

〔二五〕「六種相違障」，即慳悋、犯戒、瞋恚、懈怠、散亂、惡慧。

〔二六〕「無住處涅槃」，斷所知障所顯真如，聲聞、緣覺二乘人有所知障，認識不到生死即涅槃，認爲生死可厭，涅槃可喜。佛斷所知障以後，就抛棄了對生死的可厭對涅槃的可喜之情，雖住生死，但有大悲。不住於涅槃，以救度有情衆生，所以稱爲無住處涅槃。

〔二七〕「如解深密廣説應知」，見解深密經卷四：「觀自在菩薩復白佛言：世尊！何因緣故，施設所餘波羅蜜多，但有四數？佛告觀自在菩薩曰：善男子！與前六種波羅蜜多爲助伴故。謂諸菩薩於前三種波羅蜜多所攝有情，以諸攝事方便善巧而攝受之，安置善品。是故我説方便善巧波羅蜜多，與前三種而爲助伴。若諸菩薩於現法中煩惱多故，於修無間無有堪能，羸劣意故，下界勝解故，於內心住，無有堪能。於菩薩藏不能聞緣善修習故，所有静慮不能引發出世間慧，彼便攝受少分狹劣福德資糧，爲未來世煩惱輕微，心生正願，如是名願波羅蜜多。由此願故，煩惱輕薄，能修精進。是故我説願波羅蜜多，與精進波羅蜜多而爲助伴。若諸菩薩親近善士，聽聞正法，如理作意爲因緣故，轉劣意樂成勝意樂，方能獲得上界勝解，如是名力波羅蜜多。由此力故於內心住，有所堪能，是故我説力波羅蜜多，與静波羅蜜多而爲助伴。若諸菩薩於菩薩藏已能聞緣，善修習故，能發静慮，如是名智波羅蜜多。由此智故，堪能引發出世間慧，是故我説智波羅蜜多，與慧波羅蜜多而爲助伴。」（大正藏卷五第七〇五頁）

〔二八〕「釋總別名如餘處説」，解深密經卷四釋總名，因有五因緣故説波羅蜜多：「一者無染污故，二者無顧戀故，三者無罪過故，四者無分別故，五者正迴向故。無染著者，謂不染著波羅蜜多諸事相違。無顧戀者，謂於一切波羅蜜多諸果異熟及報恩中心無繫縛。無罪過者，謂於如是波羅蜜多無間雜染法離非方便行。無分別者，謂於如是波羅蜜多不如言詞執著自相。正迴向者，謂以如是所作所修波羅蜜多迴求無上大菩提果。」（大正藏卷十六第七〇六頁）攝大乘論本卷中釋別名如下：「又能破裂慳悋貧窮及能引得廣大財位福德資糧，故名爲施；又能息滅惡戒惡趣，及能取得善趣等持，故名爲戒；又能滅盡忿怒怨讎，及能善住自他安隱，故名爲忍；又能遠離所有懈怠惡不善法，及能出生無量善法令其增長，故名精進；又能消除所有散動，及能引得內心安住，故名靜慮；又能除遣一切見趣諸邪惡慧，及能真實品別知法，故名爲慧。」（大正藏卷三十一第一四四頁）

〔二九〕「依止任持修」，「依止」是依仗的意思，「任持」是不散的意思。即依仗四種方法修習六度：一、依止因修，即依仗種姓力修習六度正行；二、依止報修，即依仗殊勝的自體力修習六度正行；三、依止願修，即依仗本願力修習六度正行；四、依止簡擇修，即依仗自己的智慧力修習六度正行。

〔三〇〕「依止作意修」，包括四種：一、依止勝解作意修，根據所學佛經教論，對六度起增上勝解；二、依止愛味作意修，見到六度的殊勝功德，生起深深愛味；三、依止隨喜作意修，對於有情衆生所行布施等，深生隨喜；四、依止喜樂作意修，對於六度深生願樂。

〔三一〕「依止意樂修」，包括六種意樂：無厭意樂、廣大意樂、歡喜意樂、恩德意樂、無染意樂、善好意樂。

〔三二〕「依止方便修」，大乘阿毘達磨雜集論卷十二解釋說：「依止方便修復有三種，謂由無分別智觀察三輪皆清淨故，所以者何？由此方便一切作意所修諸行速成滿故。」（大正藏卷三十一第七四九頁）據成唯識論演秘卷七末，此中「三輪」就意味着三種。大般若波羅蜜多經卷一百二十九對三輪清淨解釋如下：「菩薩摩訶薩以無所得爲方便，具行六種波羅蜜多。行布施時，不得施者，不得受者，不得施及施物；行淨戒時，不得淨戒，不得惡戒，不得持淨戒者；行安忍時，不得安忍，不得忿恚，不得行安忍者；行精進時，不得精進，不得懈怠，不得行精進者；行靜慮時，不得靜慮，不得散亂，不得行靜慮者；行般若時，不得般若，不得惡慧，不得行般若者。」（大正藏卷五第七〇六頁）「這就是說，能行所行及彼行修，皆無我無人，亦無色聲香味觸法，無住生心，則三輪皆清淨了。」（正果著佛教基本知識第三七三頁）

〔三三〕「依止自在修」，有三種自在：一、身自在，即佛的自性身和受用身；二、行自在，即佛的變化身，可示現一切有情爲衆生說法；三、說自在，演說佛的教法，沒有滯礙。

〔三四〕「集論等」，據成唯識論學記卷八，這裏所說的集論是錯誤的，應當是雜集論。「等」，此中省略大乘莊嚴經論和攝大乘論。

〔三五〕「展轉相望應作四句」，據述記義演，四句如下：一、有施非波羅蜜多，行施不迴向菩提；二、有波羅蜜多非施，謂於波羅蜜多能勸勵讚美隨喜慶悦等；三、有亦施亦波羅蜜多，謂諸行施迴向菩提；四、有非施非波羅蜜多，謂諸行不迴向菩提。

〔三六〕「而有處說具五果者」，見大乘阿毘達磨集論卷十二：「永斷自所對治是諸波羅蜜多離繫果，於現法中由此施等攝受自他是士用果，於當來世後後增勝展轉生起是等流果，大菩提是增上果，感大財富往生善趣，無怨無壞多諸喜樂，有情中尊身無損害，廣大宗族隨其次第是施等波羅蜜多異熟果。」（大正藏卷三十一第七五〇頁）

〔三七〕「如餘處説」，見世親造攝大乘論釋卷八：「復次應知略由四種殊勝故此殊勝：一由差別殊勝，二由共不共學處殊勝，三由廣大殊勝，四由甚深殊勝……差別殊勝謂聲聞等唯有一種律儀戒，無攝善法戒及饒益有情戒，菩薩具三，是故殊勝……共不共中一切性罪謂殺生等説名爲共，相似遮罪爲掘生地斷生草等説名不共……論曰：廣大殊勝者，復由四種廣大故：一由種種無量學處廣大故，二由攝受無量福德廣大故，三由攝受一切有情利益安樂意樂廣大故，四由建立無上正等菩提廣大故……甚深殊勝中，謂諸菩薩由是品類方便善巧者，此中顯示如是菩薩如是方便善巧功能，謂諸菩薩若如是知，如是品類補特伽羅，於此不善無間等事將起加行。」（大正藏卷三十一第三六〇——三六一頁）

〔三八〕「此四所緣、對治、堪能、引發、作業如餘處説」，見攝大乘論本卷下：「增上心殊勝云何可見？略由六種差別應知：一由所緣差別故，二由種種差別故，三由對治差別故，四由堪能差別故，五由引發差別故，六由作業差別故。所緣差別者，謂大乘法爲所緣故。種種差別者，謂大乘光明、集福王、賢守、健行等三摩地種種無量故。對治差別者，謂一切法總相緣智以楔出楔道理，遣阿賴耶識中一切障粗重故。堪能差別者，謂住静慮樂隨其所欲即受生故。引發差別者，謂能引發一切世界無礙神通故。作業差別者，謂能振動熾熱遍滿，顯示轉變往來卷舒，一切色像皆入身中，所往同類或顯或隱，所作自在伏他神通，施辯念樂放大光明，引發如是大神通故，又能引發攝諸難行。」（大正藏卷三十一第一四六頁）

〔三九〕「此三自性、所依、因緣、所緣、行等如餘處說」，見攝大乘論本卷下：「增上慧殊勝云何可見？謂無分別智，若自性，若所依，若因緣，若所緣，若行相，若任持，若助伴，若異熟，若等流，若出離，若至究竟，若加行無分別後得勝利，若差別，若無分別後得譬喻，若無功用作事，若甚深，應知無分別智名增上慧殊勝。此中無分別智離五種相以爲自性：一、離無作意故，二、離過有尋有伺地故，三、離想受滅寂靜故，四、離色自性故，五、離於真義異計度故。離此五相應知是名無分別智。於如所說無分別智成立相中，復說多頌：諸菩薩自性，遠離五種相，是無分別智。不異計於真，諸菩薩所依，非心而是心，是無分別智。非思義種類，諸菩薩因緣，有言聞熏習，是無分別智。及如理作意，諸菩薩所緣，不可言法性，是無分別智。無我性真如，諸菩薩行相，復於所緣中，是無分別智。彼所知無相，相應自性義，所分別非餘，字展轉相應，是謂相應義。非離彼能詮，智於所詮轉，非詮不同故，一切不可言，諸菩薩任持，是無分別智。後所得諸行，爲進趣增長，諸菩薩助伴，說爲二種道，是無分別智。五到彼岸性，諸菩薩異熟，於佛二會中，是無分別智。由加行證得，諸菩薩等流，於後後生中，是無分別智。自體轉增勝，諸菩薩出離，得成辦相應，是無分別智。應知於十地，諸菩薩究竟，得清淨三身，是無分別智。得最上自在，如虛空無染，是無分別智。種種極重惡，由唯信勝解，解脫一切障，得成辦相應，如虛空無染，是無分別智。常行於世間，非世法所染，如瘂求受義，如瘂正受義，如非瘂受義，三智譬如是。……」（大正藏卷三十一第一四七——一四八頁）

〔四〇〕「遠波羅蜜多」，「遠」字脱，現據大正藏本成唯識論學記補。

〔本段大意〕十勝行就是十種波羅蜜多。施有三種，即財施、無畏施和法施。戒有三種，即律儀戒、攝善法戒和饒益有情戒。忍有三種，即耐怨害忍、安受苦忍和諦察法忍。精進有三種，即被甲精進、攝善精進和利樂精進。静慮有三種，即安住静慮、引發静慮和辦事静慮。般若有三種，即生（我）空無分别慧、法空無分别慧和我、法二空無分别慧。方便善巧有二種，即迴向方便善巧和拔濟方便善巧。願有二種，即求菩提願和利樂他願。力有二種，即思擇力和修習力。智有二種，即受用法樂智和成熟有情智。這十波羅蜜多的本性如何呢？施以無貪及其相應生起的身、口、意三業爲性，戒以受菩薩戒和學菩薩戒時的三業爲性，忍以無瞋、精進、審慧及其所生起的三業爲性，精進以勤及其所生起的三業爲性，静慮衹以等持爲性，以後五種（般若、方便善巧、願、力、智）都以簡别事物爲性，因爲攝大乘論説般若是根本智，最後四種是後得智。有人認爲：第八波羅蜜多以欲、勝解和信爲性，因爲「願」以這三種爲其自性。此中所説自性，如果把與之相應而起的眷屬合併在一起的話，每一種波羅蜜多都以一切同時生起的功德爲其本性。至於這十種波羅蜜多的相狀，必須有七種最勝所含攝的内容，纔能成立波羅蜜多。一、安住最勝，實行波羅蜜多必須安住於菩薩種姓。二、依止最勝，就是要使波羅蜜多依止大菩提心。三、意樂最勝，就是要慈悲、憐愍一切有情衆生。四、事業最勝，就是要使波羅蜜多成辦一切與之相應的事業。五、巧便最勝，就是要使波羅蜜多由無相智所攝持所含受。六、迴向最勝，就是要使波羅蜜多的功德迴向至高無上的菩提。七、清淨最勝，就是波羅蜜多不能以煩惱、所知二障所間雜。如果波羅蜜多不被這七種最勝所攝持所含受，所實行的施等就不能達到涅槃彼岸。因此，這十種波羅蜜多每一種都應當以四句進行分別。波羅蜜多祇能是十，不能多，亦不能少，因爲在十地中要對治十障，證得十真如，不能多，亦不能少。而且，前六種波羅蜜多，不能多，亦不能少，因爲要除掉六種相違障，逐漸修行各種佛法，逐漸使各種有情衆生成熟，這些內容通過攝大乘論的詳細解釋可以明白。而且，施、戒、忍前三種波羅蜜多，是菩薩們起增加和促進的道路，因爲「施能感大財，戒感大體，忍感眷屬。持戒生善趣中得尊貴身故，能行忍者，一切有情感歸附故。」（成唯識論述記卷十本，大正藏卷四十三第五七九頁）精進、靜慮、般若三種波羅蜜多是肯定勝利的道路，因爲精進能夠降伏煩惱，靜慮能使有情衆生成熟，般若能使佛法成熟。各種菩薩道祇有這二種，缺一不可。而且，施、戒、忍前三種波羅蜜多，能給衆生帶來利益，菩薩行施卽對衆生施捨錢財，行戒不給衆生帶來損失和煩惱，行忍能夠忍受衆生給他們帶來的損害。精進、靜慮、般若三種波羅蜜多，能夠對治煩惱。菩薩行精進的時候，雖然沒有永遠降伏煩惱，沒有永遠滅除隨眠，但能勇猛修習各種善行，各種煩惱不能傾動善行。由於修習靜慮，能夠永遠降伏煩惱。由於修行般若，能夠永遠滅除隨眠。而且，又因爲施、戒、忍前三種波羅蜜多不住於涅槃，又因爲精進、靜慮、般若後三種波羅蜜多不住於生死。所以，這六種波羅蜜多是無依處涅槃的資糧，所以前六種波羅蜜多不能增多，亦不能減少。以後的波羅蜜多祇有四種，其功能是爲了幫助前六種波羅蜜多，使之修行圓滿成就，所以不能增多，亦不能減少。方便善巧波羅蜜多幫助施、戒、忍前三種，願幫助精進，力幫助靜慮，智幫助般若，使之修行圓滿成就，像解深密經那樣詳細解釋應當明白。這十種波羅蜜多的次第，由前者引生後者，即由布施等引生戒、忍等；由後者確定並淨化前者，即戒能持施，乃至智能持力，因爲持戒，能够使布施清淨。而且前粗後細，在各種修行中，施行最粗，戒細於施，忍細於戒，乃至於智細於力。前者容易修習，後者難於修習，所以成立這樣的次第。總的釋名和分别釋名，如解深密經、攝大乘論等所説。修習這十種波羅蜜多，有五種修：一、依止任持修，二、依止作業修，三、依止意樂修，四、依止方便修，五、依止自在修。依靠這五種修，修習十波羅蜜多，使之都能够圓滿成就，其特點就像是大乘阿毘達磨雜集論等所詳細解釋的那樣。至於這十種波羅蜜多的相互含攝關係，即十種波羅蜜多的每一種都含攝一切波羅蜜多，因爲各波羅蜜多之間互相隨順，依靠修習前者，能够引發後者，前者包括後者，因爲後者必須依靠前者。後者不包括前者，因爲前者不依靠後者，依靠修習後者確認並淨化前者。後者包括在前者之中，因爲後者確認並淨化前者。前者不包括在後者當中，因爲前者不確認並淨化後者。如果依純淨和間雜進行修習的話，展轉相望，應當用四句話進行表達。波羅蜜多實際上是十種，但説爲六種。應當知道，後邊四種（方便善巧、願、力、智）包括在第六波羅蜜多當中。分爲十種，是因爲第六（般若）祇包括無分別智，後邊四種都屬於後得智，因爲它們祇緣世俗法。這十波羅蜜多的結果，屬於有漏的有四果（異熟果、等流果、士用果、增上果），五果中祇除離繫果。屬於無漏的也有四種，五果中祇除異熟果。大乘阿毘達磨雜集論說波羅蜜多具有五果，或者認爲是所引果的相互資助，或者認爲是波羅蜜多所生染、淨二種結果的總合。十波羅蜜多和戒、定、慧三學的相互攝持關係，戒學有三：一、律儀戒，卽正確地遠離所應當離開的事物；二、攝善法戒，卽正確修習並證得應當修證的事物；三、饒益有情戒，卽正確地爲一切有情衆生帶來利益和歡樂。三學與聲聞、緣覺二乘有的相同，有的不相同，這種道理非常深刻，又非常廣大，如世親著攝大乘論釋所說。定學有四種：一、大乘光明定，這種禪定能够照耀大乘的道理、教誨、實踐、果報的智慧，使之光明；二、集福王定，因爲這種禪定能够自由自在地聚集無邊無際的幸福，就像是國王的勢力一樣，沒有任何人與之相等；三、賢守定，因爲這種禪定能够守護世間和出世間的善法；四、健行定，因爲這種禪定由佛和菩薩這些偉大的英雄們所修行。這四種禪定的所緣、對治、堪能、引發、作業，如攝大乘論所說。慧學有三種：一、加行無分別慧；二、根本無分別慧；三、後得無分別慧。這三慧的自性、所依、因緣、所緣、行等，如攝大乘論所說。像這樣的三慧，在最初的二位（資糧位和加行位）中，種子具有三慧，現行祇在加行位。在通達位，現行有二種：根本無分別慧和後得無分別慧，種子具有三慧。因爲在見道位沒有加行，在修習位的七地以前，無論是種子還是現行，都具三慧。八地以後，現行有二種：根本無分別慧和後得無分別慧，種子具有三慧。因爲在無功用道（第八地不動地）與加行無分別慧相違逆，所有進趣都用後得無分別慧，因爲這種後得無分別慧在無漏觀中任運生起。在究竟位中，現行和種子都具有二種慧：根本無分別慧和後得無分別慧，現行和種子中的加行無分別慧都已捨除。如果祇從自性含攝來説，戒學祇含攝戒波羅蜜多，定學祇含攝静慮波羅蜜多，慧含攝後五種波羅蜜多（般若、方便善巧、願、力、智）。如果把三學及其助伴（起輔助作用的因素）合併在一起進行考慮，三學與十波羅蜜多都互相含攝。如果隨順功用含攝來説，戒學祇含攝前三種波羅蜜多（施、戒、忍），因爲施波羅蜜多是戒學的資糧，戒波羅蜜多是戒學的自體，忍波羅蜜多是戒學的眷屬。定學含攝静慮波羅蜜多，慧學含攝後五種波羅蜜多。精進波羅蜜多含攝戒、定、慧三學，因爲精進普遍策勵三學。如果從顯現的含攝關係來説，戒學含攝前四種波羅蜜多（施、戒、忍、精進），前三種波羅蜜多如前所説，精進波羅蜜多守護戒學，亦屬於戒學所含攝。定學含攝静慮波羅蜜多，慧學含攝後五種波羅蜜多。這十種波羅蜜多五位都具有，在修習位中它們的相貌最明顯。但在最初的二位（資糧位和加行位）中，頓悟菩薩的波羅蜜多種子有二種：有漏和無漏，現行的波羅蜜多祇是有漏。漸悟菩薩的波羅蜜多，不管是種子還是現行，都具有漏、無漏二種，因爲這種菩薩已經得到生空（我空）無漏觀念。通達位中波羅蜜多種子有二種：有漏和無漏，現行波羅蜜多祇是無漏。在修習位中，七地以前的波羅蜜多種子和現行都通有漏和無漏，八地以後的波羅蜜多種子具有漏和無漏二種，現行衹是無漏。在究竟位的波羅蜜多，不管是種子，還是現行，都衹是無漏。這十種波羅蜜多在未成佛以前的因位，有三種名稱：第一稱爲遠波羅蜜多，意謂在最初的無數劫，當時施等波羅蜜多的作用還很微弱，被煩惱降伏，波羅蜜多還没有降伏煩惱。因此，在波羅蜜多還没有産生影響以前，煩惱仍可成爲現行。第二稱爲近波羅蜜多，意謂在第二個無數劫，當時施等波羅蜜多的作用逐漸增大，煩惱不能降伏它們，它們却能降伏煩惱。因此，除非是故意纔能使煩惱成爲現行。第三稱爲大波羅蜜多，意謂在第三個無數劫，此時施等波羅蜜多的作用變得非常大，能够畢竟降伏一切煩惱。因此，使煩惱永遠不能成爲現行。但是因爲還有所知障的微細現行和種子，還有煩惱障的種子，所以還没有終究成佛。這十波羅蜜多的義類差别是無窮無盡的，解深密經、瑜伽師地論等都有論述，但文字十分繁瑣，恐怕使人厭煩，所以我們衹能提綱挈領簡略地講個大概。十波羅蜜多雖然實際上在十地都可以修習，但在初地施波羅蜜多增上，在二地戒波羅蜜多增上，乃至在十地智波羅蜜多增上。隨其增上之相，每地衹能修習一種波羅蜜多。雖然在十地的修行無數，但都包括在十種波羅蜜多當中。

十重障者：一、異生性障〔一〕，謂二障中分别起者，依彼種立異生性故。二乘見道現在前時唯斷一種名得聖性，菩薩見道現在前時具斷二種名得聖性。二真見道現在前時彼二障種必不成就，猶明與闇定不俱生，如秤兩頭低昂時等，諸相違法理必應然，是故二性無俱成失。無間道時已無惑種，何用復起解脱道爲？斷惑證滅期心別故，爲捨彼品麤重性故，無間道時雖無惑種，而未捨彼無堪任性，爲捨此故起解脱道，及證此品擇滅無爲。雖見道生亦斷惡趣諸業果等，而今且説能起煩惱，是根本故。由斯初地説斷二愚及彼麤重：一、執著我法愚，卽是此中異生性障；二、惡趣雜染愚，卽是惡趣諸業果等。應知愚品總説爲愚，後準此釋。或彼唯説利鈍障品俱起二愚，彼麤重言顯彼二種〔二〕，或二所起無堪任性。如入二定説斷苦根，所斷苦根雖非現種而名麤重，此亦應然，後麤重言例此應釋。雖初地所斷實通二障，而異生性障意取所知，説十無明非染汙故，無明卽是十障品愚。二乘亦能斷煩惱障，彼是共故，非此所説。又十無明不染汙者，唯依十地修所斷説。雖此位中亦伏煩惱斷彼麤重，而非正意，不斷隨眠，故此不説。理實初地修道位中亦斷俱生所知一分，然今且説最初斷者，後九地斷準此應知。住滿地中時既淹久，理應進斷所應斷障，不爾，三時道應無別。故説菩薩得現觀已，復於十地修道位中唯修永滅所知障道，留煩惱障助願受生，非如二乘速趣圓寂，故修道位不斷煩惱，將成佛時方頓斷故。二、邪行障〔三〕，謂所知障中俱生一分及彼所起誤犯三業。彼障二地極淨尸羅，入二地時便能永斷。由斯二地説斷二愚及彼麤重：一、微細誤犯愚，卽是此中俱生一分；二、種種業趣愚，卽彼所起誤犯三業。或唯起業、不了業愚。三、闇鈍障〔四〕，謂所知障中俱生一分，令所聞、思、修法忘失。彼障三地勝定總持及彼所發殊勝三慧，入三地時便能永斷。由斯三地說斷二愚及彼麤重：一、欲貪愚，卽是此中能障勝定及修慧者。彼昔多與欲貪俱，故名欲貪愚，今得勝定及修所成，彼既永斷欲貪隨伏，此無始來依彼轉故。二、圓滿聞持陀羅尼愚，卽是此中能障總持聞、思慧者。四、微細煩惱現行障〔五〕，謂所知障中俱生一分，第六識俱身見等攝〔六〕，最下品故〔七〕，不作意緣故，遠隨現行故，說名微細。彼障四地菩提分法，入四地時便能永斷。彼昔多與第六識中任運而生執我見等同體起故，說煩惱名，今四地中既得無漏菩提分法，彼便永滅，此我見等亦永不行。初二三地行施戒修相同世間，四地修得菩提分法方名出世，故能永害二身見等。寧知此與第六識俱？第七識俱執我見等與無漏道性相違故，八地以去方永不行，七地以來猶得現起，與餘煩惱爲依持故。此麤彼細，伏有前後，故此但與第六相應。身見等言亦攝無始所知障攝定愛、法愛，彼定、法愛三地尚增，入四地時方能永斷，菩提分法特違彼故。由斯四地說斷二愚及彼麤重：一、等至愛愚，卽是此中定愛俱者；二、法愛愚，卽是此中法愛俱者。所知障攝二愚斷故，煩惱二愛亦永不行。五、於下乘般涅槃障〔八〕，謂所知障中俱生一分，令厭生死樂趣涅槃，同下二乘厭苦欣滅。彼障五地無差別道，入五地時便能永斷。由斯五地說斷二愚及彼麤重：一、純作意背生死愚，卽是此中厭生死者；二、純作意向涅槃愚，即是此中樂涅槃者。六、麤相現行障〔九〕，謂所知障中俱生一分，執有染淨麤相現行。彼障六地無染淨道，入六地時便能永斷。由斯六地説斷二愚及彼麤重：一、現觀察行流轉愚，即是此中執有染者，諸行流轉，染分攝故；二、相多現行愚，即是此中執有淨者，取淨相故，相觀多行，未能多時住無相觀。七、細相現行障〔一〇〕，謂所知障中俱生一分，執有生滅細相現行。彼障七地妙無相道，入七地時便能永斷。由斯七地説斷二愚及彼麤重：一、細相現行愚，即是此中執有生者，猶取流轉細生相故；二、純作意求無相愚，即是此中執有滅者，尚取還滅細滅相，故純於無相作意勤求，未能空中起有勝行。八、無相中作加行障〔一一〕，謂所知障中俱生一分，令無相觀不任運起。前之五地有相觀多無相觀少，於第六地有相觀少無相觀多，第七地中純無相觀，雖恆相續而有加行。由無相中有加行故，未能任運現相及土。如是加行障八地中無功用道，故若得入第八地時便能永斷，彼永斷故得二自在。由斯八地説斷二愚及彼麤重：一、於無相作功用愚，二、於相自在愚。令於相中不自在故，此亦攝土相一分故。八地以上純無漏道任運起故，三界煩惱永不現行。第七識中細所知障猶可現起，生空智果不違彼故。九、利他中不欲行障〔一二〕，謂所知障中俱生一分，令於利樂有情事中不欲勤行，樂修己利。彼障九地四無礙解，入九地時便能永斷。由斯九地説斷二愚及彼麤重：一、於無量所説法無量名、句、字後後慧辯陀羅尼自在愚〔一三〕。於無量所説法陀羅尼自在者，謂義無礙解〔一四〕，卽於所詮總持自在，於一義中現一切義故。於無量名、句、字陀羅尼自在者，謂法無礙解〔一五〕，卽於能詮總持自在，於一名、句、字中現一切名、句、字故。於後後慧辯陀羅尼自在者，謂詞無礙解〔一六〕，卽於言音展轉訓釋總持自在，於一音聲中現一切音聲故。二、辯才自在愚。辯才自在者，謂辯無礙解〔一七〕，善達機宜巧爲説故。愚能障此四種自在，皆是此中第九障攝。十、於諸法中未得自在障〔一八〕，謂所知障中俱生一分，令於諸法不得自在。彼障十地大法智雲及所含藏所起事業〔一九〕，入十地時便能永斷。由斯十地説斷二愚及彼麤重：一、大神通愚，卽是此中障所起事業者，二、悟入微細祕密愚，卽是此中障大法智雲及所含藏者。此地於法雖得自在，而有餘障，未名最極，謂有俱生微所知障及有任運煩惱障種。金剛喻定現在前時彼皆頓斷，入如來地。由斯佛地説斷二愚及彼麤重：一、於一切所知境極微細著愚，卽是此中微所知障；二、極微細礙愚，卽是此中一切任運煩惱障種。故集論説得菩提時〔二〇〕，頓斷煩惱及所知障，成阿羅漢及成如來，證大涅槃大菩提故〔二一〕。

校釋

〔一〕「異生性障」，「異生性」卽凡夫本性，異生是凡夫的異名，意謂生於不同的六趣之中。異生性障卽凡夫因執著我、法而具有的煩惱障和所知障，障三乘聖性，菩薩在初地極喜地卽可斷除此障。

〔二〕「彼麤重言顯彼二種」，藏要本校注稱：「安慧釋前解輕安心所云：粗重謂是身心無堪任性，又是雜染法之種子，與此解同。」

〔三〕「邪行障」，俱生所知障的一部分，以及錯誤的身、口、意三業，障礙二地離垢地的清淨尸羅，故稱邪行障。

〔四〕「闇鈍障」，三地所斷的一種障，是俱生所知障的一部分，使所聞、思、修法忘失，障礙殊勝禪定總持及殊勝禪定所引發的三種智慧。

〔五〕「微細煩惱現行障」，與第六識意識相應而起的身見（我見）、邊見（斷、常二見）、我慢、我愛等，行相最細，任運而起，遠隨現行，障礙菩提分法。

〔六〕「等」，此中省略我所、邊見（包括斷見和常見）、我慢、我愛、定愛、法愛。

〔七〕「最下品」，第六識意識亦有分別身見等法，非常粗猛，稱爲上品。第六識中的獨頭貪等，其性不善，稱爲中品。微細煩惱現行障對於上品、中品來説，祇是無記性，是最下品。

〔八〕「下乘般涅槃障」，對生死感到厭惡，對涅槃感到欣樂，與小乘佛教的聲聞、緣覺二乘人相同，障礙生死涅槃無差别之道，在第五地極難勝地卽可斷除，證得無别真如。

〔九〕「麤相現行障」，卽執有染淨之相，到第六地現前地卽可斷除，證得無染淨真如。

〔一〇〕「細相現行障」，執有流轉還滅細相現行，障礙妙無相道，到第七地遠行地卽可斷除。

〔一一〕「無相中作加行障」，使無相觀不能任運而起，障礙八地不動地的無功用道，至八地時即可斷除此障，證得不增減真如。

〔一二〕「利他中不欲行障」，祇顧自己利益，不願意做有利於他人的事情，障礙九地善慧地的四無礙解，至九地即可永遠斷除，證得智自在所依真如。

〔一三〕「陀羅尼」，梵文 Dhāraṇī 的音譯，亦譯陀羅那、陀鄰尼，意譯作持、總持、能持、能遮等，意謂使善法不散，使惡法不起。分爲四種：一、法陀羅尼，對於佛的教法聞持而不忘失；二、義陀羅尼，對於各種佛法義理總持而不忘失；三、咒陀羅尼，對於佛教咒語總持而不忘失；四、忍陀羅尼，安住於佛法實相謂之忍，持忍名爲忍陀羅尼。法和義以念和慧爲體，咒以定爲體，忍以無分別智爲體。

〔一四〕「義無礙解」，四無礙解之一，意謂認識佛教義理而無滯礙。

〔一五〕「法無礙解」，四無礙解之一，名身、句身、文身所説佛的教法稱爲法。對於佛的教法無滯礙稱之爲法無礙解。

〔一六〕「詞無礙解」，四無礙解之一，亦稱辭無礙解，意謂對各種言詞通達無礙。

〔一七〕「辯無礙解」，四無礙解之一，亦稱樂説無礙、辯説無礙。因爲有義無礙解、法無礙解、詞無礙解三種智慧，爲衆生説法無滯礙，契於正理的演説無滯礙。無滯礙之言稱爲辯。

〔一八〕「於諸法中未得自在障」，使其智慧在各種事物中不得自在，障礙大法智雲及其所含藏所生起的各種事業。菩薩在十地法雲地時即可斷除。斷後證得業自在所依真如。

〔一九〕「大法智雲」，「大法」意謂真如，緣如之智豫如大雲，所以稱爲大法智雲，含有陀羅尼、三摩地等各種功德，大法智雲含衆德水充滿法身，能够生起各種神通。

〔二〇〕「集論」，這裏稱集論是錯誤的，集論是大乘阿毘達磨集論的簡稱，以下内容出自大乘阿毘達磨雜集論。

〔二一〕語見大乘阿毘達磨雜集論卷十四：「若得菩提時頓斷煩惱障及所知障，頓成阿羅漢及如來。」（大正藏卷三十一第七六三頁）

〔本段大意〕至於十重障：第一是異生性障。意謂煩惱、所知二障之中的分别而生起，依其種子建立凡夫本性。聲聞、緣覺二乘見道出現在面前的時候，衹能斷除煩惱障的一種種子而稱爲獲得聖性。菩薩見道出現在面前的時候，斷除煩惱、所知二障種子，稱爲獲得聖性。二乘人的見道和菩薩的見道出現在面前的時候，煩惱、所知二障種子肯定不能繼續存在。就像是光明和黑暗肯定不能同時生起，就像是一桿秤的兩頭不能同時既低又昂，各種相反的事物，從道理上來講肯定亦應當是這樣。我們這樣講不會犯使凡夫性和聖性同時成立的過失。小乘佛教説一切有部詰難説：根據我們的意見，在無間道還有煩惱種子生起，到解脱道時進行對治。你們却認爲，在無間道已經没有煩惱種子，那解脱道還有什麼作用呢？論主有二種回答：一、因爲以前的加行期有别。意思是這樣的：無間道能够斷惑（煩惱），解脱道能够證得擇滅無爲，所期之心有别。

雖然無間道已無惑種，但要證得擇滅無爲要靠解脱道。因爲有這樣的作用，所以要特别生起解脱道。二、爲了捨除煩惱、所知二障的粗重性，粗重性卽無堪任性。在無間道時雖然没有煩惱種子，但並没有捨除它們的無堪任性。爲了捨除這種無堪任性，所以生起解脱道。無堪任性和解脱道都滅除以後，就證得了擇滅無爲。雖然説在見道生起的時候，確實亦能斷除惡趣的諸業諸果等，但是，現在姑且説能起的煩惱，因爲煩惱是業和果的根本。因此，解深密經和瑜伽師地論説：在初地極喜地斷除二愚及其粗重。二愚如下：一、執著我法愚，就是這裏所説的異生性障；二、惡趣雜染愚，就是惡趣中的各種業、果等。應當知道，愚的種類總的説爲愚，惡趣的各種業果等，雖然其體非愚，但因爲業是愚，所生起的果是愚所感，所以亦稱爲愚。以後所説的愚以這種解釋爲準。或者説：第一執著我法愚是利障品俱起愚，第二惡趣雜染愚不一定是業和果，而是鈍障品俱起愚。這裏所説的粗重是二愚的種子，或者説是二愚所賴以生起的無堪任性，如苦根等。瑜伽師地論説，入第二禪以後要斷除苦根，所斷的苦根雖然不是現行和種子，但稱爲粗重，這亦應當如此。以後所説的粗重亦應當這樣解釋。雖然初地極喜地實際上斷除二障，但異生性障的意思祇取所知障，世親的攝大乘論釋説，有十種無明對二乘人來説並非染污，這裏所説的無明就是十障之愚。小乘佛教的聲聞、緣覺二乘人亦能斷除煩惱障，這是大乘和小乘的共同性，但這裏所講的是大乘，而不是小乘，因爲小乘不能斷所知障。攝大乘論釋所説的十無明並非染污，祇是依據十地修行所斷而説。雖然在十地的修道位中亦降伏煩惱，斷除其粗重，但並非正意，因爲不能斷除隨眠，所以這裏不說。從道理上來說，在初地的修道位中，亦能够斷除一部分與生俱來的所知障，但是現在所講的是最初所斷，以後九地所斷，以此爲準應當知道。第一無數劫過後，第二無數劫到來，從道理上來講，應當是進一步斷除所應當斷除之障，不然的話，第一無數劫、第二無數劫、第三無數劫三時之道應無區别。所以，大乘阿毘達磨雜集論卷十四說：菩薩得到現觀以後，又在十地的修道位中，衹修行永遠滅除所知障之道，留下煩惱障，因爲他們曾經發下誓願再次受生，以便於普渡衆生。並不像小乘佛教的聲聞、緣覺二乘人那樣很快證得涅槃，所以在修道位中不斷煩惱障，因爲要等到快要成佛的時候馬上斷除。第二邪行障。即一部分俱生已知障及其所生起的身、口、意三業，它們障礙二地離垢地極端清淨的戒律，入二地的時候就能够永遠斷除。所以，瑜伽師地論說，菩薩進入二地要斷除二愚及其粗重，二愚如下：一、微細誤犯愚，就是這裏所説的一部分俱生所知障；二、種種業起愚，就是一部分俱生所知障所生起的錯誤的身、口、意三業。或者根據第二種解釋，二愚如下：一、唯起業愚，二、不了業愚。第三闇鈍障。即俱生所知障的一部分，使所聞、所思、所修之法忘失。闇鈍障障礙三地發光地的殊勝禪定陀羅尼及其所引發的三種殊勝智慧，進入三地的時候就能够永遠斷除。因此，三地能够斷除二愚及其粗重：一、欲貪愚，就是此中所説能够障礙殊勝禪定及其因修禪定所得的智慧。因爲它過去經常與欲貪在一起，所以稱爲欲貪愚，現在修習這種殊勝禪定及其因修定而成就的智慧，它既然永遠斷除欲貪，亦就同時降伏了欲貪愚，因爲這種欲貪自無始以來，依靠欲貪愚而生起。二、圓滿聞持陀羅尼愚，就是這裏所説的能够障礙陀羅尼的聞慧和思慧。第四微細煩惱現行障。即俱生所知障的一部分，屬於與第六識意識相應而起的身見等，因爲它是最下品，不由作意而生，任運而生，自無始以來隨逐於身，不捨於身，永遠隨順現行，所以稱爲微細。微細煩惱現行障障礙四地焰慧地菩提分法，進入四地時就能够永遠斷除。因爲它過去經常與第六識意識中任運而生的我見等同時生起，所以稱爲煩惱，既然現在在第四地中已經得到無漏的菩提分法，這種微細煩惱現行障便永遠滅除，其我見等亦永遠不會成爲現行。問：爲什麼前三地不能斷除我見等呢？論主回答説：因爲菩薩在前三地實行布施、持戒、修禪，這與世間衆生相同，到第四地修得菩提分法，這纔叫做出世，因爲它能够永遠滅除煩惱障和所知障中的身見等。我們怎麼知道這種身見與第六識意識在一起呢？因爲第七識末那識執我見等，與無漏道的性質相違逆，八地以後纔能使它們永遠不能成爲現行，七地以前還可以生起現行，因爲以其餘的煩惱爲其依持。與第六識相應的身見等粗，與第七識相應的身見等細，降伏有前有後，這裏所説的身見等衹與第六識相應。這裏所説的身見等，亦包括無始以來所知障包含的定愛、法愛，這種定愛和法愛到三地時還再增加，到四地時纔能够永遠斷除，菩提分法與此特别違逆。所以説四地斷除二愚及其粗重：一、等至愛愚，就是這裏所説的由定愛所伴隨的愚；二、法愛愚，就是這裏所説的由法愛所伴隨的愚。所知障包括的二愚斷除以後，煩惱障的定、法二愚亦永遠不會成爲現行。第五於下乘般涅槃障。就是俱生所知障的一部分，使人對生死感到厭惡，對涅槃感到欣樂，就像是小乘佛教的聲聞、緣覺二乘人那樣，對生死感到厭惡，對涅槃感到欣樂，這種下乘般涅槃障障礙五地極難勝地的無差別道，進入五地的時候就能够永遠斷除。所以説五地斷除二愚及其粗重：一、純作意背生死愚，就是這裏所説的厭惡生死；二、純作意向涅槃愚，就是這裏所説的對於涅槃感到欣樂。第六粗相現行障。即俱生所知障的一部分。由於執著若染若淨的粗相現行，因爲它障礙六地無染淨的妙道，使諸行者不能證入六地。如果進一步修十二緣起觀當契入六地時，便能永遠斷除這種粗相現行障。由於這種因緣，所以説入第六地的時候，就斷除二種愚癡以及它所具有的粗重。這裏所説的二愚是：一、現觀察行流轉愚。就是在這第五地中，執有實在的雜染，屬於諸行流轉的染分。二、相多現行愚。就是在這第五地中，執有實在的清淨者，因爲妄取清淨相的緣故而生歡喜，但他們不知道執有淨相是有相觀行，不能契入無相妙觀，所以稱爲「相觀多行」，不能常時安住於無相妙觀。第七細相現行障。即俱生所知障的一部分，仍然執著有生死流轉「生」的細相現行，亦執著涅槃還滅的細相現行。這種細相現行能够障礙第七地的妙無相道。當證入第七地的時候，便能永遠斷除這種細相現行障。由於這種原因，所以説在第七地中斷除二種愚癡及其粗重。二愚如下：一、細相現行愚。就是六地中執有生相，仍然執取流轉生死的微細生相。二、純作意求無相愚。就是六地中執有滅相，還執取於還滅的微細滅相。對於純粹的無相現行，一向注意方便勤求加行，没能作到冥合真俗二境，不能於無相空理之中不加作意而起有觀勝行。第八無相中作加行障。即俱生所知障的一部分，使無相觀不能任運生起。前五地（極喜地、離垢地、發光地、焰慧地、極難勝地）有相觀多無相觀少，在第六地現前地有相觀少無相觀多，在第七地遠行地中是純粹的無相觀，雖然永恆相續，但有加行。還没有任運出現金、銀等相和大小土等，這種加行障障礙八地不動地中的無功用道。所以，如果進入第八地時就能够永遠斷除，因爲永遠斷除了這種無相中作加行障，就得到了相自在和土自在。所以説第八地斷除了二愚及其粗重：一、於無相作功用愚，二、於相自在愚。因爲使菩薩在相狀中不得自在，這亦包括作爲相一部分的土。因爲八地以後，純無漏道任運生起，所以欲、色、無色三界的煩惱永遠不能成爲現行。第七識當中微細的所知障還可以現起，因爲生空（我空）智慧之果與此並不違逆。第九利他中不欲行障。即俱生所知障的一部分，在做爲有情衆生帶來利益和享樂的事情的時候，不想勤奮行動，衹是樂於爲自己謀福利。這種利他中不欲行障障礙第九地善慧地的四無礙解，菩薩進入九地的時候就能够永遠斷除。所以説九地斷除二愚及其粗重：一、於無量所説法無量名句字後後慧辯陀羅尼自在愚，對於佛無量所説教法陀羅尼自在的，是義無礙解，就是對於所詮釋總持的意義自由自在的認識，因爲在一種意義上能够顯現一切意義。對於無數名身、句身、文身所表達陀羅尼自在的，是法無礙解，就是對起能詮作用的總持陀羅尼自在，因爲在一個名身、句身、文身當中能够顯現一切名身、句身、文身。對於連續不斷的智慧進行辯説的陀羅尼自在者，是詞無礙解，就是對於言説聲音展轉訓釋總持自在，因爲在一個聲音當中能够顯現一切聲音。二、辯才自在愚，辯才自在就是辯無礙解，因爲善於利用時機，巧妙地爲衆生説法。愚昧能够障礙這四種自在，都是屬於這裏所説的第九障。第十於諸法中未得自在障。卽俱生所知障的一部分，使人對各種事物不能自由自在。這種於諸法中未得自在障能够障礙十地法雲地的大法智雲及其所含藏的陀羅尼、三摩地等各種功德，還有大法智雲所生起的各種偉大神通。菩薩進入第十地法雲地的時候就能够永遠斷除，所以説十地斷除二愚及其粗重：一、大神通愚，就是這裏所説的障礙大法智雲所生起的神通；二、悟入微細秘密愚，就是這裏所説的障礙大法智雲所含藏的三摩地、陀羅尼等功德。雖然十地對於各種事物已能自由自在地掌握，但還有其他障礙，所以還不能稱爲圓滿成就，意思是説：還有俱生而來的微弱所知障和任運而起的煩惱障種子。金剛喻定出現在面前的時候，它們就能够馬上斷除，進入如來地。所以説佛地斷除二愚及其粗重：一、於一切所知境極微細著愚，就是這裏所説的微弱的所知障；二、極微細礙愚，就是這裏所説的一切任運而起的煩惱障種子。所以大乘阿毘達磨雜集論説：得到菩提的時候，馬上斷除煩惱障和所知障，成爲羅漢，並成佛，因爲已經證得大涅槃和大菩提。

成唯識論校釋卷第十

護法等菩薩造

唐三藏法師玄奘奉詔譯

此十一障二障所攝。煩惱障中見所斷種於極喜地見道初斷，彼障現起地前已伏。修所斷種金剛喻定現在前時一切頓斷，彼障現起地前漸伏，初地以上能頓伏盡，令永不行，如阿羅漢由故意力前七地中雖暫現起，而不爲失，八地以上畢竟不行。所知障中見所斷種，於極喜地見道初斷，彼障現起地前已伏。修所斷種於十地中漸次斷滅，金剛喻定現在前時方永斷盡。彼障現起地前漸伏，乃至十地方永伏盡〔一〕。八地以上六識俱者不復現行，無漏觀心及果相續能違彼故。第七俱者猶可現行，法空智果起位方伏，前五轉識設未轉依，無漏伏故，障不現起。雖於修道十地位中皆不斷滅煩惱障種，而彼麤重亦漸斷滅，由斯故説二障麤重一一皆有三住斷義〔二〕。雖諸位中皆斷麤重，而三位顯〔三〕，是故偏説。斷二障種漸頓云何？第七識俱煩惱障種，三乘將得無學果時，一刹那中三界頓斷。所知障種將成佛時，一剎那中一切頓斷，任運内起，無麤細故。餘六識俱煩惱障種，見所斷者，三乘見位真見道中一切頓斷。修所斷者，隨其所應，一類二乘三界九地一一漸次九品別斷〔四〕，一類二乘三界九地合爲一聚，九品別斷，菩薩要起金剛喻定，一剎那中三界頓斷。所知障種，初地初心頓斷一切見所斷者。修所斷者，後於十地修道位中漸次而斷，乃至正起金剛喻定一剎那中方皆斷盡，通緣内外麤細境生，品類差別有衆多故。二乘根鈍，漸斷障時必各別起無間、解脱、加行、勝進〔五〕，或別或總。菩薩利根漸斷障位〔六〕，非要別起無間、解脱，剎那剎那能斷證故，加行等四剎那剎那前後相望皆容具有。

校釋

〔一〕「伏」，嘉興藏本作「斷」。

〔二〕「住」，原本誤爲「位」，現據成唯識論述記改。

「二障麤重一一皆有三住斷義」，見成唯識論述記卷十末：「於極喜住，一切惡趣諸煩惱品所有粗重皆悉永斷，一切上中煩惱品皆不現行；於無加行無功用無相住中，一切能障無生法忍，諸煩惱品所有粗重皆悉永斷，一切煩惱皆不現前；於最上成滿菩薩住中，當知一切煩惱習氣隨眠障礙皆悉永斷。」（大正藏卷四十二第五九〇頁）

〔三〕「而三位顯」，見成唯識論述記卷十末：「所知障粗重有三：一、在皮，極喜住皆永斷；二、在膚，無

加行無功用無相住皆永斷；三、在肉，如來住中皆悉永斷。」（大正藏卷四十二第五九〇頁）

〔四〕「九地」，亦稱九有。欲界有一地，色界和無色界各四地。一、欲界五趣地，亦稱五趣雜居地；二、離生喜樂地；三、定生喜樂地；四、離喜妙樂地；五、捨念清淨地；六、空無邊處地；七、識無邊處地；八、無所有處地；九、非想非非想處地。「九品」，即九種品類：上上、上中、上下、中上、中中、中下、下上、下中、下下。

〔五〕「無間、解脱、加行、勝進」，即四道。「道」意謂涅槃之道。一、加行道，在三賢位（十住、十行、十迴向）的菩薩加力而行戒、定、慧三學之位；二、無間道，在加行位的菩薩功德成就，引發正智，正斷煩惱，不爲惑間隔，故稱無間；三、解脱道，無間道以後而生一念之正智，證悟真理，這是解脱惑的正智，所以稱爲解脱道；四、勝進道，解脱道以後，定、慧更加增長，使此位菩薩果德究竟圓滿。

〔六〕「利根」，梵文 Tikṣa-indriya 的意譯，與鈍根（Mṛdu-indriya）相對。「利」爲鋭利或疾速，「根」爲根機或根性，是指修學佛法的素質。「利根」意謂能够敏鋭地理解佛法，並能圓滿地得到解脱。

〔本段大意〕這十一障包括在煩惱、所知二障當中。煩惱障中見道所斷種子在初地極喜地的見道是最初所斷，煩惱障的現行在初地以前已經降伏。修道所斷的種子，當金剛喻定出現在面前的時候，所有的一切馬上斷除。煩惱障的現行在初地以前逐漸降伏，初地以後的菩薩能够馬上把它降伏乾淨，使之永遠不能成爲現行，這就像阿羅漢那樣。雖然前七地中故意使之暫時成爲現行，但是已能不會因煩惱而成過失。八地以後纔終究使它不成現行。所知障中見道所斷的種子，在一地極喜地的見道位是最初所斷，所知障的現行在地前就已經降伏。修道所斷的種子在十地中逐漸斷滅，金剛喻定出現在面前的時候，纔能够永遠斷除乾净，所知障的現行在地前逐漸降伏，到十地的時候纔永遠降伏乾淨。八地以後，與六識俱起的障礙不再成爲現行，因爲相續不斷的無漏心和果能够對它起違抗作用。與第七識末那識俱起的障礙還可以成爲現行，到法空智慧之果生起的時候纔能够降伏。如果眼、耳、鼻、舌、身前五轉識還没有證得轉依，因爲受到無漏智的降伏，所以煩惱、所知二障不能成爲現行。雖然在修道位的十地之中，都不能斷滅煩惱障的種子，但已將其粗重逐漸斷滅，所以瑜伽師地論説，煩惱、所知二障粗重的每一種都具有三位斷的意思。雖然各個階位都斷粗重，但有三位很明顯，所以這裏要特別説明。斷除煩惱、所知二障種子的漸斷、頓斷情況如何呢？與第七識末那識俱起的煩惱障種子，當聲聞、緣覺、菩薩三乘人將要得到無學果的時候，在一刹那間，在欲、色、無色三界馬上斷除。所知障的種子到將要成佛的時候，在一刹那間，所有的一切馬上斷除，因爲這種種子任運而起，唯緣内境，卽自地之境，境無粗細。與其餘六識俱起的煩惱障種子，在見道位所斷滅的，聲聞、緣覺、菩薩三乘人在見道位的真見道中，所有的一切馬上斷除。在修道位所斷除的，隨順其所應，有一類漸次得果的鈍根二乘人在三界九地當中，七生中分爲九品，一個接一個地逐漸分別斷除。第二類利根二乘人，在三界九地合在一起，一生中按九品分別斷除。如果菩薩要生起金剛喻定，在一刹那間，在三界當中馬上斷除。所知障的種子，進入初地極喜地的最初之心，馬上斷除一切見道所斷的種子。修道位所斷的種子，在以後十地的修道位中逐漸斷除，直至正確生起金剛喻定的時候，在一刹那間，纔能够斷除乾淨。因爲通緣身內、身外之境，粗境細境皆生，因爲品類差別很多。小乘佛教的聲聞、緣覺二乘人根機遲鈍，逐漸斷除障礙的時候，必然各别生起無間道、解脱道、加行道、勝進道，或分别生起，或總的生起。菩薩利根在逐漸斷除障礙的時候，没必要分别生起無間道和解脱道，因爲能够一刹那一刹那地斷障證果，所以加行、無間、解脱、勝進四道，一刹那一刹那地前後相望，每一道都容許具有其餘三道。

十真如者：一、徧行真如，謂此真如二空所顯，無有一法而不在故。二、最勝真如，謂此真如具無邊德〔一〕，於一切法最爲勝故。三、勝流真如，謂此真如所流教法於餘教法極爲勝故。四、無攝受真如，謂此真如無所繫屬，非我執等所依取故〔二〕。五、類無别真如，謂此真如類無差别，非如眼等類有異故。六、無染淨真如，謂此真如本性無染，亦不可説後方淨故。七、法無别真如，謂此真如雖多教法，種種安立而無異故。八、不增減真如，謂此真如離增減執，不隨淨染有增減故，卽此亦名相土自在所依真如，謂若證得此真如，已現相現土俱自在故。

九、智自在所依真如，謂若證得此真如已，於無礙解得自在故。十、業自在等所依真如，謂若證得此真如已，普於一切神通、作業、總持、定門皆自在故。雖真如性實無差別，而隨勝德假立十種。雖初地中已達一切，而能證行猶未圓滿，爲令圓滿後後建立。

校釋

〔一〕「德」，即功德，「功」意爲福利之功能，這種功能是善行之德，所以稱爲功德。「德」亦作「得」，意謂修功有所得。

〔二〕「等」，此中省略我慢、我愛、無明、邊見、我所見。

〔本段大意〕十真如是：一、遍行真如，所以這樣稱呼它，是因爲這種真如由我、法二空所顯，没有任何一種事物不存在這種真如。二、最勝真如，所以這樣稱呼，是因爲這種真如具有無邊功德，在一切事物當中它最爲殊勝。三、勝流真如，所以這樣稱呼，是因爲這種真如所流行的教法，對於其他教法來説，極端殊勝。四、無攝受真如，所以這樣稱呼，是因爲這種真如没有任何繫屬，並不是我執等的所依和所取。五、類無別真如，所以這樣稱呼，是因爲這種真如使生死和涅槃没有區別，並不像眼、耳、鼻、舌、身那樣，隨諸有情衆生之身不同，各各有異。六、無染淨真如，所以這樣稱呼，是因爲這種真如本來的性質就是無染，亦不能説，後來纔變得清淨。七、法無別真如，所以這樣稱呼，是因爲這種真如雖然有很多種教法，有種種安立，如勝義法界、善、不善等，但它們之間沒有差別。八、不增減真如，所以這樣稱呼，是因爲這種真如沒有增減執著，法外無用，所以不增，諸法不壞，所以不減。或者解釋爲染法減時沒有減，淨法增時沒有增，即斷染不減，得淨不增。這種真如又稱爲相土自在所依真如，因爲證得這種真如以後，現相現土都得自在。九、智自在所依真如，所以這樣稱呼，是因爲證得這種真如以後，對於無礙解即得自在。十、業自在等所依真如，所以這樣稱呼，是因爲證得這種真如以後，對於一切神通、身口意三業、陀羅尼、三摩地普遍地都得自在。雖然真如的性質實際上是沒有區別的，但隨順其所證、所生、能證的殊勝功德，虛假成立十種。雖然菩薩在第一地就已經理解十真如，但其證行還未圓滿，爲了使之圓滿，逐一建立十真如。

如是菩薩於十地中勇猛修行十種勝行，斷十重障，證十真如，於二轉依便能證得。轉依位別略有六種：一、損力益能轉，謂初二位，由習勝解及慚、愧故，損本識中染種勢力，益本識內淨種功能，雖未斷障種，實證轉依，而漸伏現行亦名爲轉。二、通達轉，謂通達位，由見道力通達真如，斷分別生二障麤重，證得一分真實轉依。三、修習轉，謂修習位，由數修習十地行故，漸斷俱生二障麤重，漸次證得真實轉依。攝大乘中說通達轉在前六地，有無相觀通達真俗間雜現前，令真非真現不現故。說修習轉在後四地，純無相觀長時現前，勇猛修習斷餘麤重，多令非真不顯現故。四、果圓滿轉，謂究竟位，由三大劫阿僧企耶修習無邊難行勝行〔一〕，金剛喻定現在前時〔二〕，永斷本來一切麤重，頓證佛果圓滿轉依，窮未來際利樂無盡。五、下劣轉，謂二乘位，專求自利，厭苦欣寂，唯能通達生空真如，斷煩惱種，證真擇滅，無勝堪能名下劣轉。六、廣大轉，謂大乘位，爲利他故趣大菩提，生死涅槃俱無欣厭，具能通達二空真如，雙斷所知、煩惱障種，頓證無上菩提、涅槃，有勝堪能名廣大轉。此中意說廣大轉依，捨二麤重而證得故。轉依義別略有四種：一、能轉道。此復有二：一、能伏道，謂伏二障隨眠勢力，令不引起二障現行，此通有漏、無漏二道，加行、根本、後得三智〔三〕，隨其所應漸頓伏彼。二、能斷道，謂能永斷二障隨眠，此道定非有漏加行，有漏曾習相執所引未泯相故，加行趣求所證所引未成辦故。有義根本無分別智親證二空所顯真理，無境相故能斷隨眠，後得不然，故非斷道。有義後得無分別智雖不親證二空真理，無力能斷迷理隨眠，而於安立非安立相明了現前，無倒證故，亦能永斷迷事隨眠，故瑜伽說修道位中有出世斷道世出世斷道，無純世間道能永害隨眠，是曾習故，相執引故〔四〕。由斯理趣諸見所斷及修所斷迷理隨眠，唯有根本無分別智親證理，故能正斷彼，餘修所斷迷事隨眠根本、後得俱能正斷。二、所轉依。此復有二：一、持種依，謂根本識，由此能持染淨法種與染淨法俱爲所依，聖道轉令捨染得淨。餘依他起性雖亦是依，而不能持種，故此不說。二、迷悟依，謂真如，由此能作迷悟根本，諸染淨法依之得生，聖道轉令捨染得淨。餘雖亦作迷悟法依，而非根本，故此不說。三、所轉捨。此復有二：一、所斷捨，謂二障種，真無間道現在前時，障治相違，彼便斷滅，永不成就，説之爲捨。彼種斷故，不復現行，妄執我、法。所執我、法不對妄情，亦説爲捨，由此名捨徧計所執。二、所棄捨，謂餘有漏劣無漏種〔五〕，金剛喻定現在前時，引極圓明純淨本識，非彼依故，皆永棄捨。彼種捨已，現有漏法及劣無漏畢竟不生，既永不生，亦説爲捨，由此名捨生死劣法。有義所餘有漏法種及劣無漏，金剛喻定現在前時，皆已棄捨，與二障種俱時捨故。有義爾時猶未捨彼，與無間道不相違故，菩薩應無生死法故，此位應無所熏識故，住無間道應名佛故，後解脱道應無用故。由此應知餘有漏等解脱道起方棄捨之，第八淨識非彼依故。

校釋

〔一〕「阿僧企耶」，梵文 Asaṃkhya 的音譯，亦譯阿僧祇耶、阿僧祇等，意譯無數。或是數目之極，一阿僧企耶是一千萬萬萬萬萬萬萬兆。

〔二〕「時」，磧砂藏本原作「待」，藏要本據成唯識論述記和高麗藏本改。

〔三〕「加行智」，見成唯識論述記卷十末：「加行智是能趣求所證真如，趣求所引無分別智，未成辦故不能斷惑，由無分別智是加行所引，真如是加行所趣求證。」（大正藏卷四十三第五九四頁）

〔四〕語見瑜伽師地論卷五十五：「又前智能進趣修道中出世斷道，第二智能進趣世、出世斷道，無有純世間道能永害隨眠，由世間道是曾習故，相執所引故。」（大正藏卷三十一第六〇六頁）

〔五〕「謂餘有漏劣無漏種」，見成唯識論述記卷十末：「謂餘有漏者，卽二障餘，謂有漏善三無記法全，異熟生少分，除法執一分故。劣無漏種，卽十地中所生現行及此種類中下品種。」（大正藏卷四十三第五九四頁）

〔本段大意〕菩薩在十地中就是這樣地勇猛修習十種勝行，斷除十種障，證得十真如，這樣就能夠證得菩提、涅槃二種轉依。轉依之位簡略來説有六種：一、損力益能轉，卽最初二位：資糧位和加行位。由於修習勝解和慚、愧，損壞阿賴耶識中的染污種子勢力，有益於阿耶識中的清淨種子功能，雖然還没有斷滅煩惱、所知二障種子，但實際上已經證得轉依，因爲它逐漸降伏了煩惱、所知二障現行，所以亦稱爲轉依。二、通達轉，卽通達位，由見道之力通達真如，斷除分別産生的煩惱、所知二障粗重，證得一部分真實的轉依。三、修習轉，卽修習位，因爲一再地修習十地之行，逐漸斷除俱生而有的煩惱、所知二障粗重，逐漸證得真實的轉依，攝大乘論本説，通達轉在前六地：極喜地、離垢地、發光地、焰慧地、極難勝地、現前地。在此六地中，以有相觀、無相觀，通達真、俗間雜現前，卽以有相觀通俗，無相觀達真，當真實義相顯現的時候，非真實的義相就不顯現。攝大乘論和瑜伽師地論說修習轉在後四地：遠行地、不動地、善慧地、法雲地，純粹的無相觀長時出現，經過勇猛修行，斷除其他的粗重，使不真實的不再顯現。四、果圓滿轉，即究竟位，經過三大無數劫，修集無邊無際的難行和勝行，當金剛喻定出現在面前的時候，永遠斷滅本來具有的一切粗重，頓時證得佛果，證得圓滿轉依，永遠具有無窮無盡的利益和歡樂。五、下劣轉，即小乘佛教的聲聞、緣覺二乘位，祇要求對自己有利，不求利他，對生死苦感到厭惡，對圓寂涅槃感到欣樂，祇能得到生空真如，未證法空真如，斷除煩惱障的種子，未斷所知障種子，證得真擇滅（真如），無殊勝功能，無所堪任，所以稱爲下劣轉。六、廣大轉，即大乘位。爲了給他人帶來利益而趣向大菩提，對於生死和涅槃都沒有欣樂和厭惡情感，具有達到我、法二空真如的能力，斷滅了所知障種子和煩惱障的種子，馬上證得至高無上的菩提和涅槃，有殊勝功能，有所堪任，所以稱爲廣大轉。這裏的意思是説，廣大轉依捨除了煩惱、所知二障粗重，證得至高無上的菩提和涅槃。轉依的意思簡略來説有四種：一、能轉道。這又分爲二種：（一）能伏道，意思是說，降伏煩惱、所知二障的隨眠勢力，使之不能引起二障現行，它通有漏、無漏二道和加行、根本、後得三智，隨其所應逐漸或馬上降伏二障隨眠勢力。（二）能斷道，意思是說，能够永遠斷除二障隨眠，能斷道肯定不是有漏加行，因爲「有漏心加行智及有漏後得智，一是曾習，二相執所引，三未能泯伏滅此相故不能斷惑，四或加行智是能趣求所證真如，趣求所引無分別智，未成辦故不能斷惑，由無分別智是加行所引，真如是加行所趣求證，即由所引無分別智，能證所證真如成辦故，能斷二障非加行智。」（成唯識論述記卷十末，大正藏卷四十三第五九四頁）有人認爲，根本無分別智直接證得我、法二空所顯現的真理，由無外境相分，所以能够斷除隨眠，後得智不是這樣，仍有相分境相，所以不是斷道。又有人認爲，後得無分別智雖然不直接證得我、法二空真理，沒有能力斷除迷理隨眠疑、邪見等，但能够明確認識安立非安立相，因爲沒有顛倒認識，所以也能够永遠斷除迷事隨眠。迷理隨眠行相深遠，要證得我、法二空真理纔能够斷除。迷事隨眠淺近，雖然是有相觀，亦能够斷除。所以瑜伽師地論說，在修道位有出世斷道和世、出世斷道，沒有純粹的世間道能够永遠斷除隨眠，因爲世間道是曾經修習過的，是由相執所引生的。由此道理可見，各種見道所斷和修道所斷迷理隨眠祇有根本無分別智，因爲它直接證得我、法二空真理，所以能够正確斷除這種隨眠，剩餘的修道所斷迷事隨眠，根本智和後得智都能够正確斷除。二、所轉依。這又分爲二種：（一）持種依，即阿賴耶識，因爲它能够維持染、淨事物的種子，是染、淨事物的所依，聖道轉能够使它捨除染污種子，得到清淨種子，其餘的依他起性雖然亦是依，但不能維持種子，所以這裏不說。（二）迷悟依，即真如，因爲它能作迷和悟的根本，各種染法和淨法都依之而生。聖道轉能够使它捨除染法，得到淨法，其餘的依他起性雖然亦作迷法和悟法的所依，但並不是根本，所以這裏不說。三、所轉捨。這又分爲二種：（一）所斷捨，即煩惱、所知二障種子，真正的無間道出現在面前的時候，障礙和對治互相違逆，就像光明和黑暗一樣，二障種子就斷滅了，永遠不再成就，所以稱爲捨。因爲這種二障種子斷滅了，不再成爲現行虛妄執著我和法。「實我實法，自性本無，但對妄情，妄似於有，今妄情斷，無境對心，假說此境，亦名爲斷，由此道理名捨所執。」(成唯識論述記卷十末，大正藏卷四十三第五九五頁)所以，這就叫做捨除遍計所執。(二)所棄捨，卽有漏種子和弱劣的無漏種子，當金剛喻定出現在面前的時候，引生極其圓滿光明純粹清淨的阿賴耶識，它不是有漏種和弱劣無漏種的所依，所以要全部永遠丢棄捨除。這種種子捨除以後，有漏法種子和弱劣的無漏種終究不能再生。既然永遠不能再生，大乘阿毘達磨雜集論把這也稱爲捨。由此道理名捨生死法及劣法。有人認爲，所剩餘的有漏法種子和劣無漏，在金剛喻定出現在面前的時候，都已經丢棄捨除，因爲它們與煩惱、所知二障種子同時捨除。二師認爲，那時候還沒有捨除，因爲它們與無間道不相違逆，菩薩應當是沒有生死之法(有漏法)，因爲此位應當是沒有所熏之識，住於無間道應當稱爲佛，以後的解脱道應當是沒有作用了。由此應當知道，剩餘的有漏等，當解脱道生起的時候，纔能夠丢棄捨除，因爲解脱道位的第八淨識，不是劣無漏餘有漏的所依。

四、所轉得。此復有二：一、所顯得，謂大涅槃。此雖本來自性清淨，而由客障覆令不顯，真聖道生，斷彼障故，令其相顯，名得涅槃。此依真如離障施設，故體卽是清淨法界。涅槃義別略有四種：一、本來自性清淨涅槃，謂一切法相真如理，雖有客染而本性淨，具無數量微妙功德，無生無滅湛若虛空，一切有情平等共有，與一切法不一不異，離一切相一切分別，尋思路絶，名言道斷，唯真聖者自内所證，其性本寂，故名涅槃；二、有餘依涅槃，謂卽真如出煩惱障，雖有微苦所依未滅，而障永寂，故名涅槃；三、無餘依涅槃，謂卽真如出生死苦，煩惱既盡，餘依亦滅，衆苦永寂，故名涅槃；四、無住處涅槃，謂卽真如出所知障，大悲般若常所輔翼，由斯不住生死、涅槃，利樂有情窮未來際，用而常寂，故名涅槃。一切有情皆有初一，二乘無學容有前三[一]，唯我世尊可言具四。如何善逝有有餘依[二]？雖無實依而現似有。或苦依盡說無餘依，非苦依在說有餘依，是故世尊可言具四。若聲聞等有無餘依，如何有處說彼非有？有處說彼都無涅槃，豈有餘依彼亦非有？然聲聞等身智在時有所知障，苦依未盡，圓寂義隱，說無涅槃，非彼實無煩惱障盡所顯真理有餘涅槃。爾時未證無餘圓寂，故亦說彼無無餘依，非彼後時滅身智已，無苦依盡無餘涅槃。或說二乘無涅槃者，依無住處，不依前三。又說彼無無餘依者，依不定姓二乘而說[三]，彼纔證得有餘涅槃，決定迴心求無上覺，由定願力留身久住，非如一類入無餘依。謂有二乘深樂圓寂，得生空觀，親證真如，永滅感生煩惱障盡，顯依真理有餘涅槃。彼能感生煩惱盡故，後有異熟，無由更生。現苦所依任運滅位，餘有爲法既無所依，與彼苦依同時頓捨，顯依真理無餘涅槃。爾時雖無二乘身智，而由彼證，可說彼有。此位唯有清淨真如，離相湛然，寂滅安樂，依斯說彼與佛無差。但無菩提利樂他業，故復說彼與佛有異。諸所知障既不感生，如何斷彼得無住處？彼能隱覆法空真如，令不發生大悲般若〔四〕，窮未來際利樂有情，故斷彼時顯法空理。此理卽是無住涅槃〔五〕，令於二邊俱不住故。若所知障亦障涅槃，如何斷彼不得擇滅？擇滅離縛，彼非縛故。既爾，斷彼寧得涅槃？非諸涅槃皆擇滅攝，不爾，性淨應非涅槃。能縛有情住生死者，斷此説得擇滅無爲，諸所知障不感生死，非如煩惱能縛有情，故斷彼時不得擇滅。然斷彼故，法空理顯，此理相寂説爲涅槃，非此涅槃擇滅爲性，故四圓寂諸無爲中，初後卽真如，中二擇滅攝。若唯斷縛得擇滅者，不動等二四中誰攝〔六〕？非擇滅攝，説暫離故。擇滅無爲唯究竟滅，有非擇滅非永滅故。或無住處亦擇滅攝，由真擇力滅障得故。擇滅有二：一、滅縛得，謂斷感生煩惱得者；二、滅障得，謂斷餘障而證得者。故四圓寂諸無爲中初一卽真如，後三皆擇滅。不動等二暫伏滅者非擇滅攝，究竟滅者擇滅所攝。既所知障亦障涅槃，如何但説是菩提障？説煩惱障但障涅槃，豈彼不能爲菩提障？應知聖教依勝用説，理實俱能通障二果。如是所説四涅槃中唯後三種名所顯得。二、所生得，謂大菩提。此雖本來有能生種，而所知障礙故不生，由聖道力斷彼障故，令從種起，名得菩提。起已相續窮未來際，此卽四智相應心品。云何四智相應心品？一、大圓鏡智相應心品，謂此心品離諸分別，所緣行相微細難知，不忘不愚一切境相，性相清淨離諸雜染，純淨圓德現種依持，能現能生身土智影，無間無斷窮未來際，如大圓鏡現衆色像；二、平等性智相應心品，謂此心品觀一切法自他有情悉皆平等，大慈悲等恆共相應，隨諸有情所樂示現受用身土影像差別〔七〕，妙觀察智不共所依，無住涅槃之所建立，一味相續窮未來際；三、妙觀察智相應心品，謂此心品善觀諸法自相共相無礙而轉，攝觀無量總持、定門及所發生功德珍寶，於大衆會能現無邊作用差別皆得自在，雨大法雨，斷一切疑，令諸有情皆獲利樂；四、成所作智相應心品，謂此心品爲欲利樂諸有情故，普於十方示現種種變化三業，成本願力所應作事。如是四智相應心品雖各定有二十二法〔八〕，能變所變種現俱生，而智用增以智名顯。故此四品總攝佛地一切有爲功德皆盡〔九〕。此轉有漏八七六五識相應品如次而得，智雖非識而依識轉，識爲主故説轉識得。又有漏位智劣識强，無漏位中智强識劣，爲勸有情依智捨識，故説轉八識而得此四智。大圓鏡智相應心品，有義菩薩金剛喻定現在前時卽初現起，異熟識種與極微細所知障種俱時捨故，若圓鏡智爾時未起，便無能持淨種識故。有義此品解脱道時，初成佛故，乃得初起，異熟識種金剛喻定現在前時猶未頓捨，與無間道不相違故。非障有漏劣無漏法但與佛果定相違故，金剛喻定無所熏識，無漏不增應成佛故，由斯此品從初成佛盡未來際相續不斷，持無漏種令不失故。平等性智相應心品，菩薩見道初現前位違二執故，方得初起，後十地中執未斷故，有漏等位或有間斷，法雲地後與淨第八相依相續盡未來際。妙觀察智相應心品，生空觀品二乘見位亦得初起，此後展轉至無學位或至菩薩解行地終或至上位，若非有漏或無心時皆容現起。法空觀品菩薩見位方得初起，此後展轉乃至上位，若非有漏生空智果或無心時皆容現起。成所作智相應心品，有義菩薩修道位中後得引故，亦得初起。有義成佛方得初起，以十地中依異熟識所變眼等非無漏故，有漏不共必俱同境，根發無漏識理不相應故，此二於境明昧異故。由斯此品要得成佛依無漏根方容現起，而數間斷，作意起故。此四種性雖皆本有，而要熏發方得現行，因位漸增佛果圓滿，不增不減盡未來際，但從種生不熏成種，勿前佛德勝後佛故。大圓鏡智相應心品，有義但緣真如爲境，是無分別非後得智，行相所緣不可知故。有義此品緣一切法，莊嚴論說大圓鏡智於一切境不愚迷故〔一〇〕，佛地經說如來鏡智諸處、境、識衆像現故〔一一〕，又此決定緣無漏種及身土等諸影像故，行緣微細說不可知，如阿賴耶亦緣俗故。緣真如故是無分別，緣餘境故後得智攝，其體是一，隨用分二，了俗由證真故說爲後得，餘一分二準此應知。平等性智相應心品，有義但緣第八淨識，如染第七緣藏識故。有義但緣真如爲境，緣一切法平等性故。有義偏緣真俗爲境，佛地經說平等性智證得十種平等性故。莊嚴論說緣諸有情自他平等，隨他勝解示現無邊佛影像故，由斯此品通緣真俗二智所攝，於理無違。妙觀察智相應心品，緣一切法自相共相，皆無障礙，二智所攝。成所作智相應心品，有義但緣五種現鏡，莊嚴論說如來五根一一皆於五境轉故。有義此品亦能偏緣三世諸法，不違正理。佛地經説成所作智起作三業諸變化事，決擇有情心行差别，領受去來現在等義。若不徧緣，無此能故。然此心品隨意樂力或緣一法，或二或多，且説五根於五境轉，不言唯爾，故不相違。隨作意生緣事相境起化業故，後得智攝。此四心品雖皆徧能緣一切法而用有異，謂鏡智品現自受用身淨土相持無漏種〔一二〕，平等智品現他受用身淨土相，成事智品能現變化身及土相〔一三〕，觀察智品觀察自他功能過失，雨大法雨破諸疑網利樂有情。如是等門差别多種〔一四〕。此四心品名所生得，此所生得總名菩提，及前涅槃名所轉得。雖轉依義總有四種，而今但取二所轉得〔一五〕，頌説證得轉依言故。此修習位説能證得，非已證得，因位攝故。

校釋

〔一〕「無學」，學道圓滿，已成羅漢，不需要再加修學。

〔二〕「善逝」，梵文 Sugata 的意譯，亦譯好去，音譯須伽陀。佛的十號之一，意謂如實去彼岸，不再退没生死之海。

〔三〕「不定姓」，唯識宗所立五姓之一，聲聞、緣覺、菩薩三乘種子都具有，或者成佛，或者成辟支佛，或者成阿羅漢，不能肯定，所以稱爲不定姓。可分四類：一、具菩薩、聲聞二姓，結果不定；二、具菩薩、辟支佛二姓，結果不定；三、具聲聞、獨覺二姓，結果不定；四、具菩薩、聲聞、緣覺三姓，結果不定。其中第三永不成佛，其餘三類時至而成佛。

〔四〕「大悲」，救助他人苦之心，稱爲悲。佛、菩薩之悲心廣大，所以稱爲大悲。

〔五〕「無住涅槃」，卽無住處涅槃。

〔六〕「四」，大乘五蘊論認爲有四種無爲法：一虛空，二擇滅，三非擇滅，四眞如。大乘百法明門論、瑜伽師地論等認爲有六種無爲法，除以上四種無爲法以外，再加不動無爲和想受滅無爲。

〔七〕「受用身」，佛的三身之一，分爲二種：一、自受用身，卽佛自己受用法樂之身，由大圓鏡智所變，祇是佛的境界，菩薩不能見聞；二、他受用身，由平等性智所變，初地以上菩薩可以見聞，可以受用佛的法樂。

〔八〕「二十二法」，包括五種遍行：觸、受、思、想、作意；五種別境：欲、勝解、念、定、慧；善十一：信、慚、愧、無貪、無瞋、無癡、精進、輕安、不放逸、行捨、不害；再加一個心法。這二十二法的體能變是見分，所變是相分。或者說識的自體是能變，相分和見分是所變。或者說能變是種子，所變是現行。

〔九〕「佛地」，第九地菩薩頓斷煩惱、所知二障習氣，使之成佛之位。

〔一〇〕「莊嚴論」，大乘莊嚴經論的略稱，梵文 Mahāyānasūtrālaṅkāraṭīkā 的意譯，唯識宗所依據的論典之一，古印度無著著，唐波羅頗蜜多羅譯，十三卷。內容是論述菩薩發心、修行以及應修行的法門、大乘佛教要則等。

〔一一〕「佛地經」，梵文 Buddhabhūmisūtra 的意譯，唐玄奘譯，一卷。內容是佛爲妙生菩薩演説佛地五相，即清淨法界和大圓鏡智、平等性智、妙觀察智、成所作智。古印度親光著佛地經論是該經的論釋書。

〔一二〕「諸處境識」，處爲内六處，亦就是六根：眼、耳、鼻、舌、身、意；境爲六境：色、聲、香、味、觸、法；識爲六識：眼識、耳識、鼻識、舌識、身識、意識。總爲十八界。

〔一三〕「淨土」，亦稱佛地、佛界、佛國、佛土、淨刹、淨首、淨國等，是佛居住的國土，没有五濁：劫濁、見濁、煩惱濁、衆生濁、命濁，所以稱爲淨土。

〔一四〕「變化身」佛的三身（自性身、受用身、變化身）之一，成所作智變現的無量隨類化身，居住於淨土或穢土，爲了教化地前菩薩、二乘、俗人等有情衆生，根據他們的機宜，變現爲天、人、鬼、龍等，爲他們説法，使他們得到利益和享樂。

〔一五〕「如是等門差别多種」，據成唯識論述記卷十末，此中包括：一諸智相見分别門，二相應心所多少門，三善無漏門，四假實分别門，五攝諸功德門。

〔一六〕「令」，藏要本校注稱：「原刻作『令』，今依述記卷五十九及麗刻改。」

〔本段大意〕四、所轉得。這又分爲二種：（一）所顯得，即大涅槃。其本來自性雖然清淨，但由於外在障礙覆蓋，使之不顯，真正聖道産生以後，斷除那種障礙，使涅槃之相顯現，這就叫做得到了涅槃。因爲它依據真如，離開障礙施設，本體就是清淨法界。涅槃的不同意義簡略來説有四種：

①本來自性清淨涅槃，意謂一切法相（事物的外部形相）的真如之理，亦就是七真如中的實相真如理，雖然有外部染污，但其本性清淨，具有無數無量的微妙功德，無生無滅，静謐如虚空，一切有情衆生都具有，誰亦不多，誰亦不少，與一切事物既不相同，又不相異，没有任何形相，不可識别，既不可想，又不可説，衹能由聖人在内心證得，因其性質静寂，所以稱爲涅槃。②有餘依涅槃，意謂真如出離煩惱障，雖然還有微弱之苦所依，還未滅除，卽因微苦依未盡，異熟猶在，所以稱爲有餘依，「依」是身的意思。但因障礙永遠寂滅，所以稱爲涅槃。③無餘依涅槃，意謂真如出離生死之苦，煩惱既然已經滅盡，剩餘的所依也已經滅除，因爲各種苦都已經永遠寂滅，所以稱爲涅槃。④無住處涅槃，意謂真如出離所知障，常由大悲和般若所輔翼，因此不住於生死，亦不住於涅槃，永遠給有情衆生帶來利益和享樂，緣此雖起悲、智二用，但體性恒寂，所以稱爲涅槃。一切有情衆生，若凡若聖，都有第一種涅槃，小乘佛教的聲聞、緣覺二乘無學容許有前三種涅槃，衹有我們的如來佛具有四種涅槃。爲什麽説如來佛有餘依呢？「雖無真實苦依未盡之有餘涅槃，而現爲苦諦等似有有餘涅槃。」（成唯識論述記卷十末，大正藏卷四十二第五九七頁）由於苦依已盡的緣故，説佛無餘依，因爲有非苦所依身還在，所依稱爲有餘依，因爲世尊佛具有的無漏所依藴還存在，所以世尊佛可以説具有四種涅槃。如果小乘佛教的聲聞、緣覺二乘人有無餘依，爲什麽勝鬘經説他没有無餘依呢？勝鬘經説二乘人什麽涅槃都没有，這豈不是説有餘依他們亦没有嗎？然而，小乘佛教的聲聞、緣覺二乘人，當他們的身

體和智慧還存在的時候，仍然有所知障，其苦依還未滅盡，圓寂的意思隱而不顯，所以説没有涅槃，並不是説涅槃真的没有，煩惱障滅盡以後，所顯示的真理是有餘依涅槃，這時候還没有證得無餘依涅槃，所以亦説他没有無餘依涅槃，並不是後來滅除身體和思想以後，没有苦依滅盡的無餘依涅槃。勝鬘經所説的小乘佛教的聲聞、緣覺二乘人没有涅槃，是説他們没有無住處涅槃，並不是説他們没有前三種涅槃：本來自性清淨涅槃、有餘依涅槃、無餘依涅槃。而且，這裏所説的没有無餘依涅槃，是依不定姓二乘人所説，他們纔證得有餘依涅槃，下決心求得無上正等覺，由於禪定與誓願之力，使其身體長久留住於人世，並不像入無餘依涅槃的那種人一樣。意謂有的二乘人深深地樂於涅槃，得到我空觀，直接證得真如，把感生的煩惱障永遠滅除乾淨，顯現依真理而得有餘依涅槃。因爲他們能够把感生的煩惱滅除乾淨，所以以後的異熟果報没有理由再産生，現在的苦所依任運滅除之位，其餘的有爲法既然已經没有所依，與其苦依同時馬上捨除，顯示依真理的無餘依涅槃，這時候雖然没有二乘人的身體和思慮，但由他們證得的可以説他們具有。這時候祇有清淨真如，清徹徹的没有外部形相，寂滅安樂，依據這種情況説他們與佛没有區别。但由於没有菩提爲他人帶來利益和享樂，所以又説他們與佛有區别。外人問：既然各種所知障不能發業潤生，怎麽説斷除它們而得無住處涅槃呢？論主回答説：所知障能够遮蔽法空真如，使之不能産生大悲和般若，不能在無窮無盡的未來際爲有情衆生帶來利益和享樂，所以斷除它們的時候就能够顯現法空真理，這種真理就是無住處涅槃，使之不住於斷、常二種邊見。外人又問：如果所知障亦障礙涅槃，爲什麽斷除它們得不到擇滅無爲呢？論主回答説：擇滅無爲是離煩惱障的繫縛，但所知障並不像煩惱障那樣繫縛衆生。外人又問：既然是這樣，斷除繫縛怎麽能够得到涅槃呢？論主回答説：並不是所有的涅槃都屬於擇滅，不然的話，本來自性清淨涅槃應當不算涅槃。如果能够繫縛有情衆生，使之住於生死，斷除它們就可以説是得到擇滅無爲。各種所知障不招感生死，並不像煩惱障那樣能够繫縛有情衆生，所以斷除它們的時候得不到擇滅。但斷除它們，就使法空真理顯現，法空真理之相静寂，這被説成是涅槃，但這種涅槃並不以擇滅爲其本性，所以四種涅槃在各種無爲法中，第一本來自性清淨涅槃和第四無住處涅槃是真如，中間的二種，即有餘依涅槃和無餘依涅槃，屬於擇滅。外人又問：如果祇是斷除繫縛便得擇滅，不動無爲和想受滅無爲在四種無爲法中屬於哪一種呢？論主回答説：這二種無爲法並不屬於擇滅無爲，因爲顯揚聖教論説，這二種無爲法是暫時離縛，並不是究竟離縛。外人又問：爲什麽説非擇滅無爲是離縛呢？論主回答説：因爲擇滅無爲法祇是究竟滅，永遠滅除隨眠，非擇滅無爲法並不是永遠滅除隨眠。或者説無住處涅槃也屬於擇滅，因爲它是由真正的簡擇力滅除障礙所得。擇滅無爲法有二種：①滅縛得，即斷除感生煩惱所獲得的；②滅障得，即斷除其餘障礙所獲得的。所以四種涅槃在各種無爲法中，第一種本來自性清淨涅槃即真如，後面的三種涅槃（有餘依涅槃、無餘依涅槃、無住處涅槃）都是擇滅無爲法。不動無爲和想受滅無爲是暫時伏滅，並不屬於擇滅無爲，究竟滅除的纔屬於擇滅。外人又問：既然所知障亦障礙涅槃，爲什麽祇説它是菩提障呢？論主回答説：如果説煩惱障祇障礙涅槃，這豈不是説它不能爲菩提障嗎？應當知道，諸聖教中依殊勝作用來説，從道理上來講，實際上都能障礙涅槃和菩提二果。這樣説來，在四種涅槃當中，祇有後三種稱爲所顯得。（二）所生得，即大菩提。它雖然本來具有能生的種子，但由於所知障的障礙，使之不生。由於聖道力斷除所知障，使之從種子生起，這就叫做得到了菩提。生起以後，相續不斷，直至無窮無盡的未來際，這就是四智的相應心品。四智的相應心品是怎樣的呢？①大圓鏡智相應心品，意謂這種心品没有我、我所執的一切所取、能取分别，所緣行相微細難知，境及行相二俱叵測，名爲微細。因爲佛具有一切智和一切種智，所以對一切境相不忘失不迷闇。性相清淨，自性明善稱爲清淨。有漏永亡，没有各種雜染，純淨圓德，「純者無雜，淨者離染，圓者滿義。純簡因無漏，淨簡一切有漏，圓簡二乘無學功德。」（成唯識論述記卷十末，大正藏卷四十二第五九八頁）是現行功德之依，種子功德之持，能够顯現平等性智、妙觀察智、成所作智之影，能够產生身土等德，没有間斷，在一切時現一切處影，直至無窮無盡的未來際，就像大圓鏡那樣顯現諸處、境、識影像。②平等性智相應心品，意謂這種心品觀察一切事物及自己、其他一切有情衆生，都是平等的，永遠與大慈大悲相應，隨順各種有情衆生的所樂，示現有差别的受用身土影像，與妙觀察智是不共所依，悲智由無住涅槃所建立，永無轉易，相續而不間斷，直至無窮無盡的未來際。③妙觀察智相應心品，意謂這種心品善於觀察各種事物的自相和共相，發揮作用時没有阻礙，攝藏並觀察無數無量的陀羅尼、三摩地及其發生的六度道品、十力等功德珍寶，對於各種事物能够示現各種作用，自由自在地普降偉大的佛法之雨，斷除一切疑惑，使各個有情衆生都得到利益和享樂。④成所作智相應心品，意謂這種心品爲了給各有情衆生帶來利益和享樂，在十方示現各種變化，以身、口、意三業實現自己的誓願，成就一切應當作的事情。像這樣的四智相應心品，雖然各自肯定具有二十二法，有能變的種子和所變的現行，但智的作用增盛，所以以智命名。所以這四智相應心品，把佛地一切有爲功德都攝藏在内。轉有漏第八識得大圓鏡智，轉有漏第七識得平等性智，轉有漏第六識得妙觀察智，轉有漏前五識得成所作智。智雖然不是識，但依識而轉變，因爲以識爲主，所以説智是轉化識而得。而且，在有漏位智弱劣，識强盛；在無漏位中，智强盛，識弱劣。爲了勸導有情衆生依智而捨除識，所以説轉八識而得這四智。大圓鏡智相應心品，有人認爲，菩薩在金剛喻定出現在面前的時候，是最初現起，因爲阿賴耶識的種子和極微細的所知障種子同時捨除，如果大圓鏡智這時候没有生起，就没有能力保持清淨種子識。又有人認爲，因爲在解脱道的時候是最初成佛，所以大圓鏡智相應心品這時候纔最初生起，阿賴耶識的種子在金剛喻定出現在面前的時候，還没有馬上捨除，因爲它們與無間道不相違逆。因爲它不障礙有漏法和弱劣的無漏法，但與佛果肯定相違逆，金剛喻定没有所熏識，無漏不增長就應當成佛，所以大圓鏡智相應心品從最初成佛的時候開始，直至無窮無盡的未來際，相續而不間斷，因爲它保持無漏種子，使之不至於喪失。平等性智相應心品，因爲菩薩在見道最初現前的時候，與我、法二執相違逆，這時候纔最初生起，因爲在以後的十地中，二執未斷，在有漏等位或許有間斷，法雲地以後，與清淨的第八識相依相續，直至無窮無盡的未來際。妙觀察智相應心品的我空觀品，在小乘佛教的聲聞、緣覺二乘的見道位亦可以最初生起，漸悟入者至解行地終，頓悟入者至無學位終，漸悟入者和頓悟入者都可以至菩薩十地位中終，如果不是有漏或無心的時候，都容許現起。法空觀品在菩薩的見道位纔能够最初生起，從此以後展轉乃至菩薩的十地位，如果不是有漏，在生空智果或無心的時候，都容許現起。成所作智相應心品，有人認爲在菩薩的修道位中，由於後得智的牽引，亦可以使之最初生起。又有人認爲到成佛的時候纔能够使之最初生起，因爲在十地中，依阿賴耶識所變眼等五根並非無漏，有漏五根衹與有漏五識爲不共俱有所依，即同境依根。根發無漏識，這在道理上是講不通的，要知此有漏根識與無漏根識二者，對於所緣境是明昧不同的。所以要等成佛的時候，依無漏根纔能容許現起，一再間斷，是由於作意生起。這四種性雖然都是本來具有，但要經過熏發纔能變成現行，因位逐漸增加，使佛果圓滿成就，不增加，亦不減少，直至無窮無盡的未來際，衹是從種子産生，不再熏習成爲種子，因爲不能説以前的佛德優勝於以後的佛。大圓鏡智相應心品，有人認爲衹緣真如爲境，是無分別智，但並不是後得智，因爲行相所緣是不可知的。又有人認爲，大圓鏡智相應心品緣一切事物，因爲大乘莊嚴經論説大圓鏡智對於一切外境都不愚昧不迷惑，佛地經説如來大圓鏡智對於各處、各境、各識之像都可顯現，又因爲大圓鏡智相應心品肯定緣取無漏種子和身土等各種影像，因爲行緣微細，所以説是不可知的，如阿賴耶識亦緣世俗界各種事物？因爲它緣取真如，所以是無分別智，又因爲它緣取其他外境，所以屬於後得智。其本體是一個，隨順作用分爲二個，了解世俗是由於證得真如，所以稱爲後得智。其餘的平等性智和妙觀察智，亦爲一體分二，以此爲準應當知道。平等性智相應心品，有人認爲祇緣第八淨識，就像是染污的第七識緣取阿賴耶識一樣。又有人認爲，平等性智祇緣真如爲境，因爲它是緣一切事物平等性的。又有人認爲：平等性智遍緣真俗爲境，因爲佛地經説，平等性智證得十種平等性，大乘莊嚴經論説，緣取各有情衆生的自他平等，隨順他人的勝解力，示現無邊無際佛的影像。所以平等性智相應心品通真、俗二智所包含的，在道理上不相違逆。妙觀察智相應心品，緣取一切事物的自相和共相，都没有障礙，由根本智和後得智所含攝。成所作智相應心品，有人認爲祇能緣取五種現境(色、聲、香、味、觸)，因爲大乘莊嚴經論説如來佛的眼、耳、鼻、舌、身五根一一都於色、聲、香、味、觸五境發揮作用。又有人認爲，成所作智相應心品亦能够普遍緣取過去、現在、未來三世的各種事物，與正確的道理不相違逆。佛地經説成所作智生起身、口、意三業的各種變化，它能够決擇所化衆生的八萬四千心行差别，領受過去、未來、現在等的意義。如果不是遍緣的話，就没有這種功能。然而這種心品隨其意樂力，或者緣取一法，或二種，或多種，暫且説五根於五境轉，並不説祇是如此，所以並無矛盾。因爲隨其作意而生，緣取事相外境，生起各種作業，這屬於後得智。這四心品雖然都能够普遍緣取一切事物，但其作用是有區别的，意謂大圓鏡智相應心品現自受用身及其淨土相，保持無漏種子，平等性智相應心品現他受用身及其淨土相，成所作智相應心品能現變化身及其淨土相，妙觀察智相應心品觀察自己和他人的功能過失，普降偉大的佛法之雨，破除各種疑網，給有情衆生帶來利益和享樂。像這樣的門類有多種差别。這四智心品稱爲所生得，總的稱爲菩提，前述涅槃稱爲所轉得。雖然轉依的意思總共有四種，但是現在祇取二種所轉得，因爲唯識三十論的頌文説「便證得轉依」。這種修習位被説成是能證得，並不是已經證得，因爲屬於因位。

後究竟位其相云何〔一〕？頌曰：

此卽無漏界〔二〕，不思議、善、常〔三〕。安樂、解脱身，大牟尼名法〔四〕。

論曰：前修習位所得轉依〔五〕，應知卽是究竟位相。此謂此前二轉依果，卽是究竟無漏界攝。諸漏永盡，非漏隨增，性淨圓明〔六〕，故名無漏。界是藏義，此中含容無邊希有大功德故。或是因義〔七〕，能生五乘世出世間利樂事故〔八〕。

校釋

〔一〕「後究竟位其相云何？」藏要本校注稱：「安慧釋此頌合上爲一章解，不别生起。」

〔二〕「無漏界」，即湼槃。轉依果是出世間的無漏境界，它斷盡有漏，性淨圓明，所以稱爲無漏。

〔三〕「常」，藏要本校注稱：「梵、藏本作『堅定』，Dhruva，bstan。」

〔四〕「大牟尼名法」，藏要本校注稱：「勘梵、藏本，此句云：名大牟尼之法。今譯文倒。」

〔五〕「前修習位所得轉依」，藏要本校注稱：「安慧釋云：此即無漏界者，説轉依之自性，無粗重故，離諸漏故。」

〔六〕「性淨圓明」，見成唯識論述記卷十末：「言性淨者，簡二乘無學善有漏等蘊，雖亦離二縛，而性非淨，前有漏類故，有第七所知障漏俱非性淨故。言圓者，簡一切有學無漏，因未圓故。明者簡二乘無學無漏，顯彼雖圓果之極故，而非是明，非勝妙故。又淨簡有漏，圓簡二乘，明簡菩薩無漏。」（大正藏卷四十二第六〇一頁）

〔七〕「或是因義」，藏要本校注稱：「此解糅安慧釋。」

〔八〕「五乘」，「乘」意謂乘某種行法到一定果位。有六種五乘：一者：①人乘，乘五戒之行法而生於人間；②天乘，乘十善之行法而生於天上；③聲聞乘，乘四諦之行法而得羅漢果；④緣覺乘，乘十二因緣之行法而得辟支佛果；⑤菩薩乘，乘六度之行法而得佛果。二者菩薩乘、緣覺乘、聲聞乘、種種性乘、人天乘。三者人乘、天乘（欲界之六天）、聲聞乘、緣覺乘、菩薩乘。四者小乘之佛乘、小乘之緣覺乘、小乘之聲聞乘、梵乘、天乘。五者小乘、聲聞乘、緣覺乘、菩薩乘、一乘。六者人乘、天乘、二乘、菩薩乘、佛乘。

〔本段大意〕以後的究竟位，其相狀如何呢？唯識三十論的頌文說：「這就是無漏界，是不可思議的，善的，堅穩的。這就是安樂身和解脱身，這也就是名爲大牟尼的最高存在。」論說：以前的修習位所得到的轉依，應當知道，這就是究竟位的相狀。這就是前述涅槃、菩提二轉依果，屬於究竟無漏界。各種有漏已經斷盡，不像取蘊那樣，使有漏隨之增長。其性質清淨、圓滿、光明，所以稱爲無漏。「界」是「藏」的意思，因爲這裏邊含有無邊無際的希望有的偉大功德。或者是「因」的意思，因爲能够産生五乘世間、出世間的利益和享樂。

清淨法界可唯無漏攝〔一〕，四智心品如何唯無漏？道諦攝故，唯無漏攝〔二〕，謂佛功德及身土等皆是無漏種性所生〔三〕，有漏法種已永捨故。雖有示現作生死身，業、煩惱等似苦、集諦，而實無漏，道諦所攝。集論等說十五界等唯是有漏，如來豈無五根、五識、五外界等？有義如來功德身土甚深微妙，非有非無，離諸分别，絶諸戲論，非界、處等法門所攝〔四〕，故與彼説理不相違。有義如來五根、五境妙定生故，法界色攝〔五〕，非佛五識，雖依此變，然麤細異，非五境攝，如來五識非五識界，經說佛心恆在定故，論說五識性散亂故。成所作智何識相應？第六相應，起化用故。與觀察智性有何别？彼觀諸法自、共相等，此唯起化，故有差别。此二智品應不並生，一類二識不俱起故。許不並起於理無違，同體用分俱亦非失。或與第七淨識相應，依眼等根緣色等境是平等智作用差別，謂淨第七起他受用身土相者平等品攝，起變化者成事品攝。豈不此品轉五識得？非轉彼得體卽是彼，如轉生死言得涅槃，不可涅槃同生死攝，是故於此不應爲難。有義如來功德身土如應攝在蘊、處、界中，彼三皆通有漏、無漏。集論等說十五界等唯有漏者，彼依二乘麤淺境說，非說一切。謂餘成就十八界中唯有後三通無漏攝，佛成就者雖皆無漏，而非二乘所知境攝。然餘處說佛功德等非界等者〔六〕，不同二乘劣智所知界等相故，理必應爾。所以者何？說有爲法皆蘊攝故，說一切法界處攝故，十九界等聖所遮故〔七〕。若絶戲論，便非界等，亦不應說卽無漏界善常安樂解脱身等。又處處說轉無常蘊獲得常蘊，界處亦然，寧說如來非蘊、處、界？故言非者，是密意說。又說五識性散亂者，說餘成者非佛所成。故佛身中十八界等皆悉具足〔八〕，而純無漏。

校釋

〔一〕「清淨法界可唯無漏攝」，藏要本校注稱：「此下廣辨，安慧釋無文。」

〔二〕「道諦」，梵文 Mārgasatya 的意譯，四諦（苦、集、滅、道）之一，指超脱苦、集的世間因果關係達到涅槃的修習方法，卽八正道。

〔三〕「身土」，凡聖之依、正二報，身爲正報，土爲依報。正報亦稱正果，是有情衆生的自心，是依過去業因而感得果報正體。依報是有情衆生的身體，因此身體依止身外之物。凡夫衆生的身體由色、受、想、行、識五蘊形成，爲正報之土，山林大地共有，名依報之土。

〔四〕「界、處」，卽十八界和十二處。十八界是眼、耳、鼻、舌、身、意六根，色、聲、香、味、觸、法六境，眼識、耳識、鼻識、舌識、身識、意識六識。十二處是六識和六境。「等」，這裏省略有色處，卽眼、耳、鼻、舌、身五根和色、聲、香、味、觸五境。「法門」，佛説的教法是各位聖人入道之門，故稱法門。一般指爲了便於宣講佛法而劃分的門類。

〔五〕「法界」，梵文 Dharmadhātu 的意譯，音譯達摩馱多，主要有三義：一、十八界中的法界，特指第六識意識所緣的對象；二、泛指各種事物，界是分界，卽事物的類别；三、指現象的本源和本質，特指成佛的原因，與真如、空性、實際、無相、實相等同義。這裏用第一義。

〔六〕「界」，梵文 Dhātu 的意譯，音譯馱都，有六義：一、差别，各種事物之間的區别；二、性質，事物的固有體性；三、原因，事物生起的原因；四、種類，如十八界等；五、維持，事物各自維持自相；六、語根，包括語根和語幹。這裏用第四義。

〔七〕「十九界」，就像説六藴（應説五藴）、十三處（應説十二處）等一樣，是根本不存在的。

〔八〕「佛身」，梵文 Buddhakāya 的意譯，證得無上正等覺的佛陀身體，有法身、報身、應身之别。

〔本段大意〕小乘佛教難問説：清淨法界可以説祇屬於無漏，四智相應心品怎麼能祇是無漏呢？論主回答說：因爲四智相應心品屬於道諦，所以衹屬於無漏，意謂佛的功德及身土都是無漏種性所生，因爲有漏法種子已經永遠捨除，雖然有的示現爲生死之身，業、煩惱等好像是苦諦和集諦，但實際上是無漏，屬於道諦。外人問：大乘阿毘達磨集論說，十五界、十色處衹是有漏，如來佛怎能沒有五根、五識、五外界和十色處呢？一師回答說：如來的功德身土非常深奧，非常微妙，不是有，亦不是無，沒有各種分別，沒有各種戲論，並不屬於蘊、處、界、有情等法門，所以與你說的道理不相違逆。二師認爲，因爲如來佛的五根和五境是奇妙的禪定所生，所以屬於法界的色蘊，並不是佛的五識，雖然依此佛所變變爲佛的身土，但粗細不同，佛變細，餘變粗，並不屬於五境，如來佛的五識並不是五識界，因爲解深密經說，佛心永遠在禪定，大乘阿毘達磨雜集論說，五識的性質是散亂的。外人問：成所作智與什麼識相應呢？論主回答說：與第六識意識相應，因爲成所作智產生化身及其很多種作用。外人問：成所作智與妙觀察智的性質有什麼區別呢？論主回答說：妙觀察智觀察各種事物的自相、共相等，成所作智衹能生起化身及其作用，所以說是有區別的。外人詰難說：成所作智相應心品和妙觀察智相應心品不能同時而生，因爲一類智品二識不能同時生起。論主回答說：說二識不能同時生起，這對道理來說不相違逆，同一識體，作用分爲二種，說二智相應心品同時而生，這亦沒有過失。或者說與第七末那識的淨識相應，依眼根等緣色等外境，是平等性智的不同作用，意謂第七淨識生起他受用身土之相，屬於平等性智相應心品，生起化身及其作用的，屬於成所作智相應心品。外人問：不是說成所作智相應心品是轉前五識而得嗎？爲什麼說與第七淨識相應呢？論主回答說：不能說轉化它所得的本體就是它，例如說轉化生死而得涅槃，不能說涅槃與生死相同，轉前五識而得成所作智，不能說前五識與成所作智相同。所以不應當就此對我的理論進行詰難。有人認爲，如來佛的功德身土，如果應當包含在蘊、處、界當中，蘊、處、界都通有漏和無漏，大乘阿毘達磨集論等說的十五界等衹是有漏，這是依據小乘佛教聲聞、緣覺二乘的粗惡之境體和淺識智之境體而說，並不是說凡聖有情、十五界等都是有漏。在十八界當中，衹有後三種（眼根、色境和眼識）屬於無漏。成佛以後，雖然所有的一切都是無漏，但並不屬於二乘所知外境。然而，大般若經等所說的佛的功德等並不是界等，不同於二乘人劣智所知界等外相，所以從道理上來講必定應當是這樣。爲什麼呢？因爲解深密經說有爲法都屬於蘊，又說一切事物都屬於界和處，十九界等，佛都預以否定，如果不是戲論，就不會是界等，亦不應當說是無漏界，亦不應說是善、常、安樂和解脱身。而且，大般涅槃經、大乘莊嚴經論、勝鬘經等又說轉化無常蘊而獲得常蘊，界、處亦是這樣，怎能說如來佛不是蘊、處、界呢？說他不是蘊、處、界是依密意而說。又說五識的性質散亂，說其餘的成就並不是佛所成就。所以在佛身之中，十八界等都充足具有，但純粹是無漏。

此轉依果又不思議〔一〕，超過尋思言議道故，微妙甚深自內證故，非諸世間喻所喻故。

此又是善〔二〕，白法性故〔三〕，清淨法界遠離生滅，極安隱故，四智心品妙用無方，極巧便故，二種皆有順益相故，違不善故，俱説爲善。論説處等八唯無記〔四〕，如來豈無五根三境？此中三釋，廣説如前。一切如來身、土等法皆滅、道攝，故唯是善，聖説滅、道唯善性故，説佛土等非苦、集故，佛識所變有漏、不善、無記相等皆從無漏善種所生，無漏善攝。此又是常〔五〕，無盡期故。清淨法界無生無滅，性無變易，故説爲常。四智心品所依常故，無斷盡故，亦説爲常。非自性常，從因生故，生者歸滅一向記故〔六〕，不見色心非無常故。然四智品由本願力所化有情無盡期故，窮未來際無斷無盡。此又安樂〔七〕，無逼惱故，清淨法界衆相寂静，故名安樂。四智心品永離惱害，故名安樂。此二自性皆無逼惱，及能安樂一切有情，故二轉依俱名安樂。二乘所得二轉依果〔八〕，唯永遠離煩惱障縛，無殊勝法，故但名解脱身〔九〕。大覺世尊成就無上寂默法，故名大牟尼。此牟尼尊所得二果永離二障〔一〇〕，亦名法身，無量無邊力無畏等大功德法所莊嚴故。體依聚義總説名身，故此法身五法爲性，非淨法界獨名法身，二轉依果皆此攝故。

校釋

〔一〕「此轉依果又不思議」，藏要本校注稱：「此解糅安慧釋。」

〔二〕「此又是善」，藏要本校注稱：「此解三句，糅安慧釋。」

〔三〕「白法」，有二義：一、表白之法；二、白淨之法，卽善法。一般認爲有二種白法：慚和愧，因爲它們能使衆生一切行爲光潔，所以稱爲白法。

〔四〕「論説處等八唯無記」，見大乘阿毘達磨雜集論卷四：「八界八處全及餘蘊、界、處一分是無記，八界者謂五色根香、味、觸界，八處亦爾。」（大正藏卷三十一第七〇九頁）

〔五〕「此又是常」，藏要本校注稱：「此解三句糅安慧釋。」

〔六〕「記」，磧砂藏本誤作「説」，藏要本據高麗藏本和成唯識論述記改。「一向記」，當别人提問的時候，都作肯定的回答。如問：一切有情衆生是不是都應當死？回答説：肯定要死。

〔七〕「此又安樂」，藏要本校注稱：「安慧釋云：安樂者，由常性故，無常則苦故。」「安樂」，身安心樂，身無危險稱爲安，心無憂惱稱爲樂。

〔八〕「二乘所得二轉依果」，藏要本校注稱：「此段糅安慧釋。」

〔九〕「但」，嘉興藏本作「恆」。

〔一〇〕「此牟尼尊所得二果永離二障」，藏要本校注稱：「此句糅安慧釋。」

〔本段大意〕這種轉依果又是不可思議的，因爲它超越思慮和言説之道，其智十分微妙，性相甚深，所緣境祇能由自己内心證得，不能以世間事物進行比喻。這種轉依果又是善的，因其性質屬於白法，因爲清淨法界遠離生滅，極其安穩，四智相應心品的奇妙作用無法比擬，非常巧便，對有爲法和無爲法都有順益之相，與不善法相違逆，所以都説爲善。外人問：大乘阿毘達磨雜集論説，有八處(五根、三境)祇是無記性，如來佛怎能没有眼、耳、鼻、舌、身五根和香、味、觸三境呢？論主回答説：關於這個問題有三種解釋，詳細解釋如前所説。一切如來佛的身土等都屬於滅諦、道諦，所以祇是善性，因爲佛教聖人説滅諦和道諦祇是善性，又説佛土等不是苦諦和集諦，佛識所變有漏的不善、無記相等，都是從無漏善性種子所生，屬於無漏善性。它們又是永恒的，因爲没有滅盡之期限，清淨法界没有生，亦没有滅，其性質没有變易，所以説是永恒的。因爲四智相應心品的所依是永恒的，因爲不可斷除滅盡，所以亦説是永恒的。並不是説其自性是永恆的，因爲是從因而生，所産生的東西終歸要滅亡，經中一向是這樣説的，没見過色法、心法不是無常的，但是四智相應心品，由於佛的本願力，教化有情衆生，是没有盡期的，直至無窮無盡的未來際，不能斷除，没有盡頭。這又是安樂的，因爲没有逼迫惱害，清淨法界的衆多相狀寂静，所以稱爲安樂。四智相應心品永遠没有煩惱迫害，所以稱爲安樂，菩提和涅槃二種的自性都没有逼迫和煩惱，又能給一切有情衆生帶來安樂，所以涅槃、菩提二種轉依果都稱爲安樂。小乘佛教的聲聞、緣覺二乘人所得的二種轉依果，祇是永遠没有煩惱障的繫縛，没有殊勝之法，所以祇稱爲解脱身。得到偉大覺悟的世尊成就至高無上的涅槃法，所以稱爲偉大的牟尼，這位牟尼世尊所得到的二種轉依果，永遠没有煩惱障和所知障。又稱爲法身，因爲以無量無邊的十力、四無畏等偉大的功德法所裝飾。其體依據聚集之義總的稱爲身，所以説法身以清淨法界和四智相應心品五法爲其屬性，並不是衹有清淨法界稱爲法身，因爲涅槃、菩提二種轉依果都屬於法身。

如是法身有三相别〔一〕：一、自性身。謂諸如來真淨法界，受用、變化平等所依，離相寂然，絶諸戲論，具無邊際真常功德，是一切法平等實性。即此自性亦名法身，大功德法所依止故。二、受用身。此有二種：一、自受用，謂諸如來三無數劫修集無量福慧資糧，所起無邊真實功德及極圓淨常徧色身，相續湛然，盡未來際，恆自受用廣大法樂〔二〕；二、他受用，謂諸如來由平等智示現微妙淨功德身，居純淨土，爲住十地諸菩薩衆現大神通，轉正法輪〔三〕，決衆疑網〔四〕，令彼受用大乘法樂。合此二種名受用身。三、變化身。謂諸如來由成事智變現無量隨類化身，居淨穢土，爲未登地諸菩薩衆、二乘、異生稱彼機宜，現通説法，令各獲得諸利樂事。以五法性攝三身者，有義初二攝自性身，經説真如是法身故，論説轉去阿賴耶識得自性身，圓鏡智品轉去藏識而證得故。中二智品攝受用身，説平等智於純淨土爲諸菩薩現佛身故，説觀察智大集會中説法斷疑現自在故，説轉諸轉識得受用身故。後一智品攝變化身，説成事智於十方土現無量種難思化故。又智殊勝具攝三身，故知三身皆有實智〔五〕。有義初一攝自性身，説自性身本性常故，説佛法身無生滅故，説證因得，非生因故，又説法身諸佛共有，徧一切法，猶若虛空，無相無爲，非色、心故。然説轉去藏識得者，謂由轉滅第八識中二障麤重顯法身故，智殊勝中説法身者，是彼依止彼實性故〔六〕。自性法身雖有真實無邊功德，而無爲故，不可説爲色心等物。四智品中真實功德，鏡智所起常徧色身〔七〕，攝自受用，平等智品所現佛身，攝他受用，成事智品所現隨類種種身相，攝變化身。説圓鏡智是受用佛，轉諸轉識得受用故。雖轉藏識亦得受用，然説轉彼顯法身故，於得受用略不説之。又説法身無生無滅，唯證因得，非色心等。圓鏡智品與此相違，若非受用，屬何身攝？又受用身攝佛不共有爲實德，故四智品實有色心皆受用攝。又他受用及變化身皆爲化他方便示現，故不可説實智爲體。雖説化身智殊勝攝，而似智現或智所起，假説智名，體實非智。但説平等，成所作智能現受用三業化身，不説二身即是二智，故此二智自受用攝。然變化身及他受用雖無真實心及心所，而有化現心、心所法，無上覺者神力難思，故能化現無形質法。若不爾者，云何如來現貪、瞋等？久已斷故。云何聲聞及傍生等知如來心〔八〕？如來實心等覺菩薩尚不知故。由此經説化無量類皆令有心，又説如來成所作智化作三業，又説變化有依他心，依他實心相分現故。雖説變化無根心等，而依餘説不依如來，又化色根心心所法無根等用，故不説有。如是三身雖皆具足無邊功德，而各有異，謂自性身唯有真實常、樂、我、淨，離諸雜染，衆善所依，無爲功德，無色、心等差別相用，自受用身具無量種妙色心等真實功德，若他受用及變化身，唯具無邊似色心等利樂他用化相功德。又自性身正自利攝，寂靜安樂無動作故。亦兼利他，爲增上緣，令諸有情得利樂故。又與受用及變化身爲所依止，故俱利攝。自受用身唯屬自利。若他受用及變化身唯屬利他，爲他現故。又自性身依法性土，雖此身土體無差別，而屬佛法相性異故。此佛身土俱非色攝，雖不可說形量小大，然隨事相，其量無邊，譬如虚空，徧一切處。自受用身還依自土，謂圓鏡智相應淨識，由昔所修自利無漏純淨佛土，因緣成熟，從初成佛盡未來際，相續變爲純淨佛土，周圓無際，衆寶莊嚴，自受用身常依而住。如淨土量身量亦爾，諸根相好一一無邊，無限善根所引生故。功德智慧既非色法，雖不可説形量大小，而依所證及所依身，亦可說言徧一切處。他受用身亦依自土，謂平等智大慈悲力，由昔所修利他無漏純淨佛土，因緣成熟，隨住十地菩薩所宜，變爲淨土，或小或大，或劣或勝，前後改轉，他受用身依之而住，能依身量亦無定限。若變化身依變化土，謂成事智大慈悲力由昔所修利他無漏淨穢佛土因緣成熟，隨未登地有情所宜化爲佛土或淨或穢或小或大，前後改轉，佛變化身依之而住，能依身量亦無定限。自性身土一切如來同所證故，體無差別。自受用身及所依土雖一切佛各變不同，而皆無邊，不相障礙。餘二身土隨諸如來所化有情，有共不共，所化共者，同處同時諸佛各變爲身爲土，形狀相似，不相障礙，展轉相雜，爲增上緣。令所化生自識變現，謂於一土有一佛身，爲現神通説法饒益。於不共者，唯一佛變。諸有情類無始時來，種姓法爾更相繫屬，或多屬一；或一屬多。故所化生有共不共，不爾，多佛久住世間，各事劬勞實爲無益，一佛能益一切生故。此諸身土若淨若穢無漏識上所變現者，同能變識俱善無漏。純善無漏因緣所生，是道諦攝，非苦、集故。蘊等識相不必皆同，三法因緣雜引生故。有漏識上所變現者，同能變識皆是有漏，純從有漏因緣所生，是苦、集攝，非滅、道故。善等識相不必皆同，三性因緣雜引生故，蘊等同異類此應知。不爾，應無五、十二等。然相分等依識變現，非如識性依他中實。不爾，唯識理應不成，許識内境俱實有故。或識相、見等從緣生，俱依他起，虚實如識。唯言遣外，不遮内境，不爾，真如亦應非實。内境與識既並非虚，如何但言唯識非境？識唯内有，境亦通外，恐濫外故，但言唯識。或諸愚夫迷執於境，起煩惱業生死沈淪，不解觀心勤求出離，哀愍彼故，説唯識言，令自觀心解脱生死，非謂内境如外都無。或相分等皆識爲性，由熏習力似多分生，真如亦是識之實性，故除識性無别有法。此中識言亦説心所，心與心所定相應故。

校釋

〔一〕「如是法身有三相别」，藏要校注稱：「此下廣辨身土，安慧釋無文。」

〔二〕「法樂」，有三義：一、向神誦經念咒等，使神歡樂；二、行善積德以自樂，如樂常信佛，樂欲聽法，樂供養衆，樂修無量道品之法等；三、舉行法事之後有舞樂，稱之法樂。此中用第二義。

〔三〕「法輪」，梵文 Dharmacakra 的意譯，是對佛法的比喻，有二種解釋：一、佛法能夠摧毀衆生的煩惱，就像是轉輪王轉動輪寶摧毀山嶽巖石一樣；二、佛演説佛法，如車輪展轉不停。

〔四〕「疑網」，疑惑交織在一起，就像網絡一樣。

〔五〕「實智」，二智（權智、實智）之一，佛認識各種事物實相的智慧，稱爲實智。

〔六〕「實性」，與真如、法性等同義，意謂各種事物的真實性質。

〔七〕「色身」，由地、水、火、風四大等色法構成的身體。有二種色身：一、實色身，各佛修無量功德，果感無量相好莊嚴；二、化色身，各佛由大悲願力，爲有情衆生變化種種身形。

〔八〕「傍生」，梵文 Tiryagyoni 的意譯，亦作旁生，即畜生。

〔本段大意〕像這樣的法身有三相之别：一、自性身。就是各位如來佛真如的清淨法界，受用身和變化身平等所依，没有外部形相，不可思慮，不可言説，具有無邊無際真實永恒的功德，是一切事物的平等真實性質。這種自性身亦稱爲法身，因爲它受偉大功德法所依。二、受用身。它又分爲二種：（一）自受用，意謂各位如來佛在三無數劫修集無量的福德智慧資糧，所生起的無邊無際的真實功德，以及極其圓滿清淨永恆普遍存在的色身，相續不斷，深遠清淨，直至無窮無盡的未來際，永遠親自享受廣大法樂；（二）他受用，意謂各位如來佛由平等性智示現的微妙清淨功德身，居住於純淨之土，爲居住於十地的各位菩薩顯現偉大的神通力，轉動正法之輪，決斷各種疑網，使菩薩們享用大乘佛法之樂。自受用和他受用合在一起，就稱爲受用身。三、變化身。意謂各位如來佛由成所作智變現爲無量的隨類化身，居住於淨土和穢土，根據地前菩薩、小乘佛教的聲聞緣覺二乘人、俗人的根機和時宜，現身說法，使他們各自獲得利益和享樂。關於以真如和四智相應心品五法攝持三身的問題，有人認爲真如和大圓鏡智攝持自性身，因爲佛地經說真如是法身，攝大乘論說轉去第八阿賴耶識而得自性身，又因爲大圓鏡智相應心品是轉去阿賴耶識而獲得的。平等性智相應心品和妙觀察智相應心品攝持受用身，因爲大乘莊嚴經論說平等性智是佛在純淨土爲各位菩薩顯現的佛身，又說妙觀察智使佛在大集會中說法，斷除疑問，表現得自由自在，攝大乘論說轉化各種轉識而得受用身。成所作智相應心品攝持變化身，因爲佛地經論和大乘莊嚴經論說，成所作智在十方土表現出無量的各種各樣不可思議的變化。攝大乘論說實智殊勝，都攝持三身，因此知道三身都有實智。又有人認爲，真如攝持自性身，因爲大乘莊嚴經論說自性身的本性是永恒的，佛地經論、解深密經說，佛的法身是不生不滅的，世親的金剛般若論說自性身是證因而得，但並不是由因而生，因爲它是無爲法，是清淨法界。佛地經論、大乘阿毗達磨雜集論、攝大乘論又說法身是各位佛都有的，普遍存在於一切事物當中，就像虛空一樣，沒有外部形相，無因緣造作，並不是色法和心法。有人問：如果大圓鏡智真的不攝持自性身，前師爲什麼引攝論說轉去藏識而得自性身呢？現在回答說：然而攝論所以說轉去藏識而得法身，應當知道那是由轉滅第八識中的煩惱、所知二障粗重種子，顯得清淨轉依法身，並不是說法身就是大圓鏡智，所以大圓鏡智不能攝持自性身。又有人問道：假如真的是這樣，前師爲什麼引攝論說於智殊勝中具有法身呢？現在回答說：應當知道，攝論所說的於智殊勝中具有法身，是因爲法身是彼四智心品之所依止的，也就是說法身是彼四智的實性。爲什麼大圓鏡智不能攝持自性身呢？因爲自性身雖然具有真實無邊的功德，然而由於它是無爲的關係，不可說爲大圓鏡智是色、心等物所攝。四智相應心品當中的真實功德，大圓鏡智所生起的，經常普遍存在於色身，攝持自受用身，平等性智所顯現的佛身，攝持他受用身，成所作智所顯現的隨類種種身相，攝持變化身。大乘莊嚴經論說大圓鏡智是受用身，因爲攝大乘論說轉化各種轉識而得受用。雖然轉化阿賴耶識亦可以得到受用，是因爲轉去轉識而得法身，關於得受用身的問題，這裏略去不說。又說法身不生不滅，祇是證因而得，並不是色法、心法等，大圓鏡智相應心品與此相違逆。如果不是受用身，屬於哪一身呢？而且，受用身攝持佛特有的真實的有爲功德，所以四智相應心品真實存在的色法、心法都屬於受用身。而且，他受用身和變化身都是爲了教化他人而示現的權巧方便，所以不能說實智爲其本體。雖然攝大乘論說化身攝持殊勝智慧，但好像是智慧在顯現，或說智慧所生起，虛假地稱爲智慧，但其本體實際上並不是智慧。佛教經典祇說平等性智和成所作智能够顯現受用的身、口、意三業化身，不說受用身和化身就是平等性智和成所作智，所以這二智屬於自受用身。然而變化身和他受用身雖然沒有真實的心法和心所法，但有化身的心法和心所法，獲得無上正等覺的佛，其神力不可思議，所以能够化身爲沒有外部形相和物質的東西。如果不是這樣的話，爲什麼如來佛表現出貪、瞋等呢？因爲他早已經斷除了。爲什麼聲聞、傍生等知道如來佛的心呢？因爲如來佛的實心等覺悟，菩薩們還是不知道的。所以大般涅槃經說教化無量衆生，都使之有心理覺悟。佛地經説如來佛的成所作智化作身、口、意三業。解深密經又説變化身有依他之心，因爲有依他實心相分在顯現。雖然解深密經説變化不依靠根、心等的變化，是依據其餘的有情衆生而説，並不是依據如來佛而説。而且，變化色根、心法、心所法、業、果報等，沒有根等的作用，所以不説有。像這樣的三身，雖然都具有充足的無邊無際的功德，但各有不同，意謂自性身祇有真實的常、樂、我、淨涅槃四德，沒有各種雜染，是各種善法的所依，具有無爲功德，沒有色法、心法、心所法的差別之相和作用，自受用身具有無量奇妙的色法、心法、心所法的真實功德。至於他受用身和變化身，祇具有無邊無際的有相功德，這些功德似乎是色法、心法、心所法，是爲了給其他有情衆生帶來利益和安樂。而且，自性身屬於自利，因爲它寂静安樂，沒有動作。還可以利他，因爲它是增上緣，能够給各個有情衆生帶來利益和安樂。又被受用身和變化身所依止，所以既能自利，又能利他。自受用身祇屬於自利，至於他受用身和變化身祇屬於利他，因爲是爲有情衆生而顯現。而且，自性身是依法性土而住，雖然這種身土之體沒有差别，但一屬於佛，一屬於法，相性是有差别的。這種佛身和法性土都不是色法，雖然不可説它們的形量是小是大，但隨順諸法事相，其量是廣大無邊的，就像虚空一樣普遍存在於一切處所。而且，如來的自受用身還是依於自受用土而住，這種受用土是依大圓鏡智相應無垢淨識所變現的。這是由於過去在因地中，於三大阿僧祇劫的長時間中，所修自利無漏的十勝行爲純淨佛土的緣故，所以到了因緣成熟，從最初成佛的時候起直至未來際，和大圓鏡智相應的淨識，總是連續不斷地變爲純潔清淨的佛土，其土周圍無邊無際，各種寶貝之所莊嚴，所以自受用身亦就常時依此而住，如淨土量之大，身量亦這麽大，身上諸根所具有的三十二相和八十種好，一一皆是無邊無際的，因爲這是無量劫來所修無限善根所引生的。自受用身所具有的功德智慧既然也不屬於色法，當然不能説它的形量大小。雖然不能説它的形量大小，然而依於所證的二空真如及所依的自性法身是遍一切處而無所不在的，亦可以説功德智慧是遍一切處而無所不在的。他受用身亦依自土，意謂平等性智的大慈悲力，由於過去所修利他的純淨佛土，其因緣成熟，隨順住於十地菩薩的機宜，變爲淨土，或小或大，或弱劣或殊勝，前後變化，他受用身依之而住，能依的身量亦没有一定的限制。至於變化身依止變化土的問題，意謂通過成所作智的大慈悲力，由於過去所修利他無漏，所化土中有淨有穢，其因緣成熟。隨順地前菩薩等有情的機宜，化爲佛土，或清淨或污穢，或小或大，前後不同。佛的變化身依之而住，能依身體之量亦没有一定的限度。自性身和土，一切如來佛共同所證，其本體没有差别。自受用身及其所依之土，雖然一切佛各變不同，但都是無邊無際的，皆不相互障礙。其餘的他受用身和變化身及土，隨順各位如來佛所教化的有情衆生，有的依靠幾個佛，有的衹依靠一個佛。依靠幾個佛的，即同一處所及同一時間各位佛各變爲身和土，形狀相似，不相障礙，展轉相雜，是增上緣。使所化生的，是自己的識變現的，意謂在一土有一佛身，爲了現神通説法而饒益衆生。衹依靠一個佛的，是唯一的佛變，各有情類自無始以來，其種姓是本來具有的，更相互繫屬，或多個屬於一個，或一個屬於多個。所以，所教化的有情衆生，有的是共同的，有的是不共同的。不然的話，很多佛長久地居住於世間，所作的各種事情實際上是没有用處的，因爲一個佛能够給一切有情衆生帶來好處。這些佛身和土，不管是純淨的，亦不管是污穢的，衹要是無漏識上所變現的，和能變識一起，都是善的，都是無漏的，因爲它們是純淨善的無漏因緣所生，屬於道諦，而不屬於苦諦和集諦。蘊、處、界的識相肯定都不相同，因爲蘊、處、界三法因緣，混雜引生。從有漏識上所變現的，和能變識一樣，都是有漏，純粹是從有漏因緣所生，屬於苦諦和集諦，並不屬於滅諦和道諦。善、惡、無記三性的識相肯定都不相同，因爲三性因緣混雜引生，蘊、處、界的相同和相異，以此爲準應當知道。不然的話，就應當是没有五蘊、十二處、十八界。然而相分和心所所變現的，是依識變現，並不像識的性質那樣是依他起性中的實有。不然的話，唯識道理應當是不能成立，因爲容許識與識的内境都是實有。或者説識的相分、見分等是從緣而生，都是依他起性，其虚實和識一樣。衹説遣心外遍計所執，不遮内識所變相分等。不然的話，真如亦不應當是實有。外人難曰：既然内境與識並不是虚，爲什麽衹説唯識非境呢？論主回答說：識祇是內有，是依他起性，境亦通外，即境相分，外是遍計所執。恐怕心內境與心外境相濫，所以祇說唯識。或者說愚蠢的人們迷惑，執著於外境，生起煩惱業，沉淪於生死，不懂得觀心，不勤奮求得出離，因爲憐憫這種人，所以說唯識，使他們自己觀心，解脱生死，並不是説內境和外境一樣都是没有的。或者說相分、見分都同識性，由於熏習力好像是多分産生，真如亦是識的實性，所以除識性之外没有其他的東西，這裏所説的「識」，亦包括心所法，因爲心法和心所法肯定要相應。

此論三分成立唯識〔一〕，是故説爲成唯識論。亦説此論名淨唯識〔二〕，顯唯識理極明淨故。此本論名唯識三十，由三十頌顯唯識理乃得圓滿，非增減故。

已依聖教及正理，分別唯識性相義，所獲功德施羣生，願共速登無上覺。

校釋

〔一〕「此論三分成立唯識」，見成唯識論述記卷十末：「初一頌半略明能變識相，中有二十三頌半廣明唯識，後有明唯識位，以佛説法初中後善純一圓滿清白梵行，今同彼教，故言三分。」（大正藏卷四十三第六〇六頁。）

〔二〕「淨唯識」，見成唯識論述記卷十末：「言淨者，謂從喻顯。如真如性，雖本性淨，若不修習，淨無以彰顯，教理俱得如珠寶等性，雖光潔，若不磨，瑩無以出光故也。如蘇迷盧，雖寶所集，無日輪迴照，何以顯光？此論亦爾。」（大正藏卷四十二第六〇六頁）

〔本段大意〕此論用三部分成立唯識，所以稱爲成唯識論。亦可以稱爲淨唯識，說明唯識道理極其明淨。本論稱爲唯識三十論，用三十頌講解唯識道理而得圓滿，不多亦不少。

現在已經依據聖人的教誨和正確理論，辨别了唯識的性質和相狀之義，把所獲得的功德施捨給有情衆生，祝願自他很快得到無上正等覺。

附録

唯識三十論[一]

世親

由假説我法，有種種相轉，彼依識所變。此能變唯三。一
謂異熟、思量，及了別境識。初阿頼耶識，異熟、一切種。二
不可知執受、處、了，常與觸、作意、受、想、思相應。唯捨受。三
是無覆無記，觸等亦如是。恆轉如暴流，阿羅漢位捨。四
次第二能變，是識名末那，依彼轉，緣彼，思量爲性相。五
四煩惱常俱，謂我癡、我見，並我慢、我愛，及餘觸等俱。六
有覆無記攝，隨所生所繫，阿羅漢、滅定、出世道無有。七
次第三能變，差別有六種，了境爲性相，善、不善、俱非。八
此心所遍行、別境、善、煩惱、隨煩惱、不定，三受共相應。九
初遍行觸等，次別境謂欲、勝解、念、定、慧，所緣事不同。一〇

善謂信、慚、愧，無貪等三根，勤、安、不放逸，行捨及不害。一一
煩惱謂貪、瞋、癡、慢、疑、惡見，隨煩惱謂忿、恨、覆、惱、嫉、慳、一二
誑、諂與害、憍，無慚及無愧，掉舉與惛沈，不信并懈怠，一三
放逸及失念，散亂、不正知。不定謂悔、眠、尋、伺，二各二。一四
依止根本識，五識隨緣現，或俱或不俱，如濤波依水。一五
意識常現起，除生無想天，及無心二定，睡眠與悶絶。一六
是諸識轉變，分别、所分别。由此彼皆無，故一切唯識。一七
由一切種識，如是如是變，以展轉力故，彼彼分别生。一八
由諸業習氣，二取習氣俱，前異熟既盡，復生餘異熟。一九
由彼彼徧計，徧計種種物。此徧計所執，自性無所有。二〇
依他起自性，分别緣所生。圓成實於彼，常遠離前性。二一
故此與依他，非異非不異。如無常等性，非不見此彼。二二
卽依此三性，立彼三無性，故佛密意説，一切法無性。二三
初卽相無性，次無自然性。後由遠離前，所執我法性。二四
此諸法勝義，亦卽是真如。常如其性故，卽唯識實性。五二
乃至未起識，求住唯識性。於二取隨眠，猶未能伏滅。二六

現前立少物，謂是唯識性。以有所得故，非實住唯識。 二七
若時於所緣，智都無所得。爾時住唯識，離二取相故。 二八
無得不思議，是出世間智。捨二麤重故，便證得轉依。 二九
此卽無漏界，不思議、善、常。安樂、解脱身，大牟尼名法。 三〇

藏要本校注

〔一〕宋、麗、元、明各藏均載玄奘所譯唯識三十論一種，頌文而外兼出長行科段，勘西藏譯三十論及梵本安慧論釋，世親本論原無長行，玄奘所譯乃從護法等釋節出，而題爲世親菩薩造，殊悖體制，今不從，便録頌文，以便讀釋。

成唯識論後序

唐吳興沈玄明撰

原夫覺海澂玄，涵萬流而濬宗極，神幾闡妙，被衆象而凝至真，朗慧日而鏡六幽，洩慈雲而滞八寓，演一音而懸解，逸三乘以遐騖，體陳如之半器，津有有於鹿園，照善現之滿機，繹空空於鷲嶺。雖絶塵於常、斷，詎遺筌於有、空，顯無上之靈宗，凝中道於兹教。逮金河滅景，派淳源而不追，玉牒霏華，緒澆風而競扇，於是二十八見迷桑鴈於五天〔一〕，一十六師亂雲牛於四主。

半千將聖，兹惟世親，寔賢劫之應真，晦生知以提化，飛光毓彩，誕暎資靈，曜常明於八藴，藻初情於六足，秀談芝於俱舍，摽説有之餘宗，攝玄波於大乘，賁研空之至理，化方昇而照極，湛沖一於斯頌。唯識三十偈者，世親歸根之遺製也，理韜淵海，泛浮境於榮河，義鬱煙飆，麗虹章於玄圃。言含萬象，字苞千訓，妙旨天逸，邃彩星華，幽緒未宣，冥神絶境，孤明歛暎，祕思潛津。

後有護法、安慧等十大菩薩〔二〕，韞玄珠於八藏，聳層搆於四圍，宅照二因，棲清三觀。升暉十地，澄智水以潤賢林；鄰幾七覺，皎行月而開重夜。優柔芳烈，景躅前修，箭涌泉言，風飛寶思，咸覩本頌，各裁斯釋，名曰成唯識論，或名淨唯識論。空心外之二取，息滞有之迷塗，有識内之一心，遺歸空之妄執。晦斯心境，苦海所以長淪；悟彼有空，覺岸於焉高蹈。九十外道亂風轍而靡星旗，十八小乘軔摫軒而扶龍轂，窮神體妙，詣賾探機，精貫十支，洞該九分，顧十翼而摶仙羽，頫九流以濬瓊波，盡邃理之希微〔三〕，闡法王之奧典，稱謂雙絶，筌象兼忘。

曜靈景於西申，閟虹光於震旦，濟物弘道，眇歸宗德。粤若大和上三藏法師玄奘，體睿舍真，履仁翔慧。九門禪宴，證静於融山；八萬玄津，騰流於委海。疊金牆而月曜，峻玉宇而霞騫，軼芳粹於澄蘭，孕風華於龍翼，悼微言之匿彩，嗟大義之淪暉，用啓誓言〔四〕，肆兹遥踐。泳祥河之輟水，攀寶樹之低枝，循鏤檟以神遊，躡霙峯而安步，昇紫階而證道，瞰玄影以嚴因。採奥覩奇，徙蒼龍於二紀；緘檀篆貝，旋白馬於三秦。我大唐慶表金輪，禎資樞電，奄大千而光宅，御六辯以天飛，神化潛通，九仙賫寶，玄猷旁闡，百靈聳職。凝旒邃拱，杳通夢於霄暉；掞組摛華，焕騰文以幽贊。爰降綸旨溥令翻譯〔五〕，勑尚書左僕射燕國公于志寧、中書令高陽公許敬宗等潤色，沙門釋神泰等證義，沙門釋靖邁等質文，肇自貞觀十九年，終於顯慶之末，部將六十，卷出一千。韜軼蓬萊，池湟環漖，載隆法寶，大啓羣迷，頌德序經，並紆宸藻，玄風之盛，未之前聞。粤以顯慶四年，龍棲叶洽，玄英應序，厥閏惟陽，糅兹十釋四千五百頌，彙聚羣分，各遵其本，合爲一部，勒成十卷，月窮於紀，銓綜云畢。精括詁訓，研詳夷夏，調驚韶律，藻掞天庭，白鳳甄奇，紫微呈瑞，遂使文同義異若一師之製焉，斯則古聖今賢其揆一也。三藏弟子基，鼎族高門，玉田華胄，壯年味道，綺日參玄，業峻林遠，識清雲鏡。閑儀玉瑩，凌道邃而澄明；逸韻蘭芳，掩法汰而飛辯。緒仙音於八梵，舞霄鶴以翔禎，摛麗範於九章，影桐鸞而絢藻。昇光譯侶，俯濬叡而融暉，登彩義徒，顧猷暢而高視。秀初昕之琁景，晉燭玄儒；矯彌天之絶翰，騰邁真俗。親承四辯，言奬三明，疏發户牖，液導津涉，纘功資素〔六〕，通理寄神，綜其綱領，甄其品第，兼撰義疏，傳之後學。庶教蟠黄陸〔七〕，跨合璧於龜疇；祥浮紫宫，掩連珠於麟籀。式罄庸謏，敘其宗致云。

藏要本校注

〔一〕「桑鴈」，此二字原刻作「喪應」，今依麗刻改。

〔二〕「大」，原刻作「天」，今依麗刻改。

〔三〕「微」，原刻作「徽」，今依麗刻改。

〔四〕「言」，原刻作「之」，今依麗刻改。

〔五〕「爰降」，此二字原作「玄奉」，今依麗刻改。

〔六〕「績」，原刻作「續」，今依麗刻改。

〔七〕「庶」，此字依麗刻加。

藏要本成唯識論序

呂澂

有唯識學，有唯識論。略談唯識學。見真而了幻，求學究竟在唯識性，思假而智實，入學方便在唯識相。唯識相者，無常而能存，無我而能立者也。無常而能存唯變是適，無我而能立唯依是從。變之事則有力有能，風勢無象排山倒海，因緣增上一切轉移，力而後變能而後變，刹塵之相是呈，故知變體之刻實字曰力能。變之義則頓起頓滅，刹那不滅即非滅，無間不生即非生，故不頓不足以見生滅，不足以見生滅又烏足以言變。變之相則如幻如夢，如鏡呈形還見自質，如衆燈明相網爲一，此之謂如幻，雖無外境而見村園男女定有其方，雖無彼姝而感不淨直流定有其用，未開大覺長夜顛纏，此之謂如夢。變之妙則相似相續，凡所有相體用因果言一有過言異有過，法爾無過，法爾非一非異名之曰相似，等流而相似，異熟以相續，相續則非斷，相似則非常，豈第無過而善巧絕倫。凡諸所變因緣分別，分別計執無有，因緣有實非虛。無常而能存，一變之彌綸而已矣。緣起義是依義。建立末那六識有根依，建立賴耶轉識有共依，轉依於本本依於轉，有若束蘆交依不仆，染淨依於識藏，相、見依於自證，因亦有其依緣亦有其依，因果以三法展轉而相依，心所依於心王，諸法依於二十二根，乃至地依金，金依水，水依風，人物依於大地，造色依於大種，法不孤獨而仗托是資，大乘緣無不生心，獨影亦依法起。無我而能立，一依之維繫而已矣。變非刹刹離依，依非息息離變，本是幻形緣至斯起，是爲唯識。知彼相幻，乃見性真。復修而依轉，變身土以化萬靈。此之謂唯識學。

次談唯識論。世親作唯識三十，未竟長行而生覩史，竺賢十家繼起有作，此土糅集爲成唯識論，是則成唯識論者，唯識學至精至密之論也。應以十門觀其所成：一本頌，二廣論，是二爲所成法；三經，四論，五因明，六毗曇，是四爲如是成；七所對外道，八所對小乘，九西土十家，十奘門諸賢，是四爲能成人。以是讀論觀厥成焉。

一、本頌者。二十五頌明境，四頌明行，一頌明果。明境有相有性，八轉聲中第三聲轉名曰由者，乃有五由以詮相性。由説我法是假非實，但依識變有種種相，而此識變有異熟、思量、了別三能。由轉變諸相及其分別皆不可得，唯識可得，説唯有識。由此識種得餘緣而變，以展轉力强遂生分別。由此業種得識種與俱，以後能續前遂有生死。由計執乃非有，依圓非一異，説有三自性，相生勝義無，密説三無性，真如偏於一切，隨相而性説有三，剋實而識性唯一。明行有四位，求住唯識曰資糧，將住唯識曰加行，實住唯識曰通達，修證轉依曰修習。明果有一位，四德法身曰究竟。是之謂三分以成唯識。

二、廣論者。於三能變中，廣種子、熏習、四分、三依。於分別生中，廣四緣、十因、五果、四生。於生死續中，廣三習氣、十二支、二死。於三性中，廣七真如。於明行中，廣二障、二見、廣十地、十波羅蜜、十一障愚、十真如、廣四涅槃、四智心品。於明果中，廣自性、受用、變化三身。上來本廣，諸法建立，於成唯識爲所成法。義以法傳，知法然後知義，知法知義然後乃知唯識。

三、經者。瑜伽攝事分由二十四處略攝契經，其二事契經四阿含是，其三聲聞契經十二分教除方廣是，其四大乘契經即方廣是，是則四阿含者三乘契經之通經也。如增壹阿含具五義故，大乘是佛説。大乘既成，以證諸義乃免隨一。總成唯識義。證大乘經五，證通經一。其證五者，方便遣執言識似外生而所緣實不離識證厚嚴，三界唯心證華嚴，唯識所現似彼説取彼證深密，法不離心俗故八有別真故八無別證楞伽，有情隨心證維摩，四智悟唯識證阿毗達磨。其證一者，識變十二處證阿含。別成賴耶義。以教成者證大乘經四，略爲法依具種攝法證阿毗達磨，深細暴流證深密，緣風起浪證楞伽，識名淨無垢證如來功德莊嚴。證通經四，有部密説證增壹，大衆上座化地密説皆證彼部各阿笈摩。以理成者皆證通經，壽、煖、識互持證三法經，識緣名色證名色經，有情衣食住證四食經，觸俱有受想證十問經，染淨證染淨心經，餘理證經無處得名，應善研求儻補疏漏。別成末那義。以教成者證大乘經一，思量名意七依第八證楞伽。以理成者證大乘經一，意滅縛解證阿毗達磨。證通經一，七與四惑俱證阿含不攝之解脱。會通經一，實有末那方便説六會阿含違。別成心所義。證通經二，三和合觸證阿含起盡，根境作意生識證象迹喻。成八識別別義。種子本有證阿毗達磨及無盡意，種子新熏證多界經，種子本始證阿毗達磨，二分四分證厚嚴，四分攝爲一證楞伽，是爲證大乘經者四，證通經者二。成十二支別別義。識通能所引無愛於惡趣通緣起違，無明生變易證勝鬘，變易是無漏通十地違。成三性別別義。見真乃了幻證厚嚴，三與五性相攝通楞伽違，是爲證大乘經者二，通大乘經者二，通通經者一。成見修別別義。四度助前六證深密，聲聞無涅槃通勝鬘違，後智有二分佛現身土影佛緣三世法證佛地，佛心恆在定證無垢稱，無常轉常蘊證涅槃、勝鬘，佛功德非界通般若違。成三身別別義。真如是法身，自性無生滅等智現身菩薩成智變化三業觀智說法斷疑證佛地，變化有依他心證深密，令化人皆有心證涅槃。統括全論，所證大乘爲十有一，固不必局於唯識但是六經。所證通經爲十有五，亦不可忽於通經但研唯識。所見會違大四通二，又不可死於成言進退維谷。

四、論者。一立義引證，二法門依組，三會通諸違。一法諸法之義一家諸家之義，皆一論多論之證，一句多句之證，全書俱是觸處卽然，不必徵詳但當知例，是爲立義引證義。攝彼論散組此論聚，摩呾理迦是其體例。此論取組雖十一論，而大論、集論、攝論爲作者殊特所依，蓋十支之本，毗曇之終，唯識之始，有固然也。組賴耶多依大論、集論，組賴耶種子熏習多依攝論，組賴耶五教十理多依攝論、大論。組末那多依大論、集論，組末那六義多依攝論。組了別多依大論，組五十一心所多依大論、集論、攝論而顯揚、百法、五蘊以類而賅。組所變則多依二十唯識。組四緣、十因依大論。組十二支雖依緣起論，而亦多依大論。組三性多依大論、集論、攝論。組四位多依大論、攝論，深密雖經實亦屬於大論。組果位雖依佛地，而亦多依攝論。研唯識學但憑大論，迹其自違益增迷悶，但憑集論，誤彼隨順，或墮小知，但憑攝論，聊得端倪烏能深刻。今乃有此成唯識論，百鍊千鎚成爲利器，固法門最後之作品，亦學者神魂之依歸。是爲法門依組義。會通諸違者。會末那中違，其於種現俱有義，隨順經部種滅現生集論說無種已生，其於根非業種義，爲破經部實有色根二十唯識、觀所緣緣就彼發識勝因假名種子功能，其於開導屬心義，奪小因緣而縱其無間，攝論說色有等無間緣，其於末那應隨惑義，各據別義集論說五，五十五說六，五十八說十。會了別中違，其於五識三性俱起意視偏注不注起義，七十六說意同五，但言意緣五境，不說同性，其於五俱意受唯苦樂義，對法隨有部說慽，六十六隨大衆、上座，五十五第五隨經部、化地均說地獄憂俱。會心所中違，心所位六，大論隨惑合一而說位五，觸三和變異，就引起勝，集論但說於根，受、想諸行以觸爲緣，就行主勝，大論但說於思，就生近勝，集論但說於受，慚愧以崇拒判，對法、顯揚但依緣起假說自他，無癡別有其性，集論就因果顯說體爲慧，六十三說欲界於善但缺輕安，五十五就增勝緣說唯六起，六十九就尋伺地說通一切，第一第五尋伺唯意；五十六就五俱意能引五起說五與俱。會四緣中違，十因二攝，就牽引因緣勝菩薩地說屬能生，就牽引去果遠尋伺地說屬方便。會十二支中違，識是所引，集論依業種名識說識能引，業及五種轉名爲有，就正感果第十但說一業，就親生當來五與三十八但說識等五，唯愛望於取有望於生是因緣義，集論假業種爲無明，說無明望行亦爲因緣，大論又依愛取現行有屬業種說諸支相望乃無因緣。會三性中違，唯六、七識是徧計執，楞伽、中邊說八分別而非是執，攝論、中邊似二取現而非一切，七十八、五十一雖八緣計而非說唯。會四位中違，眠斷見真真後見相，顯揚方便假說世第一法無間生相而斷隨眠。會果位中違，佛身亦蘊而純無漏，集論依小說十五界皆唯有漏，等成皆報，攝論依似智現說二智屬化，佛不思議，九十八但依餘處說四事不化。總上會違，乃知正義不先明多食而多疾，方便不知指一義而一窒，淵哉違會，教乃無不通之法，法乃無不權之妙歟，誰有智者而不學此？

五、因明者。大覺世尊常不離於現觀，有音卽成至教。非佛立言，皆憑比量。是故證成道理，若因若緣能令所立所說所標義得成立令正覺悟，若欲悟他，能立之餘又必能破。能立能破設例紛紜，統緒研求應別爲學，今讀唯識，但略取要約爲十事。一、正立量。例如唯識四立量：一量，極成眼等識不親緣離自色等，五隨一故，如餘；二量，餘識亦不親緣離自諸法，識故，如眼等識；三量，此親所緣定非離此，二隨一故，如彼能緣；四量，此親所緣決定不離心、心所，所緣法故，如相應法。奘師融四立一：真故極成色定不離眼識，自許初三攝眼所不攝故，同喻，如眼識；異喻，如眼根。有此五量唯識極成，學建立宗，宗建立法，法爾立量，揭櫫昭明，須彌不動。二、不組量。有宗有因，演而伸之成無數量，不勝紛煩約爲理破。例如破數論本事能成自性，文但有八，量則有十，破二十三諦展轉有二十三量，總計所破，就文未推，猶尚合有六十一量。三、無次第。性相爲文故無次第，解因明者許是事故，全論體例應審思准。例如破犢子我量，許依蘊立，非卽離蘊，應如瓶等，非實我故。初因，次喻，後宗，顛倒無敍，有如此矣。四、多因一量。一因能立，多亦能立，多因成多理，多理成多方。例如十理成初能變中有量，謂眼等識非異熟心，有間斷故。非一切時，是業果故，如電光等。此量則有二因。又此中有量，謂諸轉變識非可熏習，不能持種，非染淨種所集起心，在滅定時有間斷故，根、境、作意、善等類別易脱起故，不堅住故，如電光等。此量則有三因，或一一因皆成三法，或三種因如次成三法，逆次超間合二任作准知。又如大乘是至教量攝，其量則有五因，顯然共悉，不煩引矣。五、成因後立量。因犯隨一缺無能立，量成因已，用已成因成未成宗，獲果雖遠而方便有門。例如破小有對色中量，先以有礙無礙有方分無方分破極微非實，破極微已，卽用微非實因成有對色非實有宗，依因立量卽免隨一。又如破正量部動色量，動非實有纔生卽滅無動義故，此因隨一故必成因，乃謂有爲法滅不待因故滅，若待因應非滅故，則滅因已成，以成動無義乃無過。六、破敵立量及破敵破量。破敵立量者，例如十理成初能變中量，有執大乘遣相空理爲究竟者論謂其立似比量，蓋真性有爲空此不許彼勝義，而顧説空犯隨一過，有爲無爲約俗俱有，非空不空約真獨無，而乃説空自教相違，名似比量也。破敵破量者，例如廣一切種中假實量，敵之破量，種與諸法既非一異，應如瓶等是假非實，破其破量，真如與法非一非異，應如瓶等是假非實，許則無真，約誰説俗。七、雙徵破者。徵設兩端，若不得解進退無據，凡諸經論破理皆然，若細組立一一皆量。例如破小乘我執三計中，有四雙徵成八比量，初有思慮無思慮徵破立二量，次有作用無作用徵破立二量，三我見境非我見境徵破立二量，四我見境我見不緣非我見境我見不緣徵破立二量。八、極成寄言。所爭在互差不離之性所不許義，非在有法能別之所依，所依極成乃得用以諍議，所依有過先須寄言簡離。例如初能變十理中量，極成意識必有不共，顯自名處等無間不攝，增上生所依極成六識隨一攝故，如眼等識。此量意識所別有過，能別有過，後身菩薩不善意他所別不成，他方佛意自所別不成，故須簡之寄極成言，能別不成有五：一不共簡八共依，二顯自名處簡上座胸中色物，三無間不攝簡次第滅意，四增上簡因緣種子依，五生簡七與八非親生依，簡七與五非相近依，若不置簡有，五所立不成。九、汝執寄言。敵量多過，但述彼言而不加簡，則墮彼中無能自拔，是故牒敘汝執寄言，若云此量汝立非於我宗也。例如破三執我中量，執我常徧量同虚空應不隨身受苦樂等，此量有法之我所別不成，常徧之因亦犯隨一，若不寄言但依量引，有我卽違自宗，無我犯自所別，以一執言貫宗、因、喻，一切俱離。十、自許寄言。自量有過，若不加簡，先自墮負，焉能悟他？例如五教成初能變中成大乘是佛説一量，諸大乘經至教量攝樂大乘者許能顯示無顛倒理契經攝故，如增壹等。因中若不自許寄言，必如勝軍論師兩俱極成非諸佛語所不攝，因有自不定，人卽出過，爲如發智兩俱極成非佛語所不攝故，汝大乘教如自所許發智非佛語耶，爲如增一等兩俱極成非佛語所不攝故，大乘是佛語耶。故必自許寄言，而後六足置簡大乘經成。

六、毗曇者。以種種法較於一法，使法極成，佛時所許，議論之至精者也。本頌毗曇。成三能變，異熟以十門成，所謂自相、因、果、行相、相應、三性、三受、緣、轉、伏斷，是也。思量以十門成，所謂名與依、緣、性、相、染、應、三性、三界，及與伏斷是也。了別以九門成，所謂差別、自性、行相、相應、三性、三受、依、轉、起滅是也，是所謂根本唯識成也。二廣論毗曇。唯識以九難成，所謂唯識所因難、世事乖宗難、聖教相違難、識性成空難、色相非心難、現量違宗難、夢覺相違難、外取他心難、異境非唯難是也。賴耶以十理成，所謂持種、異熟心、趣生、執受、識、生死、緣、依食、滅定心、染淨是也。末那以六理成，所謂不共無明、意法爲緣、思量名意、二定差別、無想天染、三性帶執是也。心所成以性地時俱四一切，王所非一非異也。徧行以二門成，所謂名體也。別境以五門成，所謂名、體、獨並、識別、受應是也。善以十四門成，所謂名、實、攝餘、廢立、多少、假實、俱起、識別、受俱、別境、相應、性、界、學、斷是也。煩惱以十四門成，所謂名、體、俱生、自類、識、受、別境相應、性、界、學、斷、事、漏、地等是也。隨惑以十五門成，所謂名、體、假實、俱生分別、自應、識、受、別境、根本、性、界、學、斷、事、漏等門是也。不定以十四門成，所謂名、體、假實、自應、識、受、別、善、惑、隨、性、界、學、斷是也。其別別成者，廣三能變中。

十門成種子，所謂出體、一異、假實、二諦、四分、三性、本始、六義、生引、内外是也。八理成熏，所謂堅住、無記、可熏、能合、生滅、勝用、增減、所合是也。五義成第四分，所謂皆證、有果、現量、唯内、具能所緣是也。四義成俱有所依，所謂決定、有境、爲主、令取自緣，是也。廣分別中，三門成四緣，所謂十五依、十因、五果是也。廣生死中二十門成十二支，所謂引生、廢立、定世、假實、事、染、獨雜、色、漏、爲、性、界、治、學、斷、受、苦、諦、緣，及與攝等是也。廣識性中，十一門成三性，所謂空滅、七如、六法、五事、四實、四諦、三解、二諦、智境、假實、異不異等是也。廣行中，五門成二障，所謂名、體、見修、乘及伏斷是也。十三門成波羅蜜，所謂名、體、及相、增減、次第、釋名、修、攝、開合、果、學、現種、分位是也。八門成四智心品，所謂差別、多少、攝用、轉得、位、種、緣、用是也。廣果中七門成三身，所謂別相、五法、功德、二利、土、機、識、變是也。是所謂推廣唯識成也。著述有體，無易由言，若欲釋經，摩呾理迦應遵類聚，若欲宗經，阿毗達磨應效分別，先型具在法安得誣，奈何拘文牽字羣籍不羅，樓閣憑空唯吾興至，而栩栩然自以爲得計也哉。

七、外道者。九十六種稱最超邁，數論、勝論。數論計神我是思，受用一切，非本非變自性三德無爲常住，而用增勝，能生諸諦，是本非變。三德生大，大生我慢，慢生地、水、火、風、空五大，聲、觸、色、味、香五唯，大唯又初生眼、耳、鼻、舌、皮五知根，次生口、便、手、足五作業根，次生心根，名二十三諦，是變非本。三德生諦，而神我爲其擾亂，厭諦修道自性輟用，而神我因之解脱。勝論計地、水、火、風、空、時、方、我、意，名爲九實。色、味、香、觸、數、量、合、離、彼、此、別性、苦、樂、覺、欲、瞋、勤、重、液、潤、行、法非法、聲，名爲二十四德。取、捨、屈、伸、行，名爲五業。實體以德顯，德體以依、實、微、業、時、方、現、比、用等，諸法而顯，業體以微礙合離而顯。總實、德、業共詮緣因名同，六句名有。別一實中，或德業中，又或實別別地中，總望自望他爲總同異，別望自望他爲別同異，名爲同異性，六句名異。能使實、德、業三屬而不離，名爲和合。實常，而地、水、火、風、子微以上者無常，實唯空、時、方、我無礙，二微以上皆礙，凡父母微皆比量得，子微以上方現量得。論說數論執諸法與大有等性其體定一，勝論執諸法與大有等性其體定異，是則一爲轉變，異爲積集。思想趨徑類感而同，積集之風多及於歐西，轉變之風每尚於震東。震東蔓延，幾於無處不然無思不爾，濫觴於道法自然，汎流於太極兩儀，而波及於六粗三細。八種識蘊，各自有種，各自感現，各別相用，爲緣增上則有之矣，亦復誰能生誰？而說六粗生自三細。憑彼風尚，逞彼思潮，衆口鑠金習非成是，於此唯識緣起之思施以回生甘露，反若夜光按劍疑謗叢生，諸佛說爲大可憐愍者。數、勝流毒一至於此，論固有所破，初破數論，破二十三諦，破三德，次破勝論，破常、無常，破實、德，破大有、同異、和合。復次大自在天體常生法，聲生、聲顯常住能詮，四大極微能生粗色，色等因量無常而實，一切皆破。更有部執犢子我蘊非即非離，一例而非。

八、所對小乘者。聲聞具一切智，不具道相智、一切種智，攝論說彼雖離賴耶而智得成。菩薩求智，正在道相，而趣向在一切種，是故此論所成一唯有識，二殊特賴耶，三殊特末那，對彼小乘獨詳三事，餘事爲兼。佛後二十部，熏炙五天唯一切有，溝通向大經部不無因緣，故論所對獨詳二部，餘部唯兼。一唯有識者。離識無別實色，而部執諸色離識都真，一極微，二根、境，三表、無表，經部極微有方分，有礙處，假微實，實隨於假，有部極微無方分，無礙七微展積成大皆實，論固有所破，先破有方分，後破無方分。有部大造根、塵，塵仍體實，經部微成根、塵，根、塵皆假，其立識所緣，有部則積微和合相或集已相資相，經部則和合似色相，正量則但能生識，直取前境，論固有所破，先破內處，後破外處所緣。有部身業形色極微，經部身業非顯非形，心所引生，能動手等，正量身業唯是一動，是爲表色，大衆法密身勇身勤，上座胸中色物，是爲無表色，論固有所破，先破其表，後破無表。復次離識無別實不相應，而有部所執厥有其六：一、執得非得實，有爲屬所得，擇滅屬道而通漏，非擇屬世所依；二、執衆同分實，言智事欲同則斯起名人同分，正理新師別立法同分；三、執命根實，唯命能持身，唯業能持命，無色無心此界彼心界趣生體無不賴於命根；四、執三無心實，必有實體遮心不起；五、執三相實，三法又各有三，古用前後別起，新則三用俱時，但待因緣起不必頓；六、執名句文實，異聲有體，聲上屈曲能詮於義。是爲有部六執，論固有所破，委細周詳不能繁述。大衆四部執隨眠體論既理破，成實無表戒，正量不失券，正理和合性，例之而已。復次離識無別實無爲，有部三無爲擇非擇空或一或多，大衆四部及與化地皆九無爲，除四空、定、不動三性兩相離異，餘一切同，而皆說緣起無爲，論固有所破，初破一多，後準前例。二殊特賴耶者。三相十理諸部所無是稱殊特。二十部執唯獨經部思想超邁立種子名，然知種子而不知有賴耶，多過唐勞與諸部等，經部熏種，厥有二義：一前後熏，前念之識熏於後念；二同類熏，但識類可熏。不論眼、耳，其前義略與上座一法二時相似，其後義略與大衆六識俱轉相似，經部持種，色根中有心及大種，心、心所中有色根種，色、心更互相持，六識轉變相持，異法各各種，共生於一果。有部無種無熏持，而以命根、衆同分爲身之所依，但同類因而皆可生，譬如蘊類，心、色互牽，善、惡互引，又三世並有，後識還起，如隔日瘧，以較經部粗疎太甚，摧枯沃雪焉能須臾。大衆無淨種，心性以爲因，復立根本識，化地立窮生死蘊，上座立有分細識，而獨不立賴耶何耶。一切法門大乘唯妙，大乘善巧巧於賴耶，三相、十理與彼小義一一對觀，生解空迷旦暮間事。復次種子六義對小詳立，對大衆緣起無爲立刹那滅，對經部、上座前後念立果俱有，對經部六持種立恆隨轉，對有部善、惡類立性決定，對有部色、心類立引自果，對有部三世恆立待衆緣。四分義中，十九部皆無自證者，彼之所緣此似外境，彼之行相，此之相分，彼之事體，此之見分，故無第三分也。三特殊末那者。無明恆行而經部依六則斷，意爲六依而上座物色非心，思量必現而有部過未體無，無想有染而有部初後無中，三性帶執而有部緣縛，大衆隨眠，經部種生一切難通安能說理，立有末那一切無過，此之所謂殊特也。復有餘事大小乘異在心所門。觸是實，非假經部心所惟受、想、思，作意、偏行攝有部迴趣異境或於一境，受不緣俱觸有部，俱觸爲自性受，捨受招無記，有部寂靜但招善，欲但樂境，非諸法本有部心取所緣皆由希望，解印境決定有部但無拘礙，皆有勝解，念起必於習境，有部心起念俱，定起必專注，有部亂心微定起，慧擇要不昧，有部昧心微慧起，信必樂善，上座但愛樂，大衆但隨順。更及十二支，大乘一重因果，有部設二。觀其所異，而邪正判矣。

九、西土十家者。十家本籍都不獲觀，但就異義得覩片鱗，即彼片鱗猶基說是甲身，測說出乙體，五里霧中判精粗文彩，讀者於此可謝無能矣，晉用楚材，禮失求野，丹珠藏中安慧唯識釋猶然存在，用勘斯論，一切昭明。若者爲論所糅，若者述記不合，十家之說難窮，安慧之真斯在，江漢得望，沮漳不玉可也。

雖然，吾猶當以述記十家異義委悉披陳耳。十家異義有二十一：爲總論一，識變一，初能變八，二能變五，三能變三，識性三，次第陳之。一、爲何造論，火達空知性，護破邪顯理，安證空斷障菩提、涅槃。二、識變於我、法，難內似外境卽我、法，護相、見依自而施設。三、種子本始，難熏習而生，護熏本而起，護、月本有在十家外。四、行相四分，安自體一分，難相、見二分，護證、自四分，陳那自證三分在十家外。五、居士誰變，難現居當土，護自地生者。六、變他根塵，安亦變根，護唯變塵。七、觸等所同，難一切同八，護諸門隨應。八、不退菩薩，難初地，護八地。九、七依賴耶，難唯種，護亦現。十、種子生果，難滅已方生，護種、果同時。十一、眼等五根，難謂卽種，安謂非種。十二、八俱有依，淨謂是七，安謂無依。十三、識開導依，難五依七，六依前六，安則五依前六，六依自及七八，七依自及六，八依自及六七，護則八皆依自。十四、末那緣八，火謂見相，難謂體及相應，安謂種子，護謂見分。十五、末那染淨，安唯煩惱障俱，護有出世末那。十六、別境心所起，安俱，護不俱。十七、滅定下起，難斷八地修，安唯四地惑。十八、五起等無間，難漏、無漏互起，護無漏不起漏。十九、所徧於計執，難所徧卽計執，護謂增益方謂執。二十、能徧於諸識，安王所漏皆計，護我、法唯六七。二十一、二分於二性，安唯計執，護亦依他。

十、奘門諸賢者。唯識學雖源策於西土，而光亙於東方。戒日無遮立不傾於一量，玄鑒金牒論得糅夫十家，可謂西則自護法而終，東則自奘門伊始矣。然糅彼十家成茲一論，議乃創於窺基，而師說多聞，又復詳於述記，是則治成唯識論者，當奉窺基述記爲玉律金科也。述記羽翼有樞要、別鈔、法苑、義林，述記參詳有雜集、述記、瑜伽略纂，至其弘五性善因明，則法華玄贊、因明大疏，諸多有作亦唯識之附庸支流，百本多亡，要籍尚在，自足精研矣。述記文隱讀不終篇，疏剔披尋又資多籍，於中獨最推靈泰疏鈔，明釋本文，更窮源委，其特色也。義猶未盡，則智周演秘、道邑義藴亦自可珍，如理義演廣集諸説勒爲一書，亦復時見別義。以上列籍皆就自説分疏，若復折衝禦侮，披拓見真，大將詞鋒，一門強幹，自非淄州惠沼作了義燈，亦復誰能任此？此書原意不過自固其家觀兵列敵，而諸家學説如圓測、普光、慧觀、玄範、勝莊、義寂、道證、憬興，本籍已亡，悼難知概，反復因茲旁引略見其涯，文獻説禮猶賴有此。義林有補缺之篇，五姓有慧日之論，附庸亦復兼護，支流亦復決排，勞苦功高，豈伊一哉。奘門多賢，然能與基對敵者，新羅圓測耳，故慈恩派外有新羅一支。圓自多妙，不減道洪，書存無幾，如解深密疏、仁王經疏，皆非其重要之作也。若夫義寂、勝莊、泰賢、元照之倫，義解平平，時從外説，況餘自鄶又奚足觀。然於此論存泰賢學記，標輯諸家，義豐文約，既諗古賢，又便誦讀，填與如理把臂入林矣。

英譯成唯識論序

印順法師

成唯識論，代表了西元七世紀初，印度瑜伽大乘的正義。在瑜伽大乘中，這是最具權威性的，集大成的論書。

論到印度的大乘佛學，不外乎空、有二論——中觀與瑜伽。空、有二宗，都從禪慧的修證中來，都是以「正理」來闡明真義，安立現觀次第，作爲趣入大乘的軌範。在住持正法，適應時代的意義上，二宗有著一致的傾向，那就是尊重初期的佛法，從深一層的解說中，成立時代的佛學，引導當代的大乘佛教，離偏失而歸於中道。龍樹的時代，是「一切皆空說」盛行的時代。龍樹以緣起爲宗，發揮緣起無自性空說，也從空義來成立緣起。彈斥了實有自性說，方廣道人的一切都無說，迷戀「梵王舊說」（婆羅門教的舊說）的「心常」說，而歸於一切法卽空的緣起中道論。彌勒的時代，是「境不成實」與「自性清淨心」——如來藏思想流行的時代。瑜伽大乘的特色，是以刹那生滅的，恒時相續的「一切種子心識」爲依，以種子爲緣起，來成立流轉還滅的一切法。空，是甚深祕密的。鈍根不能依空而立一切法，引起了偏見或誹毁，深刻的損害了佛法。所以「異法是空，異法不空」說，「假必依實」說，宗承解深密經的三性、三無性說，而破斥「惡取空者」。由心性本淨而來的「自性清淨心」（如來藏），解說爲「心之空性」，「心之真如」。正智屬依他起性，是無漏種子（種子是刹那生滅的）所生起的。這樣，「常心」與「常智」的經說，被導歸於有爲生滅的緣起論的正義。雖然，中觀是三世幻有者，自空論者；瑜伽是現在幻有者，他空論者，有著教學上的根本區別。然在適應時機，遮遣「惡空」與「常心」，歸宗於釋尊本教——緣起論的立場，是完全一致的。這所以中觀與瑜伽，在印度大乘佛教界，被公認而處於主流的地位。彌勒的瑜伽大乘，是由無著傳述出來的；根本在廣明三乘的十七地論——瑜伽師地論・本地分。在意地中，説明心意識，有漏與無漏種子，確立瑜伽唯識學的根本。在菩薩地的真實義品中，闡明了性相空有的正義。其次，抉擇本地分而作攝抉擇分（可能有無著的見解在內）。對阿賴耶識的理論證明，依阿賴耶識而安立流轉與還滅的道理，更明確地表達出來。廣引解深密經，對於三性、三無性，「諸識所緣，唯識所現」，作了更廣的抉擇。還有攝釋分、釋異門分、攝事分；特別是攝事分，爲雜阿含經與波羅提木叉經的抉擇。承受初期佛法的精義，進一步的安立大乘瑜伽與唯識學。這一根本的、原始的唯識學的特質，是非常明顯的！彌勒還有稱爲分別的三部論——分別中邊論、分別法性論、分別瑜伽論（未譯），都在共三乘的基石上，安立大乘的唯識學。

無著傳述了彌勒學。又總括瑜伽論・本地分與抉擇分的要義，而作精簡的顯揚聖教論，這是彌勒學的整理。此外，無著還有自己的論書，主要是稱爲「大乘」的三部論。一、依阿毘達磨大乘經・攝大乘品，造攝大乘論。以十種殊勝來總攝大乘要義，是大乘的「攝」論。二、依阿毘達磨大乘經（及瑜伽師地論），造阿毘達磨集論，這是大乘法相的「集」論。三、依瑜伽師地論・菩薩地，取大乘經説而明大乘唯識，造莊嚴大乘經論（舊譯名大乘莊嚴經論，本論是無著所造，依呂澂考定），這是大乘的「莊嚴」論。在無著的論書中，更多的引用經部師說。風行當時的如來藏說，在莊嚴大乘經論中，亦有所引用。然依「性種及習種」，安立「種姓差別」，有畢竟不般涅槃的無性人。可見如來藏是心的空性；緣真如境起無漏智，是所緣緣，而不是無漏功德的因緣性。關於唯識體系的安立，如莊嚴論的「所取及能取，二相各三光」（光是顯現的意思）。這是依阿賴耶種子心識，現起所取的器世間，塵、根、身，能取的末那，五識，意識。如攝論的「以阿賴耶爲義識」，依此而現起的「所受識」（六塵）、「身識」，是「相識」；「身者識」（末那），「受者識」（無間滅意）、「能受識」（六識），是「見識」。阿賴耶識重於種子，由此而起的「相識」（所取）「見識」（能取），一切都是識，一切以唯識爲性。這一思想系，演爲後代的「一能變」說。無著的論書，在時代佛教的影響下，重大乘，重唯識。在所依的契經中，特重阿毘達磨大乘經。

無著發展了唯識學，無著的弟子（亦是無著的親弟）世親，給予更嚴正的敍述。世親對說一切有部系的論師與經師的法義，有最充分的理解（如俱舍論）。到了無著晚年，纔迴心大乘。世親造了很多的大乘論：解釋大乘經的，如十地經論、寶積經論等；解釋大乘論的，如地經論、寶集經論等；觀釋大乘論的，如分別中邊論、攝大乘論、莊嚴大乘經論的釋論（依呂澂考定，大乘阿毘達磨集論，由世親弟子師子覺造釋論）。創作的論書，主要有稱爲「唯識」的兩部論——二十唯識論、三十唯識論，都是頌文。二十唯識論，重在破斥離心的外境實有說；而三十唯識論，成立一切唯識現的正義。無著論的成立唯識，以阿賴耶種子識爲本，現起相識與見識，似乎從一心而現在一切，極可能踏上一因論的歧途。所以世親晚年所作的三十唯識論，依「三類識變」立論，重視攝持種子的阿賴耶識現行。這是解深密經的傳統，彌勒學的本義。如分別中邊論，以「虛妄分別」爲依他起性：「三界心心所，是虛妄分別」，依他起並不限於阿賴耶識。說到識變，「識生變似義，有情我及了」（真諦譯作「本識生似彼」），解說爲一能變說，而梵本但說是「識」，這與攝抉擇分所說：「略說有四種業：一、了別器（『義』）業，二、了別依（『有情』根身）業，三、了別我業，四、了別境業。了此諸別，剎那剎那俱轉可得，是故一識於一剎那，有如是等業用差別，不應道理」相合。阿賴耶識了別器界與根身；末那了別（執）我，六識了別六境。從三類識來說變現，說了別。所以，依阿賴耶識而現起一切，或說依心心所而變現一切，其實都是「各從自種子生」。不離識的唯識學，明確的不同於一因論。在無著論的唯識學中，重在賴耶與末那，這是需要論證的要點。三十唯識論，繼承了瑜伽論以自性、所依、所緣、助伴、作業——五門來分別五識與意地的傳統；結合無著論的精義，而以十門等來分別阿賴耶識、末那識與六識。瑜伽大乘的唯識學，到達了更完整的體系。

在唯識學的流傳中，雖然有隨順攝大乘論一意識師的學系，如真諦三藏所傳的。有隨順莊嚴大乘經論，依如來藏（法界）而明大乘行果，如堅慧的寶性論（這二系，都不會說從真淨心而生起無明）。然此後唯識大乘的宏揚，主要是依世親的唯識三十論。傳有十大論師的注釋，可以想見當時的盛況！世親的弟子中，安慧是精通阿毘達磨的學者，著有三十唯識論釋，現在梵本及西藏的譯本。陳那是新因明的建立者，所以這一學系，有量論（認識論）、因明論（論理學）的特長。陳那的弟子護法，著二十唯識論釋（名唯識寶生論）、三十唯識論釋。護法的弟子戒賢，在玄奘到印度時，是一百多歲的老上座，被那爛陀寺的學衆尊稱爲「正法藏」。戒賢的弟子中，亦有三十唯識論的注釋。玄奘所傳的唯識，屬於這一學系。以護法説爲宗，而擷取諸大論師的精義，糅合爲一部成唯識論。這是代表那一時代，集唯識大成的論書。

從世親到戒賢、玄奘的時代，有二百多年了。在這長期中，論師們引起了種種問題，提出了種種的解説。經典方面，如來藏與阿賴耶識相結合的，如入楞伽經、大乘密嚴經等，亦非常流行。唯識（唯心）法門，有了種種的異説。反映在中國佛教界，就是地論宗、攝論宗，與玄奘所傳的唯識宗立説不同。玄奘去印度求法，動機是：「誓遊西方以問所惑，並取十七地論以釋衆疑。」他的疑惑是：「雙林一味之旨，分成當、現二常；大乘不共之宗，析爲南北二道。紛紜諍論……莫有匠決。」玄奘是想直探唯識的本源——瑜伽十七地論，以抉了當時中國唯心大乘的論諍。玄奘是傳大乘唯識學（被稱爲唯識宗）的，而重心在瑜伽論。所以玄奘見到木叉毱多，就問：「此有瑜伽論否？」玄奘親近戒賢，戒賢爲了傳授瑜伽論而没有捨身，玄奘亦就請講瑜伽論。在那爛陀寺五年中，聽瑜伽論三遍。等到玄奘回國，是貞觀十九年正月。五月九日，開始譯大菩薩藏經；而在五月十五日，同時就翻譯瑜伽師地論。玄奘傳唯識學，而所重的是瑜伽師地論，是以彌勒瑜伽的根本大義，作爲大乘唯識正理的準繩。

彌勒論是唯識學的原始説。無著論發展了唯識學，受時代的影響，略有一心論（一能變説，一意識師，心所卽心似現説）的傾向。世親論立「三類識變」説，而復歸於瑜伽論的體系。西元五、六世紀，不但唯識的異義衆多，阿賴耶識與如來藏相結合的傾向，也越來越顯著。玄奘承受了護法、戒賢的學説，融通陶練了契經的有餘説，十大論師的異説，精密抉擇（玄奘曾從勝軍論師學唯識抉擇論），而集唯識學的大成，這就是成唯識論。成唯識論不說如來藏，以「心之空性」說心性本淨，是世親唯識三十論的立場，符順於彌勒瑜伽師地論的本義。成唯識論的內容，極其廣大，辨析是極其精密。雖攝取了衆師的異說，種種論義，而對彌勒的瑜伽唯識來說，是極其純正的，這部代表西元七世紀初，唯識大乘正義的聖典，貫通阿含、般若，而沒有轉化爲本體論的聖典，留下了永久的不朽的價值！

中國是大乘佛教國，對佛法有過卓越的貢獻，並影響了日本、韓、越的佛教。中國所發展的唯心大乘，是本體論的。如華嚴宗說「性起」，禪宗說「性生」（六祖說：「何期自性生萬法」）；還有天台宗說「性具」。與緣起論爲宗本的，玄奘所傳的唯識學，並不相同。中國的大乘佛教，有他自己獨創的特色。然從承受於印度的大乘來說，那就不是台、賢、禪、淨，而是中觀（三論宗）與瑜伽（唯識宗）了。

佛教進入了世界佛教的時代。中國佛教界，要發揚中國所發展的，亦應發揚中國所保存的。從印度傳來，保存了印度佛學的勝義，而爲今日中國所獨有的聖典。將之貢獻於世界，應是中國佛教徒的責任！中國所保有，而爲其他佛教界所沒有的，最重要的是：中觀系的大智度論、瑜伽系的成唯識論、瑜伽師地論，西藏也有譯本，還有梵本的菩薩地，還有說一切有部的大毘婆沙論。太虛大師曾經提議，把這三大部譯爲藏文，並由法尊法師先譯大毘婆沙論（沒有完成），亦就是對中國佛教寶藏的珍重！民國五十六年秋天，中華學術院召開華學會議，香港韋兼善教授，來臺出席。會議終了，來靜室相訪。取出所譯的英譯成唯識論，告訴我譯爲英文本的經過，並請我寫一篇序。我欽佩韋教授爲學的精誠，並爲這部華文佛教所保存的，代表唯識學正義的論書，將傳佈西方而歡喜！我想，還是略序瑜伽唯識的源流，以確切說明成唯識論，爲繼承彌勒瑜伽正義的論書，以表示我對成唯識論的讚揚，對韋教授譯爲英文的欽仰！

民國五十八年九月一日印順序於臺北報恩小築